KB168829

IMPLEMENTING DOMAIN-DRIVEN DESIGN

도메인 주도 설계 구현

IMPLEMENTING DOMAIN-DRIVEN DESIGN

도메인 주도 설계 구현

반 버논 지음 윤창석 • 황예진 옮김

i!i
에이콘

이 책을 내가 사랑하는 니콜과 트리스탄에게 바친다

당신의 사랑과 당신의 지지와 당신의 기다림에 감사한다

에이콘출판의 기틀을 마련하신 故 정완재 선생님 (1935-2004)

이 책에 쏟아진 찬사

"반Vaughn은 이 책을 통해 문헌적 측면에서 도메인 주도 설계 커뮤니티에 기여했을 뿐만 아니라, 더 넓은 엔터프라이즈 애플리케이션 아키텍처 분야에 중요한 기여를 하게 됐다. 예를 들어, 반은 아키텍처와 리파지토리에 관한 핵심 장에서 에릭 에반스Eric Evans의 기념비적인 책이 처음 발간된 이후의 10년간 떠오른 엔터프라이즈 애플리케이션을 위한 여러 아키텍처 스타일과 영속성 기술(SOA, REST, NoSQL 데이터 그리드 등)이 어떻게 DDD와 함께 사용될 수 있는지 보여준다. 또한 반은 수많은 예제와 수십 년 동안의 실제 경험에서 우러나온 귀중한 통찰력을 바탕으로 DDD를 가로막는 장벽(엔터티entity, 값 객체value object, 애그리게잇aggregate, 서비스service, 이벤트event, 팩토리factory, 리파지토리repository 등의 구현)을 뛰어넘는 올바른 방법을 알려준다. 한마디로 나는 이 책을 빈틈없이 완벽하다고 말하고 싶다. 스스로를 발전시키고자 하며 현재 선택할 수 있는 최선의 전문적 사례를 기반으로 도메인 주도 엔터프라이즈 애플리케이션을 설계design하고 개발하려는 모든 소프트웨어 개발자에게, 이 책은 지난 수십 년 사이에 DDD 커뮤니티와 엔터프라이즈 애플리케이션 아키텍처 커뮤니티가 어렵게 얻은 보석같이 귀중한 지식을 전해줄 것이다."

– 랜디 스태포드(Randy Stafford) /
오라클 코히어런스(Oracle Coherence) 제품 개발 총괄 아키텍트

"도메인 주도 설계에는 팀이 소프트웨어 중심의 시스템을 구축할 때, 효율성을 높이는 데 엄청난 영향을 미치는 강력한 생각의 도구가 모여 있다. 사실 많은 개발자가 이런 생각의 도구를 적용하는 데 어려움을 겪었고, 좀 더 구체적인 가이드라인을 필요로 했었다. 반은 이 책에서 이론과 실제 사이의 잃어버린 고리를 찾아준다. 또한 잘못 이해돼왔던 여러 DDD의 요소에 빛을 비출 뿐만 아니라, 많은 DDD 전문가가 적용해 엄청난 성공을 거둔 커맨드/쿼리 책임 분리와 이벤트 소싱 등의 새로운 개념을 연결해주고 있다. 이 책은 DDD를 현업에서 사용해보고자 하는 모든 이가 반드시 읽어야 할 책이다."

– 우디 다한(Udi Dahan) / N서비스버스(NServiceBus)의 창업자

"수년 동안 도메인 주도 설계의 실행에 어려움을 겪어온 개발자들은 현업에서 DDD를 구현하기 위한 실용적인 도움이 필요했다. 반은 구현을 위한 완벽한 지침서를 저술함으로써 이론과 실제 사이의 간격을 메우는 훌륭한 일을 해냈다. 반은 현대의 DDD 프로젝트에서 해야 하는 일이 무엇인지 선명한 그림을 그려나가며, 프로젝트 수명주기에서 발생하는 대표적인 문제에 대해 접근하고 해결하는 수많은 실용적 조언을 제공해준다."

– 알베르토 브랜돌리니(Alberto Brandolini) /
에릭 에반스와 도메인 랭귀지 주식회사(Domain Language Inc.)가 인증한 DDD 강사

"이 책은 DDD의 복잡하고 폭넓은 주제를 명쾌하고 재미있고 능숙하게 다루는 굉장한 일을 해냈다. 신뢰할 수 있는 조언자가 여러분에게 가장 중요한 일을 수행하는 방법이 무엇인지에 관해 전문적 상담을 해주는 상황처럼, 몰입을 유도하는 친근한 스타일로 쓰여졌다. 이 책을 마칠 때쯤이면 DDD의 모든 중요 개념을 비롯한 많은 부분을 적용해 나갈 수 있을 것이다. 나 스스로도 이 책을 읽으며 많은 부분에 밑줄을 긋게 됐다. 이후에도 다시 참고할 것이고, 자주 추천할 것이다."

– 폴 레이너(Paul Rayner) /
버추얼 지니어스 유한책임회사(Virtual Genius LLC.)의 수석 컨설턴트이자 소유주,
에릭 에반스와 도메인 랭귀지 주식회사가 인증한 DDD 강사,
DDD 덴버의 설립자이자 공동 리더

"내가 가르치는 DDD 수업에서 중요한 부분 중 하나는 모든 생각과 조각을 함께 모아서 완전히 동작하는 구현으로 만드는 방법을 논의하는 과정이다. 이 책으로, 이제 DDD 커뮤니티는 이런 과정을 상세히 설명하는 포괄적인 참고서를 갖게 될 것이다. 이 책은 작은 세부사항부터 큰 그림을 그려나가는 방법까지, DDD를 통해 시스템을 구현하는 모든 측면을 다룬다. 이 책은 훌륭한 참고서이자 에릭 에반스의 기념비적인 DDD 책의 훌륭한 동반자가 돼줄 것이다."

– 패트릭 프레드릭손(Patrik Fredriksson) /
에릭 에반스와 도메인 랭귀지 주식회사(Domain Language Inc.)가 인증한 DDD 강사

"여러분이 소프트웨어 장인정신[craftsmanship]을 중요하게 생각한다면(그리고 여러분은 그렇게 생각해야만 한다.) 도메인 주도 설계는 익혀야 할 중요한 기술의 집합이며, 이 책은 성공을 향한 지름길이다. IDDD는 DDD의 전략 및 전술 패턴에 관한 읽기 좋으면서도 철저하게 진행되는 논의를 담고 있으며, 이를 통해 개발자는 이해한 내용을 즉시 실행으로 옮길 수 있다. 내일의 비즈니스 소프트웨어는 이 책의 명쾌한 가이드로부터 도움을 받게 될 것이다."

– 데이브 미어히드(Dave Muirhead) /
블루 리버 시스템 그룹(Blue River System Group)의 수석 컨설턴트

"DDD와 관련해 모든 개발자가 반드시 알아야 할 이론과 실제가 있는데, 이 책은 이 둘을 함께 묶어주는 퍼즐의 마지막 조각이 될 것이다. 진심으로 추천한다!"

– 리카르드 우베르(Rickard Öberg) / 자바 챔피언이자 네오 테크놀로지(Neo Technology)의 개발자

"반은 IDDD를 통해 바운디드 컨텍스트와 컨텍스트 맵 등의 전략 패턴을 전면에 내세우고, 엔터티에 관한 구성 요소building block 패턴을 다루고, 이어서 서비스를 파고들며 하향식top-down으로 DDD에 접근한다. 그의 책 전반에 걸쳐 사례 연구가 사용되는데, 이 책을 최대한 활용하기 위해선 충분한 시간을 투자해 사례 연구를 이해하고 공감해야 한다. 그렇게 되기만 한다면 복잡한 도메인에서 DDD를 적용할 때 얻을 수 있는 진정한 가치를 확인할 수 있으며, 자주 등장하는 곁풀이sidenote와 다이어그램, 표, 코드 모두가 핵심 내용의 이해를 도울 것이다. 여러분이 오늘날 가장 일반적으로 사용되는 아키텍처 스타일에 따라 견실한 DDD 시스템을 구축하길 원한다면 반의 책을 추천한다."

– 댄 헤이우드(Dan Haywood) /
『네이키드 오브젝트를 통한 도메인 주도 설계(Domain-Driven Design with Naked Objects)』의 저자

"이 책은 하향식 접근을 통해 전략 패턴을 좀 더 낮은 수준의 전술적 제약사항과 부드럽게 연결하며 DDD를 설명한다. 최신 아키텍처 스타일을 따른 구현을 제공하며 이론을 다루고 있다. 반은 이 책의 전반에 걸쳐 기술적 고려사항의 균형감을 유지하며 비즈니스 도메인에 집중해야 하는 중요성과 그 가치를 강조하고 있다. 이에 따라 DDD의 역할과 의미가 수면 위로 드러난다. 내가 속한 팀에선 DDD를 적용하며 마찰을 겪을 때가 많았지만, 이 책을 통해 한 줄기 빛과도 같은 큰 도움을 받아서 문제를 극복하고 우리의 노력을 온전히 비즈니스 가치의 생산에 활용할 수 있었다."

– 레브 고로인스키(Lev Gorodinski) / DrillSpot.com의 수석 아키텍트

추천의 글

반 버논Vaughn Vernon은 이 책에서 개념에 관한 새로운 설명 및 예제와 더불어 고유하게 선정된 주제의 묶음을 통해 도메인 주도 설계의 전반적 모습을 특별한 방법으로 표현했다. 나는 이 새로운 접근법이 DDD의 미묘한 부분(특히 애그리게잇과 바운디드 컨텍스트와 같은 추상적 부분)을 이해하는 데 도움이 될 것이라 믿는다. 사람들이 저마다 좋아하는 스타일은 다를지 모르지만, 미묘한 추상화의 경우 여러 방향의 설명 없이 흡수하기 어렵다는 사실은 마찬가지다.

또한 이 책은 지난 9년간 논문이나 발표를 통해 설명됐지만 책으론 만나볼 수 없던 내용을 담고 있다. 도메인 이벤트를 모델의 구성 요소로서 엔터티 및 값 객체와 함께 설명하고, 컨텍스트 맵에선 '큰 진흙공Big Ball of Mud'에 관해 논의하며, 계층 아키텍처보다 우리가 원하는 바를 더 잘 나타낼 수 있는 방안으로 떠오른 헥사고날hexagonal 아키텍처를 설명한다.

이 책에서 다루는 내용을 처음 접한 시점은 2년 전이었다(반은 그 시점보다 조금 후에 이 책의 작업을 시작했다). 첫 번째 DDD 서밋DDD Summit에서, 우린 새로운 주제나 커뮤니티에서 좀 더 구체적인 조언이 필요했던 주제에 관해 다뤘다. 반은 애그리게잇과 관련된 문제에 관한 글을 써 나갔고, 애그리게잇에 관한 훌륭한 시리즈가 완성됐다(그리고 그 내용은 이 책에서 하나의 장을 채우게 됐다).

또한 그 서밋에선 여러 전문가가 일부 DDD 패턴을 적용할 때 좀 더 규범적인 접근을 취함으로써 얻을 수 있는 장점에 관한 합의에 도달했다. 소프트웨어 개발에서 가질 수 있는 대부분의 질문은 사실 '상황에 따라'가 정직한 답일 것이다. 하지만 이는 기술을 적용하는 방법을 배우고자 하는 사람에겐 그다지 유용하지 않은 결론이다. 새로운 주제를 완전히 이해하고자 하는 사람에겐 좀 더 구체적인 가이드가 필요하다. 경험 법칙은 모든 상황에 전부 들어맞을 필요는 없다. 이는 일반적으로 적용할 수 있거나 우선 취해볼 수 있는 방법이다. 여기서 다다른 결론은 문제 해결을 위한 접근의 철학을 담고 있다. 반의 책은 직접적인 조언과 함께, 이를 너무 단순하게 여기지 않도록 해주는 상충점에 대한 논의를 균형 있게 다루고 있다.

DDD의 주류가 된 도메인 이벤트와 같은 추가적인 패턴(현업의 사람들이 적용법을 배워나가고 있는)을 다루고 있을 뿐만 아니라, 그 패턴을 새로운 아키텍처와 기술에 적용하는 방법을 언급한다. 나의 책인 『도메인 주도 설계』가 출간된 지 9년이 지난 시점에 이르러 새로운 DDD 관련 주제가 많이 등장했으며, 그 기반에 관해 이야기할 많은 새로운 방향이 떠올랐다. 반의 책은 DDD를 도입할 때 사용되는 새롭게 등장한 생각을 가장 완벽히 설명하고 있다.

- 에릭 에반스(Eric Evans) /
도메인 랭귀지 주식회사

지은이 소개

반 버논 Vaughn Vernon

소프트웨어 설계, 개발, 아키텍처에서 25년 이상의 경력을 쌓아온 숙련된 소프트웨어 장인이다. 혁신적인 방법을 사용해 소프트웨어의 설계와 구현을 단순화할 수 있는 리더다. 1980년대부터 객체지향 언어를 사용한 프로그래밍을 시작했고, 1990년대 초기 스몰토크 도메인 모델링부터 도메인 주도 설계의 개념을 적용하기 시작했다. 우주항공, 환경, 지리정보, 보험, 의료, 통신 등 넓은 비즈니스 도메인에 걸쳐 경험을 쌓았다. 또한 재사용 가능한 프레임워크나 라이브러리를 만들고 개발을 가속시키는 도구를 구현하는 등의 기술적 노력을 계속해왔다. 국제적인 컨설팅이나 강연을 진행해왔고, 여러 대륙에서 도메인 주도 설계의 구현에 관한 수업을 개설했다. www.vaughnvernon.com에서 근황을 확인할 수 있으며, 트위터 아이디는 @VaughnVernon이다.

감사의 글

굉장히 중요한 주제에 관해 출판할 수 있는 기회를 준 애디슨웨슬리Addison-Wesley의 훌륭한 직원들에게 감사를 전하고 싶다. 내가 수업과 강연에서 언급했듯이, 애디슨웨슬리는 DDD의 가치를 잘 이해하고 있는 출판사다. 크리스토퍼 구지코프스키Christopher Guzikowski와 크리스 잰Chris Zahn(Dr. Z)은 편집 과정 전반에서 나의 노력을 응원해줬다. 크리스토퍼 구지코프스키가 그의 저자 중 한 명으로서 나와 계약하기로 했다는 소식을 전하기 위해 전화했던 날을 잊을 수 없다. 출간이 가시화될 때까지 대부분의 저자가 품게 되는 의심에 굴하지 않도록 응원해주던 그를 기억할 것이다. Dr. Z는 문장이 출판할 수 있는 수준에 이를 수 있도록 도와줬다. 책과 관련된 출판 세부사항을 챙겨주던 제작 편집자 엘리자베스 라이언Elizabeth Ryan에게도 감사를 전한다. 그리고 교열 편집자인 바바라 우드Barbara Wood에게도 감사한다.

이보다 앞서, 에릭 에반스는 그의 경력 중 5년이란 긴 시간을 투자해 DDD에 관한 첫 번째 작품을 만들어냈다. 그의 노력을 비롯해 에릭이 정리한 스몰토크Smalltalk와 패턴 커뮤니티가 쌓아온 지혜가 없었다면 많은 개발자가 나쁜 소프트웨어를 만들어내는 방향으로 노력을 쏟고 있었을 것이다. 아쉽게도 이런 문제는 필요 이상으로 흔히 일어난다. 에릭이 이야기했듯, 나쁜 품질의 소프트웨어 개발과 그런 소프트웨어를 만들어내는 팀의 창의성이 결핍된 지루함은 그를 소프트웨어 산업에서 이탈하게 만들 뻔했다. 직업을 바꾸는 대신에 교육을 위해 그의 에너지를 집중해준 에릭에게 진심 어린 감사를 전한다.

에릭이 나를 초대했던 2011년 첫 번째 DDD 서밋의 마지막에서, 커뮤니티를 이끄는 사람들은 더 많은 개발자가 DDD를 통한 성공을 함께 나눌 수 있도록 가이드라인을 만들어야 한다고 결정했다. 나는 애그리게잇에 관한 '경험 법칙'을 전할 수 있는 에세이를 작성하자고 제안했다. '효과적인 애그리게잇 설계'란 제목하에 세 부분으로 나뉜 연재는 이 책 10장의 근간을 이룬다. 이 에세이가 dddcommunity.org를 통해 배포된 이후, 훌륭한 가이드의 필요성이 분명해졌다. 이 에세이를 검토하고 이 책에 관한 값진 피드백을 해준 DDD를 이끌고 있는 이들에게 감사한다. 에릭 에반스와 폴 레이너Paul Rayner는 에세이에 관한 깊이 있는 검토를 해줬다. 또한 우디 다한Udi Dahan, 그렉 영Greg Young, 지미 닐슨Jimmy Nilsson, 니클라스 헤드먼Niclas Hedhman, 리카르드 우베르Rickard Öberg로부터도 피드백을 받았다.

DDD 커뮤니티의 오랜 구성원인 랜디 스태포드에게도 진심 어린 감사를 전한다. 랜디는 몇 년 전 내가 덴버에서 진행했던 DDD 논의에 참석한 후 나에게 좀 더 큰 DDD 커뮤니티에 참석하길 권했다. 얼마 후 랜디는 에릭 에반스에게 나를 소개해줬고, 나는 함께 DDD 커뮤니티를 만들고자 하는 나의 생각을 말해줬다. 나의 생각이 조금 장대해서 달성하기 어려울 수도 있었는데, 에릭은 우리가 DDD를 이끌고 있는 이들 중에서 대표단을 조직해 좀 더 단기적인 가치를 뽑아낼 수 있도록 설득했다. 이런 논의는 2011년의 DDD 서밋에서부터 시작됐다. 말할 필요도 없이, DDD에 관한 나의 관점을 발전시켜준 랜디의 도움이 없었다면 이 책은 존재하지 않았을 것이고, 어쩌면 DDD 서밋도 열리지 못했을 것이다. 비록 랜디는 오라클 코히어런스 업무로 너무 바쁜 나머지 이 책에 참여하지 못했지만, 아마도 앞으로 우리가 함께 노력해 무언가를 작성할 기회가 있을 거라 생각한다.

전문적인 주제에 관해 참여해준 리나트 애브덜린Rinat Abdullin, 스테판 틸코프Stefan Tilkov, 웨스 윌리엄스Wes Williams에게도 큰 감사를 전한다. DDD에 관한 모든 것을 전부 이해하고 소프트웨어 개발의 모든 분야에서 전문가가 되기란 불가능하다. 이는 내가 4장과 부록 A의 특정 영역을 전문가에게 부탁한 이유다. REST에 관한 특출한 지식을 갖고 있는 스테판 틸코프, 젬파이어GemFire의 경험을 나눠준 웨스 윌리엄스, 애그리게잇 구현에 관한 이벤트 소싱 경험을 계속해서 넓혀가고 있는 리나트 애브덜린에게 감사한다.

초기 검토자 중 한 명인 레오 고로딘스크Leo Gorodinsk는 이 프로젝트에 계속해서 함께했다. 나는 DDD 덴버 밋업meetup에서 처음으로 레오를 만났다. 그는 콜로라도의 보울더에서 그의 팀과 함께 DDD를 구현하기 위해 쏟았던 노력을 바탕으로 굉장한 피드백을 제공해줬다. 레오가 검토해준 내용이 내게 중요한 도움이 됐듯이, 나의 책이 레오를 도울 수 있길 바란다. 나는 레오가 DDD의 미래 중 일부라고 생각한다.

다른 많은 사람들이 적어도 한 장 이상의 피드백을 줬다. 고이코 애지치Gojko Adzic, 알베르토 브랜돌리니, 우디 다한, 댄 헤이우드, 데이브 미어히드, 스테판 틸코프가 그중에서도 더욱 중요했던 피드백을 줬다. 특히 댄 헤이우드와 고이코 애지치는 초기에 피드백을 줬었고, 이는 가장 읽기 어려운 상황에서의 피드백이었다. 나는 이들이 끈기를 갖고 교정에 참여해줘서 기쁘다. 알베르토 브랜돌리니의 통찰은 전략적 설계(특히 컨텍스트 매핑)에 관한 것이었으며, 내가 중요한 내용에 집중할 수 있도록 도와줬다. 데이브 미어히드는 객체지향 설계와 도메인 모델링과 객체 영속성 및 인메모리 데이터 그리드(젬파이어와 코히어런스를 비롯한)의 충분한 경험을 바탕으로, 내 글이 객체 영속성의 역사와 상세한 세부사항을 담을 수 있도록 영향을 줬다. 스테판 틸코프는 REST 부분에 대한 기고뿐만 아니라, SOA나 파이프, 필터를 비롯한 아키텍처 전반에 영감을 줬다. 마지막으로 우디 다한은 CQRS와 장기 실행 프로세스Long-Running Processes(Sagas)와 N서비스버스NServiceBus를 통한 메시징 등의 개념을 구체화하는 데 도움을 줬고 그 내용을 검증해줬다. 값진 피드백을 전해준 다른 검토자들로 리나트 애브덜린, 스바인 아네 아켄하우젠Svein Arne Ackenhausen, 재비어 루이즈 아란구렌Javier Ruiz Aranguren, 윌리엄 도맨William Doman, 척 덜피Chuck Durfee, 크래이그 호프Craig Hoff, 애덴 재임슨Aeden Jameson, 지웨이 우Jiwei Wu, 조시 말레츠Josh Maletz, 탐 마스Tom Marrs, 마이클 맥카시Michael McCarthy, 롭 메이달Rob Meidal, 존 슬렝크Jon Slenk, 아론 스탁튼Aaron Stockton, 탐 스탁튼Tom Stockton, 크리스 서튼Chris Sutton, 웨스 윌리엄스 등이 있다.

스콜피오 스틸Scorpio Steele은 환상적인 표지를 만들어줬다. 스콜피오는 IDDD 팀 구성원 모두의 슈퍼히어로 같은 실제 능력을 잘 드러내줬다. 스펙트럼의 다른 반대편에선 좋은 친구인 케리 길버트Kerry Gilbert의 비기술적 검토가 있었다. 다른 이들이 기술적 정확성을 확인해줬다면, 케리는 내 문장이 문법에 맞는지 검토해줬다.

나의 부모님은 굉장한 영감을 주셨고 내 인생 전반에 걸쳐 나를 지지해주셨다. 나의 아버지(이 책의 '카우보이 논리'에 등장하는 AJ)는 단순한 카우보이가 아니다. 오해하지 말자. 훌륭한 카우보이가 되는 것만으로도 충분할지 모르지만, 아버지는 비행기를 몰고 비행하길 즐겼고 토목 공학자이자 측량사였으며 재능 있는 협상가였다. 그는 여전히 수학과 은하계를 탐구하길 좋아하신다. 아버지가 나에게 알려준 많은 것 중에서도, 내가 10살이 될 무렵 직각 삼각형을 푸는 방법을 알려주셨던 상황이 떠오른다. 어린 나이에 기술적 소질을 발굴해준 아버지께 감사한다. 여러분이 살아가면서 만날 수 있는 가장 멋진 사람 중 한 명일 나의 어머니에게도 감사를 드린다. 어머니는 내가 개인적인 도전에 직면할 때마다 응원과 지지를 멈추지 않으셨다. 내가 어떤 말을 하더라도 어머니에게 받은 것에 비하면 충분하지 않을 것이다.

이 책을 나의 사랑하는 아내 니콜과 우리의 소중한 아들 트리스탄에게 헌정했지만, 여기서도 몇 마디 더 덧붙일까 한다. 이들이 있었기에 작업을 이어가며 책을 마무리할 수 있었다. 내 가족의 지원과 격려가 없었다면 이런 결과에 이르기란 불가능했다. 나의 사랑하는 가족에게 매우 감사한다.

옮긴이 소개

윤창석(changsuk.yoon@gmail.com)

포스텍 컴퓨터공학과에서 학사 과정을 마쳤다. 삼성테크윈 선행기술연구소를 거쳐 현재는 카카오에 재직 중이다.

황예진(hyj0212@gmail.com)

미국 미시건 대학교University of Michigan, Ann Arbor에서 커뮤니케이션과 심리학을 전공했다. 삼성물산 내부 통역자, 한국마이크로소프트를 거쳐 현재 주한미국상공회의소AMCHAM Korea 홍보 팀에 재직 중이다.

옮긴이의 말

에릭 에반스가 저술한 『도메인 주도 설계』란 책이 세상에 나온 지도 어느덧 10여 년이 흘렀다. 엔터티, 값 객체, 애그리게잇, 서비스, 이벤트, 팩토리, 리파지토리 등의 요소를 바탕으로, 현실에 드러나는 모습을 도메인 모델로 옮기는 설계design 과정은 소프트웨어 설계에서 가장 널리 사용되는 강력한 도구로 자리잡았다. 전통적인 객체지향 설계뿐만 아니라 함수형 프로그래밍에 이르기까지, 도메인 주도 설계는 프로젝트에서 어떤 언어나 프레임워크를 선택하든 설계를 위해 반드시 참고하게 되는 필수적인 도구가 됐다.

하지만 도메인 주도 설계 경험이 부족한 팀이 도메인 주도 설계의 개념을 실제 프로젝트에 적용하기엔 에반스의 『도메인 주도 설계』는 너무 개념에 치중돼 있으며 추상적이었다. 『도메인 주도 설계』에선 도메인 모델을 구성하는 요소를 분류하며 개념적 특징을 잘 정리하고 있지만, 이를 현실에 적용하는 방법을 구체적인 예제로 충분히 보여주진 못했기 때문에 실제 프로젝트에 적용하기가 매우 어려웠다. 실제 소프트웨어 설계 과정에서 활용해보려는 개발자들은 책을 읽고도 구체적 활용법을 떠올리지 못해 큰 혼란에 빠지기 십상이었다. 그 유용함에 비해 도메인 주도 설계가 널리 활용되지 못했던 이유는 이 책과 같은 실용적인 지침서가 아직 등장하지 않았기 때문 아닐까.

반 버논Vaughn Vernon은 이 책을 통해 도메인 주도 설계를 엔터프라이즈 애플리케이션 구축 프로젝트에서 활용하는 방법을 현실적이고 실용적인 예제를 바탕으로 설명한다. 그리고 이 책에서 다루는 내용만으로도 도메인 주도 설계의 경험이 없는 독자까지 깊이 있는 이해를 얻을 수 있도록 개념적으로도 충실하다. 에반스의 책에선 다루지 못했던 CQRS나 이벤트 소싱 등의 새로운 주제를 함께 설명하고 있으며 스프링, REST, NoSQL, 데이터 그리드 등과 같은 실용적 기술을 반영해 예제를 구성했다.

이 책을 읽고 나면, 도메인 주도 설계를 현재 진행 중인 프로젝트에 바로 적용할 준비가 되었음을 깨닫게 될 것이다. 도메인 주도 설계의 복잡하고 폭넓은 주제에 대해 이론과 실제를 묶어준 이 책이 독자가 도메인 주도 설계의 모든 중요 개념을 자신의 프로젝트에 적용할 수 있게 만들어줄 것이라고 확신한다.

윤창석 · 황예진

차례

9장 모듈 433

10장 애그리게잇 449

들어가며

모든 계산은 맞지 않는 것처럼 보인다.
해야 할 일은 오직 하나뿐이다. 계산이 올바르게 이뤄지도록 하는 일.
– 피에르 조지 레테코에르(Pierre-Georges Latécoère),
초기 프랑스 항공 기업가

그리고 우린 그렇게 할 것이다. 소프트웨어 개발에서 도메인 주도 설계는 성공적인 구현을 위한 분명한 길이 보이지 않는 모든 능력 있는 개발자가 알아야 할 굉장히 중요한 접근법이다.

땅에 서 있기, 이륙하기

내가 어렸을 때, 나의 아버지는 작은 비행기를 몰기 위한 공부를 하셨다. 가족 전체가 종종 비행에 함께했다. 때론 점심 식사를 위해 다른 공항에 들렀다가 돌아오곤 했다. 하늘에 올라가길 바라지만 아버지의 시간이 허락하지 않을 때면, 우리는 밖으로 나가 '터치 앤 고Touch and Go'[1]를 따라 했다.

때론 장거리 여행을 하기도 했다. 그럴 때면 항상 아버지가 경로를 계획해둔 지도가 있었다. 어렸던 우리는 아래쪽의 랜드마크를 살펴보며 계획대로 경로를 따르고 있는지 확인하는 일을 했었다. 이 일은 상세한 부분을 확인할 수 없어 멀리 떨어진 지점을 살펴서 대상을 찾아야 하는 도전이 필요했기에 굉장히 즐거웠다. 실제로 나는 우리가 어디로 가는지 아버지가 항상 알고 있다고 확신했다. 아버지는 모든 장치가 나열된 계기판을 다루고 있었고, 계기 비행 자격증을 갖고 있었다.

하늘에서의 경치는 실제로 나의 관점을 변화시켰다. 때때로 아버지와 나는 시골에 있던 우리의 집 위를 날았다. 나는 수백 피트 위에서 바라보는 광경을 바탕으로 이전엔 갖지 못했던 컨텍스트context(문맥 정보)를 깨닫게 됐다. 아버지가 집 위를 날

1 활주로에 일단 바퀴를 댔다가 착륙 완료 절차로 접어들지 않고 곧바로 엔진 출력을 높여 다시 이륙하는 것으로, 이착륙 능력을 숙달하는 전통 훈련 방식이다. – 옮긴이

때면 어머니와 누이들이 마당으로 뛰쳐나와 손은 흔들었다. 나는 그들의 눈을 바라볼 순 없더라도 그들임을 알 수 있었다. 우린 이야기를 나눌 순 없었다. 내가 비행기의 창문으로 소리를 질렀다 하더라도 그들은 절대 내 목소리를 들을 수 없었을 것이다. 길과 우리 집의 경계에 서 있던 울타리를 확인할 수도 있었다. 상공에서 그 울타리는 마치 작은 가지를 조심스럽게 엮어둔 듯 보였다. 그리고 내가 여름마다 잔디깎기 기계로 한 줄 한 줄 밀며 돌던 거대한 마당도 있었다. 하늘에선 녹색의 바다만이 펼쳐져 있었고, 잔디의 가닥을 하나하나 들여다볼 수는 없었다.

나는 하늘을 날던 순간들을 너무나 좋아했다. 그 순간들은 마치 저녁 무렵 아버지와 내가 착륙 직후 활주로를 달려와 비행기를 고정시키던 때처럼 내 기억 속에 단단히 새겨졌다. 비행을 사랑하지만 확실히 지상에 있는 것을 대체할 수는 없었다. 비행하는 일이 멋지긴 했지만, 그 터치 앤 고의 순간들은 너무 짧아서 내게 안정감을 주지는 못했다.

도메인 주도 설계로 착륙하기

도메인 주도 설계DDD, Domain-Driven Design에 친숙해지는 방법은 어린 아이의 비행과 비슷할지도 모른다. 하늘에서의 풍경은 정말 멋지지만, 때론 너무 어색하고 새로워서 우리가 정확히 어디에 있는지 깨닫지 못할지도 모른다. 한 지점에서 다른 지점으로 이르는 방법은 실제와 거리가 있는 듯이 보인다. 'DDD의 성인'으로 성장한 이들은 항상 자신이 어디에 있는지를 안다. 그들은 오래전에 경로를 그려뒀고, 항행을 위한 장치도 완벽히 조정해뒀다. 굉장히 많은 수의 사람들은 지상에 내려온 것처럼 느끼지 못한다. 여기서 필요한 능력은 '착륙해서 묶어두기'다. 그리고 우리가 어디에 있고 어디로 가야할지 아는 데 도움이 될 지도도 필요하다.

에릭 에반스는 『도메인 주도 설계』(위키북스, 2011)[Evans]에서 시대를 초월한 성과를 담아냈다. 나는 에릭의 업적이 향후 수십 년간 개발자에게 실용적인 방법을 가이드할 것이라는 분명한 믿음이 있다. 다른 패턴처럼, 이는 지표로부터 한참 위를 날아서 넓은 시야를 갖게 해준다. 하지만 우리가 DDD를 구현하는 데 필요한 기초작업을 이해할 땐 그보다 더 많은 문제가 발생하며, 우리는 좀 더 많은 수의 상세한 예제를 찾게 된다. 그리고 그럴 수 있다면 지상에 좀 더 머무를 수 있고, 어쩌면 집이나 다른 익숙한 장소로 드라이브를 떠날 수 있게 될지도 모른다.

내 목표 중 일부는 여러분을 부드럽게 착륙시키고, 비행기를 잘 묶어두고, 익숙한 지상의 경로를 따라 집으로 돌아갈 수 있게 하는 일이다. 그래서 익숙한 도구와 기술을 사용한 예제를 통해 여러분이 DDD의 구현을 이해할 수 있도록 돕고자 한다. 또한 우리 중 누구도 항상 집에만 머물 수는 없기 때문에, 나는 여러분이 밖으로 나가 어쩌면 이제껏 본 적 없는 새로운 공간으로 이어지는 경로를 찾도록 도울 예정이다. 때론 그에 이르는 길이 가파를지도 모르지만, 올바른 전술을 택한다면 안전이 보장된 도전도 가능하다. 이 여행을 통해 여러분은 여러 도메인 모델을 통합할 때 대안으로 고려할 수 있는 아키텍처와 패턴을 배우게 된다. 이는 여러분을 지금까지 겪어본 적 없는 영역으로 끌어들일지도 모른다. 여러분은 여러 통합을 통한 전략적 모델링의 상세한 자료를 찾을 수 있으며, 자율적autonomous 서비스를 개발하는 방법까지도 배울 수 있다.

나의 목표는 여러분이 짧고 긴 여행을 모두 떠날 수 있으며 길을 잃거나 부상당하지 않고 복잡한 트래킹을 하면서 주변을 자세히 즐길 수 있도록 도울 지도를 제공하는 것이다.

지형을 지도로 옮기고 비행을 계획하기

우린 소프트웨어를 개발하며 항상 어떤 대상을 다른 대상으로 매핑map하게 된다. 우린 우리의 객체를 데이터베이스로 매핑한다. 우린 우리의 객체를 사용자 인터페이스로 매핑한 뒤 다시 매핑해 가져온다. 우린 우리의 객체를 여러 애플리케이션 표현(다른 시스템과 애플리케이션에서 사용할지도 모르는)으로 매핑해서 전달하고 매핑해서 가져온다. 이런 모든 매핑 과정을 생각해보면, 에반스의 상위 수준 패턴을 구현으로 매핑하려는 시도는 자연스런 결과다.

여러분이 이미 여러 번 DDD를 적용해봤다 하더라도, 아마 도움을 받을 수 있는 부분이 남아있을 것이다. DDD는 우선 기술적 도구의 집합으로서 받아들여진다. 일부에선 이런 DDD 접근을 DDD 라이트DDD-Lite라고 부른다. 우린 엔터티Entity와 서비스Service를 도입하게 되며, 어쩌면 용기 있게 애그리게잇Aggregate의 설계를 시도할 수도 있고, 리파지토리Repository를 활용해 영속성을 다루려는 노력도 기울이게 된다. 이런 패턴은 어느 정도 친숙하기 때문에 실제로 패턴을 사용하기로 결정하게 된다. 더 나아가, 그 과정에서 값 객체를 함께 사용할 수도 있다. 이 모두는 결국 전술적 설계 패턴의 범주에 속하며, 이는 기술적인 측면이 강하다. 외과 의사의 메스처럼, 패턴을 활용해 중요한 소프트웨어 문제를 해결해나갈 수 있다. 하지만 이와 관련해 더 많은 학습이 필요하며, 전술적 설계의 다른 측면도 함께 살펴봐야 한다. 나는 그것들을 구현으로 매핑하겠다.

여러분은 전술적 모델링을 넘어서 나아가본 적이 있는가? 전략적 설계 패턴이라 불리는 DDD의 '나머지 반쪽'에 관해 알아보거나 깊이 고민해본 적이 있는가? 만약 바운디드 컨텍스트Bounded Context나 컨텍스트 맵Context Map을 놓치고 있었다면, 유비쿼터스 언어Ubiquitous Language도 마찬가지일 것이다.

에반스가 소프트웨어 개발 커뮤니티에 기여한 단 하나의 '발명'을 꼽아야 한다면, 그건 바로 유비쿼터스 언어다. 적어도 그는 먼지 쌓인 설계 지혜의 창고에서 유비쿼터스 언어를 끌어내 밝히는 기여를 했다. 이는 특정 핵심 비즈니스 도메인의 개념과 용어를 소프트웨어 개발 모델로 포착해야 하는 팀을 위한 패턴이다. 이 소프트웨어 모델은 명사나 형용사, 또는 동사를 비롯해 한 명 이상의 비즈니스 도메인 전문가가 포함된 개발 팀에서 공식적으로 언급되는 좀 더 풍부한 표현까지 포함한다. 하지만 이 모델이 단순히 단어의 나열에 한정된다고 결론 내린다면 이는 잘못된 판단이다. 말하는 이의 마음을 투영하는 다른 모든 사람의 언어와 마찬가지로, 유비쿼터스 언어도 여러분이 함께 일하는 비즈니스 도메인 전문가의 머릿속 모델을 반영한다. 따라서 모델이 도메인의 원리를 제대로 담고 있는지를 확인할 소프트웨어와 테스트는 이 언어를 포착하고 고수해야 하며, 팀 내부에서도 이 언어를 고수하려는 노력을 함께해야 한다. 이 언어는 여러 전략적/전술적 모델링 패턴들만큼 가치 있으며, 때론 더 오래 지속되는 가치를 보이기도 한다.

간단히 말하자면, DDD 라이트를 따르게 되면 최소한의 도메인 모델만을 구축하는 결과로 이어진다. 이는 유비쿼터스 언어, 바운디드 컨텍스트, 컨텍스트 맵을 그리는 활동이 주는 가치가 매우 크기 때문이다. 여러분은 단순한 팀의 언어 이상의 무언가를 얻게 된다. 명시적인 바운디드 컨텍스트 안에서 도메인 모델로 표현되는 팀의 언어는 실질적인 비즈니스 가치를 더해줄 뿐만 아니라, 우리에게 올바른 소프트웨어를 개발하고 있다는 확신을 심어준다. 기술적인 측면에서도 좀 더 분명하게 행동을 정의함으로써 순수함을 높이고 오류 발생 가능성은 낮추며, 더 나은 모델을 만드는 데 도움을 받게 된다. 따라서 나는 전략적 설계 패턴을 이해하기 쉬운 구현 예제로 매핑시키려 한다.

이 책은 여러분이 전략적 설계와 전술적 설계란 두 측면 모두의 장점을 경험할 수 있는 방향으로 DDD의 영역을 매핑한다. 여러분은 세부사항을 자세히 살펴보며 비즈니스적 가치와 기술적 강점이 무엇인지 만나볼 수 있다.

우리가 DDD와 관련해 해왔던 모든 일이 단순히 지상에 머무는 수준이라면 굉장히 실망스러울 것이다. 또한 세부사항에만 너무 몰입한다면 하늘에서 바라본 풍경을 통해 배울 점도 많다는 사실을 잊게 된다. 여러분 자신을 울퉁불퉁한 지상에서의 여행에만 묶어두지는 말자. 조종사의 자리에 앉아 높은 곳에서의 이야기를 듣기 위한 도전으로 용감히 나아가자. 바운디드 컨텍스트, 컨텍스트 맵과 함께하는 전략적 설계로의 비행을 연습한다면, 최대한의 이해를 얻게 됐을 때의 웅장한 관점을 갖게 될 준비를 마치게 될 것이다. 여러분 스스로가 DDD로의 비행을 해내게 됐을 때, 비로소 나의 목표도 완성된다.

각 장의 내용

이어서 이 책의 각 장에서 다루는 내용이 무엇이고, 그로부터 얻을 수 있는 이점은 무엇인지 살펴보자.

1장: DDD를 시작하며

1장에선 DDD를 사용할 때 얻을 수 있는 이익과 DDD를 달성하는 방법을 소개한다. 여러분의 프로젝트를 수행하고 여러분의 팀이 복잡도로 고민하고 있을 때 DDD가 수행할 수 있는 역할은 무엇인지 배운다. 여러분의 프로젝트가 DDD에 투자해도 좋을지 평가할 방법을 찾아보고, 여러분이 흔히 고려할 수 있는 DDD의 대안이 무엇이고, 왜 그런 대안이 흔히 문제를 일으키곤 하는지 알아본다. 1장에선 여러분의 프로젝트가 첫 발을 내딛기 위한 DDD의 기반을 다루며, 이는 여러분의 관리자와 도메인 전문가와 기술 팀 구성원을 설득하는 데 도움이 될지도 모른다. 이는 여러분이 성공에 이르는 방법에 관한 지식으로 무장해 DDD를 사용할 때 겪게 될 도전을 마주할 수 있도록 해줄 것이다.

실제 현실에서 겪게 되는 DDD의 도전을 마주하고 있는 가상의 회사와 팀에 관한 케이스 스터디도 함께 다룬다. 혁신적인 멀티테넌트multitenant 환경의 서비스로서의 소프트웨어SaaS 기반 제품을 만들고자 하는 이 회사는 DDD를 적용하며 흔히 겪게 되는 많은 실수를 경험하지만, 팀이 문제를 해결하고 프로젝트를 이어갈 수 있도록 해주는 중요한 발견을 하게 된다. 이 프로젝트에선 스크럼 기반 프로젝트 관리 애플리케이션을 개발하며, 대부분의 개발자가 관련돼 있다. 이 케이스 스터디는 이어지는 장에서도 계속해서 활용된다. 각각의 전략적 패턴과 전술적 패턴을 팀의 시각에서 학습하게 되며, 팀의 실수뿐만 아니라 팀이 성공적인 DDD 구현을 위해 성숙해 나가는 과정을 함께 다룬다.

2장: 도메인, 서브도메인, 바운디드 컨텍스트

도메인Domain, 서브도메인Subdomain, 핵심 도메인Core Domain은 각각 무슨 의미일까? 바운디드 컨텍스트는 무엇이고, 이들을 왜 그리고 어떻게 사용해야 할까? 우리의 케이스 스터디에서 프로젝트 팀이 저지르는 실수를 통해 이 질문에 대한 답을 찾아본다. 이 팀은 첫 번째 DDD 프로젝트를 시작하며 자신들이 일하고 있는 서브도메인과 바운디드 컨텍스트, 그리고 정확한 유비쿼터스 언어를 이해하는 데 실패한다. 사실 이들은 전략적 설계에 전혀 익숙하지 않으며, 단순히 전술 수준에서의 이익을 위해 전술적 패턴만을 활용하고 있었다. 이 때문에 초기 도메인 모델 설계에 문제가 발생하게 된다. 다행스럽게도 이들은 희망을 찾을 수 없는 늪에 빠지기에 앞서 무엇이 잘못됐었는지 찾게 된다.

여기에는 바운디드 컨텍스트를 적용해 모델을 올바르게 구분하고 분리하는 데 관한 중요한 메시지가 담겨 있다. 흔히 빠지는 잘못된 패턴의 적용에 관해 다루며, 패턴을 효율적으로 구현하는 방법에 관해 충고한다. 이를 통해 이들의 세 번째 바운디드 컨텍스트, 새로운 핵심 도메인, 책에서 사용되는 주요 예제에서 올바르게 모델링 개념을 분리해내게 된다.

기술적인 측면에서만 DDD를 적용하며 고통을 느꼈던 독자라면 2장의 내용에 크게 공감하게 될 것이다. 여러분이 아직 전략적 설계를 제대로 시작하지 않았다면, 성공적인 여정을 시작하는 올바른 방향을 찾을 수 있다.

3장: 컨텍스트 맵

컨텍스트 맵Context Map은 팀이 비즈니스 도메인과 여러 모델 사이의 경계와 통합이 진행되는 형태를 이해할 수 있도록 도와주는 강력한 도구다. 이를 위한 기법은 단순히 시스템 아키텍처의 다이어그램을 그리는 데 국한되지 않는다. 이는 엔터프라이즈 내부의 여러 바운디드 컨텍스트와 하나의 모델에서 다른 모델로 객체를 매핑하는 데 사용되는 패턴 사이의 관계를 이해하는 문제다. 복잡한 비즈니스를 갖고 있는 엔터프라이즈에서 바운디드 컨텍스트를 제대로 구성하기 위해선 이 도구의 사용이 중요하다. 3장에선 프로젝트 팀이 처음으로 생성했던 바운디드 컨텍스트(2장에서 다루는)의 문제를 이해하기 위해 컨텍스트 매핑을 적용하는 과정을 살펴본다. 그리고 새로운 핵심 도메인을 설계하고 구현해야 하는 팀이 그 결과로 만들어진 깔끔한 두 바운디드 컨텍스트를 활용하는 방법을 보여준다.

4장: 아키텍처

우리 모두는 이미 계층 아키텍처Layers Architecture에 관해 알고 있다. 하지만 계층이 정말 DDD 애플리케이션을 다루는 유일한 방법일까? 그렇지 않다면 어떤 다른 아키텍처가 있을까? 여기선 헥사고날Hexagonal(포트와 어댑터Ports and Adaptors), 서비스 지향, REST, CQRS, 이벤트 중심(파이프와 필터Pipes and Filters, 장기 실행 프로세스Long-Running Process나 사가Saga, 이벤트 소싱Event Sourcing), 데이터 패브릭Data Fabric/그리드Grid 기반 등의 여러 아키텍처 안에서 DDD를 사용하는 방법을 고민한다. 프로젝트 팀은 이런 여러 아키텍처 스타일을 적용하게 된다.

5장: 엔터티

첫 번째로 다룰 DDD 전술 패턴은 엔터티Entity다. 프로젝트 팀은 엔터티에 너무 크게 의존해서, 값 객체Value Object로 설계해야 하는 중요성을 간과한다. 이로 인해 데이터베이스와 영속성 프레임워크의 과도한 간섭으로 엔터티를 남용하는 문제에 관해 논의해본다.

엔터티를 사용하는 올바른 방법에 익숙해진 다음에는 엔터티를 설계하는 방법에 관한 다양한 예제를 다룬다. 유비쿼터스 언어를 엔터티로 표현하는 방법은 무엇일까? 어떻게 엔터티를 테스트하고 구현하고 저장할까? 5장에선 이런 문제를 하나씩 다루며 가이드를 제시한다.

6장: 값 객체

프로젝트 팀은 초기에 값 객체를 사용한 중요한 모델링 기회를 놓쳤다. 이 팀은 여러 관련 속성을 불변하는 묶음으로 모으는 데 주의를 기울여야 했을 순간에, 엔터티의 개별적 속성에만 너무 집중했었다. 6장에선 엔터티가 아닌 값을 사용해야 하는 시기를 결정하기 위해 모델의 특성을 식별하는 방법을 논의하면서 값 객체의 설계를 여러 방향에서 살펴본다. 6장에선 통합을 진행할 때 값이 수행하게 되는 역할이나 표준 타입의 모델링과 같은 다른 중요한 주제도 함께 다룬다. 이어서 도메인 중심 테스트를 설계하는 방법, 값 타입을 구현하는 방법, 애그리게잇의 일부로 이들을 저장해야 할 때 영속성 메커니즘으로 인한 나쁜 영향을 피하는 방법 등도 이야기한다.

7장: 서비스

7장에선 하나의 개념을 도메인 모델 안의 잘 짜여진 무상태 서비스Service로 모델링해야 하는 시점이 언제인지 보여준다. 여러분은 엔터티나 값 객체가 아닌 서비스를 설계해야 하는 시점과, 비즈니스 도메인 로직을 처리하거나 기술적 통합을 위해 도메인 서비스를 구현하는 방법을 알아본다. 서비스를 사용하는 시점과 서비스를 설계하는 방법에 관한 사례를 통해 프로젝트 팀이 내린 결정을 살펴본다.

8장: 도메인 이벤트

에릭 에반스가 그의 책을 출판했던 시점은 도메인 이벤트Domain Event가 DDD의 한 부분으로 소개되기 이전이었다. 모델에서 발행하는 도메인 이벤트가 왜 그렇게 강력한지와, 비즈니스 서비스의 통합과 자동화를 지원하는 가운데 도메인 이벤트를 사용하는 여러 방법을 배워본다. 애플리케이션은 기본적으로 여러 종류의 기술적 이벤트를 보내고 처리하지만, 도메인 이벤트만의 특징이 무엇인지 구분해 논의한다. 설계와 구현을 위한 가이드를 제공하며, 선택할 수 있는 옵션과 그에 따른 장단점을 알려준다. 이어서 발행-구독Publish-Subscribe 메커니즘을 만드는 방법, 엔터프라이즈를 아우르며 구독자를 통합하는 방법, 이벤트 저장소를 생성하고 관리하는 방법, 흔히 겪게 되는 메시징 문제에 대처하는 방법 등을 논의한다. 또한 프로젝트 팀이 이를 올바르게 적용하는 과정과 각 방법만의 장점을 조명한다.

9장: 모듈

다른 컨테이너에 속한 객체와의 결합도는 제한하면서 올바른 크기의 컨테이너에 모델 객체를 담아내는 방법은 무엇일까? 이런 컨테이너가 유비쿼터스 언어를 반영하도록 하려면 어떻게 이름을 붙여야 할까? 패키지나 네임스페이스를 넘어서, 언어와 프레임워크에서 제공하는 좀 더 최신의 모듈화 기능(OSGi, 직소Jigsaw와 같은)은 어떻게 활용할 수 있을까? 여기선 프로젝트 팀이 여러 프로젝트에 걸쳐 모듈을 사용하는 방법을 살펴본다.

10장: 애그리게잇

애그리게잇은 아마도 DDD의 전술 도구 가운데 가장 이해도가 낮은 도구일 것이다. 그렇지만 몇 가지의 경험 법칙rules of thumb을 적용하면 애그리게잇을 더 간단하고 빠르게 구현할 수 있다. 여러분은 작은 객체 클러스터의 주변으로 일관성 경계를 구축하면서 복잡도의 벽을 부수고 애그리게잇을 사용하는 방법을 학습한다. 프로젝트 팀은 그다지 중요하지 않은 부분에 너무 큰 관심을 둬서 몇 가지 잘못된 방향을 선택하는 실수를 저지른다. 우린 팀의 이터레이션iteration을 따라가면서 모델링 과정에서 겪게 되는 문제와 팀이 저지른 잘못이나 그 밖의 결정사항을 분석한다. 팀은 노력을 기울이면서 핵심 도메인에 대해 더 깊이 이해할 수 있게 됐다. 우린 팀이 트랜잭션과 결과적 일관성eventual consistency을 올바르게 적용해 분산 처리 환경에서 확장성과 성능을 더 높인 모델을 설계하며 자신들이 저지른 실수를 고쳐가는 과정을 살펴본다.

11장: 팩토리

이미 [Gamma 등]에서 팩토리에 관한 충분한 이야기를 했는데도 왜 이 책에서 다시 언급하려고 할까? 11장에선 팩토리에 관한 새로운 이야기를 하려는 게 아니다. 그보다는 팩토리가 어디에 위치해야 하는지 이해하는 데 집중한다. 물론 DDD의 설정에 맞춰 제 역할을 하는 팩토리를 설계하는 몇 가지 팁도 함께 소개한다. 프로젝트 팀이 클라이언트 인터페이스를 단순화하고 모델의 사용자가 멀티테넌트multitenant 환경에서 재앙적인 버그를 유발하지 않도록 막으면서 팩토리를 생성하는 방법을 확인하자.

12장: 리파지토리

리파지토리Repository는 단지 단순한 데이터 접근 객체DAO, Data Access Object가 아닌가? 왜 우린 데이터베이스가 아닌 컬렉션을 흉내 내기 위해 리파지토리를 설계하는 방안을 고려해야 할까? 그리드 기반의 코히어런스Coherence 분산 캐시를 지원하거나 NoSQL 키-값 저장소를 사용하는, ORM을 사용한 리파지토리를 설계하는 방법을 학습하자. 이런 부가적인 영속성 메커니즘은 리파지토리라는 구성 요소에서 오는 강력함과 다재다능함으로 인해 프로젝트 팀을 편안하게 해준다.

13장: 바운디드 컨텍스트의 통합

지금까지 여러분은 컨텍스트 매핑의 상위 수준 기법을 이해했고 전술 패턴을 활용할 수 있게 됐지만, 모델의 통합을 실제로 구현할 때는 어떤 일이 일어날까? DDD에선 어떤 통합 옵션이 주어질까? 13장에선 컨텍스트 매핑을 통해 모델의 통합을 구현하는 몇 가지 방법을 소개한다. 프로젝트 팀이 핵심 도메인과 그를 지원하는 바운디드 컨텍스트를 통합하는 방법에 기반해 통합의 지침을 제공한다.

14장: 애플리케이션

여러분은 핵심 도메인의 유비쿼터스 언어에 따라 모델을 설계했다. 또한 그 사용법과 정확성에 따라 충분한 테스트를 만들었고, 실제로 동작함을 확인했다. 하지만 여러분의 팀에 속한 다른 구성원이 해당 모델을 둘러싼 애플리케이션의 다른 영역을 설계할 때는 어떻게 해야 할까? 그들은 모델과 사용자 인터페이스 사이에서 데이터를 전달하기 위해 DTO를 사용해야 할까? 애플리케이션 서비스Application Service와 인프라는 어떻게 동작할까? 14장에선 익숙해졌을 프로젝트에서 선택할 수 있는 옵션을 살펴보며 이 문제를 다룬다.

부록 A: 애그리게잇과 이벤트 소싱(A+ES)

이벤트 소싱Event Sourcing은 애그리게잇을 저장하기 위한 중요한 기술적 접근법이며, 이벤트 중심 아키텍처Event-Driven Architecture를 만드는 기반을 제공한다. 애그리게잇이 생성된 후 발생하는 일련의 이벤트를 통해 애그리게잇의 전체 상태를 표현하기 위해 이벤트 소싱을 사용할 수 있다. 이벤트를 발생 순서를 지켜 다시 재생함으로써 애그리게잇의 상태를 재구축할 수 있다. 따라서 이벤트는 영속성을 단순화하고 복잡한 행동 속성에서 개념을 포착하도록 해주는 가운데, 이벤트 자체가 여러분 자신의 시스템과 외부 시스템에 지대한 영향을 미치는 요소가 된다.

자바와 개발 도구

이 책에서 다루는 대부분의 예제는 자바 프로그래밍 언어Java Programming Language를 사용하고 있다. C# 예제를 제공할 수도 있었지만, 다음과 같이 신중히 고민한 후 그보다는 자바를 사용하기로 결정했다.

첫째로, 아쉽게도 자바 커뮤니티에선 좋은 설계나 개발 사례를 무시하는 풍조가 있다고 생각한다. 최근 들어 자바 기반 프로젝트에선 깔끔하고 분명한 도메인 모델을 찾기가 어려워졌다. 이는 아마도 신중한 모델링 대신, 제품 백로그backlog를 마치 설계인 것처럼 개발자에게 떠넘기는 스크럼이나 다른 애자일 기법을 사용하기 때문으로 보인다. 대부분의 애자일 지지자는 그들의 백로그 태스크가 내부의 비즈니스 모델에 어떤 영향을 미치는지에 관한 고민 없이 매일마다 스탠드업을 진행한다. 나는 이를 굳이 언급할 필요조차 없다고 생각하지만, 스크럼과 같은 방식은 절대 설계의 영역을 다루지 않는다. 얼마나 많은 수의 프로젝트와 제품 관리자가 지속적인 제품 전달continuous delivery을 향한 길을 끈질기게 추구하고 있는지를 떠나서, 스크럼은 본래 간트 차트 신봉자를 만족시키기 위한 도구의 역할만을 염두에 둔 방식이 아니다. 하지만 여러 사례들을 보면 점차 그런 역할만이 강조되고 있는 것이 현실이다.

나는 이를 큰 문제라고 생각하며, 올바른 설계 기법(애자일하고 빠른)이 실제 업무에 미치는 긍정적인 영향에 관한 충분한 생각을 통해 자바 커뮤니티가 도메인 모델링으로 돌아올 수 있도록 영감을 불어넣는 일은 내가 가진 중요한 주제 중 하나다.

또한 지미 닐슨Jimmy Nilsson의 『도메인 주도 설계와 패턴: C#과 .NET을 바탕으로』[Nilsson]와 같이 .NET 환경에선 DDD를 사용하는 방법에 관한 좋은 자료를 구할 수 있다. 지미의 훌륭한 업적과 Alt.NET의 사고방식을 따르는 사람들 때문에, .NET 커뮤니티에선 훌륭한 설계와 개발 사례를 따르려는 기류가 흐르고 있다. 자바 개발자는 이런 상황을 잘 알고 있어야 한다.

둘째로, 난 C#.NET 커뮤니티가 자바 코드를 이해하는 데 전혀 문제가 없을 거란 점을 잘 알고 있다. 대부분의 DDD 커뮤니티에서 C#.NET을 사용하고 있다는 사실 때문에, 초기에 내 책을 검토해주던 사람들은 대부분 C# 개발자였는데, 난 단 한 번도 이들로부터 자바 코드를 읽는 일에 관한 불평을 들어본 일이 없다. 따라서 나는 자바를 사용했기 때문에 C# 개발자가 소외감을 느낄 거라곤 전혀 생각하지 않는다.

내가 이 글을 쓰는 시점에는 관계형 데이터베이스에서 벗어나 문서 기반 키-값 저장소key-value storage를 사용하려는 변화가 일어나고 있음을 언급해두고 싶다. 이는 좋은 방향의 변화이며, 마틴 파울러Martin Fowler도 이런 저장소에 '애그리게잇 지향 저장소aggregate-oriented storage'란 별명을 붙여줬다. 이는 DDD 환경에서 NoSQL 저장소를 사용하는 이점을 잘 드러내는 적절한 이름이다.

하지만 나는 컨설팅 업무를 수행하며 상당히 많은 사람들이 아직도 관계형 데이터베이스와 객체-관계형 매핑object-relational mapping을 사용하고 있다는 점을 발견했다. 따라서 도메인 모델을 위한 객체-관계형 매핑 기술의 사용에 관한 가이드를 추가하더라도 NoSQL을 지지하는 사람들의 커뮤니티를 실망시키진 않을 거라 생각했다. 물론 나는 객체-관계형 임피던스 불일치impedance mismatch 때문에 이를 고민할 필요가 없다고 생각하는 사람들이 있고, 이를 고민할 그들의 반감을 살 수 있다는 점을 잘 알고 있다. 매일 이런 임피던스 불일치를 힘겹게 상대해야만 하는 이들이 굉장히 많다는 걸 알기 때문에 이런 반감을 받아들일 수 있지만, 이런 상황을 정말 이해하지 못하는 이는 얼마 되지 않는다.

물론 12장, '리파지토리'에서 문서 기반, 키-값, 데이터 패브릭/그리드 기반 저장소의 사용에 관한 가이드를 제공한다. 또한 애그리게잇과 그에 속한 부분의 설계 대안으로서 영향을 미치는 NoSQL 저장소의 사용에 관해서도 논의한다. NoSQL 저장소를 향한 변화의 물결은 계속 거칠게 이어질 것으로 보이기 때문에, 객체-관계형 개발자는 이런 변화에 관심을 가져야 한다. 여러분이 확인할 수 있겠지만, 나는 두 측면의 논의 모두를 이해하며 양쪽 모두에 동의한다. 이 모두는 기술 트렌드가 만들어내는 마찰의 한 부분이며, 긍정적인 변화를 이끌어내기 위해선 이런 마찰이 필요하다.

이 책을 시작하기 위한 가이드

에릭 에반스는 『도메인 주도 설계』에서 거대한 패턴 언어pattern language의 필수적인 부분이 무엇인지를 보여줬다. 패턴 언어란 서로가 얽혀 있는(상호 의존적인) 몇 가지 소프트웨어 패턴의 집합이다. 하나의 패턴은 다른 패턴을 향한 하나 이상의 참조 관계(의존성의 방향은 양방향 모두 가능)를 갖고 있다. 이런 사실이 여러분에게 의미하는 바는 무엇일까?

이는 여러분이 이 책을 읽어갈 때 이전까지 접하지 못했던 DDD 패턴을 마주칠 수 있음을 시사한다. 그렇다고 혼란에 빠질 필요는 없으며, 불안함 때문에 읽기를 멈추지 않도록 하자. 참조하고 있는 패턴은 대부분 이 책의 다른 장에서 상세히 다루게 된다.

패턴 언어를 풀어가는 과정을 돕기 위해, 다음의 표 G.1과 같은 규칙을 사용한다.

표 G.1 이 책에서 사용되는 규칙

규칙	의미
패턴 이름(#)	1. 여러분이 읽고 있는 해당 장에서 패턴이 처음으로 참조됐거나 2. 해당 장에서 먼저 언급됐더라도 여러분이 읽고 있는 문장과 관련한 충분한 정보를 얻기 위해 필수적이라면, 중요한 추가 참조임을 나타낸다.
바운디드 컨텍스트(2)	여러분이 읽고 있는 장에서, 2장에서 상세히 서술하고 있는 바운디드 컨텍스트에 관한 내용을 참조한다.
바운디드 컨텍스트	같은 장 안에서 참조되는 어떤 패턴을 이미 한 번 표시했다면, 반복되는 참조에 선 굵이 다시 표시하지 않는다.
[참조]	다른 저작물을 가리키는 참조 문헌
[Evans] 또는 [Evans, Ref]	나는 해당 DDD 패턴을 자세히 다루지 않으며, 만약 여러분이 더 많은 정보를 원한다면 에릭 에반스의 글을 읽어보자(물론 에릭 에반스의 글은 어느 상황에서든 추천한다). [Evans]는 그의 최고의 책인 『도메인 주도 설계』를 의미한다. [Evans, Ref]는 [Evans]의 패턴을 갱신하고 확장해 농축한 두 번째 출판물을 의미한다.

(이어짐)

규칙	의미
[Gamma 등]과 [Fowler, P of EAA]	[Gamma 등]은 유명한 책인 『디자인 패턴』을 의미한다. [Fowler, P of EAA]는 마틴 파울러의 『엔터프라이즈 애플리케이션 아키텍처 패턴』을 의미한다. 나는 이런 저작물 참조를 빈번히 사용한다. 다른 여러 저작물에 관한 참조도 있지만, 이 두 참조는 다른 참조보다도 좀 더 자주 등장한다. 상세한 사항은 전체 참조 문헌 목록을 살펴보자.

여러분이 어떤 장의 중간을 펼쳐 읽어나가기 시작했고 바운디드 컨텍스트와 같은 참조를 만나게 됐다면, 아마도 이 책 어딘가에서 해당 패턴을 다루는 장을 찾을 수 있을 거란 점을 잊지 말자. 여러 참조를 확인해보고 싶다면 목차를 살펴보자.

여러분이 이미 [Evans]를 읽었고 그 책에서 다루는 패턴에 어느 정도 익숙하다면, 여러분은 아마도 DDD에 관해 좀 더 분명히 이해하면서 여러분이 갖고 있는 모델의 설계를 개선하는 방법에 관한 단서를 찾기 위해 이 책을 활용할 것이다. 이런 상황에선 지금 당장 큰 그림을 확인해야 할 필요는 없다. 하지만 만약 여러분이 상대적으로 DDD를 생소하게 느낀다면, 이어지는 절의 내용은 여러 패턴이 서로 맞물리는 방식과 빠르게 이 책에 적응하는 방법을 이해하는 데 도움이 될 것이다. 그럼 계속 읽어가보자.

DDD의 큰 그림

이 책의 도입부에선 DDD의 주춧돌 중 하나인 유비쿼터스 언어^Ubiquitous Language^(1)를 다룬다. 유비쿼터스 언어는 단일 바운디드 컨텍스트^Bounded Context^(2)의 경계 안쪽에서 적용하게 된다. 여러분은 도메인 모델링 사고방식에 익숙해져야 한다. 여러분의 소프트웨어 모델이 전술적으로 어떻게 설계됐든, 전략적으론 바운디드 컨텍스트에 따라 명시적으로 모델링된 깔끔한 유비쿼터스 언어를 반영해야 함을 기억하자.

전략적 모델링

바운디드 컨텍스트는 도메인 모델을 적용할 수 있는 개념적 경계다. 이는 팀에서 이야기를 위해 사용하며 신중히 설계된 소프트웨어 모델 안에서 표현되는 유비쿼터스 언어를 위한 컨텍스트^context^(문맥 정보)를 제공한다. 그림 G.1을 살펴보자.

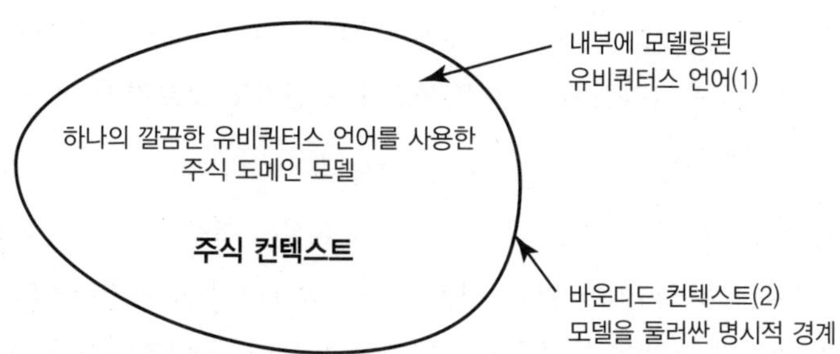

그림 G.1 바운디드 컨텍스트와 관련된 유비쿼터스 언어를 나타낸 다이어그램

여러분은 전략적 설계를 알아가면서, 그림 G.2에 나타난 컨텍스트 매핑Context Mapping(3) 패턴이 함께 사용됨을 발견하게 된다. 여러분의 팀은 컨텍스트 맵을 사용해 프로젝트의 경계를 이해하게 된다.

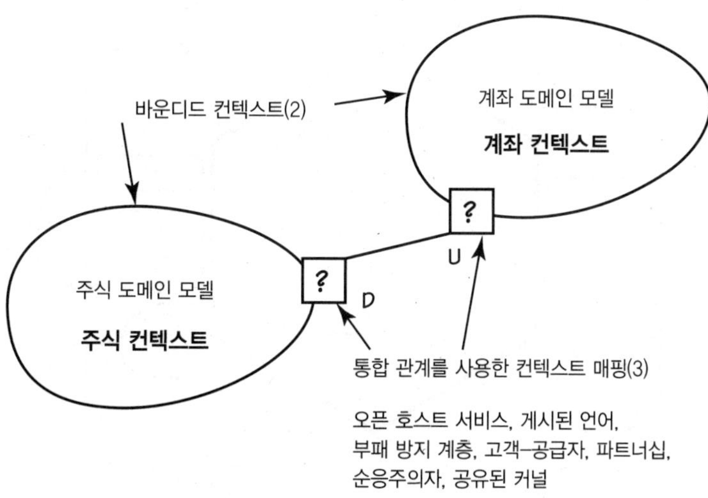

그림 G.2 컨텍스트 맵은 바운디드 컨텍스트 사이의 관계를 보여준다.

아키텍처

때론 새로운 바운디드 컨텍스트나 컨텍스트 매핑을 통해 상호작용하는 기존의 바운디드 컨텍스트에 따라 새로운 스타일의 아키텍처Architecture(4)를 선택해야 할 때가 있다. 도메인 모델을 설계할 땐 전략적으로나 전술적으로나 아키텍처적 측면에서 중립을 지키는 것이 중요하다. 그렇다고 하더라도 각 모델을 둘러싸거나 모델 사이의 관계를 나타냄에 있어서 어느 정도의 아키텍처 수립이 필요한 순간이 찾아온다. 바운디드 컨텍스트를 다루는 강력한 아키텍처 스타일로는 헥사고날(서비스 지향,

REST, 이벤트 주도 등의 여러 스타일을 다루는 데 사용할 수 있는)이 있다. 그림 G.3에선 헥사고날 아키텍처를 나타냈으며, 다소 복잡해 보일지도 모르지만 이는 적용이 상당히 간단한 스타일이다.

때론 신중히 만들어가는 DDD 기반 모델의 중요성에 집중하지 않고, 아키텍처 자체에 너무 큰 관심을 둘 때가 있다. 아키텍처는 중요하지만, 아키텍처의 영향력은 상황에 따라 바뀐다. 올바른 우선순위를 명심하면서, 더 큰 비즈니스적 가치를 갖고 더 오래 지속되는 도메인 모델에 더 큰 관심을 두자.

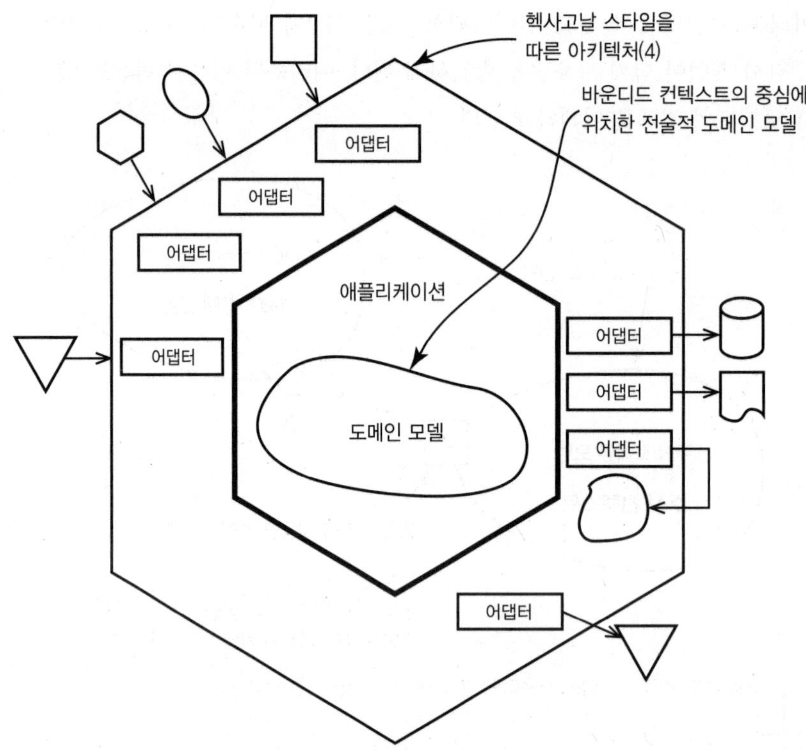

그림 G.3 소프트웨어의 중심에 위치한 도메인 모델과 헥사고날 아키텍처

전술적 모델링

우리는 DDD의 기반을 이루는 패턴을 사용해 전술적 측면에서 바운디드 컨텍스트 내부를 모델링한다. 전술적 설계 중 가장 중요한 패턴은 그림 G.4에 나타낸 것과 같은 애그리게잇[Aggregate](10)이다.

하나의 애그리게잇은 하나의 엔터티Entity(5)나 여러 엔터티와 값 객체Value Object(6)의 클러스터로 구성될 수 있으며, 이때 애그리게잇의 수명lifetime이 다할 때까지 트랜잭션적 일관성이 유지돼야만 한다. 애그리게잇을 효과적으로 모델링하는 방법을 이해하는 일은 상당히 중요하며, 이는 DDD의 기반을 이루는 요소 중 가장 이해도가 낮은 기법이기도 하다. 이렇게 중요한 애그리게잇을 왜 책의 뒤쪽에서 다루는지 의아할 수도 있다. 무엇보다도, 이 책에서 전술적 패턴의 위치는 [Evans]에서 사용한 순서를 따르고 있다. 또한 애그리게잇은 다른 전술적 패턴에 기반을 두고 있기 때문에 복잡한 애그리게잇 패턴을 설명하기에 앞서 기본적인 구성 요소(엔터티나 값 객체와 같은)를 먼저 다루고자 했다.

애그리게잇의 인스턴스는 리파지토리Repository(12)를 사용해 저장되며, 이후에는 리파지토리로부터 검색해 가져올 수 있다. 이를 그림 G.4에서 확인할 수 있다.

그림 G.5와 같이, 도메인 모델의 내부에서 무상태 서비스Service(7)를 사용해 엔터티나 값 객체에는 잘 맞지 않는 비즈니스 오퍼레이션을 수행할 수 있다.

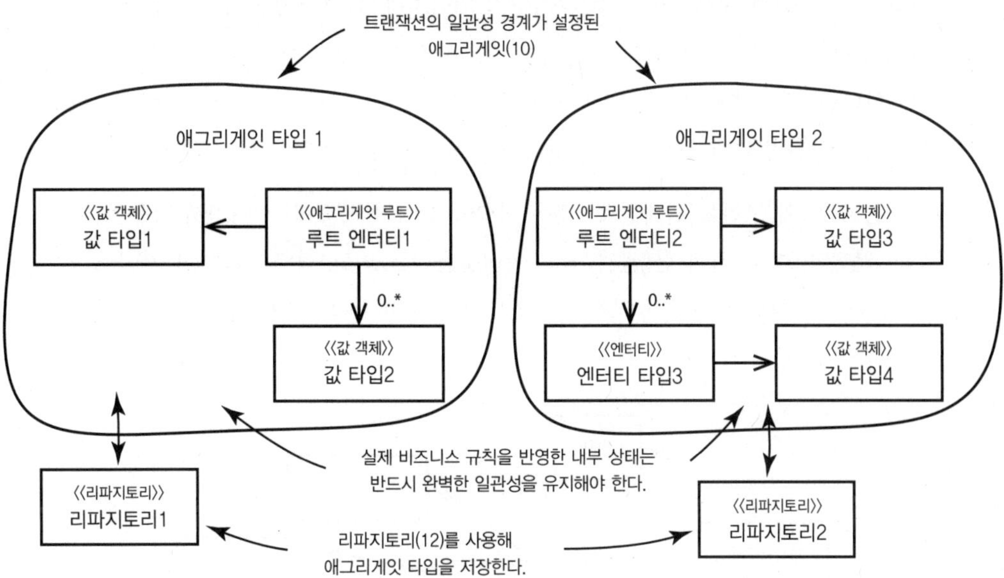

그림 G.4 각각의 트랜잭션 일관성 경계가 설정된 두 애그리게잇 타입

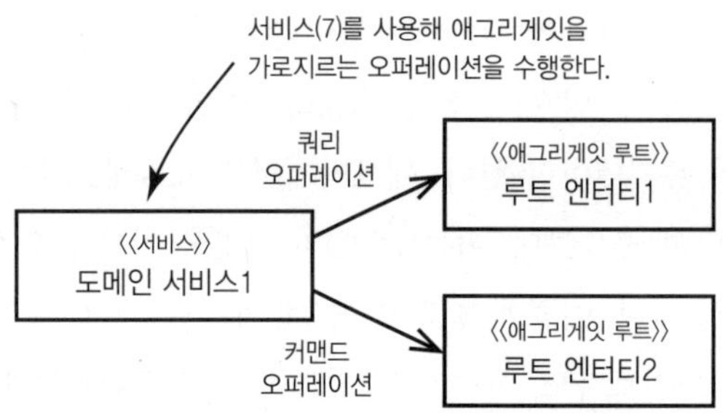

그림 G.5 도메인 서비스는 여러 도메인 객체와 연관성을 가질 수 있는 도메인 특정 오퍼레이션을 포함하게 된다.

도메인 이벤트Domain Event(8)를 사용해 도메인에서 발생하는 중요한 사건을 나타낼 수 있다. 도메인 이벤트는 몇 가지 다른 방법으로 모델링할 수 있다. 도메인 이벤트가 애그리게잇 커맨드 오퍼레이션의 결과로서의 사건을 나타낸다면, 그림 G.6처럼 애그리게잇 스스로가 이벤트를 발행한다.

보통 깊게 고려되는 사항은 아니지만, 모듈Module(9)의 올바른 설계는 굉장히 중요하다. 가장 간단한 형태로서, 모듈은 자바의 패키지나 C#의 네임스페이스에 해당한다고 생각하면 된다. 유비쿼터스 언어를 따르지 않고 기계적으로 여러분의 모듈을 설계한다면, 좋은 측면보다는 나쁜 측면이 더 커질 수 있음을 명심하자. 그림 G.7은 모듈이 제한된 범위의 응집도 높은 도메인 객체만을 담아야 함을 보여준다.

물론 DDD의 구현을 위해선 더 많은 사항을 알아야 하겠지만, 여기서 모두를 다루진 않겠다. 이를 위해 한 권의 책이 여러분을 기다리고 있다. 나는 이 가이드가 DDD 구현을 향한 여러분의 여정에 첫걸음이 되길 바란다. 자, 이제 본격적인 여정을 시작해보자.

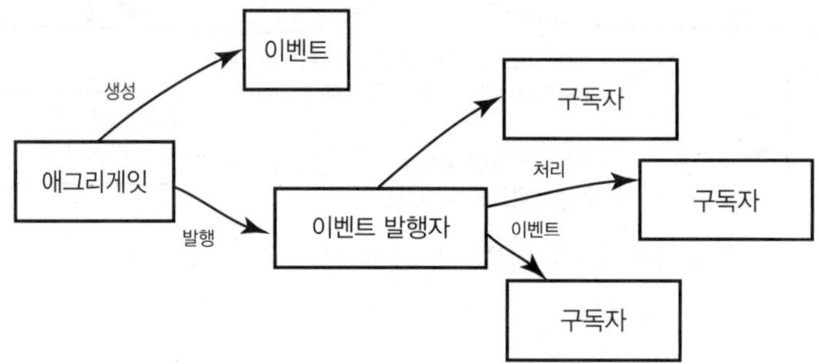

그림 G.6 도메인 이벤트는 애그리게잇에 의해 발행될 수 있다.

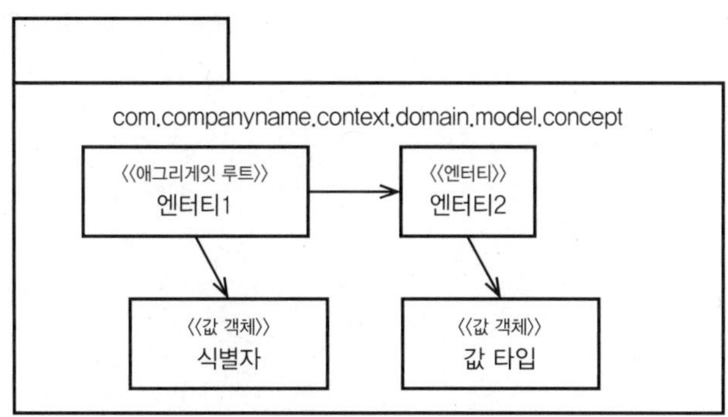

그림 G.7 응집도 높은 도메인 객체를 담고 조직해주는 모듈

아, 그리고 여러분이 카우보이 논리에도 익숙해질 수 있도록 그 단편을 여기서 소개해둔다.

카우보이 논리

AJ: "네가 씹을 수 있는 것보다 더 많이 씹어야 한다는 걱정을 붙들어 매도록 해. 아마 너의 입은 너의 생각보다 훨씬 거대할 거야." ;-)

LB: "J, 너는 '마음'에 관해 말하려는 거지. 너의 마음은 너의 생각보다 크다고!"

1장

DDD를 시작하며

> 설계는 단순히 어떻게 보이고 느껴지는가에 관한 것이 아니다.
> 설계는 어떻게 동작하는가에 관한 것이다.
> – 스티브 잡스

우리는 개발하는 소프트웨어의 품질을 높이려고 많은 노력을 한다. 버그투성이인 소프트웨어를 내놓지 않도록 테스트를 통해 우리는 어느 정도의 품질을 유지하고 있지만, 아무리 버그가 없는 소프트웨어를 만든다 해도 그것이 양질의 소프트웨어 모델을 설계[design]했다는 것을 의미하지는 않는다. 소프트웨어 모델(원하는 비즈니스 목표를 이루도록 솔루션을 제공해주는 방법)은 여전히 크게 미완성일 수 있다. 단점이 없다시피 하는 소프트웨어를 배포하는 것도 중요하겠지만, 우리는 비즈니스 목표를 명확히 반영하는 좋은 소프트웨어 모델을 만들겠다는 더 높은 목표를 추구할 수도 있고, 더 나아가 훌륭하고 멋진 모델을 만드는 단계까지 도달할 수 있을 것이다.

도메인 주도 설계[Domain-Driven Design], 혹은 DDD라고 불리는 소프트웨어 개발의 접근법은 우리가 높은 품질의 소프트웨어 모델을 설계할 수 있도록 해준다. DDD를 정확하게 구현했을 때, DDD는 우리가 만든 설계가 소프트웨어 동작에 정확히 어떻게 반영되는지를 볼 수 있도록 해준다. 이 책은 독자가 DDD를 올바르게 구현하도록 도와주기 위해 쓰였다.

아마 당신은 DDD를 완전히 처음 접했을 수도 있고, 전에 시도했다가 어려움을 겪었을 수도 있으며, 혹은 이전에 이미 성공한 경험이 있을 수도 있다. 어쨌거나 이 책을 읽고 있는 이유가 DDD를 구현하는 능력을 향상시키고 싶기 때문이라는 점은 분명하고, 이제 그렇게 할 수 있게 될 것이다. 1장의 로드맵은 당신의 니즈[needs]를 구체화하도록 도와줄 것이다.

1장의 로드맵

- 당신과 당신 팀이 복잡성 때문에 고심하고 있는 프로젝트에 DDD가 어떤 도움이 될 수 있을지 발견하라.
- DDD의 투자를 받을 만한 가치가 있는 프로젝트인지 가늠할 수 있는 방법을 찾아라.
- DDD의 일반적인 대안을 고려해보고 왜 그 대안들이 문제가 되는지 살펴보라.
- 프로젝트의 첫발을 떼는 법을 배우는 것으로 DDD의 기초를 다져라.
- 경영진, 도메인 전문가, 기술 팀원들에게 DDD를 팔 수 있는 법을 배우라.
- 성공하는 법을 잘 알고 DDD를 사용해 생길 수 있는 문제점에 대응하라.
- DDD를 구현하는 방법에 대해 배우고 있는 팀을 살펴보라.

DDD로부터 기대할 수 있는 것은 무엇일까? DDD란 프로젝트의 진로를 막는 어떤 무겁고, 압축되고, 의식이 거창한 과정이 아니다. 오히려 이미 신뢰해서 사용해 온 애자일agile 개발 기술이 사용될 것을 기대해도 된다. 애자일을 넘어 당신의 비즈니스 영역의 깊은 통찰을 얻도록 도와줄 것이며, 테스트 가능하고, 변형 가능하고, 정리되어 있으며, 정교하게 만들어진 고품질의 소프트웨어 모델을 만들게 해줄 것이다.

DDD는 전략적인 동시에 전술적인 모델링 도구로서 중요한 비즈니스 목적을 달성시킬 수 있는 양질의 소프트웨어를 설계하게 해줄 것이다.

나도 DDD를 할 수 있을까

다음과 같은 조건을 갖췄다면 당신도 DDD를 구현할 수 있다.

- 매일 훌륭한 소프트웨어를 만들려는 열정과 목표를 이루려는 끈기
- 배우고 개선하고자 하는 열망과 당신에게 그것이 필요하다고 인정할 수 있는 배짱
- 소프트웨어 패턴을 이해하고 적절하게 적용할 수 있는 적성
- 증명된 애자일 방법론을 사용해 설계 대안을 탐구해볼 기술과 인내력
- 현상에 도전해볼 용기
- 세부사항에 관심을 갖는, 실험해보고 발견하려는 의지와 능력

- 더 현명하고 좋은 코드를 작성하는 법을 찾아내려는 추진력

나는 학습 곡선learning curve이 없을 것이라 말하진 않겠다. 대놓고 말하자면, 매우 가파른 학습 곡선을 겪을 것이다. 하지만 이 책은 그 곡선을 가능한 한 완만하게 만들 수 있도록 돕고자 쓰였다. 내 목표는 당신과 당신의 팀이 DDD를 성공시킬 더 큰 잠재력을 갖게 하는 것이다.

DDD는 다른 무엇보다도 기술에 관한 것이다. DDD의 가장 중심에 있는 원리는 토의, 경청, 이해, 발견, 그리고 비즈니스의 가치, 모든 지식을 중앙화하는 모든 것이다. 당신이 회사가 어떻게 운영되는지 비즈니스를 이해할 수 있는 사람이라면, 유비쿼터스 언어를 만들어내는 소프트웨어 모델 발견 과정에 참여할 수 있는 최소한의 조건을 갖춘 것이다. 물론 당신은 비즈니스에 관해 더 많이, 아주 더 많이 배워야 할 것이다. 하지만 비즈니스의 개념을 이해하고 멋진 소프트웨어의 개발을 즐기는 점이 DDD를 완벽하게 사용하기 위한 시작이기 때문에, 이미 DDD를 성공적으로 사용할 수 있는 길에 오른 것이다.

수년, 혹은 10년, 20년의 소프트웨어 개발 경험이 필요한 것은 아닐까? 그럴 수도 있다. 하지만 소프트웨어 개발 경험이 당신에게 비즈니스에서 가장 중요한 분야를 가장 잘 알고 있는 도메인 전문가로부터 듣고 배우는 능력을 가르쳐주진 않는다. 만약 당신이 기술적인 용어를 사용한 적이 있거나 가끔씩이라도 사용할 수 있는 사람과 있다면 이미 큰 이점이 있다. 따라서 듣고 또 더욱 경청해야 할 것이다. 도메인 전문가들의 시각을 존중하고 당신이 아는 것보다 더 많은 것을 알고 있다는 사실을 신뢰해야 할 것이다.

도메인 전문가와 일하는 것이 큰 도움이 된다

당신이 기술적 용어로 말한 적이 있거나 가끔씩이라도 사용할 수 있는 사람들과 있다면, 당신에겐 이미 큰 이점이 있다. 당신이 그들로부터 배우려고 하는 것처럼, 그들도 당신에게 배울 가능성이 매우 크다.

당신이 DDD에서 가장 좋아하게 될 부분은 도메인 전문가 역시 당신의 말을 경청해야 한다는 점이다. 그들과 같이 당신도 팀원이다. 이상하게 보일지도 모르지만, 도메인 전문가 역시 그 비즈니스에 관해 모든 것을 알지는 못하며, 그들도 당신으로부터 배울 가능성이 매우 크다. 그들이 무엇을 알고 있는가라는 질문이 그들이 무엇을

모르고 있는가를 밝혀낼 것이다. 당신은 직접적으로 팀원 모두가 비즈니스에 대해 깊이 이해할 수 있게 도와줄 뿐 아니라, 비즈니스를 결정짓게도 할 것이다.

팀이 함께 배우고 자란다면 얼마나 좋을까? DDD를 사용해보면, 그것이 가능하다.

하지만 우리에게는 도메인 전문가가 없는 걸요

도메인 전문가는 단순한 직책이 아니다. 이들은 당신이 일하고 있는 비즈니스의 과정을 아주 잘 알고 있는 사람들이다. 그들은 비즈니스 도메인에 대한 배경지식을 많이 갖고 있을 뿐 아니라 상품 디자이너이거나 영업 인력일 수도 있다.

직책은 무시하자. 당신이 찾는 사람들은 당신이 일하는 부분에 대해 누구보다 잘 아는 사람들이고, 물론 당신보다도 훨씬 많이 알고 있어야 한다. 그들을 찾아내자. 듣자. 배우자. 그리고 코드로 설계하자.

지금까지 우리는 꽤 확신에 차 시작했다. 하지만 기술적인 능력이 중요하지 않다고, 그래서 없이도 어떻게든 될 거라고 말하진 않겠다. 당신은 고도의 소프트웨어 도메인 모델링 개념의 일부를 이해해야 할 것이다. 그렇다고 해도 당신이 해낼 수 없을 정도로 해야 한다는 의미는 아니다. 『Head First Design Patterns』[Freeman 등]를 충분히 이해하고 GoF의 『디자인 패턴』[Gamma 등]의 텍스트나 그보다 상급의 패턴을 감각적으로 받아들이는 중간쯤에 있다면, DDD로 성공할 충분한 가능성이 있다. 내가 약속하겠다. 나는 내가 할 수 있는 모든 것을 다해서 당신이 어떤 수준의 경험을 가졌는지에 상관없이 그 장벽을 낮출 수 있도록 해주겠다.

도메인 모델은 무엇인가?

당신이 일하고 있는 아주 구체적인 비즈니스 도메인에 관한 소프트웨어 모델이다. 객체 모델로 종종 구현되는데, 이런 객체는 비즈니스적 의미에 정확히 부합하는 이름을 가진 데이터와 행동을 담고 있다.

특별하고 공들인 도메인 모델을 만들면서, 전략적인 애플리케이션이나 서브시스템은 DDD를 실행하는 매우 중요한 요소가 된다. DDD를 사용하면 당신의 도메인 모델은 크기가 작고 아주 집중된 형태일 가능성이 크다. DDD를 사용한다면 전체 비즈니스 엔터프라이즈를 하나의 큰 도메인 모델로 만들려고 하지 않아도 될 것이다. 휴, 얼마나 다행인지!

DDD로 도움을 얻을 수 있는 다음 사람들의 이야기를 살펴보자. 당신도 분명 저 중 한명일 테니.

- **신참, 주니어 개발자**: "저는 새로운 아이디어를 가진 젊은 사람인데요, 현재는 코딩 에너지를 발산하지 못했지만, 곧 큰 영향력을 미칠 거에요. 요즘 전념하고 있는 프로젝트 중 하나가 저를 짜증나게 해요. 대학을 졸업하고 처음 하게 될 일이 거의 똑같고 반복적인 '객체'를 사용해서 데이터를 앞뒤로 퍼내기나 하는 일일 줄 몰랐거든요. 이런 일이 일어나게 한 아키텍처는 왜 이렇게 복잡한 거죠? 도대체 이게 다 뭐죠? 내가 뭔가 좀 바꿔보려고 하면 코드는 깨져버려요. 이게 어떻게 되어야 하는 건지 알고 있는 사람이 있기는 한가요? 나는 또 새롭고 복잡한 기능을 더해야 해요. 망하는 것을 피해보려고 나는 주기적으로 레거시 클래스의 어댑터를 건드려 봐요. 하나도 재미없죠. 나는 매일 밤낮을 그냥 이터레이션을 끝내려고 코딩하고 디버그하는 일 말고도 할 수 있는 일이 분명히 있다고 확신해요. DDD에 대해 사람들이 얘기하더군요. '갱 오브 포 Gang of Four' 같이 들리던데 도메인 모델에 맞춰졌더라고요. 정말 멋져요."

  이 책으로 도와주겠다!

- **중간 개발자**: "지난 몇 달 동안 나는 새로운 시스템 작업에 포함되었어요. 드디어 내가 변화를 만들 차례죠. 잘 알겠어요. 하지만 시니어 개발자들과 회의를 할 때 꺼낼 심오한 통찰이 필요해요. 가끔 뭔가 문제가 있는 것 같긴 한데, 왜 그런지 모르겠어요. 지금 일하는 방식에 변화를 가져오도록 돕고 싶어요. 문제에 맞는 기술을 단순히 갖다 붙이는 게 큰 도움이 안 되는 것을 알지만, 기본적으로 그조차도 안 되고 있어요. 나에게 필요한 건 나를 현명하고 숙련된 소프트웨어 개발자로 인정받게 해줄 제대로 된 소프트웨어 개발 기술이에요. 새로운 시니어 아키텍처 중 한 명이 DDD라는 것을 소개하던데, 관심이 가더라고요."

  벌써 시니어처럼 말하는군! 계속 읽어보라. 당신의 진보적으로 사고하는 태도가 보상받도록 해주겠다.

- **시니어 개발자, 아키텍트**: "DDD를 몇 개의 프로젝트에 사용해봤지만 이 직책을 맡게 된 뒤로는 사용하지 않았어요. 나는 전술적 패턴의 힘이 좋지만, 전략적 설계와 같은 적용할 수 있는 것들이 너무 많아요. 내가 [Evans]를 읽으면서 가장 통찰력 있다고 느낀 부분은 유비쿼터스 언어에요. 아주 강력하죠. 나는 많은 팀원이나 경영진들과 DDD의 적용에 영향을 미칠 대화를 나눴어요. 신참들 중 한 명과 몇몇의 중간 관리자와 시니어 팀원들이 이 관점을 좋아했죠. 하

지만 경영진은 좋아하지 않았어요. 나는 이 회사로 온 지 얼마 되지 않았고, 리더로서 오긴 했지만 이 조직은 내가 생각했던 것보다 파괴적 진보에 관심이 없더군요. 뭐 상관없어요. 나는 포기하지 않겠어요. 신나 하던 다른 개발자들과 함께라면 나는 우리가 해낼 수 있다고 믿거든요. 잃는 것보다 얻을 것이 훨씬 많죠. 우리는 순수한 비즈니스 관련자들(도메인 전문가)을 우리 기술 팀에 데려와서, 이터레이션마다 불평하지 않게 하고, 실제로 우리 솔루션에 투자하게 할 거에요."

진정한 리더다. 이 책에는 전략적 설계로 성공할 수 있는 방법에 대한 안내를 많이 담았다.

- **도메인 전문가:** "나는 오랜 기간 동안 우리 비즈니스의 어려움에 맞는 IT 솔루션을 구체화해왔어요. 내가 너무 많은 기대를 하는지 몰라도, 개발자들이 우리가 무엇을 하는지 좀 이해하면 좋겠어요. 그들은 언제나 우리가 멍청한 사람들인 양 무시하듯 말하죠. 그들이 이해하지 못하는 건, 우리가 아니었다면 그들이 컴퓨터를 만지작거릴 일도 없었을 거라는 점이죠. 개발자들은 우리 소프트웨어가 하는 일에 대해 말할 때 특유의 말하는 방식이 있어요. 우리가 A에 대해 얘기하면, 그들은 사실 그건 B라고 불린다고 말하죠. 마치 우리가 무엇이 필요한지 그들에게 소통하려고 할 때마다 사전이나 로드맵 같은 것이 필요한 듯해요. 우리가 A라고 알고 있는 그것을 B라고 부르도록 두지 않으면, 협조도 하지 않아요. 우리는 이 방식으로 너무 많은 시간을 허비했어요. 왜 소프트웨어가 실제로 전문가들이 사업에 대해 생각하는 대로 동작할 수 없죠?"

  맞는 말이다. 기술자들과 비즈니스 관련자 사이에 통역이 필요하다는 잘못된 인식이 가장 큰 문제점 중 하나다. 1장이 바로 당신 같은 사람을 위해 쓰였다. 곧 보게 되겠지만, DDD는 당신과 개발자를 같은 입장에 놓아준다. 그리고 더욱 놀랍게도! 이미 일부 개발자들은 당신의 방법을 배우고 있다. 그들을 도와주자.

- **관리자:** "우리는 소프트웨어를 팔아요. 항상 좋은 결과를 가져오진 않고, 변화가 생각했던 것보다 오래 걸려요. 개발자들은 계속해서 도메인 어쩌구 하는 얘기를 하죠. 나는 우리가 또 다른 기술이나 방법론이 마치 묘책인양 몰두할 필요가 있는지 모르겠어요. 나는 이미 그런 얘기를 수천 번도 더 들었거든요. 새롭다고 시도해보지만 유행이 지나가고, 결국은 또 항상 그런 상태로 돌아오

죠. 나는 항상 우리가 오던 길을 지켜야 하고 꿈은 그만 꿔야 한다고 말하지만, 팀은 나를 그냥 두지 않아요. 열심히 일한 사람들이니 잘 들어줘야 하죠. 똑똑한 사람들이고, 마음을 바꿔 갈 길을 가기 전에 긍정적인 변화를 가져올 기회를 가질 만한 사람들이에요. 내가 상부 경영진으로부터 지지만 받는다면 그들이 배우고 적응할 시간을 줄 수 있어요. 내 생각에 내가 이 팀이 주장하는 것처럼 필수적인 소프트웨어 투자와 비즈니스 지식의 중앙화가 가능하다고 설득할 수 있다면 허락을 받을 수 있다고 생각해요. 사실은 내가 나의 팀들과 비즈니스 전문가들 사이에 신뢰와 협력을 불러 일으킬 수 있다면 일하기에 훨씬 쉬울 텐데요. 어쨌든 그 정도가 내가 할 수 있는 일이에요."

좋은 관리자다!

당신이 어떤 사람이든 간에 중요한 사실이 있다. DDD로 성공하기 위해 당신은 무언가를, 아니 아주 많은 무언가를 배우게 된다. 당신은 똑똑하고, 그래서 항상 배워야 한다. 그러나 우리 모두는 이런 문제를 만난다.

> 개인적으로 나는 항상 배울 준비가 돼 있지만, 항상 가르침 받기를 좋아하진 않는다.
>
> – 윈스턴 처칠 경

그래서 이 책이 필요하다. 나는 DDD를 구현할 때 필수적인 내용을 전달하면서도 가르침이 가능한 한 즐겁도록 노력했다.

하지만 여전히 이렇게 물을 수 있다. "내가 왜 DDD를 해야 하지?" 그럴싸한 질문이다.

내가 왜 DDD를 해야 할까

사실, 나는 벌써 왜 DDD가 실제적으로 괜찮은지 꽤 좋은 근거들을 제시했다. DRY[Don't Repeat Yourself] 원리('똑같은 말을 반복하지 말라.'는 의미)를 깬다는 위험을 감수하더라도, 여기서 한 번 더 그 근거들을 정리하고 몇 가지를 추가해본다. 메아리가 들리는 사람?

- 도메인 전문가와 개발자들의 눈높이를 맞춰줌으로써, 코더에게뿐 아니라 비즈니스 관계자에도 말이 되는 소프트웨어를 만들게 한다. 단지 상대방에 대해

참아야 한다는 말은 아니다. 오히려 하나의 응집되고 잘 짜여진 팀이 된다는 의미다.

- "비즈니스 관련자도 이해할 수 있다."는 말은 비즈니스 리더와 전문가가 개발자였다면 만들었음 직하게 소프트웨어를 만들어 비즈니스에 투자하게 된다는 뜻이다.
- 당신은 실제로 비즈니스의 현 상태에 대해 더 알려줄 수 있게 된다. 도메인 전문가나 경영진 그 어느 누구도 비즈니스의 모든 것을 알 수는 없다. 시간이 지날수록 통찰력을 갖게 되는 지속적인 발견의 과정이 필요하다. DDD를 통해, 발견해나가는 토론에 모든 사람이 기여하게 되면서 모든 사람이 배우게 된다.
- 지식의 중앙화가 핵심이다. 왜냐하면 이를 통해 소프트웨어의 이해가 '부족 지식tribal knowledge'에 갇혀 있지 않으며, 개발자와 같이 선택된 일부만이 그 내용을 이해하는 것은 아니라고 비즈니스 관련자가 확신할 수 있기 때문이다.
- 도메인 전문가와 소프트웨어 개발자 그리고 소프트웨어 사이에 전혀 번역이 필요하지 않다. 팀원 모두가 쓸 줄 아는 공통의 언어를 사용해 당신의 팀이 개발하게 되기 때문이다.
- 설계는 코드이며, 코드가 설계다. 설계는 어떻게 작동하는가다. 애자일 발견 프로세스를 사용한 빠른 경험적 모델을 통해 최고의 코드 설계가 무엇인지 알 수 있다.
- DDD는 전략적이고 전술적인 설계를 다룰 수 있는 온전한 소프트웨어 개발 기술을 제공한다. 전략적 설계는 우리에게 가장 중요한 소프트웨어 투자는 무엇인지, 가장 빠르고 안전하게 목표를 이루기 위해 사용해야 할 이미 가지고 있는 소프트웨어 자산은 무엇인지, 그리고 누가 참여해야 하는지 알게 해준다.

여느 훌륭하고 좋은 결과를 내는 투자처럼, DDD는 팀을 위해 선행적으로 시간과 노력을 들여야 한다. 소프트웨어 개발 노력이 마주하게 되는 전형적인 문제점을 고려한다면 옳은 소프트웨어 개발 접근 방식에 투자한다는 생각에 힘이 실릴 것이다.

비즈니스 가치를 제공하는 것은 어려울 수 있다

일반적인 비즈니스 소프트웨어의 개발은 진정한 비즈니스 가치를 제공하는 소프트웨어의 개발과는 분명히 다르다. 진정으로 비즈니스 가치를 제공하는 소프트웨어는 전략적 비즈니스 발의와 뜻을 같이하며 분명히 식별 가능한 경쟁력 있는 이점, 즉 기술에 관한 것이 아닌 비즈니스에 관한 솔루션을 제공한다.

비즈니스의 지식은 절대 중앙화되지 않는다. 소프트웨어의 기능적이고 비기능적인 요구사항을 발견하는 목표를 가지고 개발 팀은 다양한 이해 당사자의 필요와 요구의 균형을 맞추고 우선순위를 부여해야 한다. 그 모든 정보를 수집한 후에, 어떤 요구사항이 진정한 비즈니스 가치를 담고 있는지 확신할 수 있을까? 아니, 지금 추구하는 비즈니스 가치는 무엇이며, 어떻게 발견하고, 우선순위화하고, 실현할 수 있을까?

도메인 전문가와 소프트웨어 개발자 간의 이견은 비즈니스 소프트웨어 개발 노력에서 만나는 최악의 단절 중 하나다. 일반적으로, 진정한 도메인 전문가는 비즈니스 가치를 제공하는 데 집중한다. 한편, 소프트웨어 개발자는 전형적으로 기술과 비즈니스 문제점의 기술적 해결에 더 관심을 갖는다. 소프트웨어 개발자가 잘못된 동기를 가졌다는 말은 아니다. 단지, 이러한 쪽에 그들이 더 관심을 갖게 된다는 말이다. 심지어 소프트웨어 개발자들이 도메인 전문가와 함께 일할 때도 그 협업은 대개 표면적인 부분에 그치게 되며, 결국 비즈니스 관계자가 생각하고 행동하는 방식과 소프트웨어 개발자가 이를 해석한 내용 사이의 변환/매핑을 수행하는 소프트웨어가 개발되곤 한다. 식별 가능한 도메인 전문가의 정신적 모델의 실현을 반영하지 못하거나, 아마 그렇다고 해도 아주 일부분이 그럴 뿐인 소프트웨어가 나오게 된다. 시간이 지남에 따라 이 단절 때문에 비용을 치르게 된다. 도메인 지식의 소프트웨어로의 번역은 개발자들이 다른 프로젝트로 혹은 다른 회사로 떠나면서 결국 사라진다.

이와 관련된 또 하나의 문제점은 한 명 또는 그 이상의 도메인 전문가 사이에 의견이 일치하지 않는 부분이다. 그 이유는 각자의 전문가가 모델화되는 특정 도메인에 대해 경험치가 다르거나 단지 전문가들이 관련은 있지만 전혀 다른 분야의 전문가이기 때문이다. 여러 '도메인 전문가'가 비즈니스 분석가 수준에 머무르며 주어진 도메인에 관한 전문성을 갖추지 못하기 때문에, 논의에 도움이 되는 통찰력 있는 방향성을 보여주지 못할 때가 종종 있다. 이 상황이 해결되지 않으면, 명확하기보다는 애매한 심적 모델mental model을 만들어내 결국 충돌하는 소프트웨어 모델을 만들어낸다.

이보다 더한 문제는 소프트웨어 개발의 기술적 접근이 사실상 비즈니스 기능을 잘못된 방향으로 변경할 때다. 전사적 자원 관리ERP, Enterprise Resource Planning는 종종 조직의 비즈니스 기능 전반을 ERP 기능에 맞춰서 변경하게 한다. ERP를 보유하는 총 비용을 라이선스와 유지 비용으로만 계산할 수는 없다. 조직 개편과 비즈니스에 미치는 악영향은 위의 두 눈에 보이는 요인들보다 훨씬 더 큰 비용을 초래한다. 소프트웨어 개발 팀이 비즈니스적 요구를 새로 개발할 소프트웨어가 실제로 동작해야 할 형태로 바로 해석해버릴 때도 비슷한 상황이 발생한다. 비용이 들 뿐 아니라 비즈니스와 고객과 파트너에게 방해가 된다. 게다가 검증된 소프트웨어 개발 기법을 사용한다면 이런 기술적 해석을 고민할 필요 없이 피할 수 있을 것이다. 솔루션이야말로 중요한 투자다.

DDD가 해줄 수 있는 일

DDD는 다음 세 가지 중요한 측면에 집중한 소프트웨어 개발 접근법이다.

1. DDD는 도메인 전문가와 소프트웨어 개발자가 비즈니스 전문가의 심적 모델을 반영한 소프트웨어를 함께 개발할 수 있게 해준다. 이는 '현실 세계'를 모델링하는 데 노력이 든다는 말은 아니다. 오히려 DDD는 비즈니스에 가장 쓸모 있는 모델을 제공한다. 종종 유용한 모델과 현실적인 모델이 교차하기도 하지만 대개는 다르며, DDD에선 유용한 모델을 택한다.

   이런 측면에서 도메인 전문가와 소프트웨어 개발자는 모델을 만들려는 비즈니스 영역의 유비쿼터스 언어를 개발하는 데 함께 전념한다. 이 유비쿼터스 언어는 모든 팀의 동의에 의해 개발되며, 쓰이고, 소프트웨어의 모델에 바로 반영된다. 이 팀은 도메인 전문가와 소트웨어 개발자를 모두 포함한다고 다시 한 번 강조해야겠다. 절대로 '우리와 그들'을 나누지 않는다. 항상 '우리'여야 한다. 이는 비즈니스 노하우가 단순히 몇 가지 소프트웨어 버전을 만드는 초기 개발 노력에 비해 오래도록 유지될 수 있게 해주는 중요한 비즈니스 가치다. 이는 소프트웨어 개발 비용이 합리적인 비즈니스 투자가 되고 단순한 비용 센터가 되지 않게 한다.

   이 모든 노력은 초기에는 서로 의견이 맞지 않았거나 도메인의 중심 지식이 없었던 사람들이 하나 되게 해준다. 더 나아가 이는 소프트웨어 개발자를 포함한 모든 팀원에게 깊은 도메인 통찰을 전파함으로써 잘 짜여진 팀을 더욱 강하게 한다.

2. DDD는 비즈니스의 전략적 이니셔티브initiative를 다룬다. 이 전략적 설계 접근법은 자연스럽게 기술적 분석으로 이어지긴 하지만, 비즈니스의 전략적 방향

과 좀 더 관련 있다. DDD는 팀 내에서 조직적 관계의 정의를 돕고 소프트웨어뿐 아니라 프로젝트 전체의 실패를 야기하는 관계가 존재하는지까지도 찾아내 초기 단계에서 경고해주기도 한다. 전략적 설계의 기술적 측면은 시스템과 비즈니스 문제를 명확하게 결합하는 데 목표가 있으며, 이는 각 비즈니스 단계의 서비스를 보호한다. 이는 서비스 지향 아키텍처SOA, Service Oriented Architecture나 비즈니스 주도 아키텍처Business Driven Architecture를 어떻게 성공시킬지의 측면에서 의미 있는 동기를 부여한다.

3. DDD는 실행 가능한 소프트웨어 상품을 분석하고 개발하는 전술적 설계 모델링 도구를 사용해 실제 소프트웨어의 기술적 요구에 응한다. 이런 전술적 설계 도구는 도메인 전문가의 심적 모델이 올바르게 코드화되고, 테스트 가능성이 높고, 오류가 적고(증명할 수도 있다.), 서비스 수준 계약SLAs을 수행하고, 확장 가능하고, 분산 컴퓨팅이 가능한 소프트웨어를 만들도록 한다. DDD의 우수 사례는 12개 이상의 높은 수준과 낮은 수준의 아키텍처 설계 문제를 다루며, 진정한 비즈니스 룰과 고정 데이터, 오류 상황에서의 룰을 보호하는 데 초점을 맞춘다.

이 소프트웨어 개발 접근법을 사용해 당신과 당신의 팀은 진정한 비즈니스 가치를 제공할 수 있다.

도메인의 복잡성과 씨름하기

우선은 DDD를 비즈니스에서 가장 중요한 영역에서부터 사용해나가야 한다. 당신은 쉽게 대체할 수 있는 부분이 아닌, 중대하고 더 복잡한 것, 가장 가치 있고 중요해서 가장 큰 배당금을 돌려받을 수 있다는 약속이 있는 곳에 투자할 것이다. 이것이 우리가 그런 모델을 핵심 도메인(2)이라 부르는 이유다. 이런 핵심 도메인과 그 다음으로 중요한 지원 서브도메인(2)은 가장 큰 투자가 필요한 부분이다. 그런 뒤에야 우리는 복잡성의 의미에 대해 논의할 수 있다.

DDD를 통해 복잡화하지 말고 단순화하라

DDD를 통해 가능한 한 가장 단순하게 복잡한 도메인을 모델링하라. 절대 DDD로 당신의 솔루션을 더 복잡하게 하지 마라.

비즈니스에 따라 복잡성이 갖는 의미는 다르다. 각각 회사들은 고유의 문제점, 성숙도, 그리고 소프트웨어 개발 역량이 있다. 그래서 복잡성을 정의하기에 앞서, 중대한 것이 무엇인지 먼저 정하는 편이 더 쉬울지도 모른다. 그러므로 당신의 팀과 경영진은 당신이 작업하려는 시스템의 DDD 투자 비용이 합당한지 결정해야 한다.

DDD 심사표: 표 1.1을 사용해 당신의 프로젝트에 DDD 투자를 할 만한지 판단하라. 만약 심사표의 각 행에 당신의 프로젝트가 해당한다면, 그에 맞는 점수를 오른쪽 열에 적자. 모든 점수의 합계를 내라. 만약 7보다 높다면, 진지하게 DDD 사용을 고려하라.

이 심사표를 보면서 당신의 팀은 다음과 같은 결론을 내렸을 수 있다.

> 우리가 더 복잡할 거라고 생각하든 덜 복잡할 거라고 생각하든 우리가 복잡성을 잘못 판단했을 때 빠르고 쉽게 방향을 전환할 수 없다니 참 안타까운 일이다.
>
> 그렇지만 이는 단순히 우리가 프로젝트 기획의 초기 단계에서 복잡성과 단순성을 더 신중하게 결정할 필요가 있다는 의미일 뿐이다. 이렇게 하면 우리가 훨씬 많은 시간, 비용을 절약하고 문제점을 줄일 수 있다.
>
> 일단 중요한 아키텍처적 결정을 내리고 개발 과정에서 몇몇의 유스케이스를 도출한 후에 우리는 주로 그런 상황 안에 갇혀버린다. 그러니 현명한 결정이 필요하다.

이런 관찰 중 한 가지라도 당신의 팀과 같은 부분이 느껴진다면, 당신은 비판적 사고를 잘 이용하고 있는 것이다.

무기력증과 기억 상실

무기력증Anemia은 위험한 부작용을 동반한 심각한 질환이 될 수 있다. 애너믹 도메인 모델Anemic Domain Model[Fowler Anemic]이란 이름이 처음 지어졌을 땐, 고유한 행동 특성의 힘이 담기지 않은 약한 도메인 모델이 좋은 것일 수 없듯이 긍정적인 의미의 용어가 아니었다. 이상하게도, 애너믹 도메인 모델은 우리 업계의 여기저기 등장했다. 문제는 대부분의 경우에 개발자가 이것이 당연하다고 생각하고, 자신의 시스템에 적용했을 때 생기는 심각한 문제는 인정하려 하지 않는다는 점이다. 이런 상황은 정말 문제가 있다.

표 1.1 DDD 심사표

당신의 프로젝트는 7점 이상인가?

당신의 프로젝트가...	배점	부연설명	점수
당신의 애플리케이션이 완전히 데이터 중심(data-centric)이며 순수한 CRUD 솔루션에 정말 잘 맞아서, 모든 동작이 간단한 데이터베이스 쿼리를 통해 기본적인 생성, 읽기, 갱신, 삭제 등을 수행할 뿐이라면 DDD가 필요하지 않다. 당신의 팀은 그저 예쁜 데이터베이스 테이블 편집기만 있으면 된다. 즉, 사용자가 테이블에 직접 데이터를 입력하고, 업데이트하고, 삭제하는 경우를 신뢰한다면 사용자 인터페이스조차도 필요 없다. 현실적으로 불가능한 말이지만, 개념적으론 의미가 통한다. 당신이 단순한 데이터베이스 개발 도구를 사용해 솔루션을 만들 수 있다면, DDD에 회사의 시간과 돈을 낭비하지 말라.	0	생각할 필요도 없어 보이지만, 대개는 단순성과 복잡성을 판단하는 것이 그리 쉽지는 않다. 순수하게 CRUD만을 수행하는 것은 아닌 모든 애플리케이션이 DDD의 시간과 노력을 투자할 가치가 있는 것은 아니기 때문이다. 그래서 아마 우리는 무엇이 복잡하고 아닌지 선을 긋는 다른 종류의 메트릭을 찾아내야 할 것이다.	
시스템이 요구하는 비즈니스 동작이 30개 이하라면 상당히 단순한 상황이다. 이는 애플리케이션이 30개 이하의 사용자 스토리나 유스케이스 플로우를 가진다는 의미이며, 그 플로우가 각각 최소한의 비즈니스 로직만을 갖는다. 당신이 루비 온 레일스(Ruby on Rails)나 그루비 앤 그레일스(Groovy and Grails)를 사용해 쉽고 빠르게 이런 애플리케이션을 만들 수 있고, 복잡성이나 변화에 능력이나 제어가 부족해서 어려움을 느끼지 않는다면, 당신의 시스템은 아마도 DDD를 사용할 필요가 없다.	1	명확하게 하자면, 나는 25~30개의 단일 비즈니스 메소드에 대해 이야기하는 것이지, 각각이 개별적으로 다수의 메소드를 포함한 25~30개의 전체 서비스 인터페이스를 말하는 것이 아니다. 후자의 경우는 복잡성을 가질 수 있다.	
약 30~40개의 사용자 스토리나 유스케이스 플로우를 가졌다면 약간 복잡성을 가진다고 볼 수 있다. 당신의 시스템은 DDD의 영역에 들어오고 있을 수 있다.	2	주의할 점: 복잡성을 너무 늦게 알게 될 때가 매우 빈번하다. 우리 소프트웨어 개발자는 정말로 복잡성과 노력의 수준을 잘 이해할 수 있다. 우리가 루비 온 레일스나 그레일스 애플리케이션을 사용하고 싶다고 해서, 반드시 그래야 하는 것은 아니다. 이렇게 하면 장기적으론 도움이 되기보다는 오히려 해가 될 수 있다.	
애플리케이션이 지금은 복잡하지 않지만, 복잡성이 커질 수 있는가? 실제 사용자가 사용하기 전까지는 확실히 알 수 없지만, 오른쪽 부연설명 칸에 나오는 순서를 따르면 실제 상황이 어떤지 알 수 있다. 주의할 점이 있다. 애플리케이션이 중간 정도의 복잡성을 보인다는 어떤 증거라도 있다면(이 쯤에선 강박증을 가져도 좋다.), 이는 사실 향후 중간 이상의 복잡성을 가질 수 있다는 의미다.	3	이런 상황에선 도메인 전문가와 더욱 복잡한 사용 시나리오를 다루면서, 논의가 어떻게 흘러가는지 살펴보는 게 좋다. 도메인 전문가가... 1. ...벌써 더 복잡한 기능에 관해 물어보는가? 그렇다면 애플리케이션이 CRUD 접근법을 취하기엔 이미 너무 복잡하거나, 곧 너무 복잡해진다는 의미다. 2. ...기능이 너무 지루해서 그에 관한 얘기를 하는 것조차 견디지 못할 정도인가? 그렇다면 복잡하지 않을 가능성이 높다.	
애플리케이션의 기능이 해가 지남에 따라 바뀔 예정이고, 그 변화가 간단하지 않을 예정인가?	4	DDD는 시간이 지나면서 모델을 리팩토링해야 할 때, 그 복잡성을 관리하는 데 도움이 된다.	
새로운 도메인(2)이기 때문에 이를 제대로 이해하지 못하고 있다. 당신과 당신 팀의 누구도 경험해본 적이 없는 도메인이다. 이런 상황은 대부분 복잡성이 높으며, 그렇지 않다고 하더라도 적어도 복잡성의 수준을 판단하기 위해 분석적 조사를 겸한 실사를 해볼 필요가 있다.	5	도메인 전문가와 함께 일하면서 모델을 시험해볼 필요가 있다. 그리고 분명 당신은 앞의 기준에서도 하나 이상에서 점수를 땄을 것이다. DDD를 사용하라.	

당신의 모델이 피곤한지, 기운이 없는지, 잘 까먹는지, 서투른지, 혹은 팔에 주사를 한 방 맞아야 하는지 궁금한가? 만약 지금 갑자기 기술적인 건강염려증[1]이 오는 기분이라면, 여기 좋은 자가진단법이 있다. 이 진단을 통해 마음을 편하게 가질 수 있거나 깊어지던 걱정을 실제로 확신할 수 있다. 표 1.2에 나와 있는 단계대로 따라가보자.

표 1.2 도메인 모델의 병력 진단서

	예 / 아니오
당신이 '도메인 모델'이라고 부르는 소프트웨어는 주로 퍼블릭 게터(getter)와 세터(setter)를 가지고 있고, 주로 속성 값 홀더인 객체처럼 비즈니스 로직이 없거나 거의 없는가?	
'도메인 모델'을 사용하는 소프트웨어 구성 요소가 시스템의 비즈니스 로직의 대부분을 담고 있고, 이들이 '도메인 모델'의 퍼블릭 게터와 세터를 호출하는 비중이 높은가? 당신은 아마 이 '도메인 모델'의 특정 클라이언트 계층을 서비스 계층이나 애플리케이션 계층(4, 14)이라 부를 것이다. 만약 당신의 사용자 인터페이스가 이에 해당한다면 '네'라고 질문에 대답한 후, 칠판에 1,000번 정도 절대 다시는 이렇게 하지 않겠다고 쓰라.	
힌트: 정답은 둘 다 '예'라고 하거나 '아니오'라고 했어야 한다.	

어땠는가?

만약 둘 다 '아니오'로 대답했다면, 당신의 도메인은 잘된 것이다.

만약 둘 다 '예'로 대답했다면 당신의 도메인 모델은 아주 많이 아픈 것이다. 무기력에 걸렸다. 한 가지 좋은 소식은 더 읽어나간다면 도움을 받을 수 있다는 점이다.

만약 당신이 하나는 '예', 다른 질문에는 '아니오'로 대답했다면 당신은 부정하고 있거나, 착각하고 있거나, 무기력으로부터 발생한 신경정신적 질환을 앓고 있는 것이다. 만약 상반된 대답을 얻었다면 어떻게 해야 할까? 첫 번째 질문으로 돌아가서 자가 진단을 다시 해보라. 시간을 갖고 하되, 두 질문 모두에 확실히 '예'로 대답해야 한다는 것을 기억하라.

[Folwer, Anemic]에 언급된 대로, 당신이 도메인 모델을 개발하며 높은 비용을 지불하지만 얻는 것은 거의 없거나 전혀 없기 때문에 애너믹 도메인 모델은 나쁘다. 예를 들면, 객체 관계형 임피던스 부조화 때문에 해당 '도메인 모델'의 개발자는 시간

1 실제 질병이 없는데 건강에 심각한 염려를 갖는 공포증 – 옮긴이

과 노력을 들여 객체를 영속성 저장소를 향해, 그리고 저장소로부터 매핑한다. 이는 이득이 거의 없거나 전혀 없는데도 비용이 많이 든다. 나는 개인적으로 당신이 가진 것이 도메인 모델이 전혀 아니며, 단순히 관계형 모델로부터 (혹은 다른 데이터베이스) 객체로 투영된 데이터 모델일 뿐이란 말을 덧붙이고 싶다. 이는 오히려 액티브 레코드Active Record[Fowler, P of EAA]의 정의에 가까운 사기다. 그런 척하는 것을 그만두고 사실은 트랜잭션 스크립트[Fowler, P of EAA]의 형태를 사용하고 있음을 받아들이면 당신의 아키텍처를 단순화시킬 수 있다.

왜 무기력증이 일어나는가

만약 설계 노력이 잘못 사용돼 애너믹 도메인 모델이 만들어진다면, 왜 많은 사람들이 자신의 모델을 사용하며 그 모델이 건강한 상태라고 생각하는 걸까? 분명 이는 절차적 프로그래밍 사고방식을 사용하기는 하지만, 그게 첫 번째 이유는 아니다. 우리의 산업은 샘플 코드를 따라 만드는 사람들이 많고, 샘플의 품질이 좋다면 문제가 되지는 않는다. 그러나 종종 개념이나 애플리케이션 프로그래밍 인터페이스API, Application Programming Interface 기능을 설명하기 위해 좋은 설계 원칙에 관한 고민 없이 가능한 한 가장 단순한 방법으로 샘플 코드를 나타내는 데 집중하곤 한다. 과도하게 단순화된 샘플 코드에는 많은 수의 게터와 세터가 나타나기 마련인데, 이런 코드가 설계를 다시 살펴보지 않은 상태로 매일같이 단순히 그대로 복사해 사용되고 있다.

또 다른 더 오래된 영향이 있다. 마이크로소프트 비주얼 베이직의 오래된 역사는 오늘날 우리에게 많은 영향을 미쳤다. 비주얼 베이직이 언제나 생산적인 환경이었고 산업에 좋은 영향을 미친 부분이 있으며, 그렇기 때문에 이 비주얼 베이직이 나쁜 언어이자 나쁜 통합 개발 환경IDE, Integrated Development Environment이었다는 말을 하는 건 아니다. 물론 이에 직접적인 영향을 받지 않은 사람들도 있겠지만, 비주얼 베이직은 결과적으로는 모든 소프트웨어 개발자에게 간접적으로나마 영향을 미쳤다. 표 1.3에 나온 시간표를 한번 살펴보자.

표 1.3 풍부한 행동(Behavior Rich)에서 유명한 애너미아까지

1980년대	1991년	1992-1995년	1996	1997	1998-
객체가 스몰토크(Smalltalk)와 C++ 때문에 영향을 미쳤다	비주얼 베이직 속성과 속성표	비주얼 도구와 IDE 전성기	Java JDK 1.0 릴리스	Java Bean 사양	속성 기반의 Java와 .NET 플랫폼을 위한 리플렉션 기반의 도구 폭발

내가 말하고자 하는 것은 속성과 속성표의 영향인데, 이들은 처음부터 비주얼 베이직 양식 설계자에게 인기가 많았던 속성 게터와 세터로부터 도움을 받았었다. 커스텀 제어 인스턴스를 양식에 넣고 속성표를 채우기만 하면, 짜잔! 당신은 잘 작동하는 윈도우 애플리케이션을 만들어냈었다. C를 이용해 윈도우 API를 바로 사용한 비슷한 애플리케이션을 프로그램하는 데 며칠이나 걸리는 것에 비해, 이는 단지 몇 분 만에 되는 것이었다.

이게 애너믹 도메인 모델과 무슨 상관이냐고? 자바빈[Java Bean] 표준은 자바의 비주얼 프로그래밍 도구를 만드는 데 도움을 주기 위해 만들어졌다. 마이크로소프트 액티브엑스[ActiveX]를 자바 플랫폼[Java Platform]으로 가져오는 것이 동기였다. 이는 비주얼 베이직처럼 다양한 종류의 써드파티 커스텀 컨트롤로 가득 찬 시장을 만들 수 있다는 기대를 일으켰다. 곧 거의 모든 프레임워크[framework]와 라이브러리[library]는 자바빈에 편승했다. 이는 자바 SDK/JDK의 상당 부분을 비롯해, 하이버네이트[Hibernate]와 같은 유명 라이브러리까지 포함했다. DDD의 입장에서 보자면, 하이버네이트는 도메인 모델을 저장하기 위해 만들어졌다. 이는 .NET 플랫폼의 등장으로 계속됐다.

흥미롭게도, 하이버네이트를 사용해 영속된 초기 단계의 어떤 도메인 모델도 모든 도메인 객체의 모든 영속성 단순 속성과 복잡한 연관성을 위한 게터 및 세터를 노출해야 했다. 이는 풍부한 행동[Rich Behavior] 인터페이스를 가진 POJO[Plain Old Java Object]를 설계할 때도, 내부를 공개적으로 노출시켜 하이버네이트가 당신의 도메인 객체를 저장하고 재구축할 수 있도록 해야 했다는 의미다. 물론 퍼블릭 자바빈 인터페이스를 숨기기 위한 여러 방법이 있었지만, 대부분의 개발자는 그러려고 하지 않았거나 왜 그렇게 해야 하는지 이해조차 하지 못했다.

DDD의 객체 관계성 매퍼를 사용하는 것을 고민해야 할까?

앞선 하이버네이트의 비판은 역사적 관점에서 비롯됐다. 시간이 꽤 지난 지금, 하이버네이트는 숨겨진 게터와 세터를 사용하게 해주며, 직접적 필드 액세스도 가능하다. 나는 1장 후반부에 하이버네이트와 다른 영속성 메커니즘을 사용하면서 당신의 모델에서 무기력증이 나타나지 않도록 막는 법을 보여준다. 그러니 너무 걱정하지 말라.

대부분의 웹 프레임워크는 오직 자바빈 표준에서만 기능한다. 만약 당신이 자바 객체가 당신의 웹 페이지를 만들어주길 바란다면, 그 자바 객체는 자바빈 사양을 지원하는 편이 좋다. 만약 HTML 양식이 서버 쪽에 보내졌을 때 자바 객체로 만들어지길 원한다면, 그 자바 양식은 자바빈 사양을 지원해야 할 것이다.

오늘날 시장의 거의 모든 프레임워크는 단순한 객체에 퍼블릭 속성을 사용하길 요구하는 동시에 권장하고 있다. 대부분의 개발자가 엔터프라이즈 전반에 걸쳐 있는 모든 애너믹 클래스에 영향을 받을 수밖에 없다. 이 사실을 받아들이자. 당신도 이를 피해갈 수 없지 않았는가? 결과적으로, 우리는 '온통 무기력증anemia everywhere'에 빠지게 됐다.

무기력증이 당신의 모델에 한 일을 보라

자, 이게 사실이며 이 사실이 우리를 괴롭게 한다는 점에 동의한다고 치자. 이 온통 무기력증이 기억력 상실과는 무슨 상관인가? 애너믹 도메인 모델(예를 들어, 트랜잭션 스크립트 같은 사기꾼 애플리케이션 서비스 (4, 14))의 클라이언트 코드를 읽을 때, 무엇을 주로 보는가? 여기 아주 제대로 된 예제가 있다.

```
@Transactional
public void saveCustomer(
    String customerId,
    String customerFirstName, String customerLastName,
    String streetAddress1, String streetAddress2,
    String city, String stateOrProvince,
    String postalCode, String country,
    String homePhone, String mobilePhone,
    String primaryEmailAddress, String secondaryEmailAddress) {

    Customer customer = customerDao.readCustomer(customerId);
```

```
    if (customer == null) {
        customer = new Customer();
        customer.setCustomerId(customerId);
    }

    customer.setCustomerFirstName(customerFirstName);
    customer.setCustomerLastName(customerLastName);
    customer.setStreetAddress1(streetAddress1);
    customer.setStreetAddress2(streetAddress2);
    customer.setCity(city);
    customer.setStateOrProvince(stateOrProvince);
    customer.setPostalCode(postalCode);
    customer.setCountry(country);
    customer.setHomePhone(homePhone);
    customer.setMobilePhone(mobilePhone);
    customer.setPrimaryEmailAddress(primaryEmailAddress);
    customer.setSecondaryEmailAddress (secondaryEmailAddress);

    customerDao.saveCustomer(customer);
}
```

의도적으로 단순화한 예제

매우 흥미로운 도메인에서 이 예제를 가져온 건 아니지만, 이상적이지 못한 설계를 검토해 어떻게 더 나은 방향으로 리팩토링할지 결정하는 데 도움을 준다. 확실히 하자면, 이 예제가 데이터를 저장하는 더 멋진 방법을 알려주지는 않는다. 물론 이 예제가 가치 있어 보이진 않겠지만, 이는 당신의 비즈니스에 가치를 더해주는 소프트웨어 모델을 만드는 것과 관련 있다.

이 코드는 방금 무엇을 했는가? 실제로 꽤 다용도의 코드다. 신규든지 기존이든지 Customer를 저장한다. 성이 바뀌었든지 새 집으로 이사를 갔든지 상관없이 Customer를 저장한다. 새 집전화를 샀든지, 집전화를 끊었든지, 새로운 휴대폰을 처음 샀든지, 혹은 둘 다 샀든지 Customer를 저장한다. 주노Juno를 사용하다가 G메일Gmail을 사용하는 사람이나 직장을 바꿔서 새로운 회사 이메일 주소가 생긴 사람마저도 Customer로 저장한다. 우와, 굉장한 방법인데?

정말 그럴까? 사실 우리는 어떤 비즈니스 상황에서 이 saveCustomer() 메소드가 사용됐는지(어쨌든, 정확하게는) 모른다. 왜 이 메소드가 애시당초 만들어졌나? 다양한 사업 목표를 지원하기 위해 변경하기로 했던 모든 동기와 본래의 의도를 기억하는가? 이 메소드가 만들어지고 수정된 지 몇 주나 몇 달 뒤면 아마도 이 기억은 사라질 테다. 게다가 이는 점점 더 악화된다. 믿기지 않는가? 같은 메소드의 다음 버전을 보라.

```
@Transactional
public void saveCustomer(
    String customerId,
    String customerFirstName, String customerLastName,
    String streetAddress1, String streetAddress2,
    String city, String stateOrProvince,
    String postalCode, String country,
    String homePhone, String mobilePhone,
    String primaryEmailAddress, String secondaryEmailAddress) {

    Customer customer = customerDao.readCustomer(customerId);

    if (customer == null) {
        customer = new Customer();
        customer.setCustomerId(customerId);
    }
    if (customerFirstName != null) {
        customer.setCustomerFirstName(customerFirstName);
    }
    if (customerLastName != null) {
        customer.setCustomerLastName(customerLastName);
    }
    if (streetAddress1 != null) {
        customer.setStreetAddress1(streetAddress1);
    }
    if (streetAddress2 != null) {
        customer.setStreetAddress2(streetAddress2);
    }
    if (city != null) {
        customer.setCity(city);
    }
    if (stateOrProvince != null) {
        customer.setStateOrProvince(stateOrProvince);
    }
```

```
    if (postalCode != null) {
        customer.setPostalCode(postalCode);
    }
    if (country != null) {
        customer.setCountry(country);
    }
    if (homePhone != null) {
        customer.setHomePhone(homePhone);
    }
    if (mobilePhone != null) {
        customer.setMobilePhone(mobilePhone);
    }
    if (primaryEmailAddress != null) {
        customer.setPrimaryEmailAddress(primaryEmailAddress);
    }
    if (secondaryEmailAddress != null) {
        customer.setSecondaryEmailAddress (secondaryEmailAddress);
    }

    customerDao.saveCustomer(customer);
}
```

여기서 나는 이 예제가 그렇게 나쁘지 않다는 말을 해야겠다. 데이터 매핑 코드는 꽤 복잡해지곤 해서, 많은 비즈니스 로직이 여기에 자리잡고 만다. 나는 이 예제에서 최악의 상황까진 보여주지 않았지만, 당신도 아마 본 적이 있을 것이다.

여기서 customerId 이외의 각 매개변수는 선택사항이다. 우리는 이제 적어도 12개의 비즈니스 상황, 혹은 그보다 더 많은 상황에서 Customer를 저장하기 위해 이 메소드를 사용할 수 있다! 하지만 이게 정말 좋은 일인가? 이 메소드가 정말로 Customer를 잘못된 상황에 저장하진 않는지 확인하기 위해 어떻게 테스트할 것인가?

아주 자세하게 들어가지 않더라도 이 메소드는 제대로 작동하는 경우보다 잘못 작동할 수 있는 여지가 훨씬 더 많다. 아마 완전히 잘못된 상태는 저장되지 못하게 막는 데이터 제약 조건이 있을지 모른다. 자바 속성과 열 이름 사이를 머릿속에서 연결하려면 시간이 좀 걸릴 것이다. 일단 이 부분을 파악한다면 누락됐거나 불완전한 데이터베이스 제약 조건을 찾아내게 된다.

여러 클라이언트(자동 원격 클라이언트를 관리하기 위해 사용자 인터페이스가 완성된 후 더해진 대상은 제외)를 살펴보고 소스의 리비전을 비교하며 지금과 같은 방식으로 구현된 이유에 관한 통찰을 얻을 수도 있다. 답을 찾는 동안에 왜 이 메소드가 이렇게 작동하는지, 얼마나 제대로 된 유스가 있는지 아무도 대답할 수 없다는 것을 알게 될 것이다. 이를 이해하려면 몇 시간, 혹은 며칠이 필요할 수도 있다.

카우보이 논리

AJ: "저 친구 너무 혼란스러워서, 지금 감자를 싸고 있는지 버팔로 떼 사이에서 롤러스케이트를 타는지[2]도 모르고 있는데?"

도메인 전문가는 여기서 도움이 안 되는데, 이 코드를 이해하려면 프로그래머가 돼야 하기 때문이다. 도메인 전문가 한두 명이 프로그래밍에 대해 잘 알거나 적어도 코드를 읽을 줄 안다고 해도, 저 코드가 지원하는 내용을 개발자 수준에서 이해하려면 다른 전문가와 다를 바 없는 어려움을 느낄 것이다. 이런 우려스러운 상황을 생각할 때 과연 이 코드를 감히 바꾸려 할 수 있을까? 할 수 있다면 어떻게?

적어도 세 가지 문제점이 있다.

1. `saveCustomer()` 인터페이스를 통해 알 수 있는 의도가 거의 없다.
2. `saveCustomer()`의 구현 그 자체가 숨겨진 복잡도를 높인다.
3. 도메인 객체 `Customer`는 사실 전혀 객체가 아니다. 이는 단지 단순한 데이터 홀더일 뿐이다.

이 골치 아픈 상황을 '무기력증으로 인한 기억력 상실anemia-induced memory loss' 증상이라고 부르자. 이 암묵적이고 완전히 주관적인 코드 설계를 만들어내는 일은 프로젝트에서 내내 일어난다.

2 올드 팝 가사 'You can't rollerskate in a buffalo herd' – 옮긴이

여기서 잠깐!

이쯤 되면 당신은 '우리 설계는 결국 칠판에서만 일어나지. 어떤 구조를 그리고, 거기에 동의하고 나면 구현하도록 허락받은 것과 다름없어. 무서운 일이야.'라고 생각하고 있을 것이다.

그렇다면 설계를 구현으로부터 구분하려고 하지 말아보라. DDD를 수행할 때, 설계는 코드이며 코드는 설계다. 즉, 칠판에 그려진 다이어그램은 설계가 아니고, 단지 모델의 어려운 부분을 논의하는 한 방법일 뿐이다.

좀 더 읽다 보면 어떻게 실제로 칠판에서부터 아이디어를 만들어내는지 배우게 될 것이다.

이쯤 되면 이런 유형의 코드에 관해서나 설계를 개선하는 방법에 관해 걱정하고 있어야 한다. 좋은 소식은 여러분의 코드 안에 명시적이고 잘 다듬어진 설계를 만들어 넣을 수 있다는 점이다.

DDD는 어떻게 하는가

구현에 관한 무거운 주제에서 잠시 벗어나 DDD의 가장 강력한 요소 중 하나인 유비쿼터스 언어에 관해 얘기해보자. '바운디드 컨텍스트(2)'와 함께 DDD의 강점을 받치는 두 기둥을 이루며, 이 두 기둥은 어느 한쪽 없이는 온전히 설 수 없다.

컨텍스트에 맞는 용어

일단 지금은 바운디드 컨텍스트를 전체 애플리케이션이나 유한 시스템(finite system)의 개념적 경계로 생각하라. 이 경계가 존재하는 이유는 그 경계 안의 해당 도메인 용어, 구, 문장, 즉 유비쿼터스 언어가 특정 컨텍스트의 의미를 띠고 있음을 강조하기 위해서다. 이를 벗어나 해당 용어를 사용할 땐 아마 다른 의미를 띠고 있을 가능성이 생기며, 아마도 거의 대다수가 그런 경우일 것이다. 2장에선 이 바운디드 컨텍스트를 깊이 있게 다룰 것이다.

유비쿼터스 언어

유비쿼터스 언어는 팀 내에 공유된 언어다. 그것은 도메인 전문가와 개발자 간에 같이 공유된다. 그리고 실제론 해당 프로젝트에 참여하는 모든 사람 간에 공유된다. 팀에서 당신의 역할이 무엇이든, 단순히 이 프로젝트에 참여하고 있다는 이유만으로 이 유비쿼터스 언어를 사용하게 된다.

그래서 유비쿼터스 언어가 뭔지 알겠다고?

뻔하지, 비즈니스의 언어가 아닌가.
아니, 그렇지 않다.
반드시 업계 표준 용어를 채택해야겠네.
아니, 그렇지 않다 .
분명 도메인 전문가들이 사용하는 은어다.
미안하지만, 틀렸다.
유비쿼터스 언어는 도메인 전문가와 소프트웨어 개발자 모두에 의해 개발되어 공유된 언어다.
바로 그거야. 이제야 답을 찾았군!

당연히 도메인 전문가들은 그 사업에 대해 가장 잘 알고 있으므로 언어에 큰 영향을 미치고 산업 표준에 의해 영향을 받을 수 있다. 그러나 그 언어는 비즈니스 자체가 어떻게 생각하고 작동하는지에 좀 더 집중돼 있다. 또한 많은 경우 두 명 이상의 도메인 전문가가 개념이나 용어에 관해 서로 동의하지 않는 상황이 발생하고, 이전에 모든 경우를 생각했을 수는 없기 때문에 일정 부분에선 틀릴 수도 있다. 그래서 전문가와 개발자가 함께 일하면서 도메인의 모델을 만들 때, 그들은 프로젝트를 위해 가장 좋은 언어를 완성하기 위해 합의와 타협의 과정을 거치며 토론한다. 언어의 품질에 대해서만큼은 절대 타협하지 않으며, 오직 가장 좋은 개념과 용어와 의미가 무엇인지란 측면에서만 타협한다. 하지만 이런 초기의 의견 일치로 끝나는 것은 아니다. 언어는 시간이 지남에 따라 크고 작은 변화를 겪으면서, 일상에서 실제로 사용하는 언어처럼 성장하고 변화한다.

개발자가 도메인 전문가와 같은 수준이 되는 데 특별한 기교가 필요한 것은 아니다. 이는 개발자들에게 사용하도록 강요되는 많은 비즈니스 용어가 아니며 도메인 전문가, 개발자, 비즈니스 분석가, 시스템을 제작하는 데 관계된 모든 사람 등과 같은 팀 전체에 의해 만들어진 실제 언어다. 이 언어가 도메인 전문가의 자연스러운 용어로부터 시작할지 몰라도 이에 제한되진 않는데, 언어는 시간이 지남에 따라 성장해야 하기 때문이다. 심지어 도메인 전문가 여러 명이 언어를 만드는 데 참여할 땐 종종 이미 널리 통용되고 있다고 생각하는 용어와 의미의 작은 차이에조차 동의하지 못하는 경우도 많다.

표 1.4를 보면, 독감 백신의 관리를 코드로 모델링할 뿐만 아니라, 팀에선 공개적으로 이 언어를 사용해야만 한다. 팀은 모델의 이런 측면을 설명할 때, 문자 그대로 '간호사가 독감 백신을 표준 용량으로 환자에게 투여한다.' 같은 문구를 말한다.

전문가의 생각 속에 존재하는 언어와 언어가 진화해나가는 방향 사이에 흥정이나 논쟁이 발생할 수 있다. 이 모든 과정은 오랫동안 중요하게 쓰일 최고의 언어를 만들어가는 자연스러운 과정의 일부다. 이는 공개적인 토론이나 기존 문서의 참고나 결국 수면 위로 드러날 비즈니스 지식 등을 비롯해 표준, 사전, 동의어 사전 등을 참조하는 과정을 통해 진행된다. 또한 처음엔 일부 단어와 구문이 우리가 생각했던 만큼 해당 용어의 비즈니스 컨텍스트에 맞지 않더라도, 특정 시점에 이르러 훨씬 더 잘 맞는 다른 짝을 찾게 되기도 한다.

표 1.4 비즈니스 최적의 모델 분석

어떤 것이 비즈니스에 더 잘 맞는가?
서로 비슷해 보이는 두 번째와 세 번째 문장은 코드를 설계하는 방법에 차이가 있는가?

가능한 관점	상응하는 코드

"그냥 코딩해버려. 누가 신경 쓴다고 그래?"
흠, 아예 틀렸군.
	`patient.setShotType(ShotTypes.TYPE_FLU);`
	`patient.setDose(dose);`
	`patient.setNurse(nurse);`

"환자에게 독감 주사를 놓는다." 좀 더 낫긴 하지만, 중요한 개념을 놓치고 있다.	`patient.giveFluShot();`

"간호사가 환자에게 정량의 독감 백신을 투여한다."
적어도 더 배우기 전까지는 이 문장 정도로 일단 해보자.
	`Vaccine vaccine = vaccines.standardAdultFluDose();`
	
	`nurse.administerFluVaccine(patient, vaccine);`

그렇다면 어떻게 이 중요한 유비쿼터스 언어를 정확히 담아내야 할까? 다음은 더 나은 결과를 위해 시험 삼아 해볼 수 있는 방법이다.

- 물리적이고 개념적인 도메인 그림을 그리고 이름과 행동을 붙여보라. 이 그림은 주로 비공식적이지만 공식적인 소프트웨어 모델링의 일부 측면을 포함할 수 있다. 여러분의 팀이 통합 모델링 언어[UML, Unified Modeling Language]를 사용해 형식에 맞춘 모델링을 하고 있더라도, 토론을 늪에 빠트리거나 궁극적인 언어의 창조성을 추구하지 못하게 억압하는 격식은 피하고 싶을 것이다.
- 간단한 정의로 구성된 용어집을 만들라. 잘 쓰일 것 같은 용어든 그렇지 않은 용어든, 대체 용어를 나열하고 그 이유를 밝혀라. 정의를 추가할 땐 도메인의 언어를 사용해야만 하기 때문에 재사용 가능한 구문을 만들어야만 한다.
- 용어집을 만드는 게 마음에 들지 않는다고 해도, 형식에 얽매이지 말고 소프트웨어의 중요한 개념을 담은 그림을 넣어서 문서의 형태로 남기자. 다시 한

번 말하지만, 여기서의 목표는 추가적인 용어와 구문을 언어로 끄집어내는 데 있다.

- 한 명이나 일부 팀원만 용어집을 작성하거나 다른 문서를 만들고 있을지 모르기 때문에, 만들어진 구문을 나머지 팀원들과 돌려보며 리뷰하자. 작성된 용어에 동의하기 힘들 경우가 많으므로, 애자일한 자세를 갖고 수많은 변경이 발생하더라도 대응할 수 있게 준비하자.

이런 방법은 여러분의 도메인에 맞는 유비쿼터스 언어를 만드는 이상적인 몇 가지 첫 단계다. 그러나 이는 절대로 여러분이 만들고 있는 모델은 아니다. 이는 단지 가까운 미래에 시스템의 소스 코드상에 나타날 유비쿼터스 언어의 시작일 뿐이다. 우리는 자바, C#, 스칼라를 비롯해 선택할 수 있는 여러 프로그래밍 언어에 관해 이야기하고 있다. 또한 이런 그림과 문서에선 시간이 지남에 따라 유비쿼터스 언어가 계속 확장하고 변한다는 점을 언급하지도 않는다. 처음엔 도메인에 딱 맞는 유용한 유비쿼터스 언어를 만드는 길을 갈 수 있도록 우리를 이끌고 영감을 주었던 결과물은 시간이 지나면서 점차 쓸모없어질 가능성이 매우 크다. 이것이 결국엔 팀원 간의 이야기와 코드상의 모델이 가장 지속적으로 유지되고 유일하게 보장되는 유비쿼터스 언어의 모습인 이유다.

팀원 간의 이야기와 코드가 유비쿼터스 언어의 영속적인 발현이기 때문에, 이야기 속의 유비쿼터스 언어와 소스 코드가 빠르게 발전함에 맞춰 유지하기가 어렵다면, 언제든 그림과 용어집과 그 밖의 다른 문서를 버릴 준비를 하라. DDD를 사용하는 데 있어서 필수 요소는 아니지만, 모든 문서를 시스템과 동기화하는 것은 현실적으로 어렵기 때문에 이렇게 하는 편이 실용적이다.

이러한 지식을 바탕으로 우리는 `saveCustomer()` 예제를 다시 설계할 수 있다. 만약 우리가 반드시 지원해야 하는 발생 가능한 비즈니스 목표 각각을 `Customer`에 반영시키길 원한다면 어떻게 될까?

```
public interface Customer {
    public void changePersonalName(
        String firstName, String lastName);
    public void postalAddress(PostalAddress postalAddress);
    public void relocateTo(PostalAddress changedPostalAddress);
    public void changeHomeTelephone(Telephone telephone);
    public void disconnectHomeTelephone();
```

```
    public void changeMobileTelephone(Telephone telephone);
    public void disconnectMobileTelephone();
    public void primaryEmailAddress(EmailAddress emailAddress);
    public void secondaryEmailAddress(EmailAddress emailAddress);
}
```

이것이 Customer를 만드는 가장 훌륭한 모델은 아니라고 생각할 수도 있지만, DDD를 구현할 땐 설계에 관한 의문을 품는 것은 당연하다. 팀으로서 우리는 무엇이 최상의 모델인지 논쟁할 자유가 있고, 동의가 이뤄진 유비쿼터스 언어를 찾은 후에야 결정할 수 있다. 위의 인터페이스는 Customer가 지원해야 하는 다양한 비즈니스 목표를 명시적으로 반영했으며, 물론 이는 언어의 지속적인 향상을 통해 개선될 수도 있다.

또한 애플리케이션 서비스 역시 명시적인 비즈니스 목표의 의도를 반영하기 위해 언제든 리팩토링할 수 있다는 사실을 이해하는 것도 중요하다. 각 애플리케이션 서비스 메소드는 하나의 유스케이스 플로우나 사용자 스토리를 처리하도록 수정된다.

```
@Transactional
public void changeCustomerPersonalName(
    String customerId,
    String customerFirstName,
    String customerLastName) {

    Customer customer = customerRepository.customerOfId(customerId);

    if (customer == null) {
        throw new IllegalStateException("Customer does not exist.");
    }

    customer.changePersonalName(customerFirstName, customerLastName);
}
```

원래 예제에서는 하나의 메소드가 많은 다른 유스케이스 플로우나 사용자 스토리를 처리하는 데 사용되었던 것과 달라졌다. 이 새로운 예제에서 우리는 하나의 애플리케이션 서비스 메소드가 Customer의 이름을 바꾸는 것만 처리하도록 제한했다. 즉 DDD를 사용할 때 애플리케이션 서비스를 알맞게 수정하는 것이 우리의 일이다.

이는 유저 인터페이스 역시 더 좁은 사용자 목표를 반영해야 한다는 점을 의미하며, 이런 접근은 어쩌면 이전부터 이뤄졌을지도 모른다. 그러나 지금 이 특정 애플리케이션 서비스 메소드는 클라이언트가 이름과 성의 매개변수를 열 개의 널null로 전달하도록 요구하지는 않는다.

이 새 설계가 마음을 편하게 해주지 않는가? 이 코드를 읽으면 쉽게 이해할 수 있다. 여러분은 또한 이를 테스트해서, 정확히 원하는 것을 수행하고 하지 말아야 할 일을 하지 않는다는 결과를 확인할 수 있다.

그러므로 유비쿼터스 언어는 소프트웨어 모델 자체에 특정 핵심 비즈니스 도메인의 개념과 용어를 포착하는 데 사용되는 팀의 패턴이다. 소프트웨어 모델은 잘 짜여진 팀에 의해 공식적으로 만들어지고 쓰여지는 명사, 형용사, 동사 그리고 풍부한 표현들을 통합한다. 소프트웨어와 테스트(모델이 도메인의 방향에 잘 따르는지 검증하는)는 팀이 함께 사용하는 이 언어를 담고 있으며 이 언어에 맞춰진다.

유비쿼터스지만 보편적이지는 않다

지금부턴 유비쿼터스 언어에 관해 좀 더 명확히 해보겠다. 우리가 주의 깊게 유념해야 할 기초적인 개념들이 몇 가지 있다.

- 유비쿼터스는 '만연하다.' 혹은 '어디서나 발견된다.'는 의미, 즉 팀원 간에 사용되고 팀이 개발하는 하나의 도메인 모델로 발현된다는 의미다.
- 유비쿼터스라는 단어의 사용은 엔터프라이즈 전체의 전사적인, 혹은 세계적이고 보편적인 도메인 언어를 설명하려는 의도는 아니다.
- 바운디드 컨텍스트당 하나의 유비쿼터스 언어가 있다.
- 바운디드 컨텍스트는 우리가 처음 상상했던 것보다 상대적으로 더 작다. 바운디드 컨텍스트는 격리된 비즈니스 도메인의 완전한 유비쿼터스 언어를 포착할 만큼만 크다.
- 유비쿼터스 언어는 바운디드 컨텍스트를 격리시키고 그 안에서 프로젝트의 개발 업무를 수행하는 팀 내부에서만 유비쿼터스하다.
- 하나의 바운디드 컨텍스트를 개발하는 하나의 프로젝트에는 항상 하나 이상의 격리된 바운디드 컨텍스트가 있으며, 이는 컨텍스트 맵(3)을 사용해 통합된다. 일부 용어가 겹칠지라도, 통합되는 바운디드 컨텍스트 각각은 자신만의 유비쿼터스 언어를 갖고 있다.

- 당신이 전체 엔터프라이즈에 혹은 그보다 넓은 단위에 단일 유비쿼터스 언어를 적용하려 한다면 실패할 것이다.

제대로 DDD를 사용하는 새로운 프로젝트를 시작한다면, 개발하고 있는 격리된 바운디드 컨텍스트를 밝혀내라. 이렇게 함으로써 당신의 도메인 모델 주변에 명시적인 경계를 그을 수 있다. 명시적으로 바운디드 컨텍스트 내의 격리된 도메인 모델에서 유비쿼터스 언어를 토론하고, 연구하고, 개념화하고, 개발하고, 사용하라. 여러분의 격리된 컨텍스트상에서 합의된 유비쿼터스 언어가 아닌 모든 개념을 거부하라.

DDD를 사용하는 데서 오는 비즈니스 가치

아마 나와 같은 경험이 있는 사람이라면, 소프트웨어 개발자는 더 이상 단지 멋지게 들리거나 흥미를 끈다는 이유로 기술이나 기법을 쫓아갈 수 없다는 점을 알 것이다. 우리는 우리가 하는 모든 행동을 정당화해야 한다. 언제나 그랬던 것은 아니었겠지만, 이제라도 그렇게 된다면 잘된 일이라고 생각한다. 어떤 기술이나 기법을 사용할 때의 가장 훌륭한 정당화는 비즈니스에 가치를 제공하는 경우라고 생각한다. 우리가 실제로 눈에 보이는 비즈니스 가치를 내세울 수 있다면, 비즈니스 담당자가 우리가 추천하는 것을 거부할 이유가 있겠는가?

비즈니스 케이스는 우리가 다른 선택을 하는 것보다 우리가 추천하는 접근법에 더 높은 비즈니스 가치가 있다는 것을 보여줄 수 있을 때 특히 더 큰 힘을 얻는다.

비즈니스 가치가 가장 중요한 것 아닌가?

맞는 말이고, 그래서 나는 이 DDD 사용의 비즈니스 가치에 관한 내용을 좀 더 앞에 실었어야 했는지 모른다. 그러나 이미 결정한 일이고 지금 여기서 다루고자 한다. 이 절의 제목은 사실 '여러분의 상사에게 DDD를 파는 방법'이라고 지어야 했을지 모른다. 여러분이 실제로 여러분의 회사에서 DDD를 구현할 가능성이 있다고 거의 확신하기 전까지 이 책은 단지 가설에 불과하다. 그리고 나는 여러분이 이 책을 단순히 이론적인 연습처럼 읽지 않길 바란다. 당신의 회사를 위한 구체적인 실제 상황에 대비해 읽어보라. 그러면 실제로 당신의 회사가 어떻게 이득을 얻을 수 있는지에 관해 더 흥미를 갖게 될 것이다. 자, 더 읽어보자.

DDD를 도입하며 얻게 되는 아주 실제적인 비즈니스 가치를 고려해보자. 이를 여러분의 경영 간부, 도메인 전문가, 그리고 기술 팀원과 공개적으로 공유하라. 가치와 이점이 여기에 요약돼 있으며, 후에 더 상세히 설명한다. 우선 좀 덜 기술적인 이점부터 시작해본다.

1. 조직이 그 도메인에 유용한 모델을 얻는다.
2. 정교하고 정확하게 비즈니스를 정의하고 이해한다.
3. 도메인 전문가가 소프트웨어 설계에 기여한다.
4. 사용자 경험이 개선된다.
5. 순수한 모델 주변에 명확한 경계가 생긴다.
6. 엔터프라이즈 아키텍처의 구성이 좋아진다.
7. 애자일하고, 반복적[iterative]이고, 지속적인[continuous] 모델링이 사용된다.
8. 전략적인 동시에 전술적인 새로운 도구가 적용된다.

1. 조직이 그 도메인에 유용한 모델을 얻는다

DDD의 초점은 비즈니스적으로 중요한 곳에 우리의 노력을 투자한다는 점이다. 우리는 과도한 모델링을 하지 않으며 핵심 도메인에 초점을 맞춘다. 핵심 도메인을 지원하기 위한 다른 여러 모델도 있으며, 이 역시 중요하다. 그러나 지원 모델에 핵심 도메인과 같은 우선순위를 매기거나 같은 노력을 들일 수는 없다.

우리의 초점이 다른 모두로부터 우리 비즈니스를 차별화하는 데 있을 때, 임무를 잘 이해시킬 수 있고 일의 진행을 추적할 수 있는 지표를 갖게 된다. 우리는 경쟁 우위를 달성하는 데 필요한 것을 정확히 제공할 것이다.

2. 정교하고 정확하게 비즈니스를 정의하고 이해한다

비즈니스 자체와 비즈니스의 임무에 관해 이전보다 더 잘 이해할 수 있다. 나는 비즈니스의 핵심 도메인을 위해 만들어진 유비쿼터스 언어가 마케팅 자료로 쓰였다는 말을 들은 적이 있다. 분명히 이는 비전과 사명 선언문에 통합돼야 한다.

시간이 지남에 따라 이 모델이 점차 정제되면서, 비즈니스적으로 깊이 있는 이해를 형성해가고 이를 분석 도구로 활용할 수 있게 된다. 서로 간에 반론을 펴고 기술 팀 파트너에 영향받으면서, 도메인 전문가의 머리로부터 상세한 내용이 표면화된다. 이런 세부 내용은 현재와 미래에 나아갈 방향이 갖는 가치를 전략적이고 전술적으로 분석할 수 있게 도와준다.

3. 도메인 전문가가 소프트웨어 설계에 기여한다

조직이 핵심 비즈니스에 관해 더 깊은 이해를 키워갈 때 비즈니스 가치가 나타난다. 도메인 전문가는 개념과 용어에 언제나 동의하진 않는다. 때론 이런 차이점은 이 조직에 들어오기 전에 얻은 다른 경험에서 비롯된다. 때론 같은 조직 내에서도 다른 길을 걸어왔기 때문에 차이가 생긴다. 그러나 DDD를 위해 모두가 모였을 때, 이 도메인 전문가 사이에 의견의 일치를 얻게 된다. 이는 투입되는 노력과 조직 자체를 전반적으로 강화시킨다.

개발자는 이제 도메인 전문가와 하나된 팀으로 공통의 언어를 공유한다. 그들은 함께 일하는 도메인 전문가로부터 지식을 전달받는 이점을 얻는다. 개발자가 불가피하게 새로운 핵심 도메인이나 다른 조직으로 가게 되더라도 교육과 인수인계가 더 쉬워진다. '부족 지식tribal knowledge'을 구축해가는 상황, 즉 오직 선택된 소수만이 모델을 이해하게 되는 경우가 줄어든다. 이런 지식은 필요로 하는 조직 내 누구에게나 열려 있으며, 전문가와 그 외의 개발자와 새로운 사람들은 지속적으로 공통 지식을 공유하게 된다. 이런 장점은 도메인의 언어에 관심을 갖고 따라야 하는 분명한 목표를 수립했기 때문에 존재한다.

4. 사용자 경험이 개선된다

종종 최종 사용자 경험은 도메인의 모델을 좀 더 잘 반영함으로써 개선된다. 도메인 주도가 정형적으로 '스며들며', 사람이 소프트웨어를 사용하는 데 영향을 미친다.

소프트웨어에서 사용자가 이해해야 하는 내용이 너무 많아지면, 사용자는 많은 수의 결정을 내리기 위해 교육을 받아야만 한다. 사용자는 단지 그들 머릿속의 지식을 양식에 입력하는 데이터로 전달하는 것뿐이라는 점이 핵심이다. 만약 사용자가 무엇이 필요한지 정확히 이해하지 못하면, 결과는 틀리게 된다. 이는 종종 사용자가 소프트웨어를 이해할 때까지 막연한 추측에 따르면서 생산성이 떨어지는 원인이 된다.

사용자 경험이 근간을 이루는 전문가 모델의 윤곽을 따라 설계돼야, 사용자가 올바른 결론을 내리도록 이끌 수 있다. 실제로 소프트웨어 자체만으로 사용자를 교육하게 되며, 이는 비즈니스의 간접비용을 줄여준다. 더 적은 비용으로 더 빠른 생산성을 얻는 것, 이야말로 비즈니스 가치다.

이제 다음으로 비즈니스적 측면에서 기술적인 이득을 살펴볼 차례다.

5. 순수한 모델 주변에 명확한 경계가 생긴다

기술 팀은 비즈니스에 이득이 되는 방향으로 지향점을 맞춰감으로써, 프로그래밍과 알고리즘적 문제에 더 많은 관심을 드러내지 않도록 권장된다. 방향의 순수성은 가장 중요한 곳에 노력을 집중할 수 있도록 함으로써 해결책의 효과에 초점을 맞추도록 해준다. 이를 달성하는 방법은 해당 프로젝트의 바운디드 컨텍스트에 대한 이해와 아주 밀접한 관계가 있다.

6. 엔터프라이즈 아키텍처의 구성이 좋아진다

바운디드 컨텍스트를 잘 이해하고 신중하게 분할한 경우, 엔터프라이즈 내의 모든 팀은 어디서 왜 통합이 필요한지 분명하게 이해하게 된다. 이런 경계는 명시적으로 나타나며, 이런 경계와 경계 사이의 관계도 역시 명시적이다. 사용 종속성이 겹치는 모델을 갖고 있는 팀은 컨텍스트 맵을 이용해 정형적 관계와 통합하기 위한 방법을 수립한다. 이는 실제로 전체 엔터프라이즈 아키텍처를 아주 철저하게 이해할 수 있도록 해준다.

7. 애자일하고, 반복적이고, 지속적인 모델링이 사용된다

설계라는 단어는 경영진의 마음에 부정적인 생각을 불러일으킬 수 있다. 그러나 DDD는 다루기가 무겁거나 설계와 개발 프로세스의 단계가 복잡하게 나눠지지 않는다. DDD는 어떻게 다이어그램을 그리는지에 관한 문제가 아니다. DDD는 도메인 전문가의 심적 모델을 신중히 정제해서 비즈니스에 유용한 모델로 만드는 방법에 관한 문제다. 이는 모방을 통해 현실 세계 자체의 모델을 만드는 일과는 다르다.

팀의 노력은 애자일 접근법을 따라 투입되는데, 이는 반복적이고 점진적인 것이다. 팀이 익숙한 애자일 프로세스라면 모두가 DDD에서 성공적으로 사용될 수 있다. 만들어진 모델은 결국 동작하는 소프트웨어다. 이는 비즈니스에 더 이상 필요하지 않을 때까지 계속해서 정제된다.

8. 전략적인 동시에 전술적인 새로운 도구가 적용된다

바운디드 컨텍스트는 팀에게 특정한 비즈니스 문제 도메인에서 해결책을 만들어갈 모델링의 경계를 제공한다. 팀은 하나의 바운디드 컨텍스트 안에서 하나의 유비쿼터스 언어를 만든다. 이 언어는 팀 내의 대화와 소프트웨어 모델을 나타낼 때 사용된다. 주어진 바운디드 컨텍스트를 각각 담당하기도 하는 서로 다른 팀은 컨텍스트 맵을 사용해 바운디드 컨텍스트를 전략적으로 분리하고 그들 사이의 통합을 합의한다. 팀은 하나의 모델링 경계 안에서 유용한 전술 모델링 도구를 얼마든지 이용할 수 있다. 애그리게잇(10), 엔터티(5), 값 객체(6), 서비스(7), 도메인 이벤트(8) 등이 있다.

DDD 적용의 난관

여러분은 DDD를 구현하면서 난관에 봉착할 것이다. 성공적으로 구현했던 사람 역시도 그랬다. 일반적으로 겪는 난관은 무엇이 있고, 이런 상황에 DDD를 적용해야 하는 이유를 어떻게 설명할 것인가? 일반적인 문제점에 관해 말해보자면 다음과 같다.

- 유비쿼터스 언어를 만드는 데 드는 시간과 노력을 계산하는 것
- 도메인 전문가를 시작부터 참여시키고 프로젝트 내내 함께하는 것
- 도메인 내의 해결책에 관한 개발자의 사고방식을 바꾸는 것

DDD를 사용할 때 가장 어려운 점 중 하나는 비즈니스 도메인에 관해 고민하고 개념과 용어를 연구하고 유비쿼터스 언어를 발견 및 포착하고 개선하기 위해 도메인 전문가와 대화하는 데 드는 시간과 노력이며, 기술적인 코딩에 필요한 시간이나 노력이 아니다. 만약 DDD를 완전하게 적용해서 비즈니스에 큰 가치를 더하고자 한다면 더 많은 생각과 노력이 필요하며 시간도 더 오래 걸릴 수밖에 없다. 어쩔 수 없다.

또한 도메인 전문가에게 필요한 도움을 요청하는 일 역시 어려울 수 있다. 하지만 아무리 어렵더라도 반드시 그렇게 해야 한다. 만약 당신이 적어도 한 명의 제대로 된 전문가로부터 참여를 구하지 못한다면 도메인의 깊은 지식을 알아낼 수 없을 것이다. 도메인 전문가의 참여를 구했다면, 무거운 짐은 개발자에게 돌아올 것이

다. 개발자는 진정한 전문가와 대화하며 주의 깊게 귀를 기울여, 그들이 이야기하는 언어를 소프트웨어로 녹여냄으로써 도메인에 대한 전문가의 심적 모델을 반영해야 한다.

여러분이 작업하고 있는 도메인이 진정으로 여러분의 비즈니스에 차별성을 부여한다면 도메인 전문가의 머릿속에 최전선의 중요한 지식이 담겨 있을 것이고, 여러분은 이를 끌어내야 한다. 나는 진정한 도메인 전문가를 찾기 어려운 프로젝트들에서 일한 적이 있다. 때론 이들의 출장이 너무 잦아서 한 시간짜리 회의를 다시 갖기까지 몇 주가 걸릴 수도 있다. 소규모 사업장에선 이 전문가가 CEO나 부사장들 중 한 명이 될 수도 있으며, 이럴 땐 더 중요해 보이는 다른 많은 일을 하고 있을지도 모른다.

카우보이 논리

AJ: "큰 수소를 못 잡으면, 너는 배고파지고 말 거야."

도메인 전문가를 참여하게 하려면 창의적인 방법이 필요할지도 모른다.

당신의 프로젝트에 도메인 전문가를 참여시키는 방법

커피를 사가라. 유비쿼터스 언어를 사용하라.

"샐리 씨, 안녕하세요. 제가 톨 사이즈, 절반의 무지방, 절반의 1% 우유, 온도는 아주 따뜻하고, 1/4 샷을 추가한 라떼를 거품을 얹어서 한 잔 준비해왔어요. 저랑 잠깐 얘기할 시간 좀 내주실래요?"

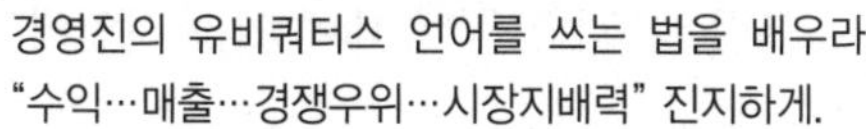

경영진의 유비쿼터스 언어를 쓰는 법을 배우라. "수익…매출…경쟁우위…시장지배력" 진지하게.

그리고 하키 경기 티켓을 사가라.

많은 개발자가 DDD를 제대로 적용하기 위해 사고하는 방식을 바꿔야만 했다. 우리 같은 개발자는 기술적으로 사고한다. 우리에겐 기술적인 해결책이 편하다. 기술적으로 생각하는 것이 나쁘다는 얘기가 아니다. 단지 덜 기술적으로 생각하는 편

이 더 나은 경우가 있다는 얘기다. 오랫동안 기술적인 방법으로 소프트웨어 개발을 진행하는 게 습관이 됐다면, 아마도 이제는 새로운 사고방식을 가져보는 것도 좋겠다. 여러분의 도메인에 맞는 유비쿼터스 언어를 개발하는 것은 좋은 출발점이 된다.

카우보이 논리

LB: "저 친구 부츠가 너무 작은데. 새 신발을 사지 않으면 발가락이 아프겠어."

AJ: "그러게. 말로 안되면 몸으로 느껴야지."

개념에 맞는 이름을 짓는 일 말고도 DDD에 필요한 또 다른 수준의 사고가 있다. 우리가 소프트웨어를 통해 도메인을 모델링할 때, 우리는 어떤 모델 객체가 무엇을 수행할지 신중히 고려해야 한다. 이는 객체의 행동을 설계한다는 의미다. 우리가 유비쿼터스 언어의 핵심을 전달할 수 있도록 행동에 이름을 붙여야 한다는 말에는 동의한다. 그러나 행동에 따라 객체가 무엇을 할지 고려해야만 한다. 이는 클래스에 속성을 만들고 게터와 세터를 모델의 클라이언트에게 공개하는 노력보다 높은 수준의 노력이 필요하다.

이제 앞에서 살펴본 기초적인 도메인보다 좀 더 어렵고 좀 더 흥미로운 도메인을 살펴보자. 아이디어를 보다 확실히 하기 위해 의도적으로 전에 언급한 지침을 반복하겠다.

우리의 모델에서 단순히 데이터 접근자를 제공할 때 어떤 일이 일어났는지 다시 한 번 질문해보자. 재차 강조하는데, 모델 객체를 위한 데이터 접근자만을 노출시킨다면 그 결과는 단순한 데이터 모델에 가깝게 된다. 다음의 두 예제를 살펴보고, 둘 중 어떤 경우가 더 철저한 설계 사고를 필요로 하고 클라이언트에게 더 나은 장점을 줄지 선택해보자. 이 요구사항은 스크럼 모델scrum model 내에 있는 것인데, 백로그backlog 항목을 스프린트sprint로 커밋해야 한다.

첫 번째 예제는 오늘날 일반적으로 수행되는 것과 같이 속성 접근자를 사용했다.

```
public class BacklogItem extends Entity {
    private SprintId sprintId;
    private BacklogItemStatusType status;
    ...
```

```
    public void setSprintId(SprintId sprintId) {
        this.sprintId = sprintId;
    }

    public void setStatus(BacklogItemStatusType status) {
        this.status = status;
    }
    ...
}
```

이 모델의 클라이언트는 다음과 같다.

```
// 클라이언트는 sprintId와 status를 설정해 백로그 항목을 스프린트로 커밋한다

backlogItem.setSprintId(sprintId);
backlogItem.setStatus(BacklogItemStatusType.COMMITTED);
```

이 두 번째 예제는 도메인의 유비쿼터스 언어를 표현하는 도메인 객체의 행동을 이용했다.

```
public class BacklogItem extends Entity {
    private SprintId sprintId;
    private BacklogItemStatusType status;
    ...

    public void commitTo(Sprint aSprint) {
        if (!this.isScheduledForRelease()) {
            throw new IllegalStateException(
                "Must be scheduled for release to commit to sprint.");
        }

        if (this.isCommittedToSprint()) {
            if (!aSprint.sprintId().equals(this.sprintId())) {
                this.uncommitFromSprint();
            }
        }

        this.elevateStatusWith(BacklogItemStatus.COMMITTED);
```

```
        this.setSprintId(aSprint.sprintId());

        DomainEventPublisher
            .instance()
            .publish(new BacklogItemCommitted(
                    this.tenant(),
                    this.backlogItemId(),
                    this.sprintId()));
    }
    ...
}
```

이 명시적 모델의 클라이언트는 좀 더 안전한 바탕에서 작동하는 것 같다.

```
// 클라이언트는 도메인 특정 행동을 사용해 백로그를 스프린트로 커밋한다

backlogItem.commitTo(sprint);
```

첫 번째 예제는 매우 데이터 중심적인 접근법을 사용한다. 책임은 전적으로 클라이언트가 올바르게 스프린트로 백로그 항목을 커밋하는 방법을 알고 있는지에 달려 있다. 이 모델은 도메인 모델이 아니고, 전혀 도움이 되지 않는다. 만약 클라이언트가 실수로 sprintId만 바꾸고 status는 바꾸지 않았거나, 혹은 그 반대의 경우라면 어떻게 될까? 아니면 미래에 새로운 속성을 설정해야 한다면 어떻게 할까? BacklogItem상의 올바른 속성으로 데이터 값을 정확히 매핑하기 위해 반드시 클라이언트 코드를 분석해야 한다.

또한 이 접근법은 BacklogItem 객체의 형태를 노출시키고, 행동이 아닌 데이터 속성에 집중한다. 만약 당신이 setSprintId()와 setStatus()가 행동이라고 주장한다 해도, 이 행동은 실제적인 비즈니스 도메인의 가치가 하나도 없다는 데 문제가 있다. 이 행동은 도메인 소프트웨어가 모델링해야 하는 스프린트로 백로그 항목을 커밋하는 시나리오의 의도를 명시적으로 알려주지 않는다. 클라이언트 개발자가 마음속에서 백로그 항목을 스프린트로 커밋할 때 필요한 BacklogItem의 속성을 선택하려는 순간에 인지 과부하를 일으킨다. 이는 데이터 중심적이기 때문에 너무 많은 선택 가능한 옵션을 만들어낸다.

이제 두 번째 예제를 살펴보자. 데이터 속성을 노출하는 대신, 여기선 클라이언트가 백로그 항목을 스프린트로 커밋하겠다는 점을 명시적이고 정확하게 나타내는 행동을 노출시킨다. 이 도메인의 전문가는 다음과 같은 모델의 요구사항에 관해 논의한다.

> 각 백로그 항목이 스프린트로 커밋되게 하라. 이는 릴리스를 위해 계획이 잡혔을 때만 커밋될 것이다. 만약 이 항목이 이미 다른 스프린트로 커밋됐다면, 먼저 언커밋[uncommit]해야 한다. 커밋이 완료되면 이해 당사자에게 알려라.

따라서 두 번째 예제의 메소드는 컨텍스트 내의 유비쿼터스 언어를 포착하며, 이때의 컨텍스트는 격리된 `BacklogItem` 타입의 바운디드 컨텍스트다. 그리고 우리는 이 시나리오를 분석함에 따라 첫 번째 해결책이 불완전하고 버그를 갖고 있다는 점을 발견하게 된다.

두 번째로 구현된 클라이언트는 간단하든지 복잡하든지 간에 커밋을 수행하기 위해 무엇이 필요한지 알 필요가 없다. 이 메소드의 구현은 필요한 로직만을 포함하고 있다. 우리는 아직 릴리스가 예정되지 않은 백로그 아이템의 커밋을 방지할 가드[guard]를 쉽게 추가할 수 있다. 첫 번째 구현에서도 세터 안에 가드를 설치할 수는 있지만, 그렇게 되면 이 세터는 `sprintId`와 `status`의 요구사항만이 아닌 객체 상태의 전체 컨텍스트를 알아야만 할 책임이 필요하게 된다.

여기엔 아주 미세한 차이가 또 있다. 만약 백로그 항목이 벌써 다른 스프린트에 커밋됐다면, 먼저 현재의 스프린트로부터 언커밋될 것이다. 이는 중요한 세부사항인데, 백로그 항목이 스프린트로부터 언커밋될 때 도메인 이벤트가 클라이언트로 발행[publish]되기 때문이다.

> 각 백로그 항목이 스프린트에서 언커밋되게 하라. 백로그 항목이 언커밋될 때, 이해 당사자에게 알려라.

언커밋된 알림의 발행은 `uncommitFrom()`이라는 도메인 행동을 사용하면 거저 수행할 수 있다. 메소드 `commitTo()`는 알림의 내용을 알 필요조차 없다. 알아야 할 내용은 새 스프린트에 커밋하기 전에 반드시 현재의 스프린트에서 언커밋해야 한다는 내용뿐이다. 또한 `commitTo()` 도메인 행동은 마지막 단계로서 이벤트를 이해 당사자에게 알린다. `BacklogItem`에 다양한 행동을 두지 않는다면 클라이언트에서 이벤트를 발행했어야 할 것이다. 이는 모델로부터 도메인 로직의 누수를 일으켰을 것이다. 좋지 않다.

분명히 첫 번째 예제보단 두 번째 예제에서 `BacklogItem`을 만들 때 더 많은 고민이 필요하다. 그러나 이런 고민의 과정에서 얻어지는 이득에 비하면 고민에 드는 노력은 그리 크지 않다. 이런 식으로 설계를 배워나간다면 점차 더욱 수월해진다. 결국에는 분명 더 많은 생각, 노력, 협업, 팀 노력의 조직화가 필요하지만, 그렇다고 DDD가 무겁게 느껴질 정도는 아니다. 새로운 생각은 충분히 노력을 들일 만한 가치가 있다.

화이트보드 타임

- 현재 작업하고 있는 도메인을 사용해 공통의 용어와 모델의 행동을 생각해보자.
- 용어를 보드에 써보자.
- 이어서 팀이 프로젝트에 관해 이야기하며 사용할 표현을 써보라.
- 실제 도메인 전문가와 상의해서 어떻게 그 용어를 정제할 수 있을지 살펴보라. (커피 한 잔을 사 가는 것을 잊지 말자.)

도메인 모델링의 합리화

전술적 모델링은 일반적으로 전략적 모델링보다 좀 더 복잡하다. 따라서 만약 DDD 전술적 패턴(애그리게잇, 서비스, 값 객체, 이벤트 등)을 사용해 도메인 모델을 개발한다면, 더 신중한 생각과 더 많은 투자가 필요하다. 이런 상황에서 어떻게 한 조직이 전술적 도메인 모델링의 사용을 합리화할 것인가? 어떤 기준을 사용해 주어진 프로젝트 구석구석에 DDD를 적절하게 적용하기 위한 추가적인 투자가 필요하다는 것을 판단할 것인가?

익숙하지 않은 지역의 탐험대를 이끌고 있는 당신의 모습을 그려보라. 당신은 주변 대륙과 국경 지역을 이해하고 싶을 것이다. 당신의 팀은 지도를 연구하고 심지어 고유의 지도를 그릴지도 모르며, 전략적 접근법을 결정할 것이다. 지형적 측면을 고려해 어떻게 이점으로 활용할지 생각할 것이다. 얼마나 계획을 했든지 상관없이, 이런 노력의 일부 측면은 아주 어렵게 다가올 것이다.

만약 팀의 전략 중에 암벽을 수직으로 재야 하는 내용이 있다면, 그에 맞는 도구와 올라가기 위한 전술이 필요할 것이다. 아래에서 위를 바라보면서, 특별히 어려운 위치나 위험한 지역임을 나타내는 표시를 확인할지도 모른다. 그러나 실제 그 암벽 위에 있기 전까진 모든 세부사항을 알 수 없다. 당신은 어쩌면 미끄러운 바위에 피톤[3]을 박아야 할 수도 있고, 자연적인 균열이 있는 곳에 다양한 사이즈의 캠[4]을 이용해 쐐기를 박을 수도 있다. 이런 보호 장구에 잘 붙어 있기 위해 카라비너[5]를 가져갈지도 모른다. 최대한 직선 거리로 가려고 하겠지만 어떤 지점에선 특별한 결정을 내려야 할 수도 있다. 가끔은 바위로 인해 되돌아가거나 방향을 다시 전환해야 할지도 모른다. 많은 사람이 암벽 등반을 스릴이 있는 위험한 운동 정도로 생각하지만, 실제로 등반하는 사람들은 운전하거나 비행기를 타는 것보다 더 안전하다고 말할 것이다. 그게 사실이 되기 위해선 분명 등반자가 도구와 기법을 이해하고 어떻게 바위를 판단할지 이해하고 있어야 한다.

만약 주어진 서브도메인(2)을 개발하는 일이 이렇듯 어렵고 불안정한 오르막길이라면, DDD 전술 패턴을 이 등반에 가져갈 것이다. 핵심 도메인의 조건에 맞는 비즈니스 이니셔티브라면 전술적 패턴의 사용을 너무 빨리 포기해선 안 된다. 핵심 도메인은 잘 알려지지 않고 복잡한 분야다. 올바른 전술을 사용한다면 중도 추락으로부터 이 팀을 가장 잘 보호할 수 있다.

몇 가지 실제적인 지침이 있다. 상위 수준부터 시작해서 세부사항에 관해 이야기해보자.

- 만약 바운디드 컨텍스트가 핵심 도메인으로 만들어지고 있다면, 이는 비즈니스 성공의 측면에서 전략적으로 매우 중요하다. 이 핵심 모델은 잘 이해하기 어렵고 많은 실험과 리팩토링이 필요하다. 계속적인 개선과 함께 이 모델 전 생애의 헌신을 요구할 가능성이 많다. 항상 이것이 당신의 핵심 도메인은 아닐지도 모른다. 그와 상관없이, 만약 바운디드 컨텍스트가 복잡하고 혁신적이며 변화를 겪는 오랜 시간 동안 견뎌내야 한다면, 당신 비즈니스의 미래에 대한 투자로 전술적 패턴을 사용하는 방안을 진지하게 고민해보라. 이는 당신의 핵심 도메인에 높은 기술 수준의 최고 개발자가 참여한다는 가정을 전제한다.
- 범용 서브도메인(2)이나 고객 지원 서브도메인이 될 도메인이라면 실제로 여러분의 비즈니스에 핵심 도메인이 될 수 있다. 여러분이 항상 최종 고객의 관

3 암벽 등반에 쓰이는 못 – 옮긴이

4 암벽 틈새를 돌려서 벌릴 수 있도록 하는 도구 – 옮긴이

5 암벽 등반 도구로, 타원 또는 D자 형의 강철 고리 – 옮긴이

점에서 도메인을 판단할 수는 없다. 만약 여러분이 최고 비즈니스 이니셔티브로서 바운디드 컨텍스트를 개발해가고 있다면, 비즈니스 밖의 고객이 어떻게 바라보든 상관없이 이는 핵심 도메인이다. 전술적 패턴의 사용을 진지하게 고민하라.

- 여러 가지 이유로 써드파티 범용 서브도메인에선 얻을 수 없는 지원 서브도메인을 개발하고 있다면 전술적 패턴이 당신의 노력에 도움이 될 가능성이 있다. 이런 경우 팀의 기술 수준과 모델이 새롭고 혁신적인 것인지 여부를 고려하라. 만약 비즈니스 가치를 더하고, 특별한 지식을 담고 있고, 단순히 기술적 흥미가 생기는 것에 그치지 않는다면 이 모델은 혁신적인 것이다. 만약 여러분의 팀이 전술적 설계를 적절히 적용할 수 있고, 지원 서브도메인이 혁신적이며, 미래에 오랜 시간 동안 유지돼야 한다면, 이는 당신의 소프트웨어에 전술적 설계를 투자할 좋은 기회다. 그러나 비즈니스적 시점에서 이는 단순한 지원 기능이기 때문에, 이 모델이 핵심 도메인이 되는 것은 아니다.

당신의 비즈니스에 경험이 풍부하고 높은 수준의 도메인 모델링이 가능한 개발자가 많이 있다면 이 지침이 다소 제한적일 수 있다. 경험치가 매우 높은 상황에서 엔지니어가 전술적 패턴이 최선의 선택이라고 믿는다면, 그들의 의견을 따르는 편이 바람직하다. 얼마나 경험이 있든지 상관없이, 정직한 개발자라면 주어진 상황에서 도메인 모델을 개발하는 편이 최선의 선택일지 아닐지 이야기할 것이다.

비즈니스 도메인의 타입만으론 개발 접근법을 자동으로 선택하는 결정 요소가 되지는 않는다. 여러분의 팀은 최종 결정을 내릴 수 있도록 도와주는 중요한 질문을 반드시 고려해야 한다. 앞선 상위 수준의 지침에 어느 정도 맞춰져 있으면서도 확장된, 다음과 같은 좀 더 상세한 결정 기준의 목록을 고려해보자.

- 도메인 전문가가 있고, 그들의 주변에 팀을 형성할 준비가 됐는가?
- 현재는 다소 간단한 비즈니스 도메인이더라도, 시간이 지나면서 복잡성이 증가할 것인가? 현재 트랜잭션 스크립트[6]를 사용하고 있다면, 만약 컨텍스트가 복잡해졌을 때 행동적 도메인 모델로 리팩토링할 가능성은 얼마나 가시적인가?
- DDD 전술적 패턴의 사용이 써드파티가 개발했거나 사용자 정의로 만들어진

6 여기선 용어를 일반화했다. 이 목록에선 도메인 모델을 사용하지 않은 몇 가지 접근법을 대표해서 트랜잭션 스크립트를 사용했다.

다른 바운디드 컨텍스트를 통합할 때 좀 더 쉽고 실용적인가?

- 트랜잭션 스크립트를 사용한다면 정말 개발이 더 간단해지고 코드의 양이 줄어드나? (두 접근법을 모두 경험해본 결과, 많은 경우 트랜잭션 스크립트는 같거나 더 많은 양의 코드를 필요로 한다. 이는 아마 도메인의 복잡성과 모델의 혁신이 프로젝트의 기획 단계에서 잘 이해되지 않았기 때문일 것이다. 도메인 복잡성과 혁신은 많은 경우에 과소평가된다.)
- 전술적 투자에 필요한 부담이 크리티컬 패스critical path와 추진 일정에 반영됐나?
- 핵심 도메인의 전술적 투자가 아키텍처적 영향이 바뀌었을 때 시스템을 보호해줄 것인가? 트랜잭션 스크립트라면 노출된 채로 둘 것이다. (아키텍처적인 영향이 다른 계층에 좀 더 파괴적으로 미치는 데 비해, 도메인 모델은 영속적인 편이다.)
- 클라이언트/고객이 좀 더 깨끗하고 영속적인 설계와 개발 접근법으로 이익을 보는가? 혹은 그들의 애플리케이션이 내일이면 규격품 솔루션으로 대체될 것인가? 즉 애초에 우리가 왜 이를 사용자 정의 애플리케이션/서비스로 개발해야 하는가?
- 전술적 DDD를 사용해 애플리케이션/서비스를 개발하는 편이 트랜잭션 스크립트와 같은 다른 접근법을 사용할 때보다 더 어려운가? (기술 수준과 도메인 전문가의 존재 여부는 이 질문에 대답하는 데 매우 중요한 요소다.)
- DDD를 가능케 도와주는 이와 함께 팀의 툴킷이 완성된 상황에서, 우리는 양심에 따라 다른 접근법의 사용을 선택할 수 있겠는가? (도움을 주는 이들 중 일부는 객체 관계형 매핑, 완전한 애그리게잇 직렬화와 영속성, 이벤트 스토어, 전술적 DDD를 지원하는 프레임워크 등과 같이 모델 영속성을 실용적으로 만든다. 물론 다른 유형의 이들도 있다.)

이는 여러분의 도메인에 맞춰 우선순위를 부여한 목록이 아니며, 아마도 여러분은 추가적인 기준을 고려해야 할 것이다. 여러분은 여러분의 이익을 위해 최선이자 최고로 힘을 실어주는 방법을 사용해야 하는 확실한 이유를 알고 있다. 또한 여러분은 여러분의 비즈니스와 기술의 상황을 잘 안다. 결국은 비즈니스 고객이 중요하지, 객체 실무자나 기술자가 문제는 아니다. 현명하게 선택하라.

DDD는 무겁지 않다

제대로 DDD를 실행한다고 해서 수많은 절차와 이를 지원할 복잡한 문서 산출물 때문에 프로세스가 무거워진다는 의미는 아니다. DDD는 그런 것이 아니다. DDD는 스크럼 같은 팀이 사용하길 원하는 어떤 애자일 프로젝트 프레임워크와도 잘 맞는다. 이 설계 원칙은 오히려 테스트 우선 방식에 따라 실제 소프트웨어 모델을 빠르게 정제해나가는 방식에 더 가깝다. 여러분이 엔터티나 값 객체와 같은 새로운 도메인 객체의 개발이 필요한 상황이라면, 테스트 우선의 접근법은 다음과 같이 작동한다.

1. 도메인 모델의 클라이언트가 새로운 도메인 객체를 사용하는 방법을 보여주는 테스트를 작성하라.
2. 새로운 도메인 객체를 만들 때는 테스트를 컴파일할 수 있을 정도로 충분한 코드를 함께 작성하라.
3. 테스트가 클라이언트가 도메인 객체를 사용하는 방법을 제대로 나타내고, 도메인 객체가 올바른 행동적 메소드 시그니처를 갖게 될 때까지 리팩토링하라.
4. 테스트가 성공할 때까지 각 도메인 객체의 행동을 구현하고, 부적절한 코드의 중복이 없어질 때까지 도메인 객체를 리팩토링하라.
5. 유비쿼터스 언어의 현재 의미에 맞는 도메인 객체를 사용해 테스트하는지 확인할 수 있도록, 도메인 전문가를 포함한 팀원에게 코드를 시연하라.

여러분은 아마도 이미 여러분이 사용하고 있는 테스트 우선 접근법과 다를 바가 없다고 결론을 내릴지도 모른다. 글쎄, 아마 작은 차이점이 있을지도 모르지만 기본적으론 완전히 동일하다. 모델이 완전무결하다는 절대적 확신을 위해 이런 테스트 단계를 거치는 것이 아니다. 이를 위해선 좀 더 뒤에서 테스트를 추가할 것이다. 우선 지금은 클라이언트가 모델을 사용하는 방법에 초점을 맞추며, 이런 테스트는 모델의 설계를 주도하게 된다. 좋은 소식은 이것이야말로 진정으로 애자일한 접근법이라는 점이다. DDD는 경량 개발을 추구하지, 단계가 많고 무겁고 선행투자가 필요한 설계는 아니다. 이런 관점에서 DDD는 일반적인 애자일 개발과 정말 다르지 않다. 위의 단계가 애자일하게 느껴지지 않더라도, DDD를 애자일 방식에 맞춰 사용할 수 있다는 점만큼은 분명하다.

그다음으론 새로운 도메인 객체의 정확성을 검증하기 위해 모든 가능한(그리고 실용적인) 측면을 따져 테스트를 추가한다. 이쯤 되면 새 도메인 객체에 넣은 도메인 객체를 정확하게 표현했는지 관심을 갖게 된다. 클라이언트와 유사한 모습의 잘 표현된 테스트 코드를 읽어가면 유비쿼터스 언어를 사용하는 올바른 표현 방식을 확인할 수 있다. 기술을 잘 모르는 도메인 전문가더라도 개발자의 도움과 함께 코드를 읽어간다면, 모델이 팀의 목표를 잘 달성했다는 분명한 느낌을 받을 수 있어야 한다. 이는 현실적이고 원하는 수준의 표현력을 잘 살린 테스트 데이터를 준비해야 한다는 의미며, 이를 준비하지 못한다면 도메인 전문가가 구현에 관해 완벽한 판단을 내릴 수 없다.

현재 이터레이션에 계획된 태스크에 맞춰 모델이 실제로 동작할 때까지 이 테스트 우선 애자일 방법론을 반복한다. 앞서 나열한 단계는 애자일한 익스트림 프로그래밍Extreme Programming이 원래 추구하는 것이 무엇인지 나타낸다. 애자일을 사용한다고 해서 필수적인 DDD 패턴이나 실행 과정의 활용을 가로막지 않는다. 이 둘은 서로 꽤 잘 맞는다. 물론 여러분은 테스트 우선 개발을 하지 않고 DDD를 온전히 사용하는 길을 택할 수도 있다. 언제든지 기존의 모델 객체를 위한 테스트를 개발할 수도 있다. 그러나 모델 클라이언트 관점의 설계는 굉장히 바람직한 측면을 더해준다.

소설과 한 바구니의 현실

어떻게 하면 현재 DDD 사용의 구현 지침을 가장 잘 나타낼 수 있을지에 관해 고민하면서, 여기서 반드시 해야만 한다고 했던 이야기에 설득력을 더하고 싶었다. 즉, 단순히 어떻게 하느냐가 아니라 왜 하느냐는 질문에 따른 대답을 찾고자 했다. 여러 프로젝트의 사례를 살펴본다면, 이 책에서 왜 이런 방향을 제안하고 DDD를 사용하는 편이 일반적인 어려움을 해결해줄 거라고 말하는지 알려줄 수 있다는 생각이 들었다.

때론 다른 프로젝트 팀이 DDD를 잘못 사용하며 일으킨 문제 사례를 보는 편이 스스로를 돌아보는 것보다 쉬울 수 있다. 물론 한번 다른 사람의 작업에 잘못된 점을 찾아낸다면, 여러분이 위태로운 방향으로 가고 있는 건 아닌지, 심지어 더 깊은 늪에 빠진 것은 아닌지 판단해볼 수 있다. 그리고 여러분이 향하고 있는 방향과 목적지를 제대로 인식함으로써 올바르고 정확한 변경이 가능해지고 같은 실수를 반복하지 않게 된다.

실제로 내가 일했던(어짜피 내가 공개적으로 얘기할 수도 없는) 프로젝트를 여럿 얘기하는 것보다는, 다른 사람이 실제로 경험했던 상황을 소설로 만들어보기로 결심했다. 이를 통해 DDD의 과정에서 문제에 처했을 때 취할 수 있는 최선의 구현 접근법이나 차선의 구현 방법을 나타내 완벽한 이야기를 만들 수 있었다.

따라서 이 소설은 단순히 사례가 필요해서 탄생한 이야기가 아니다. 이는 현실의 비즈니스 인물을 담은 가상의 회사, 현실에서 만들고 사용해야 하는 소프트웨어를 다루는 가상의 팀, 그리고 현실에서 겪는 DDD의 어려움이라는 문제에 관한 현실적 해결책이다. 그래서 제목이 『소설과 한 바가지의 현실Fiction, with Bucketfuls of Reality』이다. 나는 이렇게 쓰는 것이 꽤 효과적인 것을 알게 됐다. 당신도 도움이 되길 바란다.

어떤 예를 들든, 그 예가 실용적일 수 있도록 범위를 제한해야 한다. 그렇지 않으면 너무 커진 부피가 가르치거나 배우려는 노력을 잠식시켜버릴 것이다. 예가 너무 간단하더라도 교훈을 놓치고 담지 못하기 때문에 문제가 된다. 균형을 잡기 위해 개발된 적이 없는 비즈니스 분야를 바탕으로 상황을 설정했다.

우리는 다양한 시점에서 프로젝트를 들여다보면서, 해당 팀이 겪는 여러 문제와 성공 사례를 살펴볼 것이다. 이런 사례의 중심이 되는 핵심 도메인은 다양한 관점에서 DDD를 살펴보기에 충분한 복잡도를 갖고 있다. DDD와의 통합을 알아볼 수 있도록 바운디드 컨텍스트는 하나 이상을 사용했다. 그렇지만 세 가지 샘플 모델만으론 전략적 설계의 모든 측면을 나타낼 수 없다(여러 레거시 시스템을 포함하고 있는 낙후된 환경에서 발생하는 문제를 전부 예측하기란 어렵다). 상대적으로 덜 매력적이라는 이유만으로 전혀 상관없는 것처럼 완전히 무시하진 않을 것이다. 도움이 된다면 언제든 중심 예제와 학습의 범위에서 벗어나, DDD를 활용하는 유익한 방법을 추가적으로 살펴볼 것이다.

이제 회사에서 프로젝트를 수행하고 있는 어떤 팀의 이야기를 들어보기로 하자.

사스오베이션, 그들의 제품과 DDD의 사용

이 회사의 이름은 사스오베이션SaaSOvation이다. 이름에서 알 수 있듯이 사스오베이션은 서비스로서의 소프트웨어Software as a Service, 즉 SaaS 제품을 만드는 회사다. SaaS 제품은 사스오베이션에 의해 호스트되고 가입된 조직이 접근해서 사용한다. 이 회사의 비즈니스 계획에는 두 가지 기획된 제품이 있는데, 한 가지를 만들고 나면 다음 것이 나온다.

주력 제품의 이름은 콜랍오베이션CollabOvation이다. 이것은 기업의 협업 스위트Suite인데 주요 소셜 네트워크의 기능을 담고 있다. 포럼, 공유 캘린더, 블로그, 인스턴트 메시징, 위키, 메시지 보드, 문서 관리, 공지사항 및 경고, 활동 추적, RSS 피드를 포함한다. 모든 협업 도구는 회사 비즈니스 니즈에 집중하며 작은 프로젝트나 큰 프로그램, 그리고 비즈니스 부서 사이의 생산성 향상을 돕는다. 오늘날의 변화가 많고 불확실하며 속도가 빠른 경제에서 시너지를 높여가는 분위기를 만들기 위해선 비즈니스 협업이 중요하다. 어떤 것이든 생산성을 증가시키고, 지식을 전달하고, 아이디어 공유를 추진하고, 창조적인 과정을 연관적으로 관리해 결과가 잘못되지 않도록 하는 것이라면 기업의 성공 방정식에 보탬이 될 것이다. 콜랍오베이션은 고객에겐 높은 가치를 제안하고, 개발자에겐 도전적인 목표를 즐길 수 있는 기회를 제공할 것이다.

두 번째 제품은 프로젝트오베이션ProjectOvation으로, 주안점을 두고 있는 핵심 도메인이다. 이 도구는 스크럼을 반복적이고 증강하는 프로젝트 관리 프레임워크로 사용해 애자일 프로젝트의 관리에 초점을 맞추고 있다. 프로젝트오베이션은 전통적인 스크럼 프로젝트 관리 모델을 따르고, 제품, 제품 소유자, 팀, 백로그 항목, 계획된 릴리스, 스프린츠로 구성된다. 백로그 항목은 비용-이윤 분석을 사용하는 비즈니스 가치 계산기를 통해 측정된다.

콜랍오베이션과 프로젝트오베이션은 완전히 다른 길을 걷진 않을 것이다. 사스오베이션과 그 고문위원회는 협업 도구를 애자일 소프트웨어 개발과 엮는 혁신을 비전으로 세웠다. 따라서 콜랍오베이션 기능은 프로젝트오베이션의 선택적인 애드온add-on으로 제공될 것이다. 당연하게도 프로젝트 기획에 협업 도구를 제공하는 방안, 기능과 스토리 논의, 팀과 팀 내 그룹 회의 지원 등이 인기 있는 옵션이 될 것이다. 사스오베이션은 60퍼센트 이상의 프로젝트오베이션 가입자들이 콜랍오베이션을 애드온할 것이라고 예측했다. 그리고 이런 애드온 판매는 종종 새로운 애드온 제품 전체를 판매하는 결과로 이어진다. 일단 판매 채널이 만들어지고 소프트웨어 개발 팀이 프로젝트 관리 스위트에서 협업의 힘을 확인한다면, 그에 따른 호응은 회사 전체가 완전한 협업 스위트를 적용하도록 영향을 미칠 것이다. 이런 연쇄적인 판매 접근법 때문에, 최소 모든 프로젝트오베이션 판매의 35퍼센트가 콜랍오베이션의 전사 적용으로 이어질 것으로 전망했다. 이 수치는 보수적이라고 했으며 실제로도 매우 성공적일 것으로 보인다.

콜랍오베이션 제품 개발 팀이 먼저 만들어졌다. 몇몇의 베테랑도 팀에 포함됐지만, 훨씬 더 많은 수의 중간 개발자가 있다. 초기 회의는 도메인 주도 설계를 선호하는 설계와 개발 접근법으로 선택했다. 두 시니어 개발자 중 한 명은 이전 회사에서 최소한의 DDD 패턴을 프로젝트에 사용했었다. 아마 DDD에 좀 더 경험이 있는 실무자였다면 그의 경험을 팀에 얘기할 때 이것이 DDD의 전부가 아니라는 점을 좀 더 분명히 느껴졌을 것이다. 그가 겪었던 방식은 때론 DDD 라이트[DDD-Lite]로 불리기도 한다.

DDD 라이트는 DDD 전술 패턴의 하위 집합을 뽑아서 선택하는 방법이지만, 유비쿼터스 언어를 발견하고 선정해서 발전시키는 데 모든 노력을 기울이진 않는다. 또한 이 기법은 일반적으로 바운디드 컨텍스트와 컨텍스트 매핑을 무시하고, 보다 더 기술적인 문제에 초점을 맞춰 해결하려 노력한다. 물론 장점이 있겠지만, 일반적으론 전략적 모델링을 함께 진행할 때만큼의 유익함은 얻을 수 없다. 사스오베이션은 바로 이 방법을 선택했다. 여기선 팀이 서브도메인과 명시적인 바운디드 컨텍스트의 힘과 안정성에 대해 모르는 상태에서 너무 빠른 시기에 결정을 내린 것이 문제에 봉착한 원인이 됐다.

상황은 더욱 나빠졌을 수도 있었다. 사스오베이션은 DDD 라이트를 사용함으로써 몇 가지 큰 함정을 피할 수 있었는데, 이는 단순히 두 핵심 제품이 자연스러운 제한적 컨텍스트 집합을 형성했기 때문이다. 이는 콜랍오베이션 모델과 프로젝트오베이션 모델이 분리되는 결과를 가져왔다. 그러나 이는 우연히 일어난 일이다. 그렇다고 팀이 제한적 컨텍스트를 이해했다는 의미가 아니며, 이들이 겪고 있는 문제가 일어난 근본적인 이유다. 글쎄, 누구나 배우기도 하고 실패하기도 한다.

사스오베이션이 불완전한 DDD를 사용한 데서 배울 수 있다는 점은 좋은 일이다. 이 팀은 결국 전략적 설계를 좀 더 제대로 수립함으로써 실수로부터 배웠음을 증명했다. 프로젝트오베이션 팀이 그 형제이자 파트너 프로젝트의 초기 상태를 돌아보고 배운 것처럼, 여러분도 역시 콜랍오베이션 팀이 결정한 변경사항으로부터 배울 수 있다. 전체 이야기를 알고 싶다면, 서브도메인(2)과 바운디드 컨텍스트(2)와 컨텍스트 맵(3)을 참고하라.

마무리

DDD에 꽤 고무적인 시작이었다. 이쯤이면 아마 여러분과 여러분의 팀이 실제로 선진 소프트웨어 개발 기법을 통해 성공할 수 있다는 느낌이 들 것이다. 나도 그렇다.

물론 우리는 문제를 과도하게 단순화하진 않을 것이다. DDD의 구현을 위해선 정말로 잘 짜여진 노력이 필요하다. 이 과정이 쉬웠다면 모든 사람이 훌륭한 코드를 작성하고 있었을 텐데, 우리는 상황이 그렇지 못하다는 점을 알고 있다. 그러니 준비하자. 여러분은 여러분의 소프트웨어가 동작하는 방식을 정확히 설계하게 될 것이기 때문에 충분히 그럴 만한 가치가 있다.

다음은 우리가 지금까지 학습한 내용이다.

- 프로젝트와 팀이 도메인의 복잡성과 씨름할 때 DDD가 무엇을 도와줄 수 있는지 발견했다.
- 프로젝트가 DDD와 관련한 투자를 받을 만한지 점수를 매기는 법을 배웠다.
- DDD의 일반적인 대안을 고려했고, 왜 그런 접근법이 문제가 되는지 고민했다.
- DDD의 기초를 파악했고 당신의 프로젝트에 첫 발을 내디딜 준비가 됐다.

- 경영 간부, 도메인 전문가, 팀 내 기술자가 DDD를 선택하도록 설득하는 방법을 배웠다.
- DDD의 어려움에 봉착했을 때 이를 해결할 수 있는 방법에 관한 지식으로 무장했다.

다음으로 우리가 다룰 주제는 다음과 같다. 2장과 3장에선 매우 중요한 전략적 설계에 관해 알아보고, 4장에선 DDD의 소프트웨어 아키텍처를 이야기한다. 이는 이어지는 전술적 모델링에 관한 장에 들어가기 앞서 알아두어야 할 중요한 내용이다.

2장

도메인, 서브도메인, 바운디드 컨텍스트

딱 내가 원했던 만큼의 음표들이 있다. 더도 덜도 아닌.
– 영화 '아마데우스'에서 모짜르트
(오리온 픽처스, 워너 브라더스, 1984)

이 장에서 당신이 아주 분명하게 이해해야 하는 세 가지는 다음과 같다.

- 여러분의 도메인이 무엇인지
- 여러분의 서브도메인이 무엇인지
- 여러분의 바운디드 컨텍스트가 무엇인지

이 모든 개념이 [Evans]의 책에서 상세하게 언급되어 있다. 이 개념들이 [Evans]의 책 후반부에서야 언급되고 있지만, 그렇다고 덜 중요하다는 뜻은 아니다. DDD를 성공적으로 구현하려면 이 개념들을 제대로 알고 있어야 한다.

2장의 로드맵

- 도메인, 서브도메인, 바운디드 컨텍스트를 이해해 DDD의 큰 그림을 그려보자.
- 왜 전략적 설계가 이렇게나 필수적인지, 왜 전략적 설계가 빠지면 안 좋은지 배우자.
- 여러 서브도메인으로 이뤄진 실용적인 실제 도메인을 고려해보자.
- 바운디드 컨텍스트의 개념과 기술을 익히자.
- 사스오베이션(SaaSOvation)이 전략적 설계를 발견하고 "아하!"라고 외치는 순간을 함께 하자.

큰 그림

넓은 의미에서 도메인이란 한 조직이 행하는 일과 그 조직 안의 세계를 일컫는다. 비즈니스 담당자는 시장을 파악하고 상품과 서비스를 판매한다. 각기 다른 종류의 조직은 그 나름대로 독특한 노하우를 가진 영역과 업무를 수행하는 방법이 있다. 그 이해의 영역과 조직의 작업을 수행하는 방법이 그 조직의 도메인이다. 여러분이 한 조직을 위해 소프트웨어를 개발한다면, 여러분은 그 조직의 도메인 안에서 일하고 있는 것이다. 여러분의 도메인이 무엇인지 여러분은 분명하게 알고 있어야 한다. 여러분이 그 안에서 일하고 있으니 말이다.

한 가지 알아둘 점은 '도메인'이란 용어가 다소 여러 의미를 가진다는 것이다. 도메인은 비즈니스의 전체 도메인을 말할 수도 있고, 한 가지 핵심 부분이나 다른 지원 분야일 수도 있다. 매번 용어가 나올 때마다 최대한 의미를 분명히 구분해본다. 단지 한 분야의 비즈니스를 말할 때, 나는 핵심 도메인이나 서브도메인과 같은 단어를 사용할 것이다.

도메인 모델이라는 용어도 도메인이라는 단어가 들어있으므로, 한 조직의 전체 비즈니스 도메인(엔터프라이즈 모델 같은)을 위한, 하나로 응집력 있게 모든 항목을 포함하는 모델을 만들어야겠다고 생각할 수도 있다. 그러나 DDD를 사용할 때의 목표는 그게 아니다. DDD에서 강조하는 부분은 오히려 그 반대다. 그 조직의 전체 도메인은 여러 서브도메인으로 이뤄져 있다. DDD를 사용할 때 모델은 바운디드 컨텍스트 안에 만들어진다. 사실, 도메인 모델의 개발은 전체 비즈니스 도메인에서 단 하나의 특정 분야에 집중할 수 있는 한 방법이다. 적당히 복잡한 조직을 하나의 모든 것을 포괄하는 모델로 정의하려는 노력은 극도로 어려운 정도면 다행이고, 대개는 성공하기 힘들다. 이 장에서 명확하게 다루겠지만, 전체 비즈니스 도메인을 고유의 한 영역으로 적극적으로 분리하는 것이 성공적인 모델을 만드는 데 도움이 된다.

조직이 무엇을 어떻게 하는지에 관한 모든 것을 하나의 도메인 모델에 포함해선 안 된다면, 도메인 모델은 정확히 어떤 것이어야 하는가?

거의 모든 소프트웨어 도메인에는 다수의 서브도메인이 있다. 조직이 크고 극도로 복잡하든, 아니면 단순히 소수의 사람으로 이뤄졌든, 어떤 소프트웨어를 사용하든 사실 중요치 않다. 어떤 비즈니스에서든 비즈니스를 성공적으로 만드는 나름의 기능이 있으며, 그 각각의 기능을 따로 생각하는 편이 우리에게 도움이 된다.

서브도메인과 바운디드 컨텍스트의 활용

서브도메인이 어떻게 사용될 수 있는지 소개하는 간단한 예를 보자. 상품을 온라인으로 판매하는 소매 업체를 생각해보자. 이 업체가 파는 상품은 무엇이든 될 수 있으니 이에 관해서는 너무 신중히 고려하진 않을 것이다. 이 도메인에서 비즈니스를 하려면 업체는 구매자에게 상품의 카탈로그를 제공해서 주문할 수 있도록 해야 하고, 팔린 상품의 지불과 배송이 가능토록 해야 한다. 이 온라인 소매상의 도메인은 상품 카탈로그, 주문, 송장, 배송과 같은 네 부분의 주요 서브도메인으로 이뤄진 것처럼 보인다. 그림 2.1은 전자상거래 시스템에 관한 그림이다.

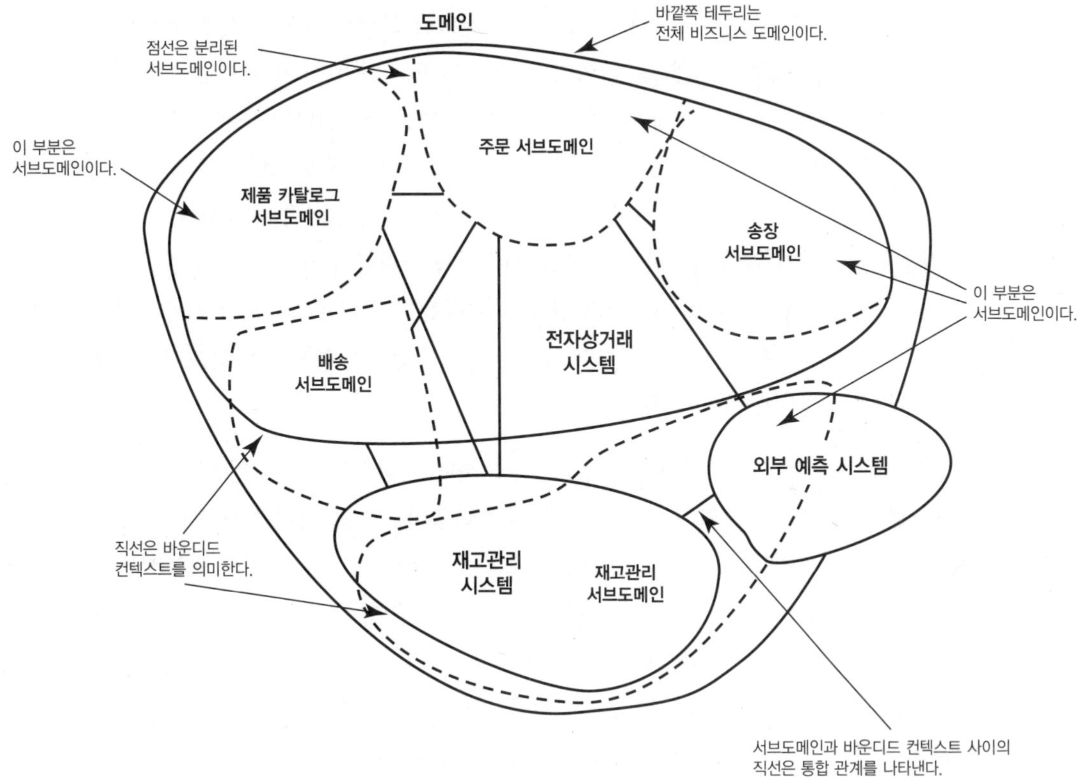

그림 2.1 서브도메인과 바운디드 컨텍스트를 포함한 도메인

이 모든 것은 꽤 간단해 보일 수 있는데, 사실 어느 정도는 맞는 말이다. 그러나 만약 여기서 추가적인 세부사항을 하나라도 더하기 시작한다면 이 예는 더욱 복잡하게 다가올 것이다. 그림 2.1에서처럼 재고관리라는 추가적인 시스템과 서브도메인을 처리해야 한다면 얼마나 어려울지 생각해보라. 잠시 후에 복잡도가 증가된 상

황으로 돌아오기로 하고, 우선은 물리적 서브시스템과 논리적 서브도메인을 자세히 들여다보자.

지금 시점에서 이 소매업체의 도메인이 단 세 개의 물리적 시스템으로 구성돼 동작하며, 그중 둘만이 내부적으로 호스팅됨을 주목하자. 이 두 내부 시스템은 서로 다른 두 개의 바운디드 컨텍스트로 생각할 수 있다. 불행히도 오늘날 시스템의 대부분은 DDD를 이용해 만들어지지 않았기 때문에, 이는 상당히 전형적인 상황이며 이보다 더 적은 서브시스템이 더 많은 비즈니스 기능을 책임지게 된다.

전자상거래의 바운디드 컨텍스트 안에는 비록 분명하게 구분되진 않지만 여러 내재된 도메인 모델이 있다. 분리될 수 있었다면 좋았을 도메인 모델이 사실상 하나의 소프트웨어 모델로 뭉쳐 있으며, 이는 매우 안타까운 일이다. 이 소매업체가 직접 구축하지 않고 써드파티에게 이 바운디드 컨텍스트를 구매했다면 문제가 덜했겠지만, 이 시스템을 누가 관리하든 제품 카탈로그, 주문, 송장, 배송 모델 등을 하나의 큰 전자상거래로 엮음에 따라 복잡도가 높아지며 부정적인 결과를 초래했다. 새로운 기능을 추가하기 위해 다양한 논리적 모델이 더욱 커져감에 따라, 대립되는 관심사 때문에 진행에 방해를 받는다. 이런 상황은 다른 논리적 모델(새로운 주요 기능 집합)이 추가돼야 할 때 특히 더 심해진다. 소프트웨어의 관심이 분명하게 분리시키지 않기 때문에 당연하게 벌어지는 일이다.

많은 소프트웨어 개발자가 최대한 모든 것을 하나의 시스템으로 묶어 만드는 것이 현명하다고 생각하고 있기 때문에 특히 더 안타깝다. 전자상거래는 모두가 알고 있고 모두가 참여하는 기초적인 부분이기 때문에 모두의 요구를 분명히 충족시킬 수 있다. 하지만 얼마나 많은 관심을 하나의 서브시스템 안에 쌓아갈 수 있는지를 떠나서, 발생할 수 있는 소비자의 요구를 모두 충족시킬 수는 없다는 데 허점이 있다. 정말 절대로 충족시킬 수 없다. 모든 것이 서로 연결돼 다른 모든 것과 서로 의존성을 갖기 때문에, 여러 서브도메인으로 나눌 수도 있는 소프트웨어 도메인 모델을 굳이 구분 짓지 않는다면 변화가 계속됨에 따라 훨씬 큰 부담을 지게 된다.

그러나 DDD의 전략적 설계^design^ 도구 중 하나를 사용함으로써, 서로 얽혀 있는 모델의 실제 기능을 논리적 측면에서 분리시켜 복잡도를 어느 정도 낮출 수 있다. 그림 2.1에선 논리적 서브도메인 분리를 점선으로 표시했다. 이는 우리가 써드파티 모델을 어떻게든 리팩토링해서 명백하게 분리된 모델로 만들어야만 한다는 말은 아니며, 적어도 우리가 해당되는 특정 소매업체 비즈니스 운영에 적용할 최소한의 분리 모델이 무엇인지 나타낸 것이다. 뿐만 아니라 논리적 서브도메인과 물리적 바운디드 컨텍스트 사이의 연결성도 함께 표시해서 통합의 측면을 나타냈다.

기술적인 복잡성은 접어두고, 이젠 우리의 작은 업체가 직면한 비즈니스적 복잡성에 초점을 맞춰보자. 이 업체는 자금과 창고 공간이 제한적이다. 곡예에 가까운 노력이 계속된다. 업체는 잘 팔리지 않는 제품에는 돈을 많이 써서는 안 되며, 어떤 제품은 다른 때보다 특정 시기에 더 잘 팔리기도 한다. 물론, 어떤 제품이 계획에 맞게 팔리지 않는다면, 고객이 지금 당장 원하지 않는 제품과 함께 업체의 자금이 묶이게 된다. 자금이 얼어버리는 것이다. 결과적으로 업체는 언제든지 잘 팔리는 제품을 사들일 때 제약을 받게 된다.

그게 전부가 아니다. 이는 결국 또 다른 문제가 발생한다. 만약 어떤 제품이 기대보다 더 많이 팔린다면, 업체는 고객의 수요를 충족시킬 만큼의 재고를 확보하지 못한다. 고객은 급하게 찾았던 것과 같은 제품을 다른 곳에서 찾게 된다. 물론 어떤 제품 도매업체는 소매업체를 위해 기꺼이 직배송해주기도 하지만, 이 경우는 돈이 더 많이 들 뿐만 아니라 또 다른 나쁜 영향을 미치게 된다. 소비 지역의 인근에 일부 제품의 재고를 쌓아두고 잘 팔리는 제품을 조금 떨어진 곳까지 직배송해 가격을 절약하는 전략도 있다. 따라서 직배송은 소매업체의 이익을 위해 활용해야 하며, 좋지 않은 판매 실적을 만회하기 위해 마지막에 선택하는 전술이 되어서는 안 된다. 결국 가장 잘 팔리는 제품이 부족한 것이 문제는 아니다. 문제는 업체가 재고를 최적화해 관리하지 않기 때문에, 소매 업체는 해당 제품을 원할 때 언제든지 구하지 못하게 된다는 점이다. 만약 소비자가 배송 지연을 지속적으로 겪게 되면, 온라인 판매 업체가 지금까지 쌓아왔던 경쟁 우위의 상당히 큰 부분을 잃게 될 것이다. 이 예는 로카드[Lokad1]가 해결해주는 일반적인 고객 문제에서 영감을 얻었다.

정확히 말하자면, 우리는 아직 재고관리에 따른 문제의 범위와 한계를 알아보지 않았으며, 이런 안타까운 상황은 비단 소매 업체에만 국한되는 것도 아니다. 모든 소매 업체는 정확한 수요에 맞춰 정확하게 구매하고 재고를 쌓길 원하며, 비용을 최소화하고 수요에 맞춰 판매를 최적화하고자 한다. 그러나 소매 업체는 대형 업체보다 최적화가 부족함에 따라 겪게 되는 고통에 더 민감한 경향이 있다.

1 www.Lokad.com

어떤 온라인 소매 업체에게든 엄청나게 큰 도움을 줄 수 있는 방법은 과거의 동향에 맞춰 미래의 재고와 판매 요구의 기반을 수립하는 일이다. 만약 소매업체가 재고와 판매 내역에 관한 데이터를 제공하는 예측 엔진을 사용할 수 있다면, 재고를 최적화할 수 있는 구체적인 수치(재주문의 시점과 각 제품의 수량)를 바탕으로 수요 예측을 할 수 있다.

소매 업체가 이런 예측 역량을 추가하려면 간단히 해결할 수 없는 문제이기 때문에 새로운 핵심 도메인의 구성이 필요할 수 있으며, 만약 성공한다면 회사가 새로운 경쟁 우위를 구축하는 데 도움이 된다. 사실 그림 2.1의 세 번째 물리적 바운디드 컨텍스트가 외부 예측 시스템이다. 주문 서브도메인과 재고관리 바운디드 컨텍스트는 예측 기능과 통합돼 제품 판매 내역과 정보를 반환한다. 추가적으로 카탈로그 서브도메인은 전 세계에서 인식이 가능한 제품 바코드를 제공해야 하는데, 이는 예측을 바탕으로 소매업체의 제품 라인을 관련 상품의 세계적인 판매 동향과 비교할 수 있도록 해서 더 넓은 관점을 갖게 해준다. 예측 엔진은 이를 통해 소매 업체가 올바르게 제품 재고를 관리하기 위해 필요한 가장 정확한 숫자를 구할 수 있다.

아마 그럴 가능성이 크지만 만약 이 새로운 솔루션이 실제로 핵심 도메인이라면, 이를 개발하는 팀은 자신을 둘러싼 비즈니스 영역을 구성하는 논리적 서브도메인과 통합된 요구를 이해하는 것이 큰 도움이 된다. 따라서 그림 2.1의 다이어그램 안에서 이미 진행되었던 통합[integrations]들을 확인해보는 것은 프로젝트 시작 시점에서 프로젝트 상황을 파악하는 열쇠다.

서브도메인이 항상 큰 크기와 기능을 가진 특별한 모델을 포함하는 건 아니다. 때론 서브도메인은 (여전히 비즈니스 솔루션에 필수적이긴 하지만) 고유의 핵심 도메인의 일부가 아닌, 일련의 알고리즘과 같은 간단한 형태일 수도 있다. 좋은 DDD 기법을 적용한다면 이처럼 간단한 서브도메인은 모듈(9)을 이용해 핵심 도메인과 구분될 수 있으며, 무겁고 아키텍처적으로 의미가 있는 서브시스템 구성 요소에 포함될 필요가 없어진다.

DDD를 도입하면서, 도메인 모델에서 사용된 모든 용어의 의미가 잘 이해되도록 각 바운디드 컨텍스트를 잘 나누려고 노력한다. 또는 우리가 소프트웨어의 모델링을 잘 수행했다면 당연히 이해할 수 있을 정도가 되도록 노력한다. 이는 주로 언어적 경계이며, 이런 컨텍스트상의 경계는 DDD 구현의 중요 요소다.

카우보이 논리

LB: "울타리가 무너지기 전까진 이웃과 잘 지내잖아."

AJ: "물론이지. 울타리는 말 높이만큼 세워두라고."

하나의 바운디드 컨텍스트당 하나의 서브도메인이 있는 건 아니지만, 그럴 경우도 있다는 점을 기억하자. 그림 2.1에선 오직 하나의 바운디드 컨텍스트, 즉 재고관리만이 하나의 서브도메인 안에 있다.[2] 이는 오히려 전자상거래 시스템을 개발할 때 DDD를 적절히 사용하지 않았다는 점을 명백하게 보여준다. 이 시스템에서 우리는 네 개의 서브도메인을 확인했고, 아마 더 있을 수도 있다. 다른 한편으론 재고관리 시스템의 도메인 모델을 재고관리하는 제품으로 제한했기 때문에 바운디드 컨텍스트마다 하나의 서브도메인이 짝을 이루도록 정리된 것처럼 보인다. 재고관리 시스템의 깔끔한 모델은 DDD를 사용했기 때문일 수도 있고, 아니면 단순히 우연일 수도 있다. 이를 확실히 알고 싶다면 직접 열어봐야만 한다. 이와는 상관없이, 새로운 핵심 도메인을 만들기 위해선 재고관리를 활용할 수 있다.

언어적으로, 그림 2.1에선 어떤 바운디드 컨텍스트가 더 잘된 설계인가? 즉 어느 쪽이 명확한 도메인별domain-specific 용어를 포함하고 있는가? 전자상거래 시스템 안에 적어도 네 개의 서브도메인이 있다는 점을 고려해보면, 용어와 의미가 충돌하리라는 점이 거의 확실하다. 예를 들면, 고객이라는 용어는 분명 다수의 의미를 지닌다. 사용자가 카탈로그를 살필 때의 고객과 주문을 할 때의 고객은 서로 다른 의미다. 그 이유는 다음과 같다. 카탈로그를 살필 때의 고객은 이전의 구매, 충성도, 가능한 제품, 할인, 배송 옵션이라는 컨텍스트에서 사용된다. 그러나 주문 시의 고객은 제한된 의미를 갖는다. 세부사항 몇 가지를 살펴보자면 배송지 주소, 청구지 주소, 총 금액, 지불 방법 등이 있다. 이런 기본적인 이유만으로도 전자상거래 시스템 안에선 고객의 의미가 분명치 않아진다. 이런 상황을 고려해볼 때, 시스템을 둘러본다면 여러 의미를 내포하고 있는 다른 용어를 찾을 수 있을 것이다. 도메인 개념에 이름을 붙이기 위해 각 용어의 의미를 명시적으로 지정했다면, 이는 깔끔한 바운디드 컨텍스트가 아니다.

---

2 배송 서브도메인이 재고관리를 사용하긴 하지만, 그렇다고 재고관리가 배송의 컨텍스트에서 전자상거래 시스템의 일부가 되지는 않는다.

그러나 재고 시스템이 도메인 언어 체계를 처리하는 깔끔한 모델을 포함하고 있다고 장담할 수 없다. 심지어 이렇게 분명하게 초점을 맞추고 있는 컨텍스트에서조차 재고관리 대상 사이에 의미 차이가 발생할 수 있다. 주문한 항목, 수신한 항목, 재고가 있는 항목, 재고가 남아있지 않은 항목 사이에 분명한 구분이 있는가? 주문은 했지만 당장은 판매할 수 없는 항목을 이월 주문 항목이라 부른다. 수신한 항목은 주로 받은 제품이라 불린다. 재고가 있는 항목은 재고 항목이라 한다. 소비한 항목은 종종 재고 목록에서 삭제한 항목이라 한다. 재고관리된 항목 중 상하거나 파손된 항목은 파기한 재고 항목이라고 불린다.

그림 2.1을 보는 것만으론 재고관리 개념의 범위와 그에 따른 언어가 얼마나 잘 모델링됐는지 알 수 없다. DDD를 사용하면 이런 내용을 추측으로 남겨두지 않을 수 있다. 또한 각 개념을 잘 이해하고 분명하게 이야기하고 있는 그대로 모델링할 수 있도록 해준다. 도메인 전문가가 이런 개념을 설명하는 방향에 따라, 일부 개념을 다른 바운디드 컨텍스트로 분리하게 된다.

외형적으론 재고관리 시스템이 전자상거래 시스템보다 DDD적인 상태가 더 낫다는 결론을 내릴 것이다. 아마도 이 모델을 작업한 팀은 한 항목이 재고 조사한 모든 항목의 상태를 대표하도록 시도하지 않을 것이다. 확실하진 않지만, 재고관리 시스템의 모델이 전자상거래 시스템보다 통합하기 쉬울 가능성이 높다.

통합의 측면에서 이야기해보자면 그림 2.1은 한 기업의 바운디드 컨텍스트가 완전히 독립적일 수는 없음을 보여준다. 심지어 제3자 전자상거래 시스템이 모든 것을 포괄하는 큰 모델을 제공하려 해도, 소매 업체가 필요로 하는 모든 것을 해줄 수는 없다. 전자상거래 시스템, 재고관리 시스템, 외부 예측 시스템의 다양한 서브도메인 사이를 실행하고 연결하는 선은 필수적인 통합 관계를 보여주는데, 이는 반드시 다른 모델과 함께 작동해야 한다는 것을 증명한다. 통합에는 언제나 특정 유형의 관계가 연관돼 있으며, 컨텍스트 맵(3)에선 선택 가능한 통합 옵션에 관해 더 배우게 될 것이다.

핵심 도메인에 집중하기

서브도메인과 바운디드 컨텍스트에 관한 이해를 바탕으로 그림 2.2에서 다른 도메인을 바라보는 추상적인 뷰를 생각해보자. 이는 어떠한 도메인이든 해당될 수 있고, 어쩌면 여러분이 작업하고 있는 도메인일 수도 있다. 일부러 명시적인 명칭들을 지워서 머릿속으로 빈칸을 채워볼 수 있도록 했다. 당연하게도, 계속해서 변화하는 서브도메인과 그 안의 모델을 반영해 지속적으로 정제하고 확장해나가는 길은 우리의 비즈니스 목표와 맥을 같이한다.

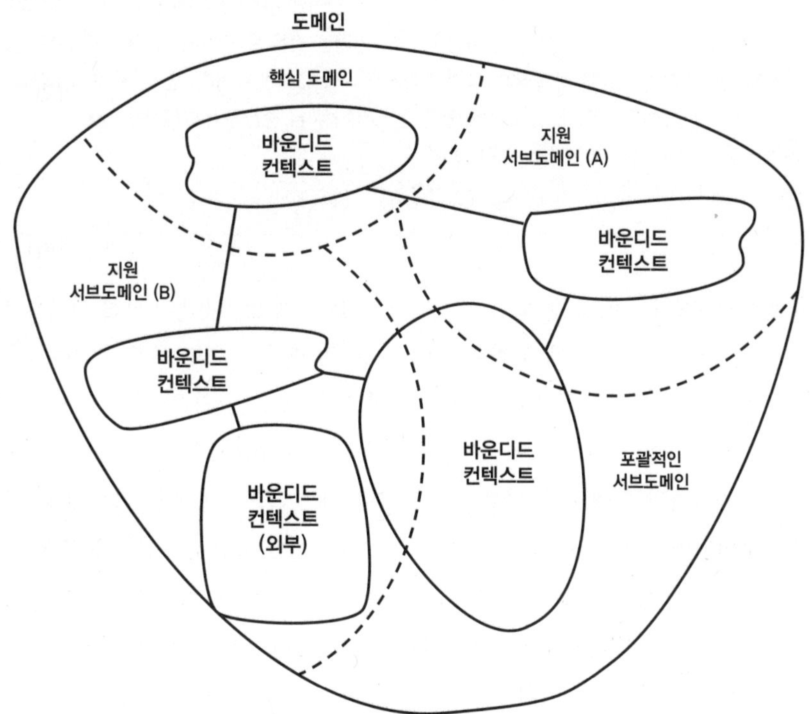

그림 2.2 서브도메인과 바운디드 컨텍스트를 포함하는 추상적인 비즈니스 도메인

이 다이어그램은 특정 관점에서, 다소 수명이 짧을 수 있는 어떤 한 순간의 전체 비즈니스 도메인을 포착하고 있을 뿐이다.

화이트보드 타임

- 한 열에는 여러분의 일상에서 알고 있는 모든 서브도메인의 목록을 작성하자. 다른 열에는 바운디드 컨텍스트의 목록을 기입하자. 다양한 바운디드 컨텍스트와 서브도메인이 겹치는가? 그렇다면, 이는 나쁜 일이 아니며 단순히 기업 소프트웨어의 한 가지 사실일 뿐이다.
- 이제 그림 2.2의 양식을 사용해 서브도메인, 바운디드 컨텍스트, 이 둘 사이의 통합 관계와 함께 여러분이 속한 기업의 소프트웨어 이름을 적자.

어려웠는가? 아마도 그랬을 텐데, 이는 2.2의 양식이 여러분의 도메인에 존재하는 경계를 밀접하게 반영하지 못했기 때문이다.

- 다시 시작하라. 이번에는 여러분의 도메인, 서브도메인, 바운디드 컨텍스트를 함께 묶어 정리한 다이어그램을 그려야 한다. 그림 2.2의 기법을 사용하되, 여러분의 상황에 맞추자.

물론 여러분이 전체 기업의 모든 서브도메인과 바운디드 컨텍스트에 관한 모든 것을 알기 힘들 수도 있다. 아마 여러분은 일상적으로 처리하는 요소를 알아낼 수는 있을 것이다(특히 여러분의 도메인이 크고 복잡하다면). 어쨌거나 한번 해보자. 틀리는 것을 두려워하지 말자. 여러분은 컨텍스트 맵을 그리는 경험을 하게 되며, 이는 3장에서 더욱 정제될 것이다. 좀 더 자세한 조언을 얻길 원한다면 잠시 3장의 내용을 살펴봐도 좋다. 그러나 지금 당장은 완벽해지는 것에 관해 걱정하지 말라. 기초적인 아이디어를 먼저 잡자.

이제 그림 2.2의 도메인 경계 상단을 보면, 핵심 도메인이라고 표시된 서브도메인이 있을 것이다. 이전에 소개된 바와 같이, DDD의 매우 중요한 부분 중 하나다. 핵심 도메인은 그 조직의 성공에 가장 중요한 비즈니스 도메인의 한 부분이다. 전략적 측면에서 비즈니스는 핵심 도메인에서 탁월함을 보여줘야 한다. 이는 비즈니스의 성공을 지속시키기 위해 가장 중요한 부분이다. 해당 프로젝트에는 가장 높은 우선순위가 부여되며, 서브도메인에 깊은 지식을 가진 한 명 이상의 전문가와 최고의 개발자는 물론이고, 잘 짜여진 팀에게 장애물 없는 성공 가도를 열어주기 위해 가능한 한 많은 재량과 영향력을 줘야 한다. DDD 프로젝트에 투입되는 노력의 대부분은 핵심 도메인에 초점이 맞춰져야 한다.

그림 2.2에 지원 서브도메인과 범용 서브도메인이라는 두 가지 다른 종류의 서브도메인이 있다. 때로 바운디드 컨텍스트는 비즈니스를 지원하기 위해 만들어지거나 차용된다. 만약 어느 정도 비즈니스에 필수적이기는 하나 핵심은 아닌 부분을 모델링할 경우, 이를 지원 서브시스템이라고 한다. 비즈니스적 측면에서 해당 지원 서브도메인에 어느 정도 특화됐기 때문에 이를 만든다. 반면에 비즈니스적으로 특화된 부분은 찾을 수 없지만 전체 비즈니스 솔루션에 필요하다면 이는 범용 서브도메인이다. 지원 서브도메인이나 범용 서브도메인이라고 해서 중요하지 않다는 의미는 아니다. 이런 종류의 서브도메인은 비즈니스에 성공에 중요하지만, 비즈니스가 이 부분에서 탁월할 필요는 없다. 핵심 도메인의 구현에는 탁월함이 요구되는데, 그 이유는 핵심 도메인이 비즈니스에 분명한 이점을 제공하기 때문이다.

화이트보드 타임

- 핵심 도메인 개념의 중요성을 확실히 이해했는지 확인하기 위한 다음 순서는 새로 만든 화이트보드 그림으로 돌아가서 조직의 어느 위치에서 핵심 도메인을 개발하고 있는지 파악하는 일이다.
- 그다음에는 여러분의 도메인에서 지원 서브도메인과 범용 서브도메인을 파악할 수 있는지 확인해 보자.

기억할 것: 도메인 전문가에게 물어보라!

처음부터 제대로 하진 못하더라도, 이 연습은 소프트웨어적으로 여러분의 비즈니스에 가장 차별성을 부여해주는 것이 무엇인지, 그런 뛰어난 소프트웨어를 지탱하는 것은 무엇이고 전혀 도움이 되지 않는 것은 무엇인지 신중히 생각해볼 수 있도록 도와준다. 이런 생각의 과정과 기법에 좀 더 익숙해질 때까지 계속 연습하자.

여러분의 그림 속에 있는 각 서브도메인과 바운디드 컨텍스트를 각기 다른 분야에 맞게 특화된 여러 도메인 전문가와 상의하라.

많이 배우게 될 뿐만 아니라, 전문가로부터 이야기를 경청하는 가치 있는 경험을 얻을 것이다. 이것이야말로 DDD를 잘 구현하고 있다는 증거다.

지금 배운 내용은 큰 그림을 그릴 수 있도록 해주는, 설계의 전략적 토대다.

왜 전략적 설계가 엄청나게 필수적인가

그렇다. 여러분은 일부 DDD 용어와 그 숨은 뜻에 대해 배웠지만, 왜 이것이 그렇게 중요한지에 관해서는 별로 언급하지 않았다. 나는 매우 중요하다고 단정만 지으면서, 독자들이 나를 믿어주기를 바랐다. 하지만 대부분의 사실이라 말하는 서술이 그렇듯, 나는 내 확언을 뒷받침하려 한다. 우리가 보고 있는 사스오베이션의 프로젝트로 들어가보자. 그들은 아주 즐거운 파티에 들어섰다.

DDD를 위한 노력을 막 시작할 때, 이 프로젝트 협업 팀은 깔끔한 모델을 개발하는 쪽으로 방향을 바꿨다. 이는 그들이 전략적 설계의 가장 기

초적인 내용조차도 이해하지 못했기 때문에 발생한 일이었다. 대부분의 개발자가 그렇듯 이들은 엔터티(5)와 값 객체(6)의 상세 내용에 초점을 맞췄는데, 이것이 더 큰 그림의 비전을 가렸다. 이들은 핵심 개념을 범용 개념과 혼용했고, 이는 두 가지 모델을 하나로 만들어버렸다. 오래 지나지 않아서 설계의 고통을 느끼기 시작했으며 이는 그림 2.3에 나타나있다. 결론은? 이들은 DDD 구현의 목적을 제대로 달성하지 못했다.

사스오베이션 팀원 중 일부는, "협업 개념이 사용자 및 권한과 강한 결합을 형성하면 어떻게 해야 하냐고? 누가 그렇게 했는지 찾아내야 해!"라고 외쳤다. 시니어 개발자는 결합 그 자체만이 고민할 거리는 아니라는 점을 지적했다. "결국은 포럼, 게시글, 토론, 일정, 그리고 일정 입력 등은 인간 협력자 객체 중 일부와 결합을 형성할 것이다. 그리고 바로 이것이 문제다. 언어 구조가 잘못됐다." 그는 자신의 말처럼 포럼과 게시글, 토론 등을 비롯한 모든 것이 잘못된 언어적 개념과 결합했다는 점을 보여줬다. 사용자와 권한은 협업과 아무 관계가 없으며, 진정한 유비쿼터스 언어로서의 협업과 조화를 이루지도 않는다. 사용자와 권한은 식별자와 액세스의 개념이며 보안의 문제다. 협업 컨텍스트에 모델링된 모든 개념은 협업 도메인 모델을 둘러싼 바운디드 컨텍스트에서처럼 협업과 언어적 연관성을 찾을 수 있어야 하는데, 지금은 그렇지 않다. "우리가 집중해야 할 부분은 작성자나 관리자와 같은 협업 개념이다. 이야말로 협업 환경에서의 올바른 개념이자 올바른 언어적 용어다."

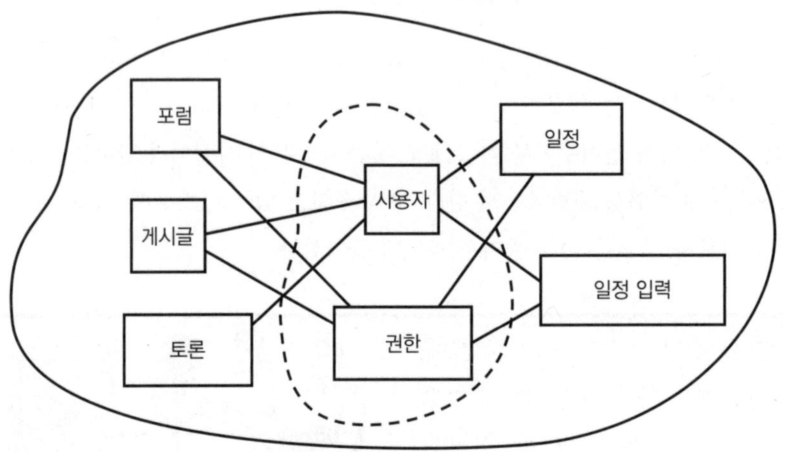

그림 2.3 팀이 전략적 설계의 기초를 이해하지 못했고, 이는 공동 모델에서 개념들이 잘못 짝지어지도록 했다. 점선 안이 문제가 되는 요소들이다.

바운디드 컨텍스트의 이름 짓기

협업 컨텍스트란 이름이 쓰인 것을 발견했는가? 이는 우리가 바운디드 컨텍스트를 이름 짓는 방법인데, 모델 이름 컨텍스트(name-of-model context)와 같은 형태다. 여기서 협업 컨텍스트라는 이름을 사용한 이유는 이 컨텍스트가 협업 프로젝트의 도메인 모델을 담고 있는 바운디드 컨텍스트이기 때문이다. 뿐만 아니라 식별자와 액세스 프로젝트의 모델을 담고 있는 바운디드 컨텍스트로서 식별자와 액세스 컨텍스트가 있고, 애자일 프로젝트 관리 프로젝트의 모델을 포함하는 바운디드 컨텍스트를 위해선 애자일 프로젝트 관리 컨텍스트가 있다.

기초적인 수준에서 다시 한 번 말하자면, 사스오베이션 개발자는 처음에 사용자와 권한이 협업 도구와 아무 관련이 없다는 점을 이해하지 못했다. 뭐, 물론 이들이 만든 소프트웨어를 사용해주는 사람이 있을 것이고, 그 사용자는 각자가 수행할 수 있는 일을 결정하기 위해 다른 사용자와 서로 구분돼야 한다. 하지만 협업 도구는 사용자의 역할에 집중해야지, 사용자가 누구며 수행 권한이 부여된 행동이 무엇인지에 관심이 있어선 안 된다. 하지만 이제 사용자와 권한에 관한 세부사항과 협업 모델이 완전히 뒤섞여버렸다. 만약 사용자와 권한이 동작하는 방식에 변화가 생긴다면, 대부분 모델에 연쇄적인 영향을 미칠 것이다. 사실 이 문제는 전환점의 바로 위에 위치해 있었다. 팀은 권한을 사용한 접근법에서 벗어나 역할 기반의 액세스 관리를 하고 싶었다. 그리고 이런 변경을 결정한 시점에, 전략적 모델링의 측면에서 바라본 문제점을 잘 알게 됐다.

팀은 주제를 올릴 수 있는 사람이 누구인지나 권한이 주어지는 조건은 무엇인지와 포럼이 서로 관련 있어선 안 된다는 점을 깨달았다. 포럼의 입장에선 단지 작성자가 잘 작성하고 있는지나 이전엔 잘 작성했는지만 알면 된다. 팀은 이제서야 누가 무슨 일을 할 수 있는지의 결정은 완전히 개별적인 모델의 문제가 돼야 한다는 점과, 핵심 협업 모델은 누가 무슨 일을 할 수 있는지의 측면에서 이미 답을 내린 문제에 관해서만 알고 있으면 된다는 점을 이해했다. 포럼은 단지 토론을 게시하고 싶은 작성자만 있으면 된다. 포럼과 작성자는 협업 컨텍스트라는 바운디드 컨텍스트의 협업 모델로서, 분명한 유비쿼터스 언어 개념이다. 사용자와 권한을 비롯해 역할과 같은 유사 개념은 완전히 다른 범주에 속하며, 이들은 협업 컨텍스트에서 독립돼야 한다.

팀으로서는 사용자와 권한이 형성하고 있는 강력한 결합을 분리할 수만 있다면 된다고 결론 내리는 편이 더 쉽다. 어쨌거나 사용자와 권한/역할을 다른 모듈로 분리하는 데 문제가 없기 때문이다. 이는 이런 개념을 같은 바운디드 컨텍스트 안에서 별도의 논리적 보안 서브도메인에 배치하는 데 도움이 될 수도 있다. 그러나 이 최고의 모델링 선택을 더욱 크게 돋보이도록 해주는 점은, 이 팀의 다음 핵심 도메인 프로젝트에서도 매우 비슷한 역할 기반의 액세스 요구가 발생할 것이란 점과 도메인 특화 역할 특성의 사용에 의지하리란 점을 깨달은 부분이다. 사용자와 역할은 미래에 엔터프라이즈 전체는 물론이고 고객을 대면하는 부분에 이르기까지 중요한 역할을 할, 지원 혹은 범용 서브도메인의 진정한 일부였음이 분명해졌다.

깔끔한 모델링을 위해 좀 더 적극적인 접근법을 택하면 좀 더 애매한 문제를 피하는 데 도움이 된다. 거대한 진흙공[Big Ball of Mud](3)을 만들어가고 있었을지도 모른다. 사용자와 권한의 개념만이 모듈화되지 않은 것이 아니다. 모듈화는 DDD 모델링에 꼭 필요한 도구이긴 하지만 언어적인 불일치를 해결해주진 않는다.

수석 개발자의 입장에선 확실히 확인하지 못한 부분이 각기 다른 마음가짐을 갖고 흐트러지는 상황으로 이어져, 결국 미묘하게 문제를 뒤엉키게 할까 매우 걱정이었다. 이윽고 팀이 비협업 개념의 또 다른 집합을 모델링하는 상황이 오면, 핵심 도메인은 더욱 불확실해진다. 풍부한 협업의 유비쿼터스 언어를 제대로 소스 코드에 반영하지 못한 채, 이를 은연중에 내포하고 있을 뿐인 모델을 만들고 말 수도 있다. 팀은 비즈니스 도메인과 그에 따른 서브도메인은 물론이고, 반드시 그들이 개발하고 있는 바운디드 컨텍스트도 제대로 이해해야 한다. 이를 통해 전략적 설계를 가로막는 비열한 적인 거대한 진흙공의 더러운 물을 막을 수 있다. 즉 팀은 전략적 모델링의 사고방식을 가져야 한다.

이런, 안 돼! 또 다시 '설계'란 단어가 나오다니!

만약 여러분이 애자일의 실행에 있어 설계란 단어가 흉측해서 어울리지 않는다고 생각하더라도, DDD에선 그렇지 않다. DDD와 애자일은 정말 자연스럽게 함께 사용할 수 있다. 항상 설계가 애자일과 잘 맞도록 확인하자. 설계가 무거울 필요는 없다.

그렇다. 우리는 아주 중요한 교훈을 배웠다. 오랜 연구 끝에 방법을 찾아냈고, 마침내 도메인과 서브도메인의 가닥을 잡았다. 이들이 어떻게 했는진 곧 설명하겠다.

DDD 커뮤니티와 방향 맞추기

이 책에선 세 가지 바운디드 컨텍스트로서 실행 예제를 제공했다. 이 바운디드 컨텍스트는 여러분이 일하고 있는 상황과 다를 수 있지만, 상당히 전형적인 모델링 사례다. 그러나 모든 사람이 주어진 핵심 도메인에서 사용자와 권한이 분리돼야 한다고 생각하진 않을 수도 있다. 아마 어떤 경우에는 핵심 도메인에 잘 섞어 넣는 편이 더 바람직할 수도 있다. 항상 그렇듯이 이는 각 팀이 선택할 문제다. 그러나 나의 경험상 이는 DDD를 새로 접하는 사람들이 봉착하는 기초적인 문제들 중 하나였고, 이 문제 때문에 구현의 노력이 엉망인 결과물로 불필요하게 이어졌다. 또 다른 일반적인 실수로는 협업과 애자일 프로젝트 모델을 하나로 융합하려는 접근이 있다. 그리고 이들은 아주 일반적인 문제들의 일부일 뿐이다. 그 밖의 일반적인 모델링 오류는 각 장에서 언급한다.

적어도 최소한으로 단정할 수 있는 부분은, 여기에 제기된 문제와 이후에 나올 문제는 팀이 언어적 촉진제와 바운디드 컨텍스트의 중요성을 이해하지 못했을 때 생기는 문제들을 대표한다는 점이다. 따라서 여기서 다루는 모든 문제가 해당하는 바운디드 컨텍스트의 언어적인 부분에 집중하고 있기 때문에, 여러분이 구체적 예제의 문제에 전적으로 동의하지 못하더라도 모든 DDD 프로젝트에 이 문제점과 해결책을 적용할 수 있다.

나의 목표는 가능한 한 가장 단순하면서도 사소하진 않은 예제를 활용해 DDD를 구현하는 원리를 가르치는 것이다. 나는 예제가 나의 강의와 여러분의 배움에 끼어들어 문제를 일으키게 할 수 없다. 만약 내가 식별자와 액세스 관리와 협업과 애자일 프로젝트 관리가 서로를 구분 짓는 자신만의 언어를 갖고 있다고 증명했다면, 독자에게 중요한 부분을 잘 전달할 수 있는 예제를 들었다는 이야기가 된다. 중요한 요소를 발견하도록 도와주고 도메인 전문가가 가진 비전을 이루도록 도와주는 언어적 촉진제를 발견하는 일은 각 팀의 선택에 달려 있을 텐데, 여기선 사스오베이션 개발자가 내린 '궁극적 정답'의 결론과 DDD를 구현하는 여정에서 내렸던 모델링의 선택에 실수가 없었다고 가정하자.

서브도메인과 바운디드 컨텍스트에 관한 나의 모든 지침은 더 넓은 DDD 커뮤니티와 밀접하게 관련되어 있는데, 이는 나의 개인적인 경험을 반영하기 때문이다. 다른 DDD 리더는 조금 다른 초점을 가지고 있을 수 있다. 그러나 나의 설명은 분명히 어떤 팀이든 모호함 없이 나아가는 데 확고한 기반을 제공해준다. DDD의 불분명한 부분을 확실히 해주는 역할이 이 커뮤니티의 가장 중요한 서비스이자 나의 주된 목표다. 여러분의 목표는 이 지침을 가장 현실적인 방법으로 프로젝트에 도움이 되도록 사용하는 것이다.

현실의 도메인과 서브도메인

도메인에 관해 할 말이 더 있다. 도메인은 문제점 공간problem space과 해결책 공간solution space을 모두 갖고 있다. 문제점 공간은 우리에게 풀어야 할 전략적 비즈니스 문제점을 생각하게 하고, 해결책 공간은 이런 비즈니스 문제점을 풀어줄 소프트웨어를 구현하는 방법에 초점을 맞춘다. 이런 공간에 지금까지 배운 내용이 어떻게 맞아 들어가는지 다음을 살펴보자.

- 문제점 공간은 새로운 핵심 도메인을 만들기 위해 개발하는 전체 도메인의 일부다. 문제점 공간의 평가에는 기존 서브 도메인과 새롭게 필요한 서브도메인의 평가가 포함된다. 따라서 문제점 공간은 핵심 도메인과 핵심 도메인이 사용하는 서브도메인의 조합이다. 현재의 전략적 비즈니스에서 문제점을 탐색하기 때문에 보통은 프로젝트마다 문제점 공간의 서브도메인이 달라진다. 이는 문제점 공간을 평가하는 유용한 툴로서 서브도메인을 사용할 수 있도록 해준다. 서브도메인은 특정 문제를 풀기 위해 필요한 도메인의 다른 부분도 빠르게 살펴볼 수 있도록 해준다.
- 해결책 공간은 하나 이상의 바운디드 컨텍스트이며 구체적인 소프트웨어 모델의 집합이다. 일단 개발된 바운디드 컨텍스트는 특화된 해결책이자 실제 구현을 비추는 창이기 때문이다. 바운디드 컨텍스트는 해결책을 소프트웨어로 실현시키는 데 활용된다.

서브도메인을 1:1로 바운디드 컨텍스트와 묶으려는 시도는 바람직한 목표다. 이런 접근은 문제점 공간을 해결책 공간과 잘 융합시키며, 도메인 모델을 목표에 따라 잘 구분된 비즈니스의 분야로 분명하게 구분해준다. 현실적으로 언제나 가능하진 않더라도, 올바른 위치를 찾아 노력을 투입할 수 있도록 해준다. 그러나 레거시 시스템(거대한 진흙공일 수도 있는)을 고려한다면, 그림 2.1처럼 서브도메인은 주로 바운디드 컨텍스트와 중첩된다. 크고 복잡한 기업에선 평가 관점assesment view을 사용해 문제점 공간을 이해할 수 있으며, 이는 우리가 값비싼 실수를 범하지 않도록 보호해준다. 개념적으론 하나인 큰 바운디드 컨텍스트를 두 개 이상의 서브도메인이나 한 서브도메인의 일부인 여러 바운디드 컨텍스트로 나눌 수 있다. 문제점 공간과 해결책 공간 사이의 차이점을 분명히 하기 위해 다음 예를 생각해보자.

크고 하나로 묶인 ERP 애플리케이션으로 구분된 시스템을 상상해보라. 좁게 보자면 ERP는 하나의 바운디드 컨텍스트로 생각할 수도 있다. 그러나 ERP 시스템은 다양한 모듈식 비즈니스 서비스를 제공하기 때문에, 다른 모듈은 다른 서브도메인으로 생각하는 편이 좋다. 예를 들면, 재고관리 모듈과 구매 모듈은 서로 다른 논리적 서브도메인으로 나눌 수 있다. 물론 이런 모듈이 완전히 다른 시스템에도 제공될 수 있다는 이야기는 아니다. 두 모듈은 같은 ERP의 한 부분인 가운데, 완전히 다른 서비스 집합을 비즈니스 도메인에 제공한다. 분석적인 논의를 위해 구분된 서브도메인을 재고관리 서브도메인과 구매 서브도메인이라 부르기로 하자. 계속해서 다음 내용을 살펴보면 왜 이런 네이밍이 도움이 되는지 알 수 있다.

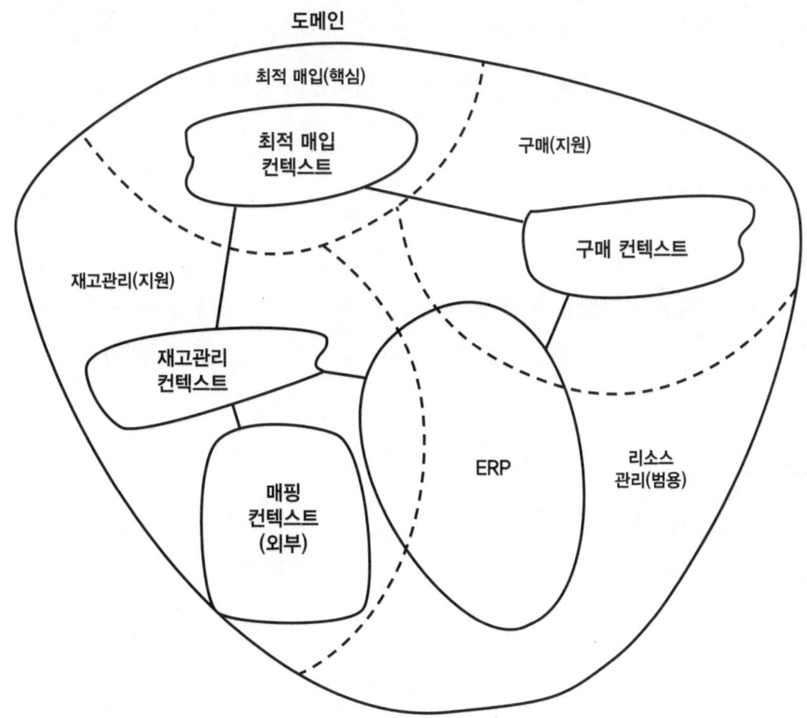

그림 2.4 구매나 재고관리와 관련된 핵심 도메인과 다른 서브도메인. 이 관점은 특정 문제점 공간 분석을 위해 선택된 서브도메인으로 제한되며 전체 도메인에 적용할 수는 없다.

핵심 비즈니스 이니셔티브로서 그림 2.4(그림 2.2의 템플릿을 사용한 구체적인 예제)에 나타난 도메인을 갖고 있는 조직은 비즈니스의 비용을 줄이기 위해 설계를 기획하고 특화된 도메인 모델을 개발하는 일을 시작했다. 이 모델은 구매 중개인이 사용할 의사결정 도구를 제공할 것이다. 수년간의 작성된 매뉴얼을 바탕으로 한 알고리즘은 이제 모든 구매 중개인이 오류 없이 사용할 수 있도록 소프트웨어를 통해 자동화돼야 한다. 이 새로운 핵심 도메인은 더 나은 거래를 더 빨리 찾아내고 필요한 재고 목록이 충족되는지 확신할 수 있도록 함으로써 조직을 좀 더 경쟁력 있게 만들어 준다. 정확히 재고를 조사하기 위해 그림 2.1에서 미리 살펴본 예측 시스템을 사용하면 도움이 될 것이다.

우리는 특정 해결책을 실행하기 전에 문제점 공간과 해결책 공간에 대해 평가해야 한다. 여러분의 프로젝트를 바른 방향으로 전환하기 위해 다음의 질문들에 대한 답을 얻어야 한다.

- 전략적 핵심 도메인의 이름과 비전은 무엇인가?
- 어떤 개념을 전략적 핵심 도메인의 일부로 고려할 것인가?
- 필요한 지원 서브도메인과 범용 서브도메인은 무엇인가?
- 도메인의 각 분야에선 누가 일하나?
- 올바른 팀이 조직될 수 있는가?

핵심 도메인과 이를 지원하기 위해 필요한 도메인 영역의 비전과 목표를 이해하지 못한다면, 연관된 함정을 피하기 위해 이를 전략적으로 활용하지 못한다. 문제점 공간에 관한 평가를 높은 수준으로 유지하되, 철저히 하자. 모든 이해관계자가 성공적으로 비전을 달성하도록 의견을 모으고 노력을 기울이자.

화이트보드 타임

잠깐 멈춰서 여러분의 화이트보드를 살펴보고 생각해보자. 여러분의 문제점 공간은 무엇인가? 이는 전략적 핵심 도메인과 이를 지원하는 서브도메인의 조합이라는 점을 기억하자.

여러분이 문제점 공간에 대해 잘 이해하고 있다면 해결책 공간으로 넘어가자. 문제점 공간에 관한 평가가 두 번째 평가에 도움이 될 것이다. 해결책 공간은 이미 존재하는 시스템과 기술뿐만 아니라 새롭게 만들어질 시스템과 기술에도 큰 영향을 받을 것이다. 우리는 각각의 유비쿼터스 언어를 주시하고 있기 때문에, 잘 분리된 바운디드 컨텍스트의 측면에서 심사숙고해야 한다. 다음과 같은 중요한 질문을 생각해보자.

- 이미 존재하는 소프트웨어 자산은 무엇이며, 재사용할 수 있는가?
- 새롭게 구하거나 만들어야 하는 자산은 무엇인가?
- 서로 어떻게 연결 또는 통합됐는가?

- 추가적으로 필요한 통합은 무엇인가?
- 기존의 자산과 새로 만들어야 하는 자산들을 고려했을 때, 필요한 노력은 무엇인가?
- 전략적 이니셔티브와 모든 지원 프로젝트는 성공할 확률이 높은가, 아니면 그 중 어떤 하나가 전체 프로그램을 지연시키거나 심지어 실패하도록 만들 수 있는가?
- 완전히 구분되는 유비쿼터스 언어의 용어는 무엇인가?
- 바운디드 컨텍스트 사이에 개념이나 데이터의 중복 또는 공유가 일어나는 위치는 어디인가?
- 바운디드 컨텍스트 사이에 공유되는 용어나 중복된 개념이 어떻게 매핑되고 변환되는가?
- 핵심 도메인을 지칭하는 개념을 담고 있는 바운디드 컨텍스트는 무엇이고, 모델링을 위해선 [Evans]의 전술적 패턴 중 무엇을 사용해야 하는가?

핵심 도메인의 해결책을 개발하는 노력이 비즈니스 투자의 열쇠라는 사실을 기억하라!

앞서 언급했으며 그림 2.4에 나타난 특화된 구매 모델(의사결정 도구와 알고리즘을 포함하는)은 핵심 도메인의 해결책을 대표한다. 도메인 모델은 바운디드 컨텍스트, 즉 최적 매입 컨텍스트 안에 명시적으로 구현된다. 이 바운디드 컨텍스트는 서브도메인인 최적 매입 핵심 도메인과 1:1로 정렬된다. 단 하나의 서브도메인과 신중히 구축된 도메인 모델에 맞춰 정렬함으로써 해당 비즈니스 도메인 내에서 가장 훌륭한 바운디드 컨텍스트 중 하나를 만들 수 있게 된다.

그러나 최적 매입 컨텍스트의 도우미로서 또 다른 바운디드 컨텍스트인 구매 컨텍스트가 구매 프로세스의 일부 기술적인 측면을 개선하기 위해 개발된다. 이런 개선이 구매의 최적화된 구매 접근법에 관한 어떤 특별한 지식을 드러내는 것은 아니다. 단지 최적 매입 컨텍스트가 적당한 거리에서 ERP와 쉽게 상호작용하도록 도와줄 뿐이다. 이는 단순히 ERP가 게시한 인터페이스에 대응해 동작하는 편리한 모델일 뿐이다. 새로운 구매 컨텍스트와 기존의 ERP 구매 모듈은 구매 (지원) 서브도메인에 해당한다.

ERP 구매 모듈은 전체가 범용 서브도메인이다. 이는 이 서브도메인이 여러분의 기본적인 비즈니스 요구사항을 충족하는 한, 어떤 기성품 구매 시스템과도 대체될 수 있기 때문이다. 그러나 구매 서브도메인 내의 새로운 구매 컨텍스트와 함께 사용된다면 지원 방식으로도 사용할 수 있다.

여러분이 나쁜 소프트웨어 설계의 세계를 바꿀 수는 없다

재개발 구역에서 활동하는 전형적인 기업의 경우 그림 2.1과 2.4에서 묘사된 바람직하지 않은 상황에 처하게 된다. 이는 잘못 설계된 소프트웨어 서브도메인은 바운디드 컨텍스트와 이상적인 1:1 관계로 정렬되지 않는다는 의미다. 여러분이 기대할 수 있는 거라고는 참여하고 있는 프로젝트에서 적절하게 DDD를 구현하는 일밖에 없다. 결국은 재개발 도메인을 통합하거나 심지어 그 도메인에서 직접 작업해야 할지도 모른다. 그러니 하나로 뭉쳐 있는 재개발 바운디드 컨텍스트에서 찾게 될 다수의 암시적 모델을 분석해나가면서, 2장의 첫 3분의 1에서 가르친 기법을 사용할 준비를 하자.

그림 2.4에 관해 계속 이야기해보자. 최적의 매입 컨텍스트는 재고관리 컨텍스트와 상호작용해야 한다. 재고관리는 창고의 물품을 관리한다. 이는 ERP 재고관리 모듈을 사용하는데, 이 모듈은 재고관리 (지원) 서브도메인에 해당한다. 납품 업체의 편의를 위해 재고관리 컨텍스트는 외부의 지리적 매핑 서비스를 이용해 원점에서부터 각 창고까지의 지도와 방향을 제공할 수 있다. 재고관리 컨텍스트의 관점에서 보면 매핑에 특별한 것은 없다. 몇몇 지리적 매핑 서비스 가운데서 선택해야 하며, 시간이 지남에 따라 선택한 매핑 시스템을 바꾸는 것도 이점이 있을 수 있다. 매핑 서비스 자체는 범용 서브도메인이지만, 지원 서브도메인이 이 서브도메인을 사용하게 된다.

최적 매입 컨텍스트를 개발하는 회사 입장에서의 이런 핵심 포인트를 살펴봤음을 기억하자. 지리적 매핑 서비스는 문제점 공간에선 재고관리 서브도메인의 일부로 간주하지만, 해결책 공간에선 재고관리 컨텍스트가 아니다. 매핑 서비스가 해결책 공간에선 간단한 컴포넌트 기반 API로 제공됐다 하더라도, 이는 다른 바운디드 컨텍스트다. 재고관리와 매핑의 유비쿼터스 언어는 상호 배타적이며, 이는 두 요소가 서로 다른 바운디드 컨텍스트라는 의미다. 재고관리 컨텍스트가 외부 매핑 컨텍스트의 어떤 부분을 사용하는 상황에서, 데이터는 적어도 최소한의 변환을 거쳐야만 적절히 사용될 수 있다.

한편 구독자를 위해 매핑 서비스를 개발하고 제공하는 외부 비즈니스 조직의 관점에서 보면, 매핑은 핵심 도메인이다. 이 외부 조직은 고유의 도메인이나 비즈니스 운영의 영역을 가지고 있다. 구독자를 유지하고 새로운 구독자를 유치하기 위해서는 꾸준히 해당 도메인 모델을 개선하며 경쟁력을 유지해야 한다. 만약 여러분이 이 매핑 조직의 CEO였다면, 여러분은 현재 논의 중인 구독자를 포함한 소비자에게 경쟁사로 가지 않고 서비스를 계속 이용해야 할 가능한 한 모든 이유를 전달토록 할 것이다. 그러나 이런 사실이 해당 재고 시스템을 개발하는 구독자의 관점을 바꾸지는 않는다. 재고관리 시스템의 입장에서 이 매핑 서비스는 여전히 범용 서브도메인이다. 만약 이익이 생긴다면 구독자는 다른 매핑 서비스를 이용할 수도 있다.

화이트보드 타임

여러분의 해결책 공간에서 바운디드 컨텍스트는 무엇인가? 여기서 여러분은 아이디어를 얻기 위해 여러분의 화이트보드 다이어그램으로 돌아가야 한다. 바운디드 컨텍스트를 올바르게 사용하는 방법을 좀 더 깊이 파고든다면 다시 한 번 좀 더 놀라게 될지도 모른다. 그러니 일어날 수 있는 정제 작업을 준비하자. 우리는 어쨌거나 애자일 개발을 하고 있는 중이다.

2장의 균형을 맞추기 위해 방향을 전환해서 DDD를 위한 필수적 해결책 공간 모델링 도구로서 바운디드 컨텍스트의 중요성을 생각해보자. 컨텍스트 맵(3)에선 서로 다르지만 연관성은 있는 유비쿼터스 언어의 매핑을 바운디드 컨텍스트의 통합을 통해 처리하는 방법을 주요 쟁점으로 논의한다.

바운디드 컨텍스트 이해하기

바운디드 컨텍스트는 그 안에 도메인 모델이 존재하는 명시적 경계라는 점을 잊지 말라. 도메인 모델은 소프트웨어 모델로서 유비쿼터스 언어를 표현한다. 그 경계는 모델의 개념 안에 그 속성, 오퍼레이션과 함께 특별한 의미를 가지고 있기 때문에 생성된다. 만약 여러분이 그러한 모델링 팀원이라면, 여러분의 컨텍스트 안에 있는 각 개념의 의미에 대해 정확히 알고 있을 것이다.

바운디드 컨텍스트는 명시적이고 언어적이다

바운디드 컨텍스트는 도메인 모델의 존재를 담고 있는 명시적 경계다. 이 경계 안에선 모든 유비쿼터스 언어의 용어와 구문이 구체적인 의미를 갖게 되고, 정확성을 보장하며 언어를 반영한다.

명시적으로 다른 두 모델 내부에선 같거나 비슷한 이름의 객체임에도 서로 다른 의미를 갖는 경우가 종종 있다. 두 모델을 각자의 명시적인 경계로 둘러싸면, 각 컨텍스트 안의 각 개념이 나타내는 의미가 확실해진다. 따라서 바운디드 컨텍스트는 주로 언어적 경계를 이룬다. 여러분은 이런 이성적 논점을 주춧돌로 삼아 바운디드 컨텍스트를 올바르게 사용했는지 판단해야 한다.

어떤 프로젝트는 모든 것을 빠짐없이 포괄하는 모델을 생성하려 시도하는 함정에 빠지며, 어디서든 통용되는 유일한 의미를 가진 이름의 개념에 대해 전체 조직이 모두 동의하는 결과를 목표로 삼는다. 이런 모델링 접근법에는 구멍이 있다. 첫째, 모든 이해관계자로부터 모든 개념이 하나의 순수하고 구분된 글로벌한 의미를 갖는 것에 대해 동의를 얻기란 거의 불가능하다. 일부 조직은 너무 커서 전체의 의미 있는 동의를 얻는 것은 둘째 치고, 모든 사람을 함께 모으는 것도 절대 불가능하다. 상대적으로 적은 이해관계자와 더 작은 회사에서 일하더라도, 오랫동안 유지되는 유일한 개념을 정의하는 일은 여전히 어렵다. 그러므로 최상의 선택을 위해선 언제나 차이점은 존재한다는 사실을 직시하고, 바운디드 컨텍스트를 통해 차이점이 명확하며 잘 이해하고 있는 도메인 모델을 각각 기술해야 한다.

하나의 바운디드 컨텍스트가 단 하나의 프로젝트 아티팩트artifact만을 생성토록 지시하진 않는다. 이는 개별적인 컴포넌트나 문서, 또는 다이어그램이 아니다.[3] JAR이나 DLL과는 다르지만, 2장의 후반부에 설명할 내용처럼 이를 바운디드 컨텍스트로 사용할 수는 있다.

표 2.1에 나타난 대로, 은행 컨텍스트의 어카운트Account(계좌)와 문학적 컨텍스트에서의 어카운트(이야기) 사이의 극명한 대조를 생각해보자.

표 2.1 어카운트라는 용어가 가질 수 있는 의미의 다양성

컨텍스트	의미	예
은행 컨텍스트	어카운트란 해당 고객의 현재 은행 재무 상태를 나타내는 직불과 신용 거래의 내역이다.	직불 어카운트(계좌)와 적금 어카운트(계좌)
문학적 컨텍스트	어카운트란 하나 이상의 연관된 사건을 시간에 따라 문학적으로 표현한 집합이다.	아마존닷컴은 『희박한 공기 속으로: 에베레스트 산의 재해에 대한 한 개인의 이야기(Into Thin Air: A Personal Account of the Mt. Everest Disaster)』라는 책을 판다.

3 컨텍스트 맵이나 지금까지의 내용에서 살펴볼 수 있는 것처럼 여러 바운디드 컨텍스트를 하나의 다이어그램 안에 함께 나타낼 수 있다. 하지만 이 다이어그램이 바운디드 컨텍스트인 것은 아니다.

그림 2.5를 보면, 어카운트 타입에는 이름으로 구분할 수 있는 특징이 없다. 오직 각자의 개념을 담고 있는 상자(바운디드 컨텍스트)를 열어봐야만 둘 사이의 차이점을 이해하게 된다.

이 두 바운디드 컨텍스트는 아마도 같은 도메인이 아닐 것이다. 핵심은 컨텍스트가 왕이라는 것을 보여주는 것이다.

컨텍스트가 왕이다

특히 DDD를 구현할 때는 컨텍스트가 왕이다.

금융계에선 유가증권(security)이란 단어가 자주 사용된다. 증권 거래 위원회(SEC, Security and Exchange Commission)에선 유가증권이란 용어를 주식에는 사용할 수 없도록 제한하고 있다. 그럼 이제 이 점을 생각해보라. 선물거래(futures) 계약은 상품이며 SEC의 관할이 아니다. 그러나 일부 금융회사에선 선물거래를 유가증권이란 이름으로 부르면서, 표준 타입(6)은 선물거래로 지정한다.

이런 용어가 선물거래에 가장 잘 맞는 언어일까? 이는 대상이 사용되는 도메인에 따라 다르다. 일부는 명백히 그렇다고 이야기할 것이고, 다른 이들은 그렇지 않다고 주장할지도 모른다. 컨텍스트는 문화적이기도 하다. 선물거래를 하는 회사에선 특정 유비쿼터스 언어 안에서 시큐리티라는 용어를 사용하는 문화와 가장 잘 맞을 것이다.

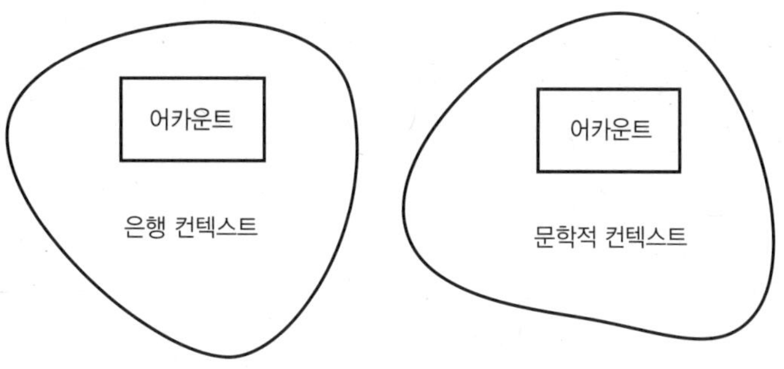

그림 2.5 두 바운디드 컨텍스트 속 어카운트 객체는 의미가 서로 완전히 다르지만, 각 바운디드 컨텍스트 안에서 고려해야만 그 사실을 알 수 있다.

여러분의 기업 환경에선 미묘한 의미의 차이에서 오는 문제를 가장 빈번히 직면하게 된다. 그 이유는 이렇다. 각 컨텍스트 안에서 각 팀이 정한 이름은 항상 유비쿼터스 언어를 생각하며 만들어진다. 다른 컨텍스트에서 쓰이는 용어를 의식해서 의도적으로 이름 짓는 것과 같이, 개념의 이름을 임의로 정하는 경우는 없다. 예금 계좌에 해당하는 은행 컨텍스트와 적금 계좌에 해당하는 은행 컨텍스트를 생각해보자.[4] 우리는 예금 계좌라는 이름을 예금 컨텍스트의 객체에게 지어줄 필요가 없고, 적금 계좌라는 이름을 적금 컨텍스트의 객체에 지어줄 필요도 없다. 각 바운디드 컨텍스트 사이에 미묘한 의미 차이가 있기 때문에 둘 모두를 계좌라고 이름 짓더라도 안전하다. 물론 이 이름에 더 많은 의미가 부여되지 말라는 규칙은 없다. 이는 여러분의 팀이 결정할 문제다.

통합이 필요할 순간이라면 바운디드 컨텍스트들 사이의 매핑이 반드시 필요하다. 이는 DDD의 복잡도가 높게 나타나는 측면이며, 그에 상당하는 수준의 관리 노력을 필요로 한다. 우리는 객체 인스턴스를 대상 컨텍스트 밖에서 사용하진 않지만, 여러 컨텍스트 안에서 함께 연관된 객체라면 공통 상태의 일부 하위 집합을 공유할 수도 있다.

다음은 여러 바운디드 컨텍스트에서 사용하고 있는 공통 이름의 사례인데, 이번엔 같은 도메인에서 쓰이는 경우를 살펴본다. 책의 수명주기^life cycle^가 다양한 단계로 나뉘어 나타나는 상황에서 출판 조직이 다뤄야 하는 모델링의 어려움을 생각해 보자. 간단히 말하자면, 책이 이와 같은 여러 컨텍스트를 거치며 진행되는 상황처럼 출판사도 이와 비슷한 단계를 따라서 처리하게 된다.

- 책을 개념화하고 제안함
- 저자와 계약
- 책의 저작권 및 편집 프로세스 관리
- 그림 등 책의 레이아웃 디자인
- 다른 언어로 책을 번역
- 실제 인쇄 / 전자 책 출간
- 마케팅
- 대리점과 소비자에게 직접 책을 판매
- 대리점과 소비자들에게 실제 책을 배송

각 단계마다 책을 모델링하는 올바른 방법이 단 한 가지뿐인가? 절대 그렇지 않다. 각 단계마다 책은 다른 정의를 가진다. 책은 계약할 때가 돼야 임시의 책 제목을 가지며, 이는 편집하는 동안 변할 수 있다. 저술과 편집 과정에서 책은 코멘트와 수

4 이는 하나의 도메인 안에서 예금과 적금에 따라 바운디드 컨텍스트가 구분되는 상황을 전제한다.

정이 포함된 초안들과 최종 원고를 거쳐간다. 그래픽 디자이너는 각 페이지 레이아웃을 만들어낸다. 인쇄 팀은 레이아웃, 인쇄 이미지를 위한 '청사진'[5], 그리고 제판을 사용한다. 마케팅은 사설이나 저작물이 필요하지 않으며, 아마 표지와 상세한 설명 정도를 필요로 할 것이다. 배송을 위해 책은 식별자, 재고관리 위치, 남은 부수, 사이즈, 그리고 무게와 같은 정보만 갖는다.

만약 여러분이 이 수명주기의 전 단계를 관장하는 중앙 모델을 설계하려 하면 어떻게 될까? 아마 많은 혼란, 의견 불일치, 다툼이 있을 것이고 고객에게 약속한 소프트웨어는 나올 수 없을 것이다. 심지어 맞는 공통의 모델이 어쩌다 만들어졌다 해도, 모든 고객의 요구를 충족시키기 매우 어렵고 아주 가끔씩만 가능할 것이다.

이런 종류의 바람직하지 않은 혼돈을 해결하고자, 모델링을 위해 DDD를 사용하는 출판사는 각 수명주기마다 개별적인 바운디드 컨텍스트를 사용한다. 모든 바운디드 컨텍스트 하나하나는 책의 유형을 갖고 있다. 책 객체는 거의 혹은 모든 컨텍스트에 걸쳐 하나의 식별자를 공유하며, 아마도 이는 개념화 단계에서 최초로 설정됐을 것이다. 그러나 각 컨텍스트마다 책의 모델은 서로 다를 것이다. 이는 아무런 문제가 없으며, 오히려 이렇게 돼야 한다. 바운디드 컨텍스트 안에 있는 팀이 책에 관해 말할 땐 해당 컨텍스트에서 요구한 의미와 정확히 같은 의미를 나타낸다. 이 조직은 다양성에 관한 자연스러운 요구를 받아들이게 된다. 이런 긍정적인 결과가 쉽게 성취될 수 있다는 뜻은 아니다. 어쨌든 명시적 바운디드 컨텍스트를 활용하면 비즈니스적 요구를 정확히 반영하며 점진적으로 개선되는 소프트웨어를 주기적으로 배포할 수 있다.

이 시점에서 그림 2.3에서 나타난 모델링 문제를 해결하기 위해 사스오베이션 협업 팀이 선택한 해결책을 간단히 살펴보자.

앞에 언급한 대로, 협업 컨텍스트에선 도메인 전문가가 협업 기능을 채택한 사람을 권한을 가진 사용자라고 말하지 않는다. 오히려 저자, 소유자, 참가자, 중개자와 같이 해당 컨텍스트에서의 역할에 따라 협업자를 일컫는다. 일부 계약 정보가 있을지도 모르지만 모든 정보가 있는 것은 아니다. 다른 한편으로 우리가 사용자에 관해 말할 땐 식별자와 액세스 컨텍스트 안에 있다. 이 컨텍스트에서 사용자 객체는 사용자명과 각 개인의 상세정보를 갖고 있으며, 여기엔 개인에게 연락하는 자세한 방법

5 사진 제판 전의 청사진 – 옮긴이

도 포함한다.

그러나 우리는 아무 준비 없이 저자 객체를 생성하진 않는다. 모든 협업자는 사전에 적합성을 확인받아야 한다. 우리는 식별자와 액세스 컨텍스트 안에서 적절한 역할을 수행하는 사용자의 존재를 확인한다. 인증 설명자의 특성은 요구사항과 함께 식별자와 액세스 컨텍스트로 전달된다. 중개자와 같은 새로운 협업 객체를 생성하기 위해선 사용자 특성과 역할 이름의 하위 집단을 사용한다. 정확히 우리가 어떻게 개별 바운디드 컨텍스트로부터 객체 상태를 얻는지에 관한 상세한 방법은 중요치 않다(그렇지만 이후에 상세하게 설명한다). 지금 중요한 것은 이 두 가지 구분되는 개념이 서로 비슷하면서도 다르며, 여기서 차이점은 바운디드 컨텍스트에 의해 결정된다는 점이다. 그림 2.6은 사용자와 역할을 자신만의 고유한 컨텍스트 안에서 사용해 다른 컨텍스트에서 중개자를 만드는 예다.

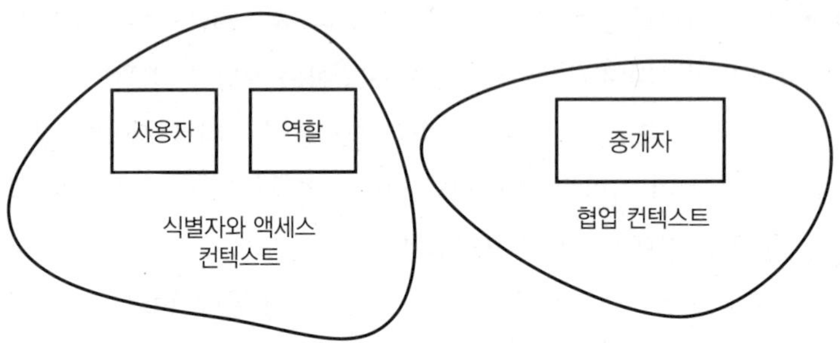

그림 2.6 자신의 컨텍스트 안에 있는 중개자 객체는 다른 컨텍스트에 있는 사용자와 역할에 기반한다.

화이트보드 타임

- 도메인 안의 여러 바운디드 컨텍스트에 존재하는 미묘하게 차이 나는 개념을 식별할 수 있는지 보라.
- 개념이 제대로 분리됐는지 아니면 개발자가 둘 모두에 코드를 단순히 복사했는지 판단하라.

일반적으로, 비슷한 객체도 서로 다른 속성과 오퍼레이션을 갖고 있기 때문에 제대로 분리됐는지 판단할 수 있다. 그렇다면 경계가 개념을 적절하게 분리한 것이다. 하지만 만약 다수의 컨텍스트에서 정확히 같은 객체를 볼 수 있다면, 두 바운디드 컨텍스트가 공유 커널(shared kernel)(3)을 사용하고 있지 않는 이상 모델링에 오류가 있다는 뜻이다.

모델 그 이상을 위해

바운디드 컨텍스트는 도메인 모델만을 포함하진 않는다. 모델이 개념적 그릇을 채우는 주요 요소임은 사실이다. 그러나 바운디드 컨텍스트는 모델에만 국한되지 않는다. 이는 시스템이나 애플리케이션, 혹은 비즈니스 서비스[6]를 표시해주기도 한다. 때로 바운디드 컨텍스트가 이보다 훨씬 덜 수용하는 상황도 있는데, 예를 들어 도메인 모델을 제외한 다른 도움은 거의 받지 않고도 범용 서브도메인을 만드는 경우가 있다. 일반적으로 바운디드 컨텍스트의 일부를 구성하게 되는 시스템의 상황을 생각해보자.

모델이 영속성 데이터베이스 스키마의 생성을 주도할 때 데이터베이스 스키마는 경계의 안쪽에 위치한다. 이는 모델링 팀이 스키마를 설계하고 개발해서 유지하기 때문에 그렇다. 즉 데이터베이스 테이블 이름과 열 이름은 다른 스타일로 변환된 이름이 아니라 모델에 사용된 이름 그대로를 반영한다. 예를 들어, 우리 모델에 BacklogItem이라는 이름의 클래스가 있고, 이 클래스에는 backlogItemId와 businessPriority라는 이름을 가진 값 객체 속성이 있다고 치자.

```
public class BacklogItem extends Entity {
    ...
    private BacklogItemId backlogItemId;
    private BusinessPriority businessPriority;
    ...
}
```

우린 다음과 같은 방식으로 데이터베이스에 매핑하길 원할 것이다.

```
CREATE TABLE `tbl_backlog_item` (
    ...
    `backlog_item_id_id` varchar(36) NOT NULL,
    `business_priority_ratings_benefit` int NOT NULL,
    `business_priority_ratings_cost` int NOT NULL,
    `business_priority_ratings_penalty` int NOT NULL,
    `business_priority_ratings_risk` int NOT NULL,
    ...
) ENGINE=InnoDB;
```

6 시스템, 애플리케이션, 비즈니스 서비스의 의미가 항상 동의되지는 않는다. 그러나 일반적인 의미에서 나는 이 용어들을 중요한 비즈니스 유스케이스 집합을 구현하기 위해 상호 교류하는 컴포넌트의 복잡한 집합을 나타내는 표현으로 사용했다.

반대로, 만약 데이터베이스 스키마가 이미 존재하거나 데이터 베이스 모델러로 만들어진 별도의 팀이 데이터베이스 스키마의 설계에 반대한다면, 스키마는 도메인 모델이 차지한 바운디드 컨텍스트 안쪽에 머무르지 못한다.

모델을 렌더링하고 그 행동의 수행을 구동하는 사용자 인터페이스(14)의 관점이 있다면, 이 또한 바운디드 컨텍스트에 속해 있다. 그러나 이는 도메인 모델 무기력증을 야기하며 사용자 인터페이스 안에 도메인을 모델링한다는 의미는 아니다. 우리는 스마트 UI 안티 패턴[Evans]과 모델에 속한 도메인 개념을 시스템의 다른 분야에 끌어들이려는 유혹을 이겨낼 수 있길 바란다.

시스템/애플리케이션의 사용자가 항상 사람인 것은 아니며, 다른 컴퓨터 시스템을 포함할 수도 있다. 웹 서비스와 같은 컴포넌트가 존재할 수도 있다. 오픈 호스트 서비스(3, 13)로서의 모델과 상호 교류하기 위해 레스트풀 리소스를 사용할지도 모른다. 아니면 아마도 단순 객체 액세스 프로토콜SOAP, Simple Object Access Protocol을 채용할 수도 있고, 메시징 서비스 엔드포인트를 대신 사용할 수도 있다. 이런 모든 경우에서 서비스 중심의 컴포넌트는 경계 안에 있다.

애플리케이션 서비스(14)는 사용자 인터페이스 컴포넌트와 서비스 중심 엔드포인트, 두 경우 모두에서 위임을 받는다. 이는 일반적으로 보안과 트랜잭션 관리를 제공하는 다른 종류의 서비스며, 퍼사드[Gamma 등]로서 기능한다. 이는 작업관리자로서 유스케이스 흐름 요청을 도메인 로직의 실행으로 전환한다. 애플리케이션 서비스 역시 경계 안에 있다.

아키텍처와 애플리케이션 고려사항에 대해 좀 더 알아보기

만약 DDD가 어떻게 다양한 아키텍처 스타일과 맞는지 알고 싶다면, 아키텍처에(4)에 관해 살펴보자. 애플리케이션 서비스는 애플리케이션(14)에서 특별히 다뤄진다. 4장과 14장의 다이어그램과 코드 조각이 도움이 될 것이다.

바운디드 컨텍스트는 주로 유비쿼터스 언어와 그에 해당하는 도메인 모델을 캡슐화하지만, 이는 도메인 모델과의 상호작용과 도메인 모델의 지원을 위해 존재하는 다른 요소를 포함한다. 아키텍처적 고려사항의 면면을 올바른 자리로 유지하도록 하는 데 주의를 기울이자.

화이트보드 타임

- 화이트보드 다이어그램에서 식별된 각각의 바운디드 컨텍스트를 살펴보자. 이를 고려할 때, 경계 안에 존재하는 도메인 모델 외의 다른 컴포넌트를 생각할 수 있는가?
- 만약 사용자 인터페이스와 애플리케이션 서비스의 집합이 있다면, 그들이 경계 안에 있도록 하라. (표현 방법에 융통성을 갖자. 그림 2.8과 2.9, 2.10을 보면 다양한 컴포넌트를 표현하는 몇 가지 아이디어를 얻을 수 있다.)
- 여러분의 모델을 위해 데이터베이스 스키마나 다른 영속성 저장소를 개발한 경우, 이 또한 경계 안에 두도록 하자. (그림 2.8과 2.9, 2.10에서 데이터베이스 스키마를 표현하는 방법을 보여준다.)

바운디드 컨텍스트의 크기

DDD를 사용한 도메인 모델의 주요 구성 요소인 모듈(9), 애그리게잇(10), 이벤트(8), 서비스(7)는 하나의 바운디드 컨텍스트 안에 어느 정도의 수가 포함돼야 할까? 이는 "줄 하나의 길이는 얼마나 되나요?"라고 묻는 것과 다를 바가 없다. 바운디드 컨텍스트는 완전한 유비쿼터스 언어를 표현하기 위해 필요한 크기만큼 커야 한다.

진정한 핵심 도메인의 일부가 아닌 외부 개념은 제외돼야 한다. 만약 어떤 개념이 여러분의 유비쿼터스 언어 안에 들어있지 않다면, 애초에 여러분의 모델에 들어오지 말아야 한다. 만약 한 개 이상의 외부 개념이 여전히 비집고 들어오려 한다면 없애버리자. 이는 아마 다른 지원 혹은 범용 서브도메인에 속하거나, 아예 어떤 모델 안에도 속하지 못한다.

진짜 핵심 도메인에 속하는 개념을 실수로 제거해버리지 않도록 조심하자. 여러분의 모델은 어떤 필수적인 요소도 빠트리지 않고 유비쿼터스 언어가 컨텍스트 안에서 완전한 수준의 풍부함을 갖도록 해야 한다. 좋은 판단력이 필요한 게 당연하다. 컨텍스트 맵(3) 같은 도구들이 여러분의 팀이 좋은 판단력을 갖도록 도와줄 것이다.

'아마데우스'라는 영화에서는[7] 오스트리아의 황제인 조셉 2세가 모짜르트가 막 끝낸 연주가 훌륭했음에도 "그냥 너무 많은 음표가 들어갔다."라고 모짜르트에게 말하는 장면이 나온다. 모짜르트는 황제에게 이렇게 적절히 대답한다. "딱 내가 원했던 만큼의 음표들이 있었습니다. 더도 덜도 아닌." 우리 모델 주변의 컨텍스트 경계를 가늠하기 위해 필수적인 사고방식을 잘 표현한 대답이다. 주어진 바운디드 컨텍스트 안에 모델링하려는 더도 덜도 아닌 딱 맞는 수의 도메인 개념이 있다.

7 오리온 픽처스, 워너 브라더스, 1984

물론 모짜르트가 친구에게 편지를 쓰는 정도의 난이도로 교향곡을 작곡할 때처럼, 우리도 손쉽게 해낼 수 있다는 말은 아니다. 우리는 언제든 도메인 모델을 정제하기 위한 기회를 놓칠 수 있다. 각 이터레이션 동안 우리는 우리의 가정을 의심해 보게 되고, 이는 개념을 추가하거나 빼도록 만들고, 또는 개념이 행동하는 방식이나 관계를 맺는 방식을 바꾸도록 만든다. 그러나 중요한 점은 우리가 이런 어려움에 계속해서 봉착할 것이고, DDD 원칙은 우리가 무엇을 넣고 빼야 할지 진지하게 생각하도록 해준다는 점이다. 우리는 바운디드 컨텍스트를 사용하거나 컨텍스트 맵과 같은 도구를 사용해 무엇이 진정 핵심 도메인에 속하는지 분석할 때 활용할 수 있다. 우리는 DDD가 아닌 원칙에 기반한 임의의 규칙에 의지하지 않는다.

도메인 모델의 아름다운 소리

우리의 모델이 음악이었다면, 그 모델은 실수 없이 완벽한 소리, 순수성, 힘, 우아함과 아름다움을 가졌을 것이다.

우리가 주어진 바운디드 컨텍스트를 너무 엄격히 제한하면, 필수적임에도 빠져버린 컨텍스트 개념으로 인해 구멍이 생긴다. 만약 해결 중인 비즈니스 문제점의 핵심을 담지 못하는 개념을 계속해서 모델 위에 쌓아간다면, 물이 너무 탁하게 변하는 것처럼 무엇이 필수적인지 관찰하고 이해할 수 없게 된다. 우리의 목표가 무엇이냐고? 모델이 음악이었다면, 그 모델은 실수 없이 완벽한 소리, 순수성, 힘, 우아함과 아름다움을 가졌을 것이다. 음표의 숫자(내부의 모듈, 애그리게잇, 이벤트, 서비스)는 더도 덜도 아닌 올바른 설계가 요구하는 만큼이었을 것이다. 그 모델을 '듣는' 동안 조화로운 교향곡의 한 가운데 들려오는 그 이상한 '소리'가 무엇인지 굳이 물을 필요가 없었을 것이다.

잘못된 크기의 바운디드 컨텍스트를 만들게 되는 이유는 무엇일까? 우리는 실수로 유비쿼터스 언어가 아니라 아키텍처적 영향을 기준으로 삼았을 수 있다. 어쩌면 플랫폼, 프레임워크, 컴포넌트, 또는 그 밖의 인프라스트럭처가 컴포넌트를 패키징하고 배포하는 데 사용되는 방식이 우리가 바운디드 컨텍스트를 바라보는 방향에 영향을 줘서, 언어적 경계 대신 기술적 경계를 긋도록 했을 수도 있다.

또 다른 함정은 가용한 개발자 리소스로 작업을 분배하기 위해 바운디드 컨텍스트를 나누는 문제다. 기술 리더와 프로젝트 관리자는 개발자가 더 작은 분량의 작업을 관리하는 일이 더 쉬울 것이라고 생각할 수 있다. 그런 경우도 있을 수는 있지만, 작업 분배를 위해 경계를 강화하는 것은 컨텍스트 모델링의 언어적 동기 측면에선 잘못된 선택이다. 사실, 기술적 리소스의 관리를 위해 허위 경계를 부여할 필요가 없다.

아키텍처 컴포넌트나 개발자 리소스를 위한 허위 컨텍스트가 형성되면, 언어가 단편화되고 언어의 풍부함이 부족해진다. 그러므로 도메인 전문가가 이야기하는 언어에 따라 하나의 바운디드 컨텍스트로 자연스럽게 맞아떨어지는 개념을 담고 있는 핵심 도메인에 초점을 맞추자. 이렇게 하면 하나의 응집된 모델과 자연스럽게 연결되는 컴포넌트를 찾아낼 수 있다. 이런 컴포넌트를 바운디드 컨텍스트 안쪽으로 유지하자.

때론 모듈의 사용에 신중을 기함으로써 바운디드 컨텍스트의 미니어처를 만드는 문제를 피할 수 있다. 여러 바운디드 컨텍스트 사이에 걸쳐 있는 서비스 집합을 분석해보면, 모듈을 현명하게 사용해 실제 바운디드 컨텍스트의 총수를 하나로 줄일 수 있다는 사실을 알게 된다. 좀 더 적합한 전술적 접근법을 통해 개발자의 책임을 분할하고 작업 분배를 관리하기 위해 모듈을 사용할 수도 있다.

화이트보드 타임

- 크고 불규칙한 타원 형태로 현재 모델의 바운디드 컨텍스트를 그리자.

아직 명시적 모델이 없더라도, 그 안에 들어갈 언어를 생각하자.

- 타원 내부에는 코드로 구현할 것이 확실한 주요 개념의 이름을 적자. 있어야 하는데 빠진 개념과 빠져야 하는데 들어간 개념을 찾을 수 있는지 살펴보자. 각각의 문제는 어떻게 대처해야 할까?

언어적 방향타를 활용해 DDD를 실행하는 방식의 접근에 주의하자

결론부터 말하자면, 여러분이 언어적 방향타를 따르고 있지 않다는 말은 바운디드 컨텍스트를 만들면서 도메인 전문가와 함께 일하지 않고 있고 그의 말을 경청하지 않고 있다는 의미다. 바운디드 컨텍스트의 크기를 신중히 생각하자. 너무 성급하게 최소화하지 말자.

기술적 컴포넌트로 정렬하기

바운디드 컨텍스트를 포괄하는 기술적 컴포넌트의 맥락에서 바운디드 컨텍스트를 생각해보는 것도 나쁘지 않다. 다만 기술적 컴포넌트가 컨텍스트를 정의해주지 않는다는 점을 기억하자. 이를 구성하고 이용하는 일반적인 방법을 생각해보자.

이클립스Eclipse나 인텔리J IDEAIntelliJ IDEA 등의 IDE를 사용할 때, 하나의 바운디드 컨텍스트는 하나의 프로젝트 안에서 머문다. 비주얼 스튜디오Visual Studio와 .NET을 사용할 때를 생각해보면, 여러분은 사용자 인터페이스와 애플리케이션 서비스와 도메인 모델을 구분된 프로젝트로 나눠서 하나의 솔루션 안에 넣을 수도 있고, 아니면 다른 구분법에 따라 나누는 편을 선호할 수도 있다. 프로젝트의 소스 트리는 도메인 모델 자체로 한정되거나, 둘러싼 계층(4) 또는 헥사고날(4) 영역을 포함할 수도 있다. 여기선 유연하게 대응할 수 있을 여지가 많다. 자바를 사용할 땐 최상위 단계 패키지는 일반적으로 바운디드 컨텍스트의 최상위 모듈 이름을 따라 정의된다. 앞선 예제 중 하나를 사용해, 다음과 같이 적용해보자.

```
com.mycompany.optimalpurchasing
```

이 바운디드 컨텍스트의 소스 트리는 아키텍처적 책임에 따라 더 세분화될 수 있다. 다음과 같이 프로젝트의 두 번째 단계 패키지 이름을 예상해볼 수 있다.

```
com.mycompany.optimalpurchasing.presentation
com.mycompany.optimalpurchasing.application
com.mycompany.optimalpurchasing.domain.model
com.mycompany.optimalpurchasing.infrastructure
```

이런 모듈 구분이 있다 하더라도, 하나의 바운디드 컨텍스트 안에선 하나의 팀만이 작업해야 한다.

단일 바운디드 컨텍스트에는 단일 팀

하나의 바운디드 컨텍스트에 하나의 팀이 일하도록 하는 것은 팀 조직에 유연성을 제한하려는 의도가 아니다. 팀이 필요에 따라 재배치될 수 없다거나, 한 팀의 개인 팀원이 하나 이상의 프로젝트에 쓰일 수 없다는 말도 아니다. 회사는 그 필요에 따라 가장 잘 맞는 방법으로 인력을 활용해야 한다. 이는 단지 하나의 잘 정의되고 응집력 있는 도메인 전문가와 개발자의 팀이 명시적인 바운디드 컨텍스트 안에서 모델링된 하나의 유비쿼터스 언어에 집중하는 편이 가장 최선이라는 의미다. 만약 둘 이상의 구분된 팀을 하나의 바운디드 컨텍스트 안에 배치할 경우, 각 팀은 상이하고 잘못 정의된 유비쿼터스 언어를 만들게 된다.

두 팀이 협업해 공유 커널을 설계할 가능성도 있는데, 여기서의 핵심은 사실 전형적인 바운디드 컨텍스트가 아니다. 이 컨텍스트 매핑 패턴은 이 두 팀 간의 긴밀한 관계를 형성시켜주는데, 이는 모델의 변경이 필요할 때마다 지속적인 상담을 필요로 한다. 이 모델링 접근법은 일반적이지 않으며, 일반적인 상황에선 가능하면 피하자.

자바를 사용하는 경우, 우리는 기술적으로 WAR나 EAR 파일을 포함한 하나 이상의 JAR 파일 안에 바운디드 컨텍스트를 넣게 된다. 모듈화하려는 욕구가 영향을 미쳤을 수 있다. 느슨하게 결합된 도메인 모델의 각 부분을 버전에 따라 독립적으로 활용하기 위해 여러 JAR 파일로 나눠 담을 수도 있다. 이는 큰 모델에서 특히 유용할 것이다. 한 모델을 다수의 JAR 파일로 생성하면 OSGi 번들이나 자바 8 직소^Jigsaw^ 모듈을 사용해 각 요소의 버전을 관리하는 이점이 있다. 즉, 다양한 상위 수준의 모듈과 버전, 종속성 등을 번들/모듈로 관리할 수 있다. 앞선 DDD 기반의 두 번째 수준의 모듈에선 적어도 네 가지 번들/모듈이 있으며, 그 이상일 수도 있다.

.NET 플랫폼과 같은 윈도우 언어에 바운디드 컨텍스트를 사용한다면, DLL 파일이 담긴 별도의 어셈블리를 사용할 수 있다. 위에 언급된 JAR와 비슷한 목적으로 DLL을 사용한다고 생각하라. 이 모델도 비슷한 방법으로 배포를 나눌 수 있다. 모든 공용 언어 런타임^common language runtime^ 모듈화는 어셈블리를 통해 관리된다. 어셈블리의 특정 버전과 종속 어셈블리 버전은 어셈블리 목록에 나와 있다. [MSDN Assemblies]를 살펴보자.

샘플 컨텍스트

이 샘플은 미개발지의 개발 환경을 대표하기 때문에, 여기서 선택한 세 가지 바운디드 컨텍스트는 결국 가장 이상적인 방식으로 각각의 서브도메인과 1:1로 정렬된다. 팀은 시작하는 시점에선 1:1로 정렬하지 못했지만, 덕분에 아주 중요한 교훈을 얻었다. 최종적인 결과는 그림 2.7에 있다.

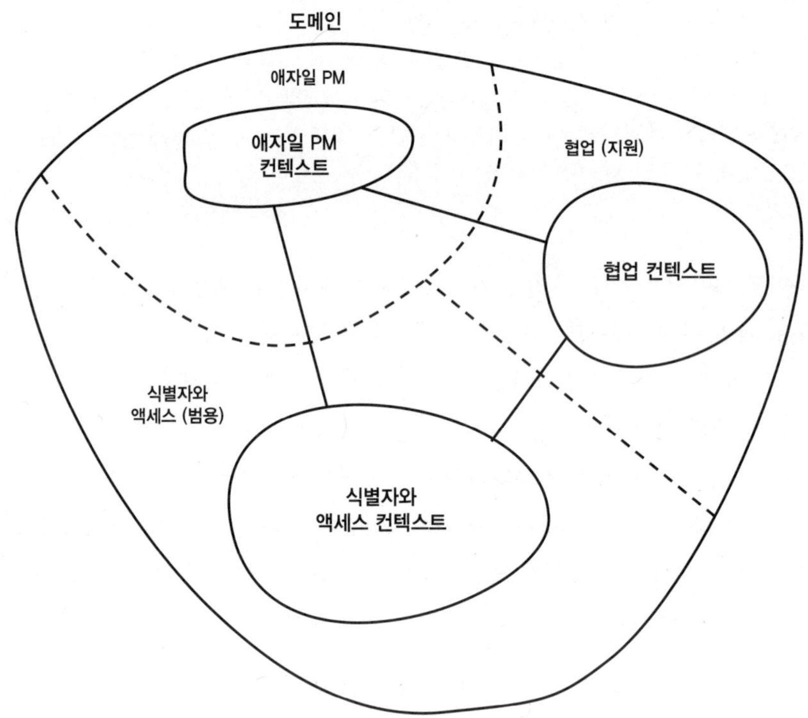

그림 2.7 완전히 서브도메인과 정렬된 바운디드 컨텍스트 샘플의 평가 관점

다음 자료는 어떻게 세 모델이 현실적이고 현대적인 엔터프라이즈 솔루션을 형성하는지 보여준다. 현실 세계의 모든 프로젝트에는 항상 여러 바운디드 컨텍스트가 있다. 오늘날의 엔터프라이즈에선 이들을 통합하는 시나리오가 중요하다. 바운디드 컨텍스트와 서브도메인뿐만 아니라, 우리는 통합(13)과 컨텍스트 매핑도 이해해야 한다.

DDD 구현의 샘플로 제시된 세 바운디드 컨텍스트를 살펴보자.[8] 이 세 가지는 협

8 컨텍스트 맵에는 실제 세 바운디드 컨텍스트의 샘플, 상호 간의 관계, 통합 방식이 좀 더 상세히 나와 있다는 점을 기억하자. 그러나 더 깊은 내용은 핵심 도메인에 집중돼 있다.

업 컨텍스트, 식별자와 액세스 컨텍스트, 애자일 프로젝트 관리[PM] 컨텍스트다.

협업 컨텍스트

비즈니스 협업 도구는 이 급변하는 경제 속에서 시너지를 일으키는 업무 환경을 조성하고 운영하기 위해 가장 중요한 분야 중 하나다. 생산성을 높이고, 지식을 교환하고, 아이디어의 공유를 촉진하고, 잘못된 결과를 초래하지 않도록 창의적인 프로세스를 결합시켜 관리하는 등의 모든 접근 방식은 기업의 성공 방정식에 도움이 된다. 소프트웨어 도구가 넓은 범위의 의사소통을 위한 기능을 제공하든, 일상의 활동과 프로젝트에 관해 좀 더 적은 수의 사람을 대상으로 하든 간에 기업은 이 최고의 온라인 도구로 모여들고 있으며, 사스오베이션은 이 시장에서 그들의 몫을 원한다.

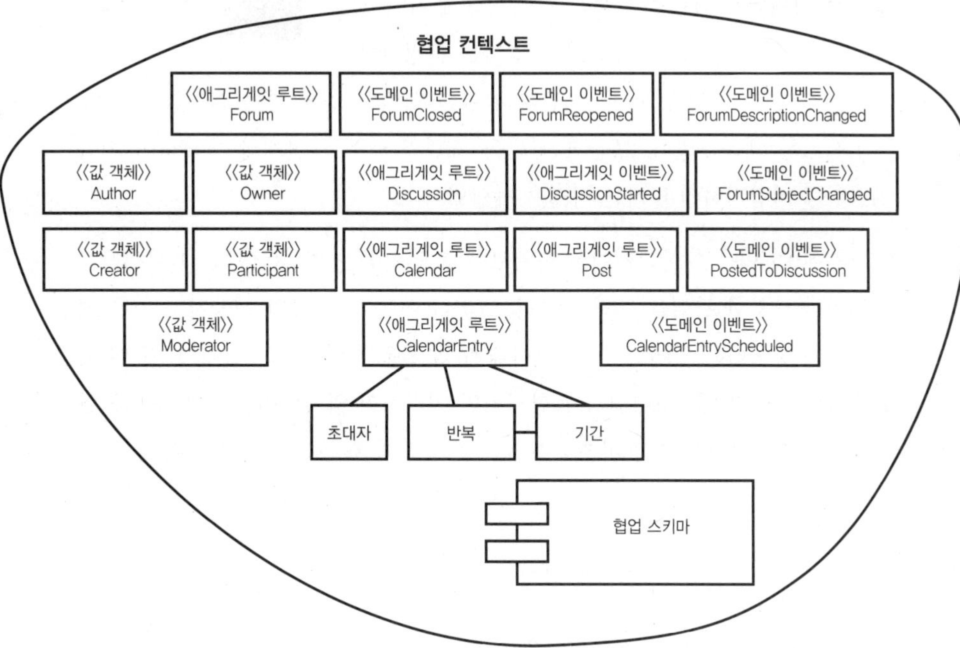

그림 2.8 협업 컨텍스트. 이에 관한 유비쿼터스 언어가 경계 안쪽에 속할 대상을 결정한다. 가독성을 위해 일부 모델 요소는 나타내지 않았다. 사용자 인터페이스와 애플리케이션 서비스 컴포넌트도 마찬가지다.

협업 컨텍스트를 설계하고 구현하는 임무를 맡은 핵심 팀은 다음의 최소한의 제품군을 지원하는 첫 번째 릴리스를 지시받았다. 포럼, 일정 공유, 블로그, 인스턴트 메시지, 위키, 게시판, 문서 관리, 공지와 알림, 활동 추적, RSS 피드 등이 이 최소한의 제품군 범위에 포함됐다. 이 제품군 내의 협업 도구는 이런 광범위한 기능을 지원하면서도 더 적은 수의 팀 환경 역시 지원 가능해야 하는데, 모든 것이 협업의 일부이기 때문에 여전히 같은 바운디드 컨텍스트 내에 있어야 한다. 안타깝게도 이 책에서 전체 협업 제품군을 보여줄 수는 없다. 그러나 해당 도메인 모델의 일부를 그림 2.8에 표현된 포럼과 일정 공유라는 도구를 통해 살펴볼 수 있다. 이제, 이 팀이 경험하게 되는 것은….

제품 개발의 시작부터 전술적 DDD를 사용했지만, 팀은 여전히 DDD의 작은 부분을 배우는 중이었다. 사실 이들은 기술적 보상을 위한 전술적 패턴을 사용하면서 DDD 라이트에 이르는 길을 따랐다. 물론 협업의 유비쿼터스 언어를 확보하려 애쓰긴 했지만, 모델을 아주 멀리까지 확장시킬 수는 없다는 분명한 한계를 이해하지 못했다. 결국, 보안과 권한을 협업 모델에 넣는 실수를 범했다. 프로젝트를 계속하면서, 보안과 권한을 모델의 일부로 설계하는 과정이 처음 생각만큼 바람직하진 않다는 사실을 깨달았다.

초기에 이 팀은 애플리케이션 사일로silo를 건설하는 위험을 완전히 이해하지 못했거나 충분한 관심을 두지 못했다. 그러나 이는 중앙 보안 제공자가 없을 때 당연하게 일어나는 일이다. 이는 하나에 두 모델을 혼합시키는 일이다. 즉 이 팀은 보안 문제를 핵심 도메인과 혼합시키면 이리저리 얽혀버리는 결과가 되돌아온다는 점을 배웠다. 핵심 비즈니스 로직의 중심과 행동적 메소드 안쪽에서, 개발자는 요구사항을 수행할 클라이언트의 권한을 확인하게 된다.

```
public class Forum extends Entity {
    ...
    public Discussion startDiscussion(
            String aUsername, String aSubject) {
        if (this.isClosed()) {
            throw new IllegalStateException("Forum is closed.");
        }

        User user = userRepository.userFor(this.tenantId(),
aUsername);

        if (!user.hasPermissionTo(Permission.Forum.StartDiscussion))
```

```
{
            throw new IllegalStateException(
                    "User may not start forum discussion.");
        }

        String authorUser = user.username();
        String authorName = user.person().name().asFormattedName();
        String authorEmailAddress = user.person().emailAddress();

        Discussion discussion = new Discussion(
                this.tenant(), this.forumId(),
                DomainRegistry.discussionRepository().
nextIdentity(),
                authorUser, authorName, authorEmailAddress,
                aSubject);

        return discussion;
    }
    ...
}
```

방금 내가 열차 사고를 본 건가?

일부 개발자는 user.person().name().asFormattedName()과 같이 다수의 표현을 한 줄에 줄지어 넣는 것을 '열차 사고'라 말한다. 다른 한편에선 이를 코드의 표현성이라고 생각한다. 나는 이 중 어느 한 관점에 관해 말하려는 것이 아니다. 오히려 나는 뒤섞인 모델에 집중하려고 한다. 열차 사고는 완전히 다른 주제다.

이는 정말 나쁜 설계였다. 여기선 개발자가 리파지토리Repository를 통한 쿼리뿐만 아니라, User를 참조할 수 있어서도 안 된다. 심지어 Permission과도 떨어져 있어야 한다. 이런 접근이 가능한 이유는 이들이 협업 모델의 일부로서 잘못 설계됐기 때문이다. 게다가 이 왜곡은 모델링됐어야 하는 Author라는 개념을 간과하게 했다. 연관된 세 가지 특성을 명시적인 값 객체로 모으는 대신, 개발자는 데이터 요소를 각각 처리하는 데 만족한 것처럼 보인다. 협업보다는 보안을 염두에 둔 것 같다.

이는 독립적으로 고립된 상황이 아니었다. 모든 협업 객체는 비슷한 문제가 있었다. 거대한 진흙공을 만드는 위험이 임박함에 따라 팀은 코드가 바뀌어야 한다고 결정했다. 게다가 이 팀은 벌써 권한을 사용하는 접근법에서 보안과 사용자 역할 기반 액세스 관리로 변경하고 싶어졌다. 이제 어떻게 해야 할까?

애자일 개발 방법론의 사용자와 최종 애자일 프로젝트 관리 도구의 빌더로서 이 팀은 적절한 시점에서 리팩토링하는 노력을 투입하기가 두렵지 않았기 때문에 반복적인 리팩토링을 진행했다. 그러나 여전히 궁금증이 남았다. 잘못 배치된 코드로 깊은 수렁에 빠진 좋지 않은 상황으로부터 구해줄 최고의 DDD 패턴은 무엇이었을까?

팀의 일부는 전술적 구성 기반이 되는 [Evans]의 패턴을 자세히 조사하기 위해 추가적으로 시간을 들이면서, 이것이 해답이 될 수 없다는 점을 깨달았다. 이들은 패턴의 안내에 따라 기술적 방식으로 엔터티와 값 객체를 구성했고, 이를 통해 애그리게잇를 생성했다. 리파지토리와 도메인 서비스(7)도 사용했다. 그럼에도 불구하고 중요한 무언가가 부족했고, 이쯤에서 [Evans]의 후반부를 좀 더 주의 깊게 살펴봐야 한다는 결론에 이르렀을 것이다.

마침내 이를 통해, 강력한 힘이 되는 기법을 발견했다. [Evans]의 '제3부: 더 깊은 통찰을 향한 리팩토링'을 자세히 살펴봤고, DDD가 기존의 생각보다 훨씬 다양한 요소를 제공한다는 점이 분명해졌다. [Evans]의 3부에서 나온 기법을 종합해, 이젠 유비쿼터스 언어에 주의를 더욱 기울임으로써 현재의 모델을 개선하는 방안을 알게 됐다. 도메인 전문가와 더 많은 시간을 보내면서 자신의 머릿속 모델과 더욱 가까운 모델을 만들 수 있었다. 그러나 여전히 순수한 협업 도메인 모델을 왜곡하고 있는 보안의 늪을 해결하진 못했다.

[Evans]의 좀 더 뒤쪽으로 가면 '제4부: 전략적 설계 파트'가 있다. 팀원 중 한 명이 핵심 도메인을 구현하는 중요한 지침을 발견했다. 새롭게 처음 도입된 도구 중 하나는 컨텍스트 맵이었는데, 이는 현재 프로젝트의 상태를 잘 이해할 수 있게 해줬다. 간단한 예제였지만, 처음으로 컨텍스트 맵을 그리면서 자신들이 빠진 늪에 관한 토론을 공식화했고, 이 과정을 통해 크게 한 걸음 더 전진할 수 있었다. 이는 문제 해결을 위한 생산적인 분석으로 이어졌고, 결국 팀은 문제를 해결했다.

이제 이들은 점차 더욱 불안정해지는 모델을 안정적으로 만들 수 있는 임시 개선 방안으로서 몇 가지 대안을 갖게 됐다.

1. 이들은 모델을 책임 계층[Evans]으로 리팩토링해, 보안과 권한 기능을 현존하는 모델 아래의 논리적 계층으로 내려서 구분할 수 있다. 그러나 이는 최선의 접근법이 아닌 것처럼 보인다. 책임 계층은 큰 규모의 모델에 사용하거나, 결국 규모가 커지는 상황을 계획하는 데 사용되도록 고안됐다. 각 계층은 핵심 도메인의 일부이기 때문에 각 계층이 신중하게 구분되면서도 모델 안쪽에 남아야 한다. 팀의 또 다른 문제는 핵심 도메인에 속하지 않은 잘못된 개념을 사용한다는 점이었다.
2. 또 다른 대안으로, 분리된 핵심[Evans]에 맞춰 작업할 수도 있다. 이는 협업 컨텍스트 내의 모든 보안 및 권한 문제를 철저히 조사하고, 식별자와 액세스 컴포넌트를 같은 모델 내의 완전한 별도의 패키지로 리팩토링해야 이뤄질 수 있다. 이로써 완전히 구분된 바운디드 컨텍스트를 만드는 궁극의 결과를 달성할 순 없지만, 이 팀을 그에 가깝게 만들어줄 수 있다. 이것은 정확히 우리가 필요로 하던 요소로 보이는데, 해당 패턴 자체에도 이렇게 써 있다. "시스템에 중요하면서 크기가 큰 바운디드 컨텍스트가 있지만 그 모델 중 필수적인 부분이 다양한 지원 기능으로 인해 가려졌다면, 이를 분리된 핵심으로 잘라내야 한다." 여기서의 지원 기능은 바로 보안과 권한이다. 이 팀은 결국 이 노력의 마지막에 이르면 구분된 식별자와 액세스 컨텍스트가 드러나게 되고, 협업 컨텍스트의 범용 서브도메인으로서 지원할 것임을 깨달았다.

구분된 핵심을 만드는 계획은 그리 간단하진 않다. 여기엔 예상하지 못한 몇 주간의 작업이 필요할 수도 있다. 수정 조치와 리팩토링이 빠르게 마무리되진 않더라도, 이는 교정 작업이 부족해 버그가 있는 상황과 변화에 쉽게 반응하기 어려운 약한 코드 베이스를 만회할 기회가 된다. 비즈니스를 대표하는 관리자들은 새로운 비즈니스 서비스로의 성공적인 분리가 언젠가는 새로운 사스 제품으로 이어질 것이라는 판단을 내렸고, 이런 방향이 현명한 선택이 될 것이라고 힘을 실어줬다.

여기서 중요한 점은 이제는 이 팀이 바운디드 컨텍스트와 응집력 있는 핵심 도메인을 유지하기 위해 노력하는 활동의 가치를 이해하게 됐다는 사실이다.

추가적인 전략적 설계를 사용해, 재사용 가능한 모델을 별도의 바운디드 컨텍스트로 분리하고 적절히 통합할 수 있게 됐다.

아마도 미래의 식별자 및 액세스 바운디드 컨텍스트는 내부로 밀어넣었던 보안과 권한의 설계와는 다른 모습일 것이다. 재사용을 위한 설계를 통해 좀 더 일반적인 목적의 모델, 즉 필요에 따라 다양한 애플리케이션에서 활용할 수 있는 모델에 집중하게 된다. 우리의 협업 컨텍스트 팀과는 떨어져 있지만, 이 팀의 일부로서 시작된 이 전담 팀은 다양한 구현 전략을 도입할 수 있다. 이 전략을 통해 내부로 밀어 넣었던 보안과 권한이 뒤얽힌 상황에선 생각할 수 없었던 써드파티 제품과 고객에 특화된 통합을 활용할 수 있게 됐다.

분리된 핵심의 개발을 임시 절차로 포함시켰으니, 그에 따른 결과에까지 관심을 두진 않기로 하자. 간단히만 언급하자면, 이를 통해 모든 보안과 권한 클래스를 분리된 모듈로 옮겼고, 이런 객체를 사용해 핵심 도메인으로 호출을 보내기에 앞서 애플리케이션 서비스 클라이언트가 보안과 권한을 확인하도록 했다. 결국 핵심 도메인에선 오로지 협업 모델 객체 컴포지션과 행동만을 구현하면 되도록 할 수 있었다. 애플리케이션 서비스에선 보안과 객체 변환을 관리하게 됐다.

```
public class ForumApplicationService ... {
    ...
    @Transactional
    public Discussion startDiscussion(
            String aTenantId, String aUsername,
            String aForumId, String aSubject) {
        Tenant tenant = new Tenant(aTenantId);
        ForumId forumId = new ForumId(aForumId);

        Forum forum = this.forum(tenant, forumId);

        if (forum == null) {
            throw new IllegalStateException("Forum does not exist.");
        }

        Author author =
                this.collaboratorService.authorFrom(
                        tenant,
```

```
                        anAuthorId);

        Discussion newDiscussion =
                forum.startDiscussion(
                        this.forumNavigationService(),
                        author,
                        aSubject);

        this.discussionRepository.add(newDiscussion);

        return newDiscussion;
    }
    ...
}
```

Forum의 결과는 다음과 같다.

```
public class Forum extends Entity {
    ...
    public Discussion startDiscussionFor(
        ForumNavigationService aForumNavigationService,
        Author anAuthor,
        String aSubject) {
        if (this.isClosed()) {
            throw new IllegalStateException("Forum is closed.");
        }

        Discussion discussion = new Discussion(
                this.tenant(),
                this.forumId(),
                aForumNavigationService.nextDiscussionId(),
                anAuthor,
                aSubject);

        DomainEventPublisher
            .instance()
            .publish(new DiscussionStarted(
                    discussion.tenant(),
                    discussion.forumId(),
```

```
                discussion.discussionId(),
                discussion.subject()));

        return discussion;
    }
    ...
}
```

이는 User와 Permission의 얽힘을 제거하고 모델을 엄격히 협업에만 집중하도록 해준다. 다시 말하지만 이는 완전한 결과가 아니며, 이후 바운디드 컨텍스트를 분리하고 통합하며 리팩토링할 수 있도록 팀을 준비시켰을 뿐이다. 결국 이 협업 컨텍스트 팀은 모든 보안 및 권한 모듈과 타입을 바운디드 컨텍스트에서 제거하고, 새로운 식별자와 권한 컨텍스트의 도입을 환영하게 될 것이다. 보안을 중앙화하고 재사용 가능토록 하는 이 팀의 궁극적인 목표는 이제 실현 가능해졌다.

분명히 이 팀은 다른 방향으로 시작했을 수도 있었다. 다수의 분리된 바운디드 컨텍스트를 만들어 최소화해서, 결국엔 10여 개가 넘는 컨텍스트를(각 협업 기능마다 하나씩(예를 들면 포럼과 일정을 각각 분리된 모델로)) 만들 가능성도 있었다. 무엇이 이 팀을 이런 방향으로 이끌 수 있었을까? 대부분의 협업 기능이 다른 요소와 짝지어지지 않았기 때문에, 각각을 자율적 컴포넌트로 배포할 수도 있었다. 각 기능을 분리된 바운디드 컨텍스트에 배치함으로써, 이 팀은 10개쯤 되는 자연스러운 배포 단위를 만들 수 있었다. 맞는 말이긴 하지만, 이런 배포 목적을 위해선 굳이 10개의 다른 도메인 모델을 생성할 필요가 없고, 이는 아마도 유비쿼터스 언어의 모델링 원칙에 어긋나는 작용만 했을 것이다.

그 대신, 이 팀은 모델을 하나로 유지하면서 각 협업 기능을 별도의 JAR 파일로 만들기로 결정했다. 직소 모듈화를 이용해 버전 기반의 배포 단위를 만들었다. 협업을 자연스럽게 구분해주는 JAR 파일 외에도 Tenant, Moderator, Author, Participant 등과 같은 공유된 모델 객체도 필요했다. 이런 경로를 따라가면서 통합된 유비쿼터스 언어의 개발을 지원했고, 다른 한편으론 아키텍처와 애플리케이션 관리의 장점을 찾고자 하는 배포의 목표를 이뤘다.

이에 대한 이해를 통해 우리는 어떻게 식별자와 액세스 컨텍스트가 만들어졌는지 살펴볼 수 있다.

식별자와 액세스 컨텍스트

오늘날 대부분의 엔터프라이즈 애플리케이션은 어떤 형태로든 보안과 권한 컴포넌트를 포함하고 있기 때문에 시스템을 사용하고자 하는 사람이 진짜 사용자인지, 하려는 일이 허가를 받았는지 확인해야 한다. 우리가 분석한 대로, 애플리케이션 보안에 느슨하게 접근하면 사용자와 권한이 각각의 개별적 시스템에 만들어지고, 이는 모든 애플리케이션에 사일로 효과를 일으킨다.

카우보이 논리

LB: "네 농장과 사일로에는 자물쇠가 없는데 옥수수 훔쳐가는 사람 없어?"

AJ: "내가 키우는 개인 텀블위드[9]가 액세스 관리를 하지. 이게 나만의 사일로 효과야."

LB: "너 지금 이 책을 제대로 이해하지 못하고 있는 것 같아."

비록 여러 사람이 동시에 사용한다고 하더라도 한 시스템의 사용자가 다른 시스템의 사용자와 쉽게 연결되진 않는다. 모든 비즈니스 환경에서 사일로가 튀어나오는 상황을 막기 위해, 아키텍트는 보안과 권한을 중앙집중화해야 한다. 여기서 선택하는 경로는 정교함의 수준과 가용 시간과 소유권의 총비용에 따라 달라진다.

콜랍오베이션의 식별자와 액세스의 얽힘을 수정하는 일은 다단계로 이뤄진 프로세스를 거쳐야 한다. 첫 번째로 이 팀은 분리된 핵심[Evans]을 사용해 리팩토링해야 한다. 협업 컨텍스트 부분을 살펴보자. 이 과정은 콜랍오베이션이 보안과 권한의 문제에서 확실히 벗어날 수 있도록 하기 위해 필요하다. 그러나 식별자와 액세스 관리는 결과적으로 그 자체의 컨텍스트 경계가 있어야 한다는 점을 알아냈다. 이를 위해선 심지어 더 많은 노력이 필요하다.

---

9 회전초. 둥글게 떨어지는 잡초라는 의미로 지은 개 이름 – 옮긴이

이는 식별자와 액세스 컨텍스트라는 새로운 바운디드 컨텍스트를 만들고, 표준 DDD 통합 기법을 통해 다른 바운디드 컨텍스트에 의해 사용될 것이다. 사용하는 컨텍스트의 입장에서 식별자와 액세스 컨텍스트는 범용 서브도메인이다. 이 제품은 ID오베이션이라고 불릴 것이다.

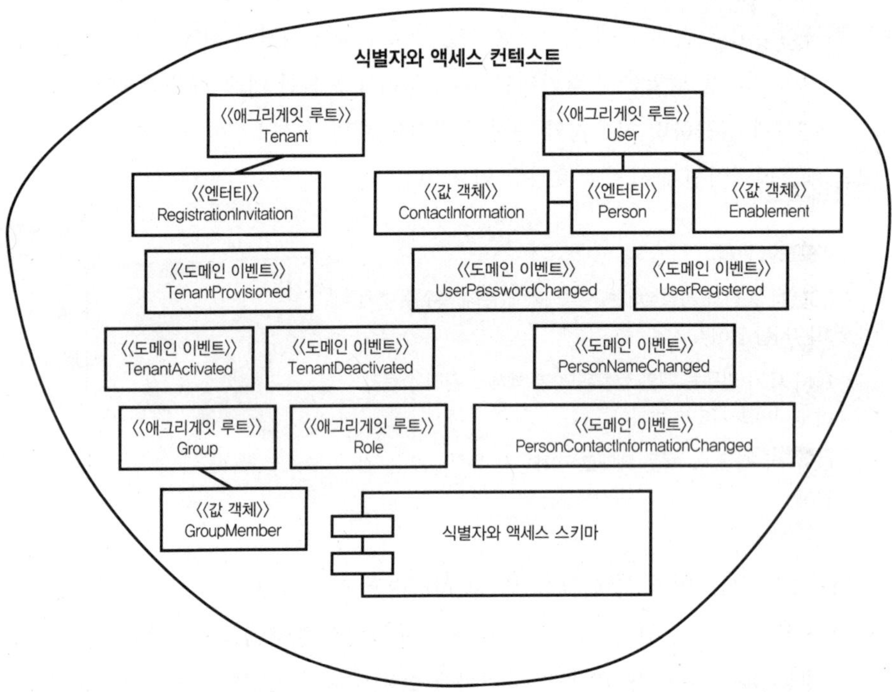

그림 2.9 식별자와 액세스 컨텍스트. 경계 안의 모든 요소는 유비쿼터스 언어의 컨텍스트 안에 있다. 이 바운디드 컨텍스트에는 다른 컴포넌트도 있으며, 이 중 일부는 모델 안에 있고 일부는 다른 계층에 있다. 하지만 가독성을 위해 이를 모두 나타내진 않았다. UI와 애프리케이션 서비스 컴포넌트도 마찬가지다.

그림 2.9에서 보듯이 식별자와 액세스 컨텍스트는 다양한 구독자를 지원한다. 사스 제품을 개발할 땐 항상 이를 함께 가져갈 것이다. 테넌트tenant와 해당 테넌트가 소유한 모든 객체 자산은 완벽하게 유일한 식별자를 갖고 있으며, 이를 통해 논리적으로 각 테넌트를 다른 테넌트로부터 분리시킨다. 이 시스템의 사용자는 초대에 의해서만 셀프서비스로 등록할 수 있다. 보안된 액세스는 권한 부여 서비스의 도구로 관리되며, 비밀번호는 항상 높은 수준으로 암호화된다. 사용자의 그룹과 내포된 그룹은 전체 조직부터 가장 작은 팀까지 고 난이도의 식별자 관리를 가능하게 한다. 시스템 리소스의 액세스는 단순하고 우아하며 강력한 역할 기반의 권한 부여에 의해 관리된다.

더 나아간 단계에선 모델 행동이 관찰자가 관심을 갖고 있는 상태의 변화를 일으킬 때, 전체 모델에 걸쳐 도메인 이벤트가 게시된다. 이런 이벤트는 일반적으로 TenantProvisioned(테넌트 등록), UserPasswordChanged(사용자 암호 변경), PersonNameChanged(이름 변경)처럼 과거형 동사와 명사가 결합한 형태로 모델링된다.

3장, '컨텍스트 맵'에선 다른 두 예제 컨텍스트가 DDD 통합 패턴을 활용해 식별자와 액세스 컨텍스트를 사용하는 방법에 대해 살펴본다.

애자일 프로젝트 관리 컨텍스트

애자일 개발의 경량 메소드는 2001년 애자일 선언문Agile Manifesto의 탄생에 힘입어 특히 빠르게 인기를 얻었다. 사스오베이션은 애자일 프로젝트 관리 애플리케이션을 개발하기 위해 사명 선언문의 두 번째 우선 항목이자 전략적 이니셔티브를 포함시켰다. 어떻게 진행되었는지 다음을 살펴보자.

3분기에 걸친 성공적인 콜랍오베이션 구독자 판매, 고객 피드백에 근거한 점진적 개선사항을 포함한 계획된 업그레이드, 그리고 기대보다 높은 매출에 따라, 프로젝트오베이션이란 기업의 새로운 계획이 시작됐다. 이는 새로운 핵심 도메인이며, 콜랍오베이션 최고의 개발자들이 사스 멀티테넌시multitenancy와 새로운 DDD 경험을 활용할 수 있도록 참여하게 됐다.

이 도구는 애자일 프로젝트의 관리에 초점을 맞추는데, 반복적iterative이고 점진적incremental인 프로젝트 관리 프레임워크로 스크럼scrum을 사용하기로 했다. 프로젝트오베이션은 전통적인 스크럼 프로젝트 관리 모델을 따르는데, 제품과 제품 소유자, 팀과 백로그backlog 항목, 계획된 릴리스와 스프린트sprint로 이뤄진다. 백로그 항목의 예측은 비용-이익 분석을 사용한 비즈니스 가치 계산기로 제공된다.

이 비즈니스 계획은 두 가지 비전으로 시작됐다. 콜랍오베이션과 프로젝트오베이션이 완전히 다른 길을 가지는 않을 것이다. 사스오베이션과 이사회는 협업 도구와 애자일한 소프트웨어 개발을 합치는 혁신을 그렸다. 따라서 콜랍오베이션 기능은 프로젝트오베이션의 선택 가능한 애드온add-on으로서 제공된다. 애드온을 제공하기 때문에, 콜랍오베이션은 프로젝트오베이션의 지원 서브도메인이다. 제품 소유자와 팀원은 제품 토론, 릴리스, 스프린트 기획, 백로그 항목 토론 등에서 상호 교류하며, 일정을 공유하는 등의 기능을 이용한다. 미래에 기업 리소스 계획을 포함시킬 계획은 있지만, 초기 애자일 제품 목표가 앞서 달성돼야 한다.

초기 시점에서 기술 관계자는 리비전 제어 시스템의 소스 브랜치를 이용해, 콜랍오베이션 모델의 확장으로 프로젝트오베이션의 기능을 개발하려 했다. 비록 문제점 공간의 서브도메인과 해결책 공간의 바운디드 컨텍스트에 충분한 주의를 기울이지 않는 사람에겐 당연한 일이었겠지만, 이렇게 했다면 사실 큰 실수가 될 뻔했다.

다행히도, 이 기술 직원은 협업 컨텍스트에서 혼란이 일어났던 초기 문제점으로부터 교훈을 얻었다. 이 경험으로부터 얻은 교훈은 애자일 프로젝트 관리 모델을 협업 모델과 합치는 길을 걷기 시작하는 자체가 큰 실수가 되리라는 점이다. 이제 이 팀은 DDD의 전략적 설계에 크게 의지해 사고하기 시작했다.

그림 2.10을 보면 전략적 설계 사고방식을 받아들임에 따라서 프로젝트오베이션 팀이 이젠 제품 소유자와 팀원을 고객으로 생각하게 됐음을 나타내며, 이는 올바른 시각이다. 결국 이는 스크럼 실무자로서 수행해야 하는 프로젝트 구성원의 역할이다. 사용자와 역할은 별도의 식별자와 액세스 컨텍스트 안에서 관리된다. 셀프서비스는 바운디드 컨텍스트를 사용해 구독자로 하여금 스스로의 개인 식별자를 관리할 수 있도록 해준다. 관리자 제어는 제품 소유자와 같은 간부가 제품 팀의 구성원을 지정할 수 있게 해준다. 역할을 올바르게 관리함으로써 애자일 프로젝트 관리 컨텍스트 안에 제품 소유자와 팀원이 제대로 생성된다. 애자일 프로젝트 관리의 유비쿼터스 언어를 신중하게 도메인 모델로 만들어내는 데 집중한다면 프로젝트 설계의 나머지 부분도 잘 해결될 것이다.

프로젝트오베이션에게 필요한 요구사항 중 하나는 자율적autonomous 애플리케이션 서비스의 집합으로 동작해야 한다는 점이다. 이 팀은 프로젝트오베이션과 다른 바운디드 컨텍스트 사이의 종속성을 합리적인 수준 내지는 적어도 실용적일 수 있는 수준으로 제한하길 원한다. 일반적으로 프로젝트오베이션은 스스로

운영될 수 있으며, ID오베이션이나 콜랍오베이션이 여러 이유로 오프라인이 되더라도 프로젝트오베이션은 여전히 자율적으로 기능해야 한다. 물론 이런 상황에선 일정 기간 동안(그리고 아주 짧은 기간이어야겠지만) 동기화가 안 될 수 있지만, 시스템 자체는 계속해서 기능해야 한다.

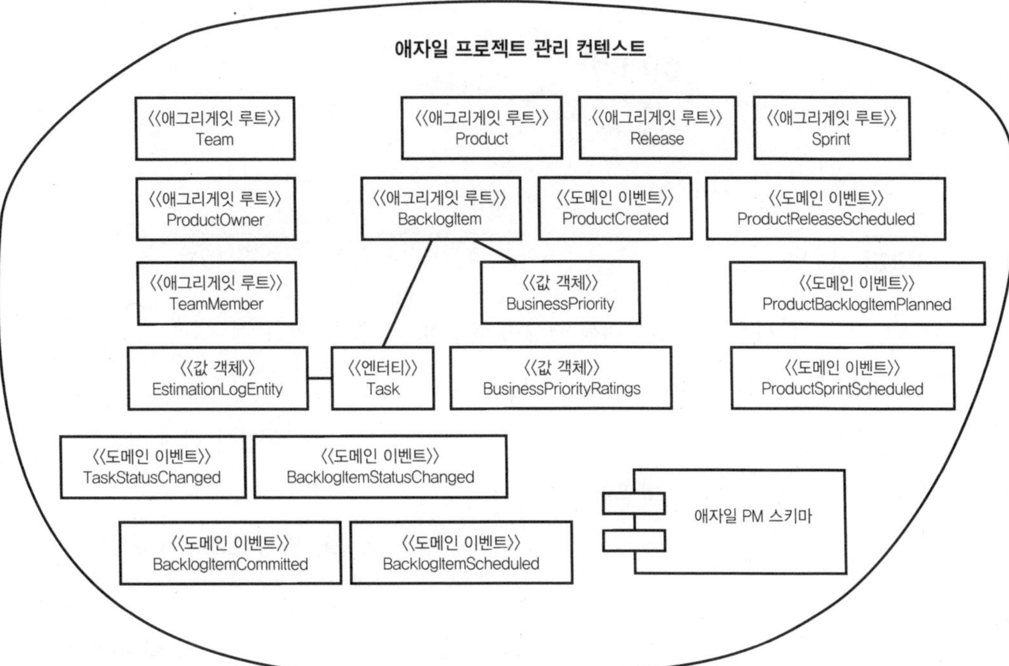

그림 2.10 애자일 프로젝트 관리 컨텍스트. 이 바운디드 컨텍스트의 유비쿼터스 언어는 스크럼 기반의 애자일 제품, 이터레이션, 릴리스와 관계가 있다. 가독성을 위해 UI와 애플리케이션을 포함한 일부 컴포넌트는 나타내지 않았다.

컨텍스트는 각 팀에게 아주 구체적인 의미를 부여한다

스크럼 기반의 Product는 소프트웨어가 만들어지고 있음을 나타내는 여러 BacklogItem 인스턴스를 갖게 된다. 이는 구입할 것을 쇼핑 카트에 담는 전자상거래 시스템상의 제품과는 아주 다르다. 어떻게 알 수 있냐고? 바로 컨텍스트를 통해서다. 우리는 이것이 애자일 PM 컨텍스트 안에 있기 때문에 Product가 무슨 의미를 갖고 있는지 이해할 수 있다. 온라인 스토어 컨텍스트의 Product는 전혀 다른 의미를 갖는다. 이런 차이점을 전달하기 위해 제품을 대표할 이름을 굳이 ScrumProduct로 지을 필요는 없다는 말이다.

제품의 핵심 도메인, 백로그 항목, 작업, 스프린트, 릴리스는 사스오베이션이 쌓아온 경험을 바탕으로 훨씬 좋게 출발했다. 이제 우리는 이들이 애그리게잇(10)을 신중히 모델링하며 겪은 가파른 학습 곡선의 결과로서 얻은 큰 교훈이 무엇인지 배워가야 한다.

마무리

DDD 전략적 설계의 중요성에 대해 굉장히 열정적으로 토론했다!

- 도메인, 서브도메인과 바운디드 컨텍스트를 들여다봤다.
- 문제점 공간과 해결책 공간 평가를 사용해 엔터프라이즈 환경의 현재 상황을 전략적으로 평가하는 방법을 찾아냈다.
- 바운디드 컨텍스트를 사용해 언어적 측면에서 모델을 명시적으로 구분하는 방법을 제대로 살펴봤다.
- 바운디드 컨텍스트에는 무엇이 포함되는지, 어떻게 올바른 크기로 만들지, 배포에 맞춰 구축하는 방법은 무엇인지 배웠다.
- 사스오베이션 팀이 협업 컨텍스트의 설계 초기에 겪었던 고통을 느끼고, 어떻게 나쁜 상황을 헤쳐나가는지 보았다.
- 현재 핵심 도메인인 애자일 프로젝트 관리 컨텍스트가 어떻게 구성되는지 확인했고, 이는 설계와 구현 예제에서 초점을 맞춘 부분이었다.

약속한 대로 3장에선 컨텍스트 매핑에 관해 깊이 살펴본다. 이는 설계에서 사용하는 필수적인 전략적 모델링 도구다. 아마 여러분은 2장에서 이미 컨텍스트 매핑을 조금 해봤다는 사실을 알아차렸을 것이다. 다른 도메인을 평가하며 당연히 지나쳐야 했던 부분이며, 이제부터는 훨씬 더 세부적인 내용을 알아보기 위해 들어가 보자.

3장

컨텍스트 맵

어떤 길을 가기로 했든 항상 여러분이 잘못됐다고 말하는 사람이 있다.
언제나 여러분을 비판하는 이들의 말이 옳다고 믿고 싶은 유혹에 빠질 수 있다.
어떤 행동을 할지 그 방향을 결정하고 이를 끝까지 따르는 데는 용기가 필요하다.
– 랄프 왈도 에멀슨

한 프로젝트의 컨텍스트 맵은 두 가지 방법으로 표현할 수 있다. 둘 중 더 쉬운 방법은 둘 이상의 기존 바운디드 컨텍스트(2)들 사이의 매핑을 보여주는 단순한 다이어그램을 그리는 방법이다. 그러나 이 방법에선 이미 존재하는 바운디드 컨텍스트를 단순한 다이어그램으로 다시 그리고 있을 뿐임을 기억해야 한다. 이 그림은 해결책 공간의 실제 소프트웨어 바운디드 컨텍스트가 통합을 통해 서로 어떻게 연결되는지 나타낼 뿐이다. 즉 통합[integrations]의 소스 코드 구현을 사용하면 좀 더 상세하게 컨텍스트 맵을 나타낼 수 있다는 말이다. 우리는 3장에서 두 방법 모두를 살펴보지만, 구현 세부사항의 대부분은 바운디드 컨텍스트 통합하기(13)에서 다시 살펴본다.

높은 수준에서 볼 때 2장에선 문제점 공간 평가에 관해 상당한 부분을 할애했다면, 3장에선 해결책 공간 평가에 초점을 맞추고 있다는 점을 유의하자.

3장의 로드맵

- 프로젝트의 성공을 위해 컨텍스트 맵이 필수적인 이유를 배우자.
- 의미 있는 컨텍스트 맵을 그리는 일이 얼마나 쉬운지 확인하자.
- 일반적인 조직과 시스템의 관계를 살펴보고 어떻게 프로젝트에 영향을 주는지 고려하자.
- 사스오베이션이 프로젝트를 제어하기 위해 맵을 만드는 과정을 통해 배우자.

컨텍스트 맵이 필수적인 이유

DDD를 위한 노력을 처음 시작할 때 현재 프로젝트 상황의 시각적 컨텍스트 맵을 먼저 그리자. 현재 당신의 프로젝트와 관련된 바운디드 컨텍스트와, 그 사이의 통합 관계를 컨텍스트 맵으로 그리자. 그림 3.1은 추상적인 컨텍스트 맵을 보여준다. 좀 더 상세한 내용은 차차 채워나갈 것이다.

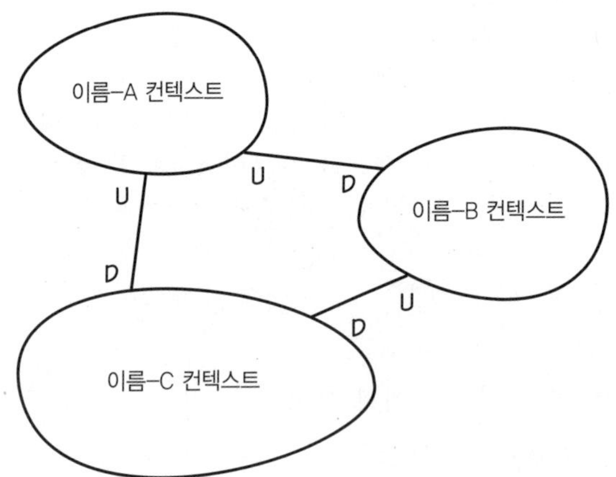

그림 3.1 추상적 도메인의 컨텍스트 맵. 바운디드 컨텍스트와 그들 사이의 관계를 그렸다. U는 업스트림(Upstream, 상위 위치), D는 다운스트림(Downstream, 하위 위치)을 뜻한다.

이 단순한 그림이 여러분이 속한 팀의 맵이다. 다른 프로젝트 팀에서 이를 참고할 수는 있지만, 그들이 DDD를 구현해야 한다면 그들만의 고유한 맵을 그려야 한다. 여러분의 맵은 여러분의 팀이 성공하기 위해 필요한 해결책 공간의 관점을 제공하기 위한 목적에 초점을 두고 그려졌다. 다른 팀은 DDD를 사용하지 않을 수도 있고, 당신의 관점에 관심이 없을 수 있다.

이런 안 돼! 새로운 용어다!

우리는 큰 진흙공, 고객-공급자, 그리고 순응주의자(Conformist)와 같은 용어를 소개한다. 조금만 참고 견디자. 이런 용어를 비롯해, 다른 DDD 팀과 여기 언급된 통합 관계는 3장 후반부에 상세히 논의한다.

예를 들면, 큰 엔터프라이즈의 바운디드 컨텍스트를 통합하고 있다면 큰 진흙공과 인터페이스해야 할 수도 있다. 이 진흙 투성이의 돌덩이를 유지 관리하는 팀은 여러분의 프로젝트가 자신의 API에 따르기만 한다면 어떤 방향을 택하든지 관심이 없을 수 있다. 그렇기 때문에 여러분의 맵이나 여러분이 그들의 API로 무슨 일을 하는지에 관해 어떠한 통찰도 얻지 못한다. 그렇지만 여전히 여러분의 맵은 그들과 여러분이 맺고 있는 관계의 유형을 반영해야 하는데, 그 이유는 이를 통해 여러분의 팀에 필요한 통찰을 얻고 여러분 팀 내부의 의사소통에 필수적인 영역을 알 수 있기 때문이다. 이런 이해를 통해 여러분의 팀이 성공하는 데 큰 도움을 받을 수 있다.

의사소통 시설

컨텍스트 맵은 여러분이 상호 교류해야 하는 시스템의 목록을 제공할 뿐만 아니라, 팀 내부의 의사소통에서도 촉매 역할을 한다.

여러분의 팀은 그 진흙투성이 돌덩이를 유지하고 있는 팀이 여러분이 의존하고 있는 API의 새로운 버전을 제공하리라고 가정하고 있지만, 그 팀은 줄 생각이 없거나 심지어 여러분이 무슨 생각을 하는지도 모른다면 어떤 일이 일어날지 상상해보자. 여러분의 팀은 진흙으로 범벅이 된 고객-공급자 관계에 의지하고 있는 것이다. 그러나 그들은 지금 갖고 있는 것만 제공함으로써, 그 레거시 팀은 여러분의 팀을 미처 생각지 못했던 순응주의자의 관계로 몰아가게 된다. 프로젝트에서 얼마나 늦게 이 나쁜 소식을 들었는지에 따라, 보이진 않지만 실제로 존재하는 이 관계가 여러분의 프로젝트를 지연시키거나 실패하게 만들 수 있다. 초기에 컨텍스트 맵을 그리면 여러분이 의지하는 모든 다른 프로젝트들과의 관계를 신중히 생각해보도록 강요받게 된다.

> 프로젝트에서 움직이고 있는 각 모델을 식별해서, 바운디드 컨텍스트를 정의하자. 각 바운디드 컨텍스트의 이름을 짓고, 이 이름을 유비쿼터스 언어의 일부로 만들자. 모델이 서로 만나는 지점을 나타내고, 어떤 의사소통이든 명시적으로 변환 관계를 정리하고, 공유가 필요하다면 이를 강조해두자. [Evans, 345쪽]

콜랍오베이션 팀은 개발된 적이 없는 모델의 개발을 처음 시작했을 때 컨텍스트 맵을 사용했어야 했다. 비록 거의 빈 손으로 시작했더라도 프로젝트에 관한 가정을 맵의 형태로 나타냈다면, 구분된 바운디드 컨텍스트를 생각해보게 됐을 것이다. 의미 있는 모델링 컴포넌트를 화이트보드에 나열하고, 관련된 언어적 용어의 그룹을 모을 수 있었을 것이다. 이는 강제로 언어적 경계를 인식해야만 하도록 하고, 그에 따라 간결한 컨텍스트 맵을 만들게 했을 것이다. 그러나 이들은 전략적 모델링조차 이해하지 못했다. 우선 전략적 모델링에 대한 깨달음이 필요했다. 뒤늦게서야 프로젝트를 살려줄 바로 이 도구를 찾는 중대한 발견을 할 수 있었고, 최종적인 이익을 위해 이를 적용했다. 이는 이후에 핵심 도메인 프로젝트가 진행됐을 때도 상당히 도움이 됐다.

어떻게 유용한 컨텍스트 맵을 빠르게 만들 수 있는지 살펴보자.

컨텍스트 맵 그리기

컨텍스트 맵은 기존의 지형을 포착한다. 우선은 현재를 매핑해야 한다. 상상의 미래를 그려선 안 된다. 만약 현재 프로젝트가 진행함에 따라 지형이 변한다면, 그 시점에서 맵을 업데이트하면 된다. 먼저 여러분이 어디에 있는지 이해할 수 있도록 현재 상황에 집중하고, 그 이후에 어디로 향할지 정하자.

시각적인 컨텍스트 맵을 만드는 일은 복잡할 필요가 없다. 첫 번째 옵션은 항상 그렇듯 화이트보드와 지우개가 활약할 수 있는 곳에 다이어그램을 그리는 방법이다. [Brandolini]에서 나타난 대로, 이곳에서 쓰이는 스타일은 쉽게 적응할 수 있다. 만약 그림을 캡처해주는 도구를 사용하기로 결정했다면, 비공식적으로만 사용하자.

다시 그림 3.1로 가보자. 바운디드 컨텍스트의 이름은 단순히 위치를 표시할 뿐이며, 통합 관계도 마찬가지다. 이들 모두는 구체화된 맵 안에서 실제로 쓰이는 이름이 될 수도 있다. 업스트림과 다운스트림이 나타나 있는데, 그 의미는 3장 후반부에서 설명한다.

화이트보드 타임

경계의 위치, 경계와 팀 사이의 관계, 포함돼 있는 통합의 유형, 이들 사이에 필요한 변환이 무엇인지 높은 수준에서 이야기하며 현재 프로젝트의 상태를 간단한 다이어그램으로 그려보자.

> 이 그림의 내용을 소프트웨어가 구현한다는 점을 기억하자. 무엇을 그려야 할지 정보가 더 필요하다면, 여러분의 바운디드 컨텍스트가 함께 통합될 시스템도 고려해보자.

때론 주어진 컨텍스트 맵의 한 부분을 확대해 상세한 내용을 추가하고 싶을 때가 있다. 이는 단순히 동일한 컨텍스트(하나 이상의)를 바라보는 또 다른 관점일 뿐이다. 경계, 관계, 변환 외에 모듈(9), 중요한 애그리게잇(10), 팀이 배치된 방법, 컨텍스트와 관련된 기타 정보까지도 추가하고 싶어질 수 있다. 이 기법은 3장의 후반에서 설명할 것이다.

모든 그림과 글은 팀에 가치를 더할 수 있다면 하나의 참고 문서로 묶을 수 있다. 이런 노력을 바탕으로 절차적인 부분을 줄이고 단순함을 유지하며 애자일하게 움직일 수 있다. 절차적 부분이 더 많이 추가될수록 더 적은 사람이 맵을 사용하려 할 것이다. 다이어그램에 너무 많은 세부 내용을 추가하는 일은 팀에겐 전혀 실질적 도움을 주지 못한다. 열린 대화가 열쇠다. 대화를 통해 전략적 통찰이 드러나는 순간, 이를 컨텍스트 맵에 추가하라.

> **아니, 그것은 엔터프라이즈스럽지 않다**
>
> 컨텍스트 맵은 엔터프라이즈 아키텍처나 시스템 위상(to(pology) 다이어그램이 아니다.

컨텍스트 맵은 엔터프라이즈 아키텍처나 시스템 위상 다이어그램이 아니다. 정보는 상호작용 모델과 DDD 조직 패턴을 기준으로 전달된다. 그렇지만 컨텍스트 맵은 다른 방식으론 나타낼 수 없는 엔터프라이즈 관점을 제공하기 때문에 높은 수준의 아키텍처 조사에 쓰일 수 있다. 이는 통합의 병목과 같은 아키텍처적 결핍을 강조할 수 있다. 컨텍스트 맵은 조직 역학organizational dynamic을 보여주기 때문에, 진행에 걸림돌이 되는 끈적거리는 거버넌스 이슈나 다른 방법으론 밝혀내기 어려운 팀과 관리자의 여러 문제를 밝히는 데 도움이 될 수도 있다.

카우보이 논리

AJ: "아내가 내게, '나 저 풀밭에 소들과 같이 나가 있었는데 못 알아봤어요?'라고 묻길래 내가 '응.'이라고 대답했더니, 일주일 동안 나에게 말을 안 하더군."

다이어그램은 팀 공간의 벽에 눈에 띄도록 붙여둘 만하다. 팀이 위키를 자주 사용한다면 그곳에 다이어그램을 게시하는 방법도 있다. 위키를 거의 사용하지 않는다면 굳이 그럴 필요는 없다. 위키는 정보가 죽으러 가는 곳이라는 말도 있다. 어디에 게시되든 팀이 정기적으로 의미 있는 토론을 통해 관심을 환기하지 않는 이상, 컨텍스트 맵은 눈에 너무 잘 띄어서 의식하지 못할 정도가 될 것이다.

프로젝트와 조직 관계

간단히 반복하자면, 사스오베이션은 세 가지 제품을 개발하고 수정하는 과정에 있다.

1. 소셜 협업 제품군인 콜랍오베이션은 등록된 사용자가 포럼, 공유 일정, 블로그, 위키 등과 같은 인기 있는 웹 기반 도구를 사용해 비즈니스 가치가 있는 콘텐츠를 게시할 수 있도록 해준다. 이는 사스오베이션의 주력 제품이며, 회사의 첫 번째 핵심 도메인(2)(당시에는 이 DDD 용어를 몰랐지만)이었다. 이 컨텍스트로부터 ID오베이션(2번 제품)의 모델을 뽑아낼 수 있었다. 콜랍오베이션은 이제 ID오베이션을 범용 서브도메인(2)으로 사용한다. 콜랍오베이션은 자신도 지원 서브도메인(2)으로 사용되며, 프로젝트오베이션(3번 제품)의 선택적 애드온이 될 것이다.

2. 재사용 가능한 식별자와 액세스 관리 모델인 ID오베이션은 등록된 사용자를 위한 안전한 역할 기반 액세스 관리를 제공한다. 이 기능은 초기엔 콜랍오베이션(1번 제품)과 합쳐져 있었지만, 구현이 제한적이고 재사용이 가능하지 않았다. 사스오베이션은 콜랍오베이션을 리팩토링했고 새롭고 깔끔한 바운디드 컨텍스트를 도입했다. 주요 제품 특징은 여러 테넌트를 지원한다는 점인데, 이는 사스 애플리케이션에 있어서 필수적인 부분이다. ID오베이션은 자신을 사용하는 모델에게 범용 서브도메인의 역할을 제공한다.

3. 애자일 프로젝트 관리 제품인 프로젝트오베이션은 이 시점에 맞는 새로운 핵심 도메인이다. 이 사스 제품의 사용자는 프로젝트 관리 자산을 생성할 수 있을

뿐 아니라 분석과 설계design에 따른 산출물도 만들어주며, 스크럼 기반의 실행 프레임워크를 사용해 진행 상황 추적이 가능하다. 콜랍오베이션과 함께, 프로젝트오베이션은 ID오베이션을 범용 서브도메인으로 사용한다. 혁신적인 기능 중 하나인 팀 협업(1번 제품)을 애자일 프로젝트 관리에 추가해, 스크럼 제품과 릴리스, 스프린트, 각각의 백로그 항목에 관해 논의할 수 있도록 해준다.

드디어, 정의를 내린다!

앞에 언급된 조직과 통합의 패턴은 다음과 같이 정의된다.

바운디드 컨텍스트와 개별적 프로젝트 팀 사이의 관계는 무엇인가? 몇몇의 DDD 조직과 통합 패턴이 있으며, 하나의 패턴은 일반적으로 어떤 두 바운디드 컨텍스트를 뽑든 항상 그 사이에 존재하기 마련이다. 다음의 정의 대부분은 [Evans, Ref]에서 발췌했다.

- 파트너십partnership: 두 가지 컨텍스트 안의 팀이 성공이나 실패를 함께한다면 협업 관계가 나타나야 한다. 이 팀들은 개발과 통합의 공동 관리를 위한 잘 조정된 기획 과정을 도입한다. 팀들은 양측 시스템 모두의 개발 요구를 수용할 수 있는 인터페이스를 만들어 나가기 위해 반드시 협력해야 한다. 상호의존적인 기능은 반드시 일정을 세워 같은 릴리스에서 완성할 수 있도록 해야 한다.
- 공유 커널shared kernel: 모델에서 공유된 부분과 이에 관련된 코드는 아주 가까운 상호의존성을 형성하는데, 이는 설계 작업을 도울 수도 있고 약화시킬 수도 있다. 도메인 모델에서 팀이 공유하기로 동의한 부분집합 일부를 명시적 경계로 지정하자. 커널은 작게 유지하자. 이 명시적 공유는 특별한 상태에 놓이며, 다른 팀과의 상의 없이 변경해선 안 된다. 커널 모델을 단단하게 유지하고 팀의 유비쿼터스 언어(1)를 정돈해주는 지속적 통합 프로세스를 정의하라.
- 고객-공급자 개발Customer-Supplier Development: 두 팀이 업스트림과 다운스트림의 관계에 있고 업스트림 팀의 성공이 다운스트림 팀의 운명과 상호의존적이라면, 광범위한 결과를 초래할 다양한 방법으로 다운스트림 팀의 요구를 수용해야 한다. 업스트림 계획이 다운스트림 우선순위에 영향을 미친다. 협상과 작업 예산 편성을 다운스트림의 요구사항에 맞춰 진행해서, 모든 사람에게 약속과 일정을 이해시키자.

- 순응주의자Conformist: 업스트림 팀이 다운스트림 팀의 요구사항을 제공해줄 동기가 전혀 없는 업스트림/다운스트림 관계에서, 다운스트림 팀은 속수무책의 상황에 빠진다. 이타주의가 업스트림 팀의 개발자에게 동기를 부여해줄 수도 있지만 실현 가능성은 낮다. 다운스트림 팀은 맹목적으로 업스트림 팀의 모델을 준수해서, 바운디드 컨텍스트 사이에 나타나는 변환의 복잡성을 제거한다.
- 부패 방지 계층Anticorruption Layer: 변환 계층은 협조적인 팀 사이에서 잘 설계된 바운디드 컨텍스트를 연결할 때 간결하고 우아해질 수 있다. 그러나 공유 커널, 파트너, 또는 고객-공급자 관계를 만들기에 제어나 의사소통이 적절하지 않다면 변환은 좀 더 복잡해진다. 변환 계층은 좀 더 방어적인 색깔을 띠게 된다. 다운스트림 클라이언트에는 분리 계층을 만들어서, 업스트림 시스템의 기능을 여러분 자신이 소유한 도메인 모델의 맥락에 맞춰 제공하라. 이 계층은 기존의 인터페이스를 통해 다른 시스템과 대화하며, 다른 시스템을 수정할 필요가 거의 없거나 전혀 없다. 이 계층은 내부적으로 필요에 따라 단방향이나 양방향으로 두 모델 사이에서 변환을 수행한다.
- 오픈 호스트 서비스Open Host Service: 여러분의 서브시스템에 접근할 수 있도록 해주는, 서비스 집합으로서의 프로토콜을 정의하자. 프로토콜을 열어서 여러분과 통합해야 하는 모든 이가 사용할 수 있도록 해주자. 단일 팀의 특이한 요구가 있지 않는 이상, 이 프로토콜을 강화하고 확장해서 새로운 통합 요구사항에 대응하자. 그 이후에 일회성 변환기를 사용해 예외적인 상황에 대응하는 프로토콜을 추가함으로써, 공유된 프로토콜이 단순함과 일관성을 유지하도록 하자.
- 발행된 언어Published Language: 두 바운디드 컨텍스트 모델 사이의 변환은 공통 언어를 필요로 한다. 공통의 의사소통 수단으로서 필수적인 도메인 정보를 표현할 수 있는 잘 문서화된 공유 언어를 사용해, 필요에 맞춰 변환을 수행하자. 발행된 언어는 오픈 호스트 서비스와 종종 결합된다.
- 분리된 방법Separate Ways: 요구사항을 정의할 때는 무자비해야만 한다. 만약 두 기능성 집합 사이에 유의미한 관계가 없다면, 이들은 서로가 완전히 분리돼야 한다. 통합에는 항상 높은 비용이 필요하며, 그에 따른 유익함은 너무 작을 때가 많다. 바운디드 컨텍스트가 다른 것과 아무 연관이 없음을 선포해서, 개발자가 작은 범위 내에서 단순하고 전문화된 솔루션을 찾도록 해주자.

- 큰 진흙공Big Ball of Mud: 기존 시스템을 조사해나가다 보면 여러 모델이 서로 뒤섞이고 경계는 일정하지 않은 상황에서 시스템을 구성하는 부분(종종 거대한 형태도 나타난다.)들을 찾게 된다. 이런 어지러운 상황 전체를 아우르는 경계를 그리고 큰 진흙공으로 선언하자. 이 컨텍스트 안에 세련된 모델링을 적용해보려 애쓰지 말자. 이런 시스템이 다른 컨텍스트 안으로 제멋대로 퍼져나가려는 경향에 주의하자.

식별자와 액세스 컨텍스트를 통합하면, 협업 컨텍스트와 애자일 프로젝트 관리 컨텍스트가 보안과 권한에 따라 서로 다른 길(분리된 방법)을 걷는 상황을 피할 수 있다. 사실 분리된 방법을 해당 시스템의 컨텍스트 전반에 적용할 수도 있지만, 상황에 맞춰 사용할 수도 있다. 예를 들어, 어떤 팀은 중앙화된 보안 시스템의 사용을 거절하면서도 회사의 다른 표준 기능과는 통합하려 할 수도 있다.

팀은 고객-공급자 역할에 협력한다. 어떤 팀이 다른 팀을 순응주의자가 되도록 강요하는 상황을 사스오베이션의 관리자가 허용할 리 없다. 순응주의자 관계가 항상 부정적인 것은 아니다. 오히려, 고객-공급자에서 공급자에 해당하는 부분이 고객에게 지원을 제공한다는 약속을 요구하기 때문에, 이는 사스오베이션이 완전한 성공을 이루기 위해 필요하다고 생각하는 내부적 팀 관계를 강화시킨다. 물론 고객이 언제나 옳지는 않으며, 그래서 일부에선 쌍방 양보가 꼭 필요하다. 전반적으로 볼 때 팀은 긍정적인 조직 관계를 유지해야 한다.

팀의 통합에선 오픈 호스트 서비스와 발행된 언어를 사용한다. 아마도 부패 방지 계층도 마찬가지로 사용할 것이다. 이는 각 팀의 바운디드 컨텍스트 사이에 개방형 표준을 만들어둔 상황에서도 모순되지 않는다. 이들은 다운스트림 컨텍스트의 기본 원칙을 따른 독립적 변환의 장점을 실현시킬 수도 있지만, 큰 진흙공을 사용하는 상황에선 불필요한 복잡성을 초래할 수 있다. 변환 계층은 단순하고 우아해야 한다.

이어지는 컨텍스트 맵 그림에선 다음의 약자를 사용해 관계에 사용된 패턴을 나타낸다.

- ACL: 부패 방지 계층Anticorruption Layer
- OHS: 오픈 호스트 서비스Open Host Service
- PL: 발행된 언어Published Language

다음의 컨텍스트 맵 예제와 뒷받침하는 글을 볼 때, 2장의 '도메인, 서브도메인, 바운디드 컨텍스트'를 다시 살펴본다면 도움이 되겠다. 세 가지 바운디드 컨텍스트 예제의 다이어그램도 여기서 도움이 된다. 이들은 상당히 높은 수준에서 그려졌기 때문에 이에 따른 다이어그램을 각 컨텍스트 맵의 일부로 포함시킬 수도 있겠지만, 여기선 이를 다시 살펴보지 않는다.

세 가지 컨텍스트를 매핑하기

이제 팀의 경험을 살펴보며 학습해보자.

콜랍오베이션 팀이 자신들이 만들어낸 혼란을 알아차렸을 때, [Evans]의 책을 파고들며 혼란에서 벗어날 방법을 찾았다. 전략적 설계 패턴이 가진 굉장한 가치를 알도록 해준 여러 발견 중에서도, 컨텍스트 맵이라는 실용적인 도구를 찾을 수 있었다. 또한 이 기법을 확장시키는 데 도움이 될 만한 [Brandolini]의 온라인 기사도 찾게 됐다. 도구 사용을 위한 가이드에 따르면 이미 존재하는 지형을 매핑해야 한다고 돼 있었기 때문에, 이를 첫 번째 단계로 시작했다. 그림 3.2가 그 결과다.

팀이 만든 첫 번째 맵은 협업 컨텍스트라고 이름 붙인 바운디드 컨텍스트를 초기에 어떻게 인식했는지가 강조돼 있다. 기존의 경계를 이상한 모양으로 나타냄으로써 두 번째 컨텍스트의 존재 가능성을 적절하게 전달했지만, 핵심 도메인과의 분리가 깔끔하고 명확하게 나타나지 않았다.

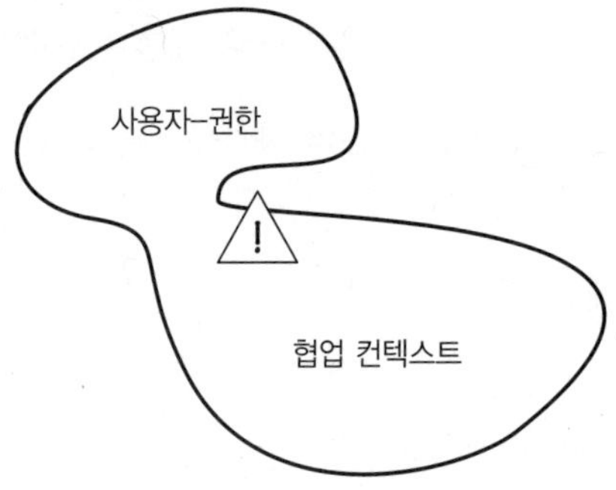

그림 3.2 이 맵에는 달갑지 않은 개념으로 인해 협업 컨텍스트 내의 얽힘이 드러났다. 주의 표시는 깔끔하지 않은 영역을 가리키고 있다.

주의 표시가 나타내듯, 위쪽의 좁은 통로는 외부 개념이 거의 제지받지 않은 상태로 마음대로 이동할 수 있도록 해준다. 컨텍스트의 경계를 무조건 돌파할 수 없어야 한다는 의미는 아니다. 다른 모든 경계와 마찬가지로, 이 팀은 협업 컨텍스트의 입장에서 무엇이 경계를 넘고 있고 그 목적은 무엇인지 완전히 알고서 제어하길 원한다. 그렇지 않다면 해당 영역은 누군지 알 수 없고 아마 반갑지도 않을 방문자로 들끓게 된다. 모델의 경우엔 반갑지 않은 방문자 때문에 일반적으로 혼란과 버그를 발생시킨다. 모델러modeler라면 따뜻하게 환영하지만, 질서와 조화를 존중한다는 조건을 지킬 때만 그렇다. 경계에 진입하는 모든 개념은 자신이 갖고 있는 권리를 설명해야 하며, 내부 영역과 호환되는 특성을 갖고 있어야만 한다.

이 분석은 현재 모델의 상태뿐 아니라 프로젝트가 어떤 방향으로 가야 하는지 더 잘 이해할 수 있도록 해줬다. 프로젝트 팀은 보안, 사용자, 권한 등의 개념이 협업 컨텍스트 내에 속하지 않는다는 점을 이해했고, 그에 맞춰 반응했다. 팀은 이를 핵심 도메인에서 분리해두고, 오로지 합의할 만한 조건일 때만 진입을 허용해야 했다.

이는 DDD 프로젝트의 중요한 약속이다. 각 바운디드 컨텍스트의 언어는 모든 모델이 순수하게 유지될 수 있도록 존중받아야 한다. 언어적 분리와 엄격한 준수는 프로젝트에 관련된 각 팀이 자신만의 고유한 바운디드 컨텍스트에 집중하도록 해주고, 자신의 비전을 지신의 작업에 올바르게 집중시키도록 해준다.

팀은 서브도메인 분석(또는 문제점 공간 평가)을 적용해 그림 3.3과 같은 다이어그램을 그렸다. 두 서브도메인은 하나의 바운디드 컨텍스트에서 떨어져 나왔다. 바운디드 컨텍스트와 서브도메인의 일대일 정렬은 바람직한 목표이므로, 이 분석은 하나의 바운디드 컨텍스트를 둘로 분리해야 할 필요성을 보여줬다.

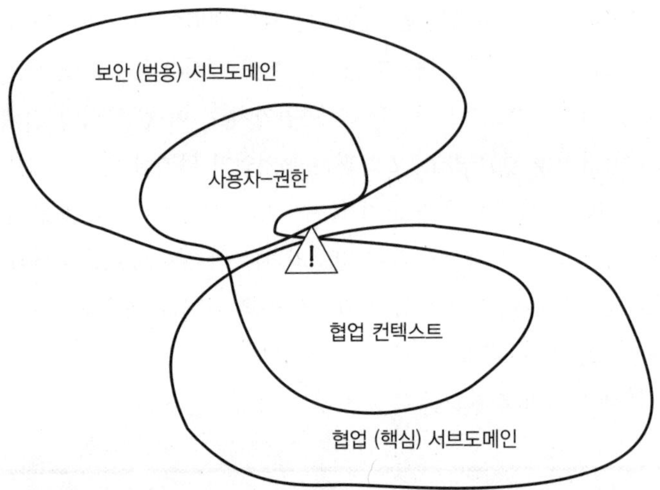

그림 3.3 팀의 서브도메인 분석은 협업 핵심 도메인과 보안 범용 서브도메인을 발견하도록 해줬다.

서브도메인과 경계 분석에 따라 결정에 이르게 됐다. 콜랍오베이션을 사용하는 사람은 제공되는 기능과 상호작용하며 참여자, 저자, 중개자 등으로서 참여했다. 그 밖의 컨텍스트 분리 방법을 이후에 더 살펴볼 텐데, 이는 앞서 만든 필수적 분리에 관해 좋은 아이디어를 제공해준다. 이 지식을 바탕으로, 그림 3.4와 같이 높은 수준의 컨텍스트 맵에 깔끔하고 선명한 경계가 나타났다. 이 팀은 분리된 핵심[Evans]을 사용해 이 정도 수준의 명확성을 달성하도록 리팩토링했다. 식별 가능한 경계의 모습은 각 컨텍스트에 관한 아이콘이나 시각적 신호 역할을 한다. 다이어그램 전체에 걸쳐 동일한 관련 모양을 사용한다면 인지에 도움이 될 수 있다.

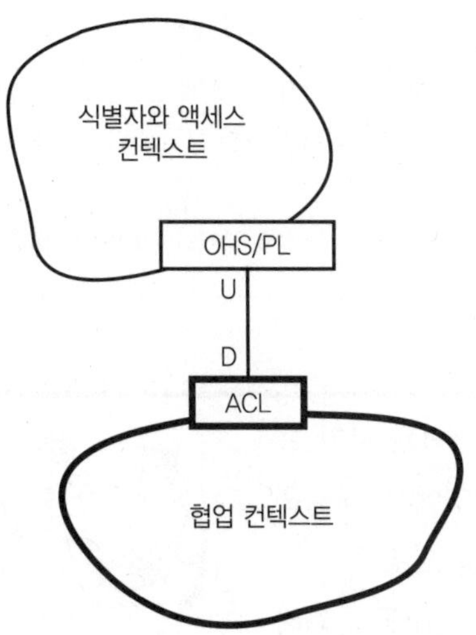

그림 3.4 본래의 핵심 도메인은 굵은 경계와 통합 지점으로 표시했다.
다운스트림 콜랍오베이션의 입장에서 ID오베이션은 범용 서브도메인이다.

다양한 스케치를 통해 이를 만들어내는 일이 어렵지 않은 일이라는 것을 당신이 믿도록 할지라도, 완전히 이해할 때는 컨텍스트 맵이 한꺼번에 나타나는 것은 아님을 알게 된다. 신속한 이터레이션을 통해 맵을 수정하려면 사고와 토론이 도움이 된다. 통합 지점의 방법을 통해 일부 수정이 일어날 수도 있으며, 이는 컨텍스트 간의 관계를 통해 묘사된다.

처음 두 맵은 전략적 설계를 적용한 후 얻을 수 있는 점을 나타낸다. 본래의 콜랍오베이션 프로젝트가 잘 진행됐고, 그 이후 팀은 식별자와 액세스 문제를 제외시켰다. 팀은 상황이 점차 진행됨에 따라 그림 3.4와 같은 컨텍스트 맵도 만들었다. 식별자와 액세스 컨텍스트라는 새로운 범용 서브도메인과 함께, 핵심 도메인으로서 협업 컨텍스트를 스케치했다. 애자일 프로젝트 관리 컨텍스트와 같은 미래의 모델은 모두 배제시켰다. 팀이 너무 멀리 내다보는 것도 크게 도움이 되지 않는다. 단지 현존하는 대상으로부터의 문제점만 고치면 된다. 곧 나타날 시스템을 지원하는 변화가 머지않아 필요해지겠지만, 그에 해당하는 맵은 미래의 팀이 만들어내야 한다.

화이트보드 타임

- 여러분의 바운디드 컨텍스트를 생각해보자. 그 컨텍스트에 속하지 않는 개념을 식별할 수 있는가? 그렇다면, 새로운 컨텍스트 맵을 그려서 올바른 컨텍스트의 모습과 컨텍스트 사이의 관계를 나타내자.
- 아홉 가지 DDD 조직과 통합 관계 중 무엇을 선택할 것이며 그 이유는 무엇인가?

프로젝트오베이션과 관련된 차기 프로젝트를 시작하는 시점에서, 새로운 핵심 도메인인 애자일 프로젝트 관리 컨텍스트를 기존의 맵에 추가해야 하는 상황이 다가왔다. 이 매핑의 결과는 그림 3.5에 나타난다. 비록 아직 코드로 만들어지진 않았지만, 계획에 있는 내용을 포착하는 시점이 그리 빠르진 않았다. 아직은 새로운 컨텍스트 내의 세부 내용을 완전히 이해하지 못했지만, 이어질 토론 과정을 통해 이해할 수 있게 된다. 이런 초기 단계에서 높은 수준의 전략적 설계를 적용한다면, 모든 팀에게 스스로의 책임이 어디에 있는지 이해하도록 도움을 준다. 세 가지 높은 수준의 맵 중 마지막 맵은 단순히 이전 맵을 확대한 결과이기 때문에, 우리는 여기에 집중할 것이다. 이것이 바로 사스오베이션이 향하고 있는 방향이다. 회사는 이 새 프로젝트에 경험 있는 리드 개발자를 배치했다. 세 컨텍스트 중 가장 풍부하다는 점과 현재 방향을 고려했을 때, 새로운 핵심 도메인이야말로 최고의 개발자가 일해야 할 곳이다.

필수적 분리 중 일부는 이미 잘 이해하고 있다. 콜랍오베이션 컨텍스트와 유사한 맥락에서, 프로젝트오베이션의 사용자가 제품, 릴리스 계획, 스프린트 일정, 백로그 항목의 작업 등을 생성할 땐 제품 소유자와 팀원의 역할을 수행한다. 협업 컨텍스트를 사용할 때도 마찬가지다. 이제 이 컨텍스트는 지원 서브도메인이 된다. 새로운 모델에 소모되는 노력은 경계와 핵심 도메인 개념으로의 변환을 통해 보호받을 수 있다.

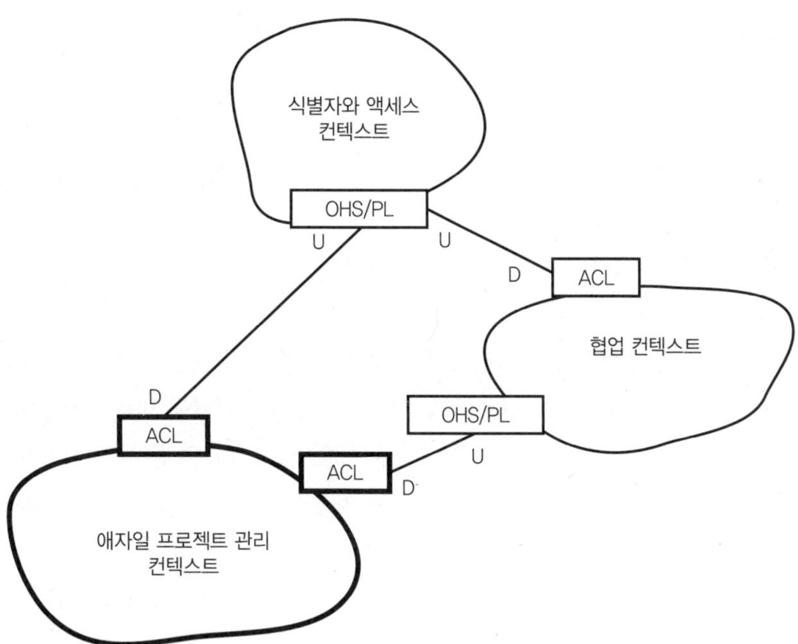

그림 3.5 현재의 핵심 도메인은 굵은 경계와 교차 지점으로 표시했다. 콜랍오베이션의 지원 서브도메인과 ID오베이션 범용 서브도메인은 업스트림이다.

이 다이어그램에 관한 더욱 정교한 상세 내용을 고려하자. 이는 시스템 아키텍처 다이어그램이 아니다. 만약 그랬다면 애자일 프로젝트 관리 컨텍스트가 새로운 핵심 도메인임을 감안할 때, 이를 다이어그램의 가장 위쪽이나 정중앙에 배치했을 것이다. 그러나 여기서는 가장 아래에 있다. 이런 특징에 궁금증을 품을 수도 있는데, 이는 핵심 모델이 다운스트림임을 시각적으로 나타내준다.

이런 미묘한 선택은 또 다른 시각적인 역할을 한다. 강 상류에서의 활동이 강 하류의 생물에게 긍정적이든 부정적이든 영향을 주듯이, 업스트림 모델은 다운스트림 모델에 영향을 준다. 어떤 큰 도시에서 강으로 버린 오염 물질을 생각해보자. 이 오염 물질은 도시에 주는 영향은 적을지 몰라도, 하류 방향의 도시에겐 심각한 결과를 초래할 수도 있다. 다이어그램에 나타나는 모델의 수직적 근접성은 업스트림 모델이 다운스트림 모델에 미치는 영향을 식별하는 데 도움을 준다. U와 D는 관련된 모델 사이의 관계를 명시적으로 나타낸다. 이런 표기를 통해 각 컨텍스트의 수직적 위치에 따른 중요성을 낮출 수는 있지만, 그럼에도 여전히 시각적인 측면을 유용하게 활용할 수 있다.

카우보이 논리

LB: 권력에 대한 갈증이 생길 때는 항상 그 무리의 업스트림에서 마시도록 하라.

식별자와 액세스 컨텍스트는 가장 멀리 떨어진 업스트림이다. 이는 협업 컨텍스트와 애자일 프로젝트 관리 컨텍스트 모두에 영향을 미친다. 협업 컨텍스트는 애자일 프로젝트 관리 컨텍스트에 비해 업스트림인데, 이는 애자일 모델이 협업 모델과 서비스에 의존하기 때문이다. 바운디드 컨텍스트(2)에서 언급된 바와 같이, 프로젝트오베이션은 실용적인 동시에 자율적으로 작동한다. 그리고 주변 시스템의 가용성 여부와 독립적으로 계속 동작해야 한다. 이는 자율적 서비스가 업스트림 모델과 완전히 독립적으로 작동할 수 있다는 의미는 아니다. 우리는 직접적인 실시간 종속성을 크게 제한하는 방향으로 설계해야 한다. 자율적이라 하더라도 애자일 프로젝트 관리 컨텍스트는 다른 대상에겐 여전히 다운스트림이다.

애플리케이션을 자율적 서비스로 준비했더라도, 단순히 업스트림 컨텍스트의 데이터베이스를 종속적 컨텍스트로 복제Replication한다는 의미를 나타내진 않는다. 복제는 로컬 시스템이 바람직하지 않은 다양한 책임을 수행하도록 강제한다. 이는 공유 커널의 생성을 요구하며, 이런 상황에서 진정한 자율성을 달성했다고 보긴 어렵다.

마지막 맵에선 각 연결의 업스트림에 있는 연결 상자를 유의하자. 두 연결 모두 OHS/PL로 표시됐는데, 이는 오픈 호스트 서비스Open Host Service와 발행된 언어Published Language의 약자다. 세 가지 다운스트림 연결 상자는 모두 ACL로 표기되었는데, 이는 부패 방지 계층Anticorruption Layer의 약자다. 기술적인 구현은 바운디드 컨텍스트의 통합(13)에서 다룬다. 간단히 말하면, 이 통합 패턴은 다음과 같은 기술적 특성을 갖고 있다.

- 오픈 호스트 서비스: 이 패턴은 바운디드 컨텍스트 클라이언트와 상호작용하는 REST 기반 리소스로 구현할 수 있다. 일반적으론 오픈 호스트 서비스를 원격 프로시저 호출RPC, Remote Procedure Call API로 생각하지만, 메시지 교환을 사용해 구현할 수도 있다.

- 발행된 언어: 이를 구현하는 방법에는 몇 가지가 있지만, 대개는 XML 스키마로 구현한다. 이를 REST 기반 서비스로 나타낼 땐 발행된 언어가 도메인 개념의 표현Representation으로 렌더링된다. 예를 들어, 표현은 XML과 JSON을 포함할 수 있다. 또한 구글 프로토콜 버퍼Google Protocol Buffers를 통해 표현을 렌더링할 수도 있다. 웹 사용자 인터페이스를 게시하는 상황에선 여기에 HTML 표현이 포함될 수도 있다. REST를 사용할 때의 이점은 각 클라이언트가 선호하는 언어를 지정할 수 있고 해당 리소스는 요청 내용 타입에 맞춰서 표현을 렌더링한다는 점이다. 또한 REST는 하이퍼미디어 표현을 생성하는 이점도 있는데, 이는 HATEOAS를 촉진한다. 하이퍼미디어는 발행된 언어를 역동적이고 활발히 상호작용하도록 해주며, 이를 통해 클라이언트가 연결된 리소스 집합을 찾을 수 있도록 해준다. 이 언어는 표준 미디어 타입이나 사용자 지정 미디어 타입을 사용해 게시할 수 있다. 발행된 언어는 도메인 이벤트(8)가 관계된 구독자에게 메시지를 전달하는 이벤트 주도 아키텍처(4)에서도 사용할 수 있다.
- 부패 방지 계층: 부패 방지 계층의 각 타입에 따른 다운스트림 컨텍스트에 도메인 서비스(7)를 정의할 수 있다. 부패 방지 계층을 리파지토리(12) 인터페이스 뒤에 위치시킬 수도 있다. REST를 사용한다면 도메인 서비스 클라이언트의 구현은 원격 오픈 호스트 서비스를 액세스한다. 서버 응답은 발행된 언어를 통해 표현을 생성한다. 다운스트림 부패 방지 계층은 표현을 로컬 컨텍스트의 도메인 객체로 변환해준다. 협업 컨텍스트가 식별자와 액세스 컨텍스트에게 중개자 역할을 수행하는 사용자 리소스를 묻는 상황은 이 위치에서 일어나는 일의 한 예다. 요청한 리소스를 XML이나 JSON으로 받은 후 `Moderator`로 변환할 수 있는데, 이는 값 객체다. 이 새로운 `Moderator` 인스턴스는 업스트림 모델이 아니라 다운스트림 모델의 개념을 반영한다.

여기선 일반적인 패턴만을 선택했다. 이 책에서 논의하는 통합의 범위가 걷잡을 수 없이 커지지 않도록 제한을 뒀다. 이렇게 선택한 패턴만으로도 적용하는 방법에 따라 다양성이 나타남을 확인하게 될 것이다.

그러나 여전히 남은 의문이 있다. 컨텍스트 맵을 만드는 데 필요한 요소를 모두 배웠나? 아마도 그럴지도 모른다. 높은 수준의 관점은 전체적인 프로젝트의 그림을 이해하는 데 충분한 양의 지식을 제공한다. 그러나 연결 안에서 일어나는 일과 각 컨텍스트의 이름 지어진 관계에 관해선 여전히 궁금할 수 있다. 팀원 사이에 흐르는 호기심은 더 많은 세부사항을 추가할 수 있도록 영향을 미친다. 확대해서 살펴본다면 다소 흐릿했던 세 가지 통합 패턴의 사진이 보다 명확해질 수 있다.

시간을 조금 거슬러 올라가 생각해보자. 협업 컨텍스트가 첫 번째 핵심 도메인이었으므로, 그 안을 들여다보자. 우선은 더욱 간단한 통합을 통해 확대해보는 기법을 소개하고, 이어서 좀 더 어려운 방법으로 나아간다.

협업 컨텍스트

이제 협업 팀의 경험으로 다시 돌아가보자.

협업 컨텍스트는 첫 번째 모델이자 시스템(첫 번째 핵심 도메인)이었고, 이젠 이 컨텍스트의 동작을 잘 이해하게 됐다. 여기서 사용된 통합은 쉬운 반면에 신뢰성과 자율성의 측면에서 견고함이 부족하다. 컨텍스트 맵을 확대하는 일은 상대적으로 쉽게 처리할 수 있다.

식별자와 액세스 컨텍스트에 의해 게시된 REST 기반 서비스의 클라이언트로서, 협업 컨텍스트는 전통적인 RPC를 닮은 접근법으로 리소스에 도달한다. 이 컨텍스트는 식별자와 액세스 컨텍스트의 데이터(로컬 재사용을 위해 계속 참조할 수 있는 데이터다.)를 영구적으로 기록하지 않는다. 오히려 필요할 때마다 모든 정보를 원격 시스템에게 요청한다. 이 컨텍스트는 분명 원격 서비스에 크게 의존하고 있으며 자율적이지 않다. 사스오베이션은 당분간 이대로 유지하기로 결정했다. 범용 서브도메인과의 통합은 완전히 예상치 못한 일이었다. 까다로운 납기 일정을 맞추려면 정교하고 자율적인 설계에 투자할 시간이 없었다. 당시에는 앞서 만들어둔 쉬운 설계의 장점을 포기할 수 없었다. 프로젝트오베이션을 출시하고 그에 따른 자율성을 경험한 다음이라면, 콜랍오베이션에도 비슷한 기법을 사용할 수 있을지도 모른다.

그림 3.6의 확대된 맵에서 찾았던 경계 객체는 동시적synchronously으로 리소스를 요청한다. 경계 객체가 원격 모델의 표현을 수신하면 경계 객체는 해당 표현으로부터 필요한 내용을 꺼내서 변환하고, 이를 적절한 값 객체 인스턴스로 만든다. 그림 3.7에선 표현을 값 객체로 바꾸는 변환 맵을 보여준다. 여기선 식별자와 액세스 컨텍스

트에서 중개자의 Role을 수행하는 User가 협업 컨텍스트의 Moderator 값 객체로 변환된다.

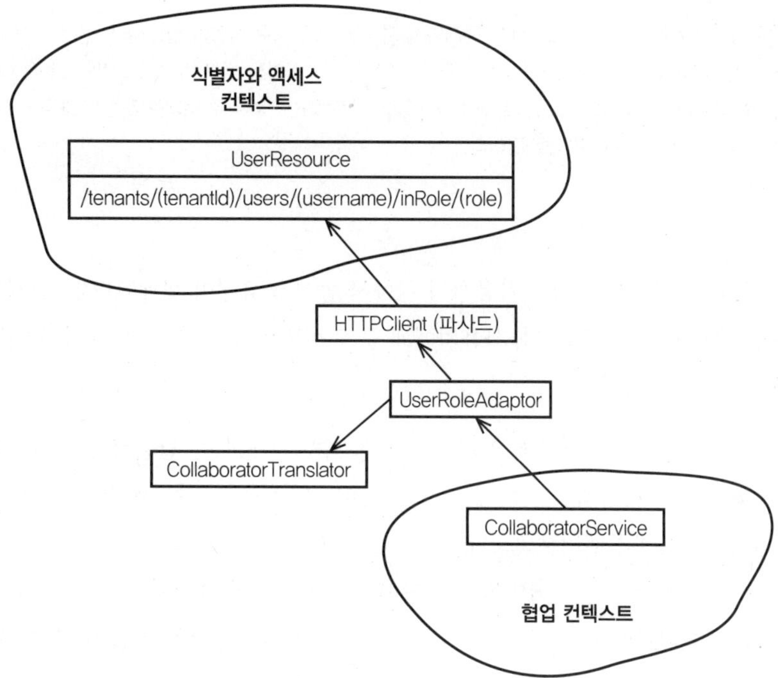

그림 3.6 협업 컨텍스트와 식별자와 액세스 컨텍스트를 통합한 부패 방지 계층과 오픈 호스트 서비스를 확대한 그림

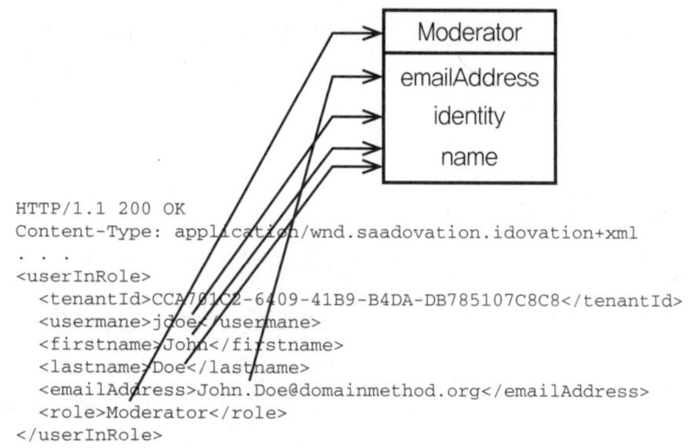

그림 3.7 로컬 모델에서 표현 상태(이 경우 XML)가 값 객체로 매핑되는 방법을 보여주는 논리적 변환 맵

화이트보드 타임

프로젝트의 바운디드 컨텍스트에서 발견한 통합의 흥미로운 모습 중 하나를 선택해 변환 맵을 만들자.

변환이 지나치게 복잡하고 데이터의 복제와 동기화에 너무 많은 작업이 필요해서, 변환된 객체가 다른 모델에서 온 것처럼 보인다면 어떻게 해야 할까? 아마도 외부 바운디드 컨텍스트의 너무 많은 부분을 사용했고 그 모델로부터 너무 많은 부분을 받아들여서, 여러분 자신의 모델에 혼란스러운 갈등을 일으키고 있을 것이다.

안타깝게도 원격 시스템이 가용하지 않아서 동시적 요청이 실패한다면, 전체적인 로컬 실행도 반드시 실패한다. 사용자에게 문제 상황이 전달되고, 이후 다시 시도해 달라는 부탁을 받는다.

시스템 통합은 주로 RPC에 의존한다. 높은 수준의 RPC는 일반적인 프로그래밍 프로시저 호출과 상당히 비슷하게 보인다. 라이브러리와 도구는 매력적인 모습이며 사용이 쉽다. 그러나 여러분의 고유 프로세스 공간에 있는 프로시저의 호출과는 달리, 원격 호출은 성능을 떨어뜨리는 지연이나 전면적 실패가 발생할 잠재적 위험도가 높다. 네트워크와 원격 시스템의 부하는 RPC의 완료를 지연시킬 수 있다. RPC 대상 시스템이 가용하지 않다면, 사용자가 여러분의 시스템으로 보낸 요청은 성공적으로 완료되지 않는다.

REST 기반 리소스의 사용은 실제론 RPC가 아니지만, 둘 사이에는 비슷한 특성이 있다. 전체 시스템 실패가 상대적으론 흔한 일이 아닐지도 모르지만, 잠재적으로 신경을 쓰게 되는 제약 요소다. 팀은 가능한 한 빨리 이 상황을 개선하길 바라고 있다.

애자일 프로젝트 관리 컨텍스트

새로운 핵심 도메인인 애자일 프로젝트 관리 컨텍스트에 관해 특히 자세히 살펴보자. 이에 대해 확대시켜 다가가면서 다른 모델과의 연결도 함께 살펴보자.

애자일 프로젝트 관리 컨텍스트 팀은 RPC보다 더 높은 수준의 자율성을 달성하기 위해 신중히 사용에 관한 제약을 검토할 필요가 있다. 대역 외[out-of=band]나 비동기식 이벤트 프로세싱이 전략적으로 선호된다.

의존하고 있는 상태가 이미 우리의 로컬 시스템에 있다면 훨씬 큰 자율성을 달성할 수 있다. 의존 객체 모두를 캐싱하는 방법을 떠올릴 수도 있지만, DDD를 사용할 땐 일반적으로 이를 선택하지 않는다. 그 대신 외부 모델에서 변환된 로컬 도메인 객체를 만든 후 필요한 최소한의 상태만 로컬 모델에 유지한다. 최초로 이런 상태를 획득하기 위해선, 제한되고 잘 배치된 RPC 호출을 하거나 유사한 요청을 통해 REST 기반 리소스를 가져와야 한다. 반면에 원격 모델의 변경에 따른 필수적 동기화는 원격 시스템이 게시하는 메시지 지향message-oriented 알림을 통해 가장 잘 이뤄질 수도 있다. 이 알림은 서비스 버스나 메시지 큐, 또는 REST를 사용한 게시를 통해 전달될 수 있다.

최소한으로 생각하라

동기화된 상태는 로컬 모델에서 필요한, 제한된 최소한의 원격 모델 속성이다. 이는 우리가 데이터를 동기화해야 하는 필요성을 줄여줄 뿐만 아니라 개념을 올바르게 모델링했는지에 관한 문제이기도 하다.

이는 심지어 로컬 모델링 요소 자체의 설계를 고려할 때조차 원격 상태의 사용을 제한한다. 예를 들어, 실제로 우리는 `ProductOwner`와 `TeamMember`가 `UserOwener`와 `UserMember`를 반영하지 않길 원하는데, 이는 원격 `User` 객체의 너무 많은 특성을 가져와 뒤섞어버리는 상황이 무의식적으로 발생하기 때문이다.

식별자와 액세스 컨텍스트의 통합

그림 3.8의 확대된 맵을 보면, 리소스 URI가 식별자와 액세스 컨텍스트에서 일어난 중요 도메인 이벤트의 알림을 제공함을 알 수 있다. 이는 `NotificationResource` 제공자provider를 통해 이뤄지며, 이 제공자는 레스트풀 리소스를 게시한다. 알림 리소스는 게시된 도메인 이벤트의 일원이다. 게시된 모든 이벤트는 일어난 순서대로 사용할 수 있지만, 각 클라이언트에는 중복 사용을 막을 책임이 있다.

사용자 지정 미디어 타입은 두 가지 리소스를 요청할 수 있음을 나타낸다.

```
application/vnd.saasovation.idovation+json
//iam/notifications
//iam/notifications/{notificationId}
```

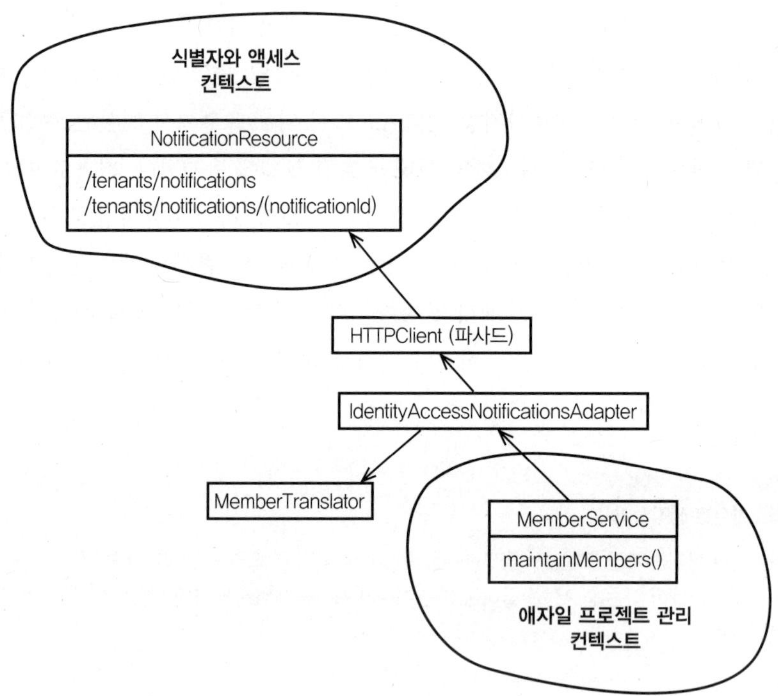

그림 3.8 애자일 프로젝트 관리 컨텍스트와 식별자와 액세스 컨텍스트를 통합한 부패 방지 계층과 오픈 호스트 서비스를 확대한 그림

첫 번째 리소스 URI는 클라이언트가 현재의 알림 로그를 겟get(문자 그대로 HTTP GET)할 수 있도록 해준다.

```
application/vnd.saasovation.idovation+json
```

문서화된 각 사용자 지정 미디어 타입마다 위의 URI는 절대 변하지 않기 때문에, 최신이고 안정적인 것으로 여겨진다. 현재 알림 로그가 무엇으로 구성됐는지에 상관없이 이 URI가 이를 제공한다. 현재의 로그는 식별자와 액세스 모델에서 일어난 가장 최근의 이벤트 집합이다. 두 번째 리소스 URI는 이전에 아카이브된 이벤트 기반의 모든 알림을 계속해서 찾아가며 가져올 수 있도록 해준다. 왜 우리는 현재 로그와 별개로 아카이브된 알림 로그를 구분해야 할까? 피드 기반의 알림이 어떻게 작동하는지에 관한 자세한 내용은 도메인 이벤트(8)와 통합하는 바운디드 컨텍스트(13)를 살펴보자.

사실 이 시점에서 프로젝트오베이션 팀은 모든 경우에서 REST를 사용하진 않는다. 예를 들어, 이를 대신해 메시징 인프라스트럭처를 사용할지 콜랍오베이션과 협의하고 있다. 현재는 래빗MQ[RabbitMQ]의 사용을 고민하고 있다. 그렇지만 이번 식별자와 액세스 컨텍스트의 통합은 REST 기반이 될 것이다.

일단 대부분의 기술적인 세부사항은 제쳐놓고, 확대한 맵에서 상호 교류하는 각 객체의 역할을 고려해보자. 그림 3.9의 시퀀스 다이어그램에 시각적으로 표현된 통합 단계의 설명은 다음과 같다.

- `MemberService`는 `ProductOwner`와 `TeamMember` 객체를 로컬 모델에 제공하는 책임을 맡고 있는 도메인 서비스다. 이는 기본 부패 방지 계층의 인터페이스다. 특히 `maintainMembers()`는 정기적으로 사용돼 식별자와 액세스 컨텍스트로부터 오는 새 알림을 확인한다. 이 메소드는 모델의 일반적 클라이언트에 의해 호출되지 않는다. 반복적인 타이머 주기가 돌아오면, 알림을 받은 컴포넌트는 `maintainMembers()` 메소드를 호출해 `MemberService`를 사용한다. 그림 3.9는 타이머 수신자를 `MemberSynchronizer`로 표기했고, 이는 `MemberService`로 작업을 넘긴다.
- `MemberService`는 `IdentityAccessNotification`으로 작업을 넘기는데, 이는 도메인 서비스와 원격 시스템의 오픈 호스트 서비스 사이의 어댑터 역할을 한다. 이 어댑터는 원격 시스템의 클라이언트처럼 동작한다. 원격 `NotificationResource`와의 상호 교류는 나타내지 않았다.
- 일단 어댑터가 원격 오픈 호스트 서비스로부터 응답을 받으면, 이는 `MemberTranslator`로 작업을 넘겨서 발행된 언어 미디어를 로컬 시스템의 개념으로 변환한다. 만약 로컬 `Member` 인스턴스가 이미 존재한다면, 변환은 기존의 도메인 객체를 업데이트한다. 이는 `MemberService` 내부의 `updateMember()`를 통해 스스로에게 작업을 시키도록 나타냈다. `Member`의 서브클래스는 `ProductOwner`와 `TeamMember`이며, 로컬 컨텍스트 개념을 반영한다.

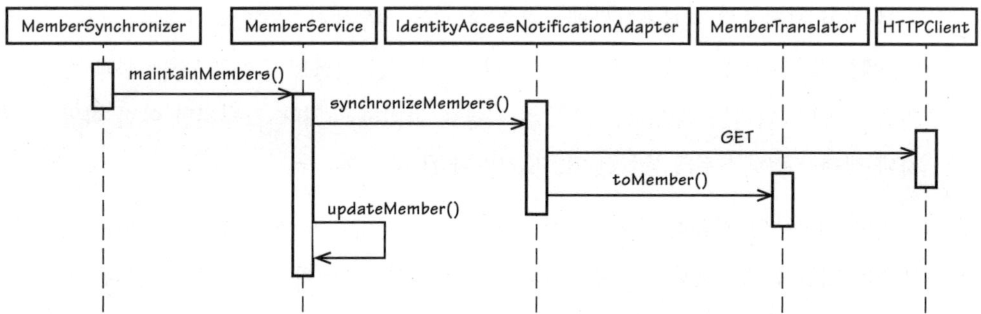

그림 3.9 애자일 프로젝트 관리 컨텍스트와 식별자와 액세스 부패 방지 계층의 내부 작업

우리는 관련된 기술이나 통합 제품에 집중해선 안 된다. 그보다는 바운디드 컨텍스트를 깔끔하게 분리함으로써, 각 바운디드 컨텍스트를 순수하게 유지하고 다른 컨텍스트의 데이터를 적용해 우리만의 개념을 나타낼 수 있다.

다이어그램과 지원 텍스트는 우리가 어떻게 컨텍스트 맵 문서를 만들 수 있는지 예를 보여준다. 광범위할 필요는 없지만, 충분한 배경과 설명을 통해 새로운 프로젝트 구성원이 빠르게 적응할 수 있도록 해야 한다. 그러나 문서는 팀에 도움이 될 때에만 만들자.

협업 컨텍스트와 통합

다음으로 애자일 프로젝트 관리 컨텍스트가 어떻게 협업 컨텍스트와 상호 교류하는지 살펴보자. 여기서도 자율성의 측면에서 노력을 기울이는데, 그래서 기대치가 높아지고 시스템 독립성의 목표를 달성하기 위한 흥미로운 문제가 나타난다.

프로젝트오베이션에는 콜랍오베이션이 제공하는 기능을 애드온할 수 있다. 그중 일부는 프로젝트 기반의 포럼 토론과 공유 일정 짜기 등을 포함하고 있다. 사용자는 콜랍오베이션과 직접적으로 상호작용하진 않는다. 프로젝트오베이션은 반드시 주어진 테넌트에서 해당 기능이 가능한지, 만약 가능하다면 스스로가 콜랍오베이션 내의 리소스 생성을 발생시킬지 결정해야 한다.

제품 생성 유스케이스를 생각해보자.

전제 조건: 협업 기능이 활성화된다(옵션을 구입했다).

1. 사용자는 제품 설명 정보를 제공한다.
2. 사용자는 팀 토론에 대한 의사를 표시한다.
3. 사용자는 정의된 제품을 만들도록 요청한다.
4. 시스템은 포럼과 토론이 들어간 제품을 만든다.

협업 컨텍스트 내에선 포럼과 토론이 생성돼 제품을 나타낸다. 반면에 테넌트가 이미 제공되고, 사용자와 그룹과 역할이 정의됐고, 이벤트에 관한 알림이 가능한 식별자와 액세스 컨텍스트에서는 상황이 달라진다. 이땐 객체가 이미 존재한다. 애자일 프로젝트 관리 컨텍스트에선 아직 존재하지 않으며 요청이 오기 전까지 만들어지지 않을 객체가 필요하다. 이는 자율성에 잠재적인 저해 요소인데, 원격으로 리소스를 생성하기 위해 협업 컨텍스트의 가용성에 의존하기 때문이다. 자율성을 실현하는 과정에서 이는 흥미로운 문제를 제기한다.

어째서 두 컨텍스트 모두가 토론을 사용하는가?

토론이라는 개념의 이름이 두 컨텍스트 모두에서 같지만, 다른 타입이고 다른 객체이며 결국 다른 상태와 다른 행동이기 때문에 이는 흥미로운 상황이라고 할 수 있다.

협업 컨텍스트에서 토론은 애그리게잇이며, 이는 게시글(그 자체도 애그리게잇인 암시적(implicit) 자녀)의 집합을 관리한다. 애자일 프로젝트 관리 컨텍스트에서 토론은 값 객체로서 오직 외부 컨텍스트에 있는 실제 토론과 그에 따른 게시글을 참조만 할 뿐이다. 그러나 13장에서 팀이 통합을 구현할 때, 팀은 애자일 프로젝트 관리 컨텍스트에선 여러 토론의 종류를 분명한 타입으로 입력해야 한다는 사실을 발견하게 됨을 기억하자.

우리는 도메인 이벤트(8)와 이벤트 주도 아키텍처(4)를 사용한 결과적 일관성을 활용해야 한다. 오직 원격 시스템만이 로컬 시스템이 만들어낸 알림을 사용해야 한다는 법은 없다. 우리의 모델이 `ProductInitiated` 도메인 이벤트를 게시하면, 우리의 시스템에서 이를 처리한다. 이 로컬 핸들러는 포럼과 토론이 원격으로 생성되도록 요청한다. 이는 콜랍오베이션이 무엇을 지원하는지에 따라 RPC나 메시징으로 이뤄질 수 있다. 이 시점에서 RPC와 원격 협업 시스템이 가용하지 않다면, 로컬 핸들러는 성공적 완료를 위해 단순히 계속해서 주기적으로 시도를 반복한다. 만약 RPC 대신 메시징을 지원한다면, 로컬 핸들러는 협업 시스템에 메시지를 보낸다. 그에 따라 협업은 리소스 생성이 완성된 후 자신이 만든 메시지로 응답을 보낸다. 프로젝트 오베이션의 이벤트 핸들러가 이 알림을 돌려받으면, 새롭게 생성된 토론의 식별자로 Product를 갱신한다.

토론이 생성되기 전에 제품 소유자나 팀원이 이를 사용하려고 하면 어떤 일이 일어날까? 모델에선 유효하지 않은 토론을 버그로 간주할까? 이로 인해 시스템이 불안정한 상태를 표시해줄까? 애초에 협업 애드온의 사용 비용을 지불하지 않은 구독자도 있을 수 있다는 사실을 고려하자. 이는 리소스의 비가용성을 설계해야 하는 비기술적인 이유다. 결과적 일관성을 위한 작업은 클루지kludge[1]와는 상관없다. 이는 단지 모델링해야 하는 또 하나의 유효한 상태일 뿐이다.

발생할 수 있는 모든 비가용성 시나리오를 다루는 매끄러운 방법으로, 이를 명시적으로 만드는 방법이 있다. 값 객체(6)에서 언급하듯이, 이 표준 타입이 상태 [Gamma 등]로 구현된다는 점을 고려하자.

```
public enum DiscussionAvailability {
    ADD_ON_NOT_ENABLED, NOT_REQUESTED, REQUESTED, READY;
}

public final class Discussion implements Serializable {
    private DiscussionAvailability availability;
    private DiscussionDescriptor descriptor;
    ...
}

public class Product extends Entity {
    ...
    private Discussion discussion;
    ...
}
```

이런 설계를 통해, DiscussionAvailability로 정의한 상태가 Discussion 값 객체를 잘못된 사용으로부터 보호해준다. 누군가 Product에 관한 토론에 참여하려고 한다면, 안전하게 discussion 상태를 가져올 수 있다. 만약 READY가 아니라면, 참여자는 다음의 세 가지 메시지 중 하나를 보게 된다.

1 조잡하게 만들어진 인터페이스 – 옮긴이

팀 협업을 사용하려면, 부가 기능 옵션을 구매하십시오.

제품 소유자가 제품 토론의 생성을 요청하지 않았습니다.

토론 설정이 아직 완료되지 않았습니다. 나중에 다시 확인하세요.

만약 `Discussion availability`가 `READY`라면 모든 팀원의 참여가 허용된다.

흥미롭게도 첫 번째 비가용 상태의 메시지에서 암시된 바와 같이, 아직 협업 옵션을 구매하지 않았더라도 비즈니스 관계자가 협업 옵션을 선택할 수 있도록 해줄 가능성이 남아있다. 협업 UI 옵션을 가능하게 해두면 이후의 구매를 장려하는 효과적인 마케팅 티클러marketing tickler[2]가 될 수 있다. 매일같이 이 기능이 제공되지만 사용할 수 없다는 사실을 상기하게 되는 사람보다 관리자에게 이 애드온 옵션의 구입을 조르기 좋은 사람이 또 있을까? 분명 가용성 상태의 사용이 기술적 혜택만 있는 것은 아니다.

이 시점에서 팀은 실제로 협업과 통합하게 되는 대상이 무엇인지 확신하지 못한다. 이 팀은 고객-공급자 토론을 위해 그림 3.10의 다이어그램을 만들었다. 애자일 프로젝트 관리 컨텍스트는 두 번째 부패 방지 계층을 통해 자신과 협업 컨텍스트 사이의 통합을 관리할지도 모른다. 이는 식별자와 액세스 컨텍스트를 위해 사용했던 방식과 같을 것이다. 다이어그램은 주요 경계 객체를 나타내는데, 이는 식별자와 액세스 관리 통합을 위해 사용했던 객체와 비슷하다. 사실 여기엔 `CollaborationAdapter`가 하나도 없다. 이는 단지 현재로선 알 수 없는 서너 개의 필요한 요소일 뿐이다.

2 회상시키는 물건, 노트 등 – 옮긴이

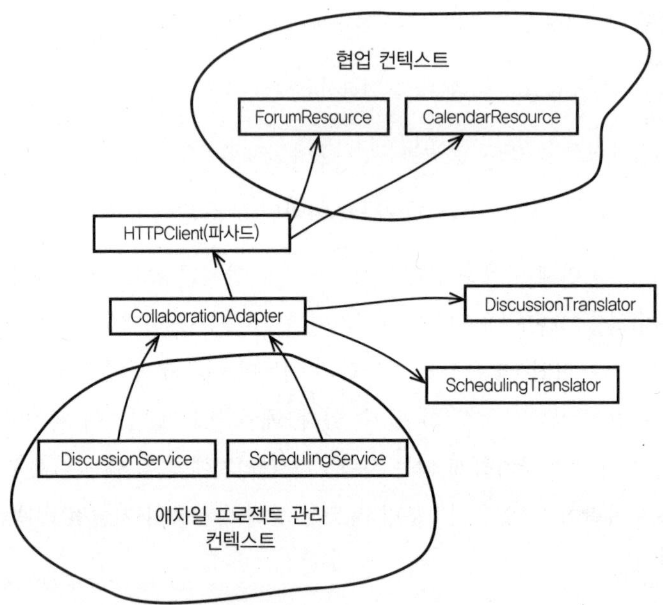

그림 3.10 애자일 프로젝트 관리 컨텍스트와 협업 컨텍스트 사이에서 가능한, 통합 컴포넌트의 부패 방지 계층과 오픈 호스트 서비스의 확대 그림

로컬 컨텍스트 안에 `DiscussionService`와 `SchedulingService`가 있다. 이는 협업 시스템 안에서 토론과 일정 입력을 관리하기 위해 사용하는 도메인 서비스를 나타낸다. 실제 메커니즘은 팀 내 고객-공급자의 협상을 통해 결정되며, 이는 통합하는 바운디드 컨텍스트(13)에서 구현된다.

이제 이 팀은 그들 모델의 일부를 이해할 수 있다. 예를 들어, 토론이 생성되고 결과가 로컬 컨텍스트에 전달될 때 무슨 일이 생길까? 비동기 컴포넌트(RPC 클라이언트나 메시지 핸들러)는 `Product`에게 `attachDiscussion()`을 하도록 알려주며, 이를 새로운 `Discussion` 값 인스턴스로 전달한다. 보류 중인 모든 원격 리소스를 갖고 있는 로컬 애그리게잇은 이와 같은 방식으로 관리된다.

이 검토를 통해 컨텍스트 맵에 관한 몇 가지 유용한 상세 내용을 파고들었다. 우리는 빠르게 수익 체감점에 도달할 수 있기 때문에 자제력을 발휘해야 한다. 아마 모듈(9)을 사용할 수도 있었겠지만, 이는 그에 해당하는 장에서 다룬다. 중요한 팀 의사소통으로 이어질 수 있는 관련된 높은 수준의 모든 요소를 포함시키자. 한편, 너무 형식적으로 보이는 세부 내용은 밖으로 밀어내자.

벽에 붙일 수 있는 컨텍스트 맵을 만들자. 팀 위키가 아무도 들어가보지 않는 다락방처럼 취급되지 않고 있다면, 그곳에도 게시하자. 프로젝트에 관한 토론이 여러분의 맵으로 흘러가도록 해서 유용한 개선으로 이어질 수 있도록 하자.

마무리

컨텍스트 맵에 관해 알아보는 생산적인 시간이었다.

- 우리는 컨텍스트 맵이 무엇인지, 당신의 팀에 어떤 도움이 되는지, 어떻게 좀 더 쉽게 만들 수 있는지 이야기했다.
- 사스오베이션의 세 가지 바운디드 컨텍스트와 해당 컨텍스트 맵의 상세 내용을 들여다봤다.
- 매핑을 사용해, 각 컨텍스트 간의 통합을 확대해봤다.
- 부패 방지 계층을 지원하는 경계 객체와 그들 간의 상호작용을 조사했다.
- REST 기반 리소스와 사용하는 측의 도메인 모델 내 객체 사이의 로컬 매핑을 보여주는 변환 맵을 만드는 방법을 살펴봤다.

모든 프로젝트에서 여기서 설명한 수준의 세부 정보가 필요하진 않으며, 어떤 프로젝트에선 더 많이 필요할 수도 있다. 중요한 점은 실용성을 갖고 이해해야 할 필요성과 너무 많은 세부 내용을 쌓아 올리지 말아야 할 필요성 사이의 균형이다. 프로젝트가 많이 진행될수록 시각적인 맵을 아주 상세하게 최신으로 업데이트할 가능성은 거의 없다는 점을 기억하자. 토론 과정에서 팀 구성원이 직접 가리킬 수 있도록 벽에 게시해 사용할 때 가장 큰 장점이 있다. 형식적인 것을 거부하고 단순함과 애자일함을 얻고자 한다면, 우리는 프로젝트를 끌어내리지 않고 앞으로 전진시켜 줄 수 있는 유용한 컨텍스트 맵을 만들게 될 것이다.

4장

아키텍처

건축물은 자신의 시간과 장소를 이야기해주면서도,
영원성을 추구해야 한다.
– 프랭크 게리(Frank Gehry)

DDD의 가장 큰 장점 중 하나는 특정 아키텍처의 사용을 요구하지 않는다는 점이다. 신중하게 만든 핵심 도메인(2)이 바운디드 컨텍스트(2)의 중심에 머무르기 때문에 하나 이상의 아키텍처적 영향력이 전체 애플리케이션이나 전체 시스템에 영향을 미칠 수 있도록 해준다.[1] 일부 아키텍처는 도메인 모델 주변을 둘러싸고 광범위한 영향을 미치는 한편, 특정 요구사항을 해결해주는 아키텍처도 있다. 최종적인 목표는 올바른 아키텍처와 아키텍처 패턴을 선택해 조합하는 것이다.

구체적인 소프트웨어 품질에 관한 실제 요구가 아키텍처 스타일과 패턴의 사용을 유도해야 한다. 반드시 선택한 결과가 필요한 품질 수준을 충족시키거나 뛰어넘음을 입증해야 한다. 아키텍처 스타일과 패턴의 올바른 사용만큼이나 남용하지 않는 것도 중요하다. 실재하는 진실된 품질 요구사항이 아키텍처의 사용 방법을 결정하도록 하는 것은 유익한 리스크 주도risk-driven 접근법이다[Fairbanks]. 그렇게 함으로써 실패할 리스크를 줄이는 데만 집중할 수 있고, 정당화할 수 없는 아키텍처 스타일과 패턴을 사용함으로써 발생하는 실패의 리스크를 줄일 수 있다. 그러므로 사용 중인 모든 아키텍처의 영향을 정당화하고, 정당화할 수 없다면 시스템에서 제거해야 한다.

1 4장은 아키텍처 스타일, 애플리케이션 아키텍처, 아키텍처 패턴에 관한 내용을 다룬다. 아키텍처 스타일은 특정 아키텍처를 구현하는 방법을 나타내고 아키텍처 패턴은 아키텍처 내에서 특정 문제를 다루는 방법을 설명하는데, 설계 패턴에 비해 범위가 더 넓다. 이 차이에 너무 집착하지 말고, DDD가 주변의 수많은 아키텍처적 영향력의 중심에 서 있다는 점을 이해하자.

아키텍처 스타일과 패턴의 선택을 정당화하는 우리의 능력은 유스케이스와 사용자 스토리, 심지어 특정 도메인 모델의 시나리오 등과 같은 기능적 요구사항을 사용할 수 있는지에 따라 제한된다. 즉 기능적 요구사항 없이는 필요한 소프트웨어 품질을 결정할 수 없다. 이런 내용이 부족한 상태에선 사실 올바른 아키텍처적 선택을 할 수 없으며, 이는 유스케이스 주도 아키텍처 접근법을 사용한 소프트웨어 개발이 오늘날에도 여전히 유효하다는 의미다.

4장의 로드맵

- 이전에 사스오베이션의 CIO와 면담했던 내용을 들어보자.
- DIP와 헥사고날을 통해 신뢰할 수 있는 계층 아키텍처를 개선하는 방법을 배우자.
- 헥사고날이 서비스 지향과 REST를 지원하는 방법을 살펴보자.
- 개인 데이터 패브릭이나 그리드 기반 분산 캐시의 관점과 이벤트 주도 스타일의 관점을 배우자.
- CQRS라는 새로운 아키텍처 패턴이 어떻게 DDD에 도움이 될지 생각해보자.
- 사스오베이션 팀이 선택한 아키텍처들로부터 배우자.

아키텍처는 얼마나 멋진지 판단하기 위한 척도가 아니다

이어지는 아키텍처 스타일과 패턴은 모든 가능한 위치마다 적용해야만 하는 멋진 도구들을 담아둔 복주머니가 아니다. 적용 가능한 가운데, 프로젝트나 시스템의 실패 리스크를 줄여주는 위치에서만 사용하자.

[Evans]는 아키텍처의 계층에 집중했다. 따라서 사스오베이션은 DDD에선 잘 알려진 패턴을 사용해야만 효과적이라는 결론을 내렸다. [Evans]가 쓰여진 시기엔 계층이 가장 인기 있었을지 몰라도, 이 팀이 DDD가 그보다 상당히 적응력이 좋다는 점을 이해하는 데는 조금 시간이 걸렸다.

지금도 좋은 의사결정을 내리기 위해 계층 아키텍처의 원리를 사용할 수 있다. 하지만 우리는 필요에 맞게 활용할 수 있는 현대적인 아키텍처와 패턴을 고려할 예정

이기 때문에, 굳이 여기서 멈출 필요는 없다. 이를 통해 DDD의 다양한 능력과 광범위한 적용 가능성을 증명할 것이다.

성공한 CIO와의 인터뷰

여기서 각 아키텍처가 미치는 영향을 논의하는 이유에 관해 넌지시 살펴보기 위해, 10년이란 시간을 건너뛰어 사스오베이션의 CIO와 대화를 나눠보자. 회사의 시작은 미약했지만, 아키텍처적 결정으로 인해 단계적인 성공을 거둘 수 있었다. 마리아 파이낸스 일문도Maria Finance-Ilmundo 앵커가 진행하는 '테크머니'라는 프로그램을 보자.

마리아: 오늘 밤에는 엄청난 성공을 거둔 기업인 사스오베이션의 CIO, 미첼 윌리엄스와의 독점 인터뷰를 해보겠습니다. '당신의 아키텍처 $타일$tyle을 알라' 시리즈를 계속합니다. 오늘은 올바른 아키텍처의 선택이 어떻게 지속적인 성공을 가져올 수 있는지에 초점을 두고 알아보겠습니다. 윌리엄 씨, 반갑습니다. 오늘 나와주셔서 감사합니다.

미첼: 저도 다시 뵙게 돼서 반갑습니다, 마리아 씨. 불러주셔서 감사합니다.

마리아: 그럼 초기에 선택하셨던 아키텍처 결정 중 일부를 소개해주시고, 왜 그렇게 선택했는지 설명해주실 수 있을까요?

미첼: 물론이죠. 믿으실지 모르겠지만, 우리는 사실 프로젝트를 데스크톱 배포용으로 계획하기 시작했어요. 우리 팀은 중앙 데이터베이스에 정보를 저장시키는 데스크톱 애플리케이션을 설계design했어요. 이 접근법을 위해 계층 아키텍처를 택했죠.

마리아: 그게 말이 되는 거였나요?

미첼: 글쎄요. 우리는 그렇게 믿었는데, 단일 애플리케이션 티어에 중앙 데이터베이스만 처리하고 있던 상황이었거든요. 그게 간단한 클라이언트-서버 스타일에 잘 맞을 거라고 생각했어요.

마리아: 하지만 금방 상황이 반전되지 않았나요?

미첼: 확실히 그랬어요. 우리는 비즈니스 파트너와 힘을 합쳐서 사스 구독 모델로 진행하기로 결정했죠. 우리는 우리 노력을 뒷받침해줄 몇몇의 중요한 자금

조달 방안을 모색하고 얻었어요. 우선 협업 도구 스위트를 개발할 때까지 애자일 프로젝트 관리 애플리케이션은 뒷전으로 미뤄두기로 결정했어요. 여기엔 두 가지 이점이 있었어요. 첫째, 우리는 가속화되고 있는 협업 시장으로 진입할 수 있었지만, 프로젝트 관리 애플리케이션에 꼭 맞는 애드온도 갖고 있었어요. 소프트웨어 개발 프로젝트 전달 과정에 협업하는 것 말이죠.

마리아: 재미있네요. 이 모든 것들은 기본적인 것들로 들려요. 이런 결정이 어떤 영향을 줬나요?

미첼: 소프트웨어의 복잡성이 증가하면서, 우리는 유닛과 기능 테스트 도구를 도입해 품질을 관리할 필요가 있었어요. 이를 위해 DIP[Dependency Inversion Principle](의존성 역행 원리)를 도입해서 계층에 아주 흥미로운 변화를 만들었어요. 이는 팀이 UI와 인프라[infrastructure] 계층을 끈 상태에서 애플리케이션과 도메인을 테스트할 수 있도록 해줬기 때문에 중요한 사건이었죠. 실제로, 우리는 UI를 독립적으로 개발하면서 영속성 기술에 대한 결정은 미룰 수 있었어요. 그리고 이게 계층으로부터 너무 큰 도약이 필요했던 일도 아니었고요. 팀은 편하게 받아들였죠.

마리아: 와, UI와 영속성을 바꿨다고요? 위험해 보이는데요. 얼마나 힘들었나요?

미첼: 아, 그렇게 어렵진 않았어요. 결국은 DDD 전술 패턴을 사용하고 있었다는 사실 때문에 큰 어려움이 발생하진 않았어요. 우리가 애그리게잇 패턴과 리파지토리를 사용했기 때문에, 우리는 리파지토리 인터페이스의 뒤편에서 인메모리 영속성을 준비하는 개발을 진행했고, 이 선택을 고려할 만한 여유가 생긴 시점이 왔을 때 영속성 메커니즘을 바꿀 수 있었죠.

마리아: 헐.

미첼: 그니까요.

마리아: 그래서요?

미첼: 짜잔. 모든 것이 실행됐죠. 우리는 콜랍오베이션과 프로젝트오베이션을 바탕으로 흑자 분기가 이어지게 됐죠.

마리아: 돈 되는 소리네요.

미첼: 그니까요. 그러고는 모바일 기기가 폭발적으로 성장해서 주변으로 퍼져나갔기 때문에, 우리는 데스크톱 브라우저뿐만 아니라 모바일 기기까지 지원하

기로 결정했어요. 여기에는 REST를 사용했죠. 구독자는 연합된 식별자federated identity와 보안 등의 요소를 요구하기 시작했고, 좀 더 고도의 프로젝트와 시간 리소스 관리 도구도 필요했어요. 그리고 새로운 투자자는 선호하는 기업 정보 대시보드에서 보고서를 확인하고 싶어 했죠.

마리아: 놀랍군요. 모바일만 폭발적인 건 아니었군요. 그럼 이 모든 일을 처리하면서 당신의 의견은 무엇이었는지 궁금해요.

미첼: 팀은 이 모든 애드온을 처리하기 위해선 헥사고날 아키텍처Hexagonal Architecture로의 마이그레이션이 올바른 선택이 될 것이라고 결정했어요. 포트와 어댑터 접근법은 애드혹에 가까운 수준으로 새로운 종류의 클라이언트를 추가할 수 있도록 해준다는 점을 알게 됐죠. NoSQL 같이 새롭고 혁신적인 영속성 메커니즘과 같이 새로운 출력 포트 타입을 적용했고, 메시징 기능도 도입했죠. 그리고 이 모든 것은 클-라-우-드라고 말하고 있었죠.

마리아: 그래서 당신은 이 변경에 자신이 있었군요?

미첼: 물론이죠.

마리아: 굉장하네요. 그 모든 것에 굴복하지 않았다면, 아마 당신은 당신의 능력을 활용해서 더 멀리 나아가기 위한 선택을 했다는 뜻일 거에요.

미첼: 그러니까요. 이때쯤 우리는 새로운 테넌트를 한 달에 수백씩 더하는 중이었어요. 우리는 실제로 레거시 기업 협업 도구에서 우리의 클라우드로 기존의 데이터를 마이그레이션하는 서비스를 추가하고 있었어요. 팀은 SOA적인 초점에서 뮬Mule의 협업 애그리게이터Aggregator를 사용하면, 이 데이터를 잘 모을 수 있겠다고 결정했어요. 이는 여전히 헥사고날 아키텍처를 사용하면서도 서비스 경계 위에 머무르도록 해줬죠.

마리아: 아, 그러니까 SOA가 그냥 멋져 보여서 도입하진 않았단 소리군요. 진짜 의미가 있을 때에서야 사용했군요. 완벽해요. 이 산업 전반에서 그런 좋은 의사 결정을 자주 보진 못하거든요.

미첼: 맞아요, 마리아. 그리고 이건 우리가 계속 취해왔던 접근법이기도 해요. 우리 성공의 청사진이었죠. 예를 들어, 우리는 프로젝트오베이션과 통합된 결함 추적 소프트웨어인 트랙오베이션TrackOvation을 시간에 맞춰 추가했어요. 프로젝

트오베이션 기능이 커지면서, UI는 점점 더 복잡해졌죠. 모든 스크럼 제품과 시스템의 결합을 보여주는 제품 소유자의 대시보드는 각 애플리케이션 커맨드와 그에 따른 이벤트를 통해 업데이트됐어요. 제품 소유자는 구독하고 있는 테넌트에 따라 선호하는 뷰가 다르기 때문에, 이는 대시보드를 더욱 복잡하게 했어요. 그리고 자연스럽게 모바일 기기도 지원해야 했죠. 팀은 CQRS 아키텍처 패턴의 도입으로 얻을 수 있는 이점을 고려하게 됐어요.

마리아: CQRS? 이거 봐요, 미첼. 너무 들떠있던 거 아닌가요? 어떻게 될지 알 수 없는 불확실성 중 하나였나요? 일을 그만둬야 하는 거 아니었나요?

미첼: 아뇨, 그렇지 않았어요. 일단 커맨드와 쿼리 세계 사이의 마찰을 완화하기 위해 CQRS를 사용할 유효한 이유를 알게 되고 나니, 팀은 뒤도 돌아보지 않고 앞으로 나아가게 됐어요.

마리아: 그렇군요. 그때가 바로 구독자가 분산 처리 기능이 필수적이라고 요구하던 때 아닌가요?

미첼: 맞아요, 이걸 잘 해놓지 않으면, 우리는 복잡성의 바다에 빠져 죽을 수도 있었죠. 어떤 기능은 정답을 전달하기에 앞서 일련의 분산된 프로세스를 실행해야 할 필요가 있었어요. 프로젝트오베이션 팀은 오랜 시간 수행될 수도 있는 태스크 때문에 사용자가 기다리지 않길 원했고, 사용자가 타임아웃의 리스크를 떠안길 바라지 않았죠. 이 팀은 완전한 이벤트 기반의 아키텍처를 도입했고, 고전적인 파이프와 필터 패턴pipes and filters pattern을 활용해 이를 관리했어요.

마리아: 이게 복잡성 항로를 헤쳐나가는 여정의 끝이 아니었잖아요. 얼마나 힘들었나요?

미첼: 하하하. 아뇨, 아니었죠. 절대 끝나지 않을 것만 같았어요. 그러나 당신이 현명한 팀과 일한다면, 복잡성 항로로의 여행이 마치 공원 산책길과 같아져요. 실제로, 이벤트 기반 아키텍처는 확장되는 시스템 스위트suite의 여러 영역을 단순화시켜줬어요.

마리아: 그렇군요. 계속하죠. 그것은 분명 기회였어요. 제가 이 이야기에서 가장 좋아하는 부분으로 가볼까요. 아시잖아요. ($$$가 눈에서 반짝거림)

미첼: 우리의 아키텍처는 우리가 빠르게 확장하며 변경을 관리할 수 있도록 해

줬고, 로어링클라우드는 사스오베이션을 음… 공식 기록된 가격으로 매입했죠.

마리아: 매우 공식적이었죠. 보통주당 50달러에 30억 달러 가치의 공식 기록이었죠.

미첼: 금융 정보에 대한 기억력이 정말 좋으신데요! 올바르게 통합해나가는 과정에서의 중대한 보상이었죠. 그들은 매우 많은 수의 새로운 구독자를 불러왔는데, 사실 이 사용자 기반은 프로젝트오베이션의 인프라스트럭처를 압박하기 시작했어요. 이제 파이프와 필터를 배포하고 병렬화할 시점이었어요. 여기선 사가^{Saga}라고도 불리는 장기 실행 프로세스의 추가가 필요했어요.

마리아: 좋은데요. 당신은 단언컨대 그 과정이 재미있었다고 말할 수 있나요?

미첼: 재미있기도 했지만, 반드시 필요한 부분이었어요.

마리아: 재미있는 부분이 끝나질 않네요. 아마 당신의 긴 성공 이야기에서 가장 기대할 수 없었고 심지어 충격적이기도 한 부분이 이어지잖아요.

미첼: 잘 아시네요. 로어링클라우드가 너무 많은 구독 신청자와 수백만의 사용자로 인해 시장을 독점했기 때문에, 정부가 이를 알아차리고 산업을 규제하기 시작했어요. 로어링클라우드로 하여금 프로젝트에 일어나는 모든 변경을 추적하도록 요구하는 새 법안이 통과됐죠. 사실 감사를 받아야 하는 상황에 대처하는 최선의 방법은 이벤트 소싱[event sourcing]이었는데, 도메인 모델에 당연스럽게 포함돼 있던 한 부분이기도 했어요.

마리아: 세상에, 태세를 갖추고 있었네요. 미쳤어요. 아니, 정말, 정말 미쳤네요.

미첼: 사실 정말 미치도록 기분 좋은 문제 상황이긴 하죠.

마리아: 정말 놀라운 건, 이 모든 시간 동안, 당신 애플리케이션의 핵심이 DDD 소프트웨어 모델에 기반했다는 점이에요. 그럼에도 DDD는 당신에게 해를 끼치지 않았네요. 이로 인한 어려움을 겪지 않은 것처럼 보여요.

미첼: 사실 해를 끼치지 않은 정도가 아니죠. 우리는 우리가 초기에 DDD를 선택했고 이를 이해하기 위해 시간을 들였기 때문에, 우리가 빠져나갈 수 없었고 또 그러길 원하지도 않았던 비즈니스 상황을 수월하게 해결했다고 강하게 믿고 있어요.

마리아: 제가 자주 말하는 것처럼, 정말 '돈 되는 소리'네요. 다시 한 번 나와주셔서 고마워요. 지금까지 바른 아키텍처의 선택이 지속적인 성공을 이끌 수 있는지 '당신의 아키텍처 $타일을 알라'에서 알아봤습니다.

미첼: 천만에요, 마리아. 초대해주셔서 고맙습니다.

조금 황당하긴 하지만 도움이 되는 이야기였다. 이 이야기는 다음 절에서 논의할 아키텍처적 영향력을 DDD에서 사용하는 방법과 각 요소를 적절한 시점에 도입하는 방법에 관해 묘사하고 있다.

계층

계층 아키텍처 [Buschmann 등] 패턴은 많은 사람들에게 모든 패턴의 할아버지쯤으로 여겨지고 있다. 이는 N-계층 시스템을 지원하며, 따라서 일반적으로 웹이나 엔터프라이즈, 또는 데스크톱 애플리케이션에서 사용된다. 여기선 우리의 애플리케이션과 시스템의 다양한 문제를 잘 정의된 계층으로 엄격하게 분리해본다.

> 도메인 모델과 비즈니스 로직의 표현을 격리하고(isolate), 인프라 의존성이나 사용자 인터페이스나 비즈니스 로직을 제외한 애플리케이션 로직 등도 모두 제거하라. 복잡한 프로그램은 계층으로 나눠라. 각 계층 내에선 응집력 있고 하위 계층들에만 의존하는 설계를 만들어라. [Evans, 16쪽]

그림 4.1은 전통적인 계층 아키텍처를 사용한 일반적 DDD 애플리케이션 계층을 나타낸다. 이 아키텍처에선 격리된 핵심 도메인이 하나의 계층 안에 자리잡고 있다. 이 계층 위에는 사용자 인터페이스와 애플리케이션 계층이 있고, 그 아래에는 인프라 계층이 있다.

이 아키텍처의 중요한 규칙은 각 계층이 자신의 층과 바로 아래층에만 연결될 수 있다는 점이다. 스타일에서는 약간의 차이가 있다. 엄격한 계층 아키텍처strict layers architectured는 바로 아래층과만 연결되도록 하는 구조다. 그러나 느슨한 계층구조relaxed layers architecture는 상위 계층이 그 아래의 모든 계층과 연결되도록 한다. 사용자 인터페이스와 애플리케이션 서비스는 대부분 인프라를 이용하기 때문에 대부분의 시스템이 느슨한 계층을 기반으로 한다.

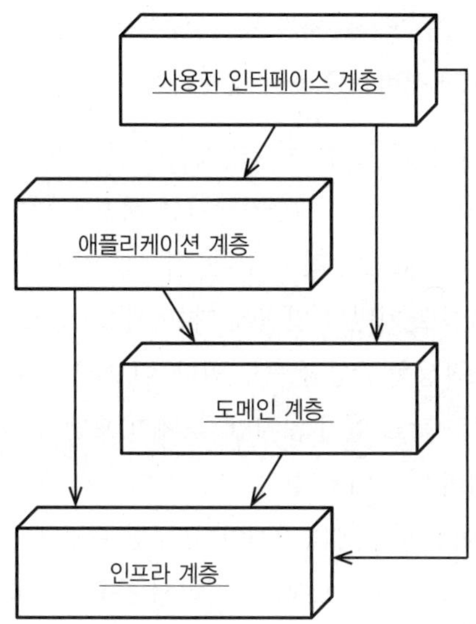

그림 4.1 DDD가 적용된 전통적인 계층 아키텍처

하위 계층은 사실상 상위 계층과 느슨하게 연결되지만, 이는 관찰자observer나 중재자mediator[Gamma 등]와 같은 메커니즘을 사용해야만 가능하다. 아래에서 위쪽으론 절대로 직접 참조할 수 없다. 예를 들어 중재자를 사용해 상위 계층이 아래 계층에서 정의한 인터페이스를 구현하고, 구현 객체를 하위 계층의 인수argument로 전달한다. 하위 계층은 구현 객체가 아키텍처적으로 어디에 위치하고 있는지 알지 못한 상태에서 이를 사용한다.

사용자 인터페이스는 사용자의 뷰와 요구사항 문제를 다루는 코드만 포함한다. 여기에 도메인/비즈니스 로직을 담아서는 안 된다. 사용자 인터페이스가 유효성 검사를 요구하기 때문에 비즈니스 로직이 여기에 포함돼야 한다고 결론 내리는 사람도 더러 있다. 사용자 인터페이스에서 찾을 수 있는 유효성 검사의 유형은 (오로지) 도메인 모델에 속해 있는 유형과는 다르다. 하지만 엔터티(5)에서 논의하는 내용처럼, 깊은 비즈니스 지식을 표현하는 대단위coarse-grained 유효성 검사는 오직 모델로만 제한하는 편이 좋다.

만약 사용자 인터페이스 컴포넌트가 도메인 모델의 객체를 사용하더라도, 일반적으론 데이터를 투명한 유리에 올려두는 수준으로 제한된다. 이 접근법을 사용하면 프레젠테이션 모델(14)을 사용해 뷰 자체가 도메인 객체에 관해 알지 못하도록 막을 수 있다.

사람과 다른 시스템 모두가 사용자가 될 수 있으므로 이 계층은 때론 오픈 호스트 서비스(14)의 형태로 API 서비스를 원격 호출하는 수단을 제공한다.

사용자 인터페이스의 컴포넌트는 애플리케이션 계층과 바로 연결되는 클라이언트다. 애플리케이션 서비스(14)는 애플리케이션 계층에 위치한다. 이는 도메인 서비스(7)와 다르며, 도메인 로직이 전혀 없다. 여기선 영속성 트랜잭션과 보안을 제어할 수 있다. 또한 이벤트 기반의 알림을 다른 시스템으로 보내거나, 사용자에게 보낼 이메일 메시지의 작성을 담당할 수도 있다. 이 계층에 위치한 애플리케이션 서비스는 비즈니스 로직을 갖고 있지 않지만, 도메인 모델의 직접적인 클라이언트가 된다. 애플리케이션 서비스는 매우 경량으로 유지되고, 애그리게잇(10)과 같은 도메인 객체에게 오퍼레이션의 수행을 지시한다. 또한 유스케이스나 사용자 스토리를 모델상에 표현하는 주요 방법이기도 하다. 따라서 사용자 인터페이스로부터 매개변수를 받아 리파지토리(12)를 사용해 애그리게잇 인스턴스를 획득하고, 몇 가지 커맨드 오퍼레이션을 수행하는 일이 애플리케이션 서비스의 공통 기능으로 포함된다.

```
@Transactional
public void commitBacklogItemToSprint(
    String aTenantId, String aBacklogItemId, String aSprintId) {
    TenantId tenantId = new TenantId(aTenantId);

    BacklogItem backlogItem =
        backlogItemRepository.backlogItemOfId(
                tenantId, new BacklogItemId(aBacklogItemId));

    Sprint sprint = sprintRepository.sprintOfId(
                tenantId, new SprintId(aSprintId));

    backlogItem.commitTo(sprint);
}
```

애플리케이션 서비스가 이보다 더 심하게 복잡해진다면 도메인 로직이 애플리케이션 서비스로 새어나가고 있음을 나타내는 신호일 수 있으며, 모델이 무기력해지고 있다는 뜻이다. 그러므로 모델 클라이언트를 매우 얇게 유지하는 것이 최선의 방법이다. 애플리케이션 서비스는 새로운 애그리게잇을 생성하기 위해 팩토리(11)를 사용하거나, 애그리게잇의 생성자가 새로운 인스턴스를 생성하도록 해서 그에 맞는 리파지토리를 통해 저장시킨다. 애플리케이션 서비스는 무상태 오퍼레이션으로 설계된 일부 도메인별 태스크를 완성하기 위해 도메인 서비스를 사용할 수도 있다.

도메인 모델이 도메인 이벤트(8)를 게시하도록 설계됐다면, 애플리케이션 계층은 이벤트에 구독자를 얼마든지 등록할 수 있다. 이렇게 함으로써, 이벤트를 저장하거나 전달하거나 애플리케이션이 책임지고 처리토록 할 수 있다. 이를 통해 도메인 모델이 고유한 핵심 문제만 알면 되는 자유로움을 갖고, 도메인 이벤트 게시자(8)를 경량으로 유지할 수 있도록 해주며, 메시징 인프라스트럭처 의존성으로부터 해방된다.

모든 비즈니스 로직을 처리하게 되는 도메인 모델은 다른 장에서 훨씬 자세히 논의되므로, 여기서 다시 설명하진 않겠다. 그런데 전통적인 계층을 사용하면 도메인과 관련된 몇 가지 문제가 발생한다. 계층을 사용하면 도메인 계층에서 인프라 계층을 사용할 때 제약을 둬야 할 수 있다. 그렇다고 핵심 도메인 객체가 이를 사용할 수 있다는 의미는 아니며, 이런 상황은 무조건 피하도록 해야 한다. 하지만 계층의 정의에 따르기 위해선 인프라가 제공하는 기술에 의존적인 도메인 계층 안에서 일부 인터페이스를 구현해야 할 수도 있다.

예를 들어, 리파지토리 인터페이스는 영속성 메커니즘처럼 인프라에서 제공하는 컴포넌트를 사용하는 구현이 필요하다. 우리가 리파지토리 인터페이스를 인프라에 막 구현한 상황이라면 어떨까? 인프라 계층이 도메인 계층 아래에 있기 때문에, 인프라에서 도메인을 참조하면 계층 아키텍처의 규칙을 어기게 된다. 그렇다고 주요 도메인 객체가 인프라와 결합된다는 의미도 아니다. 이런 문제를 피하기 위해 모듈(9)을 구현해 기술적 클래스를 숨길 수 있다.

```
com.saasovation.agilepm.domain.model.product.impl
```

모듈(9)에서 언급하듯, 저 패키지 안에 `MongoProductRepository`를 집어넣을 수 있다. 그러나 이는 문제를 다루는 유일한 방법이 아니다. 대신에 이 인터페이스를 애플리케이션 계층 안에 구현해 계층의 규칙을 지킬 수도 있다. 그림 4.3에선 이런 접근법을 단편적으로 보여준다. 그러나 이 방법은 아마도 썩 내키지 않을지도 모른다.

'의존성 역행 원리^Dependency Inversion Principle'라고 이름 붙인 절에서 설명하는 내용처럼, 더 나은 방법이 있다.

전통적인 계층 아키텍처에서 인프라는 가장 아래에 있다. 영속성이나 메시징 메커니즘과 같은 요소가 바로 이 층에 있다. 메시지는 엔터프라이즈 메시징 미들웨어 시스템이 발송하거나, 이메일SMTP이나 문자 메시지SMS처럼 더 기초적인 요소를 포함할 수도 있다. 애플리케이션에 낮은 수준의 서비스를 제공하는 모든 기술적인 컴포넌트와 프레임워크를 생각해보자. 이들은 주로 인프라의 일부로 간주된다. 높은 수준의 계층은 제공된 기술적 기능의 재사용을 위해 낮은 수준의 컴포넌트와 연결된다. 마찬가지로, 이런 상황에서도 핵심 도메인 모델 객체를 인프라에 연결하려는 생각은 모두 접어두자.

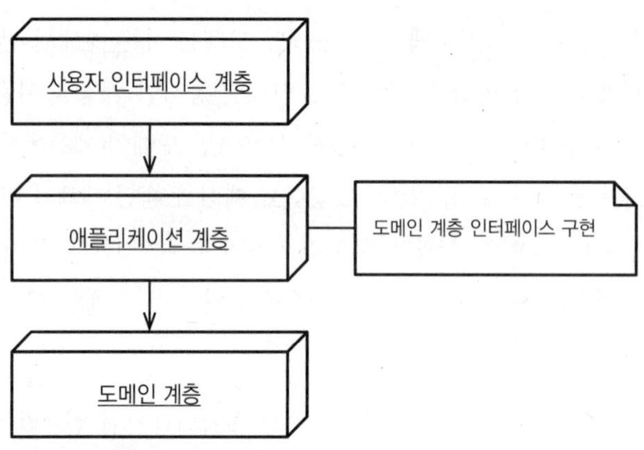

그림 4.2 애플리케이션 계층은 도메인 계층에서 정의한 인터페이스의 기술적 구현을 일부 포함할 수 있다.

사스오베이션 팀은 인프라 계층을 가장 아래에 두면 불이익이 일부 발생할 수 있다는 사실을 알게 됐다. 첫째로, 도메인 계층에서 필요한 기술적 측면을 구현하기엔 좀 씁쓸한 느낌이 드는데, 이는 계층의 규칙을 어겨야 하기 때문이다. 그리고 사실 이런 코드는 테스트도 어렵다. 어떻게 불이익을 극복할 수 있을까?

우리가 계층의 순서를 조정한다면, 좀 더 달짝지근하게 만들 수 있을까?

의존성 역행 원리

의존성이 영향을 주는 방식을 조정함으로써 전통적인 계층 아키텍처를 개선하는 방법이 하나 있다. 의존성 역행 원리DIP, Dependency Inversion Principle는 로버트 C. 마틴에 의해 제안됐고, [Martin, DIP]에 설명돼 있다. 공식적 정의는 다음과 같다.

> 상위 수준의 모듈은 하위 수준 모듈에 의존해선 안 된다. 둘 모두는 반드시 추상화에 의존해야 한다.
>
> 추상화는 세부사항에 의존해선 안 된다. 세부사항은 추상화에 의존해야 한다.

이 정의의 본질은, 하위 수준의 서비스를 제공하는 컴포넌트(우리의 논의에서는 인프라)가 높은 수준의 컴포넌트(우리의 논의에서는 사용자 인터페이스와 애플리케이션과 도메인)에서 정의한 인터페이스에 의존해야 한다는 내용이다. DIP를 사용하는 아키텍처를 표현하는 몇 가지 방법이 있지만, 그림 4.3에서와 같은 구조로 요약해볼 수 있다.

DIP는 정말로 모든 계층을 지원하는가?

일부에선 DIP가 위의 계층과 아래 계층, 딱 두 계층만으로 이뤄진다고 판단하기도 한다. 아래 계층에서 정의한 인터페이스 추상화는 위 계층이 구현한다. 그림 4.3을 여기에 맞추면, 인프라 레이어는 위 계층, 사용자 인터페이스 계층과 애플리케이션 계층과 도메인 계층은 아래 계층을 이루게 된다. 여러분은 이런 관점의 DIP 아키텍처를 선호할 수도 있고 아닐 수도 있다. 걱정하지 말자. 우린 헥사고날[Cockburn] 아키텍처, 포트, 어댑터 아키텍처를 향해 나아가는 중이다.

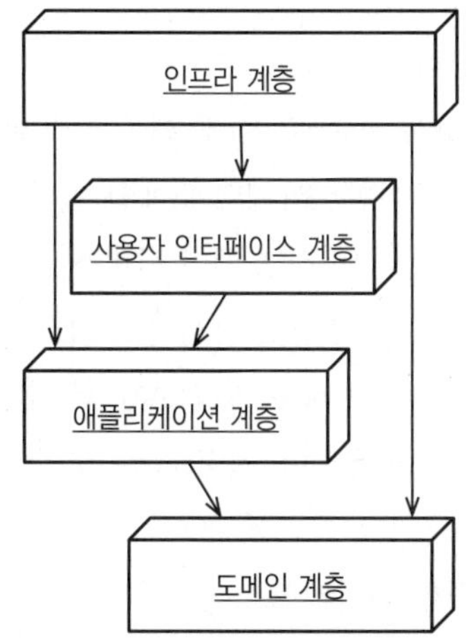

그림 4.3 의존성 역행 원리를 사용한 계층의 한 가지 예. 인프라 계층을 가장 위로 올려서, 아래의 모든 계층을 위해 인터페이스를 구현토록 했다.

그림 4.3과 같은 아키텍처에선 도메인에 정의된 인터페이스에 따라 리파지토리를 인프라에 구현할 수 있다.

```
package com.saasovation.agilepm.infrastructure.persistence;

import com.saasovation.agilepm.domain.model.product.*;

public class HibernateBacklogItemRepository
    implements BacklogItemRepository {
    ...
    @Override
    @SuppressWarnings("unchecked")
    public Collection<BacklogItem> allBacklogItemsComittedTo(
        Tenant aTenant, SprintId aSprintId) {
        Query query =
            this.session().createQuery(
                "from -BacklogItem as _obj_ "
                + "where _obj_.tenant = ? and _obj_.sprintId = ?");

        query.setParameter(0, aTenant);
        query.setParameter(1, aSprintId);

        return (Collection<BacklogItem>) query.list();
    }
    ...
}
```

도메인 계층에 초점을 맞춰보면, DIP를 사용함으로써 도메인과 인프라 모두가 도메인 모델에서 정의한 추상화(인터페이스)에 의존하게 된다. 애플리케이션 계층은 도메인을 직접 사용하는 클라이언트이므로 도메인 인터페이스에 의존적이며, 리파지토리나 인프라에서 제공하는 기술적 도메인 서비스 구현 클래스를 간접적으로 액세스한다. 구현을 위해선 의존성 주입이나 서비스 팩토리나 플러그인을 비롯한 여러 방법 중 하나를 선택할 수 있다[Fowler, P of EAA]. 책 전반에 걸친 예제에선 스프링 프레임워크의 의존성 주입을 사용하며, 가끔 DomainRegistry 클래스를 통해 서비스 팩토리도 활용한다. 실제론 DomainRegistry에서도 리파지토리와 도메인 서비스 등의 도메인 모델에서 정의한 인터페이스가 있을 때, 이런 인터페이스를 구현한 빈bean의 참조를 찾기 위해 스프링을 사용한다.

흥미로운 부분은 DIP가 이 아키텍처에 미치는 영향을 감안한다면, 실제론 계층이 나눠지지 않는다고 결론 내릴 수도 있다는 점이다. 상위 수준의 관심사와 하위 문제 관심사 모두가 추상화에서만 의존적이며, 스택처럼 쌓여 있는 형태가 무너지는 듯이 보인다. 우리가 이 아키텍처를 흥미롭게 변화시켜 대칭성symmetric을 더한다면 어떨까? 그 방법을 이어서 알아보자.

헥사고날 또는 포트와 어댑터

앨리스테어 콕번Alistair Cockburn은 헥사고날 아키텍처[2]에서 대칭성을 만들어주는 스타일을 규정했다[Cockburn]. 이 아키텍처는 다양한 이질적 클라이언트가 동등한 지위에서 시스템과 상호작용하도록 함으로써 그 목표를 달성한다. 새로운 클라이언트가 필요한가? 문제없다. 단순히 내부 애플리케이션의 API가 클라이언트의 입력을 이해하도록 변환해주는 어댑터만 추가하면 된다. 이를 바탕으로 시스템이 사용하는 그래픽, 영속성, 메시징과 같은 출력 메커니즘이 다양해지고 쉽게 대체할 수 있게 된다. 이는 애플리케이션 결과를 지정된 출력 메커니즘이 허용하는 형태로 변환하기 위해 어댑터를 생성했기 때문에 가능하다.

지금까지 논의한 대로라면, 여러분은 아마도 이 아키텍처가 세월이 흘러도 변치 않을 잠재력을 가졌다는 데 동의할지도 모른다.

계층 아키텍처를 사용하고 있다고 말하는 많은 팀은 실제론 헥사고날을 사용하고 있다. 이는 많은 프로젝트에서 의존성 주입을 사용하고 있기 때문이기도 하다. 의존성 주입이 무조건 헥사고날을 의미하진 않으며, 아키텍처를 만드는 과정에서 자연스럽게 포트와 어댑터 스타일의 방향으로 흘러가게 해줄 뿐이다. 어찌 됐든, 더 철저히 이해한다면 더 분명하게 판단할 수 있을 것이다.

우리는 일반적으로 클라이언트가 시스템과 상호작용하는 곳을 '프론트 엔드front end'로 여긴다. 마찬가지로 애플리케이션이 저장된 영속성 데이터를 가져오거나 새로운 영속성 데이터를 저장하거나 출력을 내보내는 곳을 '백 엔드back end'라고 여긴다. 그러나 그림 4.4와 같이 헥사고날은 시스템의 영역을 다른 방식으로 바라본다.

2 이름이 포트와 어댑터로 변하긴 했지만, 우리는 이 아키텍처를 헥사고날이라 부르기로 한다. 이름이 바뀌었지만 아직도 커뮤니티에선 헥사고날이라 부른다. 어니언 아키텍처 또한 부상하고 있다. 그러나 많은 사람들이 어니언은 단지 헥사고날의 (안타까운) 대안이라고 생각한다. 이 둘을 같게 보더라도 큰 무리가 없으며, 여기선 [Cockburn]의 정의를 따르기로 하자.

여기엔 외부와 내부의 두 주요 영역이 있다. 외부 영역은 이질적인 클라이언트가 입력을 보낼 수 있도록 해주며, 영속 데이터를 가져오거나 애플리케이션의 출력을 저장하거나(예: 데이터베이스) 다른 위치로 전송하는(예: 메시징) 메커니즘을 제공한다.

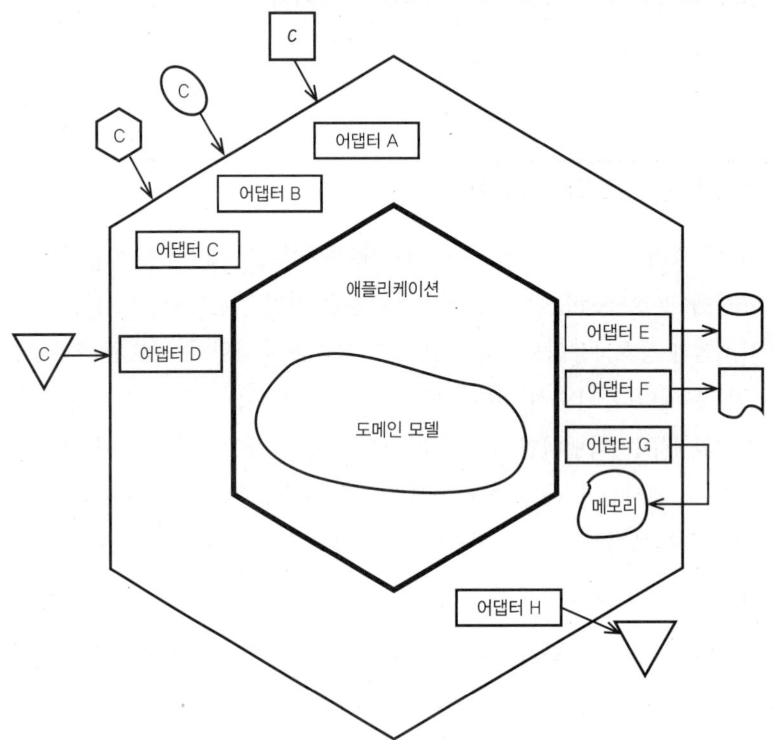

그림 4.4 헥사고날 아키텍처는 포트와 어댑터로도 알려져 있다. 외부 타입마다 어댑터가 존재하고, 외부 영역은 애플리케이션의 API를 통해 내부 영역과 이어진다.

카우보이 논리

AJ: 내 말들이 새 헥사고날 울타리를 좋아하는 게 확실해. 내가 안장을 들고 다가갈 때 도망 다닐 수 있는 모퉁이가 더 많아지니까.

그림 4.4에서 각 클라이언트 타입은 자신만의 고유한 어댑터를 갖는데[Gamma 등], 이는 입력 프로토콜을 애플리케이션의 API와 호환되는 '내부' 입력으로 변환한다. 각 헥사고날의 면은 입력이든 출력이든 각기 다른 종류의 포트를 표현한다. 클라이언트의 세 가지 요청이 같은 종류의 입력 포트(어댑터 A, B, C)로 들어오고, 다른 하

나는 다른 종류의 포트(어댑터 D)를 사용한다. 아마도 세 가지 요청은 HTTP(브라우저, REST, SOAP 등)를 사용하고, 다른 하나는 AMQP(예를 들면, 래빗MQ)를 사용할지도 모른다. 포트를 정의하는 엄격한 틀이 있는 것은 아니며, 따라서 포트라는 개념은 유연하게 해석된다. 포트를 어떤 위치로 나눴든, 클라이언트의 요청이 도착하면 그에 해당하는 각각의 어댑터가 이 입력을 변환해준다. 그런 후에 애플리케이션에서의 오퍼레이션을 호출하거나 애플리케이션으로 이벤트를 보낸다. 이를 통해 제어권이 내부로 전달된다.

아마도 우리는 포트를 직접 구현하지 않을지도 모른다

사실 우린 일반적으로 포트를 직접 구현하지 않는다. HTTP로서의 포트와, 컨테이너(JEE)나 프레임워크(REST 이지나 저지)로부터 메소드 호출을 받는 자바 서블릿이나 JAX-RS 애노테이션이 추가된 클래스로서의 어댑터를 생각해보자. N서비스버스(NServiceBus)나 래빗MQ의 메시지 리스너를 생성할 수도 있다. 여기서의 포트는 일종의 메시징 메커니즘이다. 또한 어댑터는 메시지 리스너인데, 메시지 리스너의 책임은 메시지로부터 데이터를 가져와서 매개변수로 변환시킨 후 애플리케이션 API(도메인 모델의 클라이언트)로 전달하는 일이기 때문이다.

기능적 요구사항에 따라 애플리케이션 내부를 설계하라

헥사고날을 사용하면 유스케이스를 염두에 두고 설계할 뿐이지, 지원되는 클라이언트의 수를 고려하진 않는다. 클라이언트의 수나 유형이 어떻든 다양한 포트를 통해 요청을 보낼 수 있지만, 각 어댑터는 같은 API를 사용해 애플리케이션에게 요청을 할당한다.

애플리케이션은 퍼블릭 API를 통해 요청을 받는다. 애플리케이션 경계(또는 내부 헥사고날)는 유스케이스(또는 사용자 스토리)의 경계이기도 하다. 즉 애플리케이션의 기능적 요구사항에 기반해 유스케이스를 생성해야지, 다양한 클라이언트가 얼마나 연결될지나 출력 메커니즘에 기반해서는 안 된다. 애플리케이션이 API를 통해 요청을 받으면, 비즈니스 로직의 수행을 포함하는 모든 요청을 도메인 모델을 사용해 만족시킬 수 있도록 해야 한다. 결국 애플리케이션의 API는 애플리케이션 서비스의 집합으로 게시된다. 계층을 사용할 때처럼, 여기도 역시 애플리케이션 서비스는 도메인 모델과 직접 연결되는 클라이언트다.

다음은 JAX-RS를 사용해 게시된 레스트풀 리소스를 보여준다. HTTP 입력 포트를 통해 요청이 도착하고, 핸들러는 어댑터로서 동작해 요청을 애플리케이션 서비스로 할당한다.

```
@Path("/tenants/{tenantId}/products")
public class ProductResource extends Resource {

    private ProductService productService;
    ...
    @GET
    @Path("{productId}")
    @Produces({ "application/vnd.saasovation.projectovation+xml" })
    public Product getProduct(
            @PathParam("tenantId") String aTenantId,
            @PathParam("productId") String aProductId,
            @Context Request aRequest) {

        Product product = productService.product(aTenantId, aProductId);

        if (product == null) {
            throw new WebApplicationException(
                    Response.Status.NOT_FOUND);
        }

        return product; // MessageBodyWriter를 사용해 XML로 직렬화
    }
    ...
}
```

다양한 JAX-RS 애노테이션은 어댑터의 중요한 구성 요소이며, 리소스 경로를 파싱하고 매개변수를 String 인스턴스로 변환해준다. 주입[inject]된 ProductService 인스턴스를 사용해 해당 요청을 애플리케이션 내부로 할당한다. Product는 XML로 직렬화돼 Response로 들어가며, 이는 HTTP 출력 포트로 보내진다.

JAX-RS가 초점은 아니다

이는 단지 애플리케이션과 도메인 모델을 사용하는 한 방법일 뿐이다. 본질적으론 JAX-RS는 중요하지 않다. 우리는 대신 레스트풀리(Restfulie)를 이용하거나 레스트화 모듈을 실행하는 노드(Node.js) 서버를 생성할 수도 있다. 그렇지만 앞으로 살펴볼 내용처럼, 다른 포트에서의 입력을 처리하도록 설계된 어댑터도 여전히 같은 API로 할당할 것이다.

한편, 애플리케이션을 다른 측면에서 살펴본다면 어떨까? 기존에 저장된 애그리게잇 인스턴스에 액세스하고 새로운 애그리게잇을 저장하는 기능을 제공하는 영속성 어댑터로서의 리파지토리 구현을 생각해보자. 다이어그램에 표현된 대로(어댑터 E, F, G), 우린 관계형 데이터베이스, 문서 저장, 분산 캐시, 메모리 저장을 위해 리파지토리를 구현할 수 있다. 만약 애플리케이션이 도메인 이벤트 메시지를 외부로 보내야 할 땐 메시징을 위해 다른 어댑터(H)를 사용할 것이다. 출력 메시징 어댑터는 AMQP를 지원하는 내부 어댑터와는 반대 방향이며, 따라서 영속성에 사용된 포트와는 다르다.

헥사고날의 큰 장점은 테스트를 위해 어댑터를 쉽게 개발할 수 있다는 점이다. 클라이언트와 저장소 메커니즘이 없더라도, 전체 애플리케이션과 도메인 모델을 설계해서 테스트할 수 있다. HTTP/RES나 SOAP나 메시징 포트를 지원할지 결정하기 훨씬 전에, 테스트를 생성해서 `ProductService`를 구동해볼 수 있다. 사용자 인터페이스 와이어프레임wireframe이 완성되기 전에 다양한 테스트 클라이언트를 얼마든지 개발할 수 있다. 프로젝트의 영속성 메커니즘을 선택할 때까지 많은 시간이 남았더라도, 인메모리 리파지토리로 영속성을 흉내 내서 테스트를 위해 사용할 수 있다. 인메모리 구현을 개발하는 상세 내용은 리파지토리(12)를 참고하자. 부수적인 기술적 컴포넌트가 없더라도 핵심적인 부분에서의 중요한 진전을 이룰 수 있다.

계층을 제대로 사용하고 있다면, 구조를 무너뜨리고 포트와 어댑터 기반으로 개발하는 이점을 고려해보라. 적절히 설계된다면, 헥사고날의 내부(애플리케이션과 도메인 모델)는 외부로 새어나가지 않을 것이다. 이는 내부에 유스케이스를 구현하는 분명한 애플리케이션 경계가 만들어지도록 도와준다. 외부에선 클라이언트 어댑터를 통해 얼마든지 자동화된 테스트와 실제 클라이언트를 지원할 수 있고, 뿐만 아니라 저장소, 메시징, 다른 출력 메커니즘도 마찬가지로 지원한다.

사스오베이션 팀은 헥사고날 아키텍처의 이점을 고민했고, 계층 대신 이를 사용하기로 결정했다. 사실 어려운 결정은 아니었다. 이미 익숙한 스프링 프레임워크를 그대로 사용하면서, 사고방식만을 조금 바꾸는 것으로 충분했다.

헥사고날 아키텍처는 다양한 측면에서 활용되므로, 시스템에 필요한 다른 여러 아키텍처를 지원할 때 든든한 기반이 된다. 예를 들어, 서비스 지향이나 REST 또는 이벤트 주도 아키텍처를 파헤치거나, CQRS를 사용하거나, 데이터 패브릭data fabric 또는 그리드 기반 분산 캐시grid-based distributed cache를 사용하거나, 맵-리듀스map-reduce 분산 병렬 처리를 사용할 수 있다(이 중 대부분에 관해 이어지는 내용에서 논의한다). 헥사고날 스타일은 이런 부가적인 아키텍처를 지원하는 강력한 기반을 형성한다. 물론 다른 방법도 가능하겠지만, 4장의 나머지 부분에서 논의할 각 주제는 포트와 어댑터의 도움을 받아 개발된다고 가정한다.

서비스 지향

서비스 지향 아키텍처Service-Oriented Architecture(또는 SOA)를 어떤 의미로 정의하는지는 사람마다 차이가 있다. 그래서 이에 관한 논의는 쉽지 않으며, 몇 가지 공통점을 찾거나 단순히 토론을 위한 기반을 정의하는 수준이 최선이다. 토마스 얼에 의해 정의된 SOA의 몇 가지 원리를 고려해보자[Erl]. 서비스는 언제나 상호 운용성interoperable이 있다는 사실 외에도, 표 4.1과 같이 여덟 가지 설계 원리가 있다.

표 4.1 서비스의 설계 원리

서비스 설계 원리	내용
1. 서비스 계약(Service Contract)	서비스는 그 목적과 기능을 하나 이상의 설명 문서에 계약으로써 표현한다.
2. 서비스의 느슨한 결합(Service Loose Coupling)	서비스는 의존성을 최소화하고 오직 서로에 대해서만 알고 있다.
3. 서비스 추상화(Service Abstraction)	서비스는 그들의 계약만을 게시하고, 클라이언트로부터 내부 로직을 숨긴다.
4. 서비스 재사용성(Service Reusability)	서비스는 좀 더 대단위(coarse-grained)의 큰 서비스를 만들기 위해 다른 상대에게 재사용될 수 있다.
5. 서비스 자율성(Service Autonomy)	서비스는 하위 환경과 자원을 제어하며 독립적으로 유지되고, 이로부터 서비스는 일관성과 신뢰성을 유지한다.
6. 서비스 무상태(Service Statelessness)	서비스는 상태 관리의 책임을 소비자(consumer)에게 두며, 이는 서비스 자율성을 위한 제어 과정과 충돌하지 않도록 하기 위해서다.

(이어짐)

서비스 설계 원리	내용
7. 서비스 발견성(Service Discoverability)	메타데이터로 서비스를 기술함으로써 검색이 가능해지고 서비스 계약을 이해할 수 있는데, 이를 통해 서비스는 (재)사용 가능한 자산이 된다.
8. 서비스 구성성(Service Composability)	서비스는 크기나 컴포지션의 복잡성과는 무관하게, 더 대단위의 서비스를 구성하는 일부가 될 수 있다.

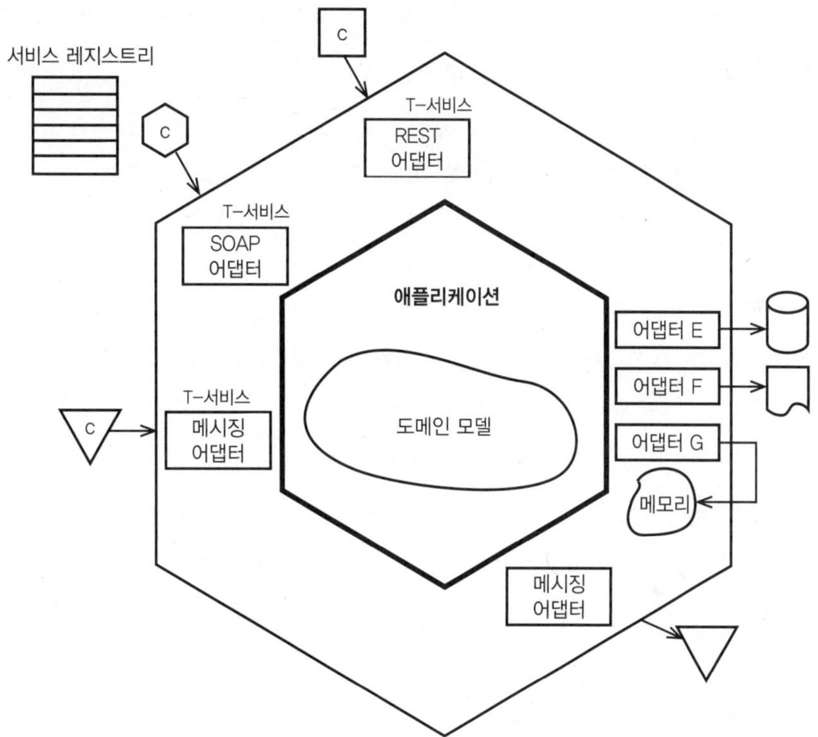

그림 4.5 REST, SOAP, 메시징 서비스를 통해 SOA를 지원하는 헥사고날 아키텍처

우리는 가장 왼편의 서비스 경계와 도메인 모델을 핵심에 두고, 설계 원리를 헥사고날 아키텍처와 결합할 수 있다. 기본적 아키텍처는 그림 4.5에 제시했는데, 여기서 소비자는 REST와 SOAP와 메시징을 이용해 서비스에 접근한다. 하나의 헥사고날 기반 시스템이 다수의 기술적 서비스 엔드포인트를 지원한다는 점에 유의하자. 이는 DDD가 SOA에서 어떻게 사용되는지와 관련 있다.

SOA가 무엇이고 어떤 가치를 제공하는지에 관해선 다양한 의견이 있기 때문에, 여러분이 여기서 제시하는 내용에 동의하지 않는다고 해도 놀라운 일은 아니다.

마틴 파울러는 이 상황을 '서비스 지향의 모호성service-oriented ambiguity'이라 칭했다 [Fowler, SOA]. 따라서 나는 SOA의 모호성을 해결하려는 무모한 시도를 하진 않을 것이다. 여기선 SOA 선언문SOA Manifesto[3]에서 선언했던 여러 우선순위에 DDD가 부합되는 한 가지 관점을 제공한다.

첫째, 선언문 참여자 중 한 사람인 [Tilkov, Manifesto]가 서술했던 실용적 관점을 고민해보면 한 가지 중요한 컨텍스트를 알 수 있다. 그는 선언문에서 언급한 내용을 통해, SOA 서비스가 무엇일지에 관해 한두 걸음 더 가까이 다가갈 수 있는 단서를 우리에게 제공한다.

> [The Manifesto]는 서비스를 SOAP/WSDL 인터페이스의 집합이나 레스트풀 리소스의 모음으로 바라보는 관점을 선택할 기회를 준다. 이는 정의를 내리겠다는 의도가 아니며, 우리 모두가 동의할 수 있는 가치와 원리를 찾으려는 시도다.

스테판의 언급은 주목할 만하다. 동의를 얻기 위한 노력은 언제나 도움이 되며, 우린 아마도 몇 가지 기술적 서비스technical service가 비즈니스 서비스를 제공할 수 있다는 점에는 동의할 수 있을 것이다.

기술적 서비스는 레스트풀 리소스, SOAP 인터페이스, 메시징 타입 등의 모습을 띨 수 있다. 비즈니스 서비스는 비즈니스와 기술을 하나로 만들어주는 방법으로서 비즈니스 전략을 강조한다. 그러나 하나의 비즈니스 서비스를 정의하는 것이 하나의 서브도메인(2)이나 바운디드 컨텍스트를 정의하는 것과 같은 의미는 아니다. 문제점 공간과 해결책 공간 평가를 수행하면 각각 많은 수로 구성된 비즈니스 서비스를 발견하게 될 것이 분명하다. 따라서 그림 4.5는 단 하나의 바운디드 컨텍스트에 해당하는 아키텍처를 보여줬을 뿐이지만, 이는 많은 레스트풀 리소스, SOAP 인터페이스, 메시징 타입 등을 통해 구체화된 기술적 서비스의 집합을 제공할 수 있으며, 이 집합은 전체 비즈니스 서비스의 일부일 뿐이다. SOA 해결책 공간에선 헥사고날 아키텍처를 사용하는지 여부를 떠나서, 다양한 바운디드 컨텍스트가 나타나게 된다. SOA나 DDD 모두는 각 기술적 서비스 집합마다 설계하고 배치하는 방법을 명시할 필요가 없으며, 이미 사용할 수 있는 다양한 선택지가 존재한다.

어쨌든 DDD를 사용할 때의 목표는 언어적으로 잘 정의된 완벽한 도메인 모델을 바탕으로 바운디드 컨텍스트를 생성하는 것이다. 바운디드 컨텍스트(2)에서 논의했

---

3 SOA 선언문 그 자체론 부정적인 평가를 받았지만, 여전히 얻을 수 있는 가치가 있다.

듯, 아키텍처가 도메인 모델의 크기에 영향을 주길 바라지 않는다. REST 리소스나 SOAP 인터페이스나 시스템 메시지 타입과 같은 하나 이상의 기술적 서비스 엔드포인트를 사용해 바운디드 컨텍스트의 크기를 나타내려 한다면 이런 상황에 빠질 수도 있다. 이런 식의 접근은 매우 작은 바운디드 컨텍스트와 도메인 모델이 만들어지고, 각각에선 단 하나의 엔터티가 작은 단일 애그리게잇 루트의 역할을 수행하는 상황에 빠지게 만든다. 이렇게 되면 단일 엔터프라이즈 내에 이런 바운디드 컨텍스트 미니어처가 수없이 존재할 것이다.

이 접근법에 기술적 이점이 있는 것처럼 보일지라도, 이는 전략적 DDD의 목적을 실현하지는 못한다. 이는 실제론 언어를 조각 낼 뿐이며, 완전하고 포괄적인 유비쿼터스 언어에 기반한 깨끗하고 잘 모델링된 도메인을 구축하는 일과는 상반된 작업이다. 또한 다음과 같은 SOA 선언문의 측면에서도 비정상적으로 바운디드 컨텍스트를 조각 내는 일은 SOA의 정신과 맞지 않다.

1. 기술적 전략보다 비즈니스 가치
2. 프로젝트만의 이익보다는 전략적 목표

우리가 이를 가치 있게 받아들인다면, 전략적 DDD와도 아주 잘 어울리게 된다. 바운디드 컨텍스트(2)에서 설명했듯, 모델을 파티션할 땐 기술적 컴포넌트 아키텍처의 동인[driver]은 중요성이 떨어진다.

사스오베이션 팀은 어렵고도 중요한 교훈을 얻었는데, 언어적 드라이버에 귀를 기울이는 편이 DDD에 더 낫다는 점이었다. 이들의 세 가지 바운디드 컨텍스트는 SOA의 목표를 반영하고 있으며, 이 목표는 비즈니스의 목표와 기술적 서비스의 목표를 포괄한다.

바운디드 컨텍스트(2), 컨텍스트 지도(3), 바운디드 컨텍스트 통합하기(13)에서 논의하는 세 샘플 모델은 각각 언어적으로 잘 정의된 하나의 도메인 모델을 나타낸다. 각 도메인 모델은 비즈니스 목표에 맞는 SOA를 구현한, 오픈 서비스의 집합으로 둘러싸여 있다.

REST: 표현 상태 전송

스테판 틸코프의 기고

REST는 지난 수년 동안 가장 많이 사용된 동시에 남용되기도 한, 아키텍처의 화제어 중 하나가 되었다. 대개 그렇듯, 약자를 사용하면 사람들의 생각이 저마다 달라진다. 일부에선 REST가 SOAP를 사용하지 않고 HTTP 연결상에서 XML을 전송한다고 생각하며, 다른 일부는 HTTP와 JSON의 사용과 같은 의미로 생각하기도 한다. 또 다른 사람들은 REST를 수행하기 위해선 메소드 인수를 URI 쿼리 매개변수로 보내야 한다고 생각하기도 한다. 이 해석은 모두 틀렸지만, '컴포넌트'나 'SOA' 같은 개념과는 달리 REST에선 다행스럽게도 그 의미를 알 수 있는 권위 있는 소스가 있는데, 바로 로이 T. 필딩의 논문이다. 이 논문에선 REST라는 용어를 만들고 아주 명확하게 정의하고 있다.

아키텍처 스타일로서의 REST

REST를 위해 가장 먼저 필요한 부분은 아키텍처 스타일이라는 개념에 관한 이해다. 아키텍처 스타일이란 특정 설계를 위한 설계 패턴이 무엇인지에 관한 구조적인 큰 그림이다. 이는 여러 구체적 구현에서 일반적으로 사용되는 측면을 추상화하며, 이를 통해 기술적 세부사항에만 집착하다가 길을 잃지 않게 해주고 어떤 부분에서 이점이 있는지 논의할 수 있도록 해준다. 분산 시스템 아키텍처에 관해선 클라이언트-서버나 분산 객체를 포함한 다양한 스타일이 있다. 필딩의 논문 초반부 몇 장에서는 이런 스타일 중 일부를 설명하면서, 각 스타일의 아키텍처적 제약사항을 다루고 있다. 여러분은 아키텍처 스타일의 개념과 그에 따르는 제약을 다소 이론적이라 느낄지도 모르며, 실제로도 그러하다. 이는 (당시에) 필딩이 소개한 새로운 아키텍처 스타일의 이론적인 기반을 구축한다. 이것이 바로 REST이며, 웹의 아키텍처로 쓰이도록 만들어진 아키텍처 스타일이다.

물론 웹 자체는 그에 관한 가장 중요한 표준인 URI, HTTP, HTML을 포함해, 필딩의 박사 논문보다 앞선다. 그러나 필딩은 HTTP 1.1 표준화의 주요 세력 중 하나였고, 우리가 알다시피 웹이라는 결과를 가져왔던 많은 설계 의사결정에 큰 영향을 미쳤다.[4] 이렇듯, REST는 웹의 아키텍처가 형성된 이후 웹 아키텍처 자체를 기반으로

4 그는 또한 널리 쓰인 HTTP 라이브러리를 최초로 작성한 사람이며, 아파치 HTTP 서버의 초기 개발자 중 한 명이고, 아파치 소프트웨어 재단의 창립자이기도 하다.

둔 추론을 바탕으로 얻어진 이론적 결과다.

그렇다면 왜 지금 우리는 'REST'를 시스템을 만드는 방법이나 좀 더 정확히는 웹 서비스를 만드는 방법으로 생각하게 됐을까? 이는 다른 모든 기술처럼 웹 프로토콜을 여러 가지 방법으로 활용할 수 있다는 점을 발견했기 때문이다. 일부는 원래 설계자의 목적에 잘 맞지만, 다른 일부는 그렇지 않다. 이런 상황에 관해 자주 쓰이는 비유 중 하나는 우리에게 익숙한 RDBMS 세계관에 빗댄 이야기다. RDBMS의 아키텍처적 개념에 맞춰서 행row, 외래 키 관계, 뷰, 제약사항 등을 통해 테이블을 정의하며 RDBMS를 사용하거나, 단순히 '키'와 '값'으로 불리는 두 열column로 만들어진 테이블을 하나 두고 직렬화된 객체를 그대로 저장할 수 있다. 물론 이 정도만으로도 여전히 RDBMS를 사용하고 있다는 사실엔 변함이 없지만, 이대로라면 RDBMS가 갖는 다양한 장점을 활용하지 못한다(의미 있는 쿼리의 작성, 조인, 정렬, 그룹화 등).

이와 매우 비슷하게, 웹 프로토콜은 원래의 의도에 맞게(REST 아키텍처 스타일과 일치하는 아키텍처로) 사용될 수도 있지만, 그 의도와는 다른 방법으로도 사용될 수 있다. RDBMS의 예처럼 기반을 이루는 아키텍처 스타일을 멋대로 무시한다. 따라서 만약 우리가 '레스트풀'한 방법으로 HTTP를 사용하며 어떤 이익도 얻지 못한다면, 단일 고유 키에 해당하는 값 전체를 저장하는 데 NoSQL/키-값 저장소가 더 적합한 선택인 것처럼, 다른 종류의 분산 시스템 아키텍처가 더 알맞을 수도 있다.

레스트풀 HTTP 서버의 주요 특징

그렇다면 '레스트풀 HTTP'를 사용한 분산 아키텍처의 주요 특징은 무엇일까? 서버의 측면을 먼저 살펴보자. 이는 사람이 웹 브라우저('웹 애플리케이션')를 통해 사용하는 서버인지, 여러분이 선택한 프로그래밍 언어로 작성된 클라이언트 같은 다른 에이전트('웹 서비스')인지와 전혀 무관하다는 점을 유념하자.

첫째, 그 이름 자체에서 알 수 있듯이 리소스가 핵심 개념이다. 어째서 그럴까? 시스템 설계자로서, 여러분은 외부에서 접근 가능하도록 노출하고 싶은 의미 있는 '대상'이 무엇인지 결정하고, 각각에 구분된 식별자를 부여한다. 일반적으로 각 리소스는 하나의 URI를 가지는데, 각 URI는 반드시 하나의 리소스를 가리켜야 한다는 점이 더욱 중요하며, 이를 통해 외부로 노출한 '대상'을 각각 불러낼 수 있어야 한다. 예를 들면, 각 소비자와 각 제품을 비롯해 각 제품 목록, 각 검색 결과, 각 제품 카탈로그의 변경사항 등이 개별적이고 고유한 리소스가 돼야 한다고 결정할 수 있다. 리소스는 하나 이상의 포맷에 따라 상태를 판단할 수 있는 표현을 갖게 된다. XML이나 JSON 문서, HTML 폼form의 포스트post 데이터나 일부 이진 포맷 등과 같은 표현을 통해 클라이언트가 리소스와 상호작용한다.

이어서 살펴볼 핵심 특징은 자술적 메시지를 사용해 무상태로 의사소통한다는 개념이다. 서버가 처리할 때 필요한 모든 정보를 담고 있는 HTTP 요청이 그렇다. 물론 서버는 그 고유의 영속성 상태를 통해 도움을 받을 수 있지만(일반적으로 사용되는 방법이다.), 클라이언트와 서버가 암시적 컨텍스트(세션)를 설정하기 위해 개별 요청에 의존하지 않는다는 점이 중요하다. 이는 다른 요청과는 독립적으로 각각의 리소스를 액세스할 수 있도록 해주며, 이런 측면을 바탕으로 대규모 확장성을 달성할 수 있다.

당신이 리소스를 객체로 본다면(이는 전혀 비합리적이지 않다.), 맞춰야 할 인터페이스의 종류가 무엇인지 묻는 질문은 매우 합리적인 결과다. 이 질문에 관한 답도 마찬가지로, 분산 시스템의 다른 아키텍처적 스타일과 REST를 차별화하는 매우 중요한 특징이다. 호출을 위해 사용하는 메소드의 집합은 미리 정해져 있다. 모든 객체가 같은 인터페이스를 지원한다. 레스트풀 HTTP에서의 메소드는 리소스에 적용할 수 있는 HTTP 동사(GET, PUT, POST, DELETE 등이 가장 중요하다.)다.

첫눈에 볼 땐 그럴지 몰라도, 이런 메소드는 CRUD 오퍼레이션으로의 변환 작업을 해주지 않는다. 영속성 엔터티를 나타내지 않고, 그 대신 올바른 동사가 사용됐을 때 호출될 행동을 캡슐화한 리소스를 생성하는 일은 매우 일반적이다. 각 HTTP 메소드는 HTTP 명세에 아주 명확하게 정의돼 있다. 예를 들어, GET 메소드는 '안전한' 오퍼레이션에만 사용돼야 한다. (1) 이는 클라이언트가 요청하지 않은 효과를 반영한 행동을 할 수도 있다. (2) 이는 데이터를 읽기만 한다. (3) 이는 잠재적으로 캐싱될 수 있다(서버가 적절한 응답 헤더를 사용해 이를 표시할 경우).

SOAP-스타일 웹 서비스의 배후에 있는 주요 인물 중 한 명인 돈 박스Don Box는 HTTP의 GET 메소드를 '분산 시스템으로 연결된 세계에서 가장 최적화된 조각'이라고 말했다. 그의 말은 아주 일반적인 방법을 통한 HTTP 최적화 때문에 우리가 누릴 수 있는 웹의 성능과 확장성을 강조하고 있다.

일부 HTTP 메소드는 멱등idempotent한데, 이는 오류나 불분명한 결과에도 문제없이 안전하게 다시 호출될 수 있다는 의미다. 이는 GET, PUT, DELETE의 경우에 그렇다.

마지막으로, 레스트풀 서버는 하이퍼미디어라는 방법을 통해 클라이언트가 애플리케이션에서 일어날 수 있는 상태 변경에 맞는 경로를 찾을 수 있도록 해준다. 이는 필딩의 논문에서 애플리케이션 상태 엔진으로서의 하이퍼미디어^HATEOAS, Hypermedia as the Engine of Application State^라고 불린다. 좀 더 간단히 말하면, 개별 리소스는 스스로 자립할 수 없으며, 리소스는 서로 연결돼 동작한다. 놀라지 말자. 무엇보다도 바로 이런 특징 때문에 웹이라는 이름이 지어졌다. 서버의 입장에선 답을 줄 때 연결 정보를 포함시켜야 함을 의미하며, 이는 클라이언트가 연결된 리소스와 상호작용할 수 있도록 해준다.

레스트풀 HTTP 클라이언트의 주요 특징

레스트풀 HTTP 클라이언트는 리소스 표현 내에 포함된 링크를 따라가거나 서버로 처리할 데이터를 보낸 후 결과로 돌아온 리소스로 리다이렉션함으로써, 한 리소스에서 다른 리소스로 이동한다. 서버와 클라이언트는 클라이언트의 분산 행동에 영향을 주기 위해 동적으로 협업한다. URI에는 주소를 역참조하기 위해 필요한 모든 정보(호스트 이름과 포트를 비롯한)가 담겨 있기 때문에, 하이퍼미디어의 원칙을 따르는 클라이언트는 다른 애플리케이션이나 호스트, 심지어는 다른 기업에서 호스팅하는 리소스에도 말을 걸 수 있다.

이상적인 REST 설정에선 클라이언트가 단 하나의 잘 알려진 URI에서 시작해, 그다음부턴 하이퍼미디어 제어를 계속 따라가게 된다. 이것은 정확히 브라우저가 링크와 폼을 포함한 HTML을 렌더링해서 사용자에게 보여줄 때 사용하는 모델이다. 그다음에는 사용자의 입력을 사용해 인터페이스나 구현에 관한 지식 없이도 여러 웹 애플리케이션과 상호작용한다.

그러므로 브라우저는 스스로 동작하는 에이전트가 아니다. 브라우저는 사람이 실제로 결정을 내리도록 요구한다. 그러나 프로그램된 클라이언트에서 일부 로직을 하드 코딩했더라도 같은 원리를 상당 부분 그대로 받아들일 수 있다. 이 클라이언트는 특정 URI 구조나 리소스가 한 서버에 위치할 거라 가정하는 대신, 링크를 따라감으로써 기능한다. 그리고 이 과정에서 하나 이상의 미디어 타입에 관한 지식을 사용한다.

REST와 DDD

유혹이 있을 수 있지만, 도메인 모델을 레스트풀 HTTP로 바로 노출하는 것은 좋지 않다. 이런 접근법은 필요 이상으로 취약한 시스템 인터페이스로 귀결되는데, 이는 도메인 모델 내의 변경 하나하나가 시스템 인터페이스로 바로 반영되기 때문이다. DDD와 레스트풀 HTTP를 합치는 방법에는 두 가지 접근법이 있다.

첫 번째 접근법은 시스템의 인터페이스에 별도의 바운디드 컨텍스트를 생성하고, 시스템의 인터페이스 모델에서 실제 핵심 도메인으로 액세스하기 위해 적절한 전략을 사용하는 것이다. 이는 고전적인 방법이라 여겨지는데, 시스템의 인터페이스를 서비스나 원격 인터페이스가 아닌 단순한 리소스 추상화로 노출된 하나의 응집된 묶음으로 바라보기 때문이다.

이 접근법의 구체적인 예를 보자. 우린 태스크와 일정/약속, 그리고 하위 그룹과 이 모든 것을 처리하기 위한 프로세스 등을 담고 있는 작업 그룹을 관리하는 시스템을 만든다. 유비쿼터스 언어를 포착하고 필요한 비즈니스 로직을 구현하면서도 인프라 세부사항의 때가 묻지 않은 순수한 도메인 모델을 설계하려 할 것이다. 신중하게 만들어진 이 도메인 모델에 인터페이스를 게시하기 위해, 레스트풀 리소스의 집합으로서 원격 인터페이스를 제공한다. 이 리소스는 클라이언트가 요구하는 유스케이스를 반영하는데, 이는 순수한 도메인 모델과는 거리가 멀 가능성이 크다. 그렇지만 한 예로서 각 리소스는 핵심 도메인 모델에 속한 하나 이상의 애그리게잇으로부터 생성된다.

물론 우린 단순히 JAX-RS 리소스 메소드의 매개변수로 도메인 객체를 사용할 수도 있다. `/:user/:task`가 `Task` 객체를 반환하는 `getTask()` 메소드로 매핑된다고 생각해보자. 단순해 보이지만, 여기에 큰 문제가 하나 있다. `Task` 객체 구조에 일어나는 모든 변경이 아무리 외부 세계와는 완전히 무관한 변경이었을 뿐이라 해도 즉시 원격 인터페이스에 반영되는데, 이는 많은 클라이언트를 망가뜨릴 수 있다. 좋지 않다.

따라서 시스템의 인터페이스 모델에서 핵심 도메인을 분리하기 위해선 첫 번째 접근법을 선호한다. 이를 통해 핵심 도메인에 변화를 준 후에 해당 변경이 시스템의 인터페이스 모델에 반영돼야 하는지와 만약 그렇다면 어떤 매핑을 사용해야 최선일지 개별 케이스마다 결정하게 된다. 이 접근법을 사용하면 주로 핵심 도메인의 클래스 위주로 시스템의 인터페이스 모델에 맞춰 클래스가 설계되지만, 정확히는 유스케이스가 이를 이끌어간다는 점에 유의하라. (주의: 이런 경우라도, 우리는 사용자 정의 미디어 타입을 정의한다.)

표준 미디어 타입을 강조하는 상황에선 다른 접근법을 사용하는 편이 좋다. 특정 미디어 타입이 단일 시스템 인터페이스뿐만 아니라 유사 클라이언트-서버 상호작용 유형도 함께 지원하기 위해 개발된다면, 각 표준 미디어 타입을 표현하기 위해 도메인 모델을 생성한다. 비록 일부 REST와 SOA의 지지자는 안티 패턴anti-pattern이라 볼지도 모르지만, 이렇게 만들어진 도메인 모델은 클라이언트와 서버를 모두 아우르며 재사용할 수도 있다. (주의: DDD 용어로는 이 접근법을 공유된 커널(3)이나 게시된 언어(3)라 부른다.)

이는 내부와 외부 모두를 좀 더 반영할 수 있는 크로스커팅crosscutting 접근법이다. 앞서 언급된 작업 그룹과 작업 관리 도메인에는 공통 포맷이 많다. ical 포맷을 예로 들어보자. 이 포맷은 여러 애플리케이션에서 사용할 수 있는 범용 포맷이다. 이런 경우엔 우선 미디어 타입을 선택(ical)하고, 이어서 이 포맷에 맞는 도메인 모델을 생성한다. 이 포맷을 알아야 하는 모든 시스템(우리의 서버 애플리케이션뿐만 아니라, 안드로이드 클라이언트와 같은 여러 다른 유형을 아울러)은 이 모델을 사용할 수 있다. 당연하게도 이 접근법에선 서버가 여러 종류의 미디어 타입을 다뤄야 할 필요성이 발생하며, 여러 서버에서 같은 미디어 타입을 사용할 수도 있다.

이 두 접근법 중 무엇을 사용할진 시스템 설계자가 재사용의 측면에서 어떤 목표를 설정하는지에 따라 크게 좌우된다. 솔루션이 특화될수록 첫 번째 접근법이 더 유용해진다. 일반화의 끝에는 공식 표준 본문body을 통한 표준화가 이뤄진다면, 일반적으로 유용한 솔루션일수록 두 번째의 미디어 타입 중심의 접근법이 더 나을 것이다.

왜 REST인가

나의 경험에 비춰볼 때, REST 원리에 맞게 설계된 시스템은 느슨한 결합의 조건을 충족한다. 일반적으로 새로운 리소스를 추가해서 기존의 리소스 표현으로 연결하는 일은 매우 쉽다. 새로운 포맷의 지원이 필요한 시점에도 추가가 쉬우며, 이는 훨씬 덜 취약한 시스템 연결 집합을 이끌어낸다. 보다 작은 단위(리소스)로 나눠지며, 각 단위가 개별적으로 테스트 및 디버깅할 수 있고, 사용 가능한 진입 지점을 노출하기 때문에 REST 기반 시스템은 이해하기가 훨씬 쉽다. HTTP 설계와 도구 사용의 성숙도(URI 재작성과 캐싱 같은 기능의 지원을 통한) 때문에 레스트풀 HTTP는 느슨하게 결합돼야 하고 높은 확장성이 필요한 아키텍처에게 훌륭한 선택이 될 수 있다.

커맨드-쿼리 책임 분리

사용자가 필요로 하는 데이터 뷰를 리파지토리로 쿼리하기란 어려울 수 있다. 특히 사용자 경험 설계가 여러 애그리게잇 타입과 인스턴스로부터 데이터 뷰를 생성해야 할 때가 어렵다. 여러분의 도메인이 정교할수록 이런 상황이 발생할 가능성이 높아진다.

리파지토리만을 사용하는 것은 바람직한 해결책이 아니다. 우린 클라이언트가 여러 리파지토리를 통해 필요한 모든 애그리게잇 인스턴스를 취득한 후에 필요한 데이터만 데이터 전송 객체[DTO, Data Transfer Object]로 모아서 사용하도록 요구할 수 있다 [Fowler, P of EAA]. 아니면 하나의 쿼리로 다양한 리파지토리에 흩어져 있는 데이터를 모아주는 특화된 파인더를 설계할 수도 있다. 만약 이런 해결책이 맞지 않는다면, 사용자 경험 설계와 타협해 뷰가 엄격하게 모델의 애그리게잇 경계를 준수하도록 만들 수도 있다. 많은 사람이 장기적 관점에서 기계적이고 스파르타식인 사용자 인터페이스로는 충분하지 않다는 점에 동의할 것이다.

도메인 데이터를 뷰에 매핑하는 완전히 다른 방법이 있을까? 이 질문에 대한 대답으로, 이상한 이름을 가진 아키텍처 패턴인 커맨드-쿼리 책임 분리[CQRS, Command-Query Responsibility Segregation]가 있다[Dahan, CQRS; Nijof, CQRS]. 이 아키텍처는 엄격한 객체(또는 컴포넌트)의 설계 원칙과 커맨드-쿼리 분리[CQS]를 아키텍처 패턴으로 녹여내기 위해 노력한 결과다.

버트랜드 마이어[Bertrand Meyer]에 의해 고안된 이 원리에선 다음과 같은 내용을 따르고 있다.

> 모든 메소드는 작업을 수행하는 커맨드이거나 데이터를 호출자에게 반환하는 쿼리 중 하나여야 하며, 하나의 메소드가 두 역할을 모두 할 수는 없다. 즉 질문하는 행동이 대답을 바꿔선 안 된다. 좀 더 형식적으로 말하자면, 메소드는 오직 참조적으로 투명해서(referentially transparent) 다른 부작용을 일으키지 않을 때만 값을 반환해야 한다 [Wikipedia, CQS].

객체 수준에서 이는 다음을 의미한다.

1. 메소드가 객체의 상태를 수정한다면, 이 메소드는 커맨드이며 값을 반환하면 안 된다. 자바와 C#에선 메소드를 `void`로 선언해야 한다.
2. 메소드가 값을 반환한다면, 이 메소드는 쿼리이며 직접적이든 간접적이든 객체 상태의 수정을 야기해선 안 된다. 자바와 C#에선 메소드를 반환 값의 타입과 함께 선언해야 한다.

상당히 분명하고 직설적인 지침인데, 이 지침을 따라야 할 실용적인 기반과 이론적인 기반이 모두 존재한다. 그렇다면 DDD를 사용할 때 아키텍처 패턴으로 적용해야 하는 이유와 그 방법은 무엇일까?

바운디드 컨텍스트(2)에서 논의한 바와 같이 도메인 모델을 시각화하자. 우리는 일반적으로 커맨드 메소드와 쿼리 메소드를 모두 갖고 있는 애그리게잇을 확인하게 된다. 또한 특정 속성을 필터링하는 여러 파인더 메소드를 갖고 있는 리파지토리를 만난다. 하지만 CQRS와 함께라면 이런 '일반성'을 무시하고, 보여줄 데이터를 쿼리하는 방법을 다르게 설계할 것이다.

이제 전통적으로 모델에서 찾게 되는 모든 순수 쿼리 책임을, 같은 모델의 순수 커맨드를 실행하는 책임으로부터 분리한다고 생각해보자. 애그리게잇은 쿼리 메소드(게터) 없이 오직 커맨드 메소드만을 포함하게 된다. 리파지토리는 `add()`나 `save()` 메소드(생성과 업데이트하는 저장을 모두 지원하는)와, `fromID()`와 같은 단 하나의 쿼리 메소드로 분해된다. 이 하나의 쿼리 메소드는 고유한 애그리게잇 식별자를 포함해 반환된다. 리파지토리에선 애그리게잇을 찾을 때 부가 속성의 필터링과 같은 기타 방법을 사용할 수 없다. 이런 모든 부분을 전통적인 모델로부터 제거한 후, 그 결과를 커맨드 모델로 지정한다. 우리는 여전히 사용자에게 데이터를 보여줄 방법이 필요하다. 이를 위해선 최적화된 쿼리에 맞춰 두 번째 모델을 생성한다. 이를 쿼리 모델이라고 한다.

돌발적 복잡성이지 않은가?

여러분은 여기서 제안하는 스타일에 너무 많은 일이 필요하며, 단순히 한 문제를 다른 문제로 대체해 많은 코드를 추가한다는 인상을 받을지도 모른다.

그러나 너무 빨리 이 스타일을 포기하진 말자. 어떤 상황에선 추가적인 복잡성을 합리화할 수 있다. CQRS는 복잡한 문제의 특정 뷰를 해결하기 위한 것이지, 당신의 이력서에 힘을 더할 새로운 멋진 스타일을 건드려보기 위함이 아님을 기억하라.

다른 이름으로 알려져 있는 것들

CQRS의 일부 영역/컴포넌트는 다른 이름으로도 알려져 있다는 사실을 알아두자. 내가 쿼리 모델이라고 부른 대상은 읽기 모델로도 알려져 있으며, 커맨드 모델은 쓰기 모델로도 불린다.

결과적으로 전통적 도메인 모델은 둘로 분리된다. 커맨드 모델과 쿼리 모델은 서로 다른 저장소에 저장된다. 우리는 그림 4.6과 같은 컴포넌트의 집합을 갖게 된다. 좀 더 세부적인 내용을 통해 이 패턴을 명확하게 살펴보자.

CQRS의 영역 살펴보기

이 패턴의 주요 영역을 각 단계별로 살펴보자. 우리는 클라이언트와 쿼리의 지원에서 시작해, 커맨드 모델과 쿼리 모델의 업데이트가 어떻게 이뤄지는지에 관한 주제로 넘어간다.

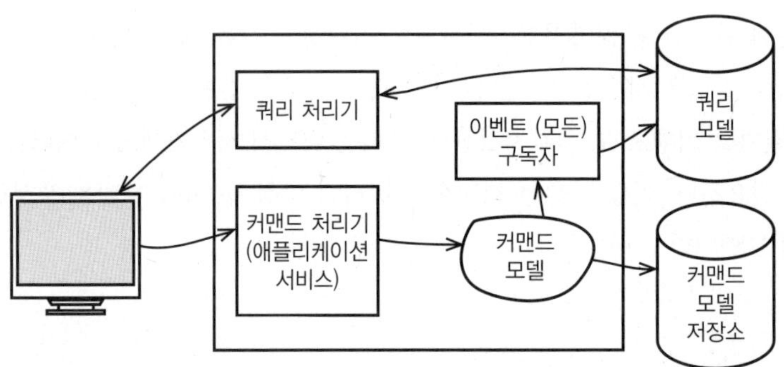

그림 4.6 CQRS와 함께, 클라이언트의 커맨드는 커맨드 모델로 한 방향으로 이동한다. 쿼리는 프레젠테이션에 최적화된 별도의 데이터 소스에 대해 실행되고 사용자 인터페이스나 보고로 전달된다.

클라이언트와 쿼리 처리기

클라이언트(다이어그램의 가장 왼쪽)는 웹 브라우저나 사용자 지정 데스크톱 사용자 인터페이스일 수 있다. 이는 서버상에 실행 중인 쿼리 처리기의 집합을 사용한다. 다이어그램은 서버(들)의, 아키텍처적으로 중요한 티어tier 사이의 구분을 보여주진 않는다. 어떤 티어가 존재하든, 쿼리 처리기는 SQL 저장소와 같은 데이터베이스로의 기본 쿼리를 어떻게 실행하는지만을 알고 있는 간단한 컴포넌트를 나타낸다.

여기엔 복잡한 계층이 없다. 이 컴포넌트는 쿼리 저장소 데이터베이스로 쿼리를 실행시키며, 쿼리 결과의 전송에 필요하다면 일부 포맷(DTO이거나 아닐 수도 있음)으로의 직렬화도 수행한다. 만약 자바나 C#으로써 실행되는 클라이언트는 데이터베이스를 직접 쿼리할 수도 있다. 하지만 연결마다 하나의 데이터베이스 클라이언트 라이선스가 필요한 상황에선 굉장히 많은 수의 라이선스를 준비해야 할 수도 있다. 풀로 관리되는pooled 연결을 활용하는 쿼리 처리기를 사용하는 편이 최상의 선택이다.

만약 클라이언트가 데이터베이스 결과 집합을 사용할 수 있다면(JDBC와 같은 유형이 한 예다.) 직렬화가 필요치는 않지만, 그렇더라도 바람직한 방법이다. 여기엔 두 가지 선택지가 있다. 한 가지는 클라이언트가 결과 집합이나 해당 집합의 매우 기초적인 와이어 호환 직렬화wire-compatible serialization(XML이나 JSON)를 사용해야만 한다는 궁극적 단순성의 측면이다. 다른 한 가지는 DTO를 만들어서 클라이언트가 사용토록 해야 한다는 관점이다. 이에 따른 선택은 취향의 차이일 수도 있지만, 우리가 DTO와 DTO 어셈블러[Fowler, P of EAA]를 추가하면 복잡성이 높아지며 정말로 필요한 상황이 아니라면 이는 돌발적 복잡성accidental complexity이다. 각 팀은 자신의 프로젝트에 맞는 최상의 접근법을 결정하면 된다.

쿼리 모델(읽기 모델)

쿼리 모델은 정규화되지 않은 데이터 모델이다. 이는 도메인 행동을 전달하기 위한 목적이 아니며, 오직 표시(보고)할 데이터만을 전달한다. 만약 이 데이터 모델이 SQL 데이터베이스라면, 각 테이블에는 한 가지 종류의 클라이언트 뷰(실제로 보여준다는 의미의 뷰)만을 위한 데이터가 저장된다. 이 테이블은 열이 많아질 수 있으며, 주어진 모든 사용자 인터페이스 뷰에서 필요한 정보를 모두 합친 확대 집합superset을 담아야 할 수도 있다. 테이블 뷰는 테이블로부터 생성되고, 각각의 테이블 뷰는 전체 정보의 논리적 하위 집합subset으로 사용된다.

필요한 수만큼의 뷰를 지원하기

CQRS 기반의 뷰는 (개발과 유지에 있어서) 싸고 일회용일 수 있다는 점을 알아두는 편이 좋다(개발과 유지 관리의 두 측면 모두에서). 이는 여러분이 단순한 형태의 이벤트 소싱(4장 후반부의 '이벤트 소싱'과 부록 A를 참고하자.)을 사용하고 모든 이벤트를 영속적인 저장소에 저장할 경우, 그래서 새로운 영속성 뷰 데이터를 생성하기 위해 언제든 다시 게시할 수 있는 경우에 특히 그렇다. 이를 통해, 모든 단일 뷰는 독립적으로 처음부터 재작성될 수 있고, 전체 쿼리 모델을 완전히 다른 영속성 기술로 바꿀 수도 있다. 이는 나타나는 UI 요구사항을 지속적으로 해결해줄 뷰를 생성하고 유지하는 일을 쉽게 해준다. 그 결과, 테이블 패러다임의 사용은 지양하는 대신에 더 풍부하고 더 직감적인 사용자 경험으로 이끌어준다.

예를 들어, 테이블은 일반적인 사용자와 매니저와 관리자에게 사용자 인터페이스를 보여주기에 충분한 데이터를 갖도록 설계할 수 있다. 만약 해당하는 데이터베이스 테이블 뷰를 각각의 사용자 타입에 맞춰 생성했다면, 각각의 보안 역할을 위한 데이터가 적절히 배분된다. 이를 통해 사용자 타입에 따라 확인할 수 있는 데이터에 보안을 추가한다. 일반 사용자의 뷰 컴포넌트는 일반 사용자 테이블 뷰에서 열을 선택한다. 매니저의 뷰 컴포넌트는 매니저의 테이블 뷰로부터 모든 열을 선택할 것이다. 이런 식으로 일반적인 사용자는 매니저가 볼 수 있는 데이터를 확인할 수 없게 된다.

가급적이면 선택 명령문에선 사용 중인 뷰의 기본 키만을 요구하는 편이 좋다. 여기선 쿼리 처리기가 제품의 일반 사용자 테이블 뷰로부터 모든 열을 선택한다.

```
SELECT * FROM vw_usr_product WHERE id = ?
```

참고로 여기서 쓰인 테이블 뷰 네이밍 컨벤션은 그다지 추천하지 않는다. 이는 단순히 예제에서 무엇을 선택하고 있는지를 분명히 나타낼 뿐이다. 기본 키는 일부 애그리게잇 타입의 고유 식별자에 대응하거나 하나의 테이블로 합쳐진 애그리게잇 타입의 집합에 대응한다. 이 예에선 `id` 기본 키 열이 커맨드 모델에 속한 `Product`의 고유 식별자다. 데이터 모델의 설계는 가능한 한 많은 테이블이 애플리케이션의 보안 역할을 반영하는 가운데, 사용자 인터페이스 뷰 타입마다 하나의 테이블이 연결되는 패턴을 최대한 따라야 한다. 그렇지만 무엇보다도 실용적이도록 하자.

실용적으로 하라

만약 고빈도매매(High-Frequency Trading) 창구에 25명의 증권 매매인이 있고 미 증권 거래 위원회(SEC, Securities and Exchange Commission)의 감사로 인해 대부분의 사람이 다른 사람의 거래를 볼 수 없는 상황 속에서 주식을 거래하고 있다면, 과연 우리는 25개의 테이블 뷰가 필요할까? 아마 매매자 필터를 사용하는 편이 더 적절할 것이다. 그렇지 않다면, 정말 실용적이기 위해선 너무 많은 뷰를 유지 관리하게 될 것이다.

실제론 이런 결과를 달성하기가 어려울 수 있고, 실제 사용에선 쿼리가 여러 테이블이나 테이블 뷰를 조인해야 할 수도 있다. 필수적인 필터링을 달성하기 위해선 여러 뷰/테이블에 걸친 조인이 필수적이거나 적어도 더 실용적일 수 있다. 특히 여러분의 도메인 내에 사용자 역할이 많은 상황에선 더욱 그렇다.

데이터베이스 테이블 뷰가 오버헤드의 원인이 되지 않을까?

기본 데이터베이스 뷰는 지원 테이블에서 업데이트를 수행하고 있을 때 오버헤드가 없다. 뷰는 단순히 쿼리에 응답할 뿐이며, 이때에도 조인을 요구하지 않는다. 오직 구체화된 뷰(materialized view)만이 데이터 선택에 앞서 뷰의 데이터를 다른 위치로 복사해야 하기 때문에 업데이트 오버헤드를 발생시킨다. 쿼리 모델 업데이트가 최적화되어 수행될 수 있도록 테이블과 뷰의 설계에 주의하자.

클라이언트가 커맨드 처리를 주도한다

사용자 인터페이스 클라이언트는 커맨드 모델 내에 있는 애그리게잇의 행동을 실행시키기 위한 방법으로 서버로 커맨드를 보낸다(또는 간접적으로 애플리케이션 서비스 메소드를 실행한다). 보내진 커맨드는 실행할 행동의 이름과 이를 수행하기 위해 필요한 매개변수를 포함한다. 커맨드 패킷은 직렬화된 메소드 호출이다. 커맨드 모델은 주의 깊게 설계된 계약과 행동을 갖고 있기 때문에, 간단히 계약과 행동을 일치시킬 수 있다.

이를 위해, 사용자 인터페이스는 커맨드를 정확히 매개변수화parameterize하는 데 필요한 데이터를 수집해야 한다. 이는 사용자 경험 설계에 많은 고민을 들여야 한다는 의미며, 명시적인 커맨드를 보낸다는 바람직한 목표를 향해 사용자를 인도해야 한다. 귀납적이고 태스크 주도적인 사용자 인터페이스 설계가 최선의 선택일 것이다[Inductive UI]. 이를 통해 적용할 수 없는 모든 옵션을 필터링하고, 정확한 커맨드 실행에 초점을 맞춘다. 그렇지만 명시적 커맨드를 생성하는 연역적인 사용자 인터페이스도 설계할 수도 있다.

커맨드 처리기

보내진 커맨드는 커맨드 핸들러/처리기가 수신하는데, 이들이 몇 가지 스타일 중 하나를 따를 수 있다. 이들의 장단점과 함께 그 스타일을 알아보기로 하자.

우리는 하나의 애플리케이션 서비스에서 여러 커맨드 핸들러와 함께 카테고리 스타일[categorized style]을 사용할 수 있다. 이 스타일은 커맨드의 카테고리에 맞춰 애플리케이션 서비스 인터페이스와 구현을 생성한다. 각 애플리케이션 서비스는 다수의 메소드를 가질 수 있고, 커맨드의 각 타입마다 카테고리에 맞는 매개변수로 하나의 메소드를 선언한다. 이 스타일의 주요 이점은 단순성이다. 이런 종류의 핸들러는 이해와 생성과 유지 관리가 쉽다.

우리는 전용 스타일[dedicated style]의 핸들러를 생성할 수 있다. 각 핸들러는 하나의 메소드를 갖고 있는 하나의 클래스다. 메소드 계약은 매개변수를 포함하고 있는 특정 커맨드의 사용을 용이하게 한다. 이 스타일에는 분명한 이점이 있다. 하나의 핸들러/처리기당 하나의 책임만이 있고, 각 핸들러는 독립적으로 재사용될 수 있고, 핸들러 타입은 특정 종류의 커맨드의 양이 많을 때 이를 관리하기 위해 확장될 수 있다.

이는 커맨드 핸들러의 메시지 스타일[messaging style]로 이어진다. 커맨드를 비동기식 메시지로 보내며, 이는 전용 스타일로 설계된 핸들러로 전달된다. 이는 각 커맨드 처리기 컴포넌트가 특정 타입의 메시지를 받도록 할 뿐만 아니라, 커맨드 프로세싱 부하를 처리할 수 있도록 주어진 타입의 처리기를 추가할 수 있다. 이 접근법에는 좀 더 복잡한 설계가 필요하기 때문에 이를 기본으로 사용하면 안 된다. 대신, 앞의 두 스타일 중 하나를 동기식 커맨드 처리기로 선택해 시작하자. 확장성의 요구가 있을 때에만 비동기식으로 변경하자. 그렇지만 일부에선 일시적 분리를 제공하는 비동기식 접근법이 좀 더 복원 가능한[resilient] 시스템이라고 결론지을 수도 있다. 이런 관점은 종종 커맨드 핸들러의 메시지 스타일 구현에 관한 편견을 갖게 한다.

어떤 종류의 핸들러를 사용하든 각각을 모두 분리하자. 하나의 핸들러가 다른 핸들러에 의존하지 않도록(이용하지 않도록) 하자. 이는 어떤 타입의 핸들러든 다른 곳에 영향을 주지 않고 독립적으로 재사용할 수 있도록 한다.

커맨드 핸들러는 일반적으로 단 몇 가지 작업만을 수행한다. 생성의 측면을 포함한 핸들러는 새로운 애그리게잇 인스턴스를 인스턴스화해서, 이를 리파지토리에 추가한다. 대부분의 커맨드 핸들러는 리파지토리로부터 애그리게잇 인스턴스를 받아와 그에 관한 커맨드 메소드 행동을 실행한다.

```
@Transactional
public void commitBacklogItemToSprint(
    String aTenantId, String aBacklogItemId, String aSprintId) {
    TenantId tenantId = new TenantId(aTenantId);

    BacklogItem backlogItem =
        backlogItemRepository.backlogItemOfId(
            tenantId, new BacklogItemId(aBacklogItemId));

    Sprint sprint = sprintRepository.sprintOfId(
            tenantId, new SprintId(aSprintId));

    backlogItem.commitTo(sprint);
}
```

커맨드 핸들러가 완성되면 단일 애그리게잇 인스턴스가 업데이트되고, 커맨드 모델에 의해 도메인 이벤트가 게시된다. 이는 쿼리 모델이 업데이트됐음을 분명히 하기 위한 필수 과정이다. 도메인 이벤트(8)와 애그리게잇(10)에서 논의하듯, 게시된 이벤트는 이 커맨드에 영향을 받는 다른 애그리게잇 인스턴스가 동기화되도록 사용할 수도 있지만, 추가적인 애그리게잇 인스턴스의 수정은 해당 트랜잭션을 한 번에 커밋함으로써 결국 일관성이 유지되도록 할 수 있다.

커맨드 모델(쓰기 모델)은 행동을 수행한다

커맨드 모델상의 각 커맨드 메소드가 수행되면, 도메인 이벤트(8)에서 설명하는 바와 같이 이벤트를 게시하며 수행이 완료된다. 다음의 예제와 같이, BacklogItem은 해당 커맨드 메소드가 완료되도록 해준다.

```
public class BacklogItem extends ConcurrencySafeEntity {
    ...
    public void commitTo(Sprint aSprint) {
        ...
        DomainEventPublisher
            .instance()
            .publish(new BacklogItemCommitted(
                    this.tenant(),
                    this.backlogItemId(),
                    this.sprintId()));
    }
    ...
}
```

게시자 컴포넌트의 뒤편엔 무엇이 있는가?

이 DomainEventPublisher는 옵저버 패턴(Gamma 등)에 기반한 경량의 컴포넌트다. 도메인 이벤트(8)에서 이벤트를 넓게 게시하는 방법을 상세하게 설명한다.

이는 가장 최근에 커맨드 모델에 일어난 변경으로 쿼리 모델을 업데이트할 때의 핵심이다. 이벤트 소싱을 사용한다면 막 수정된 애그리게잇의 상태를 저장할 때도 이벤트가 필수적이다(이 예제의 `BacklogItem`). 그러나 이벤트를 CQRS와 함께 사용해야만 하는 것은 아니다. 비즈니스 관계자가 요구사항으로서 이벤트 로깅을 명시한 상황이 아니면, 객체 관계형 매핑ORM, Object-relational mapping이나 다른 접근법을 사용해 커맨드 모델을 데이터베이스에 저장할 수 있다. 어떤 경우든 쿼리 모델을 업데이트시키기 위해선 도메인 이벤트를 게시해야 한다.

커맨드가 이벤트 퍼블리싱의 결과를 얻지 못할 때

커맨드의 디스패치가 이벤트의 게시로 이어지지 않는 상황도 있다. 예를 들면, 커맨드가 메시징을 통해 '적어도 한 번' 전달됐고 애플리케이션이 멱등한 오퍼레이션을 보장한다면, 재전달된 메시지는 소리 없이 삭제된다.

또한 애플리케이션이 들어오는 메시지의 유효성을 검사하는 상황을 생각해보자. 권한이 부여된 모든 클라이언트는 유효성 검사 규칙을 알고 있으며 항상 통과한다. 하지만 유효하지 않은 커맨드를 제출하는 권한이 부여되지 않은(공격자 같은) 모든 클라이언트는 실패하게 되고, 권한이 부여된 사용자를 위험에 빠트리지 않도록 소리 없이 버려질 수 있다.

이벤트 구독자가 쿼리 모델을 업데이트한다

한 특별한 구독자가 커맨드 모델에 의해 게시된 모든 도메인 이벤트를 수신하도록 등록한다. 이 구독자는 각 도메인 이벤트를 사용해 쿼리 모델이 커맨드 모델에 일어난 가장 최근의 변경을 반영하도록 업데이트한다. 이를 위해선 각 이벤트가 쿼리 모델상에 올바른 상태를 생성하도록, 필요한 모든 데이터를 공급할 수 있을 만큼 풍부해야 한다.

업데이트는 동기적으로 수행돼야 할까, 비동기적으로 수행돼야 할까? 이는 시스템의 일반적인 부하와 쿼리 모델 데이터베이스의 저장 위치에 달려 있다. 데이터 일관성 제약과 성능 요구사항이 결정에 영향을 주게 된다.

동기식으로 업데이트하기 위해선 일반적으로 쿼리 모델과 커맨드 모델이 같은 데이터베이스(또는 스키마)를 공유하며, 두 모델을 같은 트랜잭션으로 업데이트한다. 이를 통해 두 모델 사이에 일관성을 완벽하게 유지한다. 그러나 여러 테이블을 업데이트하려면 더 많은 처리 시간이 필요하고, 이에 따라 서비스 수준 계약[SLA, Service-level Agreement]을 만족시키지 못할 수도 이다. 일반적으로 시스템이 큰 부하에 걸려 있고 쿼리 모델 업데이트 프로세스가 길다면 비동기적 업데이트를 사용하자. 이는 사용자 인터페이스가 커맨드 모델에 일어난 가장 최근의 변경을 즉시 반영하지 못해서, 결과적으로 일관성을 갖는 데 어려움이 있을 수 있다. 지체 시간은 예측이 불가능하지만 다른 SLA를 만족시키기 위해선 불가피하게 감수해야 한다.

새로운 사용자 인터페이스 뷰를 생성했지만 그 데이터를 반드시 생성해야 할 땐 어떻게 될까? 앞서 언급한 내용에 따라 테이블과 모든 테이블 뷰를 설계하자. 여러 기법 중 하나를 선택해 현재 상태로 새 테이블을 채우자. 만약 커맨드 모델이 이벤트 소싱을 사용해 저장됐거나 모든 기록이 담긴 이벤트 저장소가 있다면, 업데이트를 생성하기 위해 기록된 이벤트를 리플레이[replay]하자. 이 방법은 올바른 유형의 이벤트가 이미 저장소 안에 있을 때만 가능하다. 만약 그렇지 않다면, 미래에 시스템에 입력되는 커맨드로 테이블을 채워야 할 수도 있다. 어쩌면 다른 방법이 있을 수도 있다.

ORM을 사용해 커맨드 모델을 저장한다면, 새로운 쿼리 모델 테이블을 채우기 위해 뒷받침하고 있는 커맨드 모델 저장소를 사용해 새 쿼리 모델 테이블을 채우자. 이는 추출, 변환, 가져오기[ETL] 등과 같은 일반적인 데이터 웨어하우징[data warehousing](또는 리포트 데이터하우스) 생성 테크닉을 사용할 수 있다. 커맨드 모델로부터 데이터를 추출해, 사용자 인터페이스의 필요에 맞춰 변환하고, 이를 쿼리 모델 저장소로 가져오자.

결국은 일관성이 유지되는 쿼리 모델 다루기

만약 쿼리 모델의 일관성이 결국은 유지되도록eventually consistent 설계됐다면(커맨드 모델 저장소로의 쓰기에 따라 쿼리 모델 업데이트가 비동기적으로 일어나는 경우), 결과적으로 사용자 인터페이스 내에서 처리해야 하는 이질성이 존재하게 된다. 예를 들면, 한 사용자가 커맨드를 보냈을 때, 다음 사용자 인터페이스 뷰에서도 쿼리 모델을 반영해 완전히 업데이트되고 일관성 있는 데이터를 가질 수 있을까? 이는 시스템 부하를 비롯한 여러 요소에 따라 달라진다. 그렇지만 일치하지 않는다고 가정하고, 사용자 인터페이스가 절대로 일관성을 유지하지 못하는 최악의 상황에 대비해 설계하는 편이 더 나을 것이다.

한 가지 옵션은 방금 실행된 커맨드의 매개변수로서 성공적으로 보내진 데이터를 일시적으로 사용자 인터페이스에 보여주도록 설계하는 것이다. 일종의 속임수긴 하지만, 이를 통해 사용자는 최종적으로 쿼리 모델에 반영된 내용을 즉시 확인할 수 있다. 이는 사용자 인터페이스가 커맨드를 성공적으로 수행한 직후임에도 이전의 데이터를 보여주는 문제를 겪지 않도록 하는 유일한 방법일지도 모른다.

만약 주어진 사용자 인터페이스에 이 방법이 실용적이지 않다면? 그리고 실용적이라 하더라도, 어느 한 사용자 인터페이스가 커맨드를 실행했지만 관련된 데이터를 보는 다른 사용자는 완전히 오래된 데이터를 보게 되는 상황도 있다. 이런 어려움은 어떻게 해소할까?

[Dahan, CQRS]에서 제안된 기법으로 사용자가 현재 보고 있는 쿼리 모델의 데이터에 해당하는 시간과 날짜를 항상 사용자 인터페이스에서 명시적으로 보여주는 방법이 있다. 이 방법을 사용하려면 쿼리 모델의 각 기록은 최신 업데이트의 시간과 날짜를 유지해야 한다. 이는 사소한 단계로, 일반적으로 데이터베이스 트리거에 의해 지원된다. 이제 사용자 인터페이스는 최신 업데이트의 시간과 날짜를 통해 데이터가 얼마나 오래됐는지 사용자에게 알려줄 수 있다. 사용자가 해당 데이터가 사용하기에 너무 오래됐다고 판단한다면, 그때 새로운 데이터를 요청할 수 있다. 이 접근법은 일부 사람들에겐 효과적인 패턴이라 칭송받았고, 다른 일부 사람들은 해킹이나 기교라고 크게 비난했다. 분명 반대의 관점은 우리의 시스템에 이 접근법을 사용

하기에 앞서 사용자 수용 테스트acceptance test를 수행할 필요가 있음을 나타낸다.

한편 지연된 뷰 데이터 동기화가 전혀 문제가 되지 않을 가능성도 있다. 코멧Comet(Ajax 푸시로도 알려진)을 사용하거나, 옵저버의 일부 변형이나 분산 캐시/그리드(예를 들면, 응집성 또는 젬파이어GemFire) 이벤트 구독과 같은 지연 업데이트의 또 다른 형태를 사용해 이를 해결할 수도 있다. 지연을 다루는 일은 사용자에게 요청이 수락됐고 결과까지의 처리 시간이 좀 걸릴 수 있다는 것을 알리는 것만큼이나 쉬울 수도 있다. 최종적인 일관성까지의 지연 시간이 문제가 될지 신중히 결정하자. 만약 문제가 된다면, 주어진 환경에서 이를 다루는 최선의 방법을 찾아야 한다.

모든 패턴이 그렇듯, CQRS에는 여러 단점이 존재한다. 우리는 신중을 기해서 현명하게 선택해야 한다. 만약 사용자 인터페이스가 너무 복잡하진 않거나 정기적으로 여러 애그리게잇에 영향을 미친다면, CQRS의 사용에 따른 복잡성이 불가피하다기보단 돌발적이어서 피해야 하는 상황을 초래한다. CQRS를 도입했을 때 높은 확률로 실패를 야기할 수 있는 리스크를 제거할 수 있다면, CQRS의 사용이 올바른 선택이 될 것이다.

이벤트 주도 아키텍처

> 이벤트 주도 아키텍처(EDA, Event Driven Architecture)는 이벤트의 생산, 감지, 소비와 이벤트에 따른 응답 등을 촉진하는 소프트웨어 아키텍처다. [Wikipedia, EDA]

그림 4.4에서 볼 수 있었던 헥사고날 아키텍처는 수신하고 송신하는 메시지를 통해 EDA에 참여하는 시스템의 개념을 표현할 수 있다. EDA가 헥사고날을 사용해야 하는 건 아니지만, 개념을 표현하기엔 괜찮은 방법이다. 깨끗한 기반에서 시작하는 프로젝트라면 전체를 아우르는 스타일로서 헥사고날의 사용을 고려해볼 만하다.

그림 4.4를 살펴보자. 삼각형의 클라이언트와 그에 대응하는 삼각형 출력 메커니즘이 바운디드 컨텍스트에 의해 사용된 메시징 메커니즘을 나타낸다고 해보자. 입력 이벤트는 다른 세 클라이언트에서 사용할 포트와는 별도의 포트로 입력된다. 출력 이벤트 역시 다른 포트를 통해 이동한다. 앞에 제안한 대로, 별도의 포트는 다른 클라이언트가 사용하는 좀 더 일반적인 HTTP 보단 래빗MQ에서 사용하는 것처럼

AMQP를 통한 메시지 전송을 나타낼 수도 있다. 실제로 어떤 메시징 메커니즘이 사용되든 우리는 시스템으로 들어오고 나가는 이벤트를 삼각형으로 표현한다.

이 육각형이 들어오고 나가는 이벤트에는 여러 종류가 있을 수 있는데, 우린 도메인 이벤트에 특히 관심이 있다. 이 애플리케이션은 시스템이나 엔터프라이즈나 다른 타입의 이벤트도 마찬가지로 구독할 수 있다. 아마 이런 다른 이벤트는 시스템의 상태, 모니터링, 로깅, 동적 프로비저닝 등의 문제를 다룰 것이다. 그러나 모델링에 주의를 요하는 사건을 전하는 것은 도메인 이벤트다.

우리는 엔터프라이즈에서 이벤트 주도 방식의 시스템을 지원하며 보완함을 나타내는 헥사고날 아키텍처 뷰를 필요한 만큼 복제할 수 있고, 이는 그림 4.7에서 확인할 수 있다. 다시 한 번 말하지만, 모든 시스템이 헥사고날 기반이어야 하는 것은 아니다. 이 다이어그램은 단지 다수의 시스템이 그 기초를 헥사고날로 했을 때 어떻게 이벤트 주도를 지원하는지 보여준다. 헥사고날을 사용하지 않는다면, 얼마든지 헥사고날을 계층이나 그 밖의 다른 스타일로 마음껏 대체하도록 하자.

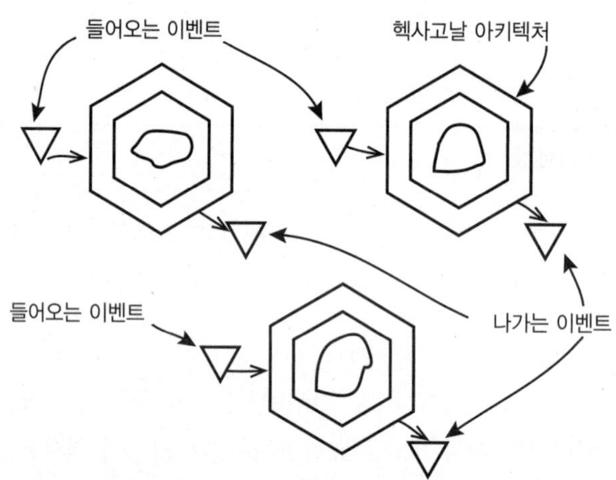

그림 4.7 전반적으로 헥사고날 스타일을 따르며 이벤트 주도 아키텍처를 사용하고 있는 세 시스템. EDA 스타일은 시스템의 메시징 메커니즘 자체의 의존성과 구독하는 이벤트 타입 외의 모든 것을 분리시켜준다.

이런 시스템이 출력 포트를 통해 게시하는 도메인 이벤트는 입력 포트를 통해 다른 시스템 내에 표현된 구독자로 전달된다. 수신된 다양한 도메인 이벤트는 이를 수신하는 바운디드 컨텍스트 내에서 특정한 의미를 가질 수도 있지만, 아무 의미를 갖지 않을 수도 있다.[5] 만약 특정 컨텍스트가 이벤트 타입에 관심이 있다면, 해당 속성이 애플리케이션의 API에 맞춰져 오퍼레이션의 수행을 위해 사용된다. 애플리케이션의 API에서 수행된 커맨드 오퍼레이션은 그 프로토콜에 따라 도메인 모델로 반영된다.

수신한 특정 도메인 이벤트가 멀티태스크 프로세스의 일부만을 나타낼 가능성도 있다. 기대했던 모든 도메인 이벤트가 도착하기 전까진 멀티태스크 프로세스가 완성됐다고 간주하지 않는다. 그런데 프로세스는 어떻게 시작될까? 어떻게 엔터프라이즈 전반에 배포될까? 그리고 우리는 어떻게 프로세스가 완료될 때까지의 방향을 설정하는가? 이에 대한 답은 이어지는 장기 실행 프로세스에 관한 절에서 다룬다. 그러나 우선은 기초적인 부분에 관한 내용이 다음 순서다. 메시지 기반 시스템은 종종 파이프와 필터 스타일을 반영한다.

파이프와 필터

가장 단순한 형태의 하나로, 셸/콘솔 커맨드라인을 통해 파이프와 필터를 사용할 수 있다.

```
$ cat phone_numbers.txt | grep 303 | wc -l
3
$
```

여기선 리눅스 커맨드라인을 사용해 근사한 개인정보 관리자인 phone_number.txt가 얼마나 많은 콜로라도 기반의 전화번호 연락처를 갖고 있는지 찾아냈다. 실제론 해당 유스케이스를 구현하는 아주 신뢰할 방법은 아니지만, 이를 통해 파이프와 필터가 어떻게 동작하는지 살펴볼 수 있다.

1. `cat` 유틸리티는 phone_numbers.txt의 내용을 표준 출력 스트림으로 출력한다. 일반적으로 이 스트림은 콘솔과 연결돼 있다. 그러나 `|` 기호가 사용되면 출력이 다음 유틸리티의 입력으로서 파이프로 연결된다.

2. 다음으로, `grep`은 표준 입력 스트림으로부터 `cat`의 결과를 입력으로 읽어온다. `grep`의 인수는 텍스트 `303`을 포함하는 라인과 매칭해야 함을 알려준다. 찾

---

5 구독자는 메시지 필터나 라우팅 키를 사용해 자신에겐 의미가 없는 이벤트의 수신을 피할 수 있다.

아내는 라인은 각각 해당 표준 출력 스트림으로 출력된다. cat과 마찬가지로 grep의 출력 스트림은 다음 유틸리티의 입력으로서 파이프로 연결된다.

3. 끝으로, wc는 grep의 표준 출력으로서 파이프로 연결된 표준 입력 스트림을 읽는다. wc의 커맨드라인 인수는 -1인데, 이는 읽어가는 라인의 수를 세도록 알려준다. 이에 따라 결과가 출력되는데, 여기서 출력된 3의 의미는 세 라인이 grep에서 출력됐음을 의미한다. 이젠 추가적인 커맨드로 파이프 연결될 대상이 없으므로 표준 출력이 콘솔에 표시된다.

윈도우 콘솔을 사용하면 더 적은 파이프 연결을 통해 유사한 결과를 얻을 수 있다.

```
C:\fancy_pim> type phone_numbers.txt | find /c "303"
3
C:\fancy_pim>
```

각 유틸리티에서 무슨 일이 생기는지 보자. 데이터 집합을 수신하고 처리한 뒤, 다른 데이터 집합을 출력한다. 각 유틸리티가 필터로 작용하므로 출력되는 데이터 집합은 입력에 따라 변화한다. 필터링 프로세스의 마지막 출력은 첫 입력과는 완전히 달라진다. 입력은 하나의 연락처 정보를 하나의 라인으로 담고 있는 텍스트 파일로 시작되며, 이 입력은 결국 3이라는 숫자로 바뀐다.

이 예시가 보여준 기본 원리를 어떻게 이벤트 주도 아키텍처에 적용할까? 사실 유용하게 사용할 수 있는 겹치는 부분을 일부 찾아낼 수 있다. 다음의 논의는 [Hohpe, Woolf]에 소개된 파이프와 필터 메시징 패턴에 기반한 내용이다. 그러나 메시징 파이프와 필터 접근법은 커맨드라인으로 살펴본 버전과 완전히 똑같진 않으며, 동일하도록 만들어지지도 않았음을 이해하자. 예를 들어, EDA 필터는 실제 필터링을 반드시 수행할 필요가 없다. EDA의 필터는 메시지 데이터는 그대로 유지하면서 일부 처리 작업을 수행하도록 사용할 수도 있다. 그러나 EDA의 파이프와 필터는 커맨드라인 타입과 충분히 비슷하기 때문에, 앞서 살펴본 예제를 통해 다음에 올 내용의 기초를 어느 정도 다질 수 있다. 만약 당신이 좀 더 숙련된 독자라면 이어지는 내용은 건너뛰자.

표 4.2는 메시지 기반의 파이프와 필터 프로세스의 기본 특징 중 일부를 나타낸다.

표 4.2 메시지 기반 파이프와 필터 프로세스의 기본 특성

특성	설명
파이프는 메시지 채널이다.	필터는 들어오는 파이프에서 메시지를 수신하고, 나가는 파이프로 메시지를 보낸다. 파이프는 실제론 메시지 채널이다.
포트는 필터를 파이프에 연결한다.	필터는 포트를 통해 들어오고 나가는 파이프로 연결된다. 포트는 헥사고날(포트와 어댑터)이 적합한 중요한 스타일이 되도록 해준다.
필터는 처리기(processor)다.	필터는 실제 필터링 없이도 메시지를 처리할 수 있다.
분리된 처리기	각 필터 처리기는 별도의 컴포넌트며, 신중한 설계를 통해 적절한 컴포넌트의 단위성(granularity)을 달성할 수 있다.
느슨한 결합	각 필터 처리기는 다른 모든 것으로부터 독립적인 프로세스로 구성된다. 필터 처리기 컴포지션은 구성(configuration)으로 정의할 수 있다.
교환 가능성(interchangeable)	처리기가 메시지를 받는 순서는 유스케이스 요구사항마다 재구성할 수 있으며, 이 또한 구성에 따른 컴포지션을 사용한다.
필터에는 여러 파이프를 연결할 수 있다.	커맨드라인 필터는 읽고 쓰기 동작에 각각 하나의 파이프만 사용하는 반면, 메시징 필터는 여러 파이프를 통해 읽거나 쓸 수 있다. 이는 병렬적이고 동시적임을 암시한다.
병렬 처리에는 같은 타입의 필터를 사용하라.	가장 바쁘고 가장 느릴 가능성이 있는 필터는 처리량의 증가를 위해 여러 개 사용할 수 있다.

우리가 cat, grep, wc (또는 type과 find) 등과 같은 유틸리티를 이벤트 주도 아키텍처의 컴포넌트로 생각해본다면 어떨까? 만약 우리가 컴포넌트를 메시지의 송신자와 수신자로 행동하도록 구현해, 비슷한 방식으로 전화번호를 처리하도록 했으면 어떨까? (다시 한 번 말하지만, 나는 커맨드라인 예시 내용을 일대일로 하나하나 바꿔보려는 것이 아니며, 단순히 기본적으론 같은 목표를 가진 간단한 메시징 예시를 들어보려는 것이다.)

다음은 메시징 파이프와 필터의 접근법이 동작하는 방법을 그림 4.8에 나타난 단계에 맞춰 설명한다.

1. 우리는 phone_numbers.txt의 모든 라인을 읽어오는 PhoneNumbersPublisher라는 이름의 컴포넌트에서 시작해, 모든 텍스트 라인을 담고 있는 이벤트 메시지를 만들어 보낼 수 있다. 이 이벤트에는 AllPhoneNumberslisted라는 이름을 붙였다. 메시지를 보내며 파이프라인이 시작된다.
2. PhoneNumberFinder라는 이름을 붙인 메시지 핸들러 컴포넌트는

AllPhoneNumbersListed를 구독해서 수신하도록 구성된다. 이 메시지 핸들러는 파이프라인의 첫 번째 필터다. 이 필터는 텍스트 303을 찾도록 구성된다. 이 컴포넌트는 각 라인에서 303 텍스트 시퀀스를 찾음으로써 이벤트를 처리한다. 그리고 이는 PhoneNumberMatched라는 이름의 새로운 이벤트를 생성해 매칭되는 라인을 모두 담는다. 이벤트 메시지가 보내지고 파이프라인이 계속된다.

3. MatchedPhoneNumberCounter라고 이름 지은 메시지 핸들러 컴포넌트는 PhoneNumbersMatched를 구독해 수신하도록 구성된다. 이 메시지 핸들러는 파이프라인의 두 번째 필터다. 여기서 수행할 단 하나의 책임은 받은 이벤트에서 전화번호의 수를 세고, 그 결과를 새로운 이벤트에 담아 전달하는 것이다. 여기선 전화번호를 포함하고 있는 라인을 총 세 개 찾게 된다. 이 필터는 MatchedPhoneNumbersCounted 이벤트를 생성하며 완료되는데, 이때 count

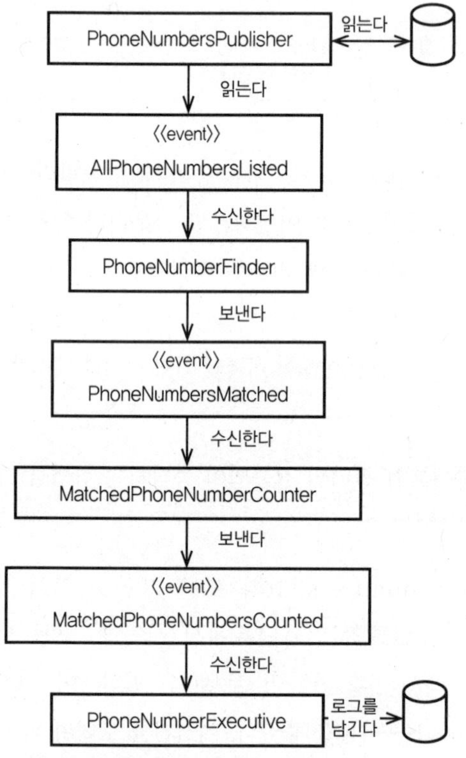

그림 4.8 필터를 처리하는 이벤트를 보냄으로써 파이프라인이 만들어진다.

속성을 3으로 설정한다. 이렇게 만들어진 이벤트 메시지가 보내지면서 파이프라인이 계속된다.

4. 마지막으로, `MatchedPhoneNumbresCounted`를 구독하고 있는 메시지 핸들러 컴포넌트가 앞서 보내진 이벤트를 수신한다. 이 컴포넌트는 `PhoneNumberExecutive`로 이름 지었다. 이 컴포넌트가 수행하는 단일 책임은 이벤트의 속성인 `count`와 이를 수신한 날짜 및 시간을 로그로 남기는 것이다. 여기선 다음과 같은 로그가 남는다.

```
3 phone numbers matched on July 15, 2012 at 11:15 PM
```

이제 예시 프로세스를 위한 파이프라인이 완성됐다.[6]

이런 유형의 파이프라인은 어느 정도 유연하다. 만약 새로운 필터를 파이프라인에 추가하고 싶다면, 기존의 필터가 구독하고 게시할 수 있도록 새로운 이벤트를 생성한다. 기본적으로 우리는 구성을 통해 파이프라인의 순서를 신중히 변경해야 한다. 물론, 커맨드라인 접근법에서처럼 이 프로세스를 바꾸는 일은 쉽지 않다. 하지만 보통 도메인 이벤트 파이프라인은 그렇게 자주 바뀌진 않는다. 여기서 살펴본 분산 프로세스의 역할 자체는 그다지 유용하지 않더라도, 이를 통해 이벤트 주도 아키텍처로 메시징할 때 파이프와 필터가 작동하는 방식을 살펴볼 수 있었다.

그렇다면 여기서 살펴본 문제를 해결하기 위해 실제로도 파이프와 필터의 사용을 고려해볼 수 있을까? 글쎄, 이상적으로는 아니다(사실, 이 예제가 당신을 짜증나게 했다면 이미 여러분은 더 나은 해결책을 알고 있었을 것이다. 그것도 그것대로 좋다. 하지만 다른 많은 사람들이 이 예제를 통해 도움을 받았을 것이다). 이는 가상의 예제이자 개념적 부분을 강조했을 뿐이다. 실제 엔터프라이즈에선 큰 문제를 좀 더 작은 단계로 나누기 위해 이 패턴을 사용하며, 좀 더 쉽게 분산 처리를 이해하고 관리하도록 해준다. 또한 여러 시스템이 오직 자신이 할 일만을 걱정하면 되게 해주기도 한다.

실제 DDD 시나리오에서 도메인 이벤트는 비즈니스적으로 의미 있는 이름을 반영한다. 1단계에선 하나의 바운디드 컨텍스트에 속한 애그리게잇의 행동 결과에 기반해 도메인 이벤트를 게시한다. 초기 이벤트를 수신하는 하나 이상의 각기 다른 바운디드 컨텍스트에서 2단계부터 4단계까지의 과정이 일어나며, 이어지는 여러 대상

6 단순성을 유지하기 위해 헥사고날 아키텍처의 포트와 어댑터와 애플리케이션 API는 다루지 않았다.

중 하나로 이벤트를 게시하게 된다. 이 세 가지 단계는 자신이 속한 컨텍스트에 맞춰 애그리게잇을 생성하거나 수정할 수 있다. 이는 도메인에 의존하긴 하지만, 파이프와 필터 아키텍처에서 도메인 이벤트를 처리할 때의 일반적인 모습이다.

도메인 이벤트(8)에서 설명하는 내용처럼, 이런 이벤트는 단순히 굉장히 얄팍한 기술적 알림 정도가 아니다. 이는 도메인 전체에 흩어져 있는 구독자에게 도움이 될 비즈니스 프로세스 활동의 모습을 명시적으로 모델링한다. 그리고 핵심을 분명히 나타내도록, 고유 식별 정보와 정보를 담고 있는 속성을 묶어준다. 그런데 이 동기적이고 단계적인 스타일은 한 번에 하나 이상의 일을 완수하도록 확장할 수 있다.

장기 실행 프로세스

이 가상의 파이프와 필터 예제는 이벤트 주도의 분산된 병렬 처리 패턴, 즉 장기 실행 프로세스를 나타내도록 확장할 수 있다. 이 장기 실행 프로세스는 사가saga로 불리기도 하는데, 여러분의 배경에 따라 이 이름은 기존의 패턴과 충돌할 수도 있다. 사가의 초기 묘사는 [Garcia-Molina & Salem]에 나타났다. 혼란과 모호성을 피하기 위해 나는 장기 실행 프로세스라는 이름을 사용하기로 했고, 줄여서 프로세스라는 이름을 사용하기도 한다.

카우보이 논리

LB: 달라스[7]와 다이너스티[8], 이야말로 사가지!

AJ: 독일의 독자분들, 다이너스티를 데어 덴버 클랜(Der Denver Clan)으로 알고 계시죠?

앞의 예제를 확장해, `TotalPhoneNumbersCounter`라는 단 하나의 새로운 필터를 `AllPhoneNumbersListed`의 추가 구독자로 더해주면 병렬 파이프라인을 생성할 수 있다. 이는 `PhoneNumbrefinder`와 함께, `AllPhoneNumbersListed` 이벤트를 사실상 병렬로 수신한다. 새로운 필터는 모든 기존 연락처의 수를 세는 아주 단순한 목표를 갖고 있다. 그런데 이번엔 `PhoneNumberExecutive`가 장기 실행 프로세스를 시작한 후 완료까지 추적한다. 이 실행자executive는 `PhoneNumberPublisher`를 재사용할 수도 있고 그렇지 않을 수도 있는데, 여기서 중요한 점은 새로운 점은 무엇인지다. 애

---

7 '달라스'는 ABC, '다이너스티'는 CBS의 드라마로, 1980년대 같은 시간대에 방송되며 시청률 경쟁으로 유명했음 – 옮긴이

8 '다이너스티'는 독일어로 번역되어 독일에서도 인기리에 방영됨 – 옮긴이

플리케이션 서비스나 커맨드 핸들러로 구현된 이 실행자는 장기 실행 프로세스의 진행을 추적하고, 언제 완료되며 완료된 후에는 무엇을 해야 하는지 이해한다. 장기 실행 프로세스의 예제를 단계별로 살펴볼 텐데, 그림 4.9를 참고하자.

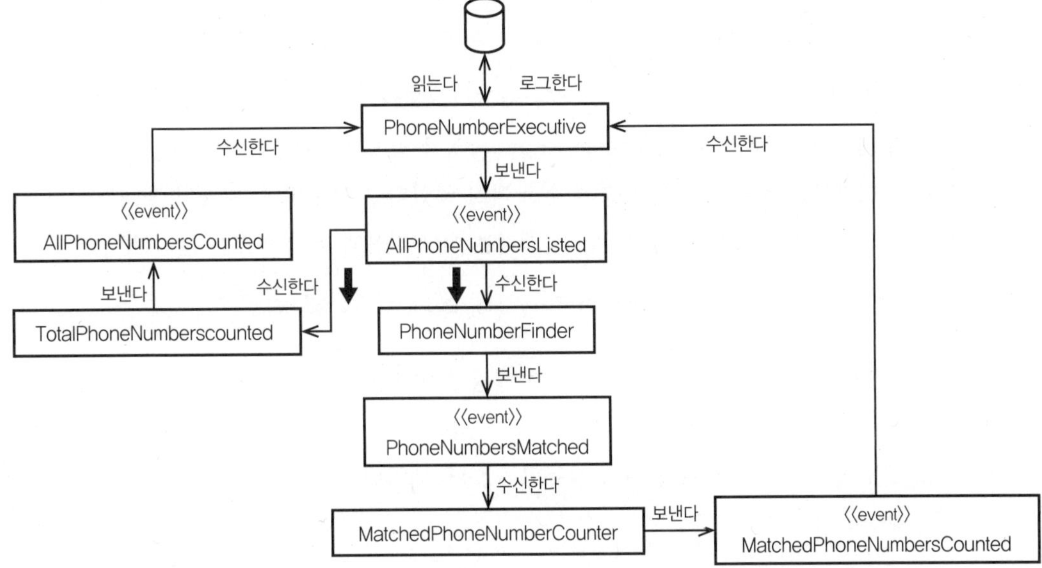

그림 4.9 단일 장기 실행 프로세스 실행이 병렬 처리를 시작해 완성까지 추적한다. 두꺼운 화살표는 두 필터들이 같은 이벤트를 수신할 때 병렬이 시작되는 지점을 의미한다.

장기 실행 프로세스를 설계하는 여러 가지 방법

다음에선 장기 실행 프로세스를 설계하는 세 가지 접근법을 소개하며, 실제론 더 다양한 접근법이 있다.

- 컴포지트 태스크로 프로세스를 설계하면, 영속성 객체를 사용해 태스크의 단계와 완성을 기록하는 실행 컴포넌트가 이 태스크를 추적한다. 이 방법은 여기서 가장 자세하게 다루는 접근법이다.
- 프로세스는 일련의 활동에서 서로 협력하는 파트너 애그리게잇의 집합으로 설계하자. 하나 이상의 애그리게잇 인스턴스가 실행자로서 동작하며, 프로세스 전체의 상태를 유지한다. 이 접근법은 아마존의 팻 헬런드에 의해 추진됐다 [Helland].
- 이벤트를 포함하고 있는 메시지를 수신한 메시지 핸들러 컴포넌트가 수신한 이벤트에 태스크 진행 정보를 더 추가해 다음 메시지로 내보내도록 무상태 프로세스를 설계하자. 협업자 사이에서 메시지를 보낼 때 각 메시지의 본문 내에서만 전체 프로세스의 상태가 유지된다.

두 컴포넌트가 초기 이벤트를 구독하기 때문에 두 필터 모두가 거의 같은 시점에 같은 이벤트를 수신한다. 원래의 필터는 처음의 역할대로 303 텍스트 패턴을 매칭한다. 새로운 필터는 전체 라인의 수를 셀 뿐이며, 이 과정을 완료하면 AllPhoneNumbersCounted 이벤트를 보낸다. 이 이벤트는 총 연락처의 개수를 담고 있다. 예를 들어 15개의 총 전화번호가 있다면, 이벤트의 count 속성은 15로 설정된다.

이제 MatchedPhoneNumbersCounted와 AllPhoneNumbersCounted, 두 개 이벤트를 모두 구독하는 것은 PhoneNumberExecutive의 책임이다. 이 병렬 프로세싱은 이 도메인 이벤트를 모두 수신할 때까지 완료되지 않았다고 간주된다. 완료된 후에는 병렬 처리의 결과가 하나로 합쳐진다. 실행자는 이제 다음과 같이 로그를 남긴다.

```
3 of 15 phone numbers matched on July 15, 2012 at 11:27 PM
```

로그 출력은 날짜, 시간 정보 등의 기존 매칭에 더해 총 전화번호의 수가 추가된다. 결과를 내기 위해 수행된 태스크는 매우 단순하지만 병렬로 수행된다. 만약 적어도 일부 구독자 컴포넌트가 여러 컴퓨팅 노드에 배치됐다면, 병렬 처리도 마찬가지로 분산된다.

하지만 이 장기 실행 프로세스엔 문제가 있다. 현재 PhoneNumberExecutive의 입장에선 두 완료 이벤트가 어떤 병렬 프로세스에 왔는지 구분할 수 없다. 만약 여러 프로세스가 병렬로 시작했고 각각의 완료 이벤트를 뒤섞여 수신하더라도, 실행자가 종료된 병렬 프로세스를 알 수 있는 방법이 있을까? 우리의 예제에서 잘못 연결된 이벤트를 로깅하더라도 거의 문제가 될 것은 없다. 그러나 회사의 비즈니스 도메인을 다룰 때라면 잘못 정렬된 장기 실행 프로세스는 재앙이 될 수 있다.

이런 문제 상황을 해결하는 첫 단계는 각 관련 도메인 이벤트에 고유 프로세스 식별자를 부여하는 일이다. 이는 장기 실행 프로세스를 시작시키는 도메인 이벤트(예를 들면, AllPhoneNumbersListed)에 할당한 식별자와 같은 식별자일 수도 있다. 프로세스에 부여된 보편적 고유 식별자(UUID Universally Unique Identifier)를 사용할 수도 있다. 고유 식별자를 부여하는 방법에 관해선 엔터티(5)와 도메인 이벤트(8)를 살펴보자. 이제 PhoneNumberExecutive는 같은 식별자의 종료 이벤트를 수신할 때만 출력을 로그로 남길 수 있다. 그러나 실행자가 모든 완성 이벤트를 수신할 때까지 기다려주길 기대해선 안 된다. 전달되는 각각의 이벤트를 받아서 처리하는 위치는 이벤트 구독자다.

실행자와 추적자?

일부 사람들은 실행자(executive)와 추적자(tracker)를 하나의 객체(애그리게잇)의 개념으로 합치는 편이 가장 간단한 접근법이라는 점을 발견했다. 도메인 모델의 일부로서 자연스럽게 전체 프로세스의 한 부분을 추적하는 애그리게잇의 구현이야말로 문제를 해결할 방법이 될 수 있다. 반드시 있어야 하는 애그리게잇 외에 추가적으로 상태 머신으로 동작하는 별도의 추적자를 개발할 필요가 없어진다. 실제로, 가장 기본적인 장기 실행 프로세스는 이 방법을 따를 때 가장 잘 구현할 수 있다.

헥사고날 아키텍처의 포트-어댑터 메시지 핸들러는 단순히 애플리케이션 서비스(또는 커맨드 핸들러)로 디스패치할 뿐이며, 이를 통해 애그리게잇을 가져와 적절한 커맨드 메소드를 실행시킨다. 애그리게잇은 순서에 맞춰 도메인 이벤트를 보내기 때문에, 애그리게잇이 해당 프로세스 내의 역할을 완료했음을 나타내도록 이벤트를 게시할 수 있다.

이 접근법은 팻 헬런드가 파트너 활동(partner activities)[Helland]에서 언급한 방법과 매우 유사하며, 앞서 살펴본 '장기 실행 프로세스를 설계하는 여러 가지 방법'의 두 번째 방법에 해당한다. 그러나 이상적인 측면에선 별도의 실행자와 추적자를 두는 편이 전체 테크닉을 가르치기에 더 효과적이며, 배우기에도 더 직관적인 방법이다.

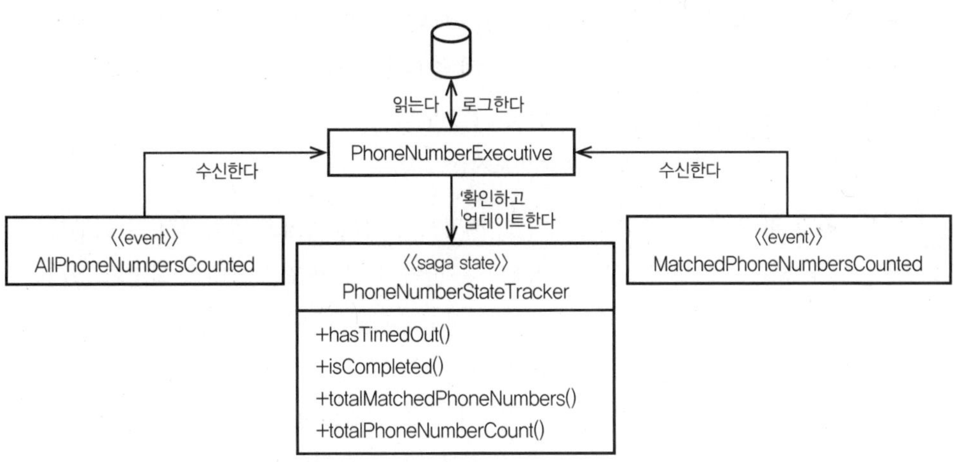

그림 4.10 PhoneNumberStateTracker는 진행 상황을 추적하기 위한 장기 실행 프로세스의 상태 객체로 사용된다. 추적자는 애그리게잇으로 구현된다.

실제 도메인에서는 그 이벤트의 완성을 추적하기 위해 각 프로세스 실행자의 인스턴스는 애그리게잇과 유사한 새로운 상태 객체를 생성한다. 상태 객체는 프로세스가 시작될 때 생성되고, 각각의 연관된 도메인 이벤트가 반드시 실어 옮겨야만 하는 고유 식별자와 연결된다. 프로세스가 시작할 때 타임스탬프를 포함시키는 방법도 도움이 될 수 있다(그 이유는 4장 뒷부분에 논의한다). 이 프로세스 상태 추적자 객체는 그림 4.10에 나타냈다.

병렬로 처리되는 각 파이프라인이 완료되면, 실행자는 그에 따른 완료 이벤트를 수신한다. 이 실행자는 수신한 이벤트가 가져온 고유 프로세스 식별자를 사용해 상태 추적 인스턴스를 가져오고, 해당 단계가 막 완료됐음을 나타내도록 속성을 설정한다.

프로세스 상태 인스턴스는 주로 `isCompleted()`와 같은 메소드를 포함하고 있다. 각 단계가 완료되고 해당 상태 추적자에 기록되면, 실행자는 `isCompleted()`를 확인한다. 이 메소드는 필요한 모든 병렬 처리 과정이 완료됐는지 확인한다. 만약 메소드가 `true`라고 응답하면, 실행자는 비즈니스 측의 요청에 따라 최종 도메인 이벤트를 게시할지 선택하게 된다. 예를 들어 완료를 앞둔 한 프로세스가 거대한 병렬 프로세스의 한 가지일 뿐이라면, 이 이벤트의 게시를 요청할 수 있다.

메시징 메커니즘은 각 이벤트의 단일 전달single delivery을 보장[9]하는 기능이 없을 수도 있다. 만약 메시징 메커니즘이 하나의 도메인 이벤트 메시지를 두 번 이상 전달할 수 있다면, 프로세스 상태 객체를 사용해 중복을 제거할 수 있다. 이를 위해선 메시징 메커니즘이 제공하는 어떤 특별한 기능이 있어야 할까? 메시징 메커니즘의 도움 없이 처리할 수 있는 방법을 생각해보자.

실행자가 각 완료 이벤트를 수신하면, 해당하는 상태 객체를 확인해서 그 이벤트가 앞서 완료됐던 기록이 있는지 살펴본다. 만약 이미 완료된 상태로 설정돼 있다면 해당 이벤트를 반복으로 간주하며 무시하고, 그렇더라도 수신 확인acknowledged을 보내준다.[10] 또 다른 방법으론 멱등한 상태 객체를 설계하는 방법이 있다. 이렇게 하면, 실행자가 반복되는 메시지를 수신할 때 상태 객체는 중복 발생에 따른 기록을 똑같이 흡수한다. 두 번째 방법에서만 상태 추적자를 멱등하게 설계하지만, 첫 번째와 두 번째 방법 모두가 멱등한 메시징을 지원한다. 중복 이벤트 제거에 관한 좀 더 자세한 내용은 도메인 이벤트(8)를 살펴보자.

일부 프로세스 완료 추적은 분초를 다툴 수도 있다. 프로세스 타임아웃은 수동적이나 능동적으로 처리할 수 있는데, 프로세스 상태 추적자 내부에 개시 시점의 타

9 전달의 보장을 의미하진 않으며, 오직 한 번만 전달됨을 보장한다.

10 최종적으로 메시징 메커니즘이 수신 확인을 받게 되면, 더 이상 메시지가 다시 전달되지 않는다.

임스탬프를 포함할 수 있다는 점을 기억해보자. 실행자는 이를 전체 허용 시간 상수(또는 구성) 값에 더해서 긴급한 장기 실행 프로세스를 관리할 수 있다.

수동적 타임아웃 확인은 수신자가 병렬 처리 완료 이벤트를 수신할 때마다 수행된다. 실행자는 상태 추적자를 가져와서 타임아웃이 발생했는지 묻는다. hasTimedOut()과 같은 메소드가 이런 역할을 수행하게 된다. 만약 수동적 타임아웃 확인 결과가 허용 가능한 시간의 임계값이 초과됐음을 나타낼 경우, 프로세스 상태 추적자는 이를 폐기됐음으로 표시할 수 있다. 해당하는 실패의 도메인 이벤트를 게시할 수도 있다. 어떤 이유로든 하나 이상의 완료 이벤트가 실행자에게 수신되지 않는다면 프로세스가 임계점을 지나서도 여전히 활성화된 상태로 유지될 수 있다는, 수동적 타임아웃 확인의 단점을 기억하자. 만약 이 프로세스의 성공이나 실패가 더 큰 병렬 프로세스의 성공을 결정짓는다면 이 방법을 수용할 순 없다.

능동적 프로세스 타임아웃 확인은 외부 타이머를 이용해 관리할 수 있다. 예를 들어, JMX의 TimerMBean 인스턴스는 자바로 관리되는Java-managed 타이머를 취득하는 한 가지 방법이다. 이 타이머는 프로세스가 시작되면서 타임아웃 임계점이 최대치로 설정된다. 타이머가 울리면, 리스너가 프로세스 상태 추적자에 접근한다. 아직 완료된 상태가 아니라면(단순히 비동기 실패 이벤트가 프로세스를 완료시킴에 따라 타이머가 불린 경우를 확인해준다.), 이를 폐기됐음으로 표시하고 그에 따른 실패 이벤트가 게시된다. 만약 타이머가 울리기 전에 상태 추적자가 완성됐다고 표시됐다면, 타이머를 제거할 수 있다. 이런 능동적 타임아웃 확인의 단점 중 하나는 더 많은 시스템 리소스를 요구하고, 결국 트래픽이 많은 환경에선 부담이 될 수 있다는 점이다. 또한 타이머와 완성 이벤트의 도착 사이의 경쟁 조건race condition이 잘못된 실패를 야기할 수도 있다.

장기 실행 프로세스는 종종 분산 병렬 처리와 관련이 있을 수 있지만, 분산 트랜잭션과는 전혀 상관없다. 여기선 결과적 일관성eventual consistency을 포괄하는 사고방식이 필요하다. 장기 실행 프로세스를 신중히 설계하기 위한 노력이 필요하고, 인프라나 태스크 자체가 실패하면 반드시 잘 설계된 에러 복구가 이뤄진다고 기대할 수 있어야 한다. 장기 실행 프로세스의 단일 인스턴스에 관여하는 모든 시스템은 실행자가 최종 완성 알림을 받기 전까진 다른 모든 참여자와의 관계에 일관성이 없다고 간주해야 한다. 분명, 일부 장기 실행 프로세스는 부분 완료만으로도 성공할 수 있으며 완전한 완료까지 며칠의 시간이 필요할 때도 있다. 그러나 프로세스가 중도에 좌초하고 참여하는 시스템이 불일치한 상태로 남겨진다면, 반드시 그에 따른 보완이 필요하다. 필수적인 보완 과정의 처리는 성공적 실행 경로의 설계에 필요한 복잡도를 뛰어넘을 수 있다. 어쩌면 비즈니스 처리 과정에서 실패를 허용하는 대신, 워크플로우 해결책을 제공하는 편이 나을지도 모른다.

사스오베이션 팀은 여러 바운디드 컨텍스트에 걸친 이벤트 주도 아키텍처를 사용하고, 프로젝트오베이션 팀은 `Product` 인스턴스에 할당되는 `Discussions`의 생성을 관리하기 위해 가장 단순한 형태의 장기 실행 프로세스를 사용한다. 이 전체를 아우르는 스타일은 헥사고날이며, 외부 메시징과 엔터프라이즈의 도메인 이벤트 게시를 관리한다.

간과하지 말아야 할 점은 장기 실행 프로세스 실행자는 병렬 처리를 시작하기 위해 하나 이상의 이벤트를 게시할 수 있다는 점이다. 또한 각 시작 이벤트마다 여러 구독자가 있을 수도 있다. 다시 말하자면, 장기 실행 프로세스는 동시에 수행되는 여러 비즈니스 프로세스 활동으로 나눠질 수 있다는 의미다. 우리의 가상 예제에선 장기 실행 프로세스의 기본 개념을 이야기하기 위해 복잡성을 제한했을 뿐이다.

장기 실행 프로세스는 레거시 시스템과의 통합이 큰 지연 시간latency을 유발할 수 있는 상황에서 종종 유용하게 쓰인다. 만약 지연 시간과 레거시가 주요 문제가 아니라도 여전히 배포와 병렬성을 바르고 보기 좋게 달성하기 위한 도움을 받을 수 있으며, 이를 통해 확장 가능성과 비즈니스 시스템의 활용 가능성을 높일 수 있다.

일부 메시징 메커니즘은 장기 실행 프로세스의 빌트인 지원을 포함하고 있으며, 이는 신속한 적용을 가능케 한다. 그중 하나로 [NServiceBus]가 있으며, 여기선 이를 '사가Saga'라 지칭한다. [MassTransit]에서도 사가의 구현을 제공한다.

이벤트 소싱

때로 비즈니스 측에선 도메인 모델 내의 객체에서 일어나는 변경 추적에 대해 신경을 쓴다. 변경 추적에 관한 관심에는 여러 수준이 있고, 각 수준에 맞는 지원 방법이 있다. 일반적으로 비즈니스 측에선 엔터티가 생성된 시점과 마지막으로 수정된 시점과 누가 수정했는지만을 추적하기로 선택한다. 이는 변경을 추적하는 단순하고 직접적인 방법이다. 하지만 이런 접근은 모델에서 일어나는 개별적 변경 내용에 관해선 정보를 제공하지 않는다.

더 많은 수의 변경을 추적하려는 바람이 커지면, 비즈니스 측에선 더 많은 메타데이터를 요구한다. 시간이 흐름에 따라 수행되는 오퍼레이션 하나하나도 신경을 쓰기 시작한다. 어쩌면 어떤 오퍼레이션이 얼마 동안 수행됐는지도 이해하고 싶어 할 수 있다. 이는 감사audit 로그나 좀 더 작은 단위의 유스케이스 메트릭의 저널journal을 유지 관리하려는 요구로 이어질 수 있다. 그러나 감사 로그나 저널에는 제약이 있다. 이를 통해 시스템에 무슨 일이 일어났는지에 관한 일부 정보를 얻을 수 있고, 어쩌면 일정 수준의 디버깅도 가능할 수 있다. 하지만 특정 유형의 변경이 생기기 전과 후의 시점에 관한 개별 도메인 객체의 상태를 확인할 순 없다. 변경 추적을 좀 더 확장할 수 있다면 어떨까?

개발자로서 우리는 어떤 형태로든 좀 더 작은 단위의 변경 추적을 추적해본 경험이 있다. CVS, 서브버전Subversion, 깃Git, 머큐리얼Mercurial과 같은 소스 코드 리파지토리의 사용은 가장 일반적인 사례다. 이 다양한 형태의 소스 리비전 관리 시스템의 공통점은 소스 파일에 일어난 변경을 추적하는 방법을 알고 있다는 점이다. 이런 유형의 도구가 제공하는 변경 추적은 우리가 시간을 거슬러 가서 최초 리비전의 소스 코드 아티팩트를 살펴보고 각 리비전으로 진행하면서, 가장 최근의 리비전까지 확인하도록 해준다. 모든 소스 파일을 리비전 제어로 커밋하면, 전체 개발 수명주기에 걸쳐 일어난 변경을 추적해준다.

이제 우리가 이런 개념을 하나의 엔터티에 적용하고, 이어서 하나의 애그리게잇으로, 그리고 모델 내의 모든 애그리게잇으로 적용을 이어간다고 생각해본다면, 우리는 변경 추적 객체의 힘과 우리 시스템에 만들어낼 수 있는 가치가 무엇인지 이해할 수 있다. 우리는 이를 염두에 두고, 모델 내의 모든 애그리게잇 인스턴스가 어떤 사건으로 인해 생성됐는지 알 수 있게 해주고, 시간의 흐름에 따라 해당 애그리게잇 인스턴스에 어떤 일이 일어났는지를 오퍼레이션별로 확인해주는 방법을 개발하고자 한다. 일어난 모든 일의 내역을 통해, 심지어 일시적 모델temporal model까지도 지원할 수 있다. 이런 수준의 변경 추적은 이벤트 소싱이라는 패턴의 핵심이다.[11] 그림

11 이벤트 소싱에 대한 논의를 위해선 일반적으로 CQRS에 관한 이해가 필요한데, 이는 해당 주제에 관한 앞의 절에서 다뤘다. – 옮긴이

4.11은 이 패턴을 높은 수준에서 바라본 뷰를 보여준다.

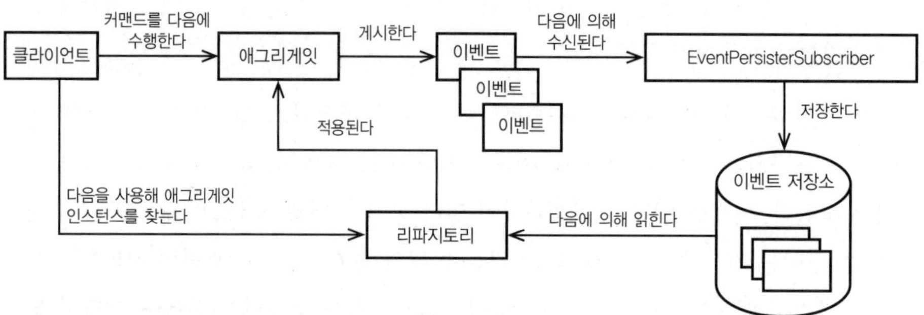

그림 4.11 애그리게잇이 모델의 상태 변경을 저장하고 추적하는 데 사용되는 이벤트를 게시하는, 이벤트 소싱의 높은 수준의 뷰다. 리파지토리는 애그리게잇의 상태를 재구성하기 위해 저장소에서 이벤트를 읽어온다.

이벤트 소싱에는 여러 정의가 쓰이기 때문에 이를 명확히 할 필요가 있다. 우리는 도메인 모델 내의 애그리게잇 인스턴스상에서 수행되는 모든 오퍼레이션 커맨드가 실행 결과를 나타내는 도메인 이벤트를 최소 하나 이상 게시하는 상황에서의 사용에 관해 논의하고 있다.

각 이벤트는 일어난 순서대로 이벤트 저장소(8)에 저장된다. 각 애그리게잇이 해당 저장소로부터 가져올 땐, 기존에 발생했던 순서대로 이벤트를 다시 재생해서 인스턴스를 재구성한다.[12] 즉 가장 처음 일어난 이벤트를 먼저 재생해서, 애그리게잇이 해당 이벤트를 적용해 상태를 수정한다. 이어서 두 번째로 발생한 이벤트를 같은 방법으로 재생한다. 이런 과정은 가장 오래된 이벤트부터 가장 최근 이벤트까지 모든 이벤트를 재생해 적용할 때까지 반복된다. 이 과정이 완료되면 애그리게잇은 가장 마지막 커맨드의 실행 시점과 같은 상태를 갖게 된다.

움직이는 목표?

이벤트 소싱의 정의는 검토와 개선이 이뤄져 왔는데, 현재 이 글을 쓰는 시점에서도 여전히 완전히 정해지지 않았다. 다른 최신의 테크닉과 같이 이벤트 소싱도 개선이 필요하다. 여기서 설명하는 내용은 DDD를 사용하면서 적용되는 패턴의 핵심을 담고 있으며, 더 나은 방향으로 나아가기 위한 방법을 상당히 반영하고 있다.

오랜 시간 동안 발생한 모든 애그리게잇 인스턴스의 변경사항 때문에 수많은 이

12 애그리게잇 상태는 이전 이벤트를 한곳에 섞은 결과지만, 이를 위해 일어난 순서에 따라 적용해야만 한다.

벤트를 재생하며 심각한 지연 시간과 부하를 유발하진 않을까? 분명, 적어도 일부 트래픽이 높은 모델에선 이런 문제를 겪게 된다.

이러한 병목을 피하기 위해선 애그리게잇 상태의 스냅샷snapshot을 적용해 최적화할 수 있다. 백그라운드에서 특정 위치의 이벤트 저장소 히스토리에 애그리게잇의 인메모리 상태에 해당하는 스냅샷을 만들어줄 프로세스를 개발한다. 이를 위해 현재 시점을 기준으로 앞선 이벤트를 모두 사용해서 애그리게잇을 메모리로 불러온다. 그 후 애그리게잇 상태를 직렬화하고, 직렬화한 스냅샷 이미지는 이벤트 저장소에 저장한다. 해당 시점 이후부턴 가장 최근의 스냅샷을 활용해 애그리게잇을 인스턴스화하고, 선택한 스냅샷보다 더 최신의 이벤트는 앞서 언급했던 대로 애그리게잇상에서 재생된다.

스냅샷은 임의로 생성되지 않으며, 미리 정의한 수의 이벤트가 발생한 시점에서 만들어진다. 팀은 도메인 휴리스틱이나 기타 감시 기준에 기반해 스냅샷을 생성할 이벤트의 수를 결정한다. 예를 들어, 우리는 두 스냅샷 사이의 이벤트가 50개나 100개 정도 수준을 넘지 않을 때 애그리게잇을 가져오는 과정이 가장 최적으로 수행된다는 점을 발견할 것이다.

이벤트 소싱은 기술적 솔루션의 방향에 크게 좌우된다. 이벤트 소싱을 지원할 필요 없이 도메인 이벤트를 게시하는 도메인 모델을 만들 수 있다. 영속성 메커니즘으로서의 이벤트 소싱은 ORM 도구의 사용을 대체할 수 있으며, 이 둘은 서로 상당히 차이가 있다. 이벤트는 종종 바이너리 표현으로 이벤트 저장소에 저장되기 때문에, 이를 (최적화 해) 쿼리로 사용할 수 없다. 사실, 이벤트 소싱 모델을 위해 설계된 리파지토리는 오직 단일 get/find 오퍼레이션만 필요하며, 이 메소드는 애그리게잇의 고유 식별자만을 매개변수로 사용한다. 게다가 설계에 따라 애그리게잇은 어떤 쿼리 메소드(게터)도 포함하지 않는다. 결과적으로 우리는 다른 방식으로 쿼리해야 하며, 이를 위해 CQRS(이전에 논의된 바와 같이)를 이벤트 소싱과 긴밀하게 결합해 사용한다.[13]

이벤트 소싱이 도메인 모델을 설계하는 기존 방식과는 다른 방향으로 우리를 이끌어가기 때문에 우리는 그 사용이 가져다주는 이익을 확인해야 한다. 가장 기본적으론, 이벤트 히스토리가 시스템의 버그를 해결하는 방법을 보여줄 수 있다. 모델에

13 이벤트 소싱을 사용하지 않고도 CQRS를 사용할 수 있지만, 그 반대는 보통 실용적이지 못하다.

발생한 모든 사건의 명시적 히스토리를 활용한 디버깅에는 큰 이점이 있다. 이벤트 소싱은 처리량이 높은 도메인 모델로 이어질 수 있고, 1초 내에 극도로 많은 수의 트랜잭션을 처리하도록 확장될 수 있다. 예를 들어, 하나의 데이터베이스 테이블에 데이터를 추가하는 일은 굉장히 빠르게 처리된다. 뿐만 아니라, 데이터 소스의 업데이트는 이벤트 저장소가 새로운 이벤트에 따라 업데이트된 후에 백그라운드에서 이뤄지기 때문에 CQRS 쿼리 모델을 확장할 수 있게 된다. 또한 더 많은 데이터 소스 인스턴스에 쿼리 모델을 복제해서 증가하는 클라이언트를 지원할 수 있게 해준다.

그러나 기술적인 이득이 있다고 해서 해당 기법을 항상 비즈니스적으로 팔 수 있는 것은 아니다. 그럼 이벤트 소싱을 사용할 때 기술적인 구현으로부터 얻을 수 있는 몇 가지 비즈니스적 이점을 고려해보자.

- 문제를 해결하도록 새로운 이벤트를 도입하거나 기존 이벤트를 수정해서 이벤트 저장소를 패치하자. 여기엔 비즈니스적 영향도 있을 수 있지만, 만약 주어진 상황이 허락한다면 패치는 모델의 버그 때문에 발생하는 심각한 문제로부터 시스템을 구해준다.
- 패치와 함께, 다양한 이벤트 집합을 재생해서 모델 내의 변경을 취소하거나 재연할 수 있다. 여기엔 기술적인 측면과 비즈니스적인 측면이 따를 수 있는데, 경우에 따라선 지원할 수 없을 때도 있다.
- 도메인 모델에 일어난 모든 일의 정확한 히스토리를 통해, 비즈니스는 '만약에 그랬다면?'이란 질문을 생각해볼 수 있다. 즉 저장된 이벤트를 실험적 개선사항을 반영한 애그리게잇의 집합상에 재생해봄으로써, 비즈니스는 가설에 따른 질문에 관한 정확한 답을 얻을 수 있다. 만약 실제 히스토리 데이터를 사용해 개념적 시나리오를 시뮬레이션할 수 있다면 비즈니스에 이득이 될까? 정말 큰 도움이 된다. 이는 비즈니스 정보에 접근하는 대안 중 하나다.

비즈니스 측에선 이러한 기술적인 이점과 비기술적 이점 중 하나 이상으로부터 이득을 얻을 수 있을까?

부록 A는 이벤트 소싱으로 애그리게잇을 구현하는 풍부한 세부사항을 제공하며, CQRS상에서 뷰를 나타내는 방법을 논의한다. 더 상세한 내용은 [Dahan, CQRS]와 [Nijof, CQRS]를 참조하자.

데이터 패브릭과 그리드 기반 분산 컴퓨팅

웨스 윌리엄스 기고

사용자 베이스가 증가하고 '빅데이터'에 요구사항이 집중되며 소프트웨어 시스템이 더욱 복잡하고 정교해짐에 따라, 전통적인 데이터베이스 솔루션은 성능의 병목이 될 수 있다. 거대한 크기의 정보 시스템이란 현실에 직면한 조직은 컴퓨팅 문제에 상응하는 솔루션을 찾는 것 외에는 대안이 없다. 데이터 패브릭(그리드 컴퓨팅[14]으로 불리기도 하는)은 이러한 비즈니스 상황이 요구하는 성능과 유연한 확장성을 제공한다.

카우보이 논리

AJ: 내가 정보를 좀 줄 테니 음료 한 잔 주겠어?

LB: 미안하군, 제이. 우리는 캐시(cache)[15]만 받거든.

데이터 패브릭의 한 가지 장점은, 자연스러운 방식으로 도메인 모델을 지원하고 방해가 되는 거의 모든 불일치를 제거해준다는 점이다. 사실, 데이터 패브릭의 분산 캐시는 보통 손쉽게 도메인 객체의 영속성을 포용하고, 특히 애그리게잇 저장소로서 작동한다.[16] 간단히 말해서, 패브릭의 맵 기반 캐시[17]에 저장되는 애그리게잇은 키-값 쌍에서의 값 부분이다. 키는 애그리게잇의 범용 고유 식별자를 통해 만들어지며, 애그리게잇의 상태 그 자체는 값의 역할을 하는 바이너리나 텍스트 표현으로 직렬화된다.

```
String key = product.productId().id();

byte[] value = Serializer.serialize(product);

// 리전(젬파이어)이나 캐시(코히어런스)
region.put(key, value);
```

14 패브릭과 그리드가 같은 개념이라는 말은 아니지만, 일반적인 시각으로 아키텍처를 바라보는 사람들에겐 이 두 이름이 같은 의미일 때가 많다. 특히 마케팅과 영업에서는 이 둘을 같은 의미로 제한하기 십상이다. 어떤 경우든, 이 절에선 그리드 컴퓨팅보다 더 풍부한 기능을 일반화해서 표현해주는 데이터 패브릭이란 용어를 사용한다.

15 현금과 발음이 같은 점을 이용 – 옮긴이

16 마틴 파울러가 최근 애그리게잇 저장소라는 용어를 사용했지만, 그 개념은 이미 예전부터 존재했었다.

17 젬파이어(GemFire)에선 이를 리전(region)으로 부르지만, 코히어런스(Coherence)의 캐시 호출과 같은 개념이다. 일관성을 유지하기 위해 캐시라고 표현하겠다.

즉, 도메인 모델의 기술적 측면에 잘 맞춰서 데이터 패브릭을 사용하면 개발 주기의 단축 가능성이라는 긍정적 결과를 얻을 수 있다.[18]

여기서 제공된 예제는 데이터 패브릭이 캐시를 통해 도메인 모델을 제공하는 방법과 분산에 따른 확장성의 측면에서 시스템 기능을 활용하는 방법을 보여준다. 이런 과정에서, CQRS 아키텍처 패턴과 장기 실행 프로세스를 통해 이벤트 주도 아키텍처를 지원하는 방법을 살펴본다.

데이터 복제

인메모리 데이터 캐시를 생각해보면, 어떤 이유로 캐시가 일부 실패했을 때 우리 시스템의 일부나 전체가 기능을 상실할 위험이 실재하는지 고민에 빠질 수도 있다. 정말로 고민해봐야 할 문제긴 하지만, 패브릭에 중복성redundancy을 만들어둔다면 문제의 가능성으로부터 멀어질 수 있다.

애그리게잇마다 캐시를 만드는 전략을 사용하는 상황에서 패브릭이 제공하는 메모리 캐시를 생각해보자. 이런 상황에서, 특정 애그리게잇 타입의 리파지토리는 그를 담당하는 전용 캐시의 도움을 받는다. 하나의 노드를 하나의 캐시가 지원하고 있다면, 실패를 초래하는 단일 위치single point of fauilure의 존재 때문에 취약성이 매우 높아진다. 반면에 복제replication를 통한 다중 노드 캐시를 지원하는 패브릭은 상당히 안정적이다. 특정 시점에 얼마나 많은 노드가 실패할 수 있는지의 확률에 기반해 중복성의 수준을 결정하면 되며, 더 많은 노드가 포함될수록 확률의 폭은 더욱 좁아진다. 여러분에겐 중복을 포기하는 대신 성능을 높이는 선택지도 주어지는데, 당연한 말이지만 성능은 애그리게잇을 완전히 커밋하려면 얼마나 많은 노드 복제가 필요한지에 영향을 받는다.

다음은 어떻게 캐시(또는 리전) 중복성이 동작하는지에 관한 예제다. 하나의 노드는 일차적primary인 캐시/리전으로 동작하고, 그 외의 모든 다른 노드는 이차적secondary이다. 만약 일차적인 캐시의 저장이 실패하면 패일오버fail-over가 일어나고, 이차적인 캐시 중 하나가 새로운 일차적 캐시가 된다. 기존의 일차적인 캐시가 복구되면 새로운 일차적 캐시에 저장된 모든 데이터를 복구된 노드로 복제하고, 그 후 복구된 노드는 이차적 캐시가 된다.

18 일부 NoSQL 저장소도 이와 마찬가지로 자연스럽게 '애그리게잇 저장소'로 동작하며, 이는 DDD 구현의 기술적 측면을 단순화해준다.

패일오버 노드의 추가적인 장점은 패브릭에서 게시하는 이벤트의 전달을 보장해준다는 점이다. 따라서 애그리게잇의 업데이트와 그에 따라 패브릭에서 게시하는 모든 이벤트는 절대로 유실되지 않는다. 분명, 비즈니스의 핵심을 이루는 도메인 모델 객체를 저장할 땐 캐시 중복성과 복제가 필수적인 기능이다.

이벤트 주도 패브릭과 도메인 이벤트

패브릭의 주요 기능에는 전달 보장 외에도 이벤트 주도 스타일의 지원이 있다. 대부분의 패브릭은 기술적인 특징으로서 빌트인 이벤트 기능을 갖고 있는데, 이는 캐시 수준과 엔트리 수준의 사건을 알려주는 이벤트 자동 알림 기능이다. 이를 도메인 이벤트와 헷갈려선 안 된다. 예를 들면, 캐시 수준 이벤트는 캐시 재초기화와 같은 일의 발생을 알리며, 엔트리 수준 이벤트는 엔트리 생성과 업데이트 같은 일의 발생을 알린다.

하지만 오픈 아키텍처를 지원하는 패브릭과 함께, 애그리게잇에서 직접 도메인 이벤트를 게시하도록 지원하는 방법도 있어야 한다. 여러분의 도메인 이벤트는 EntryEvent(젬파이어의 예)와 같이 특정 프레임워크의 이벤트 타입을 서브클래스로 지정해야 할 수 있지만, 이런 불편함은 강력한 기능을 사용하기 위해 지불해야 하는 작은 비용일 뿐이다.

패브릭 안에서 실제로 도메인 이벤트를 사용하려면 어떻게 해야 할까? 도메인 이벤트(8)에서 언급하듯이, 여러분의 애그리게잇은 단순히 DomainEventPublisher를 사용하면 된다. 이 게시자는 패브릭의 캐시에서 게시된 이벤트를 단순히 특정 캐시/리전으로 집어넣는다. 그러면 캐시된 이벤트가 구독자(리스너)에게 동기적으로나 비동기적으로 전달된다. 전용 이벤트 캐시/리전의 소중한 메모리를 낭비하지 않으려면, 모든 구독자로부터 완전한 수신 확인을 받았을 때 해당 엔트리를 맵에서 제거해야 한다. 물론 구독자가 메시지 큐나 버스로 이벤트를 게시하거나 CQRS 쿼리 모델을 갱신하기 위해 이벤트를 사용한 후에야 완전한 수신 확인이 인정된다.

도메인 이벤트 구독자는 의존 관계에 있는 다른 애그리게잇과의 동기화를 위해 이벤트를 사용할 수도 있기 때문에, 아키텍처에 의해 결과적 일관성이 보장된다.

지속적 쿼리

일부 패브릭은 지속적 쿼리Continuous Query로 알려진 이벤트 알림의 유형을 지원한다. 클라이언트가 패브릭에 쿼리를 등록하면 캐시 내부에서 해당 쿼리를 만족시키는 변경이 발생했을 때 클라이언트에게 알림을 보내주고, 이 과정에서 패브릭은 클라이언트 측의 수신을 보장한다. 지속적 쿼리의 사용처 중 한 곳으로 사용자 인터페이스 컴포넌트가 있는데, 여기선 현재 뷰에 영향을 주는 변경을 리스닝하기 위해 이를 사용한다.

이 다음 내용이 무엇일지 보이는가? 패브릭 내에서 쿼리 모델을 유지한다고 가정하면, CQRS는 지속적 쿼리 기능과 아주 잘 맞는다. 뷰가 직접 뷰 테이블 업데이트를 추적하는 대신, 등록된 지속적 쿼리에 맞춰 전달되는 알림을 통해 적시에 뷰가 업데이트되도록 할 수 있다. 다음은 젬파이어를 통해 지속적 쿼리 이벤트를 등록하는 클라이언트의 예다.

```
CqAttributesFactory factory = new CqAttributesFactory();

CqListener listener = new BacklogItemWatchListener();

factory.addCqListener(listener);

String continuousQueryName = "BacklogItemWatcher";

String query = "select * from /queryModelBacklogItem qmbli "
        + "where qmbli.status = 'Committed'";

CqQuery backlogItemWatcher = queryService.newCq(
        continuousQueryName, query, factory.create());
```

이제 데이터 패브릭은 매칭 기준에 부합하는 상황이 오면, CpListener가 제공하는 클라이언트 콜백 객체로 애그리게잇 수정에 따른 추가/업데이트/파괴 등의 메타 정보와 CQRS 쿼리 모델 업데이트를 전달한다.

분산 처리

데이퍼 패브릭의 강력한 활용처 중 하나로 패브릭의 복제된 캐시로 분산 처리해서, 집계된aggregated 결과를 클라이언트로 반환하는 기능이 있다. 이는 패브릭이 이벤트 주도와 분산 병렬 처리와 장기 실행 프로세스의 사용 등을 달성할 수 있도록 해준다.

이 기능을 설명하기 위해 젬파이어와 코히어런스에선 구체적으로 어떻게 접근하는지 간단히 살펴보자. 젬파이어의 기능이나 코히어런스의 엔트리 처리기로 여러분의 프로세스 실행자를 구현할 수 있다. 이 둘 모두는 여러 분산된 복제 캐시를 통해 병렬 실행되는 커맨드[Gamma 등] 핸들러를 제공해준다. (어쩌면 여러분은 이를 도메인 서비스의 개념에서 생각하는 쪽을 택할 수도 있지만, 그런 생각은 결국 도메인 중심에 맞지 않게 귀결될 수 있다.) 일관성을 위해 기능feature을 함수Function라 부르자. 함수에는 매칭되는 애그리게잇 인스턴스의 수행을 제한하는 필터를 등록할 수 있다.

앞서 살펴본 PhoneNumberCount 프로세스의 장기 실행 프로세스를 구현하는 샘플 함수를 살펴보자. 이 프로세스는 젬파이어 함수를 사용해 여러 복제된 캐시에서 병렬로 실행될 수 있다.

```
public class PhoneNumberCountSaga extends FunctionAdapter {
    @Override
    public void execute(FunctionContext context) {
        Cache cache = CacheFactory.getAnyInstance();
        QueryService queryService = cache.getQueryService();

        String phoneNumberFilterQuery = (String) context.getArguments();
        ...
        // 의사 코드(Pseudo code)
        // - MatchedPhoneNumbersCounted를 획득하기 위해 함수를 실행한다
        // - aggregator.sendResult(MatchedPhoneNumbersCounted)를 호출해
        //   해당 애그리게이터로 응답을 보낸다
        // - AllPhoneNumbersCounted를 획득하기 위해 함수를 실행한다
        // - aggregator.sendResult(AllPhoneNumbersCounted)를 호출해
        //   해당 애그리게이터로 응답을 보낸다
        // - 애그리게이터는 각 분산 함수 호출로부터 자동으로 응답을 모아서
        //   하나의 집계된 응답을 클라이언트에게 반환한다
    }
}
```

분산 복제된 캐시에서 장기 실행 프로세스를 병렬로 실행하는 클라이언트의 예제 코드는 다음과 같다.

```
PhoneNumberCountProcess phoneNumberCountProcess =
        new PhoneNumberCountProcess();

String phoneNumberFilterQuery =
        "select phoneNumber from /phoneNumberRegion pnr "
        + "where pnr.areaCode = '303'";

Execution execution =
        FunctionService.onRegion(phoneNumberRegion)
                .withFilter(0)
                .withArgs(phoneNumberFilterQuery)
                .withCollector(new PhoneNumberCountResultCollector());

PhoneNumberCountResultCollector resultCollector =
        execution.execute(phoneNumberCountProcess);

List allPhoneNumberCountResults = (List) resultsCollector.getResult();
```

물론, 실제 프로세스는 이보다 훨씬 더 복잡하거나 단순할 수도 있다. 또한 프로세스가 반드시 이벤트 주도 개념을 따라야 할 필요는 없으며, 다른 동시적 분산 처리 방식과 함께 사용될 수도 있음을 나타낸다. 패브릭 기반의 분산과 병렬 처리에 대한 자세한 논의는 [GemFire Functions]를 참조하자.

마무리

우리는 DDD와 함께 사용할 수 있는 몇 가지 아키텍처 스타일과 아키텍처 패턴을 살펴봤다. 다양하게 활용할 수 있는 DDD의 측면에서 너무 다양한 가능성이 열려 있으므로, 여기서 살펴본 목록이 전체를 아우르진 못한다. 예를 들어, 우리는 맵-리듀스Map-Reduce를 사용할 때 DDD를 어떻게 적용할 수 있는지 고려하지 않았다. 이 주제는 이후에 논의한다.

- 전통적인 계층 아키텍처와 의존성 역행 원칙을 통해 이 아키텍처를 개선하는 방법을 논의했다.
- 애플리케이션 아키텍처에 굉장히 중요한 스타일을 제공해주는, 시간이 지나도 변하지 않을 헥사고날 아키텍처의 장점을 배웠다.
- DDD를 SOA 환경에서 REST와 함께 사용하는 방법과, 데이터 패브릭이나 그리드 기반 분산 캐시를 사용하는 방법을 강조했다.
- CQRS의 개요와 이를 통해 애플리케이션의 일부 측면을 단순화하는 방법을 배웠다.
- 파이프와 필터, 장기 실행 프로세스, 이벤트 소싱 등을 다루며 이벤트 주도가 동작하는 방식의 다양한 측면을 살펴봤다.

이어지는 일련의 장에선 DDD의 전술적 모델링으로 넘어간다. 이를 통해 여러분이 원하는 만큼 좀 더 작은 단위의 모델링 옵션과 최선의 적용 방안을 찾을 수 있도록 도움을 줄 것이다.

5장

엔터티

나는 쉐비 채이스다… 그리고 여러분은 아니다.
– 쉐비 채이스[1]

개발자는 도메인보다 데이터에 초점을 맞추려는 경향이 있다. 소프트웨어 개발에 관한 대부분의 접근법이 데이터베이스에 중점을 두기 때문에, DDD를 처음 접하는 사람에게 일어날 수 있는 현상이다. 풍부한 행동을 바탕으로 도메인 개념을 설계design하진 않고, 주로 데이터의 속성(열)과 연결(외래 키)을 먼저 생각하려 한다. 이렇게 해서 데이터 모델을 대응하는 객체로 투영하게 되는데, 이로 인해 '도메인 모델' 안에 있는 거의 모든 개념이 게터와 세터 메소드를 너무 많이 갖고 있는 엔터티로 코딩된다. 우리를 위해 이런 요소를 생성해주는 도구는 손쉽게 찾을 수 있다. 속성 접근자가 잘못된 건 아니지만, 이것이 DDD 엔터티가 수행해야 하는 행동의 전부는 아니다.

사스오베이션의 개발자 앞에 나타난 함정도 바로 이런 문제였다. 이들이 엔터티 설계에서 배운 교훈을 통해 우리도 배워보자.

5장의 로드맵

- 고유한 대상을 설계할 때 엔터티가 왜 올바른 위치를 가지는지 생각해보자.
- 엔터티를 위한 고유 식별자의 생성 방법을 확인하자.
- 팀이 엔터티 설계에서 유비쿼터스 언어(1)를 잡아내는 설계 회의를 살펴보자.
- 엔터티의 역할과 책임을 표현하는 방법을 학습하자.
- 예제를 통해 엔터티의 유효성을 검사하는 방법과 그 결과를 저장소에 저장하는 방법을 살펴보자.

1 미국의 유명 코미디언 겸 영화배우 – 옮긴이

엔터티를 사용하는 이유

우리가 도메인 개념의 개별성individuality에 신경을 쓸 때, 그러니까 한 개념을 시스템 내의 나머지 모든 객체와 반드시 구분해야 하는 제약 조건이 있을 때, 이를 엔터티로 설계한다. 엔터티는 고유한 대상으로 긴 시간에 걸쳐 계속해서 변화할 수 있다. 변화가 너무 크게 일어나서 처음의 모습과 많이 달라 보일 수도 있다. 그러나 이는 같은 식별자를 가진 같은 객체다.

객체의 변화를 보면서 이 변화가 언제, 어떻게 누구에 의해 일어나는지 추적하고 싶어질 수도 있다. 아니면 현재의 형태가 이미 이전의 상태 변환을 충분히 암시하고 있어서 별도의 명시적인 변화 추적이 필요하지 않을 수도 있다. 변화 히스토리의 모든 세부적인 내용을 추적하지 않더라도, 해당 객체의 전체 수명주기에 걸쳐서 일어날 수 있는 유효한 변화 과정을 추론하고 논의할 수는 있다. 고유 식별자와 변화 가능성mutability이라는 특징이 엔터티와 값 객체(6) 사이의 차이점이다.

엔터티가 모델링 도구로 적합하지 않을 때도 있다. 잘못된 사용은 많은 사람들이 느끼는 것보다도 훨씬 더 자주 일어난다. 대부분 개념은 값으로 모델링해야 한다. 만약 이에 동의할 수 없다면, DDD는 여러분의 비즈니스 요구에 맞지 않을 수 있으며, CRUD 기반의 시스템이 더 적합할 가능성이 상당히 높다. 이는 여러분의 프로젝트에 드는 시간과 돈을 모두 절약할 수 있게 해준다. 문제는 CRUD 기반의 대안이 항상 여러분의 소중한 자원을 절약하게 해주진 않는다는 점이다.

비즈니스 관계자는 보통 근사한 데이터베이스 테이블 편집기를 개발하는 데만 너무 많은 노력을 들인다. 올바른 도구를 선택하지 않았다면 공들여 다룬 CRUD 기반 솔루션의 비용이 너무 커진다. CRUD가 타당한 선택일 때가 그루비 앤 그레일스Groovy and Grails, 루비 온 레일스Ruby on Rails 등과 같은 언어 및 프레임워크가 비로소 합리적일 수 있는 순간이다. 올바른 선택을 하면 시간과 돈을 절약할 수 있다.

카우보이 논리

AJ: "나 방금 무슨 CRUD[2]를 밟은 거지?"

LB: "그거 카우 파이[3]잖아, 제이!"

AJ: "나도 파이가 뭔지 정도는 안다고. 애플 파이, 체리 파이 같은 것들 있잖아. 이건 분명 파이는 아니었다고."

LB: "그런 말도 있잖아, '더운 날에 소똥을 발로 차지 말라.'[4] 발로 차지 않았으니 다행이네."

한편 CRUD를 시스템에 잘못 적용(DDD의 정확성이 필요한 좀 더 복잡한 시스템에)한다면, 결국 후회하게 된다. 복잡성이 증가하면 잘못된 도구 선택에 따른 제약이 생긴다. CRUD 시스템에선 데이터의 포착만으론 정교한 비즈니스 시스템을 생성할 수 없다.

DDD가 비즈니스적 수지에 맞는 합당한 투자라면 의도했던 대로 엔터티를 사용하면 된다.

> 객체를 특성attribute이 아니라 식별자에 따라 구분한다면, 모델을 정의할 때 이를 우선적으로 다뤄라. 클래스의 정의를 단순하게 유지하면서 수명주기의 지속성continuity과 식별자에 집중하자. 형태나 히스토리에 상관없이, 각 객체를 구분하는 수단을 정의하라…. 이 모델에선 같은 대상이 된다는 의미가 무엇인지 반드시 정의해야 한다. [Evans, 92쪽]

5장에서는 엔터티에서 관심을 가져야 할 부분이 어딘지를 배우고, 다양한 엔터티 설계 기법을 살펴본다.

고유 식별자

엔터티의 설계 초기엔 고유 식별자의 중심을 이루는 우선적인 특성과 행동을 비롯해 이를 쿼리하는 데 도움을 주는 요소에 의도적으로 집중하고, 우선적인 사항을 마무리할 때까진 다른 특성이나 행동을 의도적으로 무시한다.

---

2 CRUD는 영어로 '오물'이라는 뜻 – 옮긴이

3 Cow Pie는 '소똥'이라는 뜻 – 옮긴이

4 해리 트루만 전 미 대통령이 한 유명한 말 – 옮긴이

> 엔티티를 정의할 때 특성이나 행동에 집중하기보단, 엔티티 객체를 식별하거나 매칭해서 찾을 때 사용되는 엔티티 객체의 정의를 가장 기본적인 특성까지 파고들어야 한다. 개념적으로 필수적인 행동과 그 행동에서 필요로 하는 특성만을 추가하자. [Evans, 93쪽]

따라서 이는 우리가 가장 먼저 실행할 사항이다. 시간이 흘러도 고유성uniqueness의 보존됨을 보장해줄 수 있도록, 식별자를 구현하는 다양한 옵션의 확보는 아주 중요한 일이다.

엔티티의 고유 식별자는 탐색이나 매칭에 실용적으로 사용될 수도 있지만, 그렇지 않을 수도 있다. 고유 식별자를 매칭에 사용할 수 있는지 여부는 식별자가 얼마나 사람이 읽기 쉽도록 돼 있는지에 달려 있다. 예를 들어 애플리케이션에서 사용자가 사용할 수 있는 사람의 이름을 검색할 때, 사람의 이름이 `Person` 엔티티의 고유 식별자로 쓰일 가능성은 거의 없다. 많은 사람의 이름은 고유하지 않기 때문이다. 한편으론, 애플리케이션이 사용 가능한 회사의 세무 식별자를 검색한다면, 이 세무 식별자는 `Company` 엔티티의 일차적인 고유 식별자가 될 가능성이 크다. 세무 식별자는 정부가 발행하는 고유한 식별자이기 때문이다.

값 객체는 고유 식별자의 홀더 역할을 할 수 있다. 값 객체는 불변하기immutable 때문에 식별자의 안정성이 확보되고, 식별자의 유형에 따른 모든 행동은 중앙집중화된다. 식별자 행동의 중심점이 생기면, 단순함의 정도와는 상관없이 모델의 다른 부분이나 클라이언트로 노하우가 새나가는 것을 막아준다.

가장 단순하고 가장 기본적인 것부터 더 복잡한 것까지, 식별자 생성의 일반적인 전략을 살펴보자.

- 사용자는 애플리케이션에 하나 이상의 초기 고유 값을 입력한다. 애플리케이션은 입력한 값이 고유한지 확인해야 한다.
- 애플리케이션은 내부적 고유성이 보장되는 알고리즘을 사용해 식별자를 생성한다. 라이브러리나 프레임워크가 이를 대신할 수도 있지만, 애플리케이션이 직접 수행할 수도 있다.
- 애플리케이션이 데이터베이스와 같은 영속성 저장소를 사용해 고유 식별자를 생성한다.

- 또 하나의 바운디드 컨텍스트(2)(시스템이나 애플리케이션)에서 먼저 고유 식별자를 결정한다. 이 식별자가 입력되거나, 사용자가 여러 선택지 중 하나를 선택한다.

각 단계에서 직면하게 되는 어려운 점과 개별적 전략을 생각해보자. 여러 기술적 솔루션을 고려할 땐 거의 항상 부작용이 공존한다. 이런 부작용 중 하나로, 객체의 영속성을 위해 관계적 데이터베이스를 사용할 때 도메인 모델로의 누수가 생기는 문제가 있다. 식별자의 생성 시점, 도메인 객체에 대한 관계형 데이터베이스의 참조 식별자, 객체 관계형 매핑ORM, Object-relational Mapping 등이 어떤 영향을 미치는지 다루면서 식별자 생성에 관한 문제를 살펴본다. 또한 고유 식별자를 안정적으로 유지하는 실용적 가이드도 함께 생각해본다.

사용자가 식별자를 제공한다

사용자가 직접 고유 식별자의 세부사항을 입력하는 편이 간단해 보일 수 있다. 사용자가 식별 가능한 값이나 기호를 입력 필드에 입력하거나 사용 가능한 문자 집합에서 선택하면 엔터티가 생성된다. 실제로 꽤 간단한 접근법이다. 그러나 여기엔 약간의 문제가 있다.

한 가지 문제는 양질의 식별자를 생성하는 일을 사용자에게 의지한다는 점이다. 식별자는 고유하더라도 올바르지 않을 수 있다. 식별자는 변하지 않아야 하기 때문에 대개 사용자가 이를 바꿔선 안 된다. 하지만 항상 이런 상황만 있는 것은 아니고, 사용자가 식별자 값을 수정하는 방법에 이점이 있을 수도 있다. 예를 들어보자. 만약 `Forum`과 `Discussion`의 제목을 고유 식별자로 사용했다면, 그림 5.1처럼 사용자가 제목을 잘못 쓴다거나 제목이 처음 생각만큼 잘 맞지 않는 상황에선 어떻게 될까? 이를 바꾸기 위해선 비용이 얼마나 들까? 사용자가 제공한 식별자를 사용하는 접근법이 예산 측면에 잘 맞는 것처럼 보이지만, 사실은 그렇지 않을 수도 있다. 고유하고 정확하며 오랫동안 지속돼야 하는 식별자의 생성을 사용자가 수행해도 될까?

이 문제를 피하기 위해선 설계 토론부터 시작해야 한다. 팀은 실패를 방지하기 위한 접근법을 고려한 후 사용자가 고유 식별자를 정의토록 해야 한다. 처리량이 많은 도메인에선 워크플로우 기반의 식별자 승인이 바람직하지 않지만, 사람이 읽을 수 있는 식별자가 반드시 필요한 상황에선 가장 적합하다. 앞으로의 비즈니스에서 광범위하게 사용할 식별자를 생성하고 승인하는 일에 시간과 노력이 더 들고, 워크플로우 지원이 가능하다면 식별자의 품질을 확보하기 위해 몇 가지 사이클을 추가하는 일은 좋은 투자가 된다.

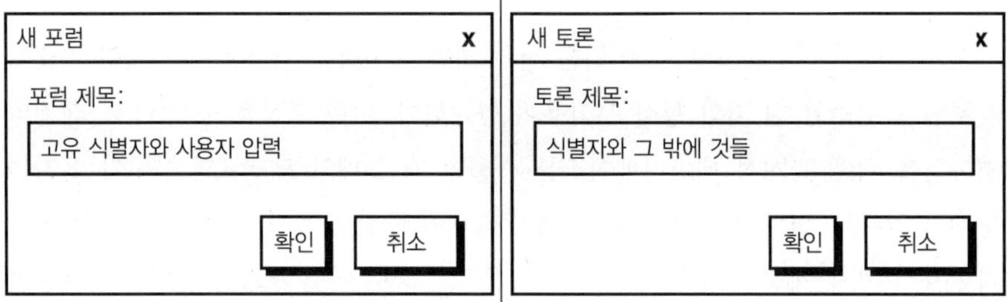

그림 5.1 포럼 제목은 철자가 틀렸고, 토론 제목은 바람직하지 않다.

사용자 입력 값은 언제든 매칭에 사용할 엔터티의 속성으로 고려해도 되지만, 이를 고유 식별자로 사용해선 안 된다. 시간의 흐름에 따라 변화하는 정상적 엔터티 동작 상태의 일부로서, 단순한 속성은 더욱 쉽게 수정될 수 있다. 이런 상황이라면 고유 식별자를 만들기 위한 다른 방법이 필요하다.

애플리케이션이 식별자를 생성한다

비록 애플리케이션이 클러스터링되거나 다수의 컴퓨팅 노드에 걸쳐 배포된 상황이라면 신경을 써야겠지만, 고유 식별자를 자동으로 생성할 수 있는 신뢰도 높은 방법이 있다. 훨씬 높은 정확도로 완벽하게 고유 식별자를 생성하는 식별자 생성 패턴이 있다. 보편적 고유 식별자UUID, Universally Unique Identifier나 전역 고유 식별자GUID, Globally Unique Identifier가 이런 접근법의 예다. 각 단계의 결과가 하나의 텍스트 표현으로 연결되는 가운데, 다음과 같은 공통 요소를 통해 차이가 발생한다.

1. 컴퓨팅 노드상의 1/1000 단위의 시간
2. 컴퓨팅 노드의 IP 주소
3. 가상의 장치 내 팩토리 객체 인스턴스의 객체 식별자 (자바)
4. 가상의 장치 내 같은 생성기에 의해 생성된 임의의 숫자 (자바)

이를 통해 128비트 고유 값이 생성되며, 대부분 32바이트나 36바이트의 16진법으로 인코딩된 텍스트 문자열로 표현된다. 공통 하이픈 세그먼트 구분자를 사용한 `f36ab21c-67dc-5274-c642-1de2f4d5e72a` 포맷은 36바이트다. 하이픈을 제거하면

32바이트가 된다. 두 경우 모두 식별자가 크기 때문에 사람이 읽을 수 있다고 여겨지지 않는다.

자바의 세계에선 자바 1.5부터 이 공식이 표준 UUID 생성기로 대체됐다. 이는 java.util.UUID 클래스에서 제공한다. 이 구현은 리치-샐즈 변형Leach-Salz variation에 기반한 네 가지 생성기를 지원한다. 자바 표준 API를 사용해 의사 난수Pseudo-Random의 고유 식별자를 쉽게 생성할 수 있다.

```
String rawId = java.util.UUID.randomUUID().toString();
```

이는 java.security.SecureRandom 생성기에 기반한 강력한 암호화의 의사 난수 생성기를 통해 타입 4를 사용한다. 타입 3은 이름 암호화 접근법을 사용하는데, 이는 java.security.MessageDigest를 사용한다. 우리는 다음과 같이 이름 기반의 UUID를 얻을 수 있다.

```
String rawId = java.util.UUID.nameUUIDFromBytes(
        "Some text".getBytes()).toString();
```

우리는 의사 난수 생성기와 암호화를 함께 사용할 수도 있다.

```
SecureRandom randomGenerator = new SecureRandom();

int randomNumber = randomGenerator.nextInt();

String randomDigits = new Integer(randomNumber).toString();

MessageDigest encryptor = MessageDigest.getInstance("SHA-1");

byte[] rawIdBytes = encryptor.digest(randomDigits.getBytes());
```

이젠 rawIdBytes 배열을 16진법의 텍스트 표현으로 변환하는 일만 남아있다. 우린 이 변환을 공짜로 할 수 있다. 임의의 숫자를 생성해 String으로 바꾼 후, 해당 텍스트를 UUIDnameUUIDFromBytes()의 팩토리[Gamma 등] 메소드로 전달한다.

Java.rmi.server.UID와 java.rmi.dgc.VMID 등의 다른 식별자 생성기도 있지만, 이는 java.util.UUID보다 좋지 않은 듯 보이기 때문에 여기선 논의하지 않는다.

UUID는 상대적으로 생성이 빠른 식별자이고, 영속성 메커니즘과 같은 외부와의 상호 교류가 필요하지 않다. 1초 동안 특정 종류의 엔터티가 무수히 생성되더라도, UUID 생성기는 그 속도를 유지할 수 있다. 좀 더 고성능의 도메인에선 얼마나 많은 UUID 인스턴스든 백그라운드에서 캐시를 다시 채우며 캐싱할 수 있다. 만약 캐시된 UUID 인스턴스가 서버의 재시작으로 사라졌더라도, 임의의 만들어진 값에 기반했기 때문에 식별자에는 빈 공간이 없다. 폐기된 값은 서버의 재시작으로 캐시를 다시 채우는 과정에 나쁜 영향을 미치지 않는다.

이런 큰 식별자를 사용하면 드물게 메모리 부담 때문에 비실용적인 렌더링이 발생하기도 한다. 이럴 땐 영속성 메커니즘을 통해 생성한 8바이트의 긴 식별자가 문제를 개선할 수 있다. 20억 개 정도의 고유 값을 포함하는 더 작은 4바이트 정수만으로 충분할 수도 있다. 이 접근법은 다음에 논의한다.

다음을 생각해보면, 보통 UUID를 사용자 인터페이스 뷰에 보여주는 것을 원치 않는 심정을 이해할 수 있다.

```
f36ab21c-67dc-5274-c642-1de2f4d5e72a
```

전체 UUID는 일반적으로 사용자로부터 감춰지고, 대신 사람이 읽을 수 있는 참조 기법을 사용한다. 예를 들어 이메일이나 사용자 사이의 메시징을 통해 보낼 수 있는 URI로 하이퍼미디어 리소스를 설계할 수 있다. HTML에서 기술적 링크를 감추는 `<a>text</a>`의 `text`처럼, 이해하기 힘들어 보이는 UUID를 감추기 위해 링크의 텍스트 관계 부분을 사용한다.

16진법 텍스트 UUID에서 개별 세그먼트의 유일성을 얼마나 신뢰하는지에 따라, 하나의 세그먼트만을 허용할지 아니면 여러 세그먼트를 사용할지 결정할 수 있다. 짧게 줄인 식별자는 애그리게잇(10)의 경계 내에서 엔터티의 로컬 식별자로만 쓰일 때 더 신뢰할 만하다. 로컬 식별자는 애그리게잇 안의 엔터티가 같은 애그리게잇에 속한 엔터티 중에서 유일하게 구분됨을 의미한다. 한편, 애그리게잇 루트로서 쓰이는 엔터티는 전역 고유 식별자[global unique identifier]를 필요로 한다.

우리의 식별자 생성기는 하나 이상의 특정 UUID 세그먼트를 사용할 수 있다. `APM-P-08-14-2012-F36AB21C`라는 가상의 예를 살펴보자. 이 25자의 식별자는 2012년 8월 14일에 생성된 애자일 프로젝트 관리[APM, Agile Project Management] 컨텍스트의 `Product` (p)를 나타낸다. 추가로 덧붙여진 `F36AB21C`는 생성된 UUID의 첫 번째 세그먼트로, 이 엔터티를 같은 날 생성된 다른 Product 엔터티와 구분해준다. 이는 전역적 고유성의 가능성이 높고 사람이 읽을 수 있다는 이점이 있다. 사용자에게만 이점이 있는 것은 아니다. 바운디드 컨텍스트 사이에서 이 식별자를 전달하면, 개발자는 어디서 생성됐는지 알 수 있다. 이 접근법은 사스오베이션에게 실용적일 수 있는데, 애그리게잇이 테넌시에 의해 더 격리되기 때문이다.

이런 종류의 식별자를 String으로 유지 관리하는 일이 좋은 선택은 아닐 것이다. 사용자 지정 식별자 값 객체가 더 잘 맞다.

```
String rawId = "APM-P-08-14-2012-F36AB21C"; // 생성할 수 있다
ProductId productId = new ProductId(rawId);
...
Date productCreationDate = productId.creationDate();
```

클라이언트가 제품이 생성된 날짜와 같은 식별자 세부사항을 요청할 수 있고, 이는 편리하게 제공된다. 클라이언트는 원시 식별자 포맷을 이해할 필요가 없다. 이제 Product 애그리게잇 루트는 획득한 방법을 클라이언트에게 알리지 않고도 그 생성 일자를 노출시킬 수 있다.

```
public class Product extends Entity {
    private ProductId productId;
    ...
    public Date creationDate() {
        return this.productId().creationDate();
    }
    ...
}
```

써드파티 라이브러리와 프레임워크에서 식별자 생성기를 찾을 수 있다. 아파치 커먼스Apache Commons 프로젝트는 커먼스 Id (샌드박스Sandbox) 컴포넌트를 포함하고 있는데, 이는 다섯 종류의 식별자 생성기를 제공한다.

NoSQL인 리악Riak과 몽고DBMongoDB 등의 영속성 저장소는 여러분을 위해 식별자를 생성해줄 수 있다. 보통 리악에 값을 저장하려면 다음과 같이 HTTP PUT을 사용해 키를 전달한다.

```
PUT /riak/bucket/key

[직렬화된 객체]
```

리악이 고유 식별자를 생성토록 하면 키를 제공하지 않는 POST를 대신 사용할 수 있다. 그러나 우리는 5장 후반부에서 논의할 내용처럼, 빠른 식별자 생성과 늦은 식별자 생성 사이에 무엇이 더 좋을지 고민해봐야 한다.

여러분의 애플리케이션이 생성하는 식별자를 위해선 어떤 팩토리를 사용해야 할까? 나는 애그리게잇 루트 식별자를 생성할 땐 리파지토리(12)를 사용하는 편을 좋아한다.

```
public class HibernateProductRepository
        implements ProductRepository {
    ...
    public ProductId nextIdentity() {
        return new ProductId(
                java.util.UUID.randomUUID().toString().toUpperCase());
    }
    ...
}
```

이 위치는 식별자의 생성에 잘 맞아 보인다.

영속성 메커니즘이 식별자를 생성한다

고유 식별자의 생성을 영속성 메커니즘에 위임하는 방식만의 이점이 있다. 데이터베이스로 시퀀스나 증가 값을 호출한 결과는 언제나 고유하다.

필요한 범위에 따라 데이터베이스는 2바이트, 4바이트, 8바이트의 고유 값을 생성해준다. 자바에선 2바이트의 short 정수가 32,767개의 고유 식별자를 가질 수 있고, 4바이트의 일반 정수는 2,147,483,647개의 고유 식별자를, 그리고 8바이트의 long 정수는 9,223,372,036,854,775,807개의 고유 식별자를 제공할 수 있다. 심지어 0으로 채운 텍스트의 표현도 각각 5, 10, 19자리로 얼마 되지 않는다. 이는 콤포지트[Composite] 식별자를 생성하기 위해 사용할 수도 있다.

성능적 측면이 단점이 될 가능성도 있다. 값을 얻기 위해 데이터베이스까지 가야 한다는 점이 애플리케이션 안에서 식별자를 생성할 때에 비해 유의미하게 많은 시간을 소모할 수 있다. 이는 데이터베이스의 부하와 애플리케이션의 요청에 따라 달라진다. 이런 문제를 피하는 방법으론 리파지토리 내부와 같이, 애플리케이션의 안쪽에 시퀀스/증가 값을 캐싱하는 방법이 있다. 이 방법이 잘 작동할 수도 있지만, 보통 서버 노드가 재시작되면 분명 아직 사용하지 않은 값은 유실된다. 이렇게 잃어버린 캐시가 용납할 수 없는 수준이거나, 상당히 작은 수의 값(2바이트 short 정수)만을 준비했다면, 미리 할당된 값을 캐싱하는 방법은 실용적이지 않거나 불필요하다. 잃어버린 식별자를 회수하거나 복구하는 일이 가능하더라도, 그럴 만한 가치가 없는 번거로운 일일 수 있다.

모델이 늦은 식별자 생성만으로도 충분하다면 미리 할당해 캐싱하는 방법은 문제가 되지 않는다. 다음은 하이버네이트Hibernate와 오라클 시퀀스를 사용해 이를 수행하는 방법이다.

```
<id name="id" type="long" column="product_id">
    <generator class="sequence">
        <param name="sequence">product_seq</param>
    </generator>
</id>
```

다음은 같은 접근법을 다룬 다른 예제인데, 이번엔 MySQL의 자동 증가 열을 사용했다.

```
<id name="id" type="long" column="product_id">
    <generator class="native"/>
</id>
```

위의 예제는 잘 동작하며 하이버네이트 매핑 정의로 구성하기도 꽤 쉽다. 생성의 시점이 문제가 될 수도 있는데, 이는 후반부에서 다룰 예정이다. 이젠 빠른 식별자 생성의 요구사항에 관해 알아보자.

순서가 중요할 수 있다

때론 식별자 엔터티의 생성과 할당이 일어나는 시점이 중요하다.

빠른 식별자 생성과 할당은 엔터티가 저장되기 전에 일어난다.

늦은 식별자 생성과 할당은 엔터티가 저장될 때 일어난다.

다음은 쿼리를 사용해 다음으로 가능한 오라클 시퀀스를 가져오는, 빠른 생성을 지원하는 리파지토리다.

```
public ProductId nextIdentity() {
    Long rawProductId = (Long)
        this.session()
            .createSQLQuery(
                "select product_seq.nextval as product_id from dual")
            .addScalar("product_id", Hibernate.LONG)
            .uniqueResult();

    return new ProductId(rawProductId);
}
```

오라클이 반환하는 시퀀스 값은 하이버네이트를 통해 BigDecimal 인스턴스로 매핑되기 때문에, 우리는 하이버네이트에게 Product_id의 결과가 Long으로 변환되길 원한다고 알려줘야 한다.

MySQL과 같이 시퀀스를 지원하지 않는 데이터베이스는 어떻게 할까? MySQL은 자동 증가 열을 지원한다. 일반적으로 행이 새로 추가되기 전엔 자동 증가가 일어나지 않는다. 하지만 MySQL 자동 증가를 오라클 시퀀스와 동일하게 만드는 방법이 있긴 하다.

```
mysql> CREATE TABLE product_seq (nextval INT NOT NULL);
Query OK, 0 rows affected (0.14 sec)

mysql> INSERT INTO product_seq VALUES (0);
Query OK, 1 row affected (0.03 sec)

mysql> UPDATE product_seq SET nextval=LAST_INSERT_ID(nextval + 1);
Query OK, 1 row affected (0.03 sec)
Rows matched: 1 Changed: 1 Warnings: 0

mysql> SELECT LAST_INSERT_ID();
+------------------+
| LAST_INSERT_ID() |
+------------------+
|                1 |
```

```
+-------------------+
1 row in set (0.06 sec)

mysql> SELECT * FROM product_seq;
+---------+
| nextval |
+---------+
|       1 |
+---------+
1 row in set (0.00 sec)
```

MySQL 데이터베이스에 product_seq라는 이름의 표를 생성했다. 그다음에 한 행을 테이블에 삽입하고, 유일한 열인 nextval의 값은 0으로 초기화했다. 이 처음 두 단계는 Product 엔터티를 위한 시퀀스 에뮬레이터를 설정한다. 그다음의 두 명령문은 단일 시퀀스 값 생성을 보여준다. 우리는 유일한 행의 nextval 열을 1씩 증가시키며 업데이트한다. 업데이트 명령문에선 MySQL 함수인 LAST_INSERT_ID()를 사용해 열의 INT 값을 증가시킨다. 식 매개변수expression parameter가 우선 수행되고, 그 결과가 nextval 열에 할당된다. 식 매개변수 nextval + 1의 결과는 LAST_INSERT_ID() 함수 내에 안정적으로 유지되며, 서브시퀀스인 SELECT LAST_INSERT_ID() 명령문이 계산될 때 해당하는 수행에 따른 결과인 nextval 값이 결과 집합에 담겨 반환된다. 끝으로 테스트를 위해 SELECT * FROM product_seq를 수행하면 현재 nextval의 값이 함수 결과로 반환된 값과 같음을 증명할 수 있다.

하이버네이트 3.2.3은 org.hibernate.id.enhanced.SequenceStyleGenerator를 사용해 이동식portable 시퀀스를 제공하지만, 늦은 식별자 생성(엔터티가 삽입될 때)만을 지원한다. 리파지토리 내에서 빠른 시퀀스 생성을 지원하려면 사용자 지정 하이버네이트 쿼리나 JDBC 쿼리를 생성해야 한다. 다음에선 MySQL에 맞춰 ProductRepository의 nextIdentity() 메소드를 다시 구현했다.

```
public ProductId nextIdentity() {
    long rawId = -1L;
    try {
        PreparedStatement ps =
            this.connection().prepareStatement(
                "update product_seq "
```

```
                + "set next_val=LAST_INSERT_ID(next_val + 1)");

        ResultSet rs = ps.executeQuery();

        try {
            rs.next();
            rawId = rs.getLong(1);
        } finally {
            try {
                rs.close();
            } catch(Throwable t) {
                // 무시한다
            }
        }

    } catch (Throwable t) {
        throw new IllegalStateException(
                "Cannot generate next identity", t);
    }

    return new ProductId(rawId);
}
```

JDBC를 사용하면 LAST_INSERT_ID() 함수의 결과를 얻기 위해 데이터베이스에서 두 번째 쿼리를 수행할 필요가 없다. 업데이트 쿼리가 모든 일을 해준다. ResultSet에서 long 값을 얻게 되고, 이를 사용해 ProductId를 생성한다.

마지막으로 하이버네이트로부터 JDBC 연결을 가져오는 방법이 있다. 어느 정도의 수고를 감수해야 하지만, 가능하긴 하다.

```
private Connection connection() {
    SessionFactoryImplementor sfi =
            (SessionFactoryImplementor)sessionFactory;
    ConnectionProvider cp = sfi.getConnectionProvider();
    return cp.getConnection();
}
```

Connection 객체 없이는 PreparedStatement를 수행해 ResultSet을 얻을 수 없다. 이렇게 하지 않으면 이동식 시퀀스를 사용할 수 없다.

오라클과 MySQL을 비롯한 여러 데이터베이스의 이동식 시퀀스를 통해, 사전 삽입pre-insert 생성을 지원하는 보다 간단하고 확실한 고유 식별자를 생성할 수 있다.

또 하나의 바운디드 컨텍스트가 식별자를 할당한다

또 다른 컨텍스트가 식별자를 할당할 땐 각 식별자의 검색과 매칭과 할당을 위한 통합이 필요하다. DDD 통합은 컨텍스트 맵(3)과 바운디드 컨텍스트의 통합(13)에서 다룬다.

정확하게 들어맞는 매칭이 가장 이상적이다. 사용자는 의도한 결과를 정확히 표시하기 위해 계좌 번호나 사용자명, 이메일 주소, 기타 고유 기호 등과 같은 속성을 하나 이상 제공해야 한다.

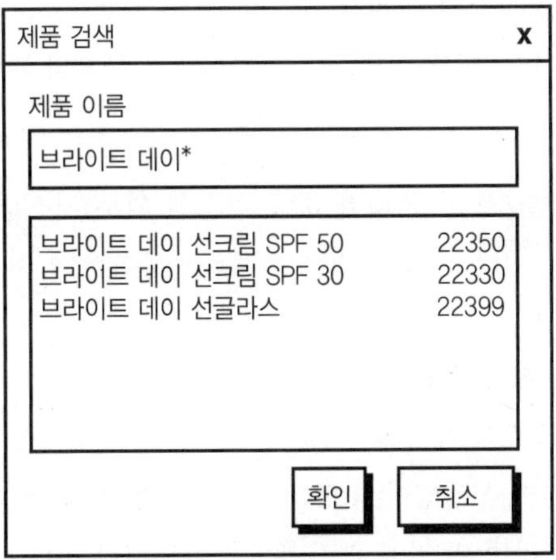

그림 5.2 외부 시스템을 매칭해 식별자를 검색한 결과. 선택 사용자 인터페이스는 식별자를 보여줄 수도 있고 그렇지 않을 수 있다. 이 예제에선 보이지 않도록 했다.

확정되지 않은 입력에 따라 매칭할 땐 여러 검색 결과가 나올 수 있기 때문에 사용자의 선택이 필요할 수도 있다. 그림 5.2는 이를 보여준다. 사용자가 찾고자 하는 엔터티의 '라이크 검색like search'(와일드 카드) 기준을 입력하면, 외부 바운디드 컨텍스트의 API에 액세스해서 유사하게 표현된 객체를 검색한다. 그러면 사용자는 여러

옵션들 중 특정 결과를 선택한다. 외래 엔터티의 일부 추가 상태(속성)를 로컬 엔터티로 복사할 수도 있다.

여기선 동기화에 영향을 받는다. 외부의 참조된 객체의 상태가 변하면서 로컬 엔터티에 영향을 미치면 어떻게 될까? 관련 객체의 상태가 변했는진 어떻게 알 수 있을까? 이 문제는 이벤트 주도 아키텍처(4)를 도메인 이벤트(8)와 함께 사용해 해결할 수 있다. 로컬 바운디드 컨텍스트는 외부 시스템이 게시한 도메인 이벤트를 구독한다. 이에 관한 알림을 받으면, 로컬 시스템은 해당하는 고유 애그리게잇 엔터티의 상태를 바꿔서 외부 시스템의 엔터티 상태를 반영한다. 경우에 따라선, 로컬 바운디드 컨텍스트가 반드시 외부 시스템에게 변경 내용을 푸시하며 동기화를 시작해야 할 때도 있다.

이는 쉬운 일이 아니지만, 좀 더 자율적인 시스템이 될 수 있도록 해준다. 자율성을 달성하게 되면 로컬 객체로 검색 범위를 좁힐 수 있다. 이는 왜래 객체foreign object를 로컬에 캐싱하는지 여부의 문제가 아니다. 오히려 컨텍스트 매핑(3)에서 설명했듯, 외래 개념을 로컬 바운디드 컨텍스트로 변환하는 문제와 관련 있다.

이 방법은 식별자 생성 전략 중에서 가장 복잡하다. 로컬 엔터티의 관리는 로컬 도메인 행동에 따른 변환뿐만 아니라 하나 이상의 외부 시스템에서 발생하는 일에도 의존적일 가능성이 있다. 이 접근법은 최대한 보수적으로 사용하라.

식별자 생성의 시점이 문제가 될 때

식별자 생성은 객체 구성의 일부로서 일찍 일어나거나 영속성의 일부로서 늦게 일어날 수 있다. 빠른 식별자 생성이 중요할 때도 있고 그렇지 않은 경우도 있다. 만약 시점이 중요한 상황이라면, 무엇이 관련됐는지 이해해야 한다.

가장 단순한 경우인 새 엔터티가 영속됐을 때, 즉 새로운 행이 데이터베이스에 삽입되었을 때는 식별자의 후기 배분이 문제가 되지 않는 부분을 고려해보자. 이는 그림 5.3에 표현돼 있다. 클라이언트는 새 `Product`를 인스턴스화하고 이를 `ProductRepository`에 추가한다. `Product` 인스턴스가 새롭게 생성되는 시점에서 클라이언트는 해당 식별자가 필요하지 않다. 이는 좋은 일이기도 한데, 더 이상 식별자가 남아있지 않기 때문이다. 오직 인스턴스를 저장한 이후에만 식별자를 사용할 수 있다.

어째서 시점이 문제가 될까? 클라이언트가 외부로의 도메인 이벤트를 구독하는 시나리오를 생각해보자. 새로운 `Product` 인스턴스화가 완료됨에 따라 이벤트가 발생한다. 클라이언트는 게시된 이벤트를 이벤트 저장소(8)에 저장한다. 결과적으로, 저장된 이벤트는 바운디드 컨텍스트 외부의 구독자에게 알림 형태로 게시된다. 그림 5.3의 접근법을 사용하면, 클라이언트가 새로운 `Product`를 `ProductRepository`에 추가할 기회를 잡기 전에 도메인 이벤트를 수신한다. 따라서 도메인 이벤트가 올바르게 초기화되기 위해선 식별자 생성을 빠르게 완료해야 한다. 그림 5.4는 이런 접근법을 보여준다. 클라이언트는 `ProductRepository`에게 다음 식별자를 쿼리하고, 이를 `Product`의 생성자로 전달한다.

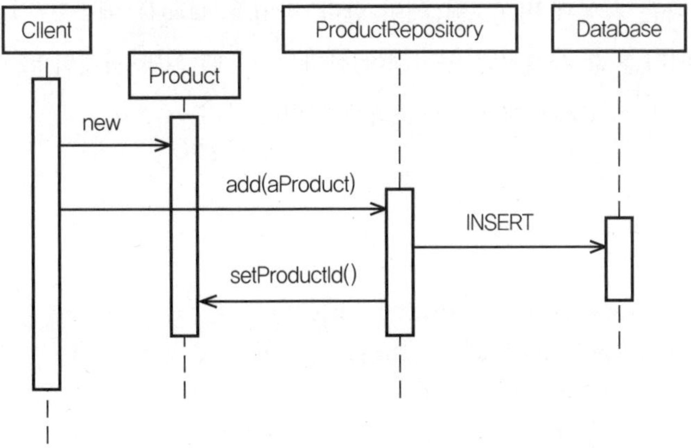

그림 5.3 고유 식별자를 할당하는 가장 간단한 방법은 객체를 처음 저장할 때 데이터 저장소가 이를 생성토록 하는 것이다.

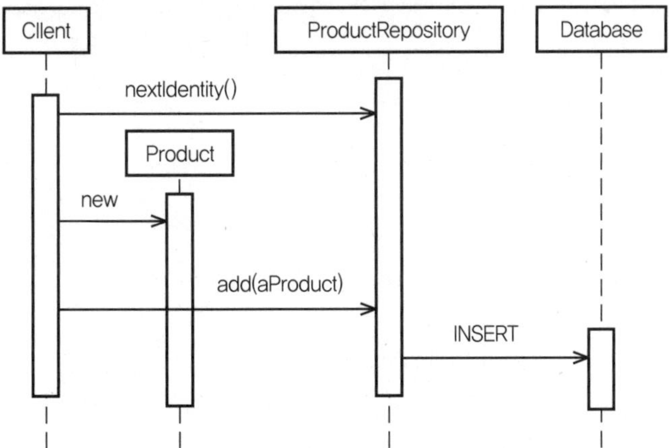

그림 5.4 여기선 리파지토리로 고유 식별자를 쿼리해서 인스턴스화할 때 할당한다. 식별자 생성의 복잡성은 리파지토리 구현 뒤로 숨겨진다.

엔터티가 저장될 때까지 식별자 생성이 지연되면 또 다른 문제점이 발생한다. 둘 이상의 새로운 엔터티를 java.util.Set에 추가해야 하지만 식별자가 아직 할당되지 않았다면, 해당 식별자와 다른 새로운 엔터티의 식별자가 같아질 수 있다(예를 들면 null, 0, -1). 엔터티의 equls() 메소드로 식별자를 비교하면 Set에 새롭게 추가된 엔터티가 같은 객체로 보인다. 오직 처음으로 추가된 객체만이 포함되고 나머지는 제외된다. 이는 근본 원인을 바로 파악해 고치기가 어려운 수상한 버그를 야기한다.

이 버그를 피하기 위해선 두 가지 방법 중 하나를 선택해야 한다. 식별자를 초기에 가져와서 할당하도록 설계하거나, equals() 메소드를 리팩토링해 도메인 식별자가 아닌 다른 속성과 비교토록 해야 한다. 만약 equals() 메소드 접근법을 사용한다면, 엔터티를 값 객체처럼 구현해야 한다. 이럴 땐 해당 객체의 hashCode() 메소드가 반드시 equals() 메소드와 조화를 이뤄야 한다.

```
public class User extends Entity {
    ...
    @Override
    public boolean equals(Object anObject) {
        boolean equalObjects = false;
        if (anObject != null &&
                this.getClass() == anObject.getClass()) {
            User typedObject = (User) anObject;
            equalObjects =
                this.tenantId().equals(typedObject.tenantId()) &&
                    this.username().equals(typedObject.username());
        }
        return equalObjects;
    }

    @Override
    public int hashCode() {
        int hashCode =
            + (151513 * 229)
            + this.tenantId().hashCode()
            + this.username().hashCode();

        return hashCode;
```

```
    }
    ...
}
```

멀티테넌시 환경에선 TenantId 인스턴스가 고유 식별자의 일부로 간주된다. 서로 다른 Tenant 구독자에 속해 있는 어떤 두 User 객체라도 서로 다르다고 간주해야 한다.

좀 더 이야기하자면, 나는 이렇게 Set에 추가하는 상황에 직면하면 값으로 일치성을 확인하는 접근보단 빠르게 가져와 할당하는 방법을 선호한다. 객체의 고유 식별자에 기반해 equals()와 hashCode() 메소드를 엔터티에 구현하는 편이 다른 특성을 사용할 때보다 더 바람직하다.

대리 식별자

하이버네이트와 같은 일부 ORM 도구는 자신만의 고유한 방법으로 객체 식별자를 처리하길 원한다. 하이버네이트는 숫자 시퀀스와 같은 데이터베이스의 원시 타입을 각 엔터티의 1차 식별자로 사용하는 편을 선호한다. 만약 도메인에서 다른 유형의 식별자가 필요하다면, 하이버네이트와 달갑지 않은 충돌을 일으킨다. 충돌을 해소하기 위해선 두 개의 식별자를 사용해야 한다. 두 식별자 중 하나는 도메인 모델에 맞춰 도메인 요구사항에 따라 설계한다. 다른 하나는 하이버네이트를 위한 식별자로, 대리 식별자surrogate identity라고 부른다.

대리 식별자를 생성하는 법은 간단하다. 대리 식별자의 타입을 담고 있는 엔터티에 특성attribute을 하나 만든다. 일반적으로 long이나 int를 사용한다. 또한 데이터베이스 엔터티 테이블 내에 열을 하나 생성하고, 기본 키 제약 조건을 추가한다. 그리고 엔터티의 하이버네이트 매핑 정의에 <id> 요소를 추가하자. 이는 도메인별 식별자와 전혀 상관없음을 기억하자. 오직 ORM인 하이버네이트를 위해서만 사용된다.

외부 세계에는 대리 속성을 감추는 편이 가장 바람직하다. 대리는 도메인 모델의 일부가 아니기 때문에 가시성visibility은 영속성의 누수를 의미한다. 일부의 누수가 불가피하다 해도, 몇 단계를 거치면 모델 개발자와 클라이언트로부터 이를 숨길 수 있다.

계층 슈퍼 타입[Fowler, P of EAA]을 사용해서 한 가지 안전 장치를 추가할 수 있다.

```
public abstract class IdentifiedDomainObject
        implements Serializable {

    private long id = -1;

    public IdentifiedDomainObject() {
        super();
    }

    protected long id() {
        return this.id;
    }

    protected void setId(long anId) {
        this.id = anId;
    }
}
```

IdentifiedDomainObject는 protected 접근자 메소드를 사용해 클라이언트 뷰에서 대리 기본 키를 감추는 추상 기본 클래스이며 계층 슈퍼 타입이다. 해당 기본 클래스를 확장한 엔터티의 모듈 밖에서는 가시성이 없기 때문에 클라이언트는 이 메소드를 사용해야 할지 고민할 필요가 없다. 우리는 심지어 private 범위도 선언할 수 있다. 하이버네이트에선 public부터 private까지 어떤 가시성 수준이든 메소드나 필드 리플렉션을 사용하는 데 아무 문제가 없다. 애그리게잇(10)에서 살펴보듯, 추가적인 계층 슈퍼 타입은 낙관적 동시성optimistic concurrency의 지원과 같은 추가적인 가치를 더해준다.

우리는 하이버네이트 정의를 통해 대리 id 특성을 데이터베이스 열에 매핑해야 한다. 다음에선 User 클래스의 id 특성을 id라는 이름의 데이터베이스 테이블 열에 매핑했음을 보여준다.

```
<hibernate-mapping default-cascade="all">
    <class
     name="com.saasovation.identityaccess.domain.model.identity.User"
     table="tbl_user" lazy="true">

        <id
```

```
            name="id"
            type="long"
            column="id"
            unsaved-value="-1">

            <generator class="native"/>
        </id>
        ...
    </class>
</hibernate-mapping>
```

다음은 User 객체를 저장하기 위한 MySQL 테이블 정의다.

```
CREATE TABLE `tbl_user` (
    `id` int(11) NOT NULL auto_increment,
    `enablement_enabled` tinyint(1) NOT NULL,
    `enablement_end_date` datetime,
    `enablement_start_date` datetime,
    `password` varchar(32) NOT NULL,
    `tenant_id_id` varchar(36) NOT NULL,
    `username` varchar(25) NOT NULL,
    KEY `k_tenant_id_id` (`tenant_id_id`),
    UNIQUE KEY `k_tenant_id_username` (`tenant_id_id`,`username`),
    PRIMARY KEY (`id`)
) ENGINE=InnoDB;
```

첫 번째 열인 id는 대리 식별자다. 정의의 마지막 열 명령문은 id를 테이블의 기본 키로 선언한다. 우리는 대리와 도메인 식별자를 구분할 수 있다. tenant_id_id와 username이라는 두 열이 있고, 이는 도메인을 위한 고유 식별자를 제공한다. 이 둘이 결합해 k_tenant_id_username이란 이름으로 하나의 고유 키가 된다.

도메인 식별자가 데이터베이스의 기본 키 역할을 수행해야 할 필요는 없다. 우리는 대리 id로 하여금 데이터 기본 키의 역할을 하도록 할 것이며, 이로써 하이버네이트의 기분을 좋게 해줄 수 있다.

대리 데이터베이스 기본 키는 다른 테이블 내에 외래 키로서, 참조 무결성을 제공해 데이터 모델 전체에 걸쳐 사용될 수 있다. 이는 여러분의 엔터프라이즈의 데이터 관리(예를 들면, 감사)나 도구 지원을 위한 요구사항일 수 있다. 이 참조 무결성은 테이블을 모두 연결해 다양한 애니 투 애니any-to-any(1:M과 같은) 매핑을 구현할 때 하이버네이트에도 중요한 의미를 갖는다. 이는 데이터베이스로부터 애그리게잇을 읽을 때 테이블 조인이 쿼리를 최적화하도록 지원하기도 한다.

식별자 안정성

대부분 경우 고유 식별자는 수정하지 못하도록 보호되고, 할당된 엔터티의 수명주기에 걸쳐 안정적으로 유지돼야 한다.

식별자 수정을 방지하기 위해 취할 수 있는 당연한 방법이 있다. 식별자 세터setter를 클라이언트로부터 숨기는 방법이 있고, 만약 세터가 이미 존재한다면 식별자의 상태 변화로부터 엔터티 자체를 보호하기 위해 세터 내에 가드를 만들 수도 있다. 가드는 엔터티 세터 내에서 어설션assertion으로 코드화된다. 다음은 식별자 세터의 예제다.

```
public class User extends Entity {
    ...
    protected void setUsername(String aUsername) {
        if (this.username != null) {
            throw new IllegalStateException(
                    "The username may not be changed.");
        }
        if (aUsername == null) {
            throw new IllegalArgumentException(
                    "The username may not be set to null.");
        }
        this.username = aUsername;
    }
    ...
}
```

이 예제에서 username 특성은 User 엔터티의 도메인 식별자이며, 단 한 번만 그리고 내부적으로만 변형이 가능하다. 메소드 setUsername()이라는 세터는 클라이언트로부터 스스로를 숨기며 캡슐화를 제공한다. 엔터티의 공개된 행동을 스스로 세터에게 위임시키면, 해당 메소드는 username이 null이 아닌지 확인한다. 만약 null이 아닌 값을 통해 이미 변화 불가능한 고정 상태임이 드러나면

IllegalStateException이 던져진다. 이 예외는 username이 한 번 수정 상태로, 그대로 유지돼야 함을 표시한다.

화이트보드 타임

- 여러분의 현재 도메인에서 실제 엔터티 몇 개를 살펴보고 그 이름을 적자.

> 그들의 도메인 고유 식별자와 대리 고유 식별자는 무엇인가? 다른 유형의 식별자 생성 방법이 더 잘 맞았을 식별자가 있거나, 식별자 할당의 시점이 달랐다면 더 나았을 식별자가 있는가?

- 각 엔터티 옆에 다른 식별자 할당 접근법(사용자나 애플리케이션, 영속성, 다른 바운디드 컨텍스트)을 사용했어야 했는지 여부와 그 이유를 적자(지금 당장 바꾸지 못한다 하더라도).
- 각 엔터티 옆에 빠른 식별자 생성이 필요한지, 아니면 늦은 식별자 생성으로 충분한지 적고, 그 이유를 적자.

> 각 식별자의 안정성을 고민해보자. 여러분은 필요에 따라 이를 개선할 수 있다.

이 세터는 영속성으로부터 객체 상태를 재구성해야 할 때 하이버네이트의 걸림돌이 되지 않는다. 객체는 애초에 인수가 없는 기본 생성자로 만들어지기 때문에, 처음엔 username 특성이 null이다. 이는 깔끔한 재초기화가 가능케 해주며, 세터를 통해 일회성인 하이버네이트의 초기값 할당이 일어난다. 하이버네이트가 영속성과 복원을 위해 접근자가 아닌 필드 (특성) 접근을 사용토록 설정했다면 이는 완전히 생략된다.

다음 테스트에선 일회성 수정 가드가 User 식별자의 상태를 올바르게 보호하는지 확인한다.

```
public class UserTest extends IdentityTest {
    ...
    public void testUsernameImmutable() throws Exception {
        try {
            User user = this.userFixture();
            user.setUsername("testusername");
            fail("The username must be immutable after initialization.");
```

```
        } catch (IllegalStateException e) {
            // 예상된 예외로, 그대로 진행한다
        }
    }
    ...
}
```

이 테스트 예시는 모델이 어떻게 작동하는지 보여준다. 성공적으로 수행됐다면 `setUsername()` 메소드가 기존의 `null`이 아닌 식별자를 변경하지 못하게 보호한다는 점이 증명된다(유효성 검사의 일부로서의 가드와 엔터티 테스트에 관해선 좀 더 자세히 논의하겠다).

엔터티의 발견과 그들의 내부적인 특성

이제 사스오베이션 팀이 얻은 교훈을 살펴보자.

처음에 콜랍오베이션 팀은 자바 코드로 엔터티-관계ER, Entity Relationship 모델링에 너무 많은 노력을 투입하는 함정에 빠졌다. 데이터베이스와 테이블과 열을 비롯해 이들이 객체에 반영되는 방법에까지 너무 많은 초점을 뒀다. 이는 많은 게터와 세터로 구성된 상당히 애너믹한anemic 도메인 모델 [Fowler, Anemic]로 귀결됐다. 이 팀은 DDD에 관해 좀 더 고민했어야 했다. 바운디드 컨텍스트(2)에선 꼬여 있던 보안 문제를 풀어내면서 유비쿼터스 언어의 모델링에 좀 더 초점을 둬야 한다는 점을 배웠었다. 그리고 이는 좋은 결과로 이어졌었다. 이 절에선 새로운 식별자와 액세스 컨텍스트에서 팀이 어떤 교훈을 얻었는지 살펴본다.

분명하게 구분된 바운디드 컨텍스트의 유비쿼터스 언어는 도메인 모델의 설계에 필요한 개념과 용어를 제공한다. 언어가 갑자기 나타나진 않는다. 이는 도메인 전문가와의 신중한 토론과 요구사항 분석을 통해 개발돼야 한다. 일부 발견되지 않은 용어 중엔 이름으로 쓰일 명사와 이를 설명해주는 형용사, 그리고 무엇을 해야 할지 알려주는 동사 등이 있을 것이다. 단순히 클래스에 이름 붙여줄 명사와 중요한 오퍼레이션의 이름으로 쓰일 동사의 집합만을 객체에서 뽑아낸다 생각하면서, 깊은 통찰을 얻을 수 있다고 믿는다면 실수하는 것이다. 이렇게 우리를 제한하면 모델이 가져야 하는 유창함과 풍부함을 억누를 수 있다. 원하는 만큼 얼마든지 토론하면서 명세를 검토하는 투자는 상당한 생각, 노력, 동의, 합의가 녹아든 언어를 개발하는 데 도움이 된다. 결국 팀은 완전한 문장으로 이 언어를 말하게 되며, 모델은 이야기되는 언어를 분명히 반영하게 된다.

이런 특별한 도메인 시나리오가 팀의 토론보다도 더 오래 유지돼야 한다는 점이 중요하다면, 이를 가벼운 문서에 담도록 하자. 초기엔 용어집과 단순한 사용 시나리오 집합 형태에 맞춰 유비쿼터스 언어를 기록할 수 있다. 하지만 용어집과 시나리오만으로 언어를 나타낼 수 있다고 생각하면 더 큰 실수가 될 수도 있다. 결국엔 언어가 코드로 모델링되고, 언어와 문서 사이의 동기화를 유지하기가 너무 어렵거나 불가능해질 수도 있다.

엔터티와 속성을 알아내기

아주 간단한 예를 살펴보자. 식별자와 액세스 컨텍스트에서 사스오베이션 팀은 `User`를 모델링해야 할 필요가 있다는 점을 알고 있다. 이 모델링 예제는 핵심 도메인(2)에서 이뤄지진 않지만, 이후에 이 예제로 돌아와 살펴본다. 지금은 핵심 도메인의 태생적 복잡성은 무시해두고, 좀 더 기본적인 엔터티에 집중하고자 한다. 이것만으로도 충분한 모델링의 어려움이 있기 때문에 교육을 위한 도구로 활용할 수 있다.

다음은 유비쿼터스 언어를 대강 반영한 문장으로, `User`에 관해 팀이 알고 있는 간단한 소프트웨어 요구사항(유스케이스나 사용자 스토리가 아닌)이다. 이 요구사항은 정제가 꼭 필요하다.

- 사용자^User^는 테넌시^tenancy^와 관련이 있고, 테넌시의 제어를 받는다.
- 시스템의 사용자는 반드시 인증돼야 한다.
- 사용자는 이름과 연락처를 비롯한 개인정보를 갖고 있다.

- 사용자의 개인정보는 사용자나 관리자에 의해 변경될 수 있다.
- 사용자의 보안 인증(비밀번호)은 변경될 수 있다.

팀은 신중히 읽고 들어야 했다. '변경되다'란 단어가 여러 형태로 나타나고 들리는 상황을 겪으며, 팀은 자신들이 적어도 단 하나의 엔터티를 다루고 있다는 확신을 갖게 됐다. 실제론 '변경되다'란 말이 '엔터티를 바꾸다.'는 의미가 아니라 '값을 바꾸다.'란 의미일 수도 있다. 팀이 어떤 구성 요소를 사용할지 결정하도록 해줄 다른 대상은 없었을까? 있었다. '인증'이 핵심 용어였는데, 이는 팀이 어떤 형태로든 검색 기능을 해결해야 한다는 강력한 암시였다. 많은 대상 중에서 찾고자 하는 대상 하나를 발견하기 위해 여러분은 해당 대상을 다른 대상과 구분해줄 고유 식별자가 필요하다. 검색을 통해 테넌트와 관련이 있는 많은 사용자 가운데 단 하나를 찾아낼 수 있어야 한다.

그러나 사용자를 제어하는 테넌시에 관한 문장은 어떤가? 여기선 실제 엔터티가 `Tenant`이며 `User`가 아님을 암시하진 않는가? 이는 애그리게잇(10)에 관한 논의를 시작하게 하는데, 이에 관한 이야기는 10장을 위해 남겨두기로 하자. 간단히 말해서, 대답은 '그렇지만 그렇지 않다.'이다. `Tenant` 엔터티가 있다는 말은 맞지만, 그렇다고 `User` 엔터티가 없다는 의미는 아니다. 둘 모두가 엔터티다. 왜 `Tenent`와 `User`가 서로 다른 두 애그리게잇의 루트(10)인지 이해하기 위해선 10장을 살펴보자. 그리고 `User`와 `Tenant` 모두가 궁극적으론 애그리게잇의 타입이지만, 이 팀은 처음엔 이런 문제를 피하려고 한다.

여기서 밝힐 수 있는 점은 각 `User`가 반드시 고유하게 식별돼야 하고, 서로 간에 분명히 구분돼야 한다는 점이다. `User`는 반드시 시간에 따른 변경을 지원해야 하며, 따라서 이는 분명한 엔터티다. 이번엔 `User` 내에서 어떻게 개인정보를 모델링하는지는 중요하지 않다.

팀은 첫 번째 요구사항의 의미를 분명히 하기 위해 주의를 기울여야 한다.

- 사용자는 테넌시와 관련이 있고 테넌시의 제어를 받는다.

처음에 팀은 테넌트가 사용자를 소유하지만 사용자를 모으거나 담지는 않는다는 점을 보여줄 수 있도록, 단순히 노트를 추가하거나 명령문의 단어들을 바꿀 수 있었다. 팀은 기술적이고 전술적인 모델링의 늪에 빠지길 원치 않았기 때문에 조심할 필요가 있었다. 문장은 팀 전체에 그 의미가 통해야 했다. 그래서 다음과 같이 결정했다.

- 테넌트Tenant는 초대를 통한 많은 사용자의 등록을 허용한다.
- 테넌트는 활성화될 수 있고, 비활성화될 수도 있다.
- 시스템의 사용자는 반드시 인증돼야 하지만, 테넌트가 활성화된 경우에만 인증이 가능하다.
- ...

음, 이건 놀라운데! 토론을 계속한 후에 팀은 단어를 만들어내면서 요구사항에 더 많은 의미를 부여해야 한다는 문제를 깨끗하게 해결했다. 본래의 테넌시의 사용자 제어에 관한 문장이 미완성이었음을 발견했다. 사실 사용자는 테넌시 내의 초대에 의해서만 등록된다. 테넌트는 활성화되거나 비활성화될 수 있고, 사용자는 테넌시가 활성화됐을 때만 인증받을 수 있다는 점의 명시도 중요하다. 이처럼 요구사항을 완전히 다시 정리하고 다른 항목을 추가하고 더 분명하게 다듬는 일은, 실제로 일어나는 일이 무엇인지 훨씬 더 정확히 정의해준다.

사용자의 수명주기가 관리에 의해 영향받을 가능성을 모두 제거했지만, 누가 사용자를 소유하든 일부 사용자는 특정 상황에서 활용하지 못할 수도 있다. 이런 상황은 해당 시점에서 확실히 포착해야 하는 중요한 시나리오다.

이쯤에서 팀은 유비쿼터스 언어의 용어집을 제대로 시작한 듯 보인다. 하지만 여전히 그들이 내린 정의에 살을 붙이기엔 충분한 정보를 갖고 있지 않다. 팀은 용어집에 항목을 추가하기까지 좀 더 기다려야 한다.

그림 5.5처럼, 팀은 두 개의 알려진 엔터티를 갖고 있다. 이를 고유하게 식별하는 방법과 같은 타입의 여러 객체 중에서 이를 찾을 때 필요한 추가적인 속성이 무엇인지 아는 것이 중요하다.

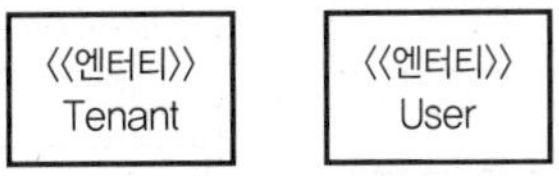

《엔터티》 Tenant	《엔터티》 User

그림 5.5 앞선 발견에 따른 Tenant와 User라는 두 개의 엔터티

팀은 완전한 UUID를 사용해 애플리케이션이 식별자를 생성하는 방식으로 각 Tenant를 고유하게 식별하기로 결정했다. 텍스트 값이 컸지만, 고유성의 보장뿐만 아니라 각 구독자에게 훌륭한 보안 수단을 더해주기 때문에 쉽게 타당하다고 결론 내릴 수 있었다. 누구든 임의로 소유 데이터의 일차 수준 액세스로 UUID를 재생성하긴 어렵다. 팀은 또한 각 Tenant 아래에 속해 있는 엔터티를 다른 곳에 속한 엔터티와 명시적으로 구분해야 할 필요성을 느꼈다. 이와 같은 요구사항은 테넌트 구독자(경쟁적인 비즈니스)가 애플리케이션과 서비스 호스팅되는 상황에서 겪는 추가적인 보안 문제를 다루기 위해 작성됐다. 그러므로 전체 시스템 내의 모든 엔터티는 이 고유 식별자로 색칠되고, 어떤 상황에서든 엔터티를 찾기 위해선 모든 쿼리에 고유 식별자가 필요해진다.

고유 테넌트 식별자는 엔터티가 아니다. 이는 어떤 유형의 값이다. 문제는 이 식별자가 특별한 타입을 가져야 하는지, 아니면 단순히 String만으로도 괜찮은지다.

식별자에 부작용 없는 함수(6)를 모델링할 필요는 없어 보인다. 이는 단지 큰 숫자의 16진법 문자 표현이다. 그러나 식별자는 광범위하게 사용될 수 있다. 모든 컨텍스트의 모든 다른 엔터티에 설정될 수 있다. 이런 상황이라면 강한 타입을 지정하는 편이 더 득이 될 수도 있다. TenantId를 값 객체로 정의함으로써, 팀은 좀 더 자신 있게 모든 구독자 소유의 엔터티가 올바른 식별자로 색칠됐다고 확신할 수 있다. 그림 5.6은 이를 Tenant 및 User 엔터티와 함께 모델링하는 방법을 보여준다.

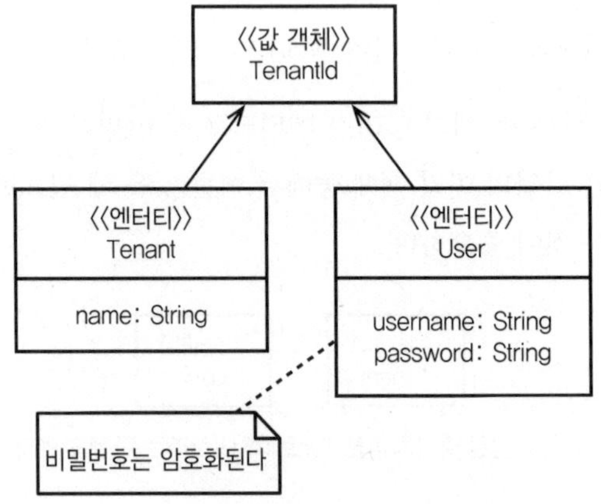

그림 5.6 엔터티가 발견해서 이름 지은 후에는 이를 고유하게 식별하고 찾을 수 있도록 해주는 특성/속성을 알아내자.

Tenant는 이름이 있어야 한다. name은 별다른 행동이 없기 때문에 단순한 String 특성일 수 있다. name은 쿼리의 확인을 돕는다. 헬프데스크에서 일하는 사람은 도움을 주기에 앞서 name으로 Tenant를 찾아야 할 수 있다. 이는 필수 속성이고, '내재적 특성'이다. 모든 다른 구독자 사이에서 name이 고유하도록 제약할 수 있지만 지금은 중요치 않다.

다른 속성은 계약 지원과 전화 활성화 PIN, 계산과 지불 정보, 다른 고객 연락처와 사업장 위치 등과 같은 다른 구독자와 관련 있을 수 있다. 그러나 이는 비즈니스적 문제이지 보안의 일부가 아니다. 식별자와 액세스 컨텍스트를 다루며 너무 앞서가려 노력하면 문제에 빠질 수 있다.

지원은 다른 컨텍스트에서 관리한다. 테넌트를 이름으로 찾은 후, 소프트웨어는 테넌트의 고유한 TenantId를 사용할 수 있다. 또한 지원 컨텍스트나 계산서 컨텍스트, 고객 관계 관리 컨텍스트 등에 접근하기 위해 이를 사용할 수 있다. 계약 지원과 사업장 위치, 고객 연락처 등은 보안과 거의 관련이 없다. 그럼에도 구독자의 이름과 Tenant를 서로 연결한다면 지원 인력이 빠르게 도움을 제공하는 데 도움이 된다.

Tenant의 핵심적 문제에 대한 고민을 마친 후, 팀은 잠시 동안 User 엔터티로 관심을 돌렸다. 무엇이 고유 식별자의 역할을 할까? 대부분의 식별자 시스템은 고유 사용자명을 지원한다. 테넌트 안에서 고유하기만 하다면, 사용자명을 어떻게 만드는진 중요하지 않다(사용자명은 일련의 테넌트를 아우르면서까지 고유할 필요는 없다). 사용자가 사용자 고유의 사용자명을 결정하면 된다. 만약 구독하는 비즈니스가 사용자명에 특별한 정책을 갖고 있거나, 페더레이션된 보안 통합에 의해 이름이 결정된다면, 등록하는 사용자가 이를 따라야 한다. 팀은 단순히 username 특성을 User 클래스에 선언한다.

어떤 요구사항은 보안 인증^authentication^이 있어야 한다고 말한다. 이는 비밀번호를 의미한다. 팀은 용어를 선택했고 password 특성을 클래스 User에 선언했다. password는 절대로 일반 텍스트로 저장되면 안 된다고 결론지었고, password는 반드시 암호화돼야 한다는 노트가 만들어졌다. 비밀번호와 User를 연결하기 전에 각 비밀번호의 암호화 방법이 필요하기 때문에, 마치 어떤 종류의 도메인 서비스(7)가 필요한 것 같았다. 팀은 유비쿼터스 언어의 용어집에서 시작하며 예시를 만들었다. 이 용어집은 한계가 있지만 유용할 것이다.

- 테넌트: 식별자와 액세스 서비스와 그 밖의 다른 온라인 서비스의 명명된 조직적 구독자. 초대를 통해 사용자를 등록하도록 도와준다.
- 사용자: 테넌시 내에 등록된 보안 주체로, 개인의 이름과 연락처 정보를 포함해 만들어진다. 사용자는 고유 사용자명과 암호화된 비밀번호를 갖게 된다.
- 암호화 서비스: 일반 텍스트로 저장하거나 사용할 수 없도록 암호화된 암호나 기타 데이터를 암호화하는 방법을 제공한다.

한 가지 질문이 남아있다. password를 User의 고유 식별자 중 일부로 간주해야 할까? 결국 이는 User를 찾기 위해 사용된다. 만약 그렇다면, 우리는 두 특성을 하나의 전체 값으로 합쳐서 여기에 SecurityPrincipal과 같은 이름을 붙여주고 싶을 것이다. 이는 개념을 훨씬 더 명시적으로 만들어줄 수 있으며, 흥미로운 아이디어지만 비밀번호를 변경할 수 있다는 중요한 요구사항을 간과하게 된다. 또한 서비스가 비밀번호의 제공 없이 User를 찾아야 할 필요가 생길 수도 있다. 이는 인증 때문이 아니다(User가 보안 Role을 수행하는지 확인하는 시나리오를 생각해보자. 액세스 권한을 확인할 필요가 생길 때마다 User를 찾기 위해 비밀번호를 요구할 수는 없다). 이는 식별자가 아니다. 우리는 여전히 username과 password 모두를 하나의 인증 쿼리에 포함시킬 수 있다.

SecurityPrincipal 값 타입을 생성하겠다는 생각은 올바른 모델링 제안으로 이어진다. 이는 이후에 고려하기 위해 노트로 남겼다. 또한 등록 초대장을 제공하는 방법과 개인 이름 및 주소록 정보에 관한 세부사항 등의 일부 개념은 아직 살펴보지 않았다. 이런 요소는 팀의 다음 이터레이션에서 밝혀질 것이다.

필수 행동 파헤치기

팀은 필수 특성을 식별한 후, 필수 행동을 살펴보게 된다….

팀에게 주어진 기본적 요구사항을 살펴본 후, 이젠 Tenant와 User의 행동을 찾았다.

- 테넌트는 활성화되거나 비활성화될 수 있다.

Tenant의 활성화와 비활성화를 생각할 땐 아마도 불리언 토글을 떠올릴 것이다. 실제로 그렇다 하더라도, 이를 구현하는 방법은 여기선 중요치 않다. 클래스 다이어그램에서 Tenant 특성 공간 내에 active를 집어넣으려 한다면, 이는 읽는 사람에게 항상 유용한 내용을 전달해줄까? Tenant.java에서 다음과 같이 특성을 선언한다면 그 본래의 의도를 제대로 나타내줄까?

```
public class Tenant extends Entity {
    ...
    private boolean active;
    ...
```

아마 완전히 드러내진 못할 것이다. 그런데 우린 처음에 식별자를 제공하고 쿼리에 따른 매칭을 가능케 하는 특성/속성에만 집중하려고 한다. 이와 같은 지원 세부사항은 이후에 추가한다.

팀은 메소드 setActive(boolean)을 선언하는 쪽을 선택할 수도 있었지만, 그렇다고 요구사항의 용어를 제대로 표현하는 것은 아니었다. 퍼블릭 세터 메소드가 절대 적절하지 않다는 의미는 아니지만, 퍼블릭 세터는 오직 언어가 사용을 허용할 때나 하나의 요청을 완수하기 위해 여러 세터를 사용할 필요가 없을 때만 사용한다. 다수의 세터는 의도를 모호하게 한다. 또한 이런 세터는 하나의 논리적 커맨드가 돼야 하는 어떤 결과를, 하나의 의미 있는 도메인 이벤트로 게시하기 어렵게 만든다.

언어를 올바르게 표현하기 위해, 팀은 도메인 전문가가 활성화와 비활성화에 관해 이야기하는 내용에 주목했다. 전문가들은 용어를 통합하기 위해 activate()와 deactivate() 같이 오퍼레이션을 할당했다.

다음의 소스는 의도 노출 인터페이스[Evans]로서, 확장돼 가는 팀의 유비쿼터스 언어를 포함시켰다.

```
public class Tenant extends Entity {
    ...
    public void activate() {
```

```
        // TODO: 구현
    }

    public void deactivate() {
        // TODO: 구현
    }
    ...
```

아이디어에 생기를 불어넣기 위해, 팀은 우선 테스트를 개발해서 새로운 행동를 사용할 때 느낌이 어떤지 살펴봤다.

```
public class TenantTest ... {
    public void testActivateDeactivate() throws Exception {
        Tenant tenant = this.tenantFixture();
        assertTrue(tenant.isActive());

        tenant.deactivate();
        assertFalse(tenant.isActive());

        tenant.activate();
        assertTrue(tenant.isActive());
    }
}
```

팀은 테스트를 마친 후 인터페이스의 품질에 자신감을 느꼈다. 테스트를 작성하자 다른 메소드인 `inactive()`가 필요함을 깨달았다. 팀은 그림 5.7과 같은 세 가지 새로운 메소드를 결정했다. 유비쿼터스 언어 용어집 역시 늘어났다.

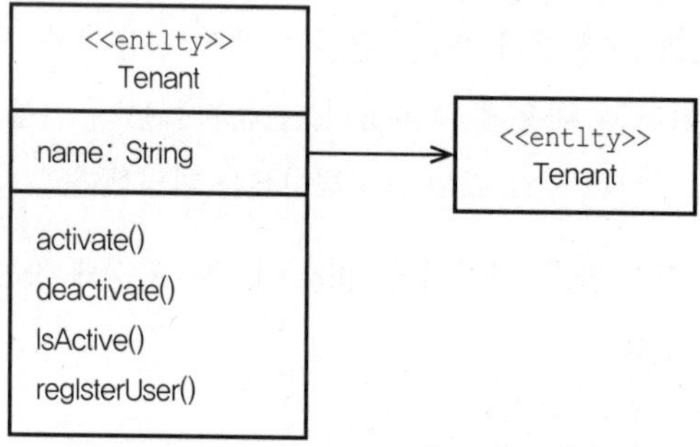

그림 5.7 필수적이고 대체할 수 없는 행동이 첫 번째의 빠른 이터레이션 과정에서 Tenant에 할당된다. 일부 행동은 복잡성으로 인해 제외했지만 곧 추가될 수 있다.

- 테넌트 활성화: 이 오퍼레이션을 통해 테넌트를 활성화하고, 현재 상태를 확인할 수 있다.
- 테넌트 비활성화: 이 오퍼레이션을 통해 테넌트를 비활성화한다. 테넌트가 비활성화됐을 땐 사용자를 인증하지 못할 수 있다.
- 인증 서비스: 먼저 테넌트가 활성화돼 있음을 확인한 후 사용자의 인증 여부를 조정한다.

여기서 마지막으로 추가한 용어집 항목은 또 다른 도메인 서비스의 발견을 의미한다. `User` 인스턴스를 매칭하려는 시도에 앞서, 누군가는 `Tenant`가 `isActive()`한지 확인해야 한다. 다음의 요구사항을 고민하면서 이를 이해할 수 있었다.

- 시스템의 사용자는 반드시 인증돼야 하지만, 테넌트가 활성화된 경우에만 인증이 가능하다.

인증에는 단순히 `username`과 `password`에 매칭되는 `User`를 찾는 이상이 필요하기 때문에, 더 높은 수준의 조정자[coordinator]가 필요하다. 이런 상황에선 도메인 서비스가 좋다. 세부사항은 나중에 추가해도 된다. 지금은 팀이 `AuthenticationService`의 이름으로 포착하고, 유비쿼터스 언어에 추가하는 일이 중요하다. 테스트 우선 접근법이 확실히 도움이 됐다.

팀은 또한 다음의 요구사항을 고려했다.

- 테넌트는 초대를 통한 많은 사용자의 등록을 허용한다.

팀이 이 내용을 신중히 분석하기 시작하면서, 첫 번째의 빠른 이터레이션에서 다루려 했던 수준보다 좀 더 복잡함을 알게 됐다. 어떤 종류의 `Invitation` 객체가 관련 있는 듯이 보였다. 그러나 해당 요구사항을 분명하게 이해하기엔 조금 부족했다. 초대를 관리할 행동 역시 분명치 않았다. 그래서 팀은 초기 도메인 전문가와 초기 고객으로부터 좀 더 의견을 구할 때까지 모델링을 미뤘다. 그러면서도 `registerUser()` 메소드는 정의했는데, 이 정의는 `User` 인스턴스의 생성에 필수적이다(5장 후반부의 '생성' 절을 확인하자).

이런 상황에서 팀은 `User` 클래스로 돌아갔다.

- 사용자는 이름과 연락처를 비롯한 개인정보를 갖고 있다.
- 사용자의 개인정보는 사용자나 관리자에 의해 변경될 수 있다.
- 사용자의 보안 인증(비밀번호)은 변경될 수 있다.

사용자는 기본 식별자Fundamental Identity와 함께(이 둘은 흔히 결합시켜 사용하는 보안 패턴이다.) 적용했다.[5] 개인personal이란 용어를 사용할 땐 개인의 개념에 User가 필요하다는 점이 분명했다. 팀은 앞의 문장에 기반해 컴포지션과 행동을 끌어냈다.

Person은 User에 너무 큰 책임을 부여하는 상황을 피하기 위해 별도의 클래스로 모델링했다. 개인이란 단어는 팀으로 하여금 Person이라는 단어를 유비쿼터스 언어에 추가하게 했다.

- Person: 이름과 연락처 정보를 비롯한 사용자에 관한 개인적 데이터를 담아서 관리한다.

Person은 엔터티일까, 값 객체일까? 여기서 변경change이란 단어가 중요하다. 단순히 개인의 회사 전화번호가 바뀐다고 전체 Person 객체를 바꿀 필요는 없어 보인다. 팀은 그림 5.8과 같이 ContactInformation과 Name의 두 값을 포함하는 엔터티를 만들었다. 현재는 애매한 개념이지만 때가 되면 리팩토링할 것이다.

사용자 개인의 이름과 연락처 정보의 변경 관리에는 더 많은 고민이 필요했다. 클라이언트에게 User 내 Person 객체의 권한을 줘야 할까? 한 개발자는 User가 항상 사람인지 질문했다. 만약 User가 외부 시스템이라면 어떨까? 당시 상황은 그렇지 않았고, 알 수 없는 미래의 요구사항으로 너무 앞서가려 했었는지도 모르지만 결국 무의미한 걱정은 아니었다. 클라이언트가 User의 모습에 액세스할 수 있고 그 행동을 실행시키기 위해 Person 내부로 갈 수 있다면, 클라이언트는 시간이 지난 후 리팩토링이 필요할지도 모른다.

그 대신에 팀이 User상의 개인 행동을 모델링해서 보안 원칙에 맞게 좀 더 일반화시켰고, 이후에 닥쳐올 파문을 어느 정도 피할 수 있었다. 이 개념을 살펴보기 위해 예제 테스트를 작성해보니, 옳은 일을 한 것처럼 보였다. 팀은 그림 5.8

5 내가 작성한 패턴을 살펴보자. http://vaughnvernon.co/

과 같이 User를 모델링했다.

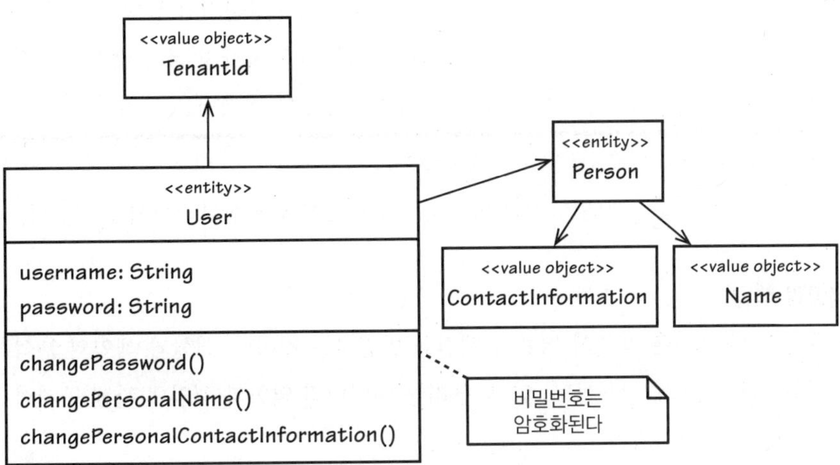

그림 5.8 User의 기본적 행동은 더 많은 연결 관계를 이끌어낸다. 너무 구체적이지 않은 상태를 바탕으로, 팀은 이 오퍼레이션을 통해 몇 가지 객체를 더 모델링했다.

다른 고려사항도 있었다. 팀은 Person을 모두 노출해야 할까, 아니면 모든 클라이언트로부터 감춰야 할까? 지금은 정보를 쿼리하는 목적으로 Person을 노출하기로 결정했다. 접근자는 Principal 인터페이스를 지원하도록 다시 설계될 수 있고, Person과 System은 각각 특수화된specialized Principal일 수 있다. 팀은 자신들의 이해가 깊어짐에 따라 이를 리팩토링할 수 있을 것이다.

팀은 리듬을 유지한 가운데, 마지막 요구사항에서 강조했던 유비쿼터스 언어를 재빨리 알아차리게 됐다.

- 사용자의 보안 인증(비밀번호)은 변경될 수 있다.

User는 changePassword() 행동을 포함하고 있다. 이는 요구사항에 사용된 언어를 반영하고 도메인 전문가를 만족시킨다. 클라이언트에겐 암호화돼 있는 비밀번호로의 접근조차도 절대로 허용되지 않는다. 일단 비밀번호를 User상에 설정하면, 이는 애그리게잇 경계를 넘어선 절대 드러나지 않는다. 인증이 필요한 모든 이는 AuthenticationService를 통한 한 가지 접근법만 사용할 수 있다.

또한 수정을 유발할 수 있는 행동이 성공하면, 그에 맞는 도메인 이벤트 결과를 게시하기로 결정했다. 이 역시 팀이 빠른 시점에서 다루길 원했던 수준보다 더 세부적이었다. 하지만 팀은 이벤트의 필요성을 인식했다. 이벤트는 최소한 두 가지를 이룰 수 있게 해준다. 첫째, 모든 객체의 수명주기에 걸쳐 변화를 추적할 수 있도록 해준다(뒤에서 다룬다). 둘째, 외부 구독자가 변경에 맞춰 동기화할 수 있도록 해주고, 이는 외부자outsider에게 자율성의 잠재력을 부여한다.

지금까지의 주제는 이벤트(8)와 바운디드 컨텍스트의 통합(13)에서 논의한다.

역할과 책임

모델링의 한 측면은 객체의 역할과 책임을 발견하는 것이다. 역할과 책임의 분석은 도메인 객체 전반에 적용할 수 있다. 우리는 엔터티의 역할과 책임에 관해 구체적으로 살펴본다.

우린 역할role이라는 용어의 컨텍스트가 좀 필요하다. 식별자와 액세스 컨텍스트에서 논의하는 사용법으로, 시스템 보안 문제를 광범위하게 다루는 엔터티와 애그리게잇 루트로서의 Role이 있다. 클라이언트는 사용자가 보안 역할 안에 있는지, 보안 역할을 수행하는지 물어볼 수 있다. 이는 내가 이 절에서 논의하려는 내용과는 완전히 다른 부분이다. 내가 이 절에서 논의하는 부분은 여러분의 모델 객체가 어떻게 역할을 수행하는지에 관한 내용이다.

여러 역할을 수행하는 도메인 객체

객체지향 프로그래밍에서 일반적으로 인터페이스는 구현 클래스의 역할을 결정한다. 올바르게 설계됐다면, 클래스는 구현하는 각 인터페이스마다 하나의 역할을 갖는다. 만약 클래스에 명시적으로 선언된 역할이 없다면(어떤 명시적 인터페이스도 구현하지 않은) 기본적으로 해당 클래스의 역할을 갖는다. 즉 클래스는 퍼블릭 메소드라는 암시적 인터페이스를 갖고 있다. 앞의 예제에서 클래스 User는 어떠한 명시적 인터페이스도 구현하지 않지만, User라는 한 역할을 수행한다.

우리는 한 객체가 User와 Person의 역할을 모두 수행하게 만들 수도 있다. 이렇게 하자고 제안하려는 것은 아니지만, 여기선 일단 이 방향이 좋은 생각이라 가정해보자. 이 가정에 따르면, 별도의 Person 객체를 User 객체의 참조 연결referenced association로 포함해야 할 이유가 전혀 없다. 대신, 한 객체가 두 역할을 수행할 뿐이다.

우린 왜 이런 방법을 택할까? 보통은 둘 이상의 객체 사이에서 유사점과 차이점을 함께 발견하기 때문이다. 겹치는 특성은 하나의 객체상에서 여러 인터페이스를 섞어 나타낼 수 있다. 예를 들어, 한 객체가 User와 Person 모두가 될 수 있도록 하고, 해당 구현 클래스를 HumanUser라고 이름 지을 수 있다.

```
public interface User {
    ...
}

public interface Person {
    ...
}

public class HumanUser implements User, Person {
    ...
}
```

위의 예제가 말이 되는가? 그럴 수도 있지만 더 복잡하기도 하다. 만약 두 인터페이스가 복잡하다면, 두 가지를 한 객체에 구현하는 일은 어려울 수 있다. 또한 User는 어떤 시스템일 수도 있는데, 이런 상황에선 필요한 인터페이스가 세 가지로 늘어난다. 한 객체가 User와 Person과 System의 역할을 모두 수행하도록 설계하는 일은 심지어 더 어렵다. 일반적 목적의 Principal을 생성한다면 이를 좀 더 단순하게 만들 수도 있다.

```
public interface User {
    ...
}

public interface Principal {
    ...
}

public class UserPrincipal implements User, Principal {
    ...
}
```

이 설계를 바탕으로 런타임에(늦은 바인딩) 주체[principal]의 실제 타입을 결정하려고 한다. 사람 주체와 시스템 주체는 다르게 구현된다. 시스템은 사람처럼 연락처 정보와 같은 유형을 포함할 필요가 없다. 그리고 어쨌든 위임 전달forwarding delegation 구현의 설계를 시도해본다. 이를 위해, 런타임에 둘 중 어떤 타입이 존재하는지 확인해서 해당 객체를 위임하도록 해보자.

```
public interface User {
    ...
}

public interface Principal {
    public Name principalName();
    ...
}

public class PersonPrincipal implements Principal {
    ...
}

public class SystemPrincipal implements Principal {
    ...
}

public class UserPrincipal implements User, Principal {
    private Principal personPrincipal;
    private Principal systemPrincipal;
    ...
    public Name principalName() {
        if (personPrincipal != null) {
            return personPrincipal.principalName();
        } else if (systemPrincipal != null) {
            return systemPrincipal.principalName();
        } else {
            throw new IllegalStateException(
                    "The principal is unknown.");
        }
    }
    ...
}
```

이 설계는 다양한 문제를 일으킨다. 한 가지는 객체 정신 분열증object schizophrenia[6]이라 알려진 병을 앓고 있다는 점이다. 행동은 전달forwarding이나 디스패치dispatching로 알려진 기법을 사용해 위임된다. personPrincipal과 systemPrincipal은 행동이 실제로 실행되는 엔터티 UserPrincipal의 식별자를 옮겨주지 않는다. 객체 정신 분열증은 위임된 객체가 위임받기 전 본래의 객체 식별자를 모르는 상황을 나타낸다. 위임을 받은 내부에선 실제 자신이 누구인지 혼란을 겪는다. 이는 두 구체적 클래스의 모든 위임 메소드가 기본 객체의 식별자를 수용하도록 요구받는다는 의미는 아니지만, 일부에선 필요할 수 있다. 우린 UserPrincipal로 참조를 넘겨줄 수 있다. 그러나 이는 설계를 복잡하게 하고 Principal 인터페이스의 변경을 필요로 한다. 이는 좋지 않다. [Gamma 등]에서 말하듯, '위임은 복잡하게 만들지 않으며 단순하게 해줄 때에만 좋은 설계다'.

이 모델링의 문제를 여기서 해결하려 하진 않는다. 이는 단순히, 객체 역할을 사용할 때 종종 마주하게 되는 문제를 보여주고, 이 문제가 주의를 기울여야 하는 모델링 스타일이라는 점을 강조하기 위해 사용했다. Qi4j [Öberg]와 같이 올바른 도구를 사용하면 이 문제를 개선할 수 있다.

우디 다한[Dahan, Roles]이 강조했듯, 좀 더 작은 단위로 역할 인터페이스를 만들면 도움이 될 수 있다. 다음은 우리가 좀 더 작은 단위로 작은 인터페이스를 만들 수 있도록 해주는 두 가지 요구사항이다.

- 고객에게 새 주문을 추가하라.
- 선호 고객을 만들라. (이 수준을 맞추는 조건은 나와 있지 않다.)

클래스 Customer는 두 가지 작은 단위의 역할 인터페이스를 구현한다. IAddOrdersToCustomer와 IMakeCustomerPreferred가 그 둘이다. 각각은 그림 5.9처럼 하나의 오퍼레이션만을 정의한다. 우리는 Ivalidator와 같은 다른 인터페이스를 구현할 수도 있다.

애그리게잇(10)에서 논의하듯, 일반적으로 하나의 Customer상에선 모든 주문을 가져오는 일과 같은 너무 많은 객체의 수집 활동은 일어나지 않는다. 그러므로 이를 단순히 객체 역할의 사용 방법을 나타내기 위한 가상 예제라고 생각하자.

6 다수의 인격을 갖는 객체를 표현하는 말로, 정신 분열의 의학적인 정의와는 다르다. 아리송한 이름의 뒤편에 숨어있는 실제 문제는 객체 식별자의 혼란이다.

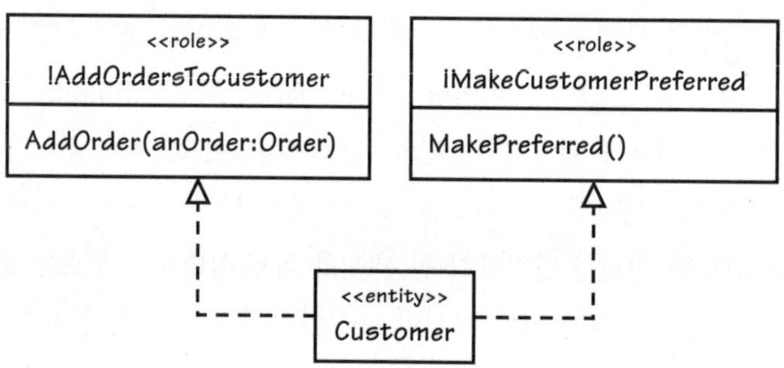

그림 5.9 C# .NET 명명 규칙을 사용해 Customer 엔터티가 IAddOrdersTo Customer와 IMakeCustomer Preferred의 두 역할을 구현한다.

I 인터페이스 이름 접두사는 .NET 프로그래밍에서 널리 쓰이는 스타일이다. .NET 접근법을 따른다는 일반적 측면 외에도, 일부에선 '나는(I) 고객에게 주문을 더한다.'나 '나는(I) 고객 선호를 만든다.'와 같은 맥락에서 가독성을 높인다고도 생각한다. I 접두사가 빠진 AddOrdersToCustomer와 MakeCustomerPreferred와 같은 동사 기반의 이름은 조금 덜 끌린다. 우리는 명사와 형용사로 이름 지은 인터페이스에 좀 더 익숙할 수 있고, 여기서도 대신 사용될 수 있다.

이 스타일의 몇 가지 장점에 대해 생각해보자. 엔터티의 역할은 유스케이스마다 바뀔 수 있다. 클라이언트가 새로운 Order 인스턴스를 Customer에 추가할 필요가 있다면, 선호 Customer를 만들 때와 그 역할이 달라진다. 기술적인 장점도 있다. 다른 유스케이스에선 그에 맞는 가져오기fetching 전략이 필요할 수 있다.

```
IMakeCustomerPreferred customer =
    session.Get<IMakeCustomerPreferred>(customerId);
customer.MakePreferred();

...

IAddOrdersToCustomer customer =
    session.Get<IAddOrdersToCustomer>(customerId);
customer.AddOrder(order);
```

영속성 메커니즘은 Get<T>() 메소드의 매개변수화 타입 이름인 T의 정보를 얻는다. 이 타입을 사용해 인프라에 등록된, 관련 가져오기 전략을 찾는다. 만약 인터페이스에 맞는 가져오기 전략이 없다면 기본값을 사용한다. 해당 유스케이스에서 필요로 하는 형태에 맞춰, 가져오기 전략을 수행해 식별한 Customer 객체를 불러온다.

이면에서 이뤄지는 후킹hook을 가능케 해주는, 역할 마커marker 인터페이스의 기술적 이점도 확인할 수 있다. 다른 유스케이스별 행동도 유효성 검증과 같은 다른 역할과 연결될 수 있으며, 유효성 검증의 경우엔 엔터티의 수정이 저장될 때 지정된 유효성 검사기를 실행해준다.

단위가 작은 인터페이스는 Customer 등의 구현한 클래스 자체에 행동을 구현하기가 좀 더 쉽도록 해준다. 구현을 별도의 클래스로 위임할 필요가 없으며, 그렇기 때문에 객체 정신 분열증을 막아준다.

Customer 행동을 역할에 따라 구분하면 도메인 모델링에서 얻는 이득이 있는지 물을 수도 있다. 이전의 Customer를 그림 5.10과 비교해보자. 더 나아 보이는 쪽이 있는가? 클라이언트가 실제론 MakePreferred()를 호출해야 하는데 AddOrder() 메소드를 호출하는 실수가 잦아지지 않을까? 아마 그렇진 않을 것이다. 그러나 우리는 접근법을 이 하나만으로 판단해서는 안 된다.

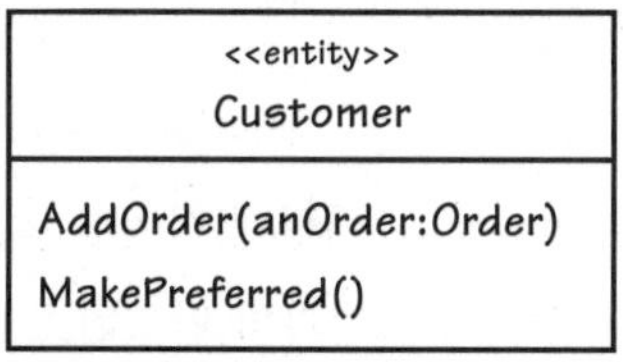

<<entity>>
Customer

AddOrder(anOrder:Order)
MakePreferred()

그림 5.10 이전엔 다른 인터페이스였지만, 이젠 엔터티 클래스의 단일 인터페이스로 합쳐진 오퍼레이션으로 Customer를 모델링했다.

아마도 역할 인터페이스의 가장 실용적인 사용법은 가장 간단한 방법이기도 할 것이다. 우리는 인터페이스를 사용해 우리가 클라이언트에게 흘리고 싶지 않은 모델의 구현 세부사항을 숨길 수 있다. 클라이언트의 사용을 허가할 대상만 노출되도록 정확히 설계하고, 그 이상은 노출시키지 말자. 구현 클래스는 인터페이스보다 훨씬 더 복잡할 수 있다. 게터, 세터와 함께 모든 종류의 지원 속성을 갖고 있으며, 클라이언트가 볼 수조차 없는 구현 행동을 포함할 수도 있다. 예를 들어, 클라이언트가 사용하길 원치 않는 퍼블릭 메소드의 생성을 도구나 프레임워크가 강요할 수 있다. 그렇다고 하더라도, 도메인 모델 인터페이스는 어쩔 수 없이 지저분할 수밖에 없는 기술적 구현의 세부사항에 영향을 받지 않는다.

어떤 설계를 선택하더라도, 유비쿼터스 언어가 기술적 선호보다 항상 우위에 서도록 하자. DDD에서는 비즈니스 도메인의 모델이 가장 중요하다.

생성

새로운 엔터티를 인스턴스화할 때, 이를 완전히 식별해 클라이언트가 찾을 수 있도록 충분한 상태 정보를 포착하는 생성자를 사용하길 바란다. 빠른 식별자 생성Construction을 사용한다면, 올바르게 설계된 생성자는 최소한 고유 식별자를 매개변수로 갖는다. 만약 엔터티가 이름이나 설명과 같은 다른 수단으로 쿼리된다면, 그 모든 사항도 생성자의 매개변수로 포함시킨다.

때론 엔터티는 하나 이상의 고정자invariant를 갖는다. 고정자는 엔터티의 전체 수명주기에 걸쳐 트랜잭션적 일관성이 유지돼야 하는 상태다. 고정자가 애그리게잇에 관한 문제이긴 해도 애그리게잇 루트는 언제나 엔터티이므로, 고정자는 여기에서 언급하기로 한다. 엔터티가 포함된 객체의 null이 아닌 상태를 바탕으로 한 고정자나 다른 상태의 계산 결과를 통해 이뤄지는 고정자를 갖고 있다면, 하나 이상의 생성자 매개변수로 해당 상태를 제공해야 한다.

모든 User 객체는 반드시 tenantId, username, password, person 등을 포함해야 한다. 즉 생성이 성공적으로 이뤄지면, 이렇게 선언한 인스턴스 변수의 참조는 절대 null이 되지 않는다. User 생성자와 생성자의 인스턴스 변수 세터가 이를 보장한다.

```
public class User extends Entity {
    ...
    protected User(TenantId aTenantId, String aUsername,
            String aPassword, Person aPerson) {
        this();
        this.setPassword(aPassword);
        this.setPerson(aPerson);
        this.setTenantId(aTenantId);
        this.setUsername(aUsername);
        this.initialize();
    }
    ...
    protected void setPassword(String aPassword) {
        if (aPassword == null) {
            throw new IllegalArgumentException(
```

```
                "The password may not be set to null.");
        }
        this.password = aPassword;
    }

    protected void setPerson(Person aPerson) {
        if (aPerson == null) {
            throw new IllegalArgumentException(
                    "The person may not be set to null.");
        }
        this.person = aPerson;
    }

    protected void setTenantId(TenantId aTenantId) {
        if (aTenantId == null) {
            throw new IllegalArgumentException(
                    "The tenantId may not be set to null.");
        }
        this.tenantId = aTenantId;
    }

    protected void setUsername(String aUsername) {
        if (this.username != null) {
            throw new IllegalStateException(
                    "The username may not be changed.");
        }
        if (aUsername == null) {
            throw new IllegalArgumentException(
                    "The username may not be set to null.");
        }
        this.username = aUsername;
    }
    ...
}
```

클래스 User의 설계는 자가 캡슐화self-encapsulation가 얼마나 강력한지 보여준다. 생성자는 인스턴스 변수 할당을 자신의 내부 특성/속성 세터로 위임하는데, 이는 변수의 자가 캡슐화를 제공한다. 자가 캡슐화는 각 세터에게 상태의 일부를 설정하는 바람직한 계약 조건을 결정토록 한다. 각 세터는 엔터티를 대신해 개별적으로 null이 아니라는 제약을 검사해서 인스턴스 계약을 집행한다. 이 어설션은 가드라고 불린다('유효성 검사' 절을 확인하자). '식별자 안정성' 절에서 언급했듯, 이런 세터 메소드의 자가 캡슐화 기법은 필요 이상으로 복잡해질 수 있다.

복잡한 엔터티 인스턴스화를 위해선 팩토리를 사용하자. 이에 관해선 팩토리(11)에서 좀 더 자세히 다룬다. 앞의 예제에서 User 생성자의 가시성이 프로텍티드protected란 점을 알아챘는가? Tenant 엔터티는 User 인스턴스를 위해 팩토리로서 동작하며, 같은 모듈 내의 클래스만이 User 생성자를 볼 수 있다. 이를 통해 Tenant만이 User 인스턴스를 생성할 수 있도록 한다.

```
public class Tenant extends Entity {
    ...
    public User registerUser(
            String aUsername,
            String aPassword,
            Person aPerson) {

        aPerson.setTenantId(this.tenantId());

        User user =
                new User(
                        this.tenantId(),
                        aUsername,
                        aPassword,
                        aPerson);

        return user;
    }
    ...
}
```

여기서 메소드 registerUser()는 팩토리다. 팩토리는 User 기본값 상태의 생성을 단순화하고 User와 Person 엔터티 모두의 TenantId가 언제나 정확하게 해준다. 이런 모든 일은 유비쿼터스 언어를 다루는 팩토리 메소드의 제어를 받으며 일어난다.

유효성 검사

모델 내의 유효성 검사를 사용하는 주 이유는 하나의 특성/속성, 전체 객체, 객체의 컴포지션 등의 정확성을 확인하기 위해서다. 우리는 이 모델 내부의 세 단계에 걸친 유효성 검사를 살펴본다. 특정한 프레임워크/라이브러리를 포함해 유효성 검사를 수행하는 다양한 방법이 있지만, 여기선 이를 알아보지 않는다. 대신 일반적 접근법을 다루는데, 이는 좀 더 정교한 접근법으로 이어질 수 있다.

유효성 검사를 통해 여러 가지를 이룰 수 있다. 도메인 객체의 모든 특성/속성이 개별적으로 유효하다고 객체 전체가 하나의 대상으로서 유효하다는 의미는 아니다. 두 개의 올바른 특성을 조합해 전체 객체가 유효하지 않도록 만들 수도 있다. 하나의 객체 전체가 유효하다고 해서 객체의 컴포지션도 유효하다고는 할 수 없다. 개별적으론 유효한 상태를 가진 두 엔터티의 조합이, 실제론 컴포지션을 유효하지 않게 할 수도 있다. 따라서 우리는 하나 이상의 단계로 이뤄진 유효성 검사를 통해 가능한 모든 문제를 다뤄야 한다.

특성/속성의 유효성 검사

하나의 특성이나 속성(두 가지의 차이는 값 객체(6)를 살펴보자.)을 비유효한 값의 설정으로부터 보호하는 방법은 무엇일까? 5장과 이 책의 다른 부분에서 다루듯, 나는 자가 캡슐화의 사용을 강력히 추천한다. 자가 캡슐화는 첫 번째 해결책이 된다.

마틴 파울러의 말을 인용하면, '자가 캡슐화는 심지어 같은 클래스 내에서부터 모든 데이터로의 액세스가 접근자 메소드를 거쳐가도록 설계하는 방법이다.'[Fowler Self Encap]. 이 기법의 사용에는 몇 가지 이점이 있다. 이는 객체의 인스턴스 (클래스/정적) 변수를 추상화할 수 있도록 해준다. 이를 통해 해당 객체를 담고 있는 많은 다른 객체에서 손쉽게 특성/속성을 가져오는 방법을 제공한다. 또한 이 논의에서 빠질 수 없는 부분으로, 유효성 검사의 단순한 형태를 지원한다는 점이 있다.

사실 나는 자가 캡슐화를 사용해 올바른 객체 상태를 보호하는 과정을 유효성 검사라 부르길 좋아하지 않는다. 이는 일부 개발자에게 거부감을 주는데, 유효성 검사는 도메인 객체가 아닌 유효성 검사 클래스의 책임이어야 하는 별개의 문제이기 때문이다. 나도 동의한다. 그렇지만 나는 약간 다른 것에 대한 얘기를 하고자 한다. 내가 여기서 다루는 내용은 계약에 의한 설계 접근법 측면에서의 어셜션[assertion]이다.

정의에 의하면, 계약에 의한 설계는 우리가 설계하는 컴포넌트의 전제 조건, 완료 조건, 고정자 등을 구체화하도록 해준다. 이는 버트랜드 마이어Bertrand Meyer의 지지를 받았고, 에펠 프로그래밍 언어에서 빠짐없이 표현됐다. 자바와 C# 언어에서도 이를 일부 지원하고 있으며, 이 주제에 관한 책으론 『설계 패턴과 계약Design Patterns and Contracts』[Jezequel 등]이 있다. 여기선 가드를 적용한 유효성 검사의 형태로서의 전제 조건만을 살펴보자.

```
public final class EmailAddress {

    private String address;

    public EmailAddress(String anAddress) {
        super();
        this.setAddress(anAddress);
    }
    ...
    private void setAddress(String anAddress) {
        if (anAddress == null) {
            throw new IllegalArgumentException(
                    "The address may not be set to null.");
        }
        if (anAddress.length() == 0) {
            throw new IllegalArgumentException(
                    "The email address is required.");
        }
        if (anAddress.length() > 100) {
            throw new IllegalArgumentException(
                    "Email address must be 100 characters or less.");
        }
        if (!java.util.regex.Pattern.matches(
            "\\w+([-+.']\\w+)*@\\w+([-.]\\w+)*\\.\\w+([-.]\\w+)*",
                anAddress)) {
            throw new IllegalArgumentException(
                    "Email address and/or its format is invalid.");
        }

        this.address = anAddress;
    }
```

```
    ...
}
```

setAddress()의 메소드 계약에는 네 가지 전제 조건이 있다. 모든 전제 조건의 가드는 인수 anAddress의 조건을 검사한다.

- 매개변수는 null이 될 수 없다.
- 매개변수는 빈 문자열이면 안 된다.
- 매개변수는 100자 이내의 길이여야 한다. (그러나 0은 될 수 없음)
- 매개변수는 이메일 주소의 기본 포맷과 맞아야 한다.

만약 모든 전제 조건이 충족된다면, address 속성은 anAddress의 값으로 설정된다. 만약 한 가지라도 맞지 않는다면 IllegalArgumentException을 던진다.

클래스 EmailAddress는 엔터티가 아니다. 이는 값 객체다. 우리가 이를 사용하는 데는 몇 가지 이유가 있다. 첫째, 이는 null 확인에서부터 값 포맷팅에 이르기까지 다양한 전제 조건의 가드를 구현하는 좋은 예다(이에 관해선 다음에서 좀 더 자세히 다룬다). 둘째, Person 엔터티는 ContactInformation 값을 통해 간접적으로, 이 값을 자신의 속성 중 하나로 갖게 된다. 따라서 엔터티 클래스에 선언된 단순한 특성도 엔터티의 일부인 것과 마찬가지로, 실제론 이 역시도 엔터티의 일부다. 우린 단순한 특성을 위해 세터를 구현할 때도 정확히 같은 유형의 전제 조건 가드를 사용한다. 전체 값을 엔터티 특성으로 할당할 때 해당 값의 작은 특성을 가드하지 않는다면, 정신 나간 값이 설정되는 상황을 가드할 방법이 없다.

카우보이 논리

LB: 내가 부인에게 써먹을 유효한 주장을 가졌다고 생각했는데, 그녀가 갑자기 불법적 주장(illegal argument)의 예외를 나에게 들이대지 뭐야.

일부 개발자는 이런 종류의 전제 조건 확인을 방어적 프로그래밍depensive programming이라 부른다. 완전히 유효하지 않은 값이 모델로 들어오지 못하게 가드하는 일은 분명 방어적 프로그래밍이다. 일부는 이런 가드의 구체적인 정도가 점차 증가하는 데 동의하지 않을 수 있다. 일부 방어적 프로그래머들은 null을 확인하거나 아마도 빈 문자열을 확인하는 수준에는 동의하지만, 문자열의 길이나 숫자의 범위나 값 포맷 등과 같은 부분의 확인은 주저하기도 한다. 예를 들어, 값의 크기 확인을 데이터베이스에 맡기는 게 최선이라고 생각할 수 있다. 이런 생각을 가진 사람은 문자열 길이 최대값을 생각하는 것을 모델 객체에 관련되지 않은 문제라고 생각한다. 그렇지만 이런 전제 조건은 납득할 만한 수준의 무결성 점검으로도 볼 수 있다.

일부 경우에선 문자열 길이의 확인이 불필요할 수 있다. NVARCHAR 열 크기의 최대값에 절대로 다다를 수 없는 데이터베이스를 사용할 때와 같은 경우다. 마이크로소프트 SQL 서버의 텍스트 열은 max 키워드를 사용해 선언할 수 있다.

```
CREATE TABLE PERSON (
    ...
    CONTACT_INFORMATION_EMAIL_ADDRESS_ADDRESS
            NVARCHAR(max) NOT NULL,
    ...
) ON PRIMARY
GO
```

이메일 주소가 1,073,741,822자나 되길 원할 리는 없다. 단순히 열의 너비를 선언해 초과하는 상황을 걱정할 필요가 없도록 했다.

일부 데이터베이스에서는 이런 설정이 불가능하다. MySQL에선 행 길이 최대값이 65,535바이트다. 다시 한 번 말하지만, 이는 행 너비지 열 너비가 아니다. 우리가 만약 하나의 열이라도 VARCHAR 열 타입의 최대 너비인 65,535로 설정한다면, 해당 테이블엔 단 하나의 추가적인 열도 넣을 공간이 없다. 주어진 테이블의 VARCHAR 열에 있는 숫자에 따라 모든 열이 잘 맞을 수 있도록 각 열의 너비에 현실적인 제한을 둬야 한다. 이런 상황에선 글자 열을 TEXT로 선언하는데, TEXT와 BLOB 열은 별도의 세그먼트에 저장되기 때문이다. 그러므로 데이터베이스에 따라 열 너비 제한을 피해가는 방법이 있을 수 있고, 모델 내에서 문자열 길이를 확인할 필요를 줄일 수 있다.

만약 잠재적으로 열의 너비를 초과할 가능성이 있다면, 모델에서 간단히 문자열 길이를 확인해 보장할 수 있다. 다음의 내용을 의미 있는 도메인 에러로 변환하는 일은 얼마나 비실용적일까?

```
ORA-01401: inserted value too large for column
```

우리는 심지어 어떤 열이 초과했는지도 알 수 없다. 세터의 전제 조건에서 텍스트 길이를 확인하는 방법은 이런 문제를 전반적으로 피할 수 있게 해주는 최선책일 수 있다. 게다가 길이 확인은 데이터베이스 열 제약에 관한 문제만이 아니다. 결국은 통합하는 레거시 시스템의 제약사항과 같이 납득할 수밖에 없는 이유로, 도메인 자체가 텍스트의 길이를 제약할 수도 있다.

우리는 또한 하이-로high-low 범위 확인을 비롯한 다른 여러 조건의 가드도 고려할 수 있다. 완전히 정신 나간 값이 엔터티와 연결되는 상황을 피하고 싶다면, 이메일 주소 포맷과 같은 단순한 포맷 확인도 납득할 만하다. 만약 한 엔터티의 기본적인 값들이 제대로 돼 있다면, 전체 객체와 객체 컴포지션에서 큰 단위의 유효성 검사를 수행하는 일이 훨씬 쉬워진다.

전체 객체의 유효성 검사

완전히 유효한 특성/속성의 엔터티를 가졌다고 하더라도, 이는 반드시 전체 엔터티가 유효하다는 의미가 아니다. 전체 엔터티의 유효성을 검사하기 위해선 전체 객체의 상태(모든 특성/속성)로의 액세스가 필요하다. 또한 유효성 검사를 위해선 명세[Evans & Fowler, sepc]나 전략[Gamma 등]이 필요하다.

와드 커닝햄Ward Cunningham의 첵스Checks 패턴 언어[Cunningham, Checks]에선 유효성 검사의 몇 가지 접근법을 다루고 있다. 전체 객체에게 유용한 방법은 지연 유효성 검사Deferred Validation다. 와드는 이것이 '마지막으로 가능한 순간까지 확인을 지연시켜야 하는 클래스'라고 했다. 적어도 복잡한 하나의 객체나 더 나아가선 여러 객체의 컴포지션에 대해 수행해야 하는 매우 상세한 유효성 검사의 종류이기 때문에 확인을 지연시킨다. 이런 이유로 나중엔 보다 큰 객체의 컴포지션을 다루는 방법으로서의 지연 유효성 검사도 함께 논의한다. 이 절에서 살펴보는 유효성 검사는 와드의 말을 빌리면, '좀 더 단순한 활동을 확인하는' 수준으로 제한한다.

유효성 검사에는 엔터티의 전체 상태가 사용 가능해야 하므로, 일부에선 이 시점을 유효성 검사 프로세스 로직을 엔터티로 직접 집어넣기에 알맞은 순간으로 볼 수도 있다. 여기서 주의해야 한다. 많은 경우 도메인 객체의 유효성 검사는 도메인 객체 자체보다 더 자주 변경된다. 엔터티 내부에 유효성 검사를 집어넣으면 너무 많은 책임을 부여하기도 한다. 엔터티는 이미 자신의 상태를 유지해 도메인의 행동을 다뤄야 하는 책임을 갖고 있다.

유효성 검사 컴포넌트는 엔터티 상태가 유효한지 결정하는 책임을 갖는다. 자바로 별도의 유효성 검사 클래스를 설계할 땐, 이를 엔터티와 같은 모듈(패키지) 안에 두자. 자바를 사용한다고 가정하면, 특성/속성 읽기 접근자는 적어도 프로텍티드/패키지 영역으로 선언해야 하고 퍼블릭도 괜찮다. 만약 유효성 검사 클래스가 엔터티와 같은 모듈에 위치하지 않는다면 모든 특성/속성 접근자가 퍼블릭이 되어야 하는데, 이는 여러 측면에서 바람직하지 않다.

유효성 검사 클래스는 명세 패턴이나 전략 패턴을 구현할 수 있다. 만약 유효하지 않은 상태를 감지하면, 이는 클라이언트에게 알리거나 결과를 기록으로 남겨 나중에 확인할 수 있도록 한다(예를 들면, 배치 프로세싱 이후). 유효성 검사 프로세스에서 첫 번째 문제가 발생했을 때 예외를 던지는 것보단, 전체 결과를 수집하는 편이 중요하다. 다음의 재사용 가능한 추상 유효성 검사기와 구체적 서브클래스를 생각해보자.

```
public abstract class Validator {
    private ValidationNotificationHandler notificationHandler;
    ...
    public Validator(ValidationNotificationHandler aHandler) {
        super();
        this.setNotificationHandler(aHandler);
    }

    public abstract void validate();

    protected ValidationNotificationHandler notificationHandler() {
        return this.notificationHandler;
    }

    private void setNotificationHandler(
            ValidationNotificationHandler aHandler) {
        this.notificationHandler = aHandler;
    }
}
public class WarbleValidator extends Validator {

    private Warble warble;
```

```
    public Validator(
            Warble aWarble,
            ValidationNotificationHandler aHandler) {
        super(aHandler);
        this.setWarble(aWarble);
    }
    ...
    public void validate() {
        if (this.hasWarpedWarbleCondition(this.warble())) {
            this.notificationHandler().handleError(
                    "The warble is warped.");
        }
        if (this.hasWackyWarbleState(this.warble())) {
            this.notificationHandler().handleError(
                    "The warble has a wacky state.");
        }
        ...
    }
}
```

WarbleValidator는 ValidationNotificationHandler와 함께 인스턴스화됐다. 유효하지 않은 조건과 나타나면, ValidatoinNotificationHandler에게 해당 조건의 처리를 문의한다. ValdiationNotificationHandler는 String 알림 메시지를 받는 handlerError() 메소드를 갖고 있는, 일반적 목적의 구현이다. 이 대신에 유효하지 않은 조건의 각 유형별로 다른 메소드를 갖도록 별도의 구현을 만들 수도 있다.

```
class WarbleValidator extends Validator {
    ...
    public void validate() {
        if (this.hasWarpedWarbleCondition(this.warble())) {
            this.notificationHandler().handleWarpedWarble();
        }
        if (this.hasWackyWarbleState(this.warble())) {
            this.notificationHandler().handleWackyWarbleState();
        }
    }
    ...
}
```

이는 에러 메시지나 메시지 속성 키나 알림에 관한 세부사항 등과 유효성 검사 사이에 결합이 일어나지 않는다는 장점이 있다. 더 좋은 부분은 알림의 처리가 확인해주는 메소드의 안쪽으로 들어간다는 점이다.

```
class WarbleValidator extends Validator {
    ...
    public Validator(
            Warble aWarble,
            ValidationNotificationHandler aHandler) {
        super(aHandler);
        this.setWarble(aWarble);
    }
    ...
    public void validate() {
        this.checkForWarpedWarbleCondition();
        this.checkForWackyWarbleState();
        ...
    }
    ...
    protected checkForWarpedWarbleCondition() {
        if (this.warble()...) {
            this.warbleNotificationHandler().handleWarpedWarble();
        }
    }
    ...
    protected WarbleValidationNotificationHandler
            warbleNotificationHandler() {
        return (WarbleValidationNotificationHandler)
                this.notificationHandler();
    }
}
```

이 예제에선 Warble별 ValidationNotificationHandler를 사용한다. 이는 표준 타입을 받지만, 내부에서 사용할 땐 해당하는 특정 타입으로 캐스팅된다. 그 자체와 클라이언트 사이에서 올바른 타입을 제공하기 위해 계약을 수행하는 역할은 모델이 수행한다.

클라이언트는 어떻게 엔터티의 유효성 검사가 일어나는지 확인할 수 있을까? 그리고 유효성 검사 프로세스가 시작되는 위치는 어디인가?

유효성 검사가 필요한 모든 엔터티에 validate() 메소드를 위치시키고, 계층 슈퍼 타입을 활용하는 방법이 있다.

```
public abstract class Entity
        extends IdentifiedDomainObject {

    public Entity() {
        super();
    }

    public void validate(
        ValidationNotificationHandler aHandler) {
    }
}
```

모든 Entity 서브클래스는 안전하게 자신의 validate() 메소드를 호출할 수 있다. 만약 구체적 엔터티가 개별적 유효성 검사를 지원한다면, 해당 검사가 수행된다. 만약 지원되지 않는다면, 아무 행동도 실행되지 않는다. 만약 일부 엔터티에서만 유효성을 검사한다면, 필요한 곳에만 validate()를 선언하는 편이 최선이다.

그러나 엔터티가 실제로 스스로의 유효성을 검사해야 할까? 자신만의 validate() 메소드가 있다는 점이 곧 엔터티가 스스로 유효성 검사를 수행한다는 의미는 아니다. 그렇지만 엔터티는 이를 통해 유효성을 검사해야 하는 대상이 무엇인지 결정할 수 있고, 클라이언트가 같은 고민을 하지 않아도 되도록 해준다.

```
public class Warble extends Entity {
    ...
    @Override
    public void validate(ValidationNotificationHandler aHandler) {
        (new WarbleValidator(this, aHandler)).validate();
    }
    ...
}
```

각 개별적 Validator 서브클래스는 작은 단위의 유효성 검사를 필요한 만큼 수행한다. 엔터티는 유효성을 검사하는 방법에 관해선 알 필요가 없고, 유효한지만 알면 된다. 또한 별도의 Validator 서브클래스는 엔터티와 보조를 맞출 필요 없이 독립적인 속도로 유효성 검사 프로세스를 변경하게 해주며, 복잡한 유효성 검사도 철저히 수행할 수 있도록 해준다.

객체 컴포지션의 유효성 검사

우린 와드 커닝햄이 '단순한 활동과 그 밖의 부수적인 부분을 모두 아우르는 검사가 필요한, 더욱 복잡한 행동'이라 말한 대상에 지연 유효성 검사를 사용할 수 있다. 여기선 개별 엔터티가 유효한지뿐만 아니라, 하나 이상의 애그리게잇 인스턴스를 포함한 클러스터나 엔터티의 컴포지션이 모두 유효한지 판단한다. 이를 위해, 구체적 Validator 서브클래스를 필요한 수만큼 인스턴스화할 수 있다. 하지만 이런 유형의 유효성 검사는 도메인 서비스를 사용하는 편이 최선일 수 있다. 도메인 서비스는 유효성 검사가 필요한 애그리게잇 인스턴스를 읽기 위해 리파지토리를 사용할 수 있다. 그런 다음에 각 인스턴스를 각각의 속도에 맞춰 별도로 실행하거나 다른 인스턴스와 묶어서 실행하게 된다.

유효성 검사가 항상 필요한지 여부를 결정하자. 상황에 따라 애그리게잇이나 애그리게잇의 집합은 일시적이고 어정쩡한 상태에 놓이곤 한다. 이를 나타내는 애그리게잇의 상태를 모델링하면 부적절한 시점에 유효성 검사가 이뤄지지 않도록 방지할 수 있다. 유효성 검사에 적당한 조건이 준비되면, 모델은 도메인 이벤트를 게시해 이를 클라이언트에게 알려줄 수 있다.

```
public class SomeApplicationService ... {
    ...
    public void doWarbleUseCaseTask(...) {
        Warble warble =
            this.warbleRepository.warbleOfId(aWarbleId);

        DomainEventPublisher
            .instance()
            .subscribe(new DomainEventSubscriber<WarbleTransitioned>(){
                public void handleEvent(DomainEvent aDomainEvent) {
                    ValidationNotificationHandler handler = ...;
                    warble.validate(handler);
```

```
                ...
            }
            public Class<WarbleTransitioned>
                    subscribedToEventType() {
                return WarbleTransitioned.class;
            }
        });

        warble.performSomeMajorTransitioningBehavior();
    }
}
```

클라이언트는 WarbleTransitioned를 수신해 적절한 유효성 검사 시점을 알 수 있다. 그때까지 클라이언트는 유효성 검사를 제한한다.

변화 추적

엔터티의 정의에 따라 수명주기에 걸쳐 일어나는 모든 상태 변경을 추적할 필요는 없다. 우리는 오직 계속 변화하는 상태만을 지원해야 한다. 그런데 도메인 전문가는 종종 시간이 지남에 따라 모델에서 일어나는 중요한 사건에 신경을 쓴다. 이런 상황에선 엔터티에서 일어나는 특정 변경의 추적이 도움이 된다.

정확하고 유용하면서 가장 실용적인 변경 추적은 도메인 이벤트와 이벤트 저장소를 통해 이뤄진다. 도메인 전문가가 신경 쓰고 있는 모든 애그리게잇에 관해, 해당 애그리게잇에서 실행되며 상태를 바꾸는 모든 중요한 커맨드마다 고유한 이벤트 타입을 생성한다. 이벤트 이름과 해당하는 속성을 조합해서 명시적으로 변경을 기록할 수 있다. 커맨드 메소드가 완료되면 이벤트가 게시된다. 구독자는 모델에서 만들어지는 모든 이벤트를 수신하도록 등록한다. 구독자는 이벤트를 수신함에 따라 해당 이벤트를 이벤트 저장소에 저장한다.

도메인 전문가가 모델에서 일어난 모든 변화를 신경 쓰진 않을지라도, 기술 팀에 관심을 가질 수도 있다. 이는 보통 기술적인 이유 때문이며 이벤트 소싱(4)이란 이름의 패턴을 사용한다.

마무리

우리는 엔터티에 관련된 주제의 전체를 살펴봤다. 지금까지 배운 내용을 요약해 보자.

- 엔터티의 고유 식별자를 생성하는 네 가지 주요 방법을 다뤘다.
- 생성 시점의 중요성과 대리 식별자를 사용하는 방법을 배웠다.
- 식별자의 안정성을 확보하는 방법을 알았다.
- 컨텍스트의 유비쿼터스 언어를 밝혀냄으로써 엔터티의 내적 특성을 찾아내는 방법에 관해 논의했다. 속성과 행동을 찾아내는 방법을 모두 확인했다.
- 핵심 행동을 비롯해, 여러 역할을 통해 엔터티를 모델링하는 장점과 단점을 살펴봤다.
- 마지막으로, 엔터티를 구성하는 방법, 유효성 검사의 방법, 변경 추적이 필요할 때 구현하는 방법 등에 관한 자세한 내용을 살펴봤다.

다음 6장에서는 전술적 모델링 도구의 아주 중요한 구성 요소인 값 객체를 살펴본다.

6장

값 객체

금액(price)이란 지불하는 것이다. 가치(value)란 얻는 것이다.
– 워렌 버핏

종종 엔터티에 관한 고민의 그늘에 가려지긴 하지만, 값 객체Value Object란 DDD의 필수적인 구성 요소다. 일반적으로 값으로 모델링되는 객체의 예로는 3, 10, 293.51 같은 숫자, '헬로, 월드!'와 '도메인 주도 설계' 같은 텍스트 문자열, 날짜와 시각과 성/이름과 제목 특성 등의 좀 더 세부적인 사항에 관한 객체, 환율과 색깔과 전화번호와 우편주소 등의 여러 경우가 있다. 그리고 이보다 더 복잡한 종류의 값 객체도 있다. 6장에선 유비쿼터스 언어(1)를 사용해 여러분의 도메인 개념을 모델링하는 값에 관해 논의하고, 도메인 주도 설계의 목표에 관해 다룬다.

값의 이점에 대해 알라

측정하고 수량화하거나 설명해주는 값 타입은 생성, 테스트, 사용, 최적화, 유지 관리가 더 쉽다.

가능한 위치에선 엔터티 대신 값 객체를 사용해 모델링하도록 노력해야 한다는 사실을 알게 되면 놀랄지도 모르겠다. 심지어 도메인 개념이 엔터티로 모델링돼야 할 때도 엔터티의 설계design는 자식 엔터티의 컨테이너보다는 값의 컨테이너로 동작하는 쪽으로 기울어야 한다. 이는 임의의 선호에 따른 제안이 아니다. 측정하고 수량화하거나 설명해주는 값 타입은 생성과 테스트, 사용, 최적화, 유지 관리 등이 더 쉽다.

6장의 로드맵

- 값으로 모델링하기 위해 도메인 개념의 특징을 이해하는 방법을 배우자.
- 통합의 복잡성을 최소화하기 위해 값 객체를 활용하는 방법을 살펴보자.
- 값으로 표현된 도메인 표준 타입의 사용을 확인하자.
- 사스오베이션은 어떻게 값의 중요성을 배웠는지 고민해보자.
- 사스오베이션 팀이 자신들의 값 타입을 테스트하고 구현하고 저장한 방법을 배우자.

처음에 사스오베이션 팀은 엔터티의 사용에 너무 열광했다. 이런 분위기는 사실 사용자와 권한 개념을 협업과 엮기 훨씬 전부터 일어나기 시작했다. 프로젝트의 시작부터 도메인 모델의 모든 요소가 데이터베이스 테이블로 매핑돼야 하고, 그 모든 특성은 퍼블릭 접근자 메소드를 통해 세팅되고 검색돼야만 한다는 일반적인 사고방식을 따랐다. 모든 객체가 데이터베이스 기본 키를 갖고 있기 때문에, 모델은 크고 복잡한 그래프로 촘촘하게 꿰매졌다. 이런 생각은 주로 모든 대상이 정규화돼야 하고 외래 키를 통해 참조돼야 한다는 관계적 데이터베이스의 관점에 대부분의 개발자가 지나치게 영향을 받은 데서 비롯된다. 이 팀이 나중에 깨닫게 되듯이 엔터티의 물살에 휩쓸릴 필요가 없을 뿐만 아니라, 엔터티만을 생각해선 개발에 투입되는 시간과 노력이 증가되는 결과를 초래한다.

올바르게 설계했다면, 값 인스턴스는 생성하고 전달한 후 잊어버릴 수 있다. 우리는 소비자가 이를 어떻게든 잘못된 방향으로 수정하진 않는지, 어쨌든 수정을 하고 있긴 한지 걱정할 필요가 없다. 값은 짧은 시간 동안만 존재할 수도 있지만, 긴 시간 동안 존재할 수도 있다. 값이란 단순히 필요에 따라 오가며, 손상을 일으키지 않고 해롭지도 않은 대상일 뿐이다.

이는 메모리 관리 기능이 없는 프로그래밍 언어에서 가비지 수집이 가능한 언어로 이행하는 수준과 비슷할 정도로 많은 정신적인 수고를 덜어준다. 값이 제공하는 사용 용이성과 함께, 우리가 감당할 수 있는 수준에서 최대한 많은 유형을 찾아내야 한다.

그렇다면 도메인 개념을 값으로 모델링해야 할지 알 수 있는 방법은 무엇일까? 우리는 그 특징에 관심을 기울여야 한다.

> 모델 요소의 특성에만 신경을 쓰고 있다면, 이를 값 객체로 분리하라. 값 객체가 담을 특성의 의미를 표현하고, 그에 관한 기능도 부여하자. 값 객체를 변경이 불가능한 것으로 취급하자. 식별자는 부여하지 말고, 엔터티를 유지할 때 필요한 설계 복잡성을 피하도록 하자. [Evans, 99쪽]

값 타입을 생성하는 일은 쉽지만, 때론 DDD에 경험이 없다면 특정 인스턴스 내에서 엔터티로 모델링할지, 값으로 모델링할지 결정하는 데 혼란스러울 수 있다. 사실 아무리 경험이 많은 설계자라고 해도 때로는 이런 고민을 한다. 값을 구현하는 방법과 함께, 때때로 찾아오는 혼란스러운 의사결정 과정의 미스터리를 풀어줄 수 있길 바란다.

값의 특징

가장 먼저 도메인 개념을 값 객체로 모델링할 땐 유비쿼터스 언어를 확실히 활용하자. 이를 반드시 달성해야 하는 가장 중요한 원칙이자 특징으로 여기자. 나는 6장 전반에서 이 원칙을 다룬다.

개념을 값으로 나타낼지 결정할 땐, 반드시 다음과 같은 특징의 대부분을 포함하고 있는지 판단해야 한다.

- 도메인 내의 어떤 대상을 측정하고, 수량화하고, 설명한다.
- 불변성이 유지될 수 있다.
- 관련 특성을 모은 필수 단위로 개념적 전체를 모델링한다.
- 측정이나 설명이 변경될 땐 완벽히 대체 가능하다.
- 다른 값과 등가성value equality을 사용해 비교할 수 있다.
- 협력자collaborator에게 부작용이 없는 행동Side-Effect-Free Behavior을 제공한다 [Evans].

위의 특징을 각각 좀 더 상세히 이해하면 도움이 될 것이다. 모델 내의 설계 요소를 분석하기 위해 이 접근법을 사용한다면, 이전에 사용하던 것보다 훨씬 더 많은 값 객체를 사용하고 있는 자신을 발견할 수 있다.

측정, 수량화, 설명

모델 내에 진정한 값 객체가 있다면, 이는 여러분이 알고 있든 그렇지 않든 간에 도메인 안에 있지 않다. 대신 이는 도메인 내에 있는 어떤 대상을 측정하고 수량화하고 설명하는 개념이다. 사람에겐 나이가 있다. 나이는 실재하는 어떤 대상은 아니지만, 사람(대상)이 살아온 햇수를 측정하거나 수량화한다. 사람은 이름이 있다. 이름 자체는 실재하는 사물은 아니지만, 이는 사람(대상)을 어떻게 부를지 설명해준다.

이는 개념적 전체Conceptual Whole의 특징과 깊은 관련이 있다.

불변성

값인 객체는 일단 생성되면 변경할 수 없다.[1] 예를 들어 자바나 C#으로 프로그래밍할 땐 값 클래스의 생성자를 사용해 인스턴스를 생성하고, 해당 인스턴스 상태의 기반이 될 객체를 매개변수로 전달한다. 이 매개변수는 바로 값의 특성으로 사용되거나, 아니면 생성이 진행되는 동안 새롭게 구성되는 하나 이상의 특성을 뽑아내는 바탕이 된다. 다음은 다른 값 객체의 참조를 갖는 값 객체 타입의 예제다.

```
package com.saasovation.agilepm.domain.model.product;

public final class BusinessPriority implements Serializable {
    private BusinessPriorityRatings ratings;

    public BusinessPriority(BusinessPriorityRatings aRatings) {
        super();
        this.setRatings(aRatings);
        this.initialize();
    }
    ...
}
```

1 값 객체를 가변적으로 설계할 수 있으나 흔하지 않다. 바뀌는 값에 관해선 깊이 있게 다루지 않겠다. 만약 가변 값에 관심이 있다면, [Evans]의 측면 글을 참고하자.

인스턴스화 자체가 객체의 불변성을 보장하진 않는다. 일단 객체가 인스턴스화되고 생성의 방법에 따라 초기화된 후부턴 어떤 메소드(퍼블릭이든 숨겼든)도 상태의 변경을 초래할 수 없다. 예제에선 `setRatings()`와 `initialize()` 메소드를 생성의 범위 안에서 사용했기 때문에, 이 두 메소드만이 유일하게 상태를 변경할 수 있다. 메소드 `setRatings()`는 프라이빗/숨겨진 메소드이며, 인스턴스 외부에서 호출할 수 없다.[2] 게다가 `BusinessPriority` 클래스는 생성자를 제외한 어떤 메소드도(퍼블릭이든 숨겼든) 세터를 호출하지 못하도록 구현해야 한다. 나중에 값 객체의 불변성을 테스트하는 방법은 무엇인지 논의한다.

기호에 따라 엔터티의 참조를 갖고 있는 값 객체를 설계할 수도 있다. 그러나 여기엔 주의해야 할 점이 있다. 참조된 엔터티가 상태를 (엔터티의 행동으로 인해) 변경할 땐 값도 함께 변경되는데, 이는 불변성이란 속성을 위반한다. 따라서 값 타입이 참조하는 엔터티는 컴포지션의 불변성, 표현성, 편리함 등을 위해 사용된다는 사고방식을 갖는 편이 최선이다. 그렇지 않고 엔터티가 값 객체의 인터페이스를 통해 자신의 상태를 변경하려는 목적을 표현하려고 한다면, 이는 아마도 만든 이유가 잘못됐음을 의미한다. 부작용이 없는 행동의 특징을 논의할 때 장단점을 비교해보자.

여러분의 가정을 의심하라

지금 설계하고 있는 객체가 자신의 행동으로 인해 변경돼야 한다고 생각한다면, 그 필요성을 스스로 질문해보라. 값을 반드시 변경해야 한다면 대신할 대상을 활용하는 편이 어떨까? 가능한 상황에 이 접근법을 사용하면 설계를 단순하게 해준다.

간혹 객체의 불변성이 아무 의미가 없을 때도 있다. 이런 상황도 전혀 문제가 아니며, 객체가 엔터티로 모델링돼야 함을 의미한다. 분석의 결과, 이와 같은 결론을 얻었다면 엔터티(5)를 참고하자.

개념적 전체

값 객체는 하나 이상의 개별적 특성을 가질 수 있으며, 각 특성은 서로 연관돼 있다. 각 특성은 전체에 기여하는 중요한 한 부분으로서, 여러 특성이 설명하는 바를 모아 전체를 나타낸다. 특성을 개별적으로 사용한다면 응집력 있는 의미를 제공하지 못한다. 모든 특성이 함께 있어야만 완벽히 의도에 맞는 측정이나 설명이 만들어진다.

2 일부 경우엔 객체 관계 매퍼나 직렬화 라이브러리(XML, JSON 등)와 같은 프레임워크가 세터를 사용해 값의 상태를 직렬화된 상태로부터 재구성해야 할 수도 있다.

이는 단순히 객체 내에서 특성의 집합을 그루핑하는 것과는 다르다. 전체로써 모델 내의 다른 대상을 적절히 설명하지 못한다면, 그루핑 자체는 거의 의미가 없다.

와드 커닝햄이 그의 전체 값Whole Value 패턴[3]에서 묘사했듯이[Cunningham, Whole Value aka Value Object], 값 {50,000,000달러}는 50,000,000이라는 특성과 달러라는 특성, 두 가지를 모두 갖고 있다. 이런 특성을 따로 분리해보면 다른 의미이거나 별 의미가 없다. 특히 숫자 50,000,000이 더욱 그렇지만, 달러도 확실히 마찬가지다. 두 특성을 모아서 개념적 전체로 봐야 금전적 수량을 나타내게 된다. 따라서 50,000,000달러짜리 대상의 가격을 설명하기 위해선 50,000,000이라는 amount와 달러라는 currency의 두 특성이 개별적으로 서로 나눠져 있길 바라지 않는다. 왜냐하면 대상의 가격은 50,000,000이나 달러 중 어느 하나만으로는 나타낼 수 없기 때문이다. 다음은 비명시적으로 이를 모델링한 예제다.

```
// 대상의 가격을 잘못 모델링한 예
public class ThingOfWorth {
    private String name; // 특성
    private BigDecimal amount; // 특성
    private String currency; // 특성
// ...
}
```

이 예제에선 amount와 currency가 개념적 전체를 이루지 않기 때문에, 모델과 그 클라이언트는 언제 어떻게 amount와 currency를 함께 사용해야 하는지 알아야 한다. 즉 다른 접근법이 필요하다는 의미다.

대상의 가격을 나타내기 위해선 두 개의 개별적 특성이 아닌, 하나의 전체 값 {50,000,000달러}로 취급해야 한다. 다음의 예제는 전체 값을 모델링했다.

```
public final class MonetaryValue implements Serializable {
    private BigDecimal amount;
    private String currency;

    public MonetaryValue(BigDecimal anAmount, String aCurrency) {
        this.setAmount(anAmount);
        this.setCurrency(aCurrency);
```

3 유의미한 전체(Meaningful Whole)라고도 불림

```
    }
    ...
}
```

MonetaryValue가 완벽해서 더 이상 개선할 여지가 없다고 말하려는 것이 아니다. 분명, Currency와 같은 추가적인 값 타입의 사용은 도움이 된다. 우린 currency 특성의 타입인 String을 좀 더 서술적descriptive인 타입인 Currency로 대체할 수 있다. 또한 팩토리와 빌더[Gamma 등]를 통해 이를 처리하자는 주장도 있을 수 있다. 그러나 이런 주제는 전체 값의 개념에 집중하고 있는 간결한 예제를 산만하게 만들지도 모른다.

도메인 내부 개념은 전체성wholeness이 매우 중요하기 때문에, 값 객체를 향한 부모의 참조는 단순한 특성이 아니다. 오히려 이는 모델 내에서 값 객체를 포함하고 있는 부모 객체/대상의 속성으로 봐야 한다. 그렇다면 값 객체의 타입은 하나 이상의 특성(MonetaryValue의 경우는 두 개)을 갖는다. 값 객체 인스턴스의 참조를 갖고 있는 대상에게 이는 속성이다. 따라서 가격이 50,000,000달러인 사물(이를 ThingOfWorth라고 하자.)은 값 객체 인스턴스의 참조를 담은 속성(아마 worth라는 이름의)을 갖고 있고, 여기서의 값 객체가 갖고 있는 두 특성은 서로의 힘을 합쳐 총합이 {50,000,000달러}임을 알려주게 된다. 단, 속성 이름(worth라고 하자.)과 값 타입 이름(MonetaryValue라고 하자.)은 바운디드 컨텍스트(2)와 해당 컨텍스트의 유비쿼터스 언어를 만든 후에만 정할 수 있다는 점을 기억하자. 다음은 개선된 구현이다.

```
// 대상의 가격을 제대로 모델링했다
public class ThingOfWorth {
    private ThingName name; // 속성
    private MonetaryValue worth; // 속성
    // ...
}
```

예상했겠지만, 나는 ThingOfWorth를 변경해서 worth라는 이름의 MonetaryValue 타입 속성을 갖도록 했다. 이를 통해 지저분했던 특성을 깔끔하게 정리했다. 하지만 더 중요한 점은 이젠 전체를 하나로 묶어서 표현해주는 값이 생겼다는 것이다.

나는 여러분이 예상하지 못했을 두 번째 변경에 관해 얘기해보고 싶다. ThingsOfWorth의 name을 적절하게 설명하는 일은 그에 해당하는 worth만큼이나

중요하다. 그래서 난 name의 String 타입을 ThingName 타입으로 대체했다. name으로 String 특성을 사용하면 처음엔 완벽해 보일 수 있다. 하지만 이후의 이터레이션에서 일반 String을 사용하면 문제가 된다는 사실을 알게 된다. ThingOfWorth의 name에 중심을 이루는 도메인 로직이 도메인 밖으로 새어나간다. 도메인의 다른 부분과 클라이언트의 코드로 누수가 일어난다.

```
// 이름 짓는 문제를 다루는 클라이언트

String name = thingOfWorth.name();
String capitalizedName =
        name.substring(0, 1).toUpperCase()
        + name.substring(1).toLowerCase();
```

여기서 클라이언트는 이름의 대문자 표기 문제를 수정하기 위해 약간의 시도를 한다. ThingName 타입을 정의해 ThingOfWorth의 name을 처리하는 모든 문제를 중앙집중화할 수 있다. 이 예제에 의하면, ThingName은 인스턴스화 시점에 텍스트 이름의 형식을 완성해 클라이언트의 짐을 덜어준다. 이는 값의 의미와 사용을 줄여나가는 대신, 오히려 모델 전체에 걸쳐 그 사용을 증가시켜야 할 필요성을 강조한다. 이제 ThingOfWorth는 덜 중요한 세 가지 특성 대신에 올바른 타입과 이름의 속성값을 갖게 됐다.

값 클래스의 생성자는 개념적 전체conceptual whole의 효과성effectiveness에 영향을 미친다. 우린 값 객체의 불변성과 함께 전체 값이 한 번의 오퍼레이션으로 생성됨을 보장해줄 값 클래스의 생성자가 필요하다. 마치 전체 값을 조각조각 붙여서 만들어가듯, 생성된 후에 값 인스턴스의 특성을 채워가려 해선 안 된다. 그 대신 최종 상태가 한 번에 원자적으로 초기화되도록 보장해야 한다. 앞서 언급한 BusinessPriority와 MonetaryValue 생성자가 이를 보여준다.

기본값 타입(String, Integer, Double 등과 같은)의 과다한 사용을 바라보는 또 다른 시각도 있다. 새롭고 특화된 행동으로 클래스를 효과적으로 패치하도록 해주는 프로그래밍 언어(루비 같은)가 있다. 이런 기능을 활용하는 예로, 통화Currency의 표현을 위해 더블double 부동소수점 값의 사용을 고려하는 상황을 생각해 볼 수 있다. 만약 통화 사이의 환율을 계산해야 한다면, 단순히 클래스 Double을 convertToCurrency(Currency aCurrency)로 패치하면 된다. 멋진 프로그래밍처럼 보일 수도 있지만, 이런 상황에서 언어 기능을 활용하는 방법이 정말 좋은 생각일까? 일단 통화에만 특화된 이 행동은 일반 목적의 부동소수점 책임으로 가득 찬 바다에서 길을 잃기 쉽다. 원 스트라이크. 마찬가지로, 클래스 Double에는 통화에 관해 빌트인된 내용이 없다. 따라서 기본 타입이 통화를 이해할 수 있도록, 반드시 추가적인 내용을 만들어 넣어야 한다. 결국 변환하려는 통화를 알 수 있도록 Currency를 넘겨줘야만 한다. 투 스트라이크. 가장 중요한 점은 클래스 Double이 도메인에 관해 무엇도 명시적으로 알려주지 못한다는 것이다. 유비쿼터스 언어를 적용하지 않았기 때문에 도메인적 고려사항이 무엇인지 알 수 없게 된다. 크게 헛스윙. 삼진 아웃이다.

여러분의 가정을 의심하라

다른 모든 특성과의 약해진 관계를 나타낼 수 있도록 한 엔터티에 여러 특성을 담고자 한다면, 단일 값 타입이나 복수의 값 타입으로 해당 특성을 모아야만 할 가능성이 매우 높다. 각 타입은 유비쿼터스 언어에 따라 적절하게 명명된 응집도 높은 개념적 전체를 구성해야 한다. 만약 단 하나의 특성이라도 어떤 서술적인 개념과 연관이 있다면, 해당 개념에 관한 모든 고려사항을 중앙 집중화하는 편이 모델의 영향력을 개선해줄 가능성이 매우 높다. 시간이 지남에 따라 하나 이상의 특성이 변경돼야 한다면, 긴 수명주기에 걸쳐 엔터티를 유지하기보단 전체 값으로 대체하는 방안을 고민해보자.

대체성

불변immutable 값의 변하지 않는 상태가 현재의 전체 값을 올바르게 나타내고 있는 이상, 엔터티는 반드시 해당 값의 참조를 갖고 있어야 한다. 만약 상태가 올바르지 않은 상황이 왔다면, 현재의 전체를 올바르게 나타내는 새로운 값으로 전체 값을 완전히 대체해야 한다.

대체성replaceability의 개념은 숫자의 컨텍스트를 통해 쉽게 이해할 수 있다. 도메인이 정수인 total의 개념을 포함하고 있다고 생각해보자. total의 현재 값이 3이지만 반드시 숫자 4로 수정해야만 하는 상황에선, 당연히 숫자 3을 4로 바로 수정하지 않는다. 그 대신 단순히 total을 정수 4로 다시 설정한다.

```
int total = 3;
```

```
// 이어서...

total = 4;
```

당연한 듯 보이지만, 이 예제를 통해 이해를 높일 수 있다. 여기선 단순히 total의 값 3을 값 4로 대체한다. 지나친 단순화가 아니다. 주어진 값 객체 타입이 정수보다 복잡한 상황에서도 정확히 같은 방식으로 대체할 수 있다. 더 복잡한 값 타입을 살펴보자.

```
FullName name = new FullName("Vaughn", "Vernon");

// 이어서...

name = new FullName("Vaughn", "L", "Vernon");
```

먼저 나의 이름과 성이라는 서술적인 값을 name에 할당했다. 이어서, 내 이름을 나타내는 전체 값을 나의 이름, 나의 가운데 이름의 이니셜, 나의 성에 해당하는 전체 값으로 대체했다. name의 값 상태를 변경해 내 가운데 이름의 이니셜을 포함시키기 위해 FullName의 메소드를 사용하지 않았다. 메소드를 통한 변경은 FullName 값 타입의 불변성이란 특성을 침해한다. 그 대신에 완전히 새로운 FullName 인스턴스를 참조하도록 name 객체를 할당해서, 단순히 전체 값을 대체해버렸다(분명 이 예제가 대체 방법을 풍부하게 보여주진 않지만, 이후에 더 나은 방법을 알아보자).

여러분의 가정을 의심하라

특성을 변경하기 위해 엔터티를 새롭게 생성하는 방식으로 기울고 있다면, 이런 접근이 올바른 방식이라는 여러분의 가정을 의심해보자. 그 대신 객체를 대체할 수도 있지 않을까? 위에 언급된 대체 예제를 생각해보면, 새롭게 생성된 인스턴스는 비실용적이고 표현력이 부족하다고 생각할 수 있다. 여러분이 다뤄야 하는 객체가 복잡하고 변경이 다소 자주 발생한다 하더라도, 대체를 실용적이지 못하다고 여기거나 불쾌하게 받아들일 필요는 없다. 이후의 예시에선 부작용이 없는 행동을 통해 단순하고 표현적인 방법으로 전체 값을 대체하는 방법을 살펴본다.

값 등가성

값 객체 인스턴스를 또 다른 인스턴스와 비교할 땐 객체 등가성 테스트가 사용된다. 시스템 전반에 걸쳐 생각해볼 때, 서로 다른 객체임에도 등가 관계에 있는 인스턴스가 굉장히 많이 존재한다. 등가성은 두 객체의 타입과 특성을 비교해서 결정된다. 만약 타입과 특성이 모두 같다면, 해당 값을 등가로 간주한다. 더 나아가, 만약 등가 관계의 값 인스턴스가 둘 이상 있다면 등가 값 인스턴스 중 무엇이든 해당 타입의 엔터티의 속성에 할당할 수 있고(대체를 사용해), 해당 할당은 속성 값을 변경시키지 않는다.

다음은 값 등가성을 테스트하도록 구현한 클래스 FullName의 예제다.

```
public boolean equals(Object anObject) {
    boolean equalObjects = false;
    if (anObject != null &&
            this.getClass() == anObject.getClass()) {
        FullName typedObject = (FullName) anObject;
        equalObjects =
            this.firstName().equals(typedObject.firstName()) &&
            this.lastName().equals(typedObject.lastName());
    }
    return equalObjects;
}
```

두 FullName 인스턴스의 각 특성을 서로 비교한다(이 버전에선 이름과 성만 있고, 가운데 이름이 없다고 가정하자). 두 객체의 모든 특성이 같다면, 두 FullName 인스턴스는 등가로 간주한다. 이 값은 생성자를 통해 firstName과 lastName이 null인 상황을 방지한다. 따라서 equals() 비교에서 각 특성이 null인 상황을 대비할 필요가 없다. 뿐만 아니라 나는 자가 캡슐화를 사용하는 편을 선호하기 때문에, 특성의 쿼리 메소드를 통해 해당 특성에 접근한다. 이는 각 특성이 명시적 상태로 존재할 필요 없이, 파생된 특성의 도입을 가능케 해준다. 또한 그에 해당하는 hashCode() 구현의 필요성을 암시하기도 한다(이후에서 설명한다).

애그리게잇(10) 고유 식별자의 지원에 필요한 값 특성의 조합을 생각해보자. 예를 들어, 특정 애그리게잇 인스턴스를 식별자로 쿼리할 땐 값 등가성이 필요하다. 불변성도 매우 중요하다. 고유 식별자는 절대 변경돼선 안 되며, 이는 값 불변성 특성을 통해 보장할 수 있다. 또한 개념적 전체의 특성이 이점으로 작용할 수 있는데, 이는 유비쿼터스 언어에 따라 식별자에 이름을 붙이고 고유성을 식별하는uniqueness-identifying 모든 특성을 하나의 인스턴스에 담기 때문이다. 그러나 이 경우엔 값 객체의 대체 특성이 필요하지 않으며, 그 이유는 애그리게잇 루트의 고유 식별자는 절대 대체되지 않기 때문이다. 하지만 대체 특성이 필요하지 않다고 해서, 값을 사용할 수 없는 것은 아니다. 게다가 식별자에 부작용이 없는 행동이 필요하다면, 이는 값 타입상에 구현된다.

여러분의 가정을 의심하라

설계하고 있는 개념이 다른 객체로부터 고유하게 식별된 엔터티여야 하는지, 아니면 값 등가 만으로도 충분히 지원되는지 스스로 질문해보자. 만약 개념 자체에 고유 식별자가 필요하지 않다면, 값 객체로 모델링하자.

부작용이 없는 행동

객체의 메소드는 부작용이 없는 함수Side-Effect-Free Function로 설계할 수 있다[Evans]. 함수란 고유의 상태를 변경하지 않고 출력을 만들어내는 객체의 오퍼레이션을 말한다. 특정 오퍼레이션을 수행할 때 어떤 수정도 발생하지 않는다면, 해당 오퍼레이션은 부작용이 없다고 말한다. 불변성 값 객체의 메소드는 반드시 부작용이 없는 함수여야 하는데, 불변성의 특성을 침해해선 안 되기 때문이다. 여러분은 이런 특성을 불변성 특성의 일부로서 함께 생각해야 한다. 여기엔 밀접한 관계가 있다. 그러나 나는 이 둘을 구분된 특징으로 나누는 편을 선호하는데, 이를 통해 값 객체의 큰 이점을 강조할 수 있기 때문이다. 그렇지 않으면 우린 값을 단순한 특성의 컨테이너로 치부해서, 패턴의 가장 강력한 측면 중 하나를 놓칠 수도 있다.

함수형의 길

함수형 프로그래밍 언어는 일반적으로 이런 특성을 강화시킨다. 사실, 순수한 함수형 언어는 오직 부작용이 없는 행동만을 허용하며, 모든 클로저는 오직 불변성 값 객체만을 받아들이거나 만들어내도록 요구한다.

마틴 파울러가 [Fowler, CQS]에서 논의했듯이, 버트랜드 마이어는 그의 커맨드-쿼리 분리 원칙(또는 CQS^Command-Query Separation^)에서 부작용이 없는 함수를 쿼리 메소드로 나타냈다. 쿼리 메소드는 객체에게 질문한다. 정의에 따라 객체에게 질문했기 때문에 대답이 바뀌어서는 안 된다.

다음은 FullName 타입이 부작용이 없는 행동을 사용하는 예로서, 자신을 대체하는 새로운 값을 만든다.

```
FullName name = new FullName("Vaughn", "Vernon");

// 이어서...

name = name.withMiddleInitial("L");
```

이는 좀 더 표현적인 방식으로 '대체성' 절에서 논의했던 예제와 같은 결과를 만들어낸다. 이 부작용이 없는 함수는 다음과 같이 구현된다.

```
public FullName withMiddleInitial(String aMiddleNameOrInitial) {
    if (aMiddleNameOrInitial == null) {
        throw new IllegalArgumentException(
                "Must provide a middle name or initial.");
    }

    String middle = aMiddleNameOrInitial.trim();

    if (middle.isEmpty()) {
        throw new IllegalArgumentException(
                "Must provide a middle name or initial.");
    }

    return new FullName(
            this.firstName(),
            middle.substring(0, 1).toUpperCase(),
            this.lastName());
}
```

이 예제에서 메소드 withMiddleInitial()은 그 자신의 값을 수정하지 않으며, 따라서 부작용이 없다. 그 대신, 자신의 일부와 주어진 가운데 이니셜을 합쳐서 새로운 값을 인스턴스화한다. 이를 통해 모델의 중요한 도메인 비즈니스 로직을 잡아내며, 앞선 예제에서 일어났던, 해당 로직이 클라이언트의 코드로 새나가는 상황을 방지한다.

값이 엔터티를 참조할 때

값 객체 메소드가 매개변수로 전달된 엔터티를 수정할 수 있도록 허용해야 할까? 해당 메소드가 엔터티의 수정을 초래한다면 정말 부작용이 없다고 할 수 있을까? 이런 메소드는 테스트하기 쉬울까? 내 생각엔 쉽지 않거나 더 어려울 것이다. 따라서 엔터티를 매개변수로 받는 값의 메소드가 있다면, 엔터티가 자신의 규칙에 맞춰 스스로를 변경하는 데 사용할 수 있도록 결과를 응답하는 편이 최선이다.

어쨌거나 이런 설계에는 문제가 있다. 예를 생각해보자. 다음은 값 객체인 BusinessPriority가 어떤 방식으로든 엔터티인 스크럼 Product를 사용해서 우선순위를 계산하는 예다.

```
float priority = businessPriority.priorityOf(product);
```

여기서 잘못된 점이 보이는가? 여러분은 아마도 다음과 같은 문제가 발생할 수 있다는 생각에 다다랐을 것이다.

- 값이 Product에 의존토록 할 뿐만 아니라 해당 엔터티의 형태를 이해하도록 강제하고 있다는 점에 주의하자. 가능하면, 의존하는 값을 제한하고 스스로의 타입과 그 특성의 타입을 이해하자. 이는 항상 가능하진 않지만 바람직한 목표다.
- 코드를 읽는 사람은 Product의 어떤 부분이 사용될지 모른다. 표현이 명시적이지 않으며, 이는 모델의 명확성을 약화시킨다. Product의 실제 속성 일부나 파생된 속성을 전달했다면 훨씬 나았을 것이다.
- 이런 논의에서 더욱 중요한 점은 엔터티를 매개변수로 갖는 모든 값 메소드가 엔터티의 수정을 유발하지 않는다는 점을 쉽게 증명할 수 없고, 그렇기 때문에 오퍼레이션을 테스트하기가 더욱 어려워진다는 점이다. 그러므로 값이 수정을 일으키지 않음을 약속하지만, 실제로 수정이 없다고 증명하긴 쉽지 않다.

이런 분석으로 볼 때, 실제로 개선된 점이 전혀 없다. 이런 상황을 바꿔서 값을 견고하게 만들기 위해, 값 메소드의 매개변수로 오직 값만을 전달하자. 이를 통해 가장 훌륭한 수준에서 부작용이 없는 행동을 만들 수 있다. 달성하는 일이 어렵지는 않다.

```
float priority =
        businessPriority.priority(
                product.businessPriorityTotals());
```

여기선 단순히 Product가 값 BusinessPriorityTotals의 인스턴스를 제공토록 요청한다. 여러분은 어쩌면 priority()가 float 이외의 타입을 반환해야 한다는 결론에 다다를 수도 있다. 특히 사용자 지정 값 타입이 허용되는 상황에서, 우선순위의 표현이 유비쿼터스 언어를 구성하는 좀 더 형식적인 한 부분이 돼야 할 때 특히 그렇다. 모델을 지속적으로 정제해 나간다면 이런 결과에 이르게 된다. 실제로 사스오베이션 팀은 어느 정도의 분석을 마친 후 Product 엔터티 자체에선 비즈니스 우선순위의 총합을 계산해선 안 된다는 점을 알게 됐다. 총합의 계산은 결국 도메인 서비스(7)가 수행하게 되므로, 6장에서 좀 더 나은 해결 방법을 살펴보자.

만약 특정 값 객체를 설계하는 대신에 기본 언어 값 타입(원시나 래퍼)을 사용하기로 결정한다면, 여러분의 모델을 속이는 결과가 된다. 기본 언어 값 타입에는 도메인에 맞춘 부작용이 없는 함수를 할당할 수 없다. 모든 도메인 특정 행동은 값에서 분리된다. 만약 여러분의 프로그래밍 언어가 기본 타입을 새로운 행동으로 패치할 수 있도록 허용한다 해도, 그런 접근이 정말로 도메인에 관한 깊은 통찰을 얻도록 해줄까?

여러분의 가정을 의심하라

만약 여러분이 특정 메소드에 부작용이 없을 수 없고 인스턴스 스스로의 상태를 바꿔야만 한다고 생각한다면, 여러분의 가정을 의심해보자. 변경하는 대신 대체를 적용할 방법은 없을까? 앞서 살펴본 예제에선 기존의 일부를 재사용하고 변경되는 부분만을 대체해 새로운 값을 만드는 접근법을 살펴봤다. 시스템의 모든 객체가 값일 가능성은 거의 없다. 일부 객체는 분명 엔터티여야 한다. 값의 특징을 엔터티와 신중히 비교해보자. 팀 내의 충분한 논의와 사고는 올바른 결론으로 이끌어줄 것이다.

사스오베이션 팀은 [Evans]의 부작용이 없는 함수와 전체 값에 관한 여러 자료를 읽은 후, 값 객체를 훨씬 더 자주 사용해야 한다고 깨달았다. 이에 따라 앞서 나온 값의 특성을 이해함으로써, 자신들의 도메인 내에서 좀 더 자연스러운 값 타입을 찾아내는 데 큰 도움을 받을 수 있다는 점을 알게 됐다.

모든 것이 값 객체일까?

지금쯤이면 여러분은 모든 대상이 값 객체처럼 보인다고 생각하기 시작했을 것이다. 이는 모든 것이 엔터티 같아 보인다고 생각하는 편보다는 낫다. 정말로 특별히 처리할 부분이 없는 단순한 특성이 있다면 조금 주의하는 편이 좋다. 어쩌면 정말로 스스로가 모든 의미를 담고 있고, 함수형 지원이 전혀 필요 없으며, 같은 엔터티의 다른 특성과 전혀 관계가 없는 불리언이나 숫자 값일 수 있다. 이런 단순한 특성은 자기 스스로만으로도 유의미한 독립성을 가질 수 있다. 하지만 여러분이 단일 특성을 특별한 기능 없이 값 타입 안에 불필요하게 래핑하는 '실수'를 하더라도, 아예 값 설계에 동의하지 않는 사람보다는 나을 수 있다. 조금 지나치게 사용했다는 생각이 들더라도 언제든 약간의 리팩토링을 진행할 수 있다.

미니멀리즘으로 통합하기

모든 DDD 프로젝트에는 항상 다수의 바운디드 컨텍스트가 있으며, 이는 컨텍스트를 통합하는 올바른 방법을 찾아야 한다는 의미다. 가능한 상황이라면, 값 객체를 사용해 유입되는 업스트림 컨텍스트로부터 다운스트림 컨텍스트의 개념을 모델링하자. 이를 통해, 우선순위를 미니멀리즘minimalism에 따라 통합할 수 있으며, 이는 다운스트림 모델을 관리하는 책임이라 볼 수 있는 속성의 수를 최소화해준다. 불변 값을 결과로서 사용한다면 책임을 덜 수 있다.

왜 그렇게 책임을 지는가?

불변 값을 사용하면 책임을 덜 수 있다.

바운디드 컨텍스트(2)의 예제를 재사용한 그림 6.1에 나타난 바와 같이, 업스트림인 식별자와 액세스 컨텍스트의 두 애그리게잇이 다운스트림인 협업 컨텍스트에 영향을 미쳤던 상황을 생각해보자. 식별자와 액세스 컨텍스트의 두 애그리게잇은 User와 Role이다. 협업 컨텍스트는 User가 중개자 역할에 해당하는 Role을 수행하는지 여부에 관심이 있다.

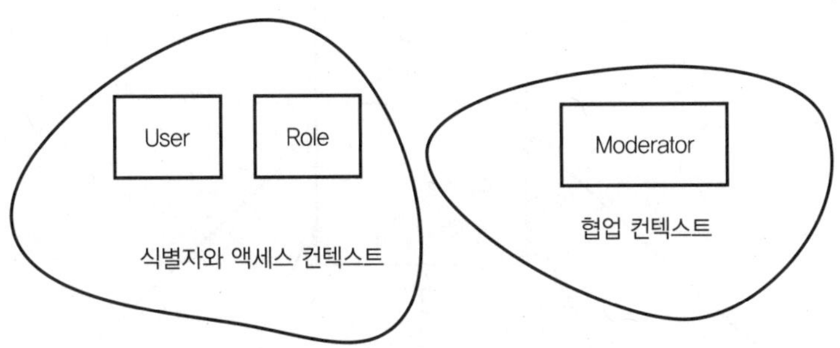

그림 6.1 해당 컨텍스트의 Moderator 객체는 다른 컨텍스트에 속한 User와 Role의 상태에 기반한다. User와 Role은 애그리게잇이지만, Moderator는 값 객체다.

협업 컨텍스트는 자신의 부패 방지 계층(3)을 사용해 식별자와 액세스 컨텍스트의 오픈 호스트 서비스(3)를 쿼리한다. 통합에 기반한 쿼리가 특정 사용자가 중개자 역할을 수행하고 있음을 알려주면, 협업 컨텍스트는 이를 대표할 Moderator라는 객체를 생성한다.

그림 6.2에서 나타나듯, Collaborator의 서브클래스 중 하나인 Moderator는 값 객체로 모델링된다. 인스턴스는 정적으로 생성돼 Forum 애그리게잇과 연결되며, 여기서 중요한 점은 업스트림인 식별자와 액세스 컨텍스트의 여러 애그리게잇(많은 특성을 포함하고 있는)이 협업 컨텍스트에 미치는 영향을 최소화한 부분이다. Moderator는 자신의 많지 않은 특성을 통해 협업 컨텍스트에서 이야기되는 유비쿼터스 언어의 필수 개념을 모델링한다. 게다가 Moderator 클래스는 Role 애그리게잇의 특성을 단 하나도 갖고 있지 않다. 반면에 클래스 이름 자체에는 사용자가 수행하는 중개자 역할이 드러난다. Moderator는 선택에 따라 정적으로 생성되는 값 인스턴스며, 본래의 원격 컨텍스트와 동기화를 유지하려는 목적은 없다. 신중하게 선택한 서비스 품질 계약quality-of-service contract은 소비하는 측의 컨텍스트가 질 수도 있는 무거운 짐을 덜어준다.

물론 다운스트림 컨텍스트의 객체가 원격 컨텍스트상에 속한 하나 이상의 애그리게잇의 부분적 상태와 결국은 일관성을 유지해야만 할 때도 있다. 이런 경우엔 컨텍스트를 소비하는 다운스트림의 애그리게잇을 설계할 텐데, 이는 일련의 연속된 변경을 유지 관리하기 위해 엔터티를 사용하기 때문이다. 하지만 가능하다면 이런 모델링은 선택하지 않도록 노력해야 한다. 할 수만 있다면, 값 객체로 통합을 설계하자. 원격 표준 타입을 소비하는 많은 상황에 이 조언을 적용할 수 있다.

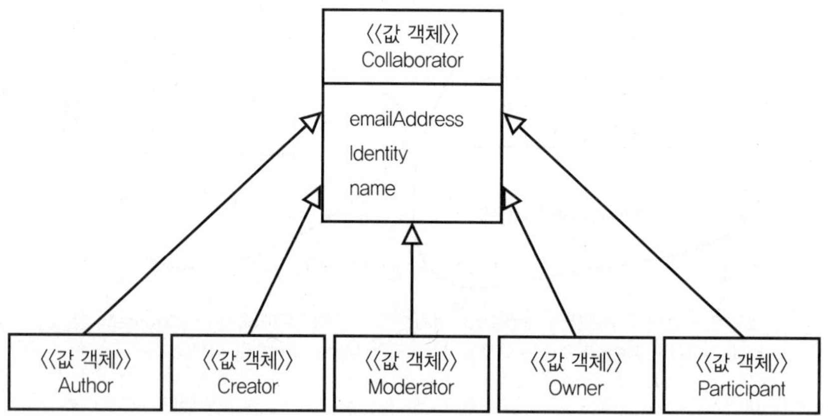

그림 6.2 Collaborator 클래스의 값 객체 계층구조. 업스트림 컨텍스트에서 일부 User 특성만을 가져오며, 클래스 이름이 역할을 명시적으로 표현하게 된다.

값으로 표현되는 표준 타입

여러 시스템과 애플리케이션에선 표준 타입[Standard Type]이 필요하다. 표준 타입은 대상의 타입을 나타내는 서술적 객체다. 대상(엔터티)이나 설명(값)은 그 자체로 존재하기도 하지만, 타입에 따라 해당 대상을 구분해주는 표준 타입이 존재할 수도 있다. 나는 이 개념을 일컫는 업계 표준에 관해선 알지 못하지만, 이를 타입 코드[type code]나 룩업[lookup]이라 부르는 걸 들어보긴 했다. 타입 코드라는 용어는 그다지 의미가 잘 통하지 않는다. 또한 룩업이란 말은 대체 무엇을 바라본단 의미인가? 나는 좀 더 서술적인 표준 타입이란 용어를 선호한다. 이 개념을 명확히 이해하고 싶다면 사용 사례를 생각해보자. 이는 종종 파워 타입[Power Type]으로 모델링되기도 한다.

여러분의 유비쿼터스 언어가 `PhoneNumber`(값)를 정의했다면, 각 타입에 관한 설명도 필요하다. "집 전화번호입니까? 휴대폰 번호입니까? 회사 번호입니까? 아니면 그 외 다른 타입의 번호입니까?" 여러분의 도메인 전문가에게 물어보자. 다양한 타입의 전화번호는 클래스 계층구조로 모델링돼야 할까? 각 타입별로 별도의 클래스를 사용하면 클라이언트가 이를 구분하기 어려워진다. 여기선 표준 타입을 사용해

Home이나 Mobile, Work, Other 등으로 전화의 타입을 나타내는 편이 좋다. 이는 전화의 표준 타입을 나타낸다.

앞서 논의했듯이, 재무 도메인에선 MonetaryValue를 특정 세계 통화에 맞추기 위해 Currency(값) 타입을 추가해야 할 가능성이 있다. 이 경우에 표준 타입은 AUD, CAD, CNY, EUR, GBP, JPY, USD 등과 같은 세계 각 통화를 위한 값을 제공한다. 표준 타입의 사용은 통화를 허위로 지정하는 상황을 피할 수 있도록 도와준다. MonetaryValue에 잘못된 통화를 할당할 수도 있지만, 존재하지 않는 통화를 할당하진 못한다. 만약 문자열 특성을 사용한다면 모델이 잘못된 상태에 빠지게 할 수도 있다. 철자가 잘못된 Doollars와 이에 따라 일어날 수 있는 문제점을 생각해보자.

제약 분야에서 일하면서 다양한 투여 형태가 있는 약품을 설계한다고 생각해보자. 약품(엔터티)은 수명주기가 길고, 시간의 흐름에 따라 변경을 관리한다. 약품은 개념화되고, 연구되고, 개발되고, 테스트되고, 제조되고, 개선되며, 마지막으로 생산 중단에 이른다. 표준 타입을 통해 이 수명주기 단계를 관리할지 여부를 결정할 수 있다. 이런 수명주기의 변화는 몇 가지 바운디드 컨텍스트를 통해 관리하는 편이 합리적일지도 모른다. 반면에 각 약품의 환자 투여 형태는 IV[4], 경구, 국부성 투여 등의 표준 타입 설명으로 분류할 수 있다.

표준화의 수준에 따라 이 타입은 애플리케이션 수준에서만 유지 관리될 수도 있고, 사내 공유 데이터베이스 수준으로 그 중요성이 올라갈 수도 있으며, 국가적이나 국제적인 표준에 따라 사용할 수도 있다. 때론, 표준화의 수준이 표준 타입을 가져와 모델에서 사용하는 방식에 영향을 미친다.

이런 표준 타입은 스스로를 전담하는 자신만의 네이티브 바운디드 컨텍스트에 따라 자신의 수명이 결정되기 때문에, 여러분은 이를 엔터티로 생각할 수도 있다. 표준 타입이 어떻게 생성됐고 어떤 유형의 표준화 단체가 유지 관리하는지에 상관없이, 가능하면 사용하는 컨텍스트의 값으로 이를 처리하기 위해 노력해야 한다. 이는 대상의 타입을 측정하고 설명하는데, 측정과 설명은 값을 사용할 때 가장 잘 모델링되기 때문이다. 더욱이, 예를 들면 어떤 {IV} 인스턴스 하나는 다른 모든 {IV} 인스턴스와 같다. 이런 인스턴스는 분명 서로 바꿔서 사용할 수 있고, 이는 대체 가능하며 값 등가성을 적용할 수 있다는 의미다. 즉 여러분의 바운디드 컨텍스트에서 서술적

4 링거 투여 – 옮긴이

타입의 수명주기에 따른 변경의 연속성을 유지할 필요가 없다면, 값으로 모델링하자.

유지 보수를 위해선 보통 표준 타입을 소비하는 모델의 별도 컨텍스트에 바로 위치시킨다. 여기서 해당 타입은 엔터티가 되고 identity, name, description 같은 특성을 포함하는 영속성 수명주기를 갖는다. 다른 특성도 있을 수 있지만, 여기서 언급한 특성이 가장 일반적으로 소비 컨텍스트에서 사용되는 특성이다. 보통은 하나만 사용하며, 이는 미니멀리즘에 따라 통합하고자 하는 목표와 일맥상통한다.

아주 간단한 예제로, 두 타입이 존재하는 그룹의 회원을 모델링하는 표준 타입을 생각해보자. 사용자인 회원이 있을 수 있고, 그룹 그 자체인 회원(중첩 그룹)이 있을 수 있다. 다음의 자바 열거형은 표준 타입을 지원하는 한 방법을 보여준다.

```
package com.saasovation.identityaccess.domain.model.identity;

public enum GroupMemberType {

    GROUP {
        public boolean isGroup() {
            return true;
        }
    },
    USER {
        public boolean isUser() {
            return true;
        }
    };

    public boolean isGroup() {
        return false;
    }

    public boolean isUser() {
        return false;
    }
}
```

GroupMemberType을 지정해 GroupMember 값 인스턴스를 인스턴스화한다. User나 Group을 Group에 할당할 땐, 할당된 애그리게잇에게 자신에 맞는 GroupMember

를 선택하도록 부탁해야 한다. 다음은 User 클래스의 toGroupMember() 메소드 구현이다.

```
protected GroupMember toGroupMember() {
    GroupMember groupMember =
        new GroupMember(
                this.tenantId(),
                this.username(),
                GroupMemberType.USER); // 열거형 표준 타입

    return groupMember;
}
```

자바 열거형을 사용하면 아주 간단히 표준 타입을 지원할 수 있다. 열거형은 잘 정의된 유한한 수의 값(위의 예제에서는 2)을 제공하고, 이는 매우 경량이며 컨벤션에 따라 부작용이 없는 행동을 갖게 된다. 하지만 텍스트로 나타난 설명은 어디에 있을까? 여기엔 두 가지 대답이 가능하다. 때론 타입의 설명은 필요하지 않고 이름만이 필요하다. 그 이유는? 텍스트적 설명은 일반적으로 사용자 인터페이스 계층(14)에서만 유효하며, 뷰 중심의 속성과 타입의 이름을 매칭시켜 제공할 수 있다. 많은 경우 뷰 중심의 속성은 (다중언어 컴퓨팅multilanguage computing에서와 같이) 로컬화localized돼야 하며, 모델 내 지원이 부적합해진다. 대개 모델 안에선 표준 타입의 이름만을 사용하는 편이 최선이다. 두 번째 대답은 열거형 상태 이름인 GROUPS와 USER가 내포할 수 있는 설명에 제약이 있다는 것이다. 각 타입의 toString() 행동을 통해 서술적 이름을 부여할 수도 있다. 그러나 필요하다면 각 타입의 서술적 텍스트를 모델링할 수도 있다.

이 자바 열거형 표준 타입의 예에서도, 그 본질은 세련되고 번잡하지 않은 상태[Gamma 등] 객체다. 열거형 선언의 가장 아래쪽에는 모든 상태의 기본값 행동을 구현한 두 메소드인 isGroup()과 isUser()가 있다. 두 메소드는 모두 기본값으로 false를 반환하는데, 이는 올바른 기본 행동이다. 그러나 이 메소드는 각 상태의 정의에서 자신의 특정 상태에 맞춰 true를 반환하도록 재정의override된다. 표준 타입의 상태가 GROUP일 때, isGroup() 메소드는 true 결과를 내도록 재정의된다. 표준 타입의 상태가 USER일 때, isUser() 메소드는 true 결과를 내도록 재정의된다. 현재 열거형 값을 다른 값으로 대체함에 따라 상태가 바뀐다.

이 열거형은 아주 기본적인 행동을 나타낸다. 상태 패턴의 구현은 재정의와 특수화를 통해 도메인에 필요한 표준 행동을 추가함으로써 좀 더 복잡해질 수 있다. 이는 잘 정의된 상수의 집합으로 상태가 한정되는 값 타입의 예제다. 여기서 중요한 요소는 `PLANNED`, `SCHEDULED`, `COMMITTED`, `DONE`, `REMOVED` 등의 상태를 제공하는 `BacklogItemStatusType`이다. 나는 세 가지 예제 바운디드 컨텍스트에서 여기서 논의한 표준 타입의 접근법을 사용했다. 이를 통해 최대한 단순하게 유지할 수 있을 것이라 생각한다.

상태 패턴이 유해하다?

일부 사람들은 상태 패턴이 바람직하지 못하다고 생각한다. 일반적인 불만사항은 타입에 의해 지원되는 각 행동(GroupMemberType의 아래쪽에 있던 두 메소드)의 추상적 구현을 생성해야 하고, 주어진 상태에 특화된 구현을 제공하기 위해선 이런 행동을 재정의해야 한다는 점이다. 이를 위해 자바에선 추상 타입과 각 상태를 위한 별도의 클래스(보통 별도의 파일로 작성되는)가 필요하다. 좋든 싫든, 이는 상태 패턴을 사용하기 위한 방법이다.

나는 별도의 상태 클래스(각 고유 상태와 추상 타입을 위한)를 개발해야만 할 때, 이런 점이 거추장스러울 수 있다는 점에 동의한다. 각 클래스에 따라 구분되는 행동은 추상 클래스의 기본 행동 중 일부와 섞일 수 있으며, 이 때문에 서브클래스와 강한 결합이 형성되고 타입 사이의 가독성이 떨어진다. 이런 부담은 특히 상태의 수가 많을수록 더하다. 하지만 나는 자바 열거형의 사용법이 매우 간단하며, 상태 패턴을 사용해 표준 타입 집합을 만드는 좀 더 최적화된 방법일 수 있다고 생각한다. 여러분은 두 가지 접근법의 장점을 모두 취할 수 있다. 매우 단순한 표준 타입을 얻어오고, 현재 상태에 관한 표준의 내용을 알게 된다. 이는 타입에 관한 행동의 응집도를 높게 유지해준다. 실제 사용을 위해 상태의 행동은 제한된다.

하지만 여러분은 상태의 구현이 이렇게 간단하더라도 여전히 마음에 들지 않을 수 있다.

만약 여러분이 자바 열거형을 사용한 표준 타입의 지원을 싫어하기로 결심했다면, 각 타입마다 항상 고유한 값 인스턴스를 사용하는 방법도 있다. 그러나 여러분의 문제가 상태 패턴을 사용하는 방식에 동의할 수 없다는 이유일 뿐이라면, 상태 패턴이란 측면을 고민할 필요 없이 보기 좋은 표준 타입 지원을 위해 열거형을 사용하는 손쉬운 접근도 있다. 무엇보다도 상태로서의 열거형이란 개념을 여러분의 머릿속에 집어넣은 최초의 사람이 나일 수 있으며, 그렇기 때문에 내가 언급한 열거형과 값 접근법 외에도 표준 타입을 구현하는 다른 대안이 있을 수 있다.

하나의 대안으로, 각 타입당 하나의 애그리게잇 인스턴스를 사용해 애그리게잇을 표준 타입으로 사용할 수 있다. 여러분은 이 방식을 따르기에 앞서 다시 한 번 잘 생각해야 한다. 일반적으로 해당 타입을 소비하는 바운디드 컨텍스트 내에서 표준 타입을 유지 관리해선 안 된다. 널리 사용되는 표준 타입은 일반적으로 별도의 컨텍스트 내에서 아주 신중하게 계획된 업데이트를 통해 유지 관리돼야 한다. 그 대신, 소비 컨텍스트의 불변하는 표준 타입 애그리게잇으로서 노출시키는 방법을 선택할 수 있다. 하지만 변경할 수 없다고 생각한 엔터티가 정말로 엔터티인지 스스로에게 질문해보자. 그렇지 않다고 생각한다면 반드시 공유 불변 값 객체로서 모델링하는 방안을 검토해봐야 한다.

숨겨진 영속성 저장소로부터 공유 불변 값 객체를 취득할 수 있다. 이는 표준 타입 서비스(7)나 팩토리(11)를 통해 취득하는 상황에서 실용적인 선택이라 할 수 있다. 이를 적용하면, 그림 6.3처럼 각 표준 타입의 집합마다 하나의 서비스나 팩토리 제공자를 갖게 된다(하나는 전화번호 타입을 위해, 다른 하나는 주소지 타입을 위해, 또 다른 하나는 통화 타입을 위해). 두 경우 모두에서 서비스나 팩토리의 구체적 구현은 영속성 저장소에 접근해 필요한 공유 값을 가져오지만, 클라이언트의 입장에선 값이 표준 데이터베이스에 저장된다는 점을 전혀 알 수 없다. 서비스나 팩토리를 사용해 타입을 제공하면 저장소의 값이 읽기 전용이고 시스템에선 불변하기 때문에 다양한 캐싱 전략을 사용할 수 있게 된다.

결과적으로 나는 실제로 이를 상태로 생각하든 안 하든, 표준 타입에는 열거형을 사용하는 편이 최선이라고 생각한다. 단일 카테고리 내에 표준 타입이 될 수 있는 다양한 인스턴스를 갖고 있다면, 코드 생성code generation을 통해 열거형을 만드는 방법을 고려해보자. 예를 들면, 코드 생성 접근법은 해당하는 영속성 저장소(레코드 시스템system of record)에서 현존하는 모든 표준 타입을 읽어와, 각 행마다 고유한 타입/상태를 만들어준다.

고전적인 객체를 표준 타입으로 사용하기로 했다면, 필요한 인스턴스를 정적으로 생성하기 위해선 서비스나 팩토리를 유용하게 사용할 수 있다는 점을 알게 된다. 이는 앞서 언급한 공유 값의 생성과 비슷한 맥락에서의 이야기지만, 그 구현은 다를 수 있다. 이 경우, 여러분의 서비스나 팩토리는 정적으로 생성된 각 개별 표준 타입의 불변 값 인스턴스를 제공한다. 레코드 시스템의 내부 표준 타입 데이터베이스 엔터티에서 일어나는 모든 변경은 그에 앞서 정적으로 생성된 표현 인스턴스representation instance에는 자동으로 반영되지 않는다. 정적으로 생성된 값 인스턴스와 레코드 시스템 사이의 동기화를 유지하고 싶다면, 사용자 지정 솔루션을 제공해 여러분의 모델에서 상태를 검색하고 갱신할 수 있도록 해야 한다. 이는 이 접근법의 잠재적 유용성을 상쇄해버릴 수 있다.[5] 따라서 설계를 시작하는 시점에서부터 정적으로 생성되는 모든 표준 타입 값이 소비하는 바운디드 컨텍스트에서 갱신될 수 없음을 결정하게 된다. 모든 다른 경쟁 요소를 함께 저울질해야 할 것이다.

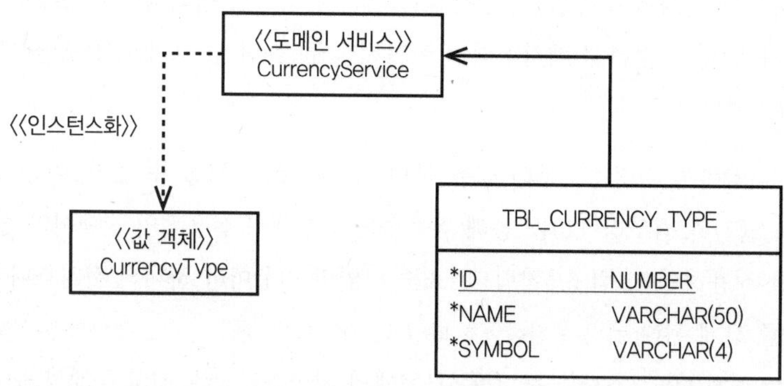

그림 6.3 표준 타입을 제공하기 위해 도메인 서비스를 사용할 수 있다. 이 경우, 서비스는 데이터베이스로 가서 요청된 CurrencyType의 상태를 읽는다.

값 객체의 테스트

테스트 우선test-first 스타일의 중요성을 강조하기 위해, 값 객체 구현에 앞서 먼저 테스트 예제를 살펴보자. 이런 테스트는 클라이언트가 각 객체를 사용하는 방법에 관한 예시를 제공하며 도메인 모델의 설계를 이끈다.

우리는 이 스타일을 적용해서 단위 테스트의 다양한 측면을 다루며 모델이 모든 측면에서 완벽하다고 증명하려는 게 아니다. 이 시점에선 그보다 클라이언트가 도메인 모델의 다양한 객체를 사용하는 방법과 해당 클라이언트가 이를 사용할 때 기대하는 결과가 무엇인지에 더 관심이 있다. 모델을 설계하며 필수적인 개념을 포착하기 위해선 클라이언트의 관점을 가정해보는 과정이 필수적이다. 그렇지 않으면 비즈니스의 관점이 아닌 우리만의 관점에서 모델링하게 될 수 있다.

5 이쯤에서 업스트림 컨텍스트의 애그리게잇을 다운스트림 컨텍스트의 애그리게잇으로 모델링하면 좋다. 이들이 같은 클래스이거나 모든 특성을 똑같이 포함해야 할 필요는 없지만, 다운스트림 개념을 애그리게잇으로 모델링하면 결과적 일관성과 단일 업데이트 위치를 제공해준다.

최고의 샘플 코드

이런 테스트 스타일은 모델의 사용자 매뉴얼을 작성하는 상황에 비춰 생각해볼 수 있다. 이런 상황에서 테스트는 클라이언트가 특정 도메인 객체를 사용하는 방법에 관한 가장 적절한 코드 예제가 된다.

이는 단위 테스트가 개발되지 않아야 한다는 의미가 아니다. 팀의 표준을 다루는 모든 추가적인 테스트는 반드시 작성해야 한다. 그러나 테스트의 타입마다 그 목적이 서로 다르다. 단위 테스트와 행동 테스트도 이어질 모델링 테스트처럼 각자의 역할이 있다.

앞서, 핵심 도메인(2)인 애자일 프로젝트 관리 컨텍스트에서 선택한 이 값 객체는 다양한 측면을 표현해주는 좋은 보기다.

이 바운디드 컨텍스트 내에선, 비즈니스 도메인 전문가가 '백로그 항목의 비즈니스 우선순위'에 관해 얘기한다. 유비쿼터스 언어의 해당 부분을 완성하기 위해, 우린 이 개념을 BusinessPriority로 모델링한다. 이는 제품 백로그 항목 개발의 가치를 비즈니스적으로 분석하도록 지원해주는 데 잘 맞는 계산 결과를 제공한다[Wiegers]. 여기서의 결과란 비용의 백분율(또는 특정 백로그 항목을 개발하는 데 소모된 비용과 다른 개발 비용을 비교한 비율), 특정 백로그 항목을 개발해서 얻게 되는 가치의 총합, 가치의 백분율(특정 백로그 항목을 개발하는 가치를 다른 개발에 따른 가치와 비교한 비율), 우선순위(비즈니스 관계자가 특정 백로그 항목을 다른 부분과 비교할 때 고려해야 하는 계산된 우선순위) 등이다.

이런 테스트는 실제론 여러 간단한 리팩토링 이터레이션을 통한 단계적 정제 과정을 거치며 드러나는데, 여기선 최종 결과 집합만을 보여준다.

```
package com.saasovation.agilepm.domain.model.product;

import com.saasovation.agilepm.domain.model.DomainTest;
```

```
import java.text.NumberFormat;

public class BusinessPriorityTest extends DomainTest {

    public BusinessPriorityTest() {
        super();
    }
    ...
    private NumberFormat oneDecimal() {
        return this.decimal(1);
    }

    private NumberFormat twoDecimals() {
        return this.decimal(2);
    }

    private NumberFormat decimal(int aNumberOfDecimals) {
        NumberFormat fmt = NumberFormat.getInstance();
        fmt.setMinimumFractionDigits(aNumberOfDecimals);
        fmt.setMaximumFractionDigits(aNumberOfDecimals);
        return fmt;
    }
}
```

클래스는 일부 고정된 헬퍼helper를 갖고 있다. 이 팀은 다양한 계산의 정확도를 테스트해야 하기 때문에, 소수점 미만의 한두 자리 값까지 표현해주는 NumberFormat 인스턴스를 제공하는 메소드를 코딩했다. 다음을 살펴보면 이런 헬퍼의 유용함을 이해할 수 있다.

```
public void testCostPercentageCalculation() throws Exception {

    BusinessPriority businessPriority =
        new BusinessPriority(
                new BusinessPriorityRatings(2, 4, 1, 1));

    BusinessPriority businessPriorityCopy =
        new BusinessPriority(businessPriority);
```

```
    assertEquals(businessPriority, businessPriorityCopy);

    BusinessPriorityTotals totals =
        new BusinessPriorityTotals(53, 49, 53 + 49, 37, 33);

    float cost = businessPriority.costPercentage(totals);

    assertEquals(this.oneDecimal().format(cost), "2.7");

    assertEquals(businessPriority, businessPriorityCopy);
}
```

팀은 불변성을 테스트하는 좋은 아이디어를 떠올렸다. 각 테스트는 우선 BusinessPriority 인스턴스를 생성했고, 복사 생성자를 사용해서 동일한 복사본을 만들었다. 테스트 내의 첫 번째 어설션assertion을 통해 복사 생성자가 동일한 복사본을 생성했는지 확인했다.

다음으로, BusinessPriorityTotals를 생성하도록 테스트를 설계했고, 이를 totals 메소드 변수에 할당했다. totals를 사용해 costPercentage() 쿼리 메소드를 사용할 수 있으며, 그 결과를 cost에 할당했다. 그다음에는 어설션을 통해 반환 값이 2.7임을 확인했는데, 이 수치는 수동으로 계산한 올바른 결과 값이다. 마지막으로 어설션을 통해 메소드 costPercentage()의 행동이 전혀 부작용을 일으키지 않음을 확인했는데, 이는 businessPriority가 여전히 businessPriorityCopy와 값 등가성의 관계에 있음을 의미한다. 이 테스트를 통해 팀은 비용의 백분율을 계산하는 방법과 그 결과가 무엇이어야 하는지에 관한 좋은 아이디어를 얻을 수 있었다.

이어서, 팀은 같은 기본 계획의 공략법을 통해 우선순위, 총 가치, 가치의 백분율 등을 계산해야 했다.

```
public void testPriorityCalculation() throws Exception {

    BusinessPriority businessPriority =
        new BusinessPriority(
                new BusinessPriorityRatings(2, 4, 1, 1));

    BusinessPriority businessPriorityCopy =
```

```
        new BusinessPriority(businessPriority);

    assertEquals(businessPriorityCopy, businessPriority);

    BusinessPriorityTotals totals =
        new BusinessPriorityTotals(53, 49, 53 + 49, 37, 33);

    float calculatedPriority = businessPriority.priority(totals);

    assertEquals("1.03",
                this.twoDecimals().format(calculatedPriority));

    assertEquals(businessPriority, businessPriorityCopy);
}

public void testTotalValueCalculation() throws Exception {

    BusinessPriority businessPriority =
        new BusinessPriority(
                new BusinessPriorityRatings(2, 4, 1, 1));

    BusinessPriority businessPriorityCopy =
        new BusinessPriority(businessPriority);

    assertEquals(businessPriority, businessPriorityCopy);

    float totalValue = businessPriority.totalValue();

    assertEquals("6.0", this.oneDecimal().format(totalValue));

    assertEquals(businessPriority, businessPriorityCopy);
}

public void testValuePercentageCalculation() throws Exception {

    BusinessPriority businessPriority =
        new BusinessPriority(
                new BusinessPriorityRatings(2, 4, 1, 1));

    BusinessPriority businessPriorityCopy =
```

```
        new BusinessPriority(businessPriority);

    assertEquals(businessPriority, businessPriorityCopy);

    BusinessPriorityTotals totals =
        new BusinessPriorityTotals(53, 49, 53 + 49, 37, 33);

    float valuePercentage =
            businessPriority.valuePercentage(totals);

    assertEquals("5.9", this.oneDecimal().format(valuePercentage));

    assertEquals(businessPriorityCopy, businessPriority);
}
```

테스트는 도메인적 의미가 있어야 한다

여러분의 모델 테스트는 반드시 도메인 전문가의 입장에서 의미가 있어야 한다.

비기술적인 도메인 전문가는 (약간의 도움을 받아) 이 예제 기반의 테스트를 읽으면서 BusinessPrioirity를 사용하는 방법은 무엇인지, 행동의 부작용이 없음을 보장하는 수행 결과는 무엇인지, 유비쿼터스 언어의 개념과 의도에 부합하는지 등을 이해할 수 있었다.

중요한 점은 값 객체를 사용할 땐 모든 경우에서 불변성이 보장된다는 것이다. 클라이언트는 얼마든지 제품 백로그 항목의 우선순위를 계산해 결과를 만들고, 그 결과를 정렬하며 비교하고, 각 항목의 BusinessPriority를 필요에 따라 수정할 수 있다.

구현

BusinessPriority 예제는 값의 모든 특성과 그 이상을 보여주기 때문에, 나는 이 예제를 좋아한다. 불변성, 개념적 전체, 대체성, 값 등가성, 부작용이 없는 행동 등을 어떻게 설계하는지 보여줄 뿐만 아니라, 여러분이 전략[Gamma 등](또는 정책)으로서 값 타입을 사용하는 방법을 보여준다.

팀은 각 테스트 메소드를 개발하면서 클라이언트가 BusinessPriority를 사용하는 방법을 더 잘 이해할 수 있었고, 이를 통해 테스트의 어설션에 맞춰 행동을 구현할 수 있었다. 다음은 팀이 코딩한, 생성자를 포함한 기본 클래스 정의다.

```
public final class BusinessPriority implements
Serializable {

    private static final long serialVersionUID = 1L;

    private BusinessPriorityRatings ratings;

    public BusinessPriority(BusinessPriorityRatings aRatings) {
        super();
        this.setRatings(aRatings);
    }

    public BusinessPriority(BusinessPriority aBusinessPriority) {
        this(aBusinessPriority.ratings());
    }
```

팀은 값 타입을 Serializable로 선언하기로 결정했다. 값 인스턴스가 반드시 직렬화돼야 할 때가 있는데, 원격 시스템과 통신하거나 일부 영속성 전략에 유용할 때가 여기에 해당한다.

이 BusinessPriority 자체는 BusinessPriorityRatings 타입(여기선 나타내지 않았음)의 ratings라는 이름의 값 속성을 갖도록 설계했다. ratings 속성은 주어진 제품 백로그 항목을 구현하거나 구현하지 않는 데 따른 비용을 나타낸다. BusinessPriorityRatings 타입은 benefit, cost, penalty, risk 등의 평가에 따른 BusinessPriority를 제공하며, 이를 통해 다양한 계산을 수행할 수 있다.

보통 나는 값 객체마다 적어도 두 개의 생성자를 지원한다. 첫 번째 생성자는 모든 상태 특성을 가져오고 설정하는 데 필요한 매개변수 전체를 받는다. 이 기본 생성자는 우선 기본값 상태를 초기화한다. 기본 특성 초기화는 프라이빗 세터를 호출해 수행된다. 나는 자가 위임self-delegation의 사용을 추천하며, 여기선 프라이빗 세터를 통한 자가 위임의 사용을 살펴본다.

값의 불변성 유지하기

오직 기본 생성자만이 속성/특성을 설정하기 위해 자가 위임을 사용한다. 다른 메소드는 세터 메소드로 자가 위임해선 안 된다. 값 객체의 모든 세터 메소드는 언제나 프라이빗 영역에 속하기 때문에, 소비하는 측이 변경할 수 있도록 특성이 노출될 일이 없어진다. 이는 값의 불변성을 유지하는 데 중요한 두 가지 요소다.

두 번째 생성자는 복사 생성자로 불리는데, 이는 기존의 값을 복사해 새로운 값을 생성하는 데 쓰인다. 이 생성자는 복사할 값의 특성을 기본 생성자의 매개변수로 전달해, 얕은 복사로 알려진 방식에 따라 자가 위임을 수행한다. 포함된 모든 특성과 속성 자체를 복사해 완전히 고유하면서도 기존의 객체와 동일한 값을 갖는 객체를 만드는 깊은 복사deep copy나 클론clone을 수행할 수도 있다. 하지만 값을 다룰 땐 대개 복잡하고 불필요할 뿐이다. 만약 깊은 복사가 필요한 상황이라면 추가할 수도 있겠지만, 불변 값을 다루는 상황에선 인스턴스 사이에 특성/속성을 공유해도 전혀 문제가 되지 않는다.

이 두 번째 생성자(복사 생성자)는 단위 테스트 시에 중요하다. 우린 값 객체를 테스트할 땐 불변성의 검증을 추가하고 싶어 한다. 앞서 살펴본 바와 같이 단위 테스트가 시작되면, 새로운 테스트 값 객체 인스턴스를 생성하고 복사 생성자를 통해 복사해서 두 인스턴스가 동일한지 확인하자. 이어서, 값 인스턴스의 부작용이 없는 행동를 테스트하라. 모든 테스트 목표 어설션이 통과됐다면, 마지막 어설션에선 테스트되고 복사된 인스턴스가 여전히 등가인지 확인한다.

이제 우리는 값 타입의 전략/정책 부분을 구현한다.

```
public float costPercentage(BusinessPriorityTotals aTotals) {
    return (float) 100 * this.ratings().cost() /
        aTotals.totalCost();
```

```
    }

    public float priority(BusinessPriorityTotals aTotals) {
        return
            this.valuePercentage(aTotals) /
                (this.costPercentage(aTotals) +
                    this.riskPercentage(aTotals));
    }

    public float riskPercentage(BusinessPriorityTotals aTotals) {
        return (float) 100 * this.ratings().risk() /
            aTotals.totalRisk();
    }

    public float totalValue() {
        return this.ratings().benefit() + this.ratings().penalty();
    }

    public float valuePercentage(BusinessPriorityTotals aTotals) {
        return (float) 100 * this.totalValue() / aTotals.totalValue();
    }

    public BusinessPriorityRatings ratings() {
        return this.ratings;
    }
```

일부 계산 행동에선 BusinessPriorityTotals 타입의 매개변수가 필요하다. 이 값은 모든 제품 백로그 항목을 아우르는 비용과 위험의 총합에 관한 설명을 제공한다. 합계는 다른 백로그 항목과의 비교를 통해 백분율과 전체 비즈니스 우선순위를 계산할 때 필요하다. 이런 행동 모두는 자신의 인스턴스 상태를 수정하지 않는다. 우린 테스트에서 각 행동의 실행에 이어 복사된 상태와 현재 상태를 비교하면서, 명시적인 어설션으로 이를 확인한다.

현재는 전략을 위한 분리된 인터페이스[Separated Interface][Fowler, P of EAA]가 없는데, 이는 단 하나의 구현만이 존재하기 때문이다. 물론 이런 상황은 곧 변하게 될 것이고, 애자일 PM 사스 제품의 고객은 각각 자신만의 전략 구현을 따르는 다른 비즈니스 우선순위 계산 옵션을 제공받게 된다.

부작용 없는 함수의 메소드 이름은 중요하다. 이런 메소드는 모두 값을 반환하지만(CQS 쿼리 메소드이기 때문에), 의도적으로 `get` 접두사의 자바빈JavaBean 이름을 사용하지 않는다. 이런 객체 설계의 단순하지만 효과적인 접근법을 통해 값 객체가 유비쿼터스 언어에 충실하도록 유지할 수 있다. `getValuePercentage()`의 사용은 기술적 측면에서의 컴퓨터 명령이지만, `valuePercentage()`는 사람이 유창하게fluent 읽을 수 있는 언어 표현이다.

내 유창한 자바는 어디로 간 거지?

나는 자바빈 명세가 객체 설계에 부정적인 영향을 미쳤고, 도메인 주도 설계의 원칙에 반하거나 좋은 객체 설계의 일반적 모습을 강조하지 못한다고 생각한다. 자바빈 명세 이전에 존재했던 자바 API를 생각해보자. 한 예로 java.lang.String을 살펴보자. 클래스 String상에서 get 접두사를 쓰는 쿼리 메소드는 단 몇 가지뿐이다. 대부분의 쿼리 메소드는 charAt(), compareTo(), concat(), contains(), endsWith(), indexOf(), length(), replace(), startsWith(), substring() 등과 같이 좀 더 유창하게 명명된다. 자바빈 코드 같은 냄새를 풍기는 일은 없다! 물론, 이 예제만으론 내 논지를 증명할 수 없다. 그렇지만, 자바빈 명세 이후의 자바 API는 그로부터 큰 영향을 받았고 표현의 유창함이 부족해졌다. 사람이 읽을 수 있는 유창한 언어 표현은 포용해야 할 아주 중요한 스타일이다. 자바빈 명세에 의존하는 도구의 사용이 걱정된다면, 여기 해결책이 있다. 예를 들어, 하이버네이트는 필드 수준 접근(객체 특성)을 지원한다. 따라서 하이버네이트를 사용할 땐 영속성에 부정적인 영향을 미치지 않고도 여러분의 메소드를 여러분이 원하는 대로 명명할 수 있다.그러나 다른 도구를 사용할 땐 표현적인 인터페이스로의 설계가 불리할 수 있다. 예를 들어, 표준 자바 EL이나 OGNL을 사용한다면, 이런 타입은 바로 처리할 수 없다. 값 객체를 사용자 인터페이스로 전송하기 위해선 게터를 갖고 있는 데이터 전송 객체(DTO, Data Transfer Object)와 같은 다른 방법을 강구해야 한다. DTO는 일반적으로 사용되는 패턴이므로, 기술적으로 필요하지 않은 상황이더라도 큰 영향이 없다고 볼 수도 있다. 만약 여러분의 선택지에 DTO가 없다면 다른 방법도 있다. 애플리케이션(14)에서 논의한 대로 프레젠테이션 모델을 고려해보자. 프레젠테이션 모델을 어댑터[Gamma 등]로 사용할 수 있기 때문에, 예를 들면 EL을 사용한 뷰에서 활용할 수 있도록 게터를 드러낼 수 있다. 그러나 이런 모든 방법의 사용에 실패했다면, 여러분은 마지못해 여러분의 도메인 객체를 게터와 함께 설계해야 할 수도 있다. 이런 결론에 이르렀다 하더라도, 여러분은 여전히 퍼블릭 세터를 통해 상태를 초기화하도록 허용하는, 자바빈을 완전히 지원하는 값 객체를 설계해선 안 된다. 이는 값 객체의 본질적 값 불변성 특성을 위반하게 된다.

다음은 `equals()`, `hashCode()`, `toString()` 등을 재정의한 표준 객체를 다룬다.

```
@Override
public boolean equals(Object anObject) {
    boolean equalObjects = false;
    if (anObject != null &&
            this.getClass() == anObject.getClass()) {
        BusinessPriority typedObject = (BusinessPriority) anObject;
        equalObjects =
            this.ratings().equals(typedObject.ratings());
    }
    return equalObjects;
}

@Override
public int hashCode() {
    int hashCodeValue =
        + (169065 * 179)
        + this.ratings().hashCode();

    return hashCodeValue;
}

@Override
public String toString() {
    return
        "BusinessPriority"
        + " ratings = " + this.ratings();
}
```

equals() 메소드는 다섯 가지 값 특징 중 하나인 값 등가성을 확인하는 값 객체의 요구사항을 충족시킨다. 여기선 등가성의 판단에서 null 매개변수를 배제한다. 매개변수의 클래스는 값의 클래스와 같아야 한다. 만약 그렇다면, 각 속성/특성은 두 값 모두의 측면에서 비교된다. 각 속성/특성 사이의 등가성이 모두 확인되면, 전체 값이 서로 같다고 간주하게 된다.

자바 표준에 따르면 hashCode()는 equals()와 같은 계약에 놓여 있으며, 등가 관계에 있는 모든 값은 서로 동일한 해시 코드 값을 만들어내게 된다.

toString()에는 특별한 사항이 없다. 이는 사람이 읽을 수 있는 값 인스턴스 상태의 표현을 만들어낸다. 필요에 따라 나타나는 포맷을 설계할 수 있다.

살펴볼 메소드가 몇 가지 더 남았다.

```
    protected BusinessPriority() {
        super();
    }

    private void setRatings(BusinessPriorityRatings aRatings) {
        if (aRatings == null) {
            throw new IllegalArgumentException(
                    "The ratings are required.");
        }
        this.ratings = aRatings;
    }
}
```

인수가 없는 생성자는 하이버네이트처럼 이를 필요로 하는 프레임워크 도구를 위해 제공된다. 인수가 없는 생성자는 언제나 숨겨져 있기 때문에, 잘못된 인스턴스를 생성하는 클라이언트를 모델링할 위험은 없다. 하이버네이트는 숨겨진 생성자 및 접근자와 함께 완벽하게 기능한다. 이 생성자는 하이버네이트나 다른 도구가 영속성 저장소로의 재구성 과정에서 해당 타입의 인스턴스를 생성하도록 해준다. 이런 도구는 인수가 없는 생성자를 사용해 우선 속이 빈 인스턴스를 생성하고, 각 속성/특성 세터를 호출해 객체를 채운다. 자바빈 인터페이스를 완벽히 제공하진 않는 이 모델의 경우처럼, 하이버네이트가 세터 메소드를 무시하고 특성을 직접 설정하도록 만들 수도 있다. 다시 한 번 강조하자면, 모델 클라이언트는 퍼블릭 생성자를 사용할 뿐이며, 절대로 숨겨진 생성자를 사용하지 않는다.

마지막으로, ratings의 속성 세터와 함께 클래스의 정의가 마무리된다. 자가 캡슐화/위임의 강점 중 하나가 이 메소드에서 나타난다. 접근자 메소드(게터나 세터)는 인스턴스 필드의 설정으로 제한될 필요가 없다. 이는 중요한 어설션[Evans]을 수행할 수도 있는데, 이는 일반적인 소프트웨어 개발 성공과 특히 성공적인 DDD 모델을 구성하는 주요 요소다.

매개변수의 유효성을 위한 어설션은 가드guard라고 불리는데, 이는 어설션을 통해 메소드가 명백히 잘못된 데이터를 받지 않도록 막을guard 수 있기 때문이다. 잘못된 매개변수가 이후에 더욱 중요한 문제를 유발할 수 있는 상황에선 반드시 가드를 사용해야 한다. 이 세터에선 매개변수 `aRatings`가 `null`이 아님을 확인하는 어설션을 뒀고, 만약 해당 상황이 발생하면 `IllegalArgumenException`을 던진다. 세터는 논리적으로 값의 생애에서 단 한 번만 사용될 뿐이지만, 어설션은 분명 잘 배치된 가드다. 여러분은 다른 부분에서도 자가 위임에 따른 장점을 확인할 수 있다. 특히 엔터티(5)에선 검증에 관한 논의의 일부로서 해당 기법을 충분히 설명했다.

값 객체의 저장

값 객체 인스턴스를 영속성 저장소로 저장하는 방법에는 여러 가지가 있다. 일반적으로 보면 이 과정엔 객체를 어떤 텍스트나 바이너리 포맷으로 직렬화해서 디스크에 저장하는 작업이 포함된다. 하지만 우린 개별 값 인스턴스 자체의 저장에 관심을 갖고 있진 않기 때문에, 여기선 일반적 목적의 영속성 측면에 초점을 맞추지 않는다. 우린 값과 해당 값이 속해 있는 애그리게잇 인스턴스의 상태를 저장하는 데 더 관심이 있다. 다음에 살펴볼 접근법에서 저장할 값 인스턴스의 참조는 결국 부모 엔터티에게 담겨 있다고 가정한다. 이어지는 모든 예제는 리파지토리(12)를 통해 추가되거나 읽어오게 되고, 해당 애그리게잇이 포함하고 있는 값은 그 값을 포함하고 있는 엔터티(애그리게잇 루트와 같은)를 따라 저장되고 재구성된다고 가정한다.

객체 관계형 매핑ORM, Object-relational mapping(하이버네이트와 같은) 영속성은 인기가 많고 널리 사용된다. 그러나 ORM을 사용해 모든 클래스를 테이블로 매핑하고 모든 특성을 열로 매핑하면 복잡도를 가중시키며, 이런 매핑이 항상 가능하다고 보장되지도 않는다. NoSQL 데이터베이스와 키-값 저장소의 인기가 높아지고 있는데, 이는 높은 성능과 확장성, 내결함성fault-tolerant, 고가용성을 갖춘 엔터프라이즈 저장소이기 때문이다. 또한 키-값 저장소는 애그리게잇 영속성을 크게 단순화시킬 수 있다. 6장에선 ORM 기반의 영속성에 관해서만 다룬다. NoSQL과 키-값 저장소는 애그리게잇을 특히 잘 저장해주기 때문에, 이 스타일에 관해선 리파지토리(12)에서 다룬다.

값의 ORM 영속성 예제로 들어가기에 앞서, 잘 이해한 후 성실히 따라야 하는 모델링에서의 중요한 약속이 있다. 따라서 논의를 시작하기 위해 (도메인 모델링과는 달리) 데이터 모델링이 여러분의 도메인 모델에 잘못된 영향을 미칠 때 어떤 일이 일어나는지, 그리고 이런 잘못되고 유해한 영향에 맞서기 위해 할 수 있는 일은 무엇인지 먼저 살펴보자.

데이터 모델 누수의 부정적 영향을 거부하라

값 객체를 데이터 저장소로 저장하는 대부분의 경우(예를 들어, 관계형 데이터베이스와 함께 ORM 도구를 사용할 때)는 비정규화된 방식으로 저장된다. 즉 해당 특성은 부모 엔터티 객체와 같은 데이터베이스 테이블 행에 저장된다. 이는 저장소와 값을 가져오는 과정을 깔끔하게 최적화하도록 해주고, 영속성 저장소의 누수를 막아준다. 값이 이런 방식으로 저장된다는 점은 즐겁고도 다행스런 일이다.

그러나 모델 내의 값 객체가 반드시 관계형 영속성 저장소의 엔터티로 저장돼야 할 때가 있다. 즉 저장 시에 특정 값 객체 타입의 인스턴스가 해당 타입을 위한 관계형 데이터베이스 테이블에서 자신만의 행을 차지하고, 자신만의 데이터베이스 기본키 열을 갖게 된다. 예를 들어, 이는 ORM을 통해 값 객체 인스턴스의 컬렉션을 지원할 때 발생한다. 이런 상황에선 값 타입의 영속성 데이터가 데이터베이스의 엔터티로 모델링된다.

이것이 도메인 모델 객체가 데이터 모델의 설계를 반영해야 하고, 값보다는 엔터티가 돼야 한다는 의미일까? 그렇지 않다. 이런 임피던스 불일치에 따른 결과를 마주하면, 영속성의 관점보다는 도메인 모델의 관점을 유지하는 것이 중요하다. 여러분의 관점을 도메인 모델에 붙잡아두기 위해, 스스로에게 다음의 질문을 던져보자.

1. 내가 모델링하는 대상의 개념이 도메인 내에 있는가, 아니면 속성 중의 하나로서 대상을 측정하거나 수량화하거나 설명하는가?
2. 도메인의 요소를 설명하도록 올바르게 모델링했을 때, 이 모델 개념은 앞서 강조했던 값 특성의 대부분을 포함하는가?
3. 단순히 하위 데이터 모델이 도메인 모델 객체를 엔터티로서 저장해야 하기 때문에 모델 내에서 엔터티의 사용을 고려하고 있진 않은가?
4. 도메인 모델이 고유 식별자를 요구하기 때문에, 내가 개별 인스턴스를 신경쓰기 때문에, 내가 객체의 수명주기에 걸친 변화의 연속성을 관리해야만 하기

때문에 엔터티를 사용하는가?

만약 여러분의 응답이 '설명한다, 그렇다, 그렇다, 아니다.'였다면, 여러분은 반드시 값 객체를 사용해야 한다. 객체 저장소를 다루기 위해 필요한 방법에 따라 영속성 저장소를 모델링하되, 여러분의 팀이 도메인 모델 내의 값 속성을 개념화하는 방향에 영향을 미치지 않도록 하자.

데이터 모델은 부차적이어야 한다

여러분의 도메인 모델을 위해 데이터 모델을 설계해야지, 데이터 모델을 위해 도메인 모델을 설계해선 안 된다.

가능하다면, 여러분의 도메인 모델을 위해 데이터 모델을 설계해야지, 데이터 모델을 위해 도메인 모델을 설계해선 안 된다. 앞선 입장을 유지한다면 도메인 모델의 관점을 유지할 수 있다. 후자와 같이 한다면 영속성의 관점에 머무르게 되고, 도메인 모델은 단순히 여러분의 데이터 모델을 투영하게 될 뿐이다. 데이터 모델이 아닌 도메인 모델의 측면(DDD 사고)에서 생각하도록 사고방식을 훈련하면, 데이터 모델 누수라는 부정적인 결과를 피할 수 있다. DDD 사고[DDD-thinking]에 관한 좀 더 상세한 논의는 엔터티(5)를 참고하자.

물론 데이터베이스의 참조 무결성(외래 키와 같은)이 중요한 때도 있다. 분명히, 여러분은 키 열이 올바르게 인덱싱되길 원할 것이다. 물론, 여러분의 비즈니스 데이터를 기준으로 동작하는 비즈니스 인텔리전스 리포팅 도구의 지원도 분명 필요하다. 이 모든 측면을 필요한 위치에서 올바르게 활용할 수도 있다. 대부분은 리포팅과 비즈니스 인텔리전스가 생산 데이터를 기준으로 동작하는 대신 전용으로 특별히 설계된 데이터 모델을 가져야 한다고 결론 내린다. 이와 같은 보다 전략적인 사고방식을 따른다면, 여러분은 도메인 모델 뒤편의 데이터 모델을 자유롭게 설계하며 DDD의 노력을 가장 잘 지원할 수 있다.

데이터 모델이 어떤 기술적 측면을 사용하든, 그에 해당하는 엔터티, 기본 키, 참조 무결성, 인덱스가 단순히 도메인 객체의 모델링 방법을 주도하도록 해선 안 된다. DDD는 비정규화된 방식으로 데이터를 구조화하는 문제에 관한 것이 아니다. DDD는 일관된 바운디드 컨텍스트 내에 유비쿼터스 언어를 모델링하는 데 관한 문제다. 나는 DDD의 측면을 유지하며 데이터 구조를 따르지 않도록 권장한다. 이를 통해,

여러분의 도메인 모델과 그에 해당하는 클라이언트에게서 데이터 모델 누수의 흔적(이는 ORM을 사용할 때 최소의 정도로 발생할 것임)을 모두 지우기 위해, 가능한 모든 단계를 거치며 현명하게 대처해야 한다. 이는 다음 절에서 논의한다.

ORM과 단일 값 객체

단일 값 객체 인스턴스를 데이터베이스에 저장하는 일은 보통 아주 단순하다. 여기선 MySQL 관계형 데이터베이스와 하이버네이트를 함께 사용하는 데 초점을 맞춘다. 값의 각 특성을 해당 부모 엔터티가 저장되는 행에 별도의 열로 저장하는 방식이 기본적인 계획이다. 달리 말하자면, 단일 값 객체는 해당 부모 엔터티의 행 속으로 비정규화된다. 직렬화된 객체의 이름을 짓는 방식을 분명하게 식별하고 표준화하기 위해 열 이름에 관한 컨벤션을 도입하면 분명한 이점이 생긴다. 저장된 값 객체의 이름을 짓는 컨벤션을 살펴보자.

하이버네이트를 사용해 값 객체의 단일 인스턴스를 저장할 땐, `component` 매핑 요소를 사용하자. 비정규화된 방식으로 부모 엔터티 테이블로 값을 바로 매핑시키기 때문에 `component` 요소를 사용한다. 이는 값이 SQL 쿼리에 포함되도록 해주는 최적의 직렬화 기법이다. 다음은 부모 엔터티인 `BacklogItem` 클래스가 `BusinessPriority` 값 객체를 담게 되는 하이버네이트 매핑 문서의 일부다.

```
<component name="businessPriority"
    class="com.saasovation.agilepm.domain.model.product.
        BusinessPriority">
    <component name="ratings"
            class="com.saasovation.agilepm.domain.model.product.
                BusinessPriorityRatings">
        <property
            name="benefit"
            column="business_priority_ratings_benefit"
            type="int"
            update="true"
            insert="true"
            lazy="false"
            />
        <property
            name="cost"
            column="business_priority_ratings_cost"
```

```
            type="int"
            update="true"
            insert="true"
            lazy="false"
            />
        <property
            name="penalty"
            column="business_priority_ratings_penalty"
            type="int"
            update="true"
            insert="true"
            lazy="false"
            />
        <property
            name="risk"
            column="business_priority_ratings_risk"
            type="int"
            update="true"
            insert="true"
            lazy="false"
            />
    </component>
</component>
```

이는 간단한 값 객체 매핑이면서도 자식 값 객체의 인스턴스를 담는 방법을 보여주기 때문에 좋은 예제다. BusinessPriority는 단일 rating 값 속성을 가지며, 추가적인 특성은 없었다는 점을 떠올려보자. 즉 매핑 설명의 바깥쪽 component 요소는 중첩된 component 요소를 포함하고 있다. 이는 BusinessPriorityRatings 타입이 포함하고 있는 단일 ratings 값 속성을 비정규화하기 위해 사용했다. BusinessPriority에는 포함된 특성이 없기 때문에 외부 component에는 매핑된 부분이 없다. 그 대신, 바로 ratings 값 속성의 매핑을 중첩시켰다. 결국, 실제론 단순히 BusinessPriorityRatings 인스턴스의 네 가지 정수 특성을 tbl_backlog_ite 테이블상의 네 가지 열로 저장했을 뿐이다. 따라서 우리는 component 요소의 값 객체 둘을 매핑하게 되며, 그중 하나는 자신이 가진 특성이 없고 내부에 해당하는 다른 값은 네 가지의 특성을 갖게 된다.

각 하이버네이트 property 요소에서 사용한 표준 열 이름에 주목하자. 이 네이밍 컨벤션은 최종적 부모 값에서 각각의 개별 특성으로 이어지는 탐색 경로에 기반하고 있다. 예를 들어, BusinessPriority에서 ValueCostRiskRatings 인스턴스의 benefit 특성까지의 탐색 경로를 생각해보자. 이는 논리적으로 다음과 같다.

```
businessPriority.ratings.benefit
```

나는 이 탐색 경로를 단일 관계형 열 이름으로 나타내기 위해 다음의 이름을 사용했다.

```
business_priority_ratings_benefit
```

물론 선호하는 다른 표현 방식에 따라서 이름을 지을 수도 있다. 여러분은 밑줄과 카멜 케이스[camel case]를 섞어 사용하는 편을 선호할 수도 있다.

```
businessPriority_ratings_benefit
```

이 표기법 예시가 탐색 경로를 더 잘 표현한다고 생각할 수도 있다. 나는 모든 밑줄을 표준화했는데, 이는 객체 이름보다는 전통적 SQL 열 이름에 가깝기 때문이다. 해당하는 MySQL 데이터베이스 테이블 정의는 다음과 같은 열을 포함하고 있다.

```
CREATE TABLE `tbl_backlog_item` (
    ...
    `business_priority_ratings_benefit` int NOT NULL,
    `business_priority_ratings_cost` int NOT NULL,
    `business_priority_ratings_penalty` int NOT NULL,
    `business_priority_ratings_risk` int NOT NULL,
    ...
) ENGINE=InnoDB;
```

하이버네이트 매핑과 관계형 데이터베이스 테이블 정의 모두가 쿼리가 가능한 최적의 영속성 객체를 제공한다. 값 특성이 그들의 부모 엔터티 테이블 행으로 비정규화되기 때문에, 데이터베이스가 깊숙이 중첩된 값 인스턴스를 가져오기 위해 조인을 사용할 필요가 없다. 여러분이 HQL 쿼리를 지정하면, 하이버네이트는 객체 특성에 관한 객체 표현을 손쉽게 최적의 SQL 쿼리 표현으로 매핑할 수 있다.

```
businessPriority.ratings.benefit
```

즉 위와 같은 표현은 다음과 같이 변환된다.

```
business_priority_ratings_benefit
```

이처럼 객체와 관계형 데이터베이스 사이엔 분명 임피던스 불일치가 발생하지만, 우린 가능한 한 가장 기능적이고 최적화된 매핑을 구현해볼 수 있었다.

ORM과 한 열로 직렬화되는 여러 값

여러 값 객체의 컬렉션을 ORM을 사용해 관계형 데이터베이스로 매핑하는 데는 고유한 문제가 있다. 분명히 짚고 넘어가자면 여기서 말하는 컬렉션이란 엔터티가 갖고 있는 List나 Set을 일컬으며, 이 컬렉션엔 인스턴스가 담겨 있지 않을 수도 있고 하나 이상의 인스턴스가 담겨 있을 수도 있다. 극복할 수 없는 문제는 아니지만, 여기서 객체 관계형 임피던스 불일치가 확연하게 드러난다.

하이버네이트 객체 관계형 매핑의 한 가지 선택지로, 컬렉션의 모든 객체를 텍스트적 표현으로 직렬화한 후에 그 표현을 하나의 열로 저장하는 방법이 있다. 이 접근법에는 몇 가지 단점이 있다. 하지만 일부 경우엔 이 단점이 크게 문제가 되지 않으며, 결국 이 방법으로 인해 얻게 되는 긍정적 측면에 비하면 무시할 만한 수준이 된다. 이렇듯 장점이 더 부각되는 상황에선 값 컬렉션 영속성을 사용하기로 결정하게 된다. 다음은 이런 상황에서 고려해봐야 할 잠재적 단점이다.

- 열 넓이: 때론 컬렉션에 포함된 값 요소의 최대 수나 직렬화된 각 값의 최대 크기를 단정할 수 없다. 예를 들어, 일부 객체 컬렉션은 최대 크기의 제한 없어 어떤 수의 요소든 담을 수 있다. 또한 컬렉션에 담긴 각 값 요소를 직렬화된 문자로 표현할 때의 너비를 가늠할 수 없을 때도 있다. 이런 상황은 값 타입의 특성 중 하나 이상이 String 타입이고, 문자 길이가 길거나 제약이 없을 때 발생한다. 이 중 하나 이상에 해당한다면, 직렬화된 형태나 전체 컬렉션이 문자열의 최대 가능 너비를 초과해 오버플로우가 발생할 수 있다. 특히, 이는 상대적으로 좁은 최대 너비의 문자열이나 전체 행 데이터를 저장하는 데 허용되는 바이트의 총합에 의해 좀 더 복잡해질 수 있다. 예를 들어 MySQL InnoDB 엔진은 VARCHAR 최대 너비가 65,535자이며, 단일 행에 저장할 수 있는 총 바이트는 65,535으로 제한된다. 전체 엔터티를 저장하기 위해선 충분한 열 공간을 마련해야 한다. 오라클 데이터베이스는 VARCHAR2/NVARCHAR2의 최대 너비가 4,000이다. 만약 값 집합의 직렬화된 표현을 저장하기 위한 최대 너비를 미리

결정할 수 없거나 열 너비의 최대 값을 초과할 수 있다면, 이런 방식은 피하는 편이 좋다.

- 쿼리해야만 하는 경우: 이 스타일을 사용하면 값 컬렉션이 평면적인 텍스트 표현으로 직렬화되기 때문에, SQL 쿼리 표현식에선 개별 값의 특성을 사용할 수 없다. 값 특성으로의 쿼리가 가능해야 한다면, 이 옵션은 사용할 수 없다. 컬렉션에 담겨 있는 객체의 특성을 기준으로 쿼리하는 경우가 드물기 때문에, 이런 이유로 포기하게 될 가능성은 드문 편이다.
- 사용자 지정 유저 타입이 필요한 경우: 이 접근법을 사용하려면 각 집합의 직렬화와 역직렬화를 관리하는, 하이버네이트의 사용자 지정 유저 타입을 개발해야 한다. 단일 사용자 지정 유저 타입 구현이 모든 값 객체 타입의 컬렉션을 지원할 수 있기 때문에, 개인적으론 이 문제가 다른 문제에 비해 그다지 드러나지 않는 편이라 생각한다.

여기선 컬렉션을 하나의 열로 직렬화해 관리하는 하이버네이트의 사용자 지정 유저 타입을 보여주진 않지만, 하이버네이트 커뮤니티에서 여러분의 타입을 만드는 데 필요한 다양한 지침을 찾을 수 있다.

ORM과 데이터베이스 엔터티로 지원되는 여러 값

하이버네이트(또는 다른 ORM)와 관계형 데이터베이스를 사용해 값 인스턴스의 컬렉션을 저장하는 매우 직관적인 접근법으로, 값 타입을 데이터 모델의 엔터티로 취급하는 방법이 있다. 내가 '데이터 모델 누수의 부정적 영향을 거부하라' 절에서 확언했던 내용을 다시 한 번 언급하자면, 이 접근법은 단순히 영속성의 측면에서 데이터베이스 엔터티로 나타내기에 알맞는다는 이유만으로 개념을 도메인 모델의 엔터티로 모델링하는 잘못으로 이어져선 안 된다. 이런 접근법은 객체 관계형 임피던스 불일치에 따라 요구될 뿐이지, DDD 원칙에 따라 요구되는 사항이 아니다. 완벽하게 맞아 떨어지는 영속성 스타일을 사용할 수 있다면, 데이터베이스 엔터티 특성에 관해선 조금의 관심도 두지 말고 개념을 값 타입으로 모델링하자. 이는 우리가 도메인 모델링을 따르는 사고방식을 유지하도록 도와준다.

이를 실천하기 위해 계층 슈퍼 타입Layer Supertype[Folwer, P of EAA]을 사용할 수 있다. 개인적으론 필요한 대리 식별자(기본 키)를 숨기는 편이 마음이 편하다. 그러나 자바의 (그리고 다른 언어들의) 모든 `Object`에는 이미 가상 머신만이 사용하는 고유한 내부 식별자가 있기 때문에, 별도의 특화된 식별자를 값에 직접 추가하는 편이 더 올바르게 느껴질 수도 있다. 어떤 방법이 더 마음에 들든, 객체 관계형 임피던스 불일치를 다룰 땐 기술적 선택의 이유를 분명히 납득할 수 있어야 한다. 내가 선호하는 방법에 대해선 이어서 다룬다.

다음은 내가 선호하는 대리 키surrogate key 접근법으로, 두 개의 계층 슈퍼 타입 클래스를 사용한다.

```
public abstract class IdentifiedDomainObject
        implements Serializable {

    private long id = -1;

    public IdentifiedDomainObject() {
        super();
    }

    protected long id() {
        return this.id;
    }

    protected void setId(long anId) {
        this.id = anId;
    }
}
```

첫 번째 계층 슈퍼 타입은 IdentifiedDomainObject다. 이 추상 기본 클래스는 클라이언트의 뷰에선 감춰지는 기본적인 대리 기본 키를 제공한다. 접근자 메소드를 protected로 선언했기 때문에, 클라이언트가 해당 메소드를 사용할 수 있는지 궁금해할 일도 없다. 물론, 해당 영역을 private으로 선언해서 이런 메소드에 관한 어떤 지식도 갖지 못하도록 할 수도 있다. 하이버네이트는 메소드나 필드 리플렉션을 통해 public 이외의 영역도 문제없이 사용할 수 있다.

이어서 값 객체에 특화된 계층 슈퍼 타입의 예를 하나 더 살펴보자.

```
public abstract class IdentifiedValueObject
        extends IdentifiedDomainObject {
```

```
    public IdentifiedValueObject() {
        super();
    }
}
```

클래스 IdentifiedValueObject는 IdentifiedDomainObject의 행동 없는 서브클래스로, 단순한 마커 클래스marker class라고 생각할 수 있다. 나는 이를 통해 더욱 명시적으로 모델링 문제를 다룰 수 있기 때문에, 소스 코드 문서화의 이점이 있다고 본다. 이와 관련해서, 클래스 IdentifiedDomainObject는 Entity란 이름의 두 번째 직접적 추상 서브클래스를 갖는데, 이는 엔터티(5)에서 논의했다. 나는 이런 접근법을 좋아한다. 여러분은 이런 추가적인 클래스를 제거하는 편을 선호할 수도 있다.

이제 편리하고 잘 숨겨진 방법으로 모든 값 타입에 대리 식별자를 부여할 수 있는 방법이 생겼다. 다음은 이를 실제로 사용하는 예제 클래스다.

```
public final class GroupMember extends IdentifiedValueObject {
    private String name;
    private TenantId tenantId;
    private GroupMemberType type;

    public GroupMember(
            TenantId aTenantId,
            String aName,
            GroupMemberType aType) {
        this();
        this.setName(aName);
        this.setTenantId(aTenantId);
        this.setType(aType);
        this.initialize();
    }
    ...
}
```

클래스 GroupMember는 애그리게잇 클래스 Group의 루트 엔터티로 수집된 값 타입이다. 루트 엔터티는 임의의 수의 GroupMember 인스턴스를 포함하게 된다. 이제 대리 기본 키를 사용해 데이터 모델에서 각 GroupMember 인스턴스를 고유하게 식별하는 가운데, 도메인 모델상의 값을 유지하면서 데이터베이스 엔터티로서의 영속성을 자유롭게 매핑할 수 있다. 다음에선 클래스 Group의 해당 부분을 보여준다.

```
public class Group extends Entity {
    private String description;
    private Set<GroupMember> groupMembers;
    private String name;
    private TenantId tenantId;

    public Group(
            TenantId aTenantId,
            String aName,
            String aDescription) {
        this();
        this.setDescription(aDescription);
        this.setName(aName);
        this.setTenantId(aTenantId);
        this.initialize();
    }
    ...
    protected Group() {
        super();
        this.setGroupMembers(new HashSet<GroupMember>(0));
    }
    ...
}
```

클래스 Group은 groupMembers의 Set에 GroupMember 인스턴스를 쌓아나간다. 전체 컬렉션의 대체를 실행한다면, 언제나 그에 앞서 Collection의 clear() 메소드를 사용해야 한다는 점을 기억하자. 이를 통해, 하이버네이트의 Collection 구현은 불필요한 요소를 데이터 저장소로부터 확실히 삭제해준다. 다음은 실제의 Group 메소드는 아니지만, 전체 컬렉션의 대체를 수행할 때 홀로 남겨진orphaned 값 요소가 발생하지 않도록 하는 일반적인 방법을 보여준다.

```
public void replaceMembers(Set<GroupMember> aReplacementMembers) {
    this.groupMembers().clear();
    this.setGroupMembers(aReplacementMembers);
}
```

나는 모델에서 발생하는 이런 ORM의 누수는 큰 문제가 되지 않는다고 생각하는데, 여기선 일반적인 Collection 기능을 사용했을 뿐만 아니라 클라이언트가 이를 알지도 못하기 때문이다. 데이터베이스와 컬렉션 목록의 동기화를 항상 신중히 생각해봐야 할 필요는 없다. 단일 값의 데이터 저장소 삭제는 Collection의 remove() 메소드를 사용하면 자동으로 처리되며, 이땐 ORM 누수가 전혀 일어나지 않는다.

다음은 컬렉션을 매핑하는 Group의 매핑 설명 부분이다.

```
<hibernate-mapping>
    <class name="com.saasovation.identityaccess.domain.model.
        identity.Group"
     table="tbl_group" lazy="true">
        ...
        <set name="groupMembers" cascade="all,delete-orphan"
          inverse="false" lazy="true">
            <key column="group_id" not-null="true" />
            <one-to-many class="com.saasovation.[ccc]
              identityaccess.domain.model.identity.GroupMember" />
        </set>
        ...
    </class>
</hibernate-mapping>
```

groupMembers의 Set은 데이터베이스 엔터티로 그대로 매핑됐다. 이어서 GroupMember 매핑 설명의 전체 내용을 살펴보자.

```
<hibernate-mapping>
    <class name="com.saasovation.identityaccess.domain.model.
          identity.GroupMember"
          table="tbl_group_member" lazy="true">
        <id
            name="id"
            type="long"
            column="id"
            unsaved-value="-1">

            <generator class="native"/>
        </id>
```

```
        <property
            name="name"
            column="name"
            type="java.lang.String"
            update="true"
            insert="true"
            lazy="false"
        />
        <component name="tenantId"
            class="com.saasovation.identityaccess.domain.model.
                identity.TenantId">
            <property
                name="id"
                column="tenant_id_id"
                type="java.lang.String"
                update="true"
                insert="true"
                lazy="false"
            />
        </component>
        <property
            name="type"
            column="type"
            type="com.saasovation.identityaccess.infrastructure.
                persistence.GroupMemberTypeUserType"
            update="true"
            insert="true"
            not-null="true"
        />
    </class>
</hibernate-mapping>
```

<id> 요소가 영속성 대리 기본 키를 정의하고 있음에 주목하자. 다음은 여기에 해당하는 MySQL의 tbl_group_member의 설명이다.

```
CREATE TABLE `tbl_group_member` (
    `id` int(11) NOT NULL auto_increment,
    `name` varchar(100) NOT NULL,
    `tenant_id_id` varchar(36) NOT NULL,
```

```
    `type` varchar(5) NOT NULL,
    `group_id` int(11) NOT NULL,
    KEY `k_group_id` (`group_id`),
    KEY `k_tenant_id_id` (`tenant_id_id`),
    CONSTRAINT `fk_1_tbl_group_member_tbl_group`
        FOREIGN KEY (`group_id`) REFERENCES `tbl_group` (`id`),
    PRIMARY KEY (`id`)
) ENGINE=InnoDB;
```

GroupMember 매핑과 데이터베이스 테이블 설명을 보면, 우리가 엔터티를 다루고 있다는 인상을 강하게 받게 된다. id라는 이름의 기본 키가 있다. tbl_group과 조인돼야 하는 별도의 테이블이 있다. tbl_group를 가리키는 외래 키가 있다. 우린 분명 엔터티를 다루고 있지만, 이는 오직 데이터 모델의 관점에서일 뿐이다. 도메인 모델의 GroupMember는 분명한 값 객체다. 영속성에 관한 관심을 감추기 위해, 도메인 모델에선 그에 필요한 절차를 조심스럽게 수행해왔다. 도메인 모델의 클라이언트가 영속성 유출이 일어났다고 짐작할 수 있는 단서는 모두 제거했다. 무엇보다도, 모델의 개발자들조차 영속성 유출의 낌새를 감지하기 위해선 꼼꼼히 살펴봐야 할 것이다.

ORM과 조인 테이블로 지원되는 여러 값

하이버네이트는 값 타입 자체가 데이터 모델 엔터티 특성을 가질 필요 없이, 다중 값multivalued 컬렉션을 조인 테이블에 저장하는 방법을 제공한다. 이런 매핑 타입은 단순히 컬렉션 값 요소를 해당하는 테이블에 저장하며, 이때 부모 엔터티 도메인 객체의 데이터베이스 식별자가 외래 키로 설정된다. 따라서 해당 부모의 외래 키 식별자로 컬렉션의 모든 값 요소를 쿼리해서 모델의 값 컬렉션으로 재구성할 수 있다. 이런 매핑 접근법의 강점은 값 타입이 조인을 위해 숨겨진 대리 식별자를 갖고 있을 필요가 없다는 점이다. 이 값 컬렉션 매핑을 사용하려면, 하이버네이트의 <compsite-element> 태그를 이용하면 된다.

이는 상당히 큰 장점으로 보이며, 아마도 여러분의 필요에 잘 맞을 것이다. 그러나 이 접근법에서 알아둬야 할 단점도 있다. 한 가지 단점은 두 테이블의 정규화가 포함되기 때문에 여러분의 값 타입에 대리 키가 필요하지 않더라도 조인이 필수적이라는 점이다. 'ORM과 데이터베이스 엔터티로 지원되는 여러 값' 접근법 역시 조인이 필요하다는 점은 사실이다. 그러나 데이터베이스 엔터티로 지원되는 접근법은 이어서 살펴볼 두 번째 약점의 제약을 받지 않는다.

컬렉션이 Set이라면, 값 타입의 어떤 특성도 null이 될 수 없다. 이는 주어진 Set 요소를 삭제하기(데이터 모델의 가비지 컬렉션) 위해선, 반드시 해당 요소를 고유한 값으로 만들어주는 모든 특성을 일종의 컴포지션 키로 사용해, 탐색하고 삭제할 수 있도록 해야 하기 때문이다. null은 여기서 필요한 컴포지션 키의 일부로 사용할 수 없다. 물론 주어진 값 타입이 절대로 null 특성을 갖지 못한다면 이는 괜찮은 방법이다. 상충되는 추가 요구사항이 없는 경우에 말이다.

이런 매핑 접근법을 사용하는 세 번째 약점은 매핑되는 값 타입 그 자체가 컬렉션을 포함하지 않을 수도 있다는 점이다. 해당 요소 자체가 컬렉션을 포함하고 있다면 <composite-element>를 통한 매핑을 제공하지 않는다. 여러분의 값 타입이 어떤 종류의 컬렉션도 포함하지 않으면서 이런 매핑 스타일의 요구사항을 충족시킨다면, 이 접근법을 사용해도 좋다.

따라서 이는 제약사항이 너무 많아서 일반적으로는 피해야 할 매핑 접근법임을 알게 됐다. 나의 경우엔 일대다 연결을 통해 수집된 잘 숨겨진 값 타입의 대리 식별자를 값 타입에 두고, <composite-element>의 제약사항에 관해선 고민하지 않는 편이 단순하고 쉬웠다. 여러분은 다르게 느낄지도 모르며, 모든 모델링 카드가 서로 잘 맞아떨어지는 편이 확실히 여러분에게 도움이 될 것이다.

ORM과 상태로서의 열거형 객체

표준 타입이나 상태 객체를 모델링할 때 열거형이 효과적이라고 생각한다면, 이를 저장할 방법이 필요하다. 하이버네이트로 자바 열거형을 처리하려면 특별한 영속성 기법이 필요하다. 불행하게도 최근까지, 하이버네이트 개발 커뮤니티는 열거형을 특별한 속성 타입으로 지원하지 않는다. 따라서 우리 모델에서 열거형을 저장하기 위해선 하이버네이트의 사용자 지정 유저 타입을 생성해야 한다.

각 GroupMemeber마다 GroupMemberType이 있었던 상황을 떠올려보자.

```
public final class GroupMember extends IdentifiedValueObject {
    private String name;
    private TenantId tenantId;
    private GroupMemberType type;
```

```
    public GroupMember(
            TenantId aTenantId,
            String aName,
            GroupMemberType aType) {
        this();
        this.setName(aName);
        this.setTenantId(aTenantId);
        this.setType(aType);
        this.initialize();
    }
    ...
}
```

GroupMemberType 열거형 표준 타입은 GROUP과 USER를 포함한다. 이어지는 정의를 살펴보자.

```
package com.saasovation.identityaccess.domain.model.identity;

public enum GroupMemberType {

    GROUP {
        public boolean isGroup() {
            return true;
        }
    },
    USER {
        public boolean isUser() {
            return true;
        }
    };

    public boolean isGroup() {
        return false;
    }

    public boolean isUser() {
        return false;
    }
}
```

자바 열거형 값을 저장하는 문제의 단순한 해답은 해당 텍스트 표현을 저장하는 방법이다. 그러나 이런 간단한 해답은 하이버네이트 사용자 지정 유저 타입을 생성하는 더 복잡한 기법으로 이어진다. 여기서 하이버네이트 커뮤니티가 제공하는 다양한 접근법을 다루기보다는 위키 글 링크 http://community.jboss.org/wiki/Java5EnumUserType을 참조하자.

이 글을 쓰고 있는 시점에서 이 위키 글은 다양한 접근법을 제시한다. 각 열거형 타입에 맞춰 사용자 지정 유저 타입을 구현하는 예제가 있다. 하이버네이트 3의 매개변수화된 타입을 사용해 각 열거형 타입마다 사용자 지정 유저를 구현할 필요가 없도록 해주는 방법(매우 바람직하다.)부터 텍스트 문자열뿐 아니라 열거형 값의 숫자 표현을 지원하는 방법, 개빈 킹Gavin King이 개선한 구현까지 다양하다. 개빈 킹이 개선한 구현은 열거형을 타입 구별자나 데이터 테이블 식별자(id)로 사용한다.

다음의 예제에선 이 옵션 중 하나를 선택해서 열거형 GroupMemberType을 매핑한 방법을 보여준다.

```
<hibernate-mapping>
    <class name="com.saasovation.identityaccess.domain.model.
            identity.GroupMember" table="tbl_group_member" lazy="true">
        ...
        <property
            name="type"
            column="type"
            type="com.saasovation.identityaccess.infrastructure.
            persistence.GroupMemberTypeUserType"
            update="true"
            insert="true"
            not-null="true"
        />
    </class>
</hibernate-mapping>
```

<property> 요소의 타입 특성을 클래스 GroupMemberTypeUserType의 전체 클래스 경로로 설정한 점에 주목하자. 이는 한 가지 예일 뿐이며, 여러분에게 잘 맞는 방법을 선택해야 한다. 열거형을 담기 위한 MySQL 테이블 설명을 떠올려보자.

```
CREATE TABLE `tbl_group_member` (
    ...
    `type` varchar(5) NOT NULL,
    ...
) ENGINE=InnoDB;
```

이 type 열은 최대 5자 사이즈를 갖는 VARCHAR 타입으로, 타입의 가장 긴 텍스트 표현인 GROUP과 USER를 담기에 충분하다.

마무리

6장에선 최대한 값 객체를 사용하는 편을 선택해야 하는 중요성에 대해 살펴봤는데, 이는 개발하고 테스트하고 유지 관리하기가 더 쉽기 때문이다.

- 값 객체의 특징과 사용법을 배웠다.
- 값 객체를 활용해 통합의 복잡성을 최소화하는 방법을 확인했다.
- 값으로 표현된 도메인 표준 타입의 사용을 살펴봤고, 이를 구현하는 몇 가지 전략을 배웠다.
- 왜 사스오베이션이 가능하면 값으로써 모델링하는 편을 선호하는지 확인했다.
- 사스오베이션의 프로젝트를 통해 값 타입을 테스트하고 구현하고 저장하는 방법을 경험했다.

7장에선 실제로 모델의 일부를 구성하는 무상태의 오퍼레이션인 도메인 서비스를 살펴본다.

7장

서비스

때론 그건 정말 아무 대상도 아니다.
– 에릭 에반스

도메인 내에서 서비스란 도메인 고유의 작업을 수행하는 무상태의 오퍼레이션이다. 주로 도메인 모델에서 서비스를 생성할 필요가 있음을 알리는 가장 정확한 지표는 애그리게잇(10)이나 값 객체(6)상에서 수행해야 하는 오퍼레이션이 메소드로는 부적절하게 느껴질 때다. 우린 이러한 불편한 느낌을 지우려고 애그리게잇 루트의 클래스상에 아무렇지도 않게 정적 메소드를 생성하는 경향이 있다. 그러나 DDD를 사용하면 이런 전술의 코드에선 정적 메소드 대신 서비스를 사용하라는 '냄새'가 풍긴다.

7장의 로드맵

- 도메인 모델의 정제가 어떻게 서비스의 필요성에 관한 인식으로 이어지는지 살펴보자.
- 도메인에서 서비스는 무엇이고 서비스가 아닌 것은 무엇인지 배우자.
- 서비스를 생성할지 결정할 때 필요한 주의사항을 생각해보자.
- 사스오베이션 프로젝트의 두 가지 예제를 통해 도메인에서 서비스를 모델링하는 방법을 찾아보자.

냄새 나는 코드라고? 사스오베이션의 개발자들은 애그리게잇을 리팩토링했기 때문에 바로 이를 경험했다. 그들이 어떻게 전술적인 부분을 바꿨는지 살펴보자. 다음과 같은 일이 있어났다.

팀은 프로젝트의 초기 단계에서 BacklogItem 인스턴스의 컬렉션을 Product의 일부로 구성된 애그리게잇으로 모델링했다. 이런 모델링 상태를 통해 모든 제품 백로그 항목의 총 비즈니스 우선순위 값 계산을 클래스 Product의 단순한 인스턴스 메소드로 만들 수 있었다.

```
public class Product extends ConcurrencySafeEntity {
    ...
    private Set<BacklogItem> backlogItems;
    ...
    public BusinessPriorityTotals businessPriorityTotals() {
        ...
    }
    ...
}
```

businessPriorityTotals() 메소드는 BacklogItem 인스턴스를 단순하게 반복 접근하면서 총 비즈니스 우선순위 쿼리의 결과를 가져다주기 때문에, 당시에 이 설계design는 완벽하게 맞아떨어졌다. 이 설계에선 값 객체인 BusinessPriorityTotals를 통해 쿼리에 적절하게 응답했다.

그러나 이렇게 그대로 유지되진 않았다. 애그리게잇(10)의 분석에서 알 수 있듯이, 큰 클러스터인 Product는 좀 더 세분화돼야만 했고, BacklogItem은 애그리게잇으로 홀로 설 수 있도록 다시 설계돼야 했다. 그러므로 인스턴스 메소드를 사용했던 이전의 설계는 더 이상 맞지 않았다.

Product가 BacklogItem의 컬렉션을 더 이상 포함하지 않았기 때문에, 이 팀은 먼저 새로운 BacklogItemRepository를 사용해서 계산에 필요한 모든 BacklogItem 인스턴스를 얻어오도록 기존의 인스턴스 메소드를 리팩토링하는 방향으로 반응했다. 이게 올바른 해결책일까?

사실 팀의 수석 멘토는 그렇게 하지 말자고 팀을 설득했다. 무엇보다 중요한 규칙은, 리파지토리(12)는 가능한 애그리게잇의 내부에서 사용하지 않아야 한다는 점이었다. 그렇다면 단순히 클래스 Product상에 똑같은 정적인 메소드를 만들고, 정적 메소드의 계산에 필요한 BacklogItem 인스턴스의 컬렉션을 전달하는 건 어떨까? 이 방법을 통해 새로운 매개변수를 제외하고는 기존의 메소드를 거의 온전하게 유지할 수 있다.

```
public class Product extends ConcurrencySafeEntity {
    ...
    public static BusinessPriorityTotals businessPriorityTotals(
            Set<BacklogItem> aBacklogItems) {
        ...
    }
    ...
}
```

Product는 정말로 정적 메소드를 생성하기에 가장 알맞은 자리였을까? 어디에 속해야 할지 결정하는 일은 어려워 보였다. 사실 오퍼레이션은 각 BacklogItem의 비즈니스 우선순위 값만을 사용했기 때문에 어쩌면 정적 메소드는 BacklogItem에 있어야 했다. 그러나 필요한 비즈니스 우선순위는 백로그 항목이 아니라 제품에 관한 것이었다. 진퇴양난이다.

이 시점에서 멘토인 수석 개발자가 말했다. 그는 팀이 느끼는 모든 불편함은 한 가지 모델링 도구, 즉 도메인 서비스로 해결될 수 있다고 말했다. 어떻게 그렇게 될까?

일단 몇 가지 배경을 설정하자. 그리고 다시 이 모델링 상황으로 돌아와서 이 팀이 결정한 내용을 살펴보자.

도메인 서비스란 무엇인가(하지만 그보다 먼저, 도메인 서비스가 아닌 것은 무엇인가)

소프트웨어 컨텍스트에서 서비스란 용어를 들으면 원격 클라이언트로 하여금 복잡한 비즈니스 시스템과 상호 교류하도록 해주는 단위가 큰 컴포넌트의 그림을 떠올릴지 모른다. 이는 기본적으로 서비스 지향 아키텍처(4)에서의 서비스를 의미한다. SOA 서비스를 개발하는 데에는 몇 가지 기술과 접근법이 있다. 결국 이런 서비스는 시스템 수준의 원격 프로시저 호출RPC, remote procedure calls이나 메시지 지향 미들웨어

MoM, message-oriented middleware를 강조하며, 데이터센터나 전 세계의 시스템이 비즈니스 트랜잭션의 실행을 위해 서비스와 상호 교류한다.

위의 어떤 것도 도메인 서비스는 아니다.

그리고 도메인 서비스를 애플리케이션 서비스와 혼동해서도 안 된다. 우리가 비즈니스 로직을 애플리케이션 서비스 안에 넣으려는 게 아니라, 비즈니스 로직을 도메인 서비스 안에 넣고자 한다. 이 차이점이 분명하게 이해되지 않는다면 애플리케이션(14)과 비교해보자. 이 둘의 차이점을 요약해보면, 애플리케이션 서비스는 도메인 모델의 자연스러운 클라이언트로서 보통 도메인 서비스의 클라이언트가 된다. 7장 후반부에서 이 내용을 다룬다.

도메인 서비스에 서비스라는 단어가 들어있다고 해서 대단위이고 원격 기능이 있고 무거운 트랜잭션 오퍼레이션이란 의미는 아니다.[1]

카우보이 논리

LB: "뭔가 먹을 때는 항상 잘 살펴봐야 해. 지금 이 음식이 뭔가보다는 이게 무엇이었는지를 아는 게 더 중요하니까."

비즈니스 도메인에 속해 있는 서비스는 그 스위트 스폿[2]과 여러분의 필요가 교차될 때 완벽한 모델링 도구가 된다. 이제 도메인 서비스가 아닌 것이 무엇인지 알았으니 도메인 서비스가 무엇인지 살펴보자.

> 때론 그건 정말 아무 대상도 아니다…. 도메인 내의 유의미한 프로세스나 변형이 엔티티나 값 객체의 자연스러운 책임이 아니라면, 독립 인터페이스로서 서비스로 선언된 오퍼레이션을 모델에 추가하자. 모델의 언어로 인터페이스를 정의하고 오퍼레이션 이름이 반드시 유비쿼터스 언어의 일부가 되도록 하자. 서비스를 무상태로 만들자. [Evans, 104쪽, 106쪽]

도메인 모델은 일반적으로 비즈니스의 특정 측면에 집중된 소단위 행동을 처리하

1 도메인 서비스가 외래(foreign) 바운디드 컨텍스트(2)상의 원격 호출과 관련 있는 경우도 있다. 그러나 여기서 주의해야 할 점은 도메인 서비스 자체가 원격 프로시저 호출 인터페이스를 제공하진 않으며, 그보다는 해당 RPC가 사용하는 클라이언트라는 부분이다.

2 배트로 치기에 가장 효율적인 자리 – 옮긴이

기 때문에, 도메인의 서비스는 도메인 모델과 비슷한 원칙을 고수하는 경향이 있다. 다수의 도메인 객체를 하나의 원자적 오퍼레이션으로 처리하므로 복잡성이 약간 확대될 가능성이 있다.

오퍼레이션이 기존의 엔터티(5)나 값 객체에 속하지 않는 조건은 무엇일까? 완전한 목록을 제시하긴 어렵지만 다음과 같이 몇 가지로 정리해봤다. 도메인 서비스는 다음의 경우에 사용할 수 있다.

- 중요한 비즈니스 프로세스를 수행할 때
- 어떤 컴포지션에서 다른 컴포지션으로 도메인 객체를 변형할 때
- 하나 이상의 도메인 객체에서 필요로 하는 입력 값을 계산할 때

마지막 경우(계산)는 '중요 프로세스'의 카테고리에 속하지만, 분명히 하기 위해 일부러 따로 언급했다. 이는 상당히 일반적인 경우인데, 이런 종류의 오퍼레이션에선 둘 이상의 서로 다른 애그리게잇이나 해당 애그리게잇을 구성하고 있는 일부를 입력으로 요구한다. 그리고 메소드를 단순히 하나의 엔터티나 값에 두기가 곤란하다면 서비스를 정의하는 편이 최선이다. 서비스가 무상태이며 바운디드 컨텍스트의 유비쿼터스 언어(1)를 확실히 표현하는 인터페이스를 갖고 있음을 분명히 하자.

서비스가 필요한지 확인하자

서비스로 도메인 개념을 모델링하는 데 너무 의존하지 말라. 상황이 적절할 때만 사용해야 한다. 신중을 기해서 사용하지 않으면, 서비스를 모델링 문제를 해결하는 '묘책'이라 여길 수도 있다. 서비스를 지나치게 사용하면 애너믹 도메인 모델[Fowler, Anemic]이 만들어지는 부정적인 결과를 초래할 수 있는데, 대부분의 도메인 로직이 엔터티와 값 객체 전체로 흩어지지 못하고 서비스에만 몰리게 된다. 다음의 분석을 통해 각 모델링 상황에서 사용할 전술을 신중히 고려할 중요성에 대해 이해해보자. 이 지침을 따르면 서비스로 모델링할지 여부를 고민할 때 올바른 의사결정을 내리도록 도움을 받을 수 있다.

서비스로 모델링해야 할 필요성을 인식하게 되는 예제를 살펴보자. 식별자와 액세스 컨텍스트에서 `User`를 인증하려던 시도를 생각해보자. 이 도메인 시나리오는 팀이 엔터티(5)에서 나중으로 미뤄뒀던 시나리오다. 자, 지금이 그 나중이다.

- 시스템의 사용자는 반드시 인증돼야 하지만, 테넌트가 활성화된 경우에만 인증이 가능하다.

서비스가 왜 필요한지 생각해보자. 이 행동을 단순히 엔터티에 두어도 될까? 클라이언트의 관점에서 인증은 다음과 같이 모델링할 수 있다.

```
// 클라이언트는 User를 찾아서 인증 가능 여부를 묻는다

boolean authentic = false;

User user =
    DomainRegistry
        .userRepository()
        .userWithUsername(aTenantId, aUsername);

if (user != null) {
    authentic = user.isAuthentic(aPassword);
}

return authentic;
```

내 생각에 이 설계에는 적어도 몇 가지 문제가 있다. 우리는 클라이언트로 하여금 인증한다는 의미를 이해하도록 요구한다. 클라이언트는 User를 찾아서, 주어진 비밀번호가 User가 가진 비밀번호와 일치하는지 User에게 물어봐야 한다. 또 다른 문제는 유비쿼터스 언어가 명시적으로 모델링되지 않았다는 점이다. 우린 여기서 User에게 '인증 가능 여부'를 물어야지, 모델에게 '인증하라.'라고 요청해선 안 된다. 개념을 더 잘 모델링할 수 없다는 이유로 팀이 자연스럽다고 느끼는 시각을 포기하도록 하기보단, 팀이 사용하는 가능한 한 자연스러운 표현으로 모델링하는 편이 가장 바람직하다. 하지만 이런 문제보다 더 심각한 문제가 있다.

바로 팀이 사용자 인증 과정에서 발견한 내용을 제대로 모델링하지 못했다는 점이다. 테넌트가 활성화됐는지 확인하는 내용이 분명히 빠졌다. 요구사항에 의하면, 사용자가 위치한 테넌트가 활성화되지 않으면 사용자는 인증되지 않는다. 다음과 같이 문제를 해결해볼 수 있다.

```
// 아마도 이 방법이 더 낫다...
boolean authentic = false;

Tenant tenant =
    DomainRegistry
        .tenantRepository()
        .tenantOfId(aTenantId);

if (tenant != null && tenant.isActive()) {
    User user =
        DomainRegistry
            .userRepository()
            .userWithUsername(aTenantId, aUsername);

    if (user != null) {
        authentic = tenant.authenticate(user, aPassword)
    }
}

return authentic;
```

이 테스트는 인증을 실행하기 전에 Tenant가 활성화됐는지 확실히 확인한다. 또한 Tenant에 authenticate()를 둠으로써 메소드 isAuthentic()의 User를 없앨 수 있었다.

하지만 여기에도 문제가 있다. 클라이언트에 더해진 부담을 확인하자. 이젠 클라이언트가 인증에 관해 필요 이상으로 이해해야 한다. 메소드 authenticate() 내부에서 Tenant가 isActive()인지 여부를 확인하면 이 문제를 해결할 수 있지만, 명시적인 모델이 아니라는 측면에 관한 논쟁이 이어질 것이다. 또 다른 문제도 있다. 이제 Tenant는 비밀번호를 어떻게 해야 할지 알게 된다. 이 인증 시나리오에서 구체적으로 언급하진 않았지만 식별할 수 있었던 다른 요구사항을 떠올려보자.

- 비밀번호는 반드시 암호화해서 저장해야 하고, 일반 텍스트로 저장해선 안 된다.

우리가 제시한 해결책이 오히려 모델에 마찰을 일으키고 있는 듯 보인다. 가장 마지막으로 제시한 방법을 포함해서 우리는 네 가지 바람직하지 않은 접근법 중 하나를 선택해야 한다.

1. Tenant 내에서 암호화를 다루고, 암호화된 비밀번호를 User에게 보내자. 이는 테넌트 하나만을 모델링해야 하는 Tenant의 단일 리파지토리 원칙[Martin, SRP]을 침해한다.

2. User는 이미 암호화에 관해 어느 정도 알아야 하는데, 모든 저장된 비밀번호가 암호화됐는지 보장해야 하기 때문이다. 만약 그렇다면, 주어진 일반 텍스트 비밀번호를 인증하는 방법을 알 수 있는 메소드를 User에 생성하자. 하지만 이 경우에 인증은 Tenant상의 파사드가 돼며 온전한 구현은 User에서 이뤄진다. 게다가 User는 반드시 프로텍티드 인증 인터페이스를 통해 모델 외부의 클라이언트가 직접 사용하지 못하도록 막아야 한다.

3. Tenant는 User에게 일반 텍스트 비밀번호를 암호화하도록 요청하고, 이를 User가 갖고 있는 내용과 비교한다. 이 방법은 어수선하게 협업을 수행하는 추가적인 단계로 보인다. Tenant는 직접 수행하지 않는다고는 해도 여전히 인증의 세부사항을 이해해야 한다.

4. 클라이언트로 하여금 비밀번호를 암호화해서 Tenant로 보내도록 하자. 이 방법은 클라이언트에게 추가적인 책임을 부여하는데, 사실 클라이언트는 비밀번호를 암호화할 필요성에 관해 아무것도 알 필요가 없다.

위의 어떤 대안도 도움이 되지 않으며, 클라이언트는 여전히 너무 복잡하다. 우리가 클라이언트에 쏟아 부은 책임은 모델 안으로 고상하게 옮겨져야 한다. 순수하게 도메인 특화된 지식은 클라이언트로 절대 유출돼선 안 된다. 클라이언트가 애플리케이션 서비스라 해도, 해당 컴포넌트는 식별자와 액세스 관리 도메인의 책임을 져서는 안 된다.

카우보이 논리

AJ: "구멍에 빠졌을 때 제일 먼저 할 일은 구멍을 그만 파는 것이지."

실제론, 클라이언트가 수행해야만 하는 비즈니스적 책임은 다른 모든 세부사항을 다룰 단일 도메인 특정 오퍼레이션의 사용을 조정하는 일뿐이다.

```
// 태스크 조정 책임만을 수행하는 애플리케이션 서비스 클라이언트의 안쪽

UserDescriptor userDescriptor =
    DomainRegistry
        .authenticationService()
        .authenticate(aTenantId, aUsername, aPassword);
```

이 간결한 해결책에서 클라이언트는 AuthenticateionService의 무상태 인스턴스로의 참조를 획득해 authenticate()를 요청하기만 하면 된다. 이 과정은 모든 인증 세부사항을 애플리케이션 서비스 클라이언트에서 도메인 서비스로 밀어낸다. 서비스가 필요에 따라 어떤 수의 도메인 객체든 사용할 수 있다. 여기엔 비밀번호의 암호화가 적절히 수행되는지 확인하는 과정도 포함된다. 클라이언트는 이런 세부사항에 관해선 전혀 알 필요가 없다. 용어의 일부는 모델에, 일부는 클라이언트에 표현하는 대신에 ID 관리 도메인을 모델링하는 소프트웨어로 올바른 용어를 표현했기 때문에 해당 컨텍스트의 유비쿼터스 언어도 만족된다.

값 객체인 UserDescriptor가 서비스 메소드로부터 반환된다. 이 객체는 작고 안정적이다. 완전한 User와는 달리, 이 객체는 User를 참조하기 위해 필수적인 일부 특성만을 포함한다.

```
public class UserDescriptor implements Serializable {
    private String emailAddress;
    private TenantId tenantId;
    private String username;

    public UserDescriptor(
            TenantId aTenantId,
            String aUsername,
            String anEmailAddress) {
        ...
    }
    ...
}
```

이는 사용자별 웹 세션 안에 저장하기에 적합하다. 클라이언트 애플리케이션 서비스는 이 객체 자체를 호출자에게 반환하거나 해당 목적에 적합한 대상을 하나 더 생성할 수도 있다.

도메인에서 서비스를 모델링하기

도메인 서비스의 목적이 뭔지에 따라 도메인 내에서 서비스를 모델링하는 일은 아주 간단할 수 있다. 서비스에 분리된 인터페이스[Fowler, P of EAA]가 있어야만 하는지 판단해야 한다. 만약 있어야 한다면, 다음과 같이 인터페이스를 정의할 수 있다.

```
package com.saasovation.identityaccess.domain.model.identity;

public interface AuthenticationService {

    public UserDescriptor authenticate(
            TenantId aTenantId,
            String aUsername,
            String aPassword);
}
```

이 인터페이스는 Tenant, User, Group처럼 해당 식별자의 애그리게잇과 같은 모듈(9)에서 선언된다. 이는 AuthenticationService가 식별자의 개념이고, 식별자와 관련된 모든 개념을 identity 모듈 안에 넣었기 때문이다. 인터페이스 정의 자체는 꽤 간단하다. 단 하나의 오퍼레이션, 즉 authenticate()만 있으면 된다.

이제 어디에 구현 클래스를 둘지만 결정하면 된다. 의존성 역행 원리(4)나 헥사고날(4)을 사용하고 있다면, 다소 기술적인 구현 클래스는 도메인 모델 외부에 두고 싶을 수도 있다. 한 예로, 기술적 사항의 구현을 인프라 계층의 모듈에 넣을 수 있다.

다음이 이와 같은 클래스다.

```
package com.saasovation.identityaccess.infrastructure.services;

import com.saasovation.identityaccess.domain.model.DomainRegistry;
import com.saasovation.identityaccess.domain.model.identity.
AuthenticationService;
import com.saasovation.identityaccess.domain.model.identity.Tenant;
import com.saasovation.identityaccess.domain.model.identity.TenantId;
import com.saasovation.identityaccess.domain.model.identity.User;
import com.saasovation.identityaccess.domain.model.identity.
UserDescriptor;
```

```
public class DefaultEncryptionAuthenticationService
        implements AuthenticationService {

    public DefaultEncryptionAuthenticationService() {
        super();
    }

    @Override
    public UserDescriptor authenticate(
            TenantId aTenantId,
            String aUsername,
            String aPassword) {
        if (aTenantId == null) {
            throw new IllegalArgumentException(
                    "TenantId must not be null.");
        }
        if (aUsername == null) {
            throw new IllegalArgumentException(
                    "Username must not be null.");
        }
        if (aPassword == null) {
            throw new IllegalArgumentException(
                    "Password must not be null.");
        }

        UserDescriptor userDescriptor = null;

        Tenant tenant =
            DomainRegistry
                .tenantRepository()
                .tenantOfId(aTenantId);

        if (tenant != null && tenant.isActive()) {
            String encryptedPassword =
                DomainRegistry
                    .encryptionService()
                    .encryptedValue(aPassword);

            User user =
                DomainRegistry
```

```
                    .userRepository()
                    .userFromAuthenticCredentials(
                            aTenantId,
                            aUsername,
                            encryptedPassword);

            if (user != null && user.isEnabled()) {
                userDescriptor = user.userDescriptor();
            }
        }

        return userDescriptor;
    }
}
```

이 메소드에는 null 매개변수의 가드가 있다. 이렇게 하지 않으면 정상적인 조건에서 인증 프로세스가 실패하면 반환되는 UserDescriptor가 null이 된다.

인증 과정에선 먼저 식별자를 사용해 리파지토리에서 Tenant를 가져온다. 만약 Tenant가 존재하고 활성화됐다면, 해당 일반 텍스트 비밀번호를 암호화한다. User를 가져올 때 암호화된 비밀번호를 사용하기 때문에 여기서 이 작업을 수행해준다. TenantId와 매칭되는 username으로 User를 요청할 뿐만 아니라, 암호화된 비밀번호도 확인한다(두 일반 텍스트 비밀번호가 같다면, 각각의 암호화 결과도 항상 같다). 리파지토리는 세 가지 모두를 필터링할 수 있도록 설계한다.

사용자(사람)가 올바른 테넌트 식별자, 사용자명, 일반 텍스트 비밀번호를 제출하면, 그에 일치하는 User 인스턴스를 가져온다. 하지만 아직 사용자 인증이 완벽하지 않은 상태다. 다루지 않은 마지막 요구사항이 남아있다.

- 사용자는 활성화됐을 때만 인증이 가능하다.

리파지토리가 필터링된 User 인스턴스를 찾는다고 해도, 비활성화[disabled]된 상태일 수 있다. 테넌트에게 User를 비활성화시킬 가능성을 주면 사용자 인증을 다른 수준에서 제어할 수 있다. 그러므로 마지막 단계에서 User 인스턴스는 null이 아니면서 활성화돼야 하는데, 그 결과로 User에서 UserDescriptor를 가져올 수 있다.

분리된 인터페이스가 꼭 필요할까

AuthenticatoinService에 기술적인 구현이 없는데도 분리된 인터페이스와 구현 클래스가 필요하고, 이를 분리된 계층과 모듈에 담아야 할까? 사실 반드시 필요하진 않다. 우리는 이런 유형의 서비스를 해당 서비스의 이름에 따라 단일 구현 클래스로 만들 수도 있다.

```
package com.saasovation.identityaccess.domain.model.identity;

public class AuthenticationService {

    public AuthenticationService() {
        super();
    }

    public UserDescriptor authenticate(
            TenantId aTenantId,
            String aUsername,
            String aPassword) {
        ...
    }
}
```

이런 방식도 전혀 문제가 없다. 심지어 이런 유형의 서비스는 여러 구현이 필요하지 않으므로 이 접근법이 더 적합한 방법일 수 있다. 그러나 주어진 여러 테넌트가 특별한 보안 표준을 요구할 수 있다는 측면에서, 여러 개의 구현이 존재할 가능성도 있다. 그러나 이 시점에서 팀은 분리된 인터페이스를 포기하고 위에 나타낸 형태의 클래스로 가기로 결정했다.

구현 클래스의 이름 짓기

자바 세계에선 구현 클래스의 이름을 지을 때 인터페이스 이름을 접두사로 하고 Impl을 접미사로 하는 방식이 꽤 보편적인 상황이다. 우리의 예제에서 이 접근법을 사용하면 AuthenticationServiceImpl이라는 이름이 된다. 뿐만 아니라 인터페이스와 구현 클래스는 보통 같은 패키지 안에 위치한다. 이는 좋은 이름일까?

사실 구현 클래스가 이런 식으로 명명된다면, 이는 분리된 인터페이스가 필요 없다는 좋은 표시이거나 구현 클래스의 이름에 대해 좀 더 신중하게 생각해야 한다는 의미일 수 있다. 즉 AuthenticationServiceImpl은 좋은 이름이 아니다. 그러나 DefaultEncryptionAuthenticationService 역시 그다지 유용하지 않다. 이런 이유로, 사스오베이션 팀은 현재의 상황에서 분리된 인터페이스를 없애고 AuthenticationService라는 단순한 클래스를 가져가기로 결정했다.

만약 여러 특정(specific) 구현을 제공하고 있기 때문에 구현 클래스의 결합을 분리하기로 목표를 세웠다면, 그 특수성(specialty)에 맞게 클래스의 이름을 짓자. 특수화된 각 구현을 신중하게 이름 붙여야 하는 상황은 여러분의 도메인에 특수성이 존재함을 증명한다.

인터페이스와 구현 클래스의 이름을 비슷하게 지으면, 인터페이스와 구현 클래스의 쌍으로 구성된 거대한 패키지의 내부를 좀 더 쉽게 탐색할 수 있다는 결론에 다다를 수 있다. 하지만 이런 큰 패키지가 모듈의 목적에 맞지 않는 잘못된 설계라는 결론에 도달하게 된다. 잘못된 설계란 판단을 내렸고 모듈화란 목표를 달성하기 위해 집중하고 있다면, 의존성 역행 원리(4)에서의 논의와 같이 인터페이스와 여러 구현 클래스를 서로 다른 패키지에 담는 편을 선호하게 된다. 예를 들어, EncryptionService 인터페이스는 도메인 모델 내에 있지만, MD5EncryptionService는 인프라에 둔다.

비기술적 도메인 서비스의 분리된 인터페이스를 제거하더라도 테스트 가능성(testability)은 나빠지지 않는다. 그 이유는 테스트를 위해 설정된 서비스 팩토리를 사용하면 서비스가 의존성을 갖고 있는 모든 인터페이스를 주입하거나 찾아줄 수 있고, 아니면 인바운드 의존성과 아웃바운드 의존성을 필요에 맞춰 인스턴스의 매개변수로 전달할 수도 있기 때문이다. 계산과 같은 비기술적인 도메인 특정 서비스는 그 정확성을 반드시 테스트해야 한다는 점도 기억해두자.

이는 논란의 여지가 있는 주제며, 주로 Impl을 사용해 인터페이스를 명명하는 규모 있는 조직이 있다는 사실도 잘 알고 있다. 다만 굉장히 합리적인 이유로 Impl의 사용에 반대하는 집단도 있다는 점은 알고 있자. 선택은 언제나 여러분의 몫이다.

서비스가 언제나 도메인에 특정되고 기술적 구현이나 다양한 구현을 갖지 않는 상황에선, 분리된 인터페이스의 사용은 스타일에 관한 문제가 된다. 파울러가 [Fowler, P of EAA]에서 언급했듯, 분리된 인터페이스는 결합 분리의 목표가 분명할 때 유용하다. '인터페이스로의 의존성이 필요한 클라이언트는 해당 구현에 관해선 전혀 몰라도 된다.' 그러나 여러분이 의존성 주입 또는 서비스의 팩토리[Gamma 등]를 사용하고 있거나 서비스 인터페이스와 클래스가 함께 뭉쳐 있는 상황을 마주했더라도 여전히 클라이언트가 구현을 알지 못하도록 막을 수 있다.

즉 DomainRegistry를 서비스 팩토리로 사용하는 다음의 예제는 클라이언트와 구현을 분리해준다.

```
// 레지스트리는 도메인과 구현 세부사항 사이의 결합을 분리해준다
UserDescriptor userDescriptor =
    DomainRegistry
```

```
        .authenticationService()
        .authenticate(aTenantId, aUsername, aPassword);
```

의존성 주입을 사용하더라도 비슷한 효과를 얻을 수 있다.

```
public class SomeApplicationService ... {
    @Autowired
    private AuthenticationService authenticationService;
    ...
}
```

제어 역행inversion-of-control 컨테이너(스프링과 같은)는 서비스 인스턴스를 주입한다. 클라이언트는 서비스를 인스턴스화하지 않기 때문에 인터페이스와 구현의 통합이나 분리에 관해 알지 못한다.

서비스 팩토리와 의존성 주입을 모두 거부하고, 생성자나 메소드의 매개변수로 전달해 인바운드 의존성을 설정하는 편을 선호하는 이도 있다. 이는 의존성을 연결하고 코드의 테스트를 가능케 하는 가장 명시적인 방법이고, 심지어 의존성 주입보다도 더 쉬울 수 있다. 전반적으론 생성자에 기반한 의존성 설정 방법을 적용하는 가운데, 상황에 맞춰서 세 가지 방법 모두를 조합해 사용하는 편이 더 도움이 된다고 여기는 이도 있다. 7장의 예제에선 명확하게 보여주기 위해 DomainRegistry를 사용하지만, 그렇다고 이 책의 선호를 나타내는 것은 아니다. 이 책을 지원하기 위해 온라인에 배포해둔 소스 코드에선 사실 생성자를 통해 의존성을 설정하거나 매개변수로 직접 전달하는 방식을 선호한다.

계산 프로세스

이번엔 현재의 핵심 도메인(2)인 애자일 프로젝트 관리 컨텍스트에서 가져온 예제를 살펴보자. 이 서비스는 특정 타입의 하나 이상의 애그리게잇상에서 값을 가져와서 결과를 계산한다. 나는 이 예제에선 아직 분리된 인터페이스를 사용할 필요가 없다고 생각한다. 계산은 언제나 같은 방식으로 수행된다. 상황이 변하지 않는 한, 구현에서 인터페이스를 구분할 필요는 없다.

카우보이 논리

LB: "내 종마는 서비스당 5,000달러인데, 암마들이 줄을 섰더군."

AJ: "그 종마야말로 자신의 영역(도메인)에 있구만."

사스오베이션 개발자들이 원래 Product상에 소단위 정적 메소드를 생성해서 원하는 계산을 수행했던 점을 기억해보자. 이어지는 이야기는 그다음에 발생한 사건에 관해 다룬다.

팀의 멘토는 정적 메소드 대신 도메인 서비스를 사용하며 얻을 수 있는 이점을 언급했다. 이 서비스의 배경에는 BusinessPriorityTotals의 값 인스턴스를 계산해서 반환하겠다는 생각이 있었는데, 현재의 설계와 매우 비슷하다. 그러나 서비스는 좀 더 많은 작업을 해야 한다. 아마도 모든 주어진 스크럼 제품의 미해결outstanding 백로그 항목을 찾고, 각각의 BusinessPriority 값의 총계를 구해야 한다. 다음이 그 구현이다.

```
package com.saasovation.agilepm.domain.model.product;

import com.saasovation.agilepm.domain.model.DomainRegistry;
import com.saasovation.agilepm.domain.model.tenant.Tenant;

public class BusinessPriorityCalculator {

    public BusinessPriorityCalculator() {
        super();
    }

    public BusinessPriorityTotals businessPriorityTotals(
            Tenant aTenant,
            ProductId aProductId) {
            int totalBenefit = 0;
        int totalPenalty = 0;
        int totalCost = 0;
```

```
        int totalRisk = 0;

        java.util.Collection<BacklogItem> outstandingBacklogItems =
            DomainRegistry
                .backlogItemRepository()
                .allOutstandingProductBacklogItems(
                        aTenant,
                        aProductId);

        for (BacklogItem backlogItem : outstandingBacklogItems) {
            if (backlogItem.hasBusinessPriority()) {
                BusinessPriorityRatings ratings =
                    backlogItem.businessPriority().ratings();

                totalBenefit += ratings.benefit();
                totalPenalty += ratings.penalty();
                totalCost += ratings.cost();
                totalRisk += ratings.risk();
            }
        }

        BusinessPriorityTotals businessPriorityTotals =
            new BusinessPriorityTotals(
                    totalBenefit,
                    totalPenalty,
                    totalBenefit + totalPenalty,
                    totalCost,
                    totalRisk);

        return businessPriorityTotals;
    }
}
```

BacklogItemRepository는 모든 미해결 BacklogItem 인스턴스를 가져오기 위해 사용된다. 미해결 BacklogItem은 계획됨Planned, 일정이 잡힘Scheduled, 커밋됨Committed 등의 상태 타입 중 하나를 갖는데, 이와 동시에 완료됨Done이나 삭제됨Removed의 상태 타입을 가질 순 없다. 도메인의 서비스는 필요에 따라 리파지토리를 사용할 수 있지만, 애그리게잇 인스턴스에서 리파지토리로의 접근은 추천하지 않는 방식이다.

주어진 제품의 모든 미해결 항목에 반복해 접근하면서, 각 항목이 갖고 있는 BusinessPriority의 ratings의 총합을 구한다. 이렇게 계산된 총합을 사용해 새로운 BusinessPriorityTotals를 인스턴스화하며, 이렇게 만들어진 인스턴스는 클라이언트로 반환된다. 서비스 계산 프로세스가 복잡할 필요는 없지만 반드시 필요할 수는 있다. 여기서는 단순하게 나타냈다.

이 예제의 로직이 절대로 애플리케이션 서비스 내에 위치해선 안 된다는 점에 주의하자. for 루프 내의 합산 계산이 당연하다고 생각하더라도 여전히 이는 비즈니스 로직이다. 그리고 또 다른 이유도 있다.

```
BusinessPriorityTotals businessPriorityTotals =
    new BusinessPriorityTotals(
            totalBenefit,
            totalPenalty,
            totalBenefit + totalPenalty,
            totalCost,
            totalRisk);
```

BusinessPriorityTotals를 인스턴스화할 때, totalValue 특성은 totalBenefit과 totalPenalty를 합산한 결과로부터 만들어진다. 이 로직은 도메인에 특정되며, 애플리케이션 계층으로 유출돼선 안 된다. BusinessPriorityTotals 생성자 스스로가 내부로 전달되는 두 매개변수를 활용해 해당 값을 유추할 수 있도록 준비돼야 한다고 주장할 수도 있다. 이는 모델을 개선하는 한 방법일 수도 있지만, 그렇다고 나머지 계산을 애플리케이션 서비스로 옮기는 일을 정당화할 수는 없다.

비록 이 비즈니스 로직을 애플리케이션 서비스 안에 두진 않더라도, 이 애플리케이션 서비스는 도메인 서비스에서 클라이언트로 역할을 한다.

```
public class ProductService ... {
    ...
    private BusinessPriorityTotals productBusinessPriority(
            String aTenantId,
            String aProductId) {
        BusinessPriorityTotals productBusinessPriority =
                DomainRegistry
```

```
                .businessPriorityCalculator()
                .businessPriorityTotals(
                        new TenantId(aTenantId),
                        new ProductId(aProductId));

        return productBusinessPriority;
    }
}
```

이 경우 애플리케이션 서비스 내의 프라이빗 메소드에는 이 제품의 비즈니스 우선순위 총합을 요청할 책임이 있다. 이 메소드는 사용자 인터페이스와 같이, 단순히 ProductService의 클라이언트에게 반환된 페이로드의 일부를 제공해준다.

변환 서비스

인프라 내에 위치한 기술적 도메인 서비스의 다양한 구현은 주로 통합을 위해 사용된다. 따라서 바운디드 컨텍스트의 통합(13)에선 이에 관한 예제를 다뤘다. 13장에선 서비스 인터페이스, 구현 클래스, 어댑터[Gamma 등] 등과 함께 구현에서 사용한 변환기에 관한 내용을 살펴본다.

도메인 서비스의 미니 계층 사용하기

때론 나머지 도메인 모델 엔터티와 값 객체 위에 도메인 서비스의 '미니 계층'을 생성하는 편이 바람직할 수 있다. 앞서 언급했듯이, 이는 종종 애너믹 도메인 모델로 이어지기 때문에 안티 패턴으로 간주해야 한다.

그러나 도메인 서비스의 미니 계층을 설계하는 편이 좀 더 합리적이고, 애너믹 도메인 모델로 이어지지 않는 시스템도 일부 존재한다. 이는 도메인 모델의 특징에 따라 다르며, 식별자와 액세스 컨텍스트의 경우에는 꽤 유용하게 활용할 수 있다.

이런 도메인에서 작업해야 하고 도메인 서비스의 미니 계층을 생성하기로 결정했다면, 이는 애플리케이션 계층 안의 애플리케이션 서비스와는 다르다는 점을 항상 기억하자. 트랜잭션과 보안은 애플리케이션 서비스 내에서 애플리케이션의 문제로 다뤄야지, 도메인 서비스 내에서 다뤄선 안 된다.

서비스의 테스트

우리는 클라이언트의 관점에서 생각하는 모델링 방향을 제대로 반영했는지 확인하기 위해 서비스를 테스트한다. 모델이 사용돼야 하는 방식을 반영하기 위해 도메인에 초점을 맞춰 테스트를 진행하길 원하며, 반면에 이 시점에선 소프트웨어의 정확성을 자세히 살펴보는 일은 무시하기로 한다.

테스트하기엔 좀 늦지 않았나?

나는 보통은 구현 전에 테스트를 소개한다. 앞서 서비스의 요구사항을 분석하면서, 테스트 우선 코드의 일부를 살펴봤다. 7장에선 구현을 먼저 다루는 편이 좀 더 자연스럽다고 생각했을 뿐이다. 하지만 이는 테스트 우선이 모델링의 초점을 올바르게 유지시키더라도, 절대적인 필수 요소는 아니라는 점을 보여준다.

이 테스트는 AuthenticatoinService를 올바르게 사용하는 방법을 보여주는데, 우선 성공적인 인증 시나리오를 테스트해본다.

```
public class AuthenticationServiceTest
        extends IdentityTest {

    public void testAuthenticationSuccess() throws Exception {

        User user = this.getUserFixture();

        DomainRegistry
            .userRepository()
            .add(user);

        UserDescriptor userDescriptor =
            DomainRegistry
                .authenticationService()
                .authenticate(
                        user.tenantId(),
                        user.username(),
                        FIXTURE_PASSWORD);

        assertNotNull(userDescriptor);
```

```
        assertEquals(user.tenantId(), userDescriptor.tenantId());
        assertEquals(user.username(), userDescriptor.username());
        assertEquals(user.person().emailAddress(),
                userDescriptor.emailAddress());
    }
    ...
```

이 예제는 애플리케이션 서비스 클라이언트에서 AuthenticationService를 사용하는 방법을 나타낸다. 클라이언트가 올바른 매개변수를 넘겨서 성공적으로 인증받는, 깔끔한 흐름을 보여준다.

리파지토리는 제대로 된 구현체이거나 다양한 인메모리 중 하나이거나 목mock일 수 있음에 주의하자. 제대로 된 구현을 사용했고 해당 구현체가 충분히 빠른 경우, 여러 테스트에 걸쳐 불필요한 인스턴스를 자꾸 쌓아가지 않도록 테스트를 트랜잭션 롤백으로 마무리한다면 잘 동작한다. 테스트에 사용할 리파지토리의 유형은 여러분의 선택에 달렸다.

다음은 인증이 실패한 경우의 시나리오다.

```
    public void testAuthenticationTenantFailure() throws Exception {

        User user = this.getUserFixture();

        DomainRegistry
            .userRepository()
            .add(user);

        TenantId bogusTenantId =
            DomainRegistry.tenantRepository().nextIdentity();

        UserDescriptor userDescriptor =
            DomainRegistry
                .authenticationService()
                .authenticate(
                        bogusTenantId, // 가짜
                        user.username(),
                        FIXTURE_PASSWORD);
```

```
        assertNull(userDescriptor);
    }
```

User를 생성했을 때와는 다른 TenantId를 보냈기 때문에 인증에 실패한다. 다음은 잘못된 사용자명의 조건을 보여주는 테스트다.

```
    public void testAuthenticationUsernameFailure() throws Exception {

        User user = this.getUserFixture();

        DomainRegistry
            .userRepository()
            .add(user);

        UserDescriptor userDescriptor =
            DomainRegistry
                .authenticationService()
                .authenticate(
                        user.tenantId(),
                        "bogususername",
                        user.password());

        assertNull(userDescriptor);
    }
```

이 인증 테스트 시나리오는 우리가 의도적으로 잘못된 사용자명을 사용했기 때문에 실패한다. 이제 실패하는 시나리오는 하나만을 남겨뒀다.

```
    public void testAuthenticationPasswordFailure() throws Exception {

        User user = this.getUserFixture();

        DomainRegistry
            .userRepository()
            .add(user);

        UserDescriptor userDescriptor =
            DomainRegistry
```

```
                .authenticationService()
                .authenticate(
                        user.tenantId(),
                        user.username(),
                        "passw0rd");

        assertNull(userDescriptor);
    }
}
```

이 테스트는 잘못된 비밀번호를 제공하기 때문에 실패했다. 실패한 시나리오를 나타내는 모든 경우에 UserDescriptor는 null로 반환된다. 이는 클라이언트가 인증받지 못했을 땐 무엇을 기다리고 있어야 하는지 알려주기 때문에, 클라이언트는 이런 세부사항을 꼭 유념해야 한다. 또한 이는 인증의 실패가 특별한 예외 상황이 아니고, 이 도메인에서 일반적으로 일어날 수 있는 문제임을 나타낸다. 반면에 인증의 실패를 예외적으로 간주할 땐 서비스가 AuthenticationFailedException을 보낸다.

여기서 포함하지 못한 테스트가 몇 가지 있다. Tenant가 활성화되지 않은 경우와 User가 비활성화된 경우를 비롯한 도메인 시나리오는 여러분 스스로 테스트해보자. 이어서 여러분은 BusinessPriorityCalculator를 위한 테스트를 생성할 수 있다.

마무리

7장에서는 무엇이 도메인 서비스이고 무엇이 아닌지 논의했으며, 엔터티나 값 객체 상의 오퍼레이션이 아닌 서비스를 사용해야 하는 경우에 대해 분석해봤다. 그리고 다음과 같은 내용을 살펴봤다.

- 서비스를 과용하지 않으려면, 서비스가 필요한 경우를 합리적으로 인식해야 한다는 점을 배웠다.

- 도메인 서비스를 과용하면 안티 패턴인 애너믹 도메인 모델로 이어질 수 있다는 사실을 상기시켜 봤다.
- 서비스를 구현하는 구체적인 실행 단계를 살펴봤다.
- 분리된 인터페이스를 사용하는 것의 장점과 단점을 생각해봤다.
- 애자일 프로젝트 관리 컨텍스트의 샘플 계산 프로세스를 리뷰해봤다.
- 마지막으로 모델이 제공하는 서비스를 어떻게 사용하는지 보여주는 예제 테스트를 만드는 방법을 살펴봤다.

다음으로 우리는 새롭게 등장한 DDD의 전술적 모델링 도구 중 하나를 알아볼 것이다. 이는 효과적으로 도메인 이벤트를 만들 수 있는 패턴이다.

8장

도메인 이벤트

역사는 사람들이 동의하기로 한 버전의 과거 이벤트다.
– 나폴레옹 보나파르트

도메인에서 발생한 사건을 포착하기 위해 도메인 이벤트를 사용하자. 이벤트는 아주 강력한 모델링 도구다. 일단 도메인 이벤트를 사용하는 법을 알고 나면, 여러분은 이에 중독돼서 어떻게 여지껏 도메인 이벤트 없이 살아왔는지 의아해질 것이다. 이벤트의 사용을 시작하려면, 이벤트가 실제로 무엇인지 동의하기만 하면 된다.

8장의 로드맵

- 도메인 이벤트가 무엇인지, 언제 그리고 왜 사용하는지 알아보자.
- 어떻게 이벤트가 객체로 모델링되는지, 언제 고유하게 식별돼야 하는지 배우자.
- 경량의 발행–구독[Gamma 등] 패턴을 알아보고, 클라이언트에 알림을 보내기 위해 이를 사용하는 방법을 살펴보자.
- 이벤트를 발행시키는 컴포넌트와 구독하는 컴포넌트를 확인하자.
- 이벤트 저장소(Event Store)를 개발해야 하는 이유와 개발하는 방법, 사용되는 위치를 생각해보자.
- 사스오베이션이 여러 방식으로 자동 시스템에 이벤트를 발행하는 방법을 배우자.

언제 그리고 왜 도메인 이벤트를 사용할까

[Evans]에선 도메인 이벤트에 관한 공식적인 정의를 찾을 수 없다. 책이 출간되고 어느 정도 시간이 지난 후에야 이 패턴의 세부사항이 소개됐다. 도메인(2)에 이벤트를 구현하는 방법에 대한 논의를 시작하기 위해 가장 최신의 정의를 살펴보자.

> 도메인 전문가가 관심을 갖고 있는 어떤 사건이 발생했다.
>
> 연속된 개별 이벤트를 묶어서 도메인에서 일어나는 활동의 정보를 모델링하자. 각 이벤트를 도메인 객체로 표현하자…. 도메인 이벤트는 도메인 모델을 완벽히 지원하며 도메인에서 일어난 어떤 사건을 나타낸다. [Evans, Ref, 20쪽]

도메인에서 발생한 어떤 일이 도메인 전문가에게 중요한지 어떻게 결정할 수 있을까? 전문가들과 논의를 통해 그들이 알려주는 단서에 귀를 기울여야 한다. 도메인 전문가가 다음과 같은 말을 던질 때 집중하자.

- "...할 때"
- "그런 일이 일어나면..."
- "...하면 저에게 알려주세요."와 "...하면 저에게 통보해주세요."
- "...한 일의 발생"

물론 "...하면 저에게 알려주세요."와 "...하면 저에게 통보해주세요."라는 표현 자체가 이벤트를 구성하는 알림인 것은 아니다. 이는 도메인에서 누군가 중요한 일이 발생했기 때문에 알림을 받기를 원하고 있으며, 이는 명시적인 이벤트를 모델링해야 할 여지가 크다는 의미다. 또한 도메인 전문가는 "'그런' 일이 일어나면 중요하지 않지만, '이런' 일이 일어나면 중요해요."('그런'과 '이런'을 여러분 도메인에서 의미 있는 단어로 바꿔보자.)와 같은 말을 할 수도 있다. 여러분의 조직 문화에 따라 다른 중요한 문구가 있을 수도 있다.

카우보이 논리

AJ: "내게 말이 필요한 '이벤트'에선 '트리거, 이리와!'라고 외치면 내 말이 달려오지. 물론 각설탕을 들고 있다는 사실을 말한테 알려주는 게 언제나 도움이 되긴 해."

전문가가 말한 언어가 이벤트를 모델링할 분명한 이유와 연결되지 않을 수도 있는데, 그럼에도 비즈니스 상황 때문에 여전히 필요할 때가 있다. 도메인 전문가는 이런 요구사항에 대해 알고 있을 수도 있고 모르고 있을 수 있으며, 팀 사이의 논의를 거쳐야만 알게 될 수도 있다. 이런 상황은 이벤트를 외부의 서비스로 브로드캐스트해야 할 때 주로 발생하는데, 여러분의 엔터프라이즈 시스템은 결합에서 분리돼야 하고, 도메인 전반에 걸쳐 일어난 사건은 바운디드 컨텍스트 전체로 전달돼야 한다. 이런 이벤트가 발행되면 구독자가 알림을 받게 된다. 구독자가 이런 이벤트를 처리함으로써 로컬과 원격 바운디드 컨텍스트에 광범위한 영향을 미칠 수 있다.

도메인 전문가와 이벤트

처음에는 도메인 전문가가 필요한 모든 종류의 이벤트를 다 알진 못할 수도 있지만, 특정 이벤트에 관한 논의에 참여하게 되면 그 이유에 대해 반드시 이해해야 한다. 일단 분명한 공감대가 형성되면, 새로운 이벤트는 유비쿼터스 언어(1)의 공식적인 일부가 된다.

이벤트가 로컬 시스템이든 외부 시스템이든 관심이 있는 대상으로 전달됐을 땐 보통 결과적 일관성을 위해 사용된다. 이는 분명한 목적을 갖고 설계[design]에 따라 수행된다. 이는 두 단계 커밋(글로벌 트랜잭션)의 필요성을 제거하고, 애그리게잇(10)의 규칙을 지원한다. 애그리게잇의 규칙 중에는 트랜잭션에서 단 하나의 인스턴스만이 변경돼야 하고, 다른 모든 종속적 변경은 별도의 트랜잭션에서 일어나야 한다는 규칙이 있다. 따라서 로컬의 바운디드 컨텍스트의 다른 애그리게잇 인스턴스는 이 접근법을 통해 동기화할 수 있다. 우리는 지연 시간을 감안하면 원격 의존성을 일관성 있는 상태로 유지할 수도 있다. 이런 결합 분리는 높은 확장성과 협업하는 서비스 집합의 최고 성능을 제공하는 데 도움이 된다. 또한 이를 통해 시스템 간의 느슨한 결합을 달성할 수 있다.

그림 8.1은 이벤트가 어떻게 발생하는지, 어떻게 저장되고 전달되는지, 어디에 사용되는지 보여준다. 이벤트의 소비는 로컬, 외부, 바운디드 컨텍스트를 통해 이뤄진다.

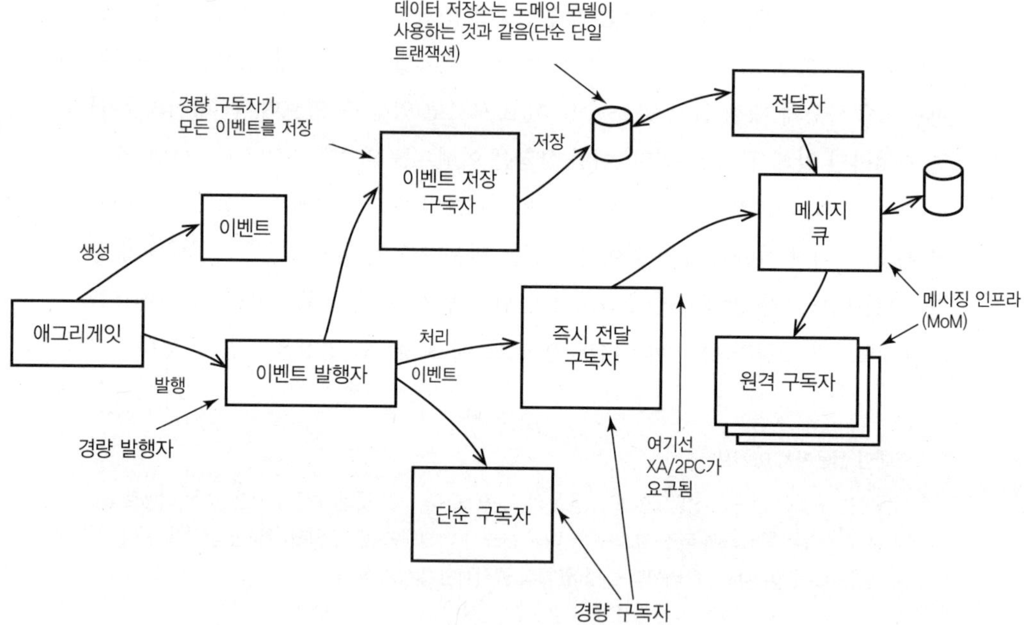

그림 8.1 애그리게잇은 이벤트를 생성하고 발행한다. 구독자는 이벤트를 저장한 후 원격 구독자에게 전달하거나, 저장하지 않고 전달한다. 메시징 미들웨어가 모델의 데이터 저장소를 공유하지 않는 한, 즉시 전달에는 XA(두 단계 커밋)가 필요하다.

또한 시스템이 배치 처리를 수행하는 평범한 상황을 생각해보자. 아마 시스템은 사용량이 적은 시간대(아마 밤 시간대)에 어떤 종류의 일일 유지 관리를 처리할 텐데, 불필요한 객체를 지우고 새롭게 형성된 비즈니스 상황을 지원하는 데 필요한 것들을 생성하고, 일부 객체를 다른 객체와 일치시키고, 심지어 어떤 사용자에겐 중요한 일이 일어났음을 알려주기까지 한다. 종종 이런 배치 처리의 수행에선 일부 복잡한 쿼리를 수행해 비즈니스 상황에 주목해야 할지 결정하는 일도 필요하다. 이를 처리하는 계산과 과정에는 큰 비용이 소모되고 모든 변경을 동기화하는 데는 많은 트랜잭션이 필요하다. 만약 이 성가신 배치 처리를 '정리 해고'할 수 있다면 어떨까?

이제 전날 일어난 실제 사건 중에서 나중에 캐치업해야 하는 일이 무엇인지 생각해보자. 만약 이 개별 사건을 각각 하나의 이벤트로 포착해서 시스템의 리스너에게 발행한다면, 일이 간단해지지 않을까? 실제로, 무슨 일이 언제 일어났는지 분명히 알 수 있어 그 결과로서 무슨 일이 일어나야 하는지에 관한 컨텍스트를 제공해주기 때문에 복잡한 쿼리를 제거할 수 있다. 여러분은 수신한 각 이벤트의 알림에 맞춰 작업하기만 하면 된다. 현재 I/O와 프로세서 집약적인 배치로 처리되는 사항이 하루 전체로 흩어져 짧게 처리되고, 비즈니스 상황은 훨씬 빠른 시점에 조화를 이뤄서 사용자가 다음 단계를 수행하도록 준비를 마치게 된다.

모든 애그리게잇 커맨드가 이벤트를 발생시킬까? 이벤트의 필요성을 아는 것만큼이나, 전문가 또는 비즈니스 관계자가 전혀 신경 쓰지 않는 도메인의 불필요한 사건을 무시할 시점을 아는 일도 중요하다. 그럼에도 모델의 기술적 구현 측면이나 협업 시스템의 목표에 따라 도메인 전문가가 직접 요구하는 수보다 이벤트가 더 많을 수 있다. 이런 상황에선 이벤트 소싱(4, 부록 A)을 사용한다.

일부는 바운디드 컨텍스트의 통합(13)에서 다루겠지만, 여기서도 필수적인 모델링 도구를 살펴본다.

이벤트의 모델링

애자일 프로젝트 관리 컨텍스트의 요구사항을 살펴보자. 도메인 전문가는 이 방법으로 이벤트의 필요성를 나타냈다.

각 백로그 항목을 스프린트로 커밋하자. 이미 릴리스할 일정이 잡힌 경우에만 커밋할 수 있다. 만약 이미 다른 스프린트로 커밋됐다면 먼저 커밋을 취소해야 한다. 백로그 항목이 커밋되면 스프린트나 다른 관계자에게 알리자.

이벤트를 모델링할 땐 해당 이벤트가 속한 바운디드 컨텍스트의 유비쿼터스 언어에 따라 이벤트와 그 속성을 명명하자. 애그리게잇의 커맨드 오퍼레이션 실행에 따른 결과로서 이벤트가 발생한다면, 그 이름은 보통 실행된 커맨드로부터 파생된다. 커맨드는 이벤트의 원인이므로, 이벤트의 이름을 통해 과거에 발생한 커맨드도 적절히 나타낼 수 있다. 예제 시나리오에 따르면, 우리가 백로그 항목을 스프린트로 커밋할 때 도메인에 일어난 일을 명시적으로 모델링하는 이벤트를 발행한다.

커맨드 오퍼레이션: BacklogItem#commitTo(Sprint aSprint)

이벤트 결과: BacklogItemCommitted

'백로그 항목이 커밋됐다.'는 의미의 이벤트 이름은 요청된 오퍼레이션이 성공한 후 애그리게잇상에 무슨 일이 일어났는지 (과거형으로) 나타낸다. 팀은 BacklogItemCommittedToSprint와 같은 좀 더 장황한 이름으로 모델링할 수도 있었는데 이런 이름도 괜찮았을 것이다. 하지만 스크럼의 유비쿼터스 언어에서 백로그 항목은 스프린트 외에선 절대로 커밋되지 않는다. 즉 백로그 항목의 릴리스를 위해 일정을 수립하지, 릴리스를 위해 백로그 항목이 커밋되진 않는다. commitTo() 오퍼레이션 사용의 결과로서 이 이벤트가 발행됐음에는 의심의 여지가 없다. 그러므로 이벤트는 현재의 이름만으로도 충분하며, 이름이 간단할수록 읽기에 좋다. 그렇지만 당신의 팀이 좀 더 구체적인 이름을 선호한다면 그렇게 사용해도 좋다.

애그리게잇으로부터 이벤트를 발행할 땐 이벤트의 이름에 발생의 과거 시점을 반영하는 것이 중요하다. 현재 일어나고 있는 일이 아니라 과거에 일어난 일이다. 가장 좋은 이름은 일어난 사실을 반영해야 한다.

올바른 이름을 찾은 다음엔 어떤 속성을 부여해야 할까? 첫 번째, 이벤트가 언제 일어났는지 나타내는 타임스탬프가 필요하다. 자바에서는 이를 java.util.Date로 표현할 수 있다.

```
package com.saasovation.agilepm.domain.model.product;

public class BacklogItemCommitted implements DomainEvent {
    private Date occurredOn;
    ...
}
```

모든 이벤트에서 구현되는 최소한의 인터페이스인 DomainEvent는 occurredOn() 접근자의 지원을 보장한다. 이는 모든 이벤트의 기본 계약을 강화한다.

```
package com.saasovation.agilepm.domain.model;

import java.util.Date;

public interface DomainEvent {
```

```
    public Date occurredOn();
}
```

이와 함께, 팀은 일어난 일의 의미를 나타내기 위해 필요한 다른 속성이 무엇인지 결정한다. 해당 이벤트를 다시 발생시키기 위해 필요한 모든 것의 추가를 고려하자. 보통 발생한 애그리게잇 인스턴스의 식별자를 포함하거나 관련된 애그리게잇 인스턴스를 포함한다. 이 안내에 따라 논의한 결과, 유용하다고 증명됐다면 이벤트를 야기한 모든 매개변수의 속성을 생성할 것이다. 일부 결과적인 애그리게잇 상태 변환 값이 구독자에게 유용할 가능성도 있다.

다음은 BacklogItemCommitted의 분석 결과다.

```
package com.saasovation.agilepm.domain.model.product;

public class BacklogItemCommitted implements DomainEvent {
    private Date occurredOn;
    private BacklogItemId backlogItemId;
    private SprintId committedToSprintId;
    private TenantId tenantId;
    ...
}
```

팀은 BacklogItem과 Sprint의 식별자가 필수적이라고 결정했다. 이벤트는 BacklogItem에서 발생했으며, Sprint와 함께 발생했다. 하지만 이 결정에는 다른 점도 영향을 미쳤다. 이 이벤트가 필요함을 밝혔던 요구사항에선 반드시 어떤 BacklogItem이 어떤 Sprint에 커밋됐다고 알려야 함을 구체적으로 명시했다. 따라서 같은 바운디드 컨텍스트의 이벤트 구독자는 언젠간 Sprint에게 해당 내용을 알려야 하고, 이는 BacklogItemCommitted가 SprintId를 갖고 있어야만 가능하다.

추가적으로 멀티테넌시 환경에선 비록 커맨드 매개변수로서 전달되지 않았더라도 반드시 TenantId를 기록해야 한다. 이는 로컬과 외부 바운디드 컨텍스트 모두에게 필요하다. 로컬에선 BacklogItem과 Sprint를 각각의 리파지토리(12)에게 쿼리하기 위해 TenantId가 필요하다. 이와 유사하게, 이 이벤트의 브로드캐스트를 리스닝하고 있는 모든 외부의 원격 시스템에선 어떤 TenantId가 적용되는지 알아야 한다.

이벤트가 제공하는 행동적 오퍼레이션은 어떻게 모델링할까? 이는 일반적으로 아주 간단한데, 이벤트가 보통 불변으로 설계되기 때문이다. 무엇보다도 이벤트의 인터페이스는 해당 원인을 반영한 속성을 운반하려는 목적을 갖고 있다는 점이 중요하다. 대부분의 이벤트는 전체 상태의 초기화를 허용하는 단 하나의 생성자만을 갖고 있으며, 그와 함께 각 속성의 읽기 접근자를 포함하게 된다.

이에 기반해서 프로젝트오베이션 팀은 다음과 같이 진행했다.

```
package com.saasovation.agilepm.domain.model.product;

public class BacklogItemCommitted implements DomainEvent {
    ...
    public BacklogItemCommitted(
            TenantId aTenantId,
            BacklogItemId aBacklogItemId,
            SprintId aCommittedToSprintId) {
        super();
        this.setOccurredOn(new Date());
        this.setBacklogItemId(aBacklogItemId);
        this.setCommittedToSprintId(aCommittedToSprintId);
        this.setTenantId(aTenantId);
    }

    @Override
    public Date occurredOn() {
        return this.occurredOn;
    }

    public BacklogItemId backlogItemId() {
        return this.backlogItemId;
```

```
    }

    public SprintId committedToSprintId() {
        return this.committedToSprintId;
    }

    public TenantId tenantId() {
        return this.tenant;
    }
    ...
}
```

이 이벤트가 발행되면서, 로컬 바운디드 컨텍스트의 구독자는 이를 통해 Sprint에게 BacklogItem이 최근에 커밋됐음을 알릴 수 있다.

```
MessageConsumer.instance(messageSource, false)
    .receiveOnly(
            new String[] { "BacklogItemCommitted" },
            new MessageListener(Type.TEXT) {
        @Override
            public void handleMessage(
            String aType,
            String aMessageId,
            Date aTimestamp,
            String aTextMessage,
            long aDeliveryTag,
            boolean isRedelivery)
        throws Exception {
            // aMessageId를 가진 중복되지 않은 첫 번째 메시지
            ...
            // JSON에서 tenantId, sprintId, backlogItemId를 가져온다
            ...

            Sprint sprint =
                    sprintRepository.sprintOfId(tenantId, sprintId);

            BacklogItem backlogItem =
                    backlogItemRepository.backlogItemOfId(
                        tenantId,
```

```
                    backlogItemId);

            sprint.commit(backlogItem);
        }
    });
```

시스템의 요구사항에 따라 특정 'BacklogItemCommitted' 메시지를 처리하고 난 후, Sprint는 최근에 자신에게 커밋된 BacklogItem과 일관성을 갖게 된다. 어떻게 구독자가 이 이벤트를 수신하는지는 8장의 후반부에서 다룬다.

이 팀은 여기에 약간의 문제가 있을 수 있음을 깨달았다. 어떻게 Sprint의 업데이트 트랜잭션을 관리해야 할까? 메시지 핸들러를 사용할 수도 있지만, 어쨌든 핸들러의 코드는 리팩토링이 필요하다. 애플리케이션 서비스(14)로 위임해 헥사고날 아키텍처(4)와 조화를 이루도록 하는 접근이 최선일 것이다. 이렇게 함으로써 애플리케이션 서비스가 트랜잭션을 관리하게 되고, 이는 실제로도 애플리케이션에서 다뤄야 할 문제다. 이때의 핸들러는 다음과 같이 구현된다.

```
MessageConsumer.instance(messageSource, false)
    .receiveOnly(
            new String[] { "BacklogItemCommitted" },
            new MessageListener(Type.TEXT) {
        @Override
        public void handleMessage(
            String aType,
            String aMessageId,
            Date aTimestamp,
            String aTextMessage,
            long aDeliveryTag,
            boolean isRedelivery)
        throws Exception {
            // JSON에서 tenantId, sprintId, backlogItemId를 가져온다
            String tenantId = ...
            String sprintId = ...
```

```
            String backlogItemId = ...

            ApplicationServiceRegistry
                    .sprintService()
                    .commitBacklogItem(
                            tenantId, sprintId, backlogItemId);
        }
    });
```

이 예제에선 이벤트의 중복 제거가 불필요한데, 이는 BacklogItem의 Sprint로의 커밋이 멱등한 오퍼레이션이기 때문이다. 만약 특정 BacklogItem이 이미 Sprint로 커밋됐다면 다시 커밋하려는 현재의 요청은 무시된다.

구독자가 이벤트의 원인 이외의 상황까지 나타내주길 요청한다면, 추가적인 상태와 행동의 제공이 필요할 수 있다. 이는 더 풍부한 상태(더 많은 속성)나 더 풍부해진 상태를 기반으로 이뤄지는 오퍼레이션을 통해 전달할 수 있다. 따라서 구독자는 이벤트를 발행한 애그리게잇으로 다시 쿼리하는 일을 피할 수 있게 되는데, 이런 과정을 수행한다면 필요 이상의 어려움을 해결해야 하거나 너무 큰 비용이 들 수 있다. 이벤트를 더욱 풍부하게 하는 일은 이벤트 소싱을 사용하는 상황에서 좀 더 보편적으로 이뤄지는데, 이는 영속성을 위해 사용되는 이벤트 바운디드 컨텍스트의 밖으로 발행될 때도 추가적인 상태가 필요할 수 있기 때문이다. 이벤트 강화의 예제는 부록 A에서 살펴볼 수 있다.

화이트보드 타임

- 도메인 내에서 이미 발생했지만 포착하진 못한 이벤트의 목록을 작성하자.
- 이를 모델의 일부로서 명시적으로 포함시키면 어떻게 설계가 개선되는지 생각해보자.

> 다른 애그리게잇의 상태에 의존성을 갖는 애그리게잇의 식별이 가장 쉬울 수 있는데, 여기엔 결과적 일관성이 필수적이다.

오퍼레이션을 사용해 더 풍부해진 상태를 만들기 위해선 값 객체(6)에서 논의한 바와 같이 객체의 불변성을 보호하기 위해 모든 추가적인 이벤트 행동이 부작용을 일으키지 않는지 확인해야 한다.

애그리게잇의 특성과 함께하기

때론 클라이언트가 직접 요청한 내용을 바탕으로 이벤트가 생성되도록 설계하기도 한다. 이는 모델 내 애그리게잇 인스턴스상에 위치한 행동을 실행한 직접적인 결과가 아닌, 다른 일부 사건에 따른 응답으로써 이뤄진다. 시스템의 사용자가 그 고유한 권리를 사용해 이벤트로 간주되는 일부 활동을 초기화할 가능성도 있다. 이런 일이 일어나면 이벤트를 애그리게잇으로서 모델링할 수 있으며, 그 고유의 리파지토리로부터 취득할 수 있다. 이는 과거에 일어난 일부 사건을 나타내기 때문에, 해당 리파지토리는 삭제를 허용하지 않는다.

이벤트를 이런 방식으로 모델링하면, 이벤트는 애그리게잇처럼 모델 구조의 일부가 된다. 즉 이런 이벤트는 과거에 일어난 일부 사건의 기록일 뿐만 아니라, 더 넓은 의미를 갖게 된다.

이벤트는 여전히 불변하도록 설계되지만, 생성된 고유 식별자를 할당할 수도 있다. 그러나 이벤트의 여러 속성이 모여서 해당 식별자를 지원할 수도 있다. 속성의 집합에 의해 고유 식별자가 결정된다 하더라도, 엔터티(5)에서 논의한 대로 생성된 고유 식별자를 할당하는 편이 최선이다. 이는 이벤트가 다른 모든 대상들 가운데 그 고유성을 잃을 위험 없이 다양한 설계 변경이 가능하도록 해준다.

이와 같은 방식으로 이벤트를 모델링하면 해당 리파지토리에 추가될 뿐만 아니라 메시징 인프라를 통해 발행할 수도 있다. 클라이언트는 이벤트의 생성을 위해 도메인 서비스(7)를 호출할 수 있으며, 이렇게 만들어진 이벤트를 리파지토리에 추가하고, 메시징 인프라를 통해 발행한다. 이런 접근법에선 리파지토리와 메시징 인프라 모두가 반드시 같은 영속성 인스턴스(데이터 소스)의 지원을 받거나, 아니면 두 커밋이 모두 성공함을 보장하기 위한 글로벌 트랜잭션(XA나 두 단계two-phase 커밋)이 필요하다.

메시징 인프라가 성공적으로 새로운 이벤트 메시지를 해당하는 영속성 저장소에 저장했다면, 이를 비동기적으로 큐 리스너나 토픽/익스체인지topic/exchange 구독자를 비롯해 액터 모델을 사용할 땐 액터로 보내게 된다.[1] 메시징 인프라가 모델의 저장소와는 다른 별도의 영속성 저장소를 사용하고 글로벌 트랜잭션은 지원하지 않는다면, 여러분의 도메인 서비스는 우선 대역 외out-of-band 발행을 위한 큐로서 동작하는

1 얼랭(Erlang)과 스칼라(Scala)의 동시성을 다루는 액터 모델을 참고하자. 특히 스칼라나 자바를 사용할 경우 아카(Akka)를 고려해볼 만하다.

이벤트 저장소에 저장되는지 지켜봐야 한다. 저장소의 각 이벤트는 이를 메시지 인프라를 통해 밖으로 보내주는 전달 컴포넌트에 의해 처리된다. 이 기법은 8장 후반부에서 상세히 다루겠다.

식별자

고유 식별자를 할당하는 이유를 분명히 하자. 이벤트를 서로 구분해야 할 때가 있지만, 그런 상황은 굉장히 드물다. 이벤트를 유발하고 생성해서 발행하는 위치인 바운디드 컨텍스트에선 이벤트를 서로 비교해야 할 이유가 거의 없다. 그러나 혹시라도 어떤 이유에서든 이벤트를 비교해야만 한다면 어떻게 해야 할까? 그리고 이벤트가 애그리게잇으로서 설계됐다면?

값 객체에서 그랬듯, 아마도 해당 속성으로써 이벤트 식별자를 표현해주면 충분하다. 이벤트의 이름/타입과 함께 이벤트를 유발시키는 데 관여한 애그리게잇의 식별자와 이벤트가 발생한 타임스탬프를 통해 해당 이벤트를 충분히 구분해낼 수 있다.

이벤트가 애그리게잇으로 모델링된 상황에서나, 이벤트를 반드시 비교해야 하지만 그에 엮인 속성만으론 구분할 수 없는 상황에선 이벤트에 정형적인 고유 식별자를 할당할 수 있다. 그러나 고유 식별자를 할당해야 하는 다른 이유도 있을 수 있다.

이벤트가 발생한 로컬 바운디드 컨텍스트의 밖에서 이벤트가 발행되면 메시징 인프라 스트럭처가 이를 전달하기 위해 고유 식별자가 필요해진다. 일부 경우에선 개별 메시지가 한 번 이상 전달될 수 있는데, 이런 상황은 메시징 인프라가 메시지의 발송을 확인하기에 앞서 메시지 발송자의 작동이 중단됐을 때 일어날 수 있다.

어떤 이유로 메시지의 재발송이 일어났든, 그 해결책은 원격 구독자로 하여금 중복 메시지 전달을 감지하고 이미 수신된 메시지를 무시하도록 하는 것이다. 이를 돕기 위해 일부 메시징 인프라는 고유 메시지 식별자를 해당 본문의 주변에 위치하는 헤더/인벨럽[envelop]의 일부로 제공해, 모델이 이를 생성할 필요가 없도록 해준다. 메시징 시스템이 자동으로 모든 메시지에 고유 식별자를 제공하지 않더라도, 발행자는 이벤트 자체나 해당 메시지에 이를 할당할 수도 있다. 어떤 경우든 원격 구독자는 메시지가 한 번 이상 전달되면 중복 제거를 관리하기 위해 고유 식별자를 활용할 수 있다.

equals()와 hashCode() 구현이 필요할까? 이는 보통 로컬 바운디드 컨텍스트에서 이를 사용할 때에만 필요하다. 메시징 인프라를 통해 발송된 메시지는 이를 수신한 구독자가 XML이나 JSON이나 키-값 맵과 같은 형태로 소비할 땐 본래의 원시 타입 객체로 재구성되지 않는다. 반면에 이벤트가 애그리게잇으로 설계되고 그 고유 리파지토리에 저장될 땐 이벤트 타입은 이 두 가지의 표준 메소드를 모두 제공해야 한다.

도메인 모델에서 이벤트를 발행하기

도메인 모델이 어떤 종류의 미들웨어 메시징 인프라로든 노출되지 않도록 하라. 이런 컴포넌트는 오직 인프라 내에만 위치한다. 그리고 도메인 모델이 이런 인프라를 간접적으로 사용할 땐 절대 명시적 결합coupling을 형성하지 않는다. 여기선 인프라를 전혀 사용하지 않는 접근법을 사용한다.

도메인 이벤트를 도메인 모델 외부의 컴포넌트와 결합하지 않고 발행하는 가장 간단하고 효과적인 방법은 경량 옵저버Observer[Gamma 등]의 생성이다. 나는 발행-구독을 이름으로 사용하는데, [Gamma 등]에선 서로 다른 이름인 옵저버와 발행-구독을 같은 패턴을 나타내기 위해 사용했다. 이 패턴과 이 패턴을 사용한 나의 예제를 살펴보면 가볍고 간결하다는 점을 알 수 있는데, 이는 이벤트가 발행할 때 네트워크를 통과하지 않기 때문이다. 등록된 모든 구독자는 발행자와 같은 프로세스 공간의 같은 스레드에서 실행된다. 이벤트가 발행되면, 그에 해당하는 구독자를 하나씩 선택해 동기식으로 알림을 보낸다. 이는 모든 구독자가 같은 트랜잭션 내에서 실행된다는 의미를 내포하고 있는데, 아마도 도메인 모델을 직접 사용하는 애플리케이션 서비스가 이를 제어하게 된다.

발행과 구독으로 나눠서 생각해본다면 DDD의 측면을 설명하는 데 도움이 된다.

발행자

도메인 이벤트를 사용하는 가장 흔한 상황은 애그리게잇이 이벤트를 생성해서 발행할 때다. 발행자는 모델의 모듈(9) 내에 위치하지만, 여기엔 도메인의 어떤 면도 모델링되지 않는다. 이는 이벤트의 구독자에게 알림을 보내야 하는 애그리게잇에게 단순한 서비스를 제공한다. 다음 예제는 이런 정의를 따르는

DomainEventPublisher다. DomainEventPublisher를 사용하는 방법에 관한 추상적 뷰는 그림 8.2에 나와 있다.

```
package com.saasovation.agilepm.domain.model;

import java.util.ArrayList;
import java.util.List;

public class DomainEventPublisher {

    @SuppressWarnings("unchecked")
    private static final ThreadLocal<List> subscribers =
            new ThreadLocal<List>();

    private static final ThreadLocal<Boolean> publishing =
            new ThreadLocal<Boolean>() {
        protected Boolean initialValue() {
            return Boolean.FALSE;
        }
    };

    public static DomainEventPublisher instance() {
        return new DomainEventPublisher();
    }

    public DomainEventPublisher() {
        super();
    }

    @SuppressWarnings("unchecked")
    public <T> void publish(final T aDomainEvent) {
        if (publishing.get()) {
            return;
        }
        try {
            publishing.set(Boolean.TRUE);
            List<DomainEventSubscriber<T>> registeredSubscribers =
                    subscribers.get();
            if (registeredSubscribers != null) {
```

```
                Class<?> eventType = aDomainEvent.getClass();
                for (DomainEventSubscriber<T> subscriber :
                     registeredSubscribers) {
                    Class<?> subscribedTo =
                            subscriber.subscribedToEventType();
                    if (subscribedTo == eventType ||
                        subscribedTo == DomainEvent.class) {
                        subscriber.handleEvent(aDomainEvent);
                    }
                }
            }
        } finally {
            publishing.set(Boolean.FALSE);
        }
    }

    public DomainEventPublisher reset() {
        if (!publishing.get()) {
            subscribers.set(null);
        }
        return this;
    }

    @SuppressWarnings("unchecked")
    public <T> void subscribe(DomainEventSubscriber<T> aSubscriber) {
        if (publishing.get()) {
            return;
        }
        List<DomainEventSubscriber<T>> registeredSubscribers =
                subscribers.get();
        if (registeredSubscribers == null) {
            registeredSubscribers =
                    new ArrayList<DomainEventSubscriber<T>>();
            subscribers.set(registeredSubscribers);
        }
        registeredSubscribers.add(aSubscriber);
    }
}
```

시스템 사용자의 모든 요청이 별도의 전용 스레드에서 처리되기 때문에, 스레드를 기준으로 구독자를 구분했다. 두 ThreadLocal 변수인 subscribers와 publishing은 스레드별로 할당된다. 관심이 있는 쪽에서 subscribe() 오퍼레이션을 통해 스스로를 등록하면, 해당 구독자 객체의 참조가 스레드에 바인딩된 List에 추가된다. 스레드마다 필요한 만큼 구독자를 등록할 수 있다.

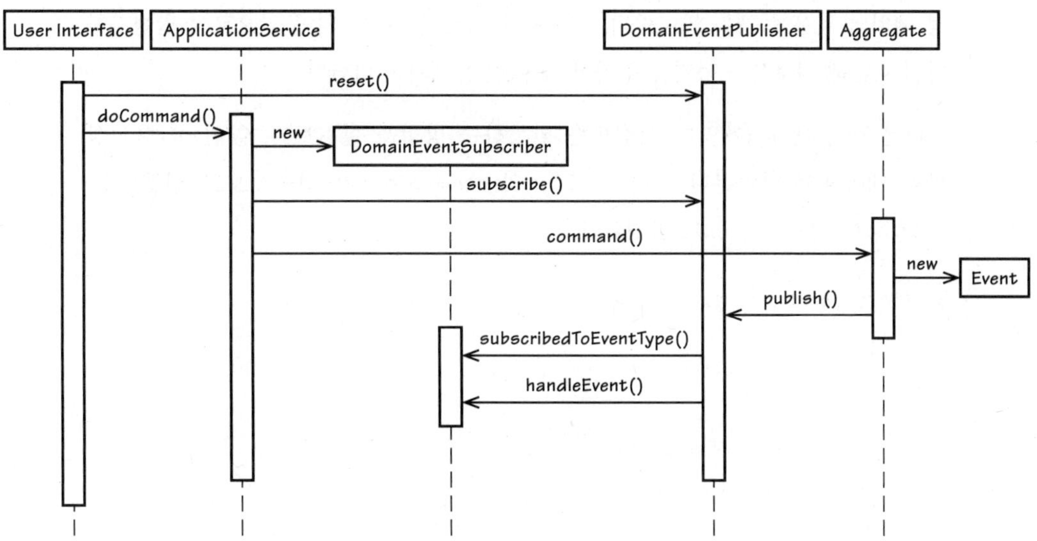

그림 8.2 경량 옵저버, 사용자 인터페이스(14), 애플리케이션 서비스, 도메인 모델 사이에서 일어나는 일련의 상호작용에 관한 추상적 뷰

애플리케이션 서버에 따라선 스레드를 풀링pooling해 요청마다 재사용할 수 있다. 스레드를 재사용할 다음 요청을 위해, 이전 요청의 스레드에 구독자가 등록된 상태여선 안 된다. 시스템에서 새로운 사용자 요청을 수신하면, reset() 오퍼레이션을 통해 기존의 구독자를 지운다. 이를 통해 해당 시점 이후에 등록된 구독자로 범위를 한정한다. 예를 들어, 프레젠테이션 계층(그림 8.2의 'User Interface')에선 필터를 통해 각 요청을 가로챌 수 있다. 이 가로채는 컴포넌트에선 어떤 방식으로든 reset()이 불리도록 해준다.

```
// 사용자 요청을 수신했을 때의 웹 필터 컴포넌트
DomainEventPublisher.instance().reset();

...
```

```
// 해당 요청을 수행하는 이후 상황에서의 애플리케이션 서비스 구성 요소
DomainEventPublisher.instance().subscribe(subscriber);
```

이 코드의 실행(그림 8.2와 같은 두 개별 구성 요소에 의해)하면 해당 스레드에는 단 하나의 구독자만이 등록된다. 메소드 subscribe()의 구현을 보면, 발행자가 발행 작업 중이지 않을 때만 구독자를 등록할 수 있음을 알 수 있다. 이는 List의 동시 수정 예외와 같은 문제를 막아준다. 구독자가 처리된 이벤트의 응답으로써 발행자를 다시 호출해 새로운 구독자를 추가할 때 이런 문제가 나타난다.

다음으로, 애그리게잇이 이벤트를 발행하는 방법을 살펴보자. 앞선 예제의 상황을 계속해서 알아본다. BacklogItem의 commitTo()가 성공적으로 실행되면, BacklogItemCommitted가 발행된다.

```
public class BacklogItem extends ConcurrencySafeEntity {
    ...
    public void commitTo(Sprint aSprint) {
        ...
        DomainEventPublisher
            .instance()
            .publish(new BacklogItemCommitted(
                    this.tenantId(),
                    this.backlogItemId(),
                    this.sprintId()));
    }
    ...
}
```

DomainEventPublisher에서 publish()가 실행되면, 모든 등록된 구독자에 반복해 접근한다. 각 구독자에서 subscribedToEventType()을 호출하면 해당 이벤트 타입은 구독하지 않은 모든 구독자를 필터링할 수 있다. 이 필터 쿼리에 DomainEvnt.class로 응답한 구독자는 모든 이벤트를 수신한다. handleEvent() 메소드를 통해 조건을 충족하는 모든 구독자에게 발행된 이벤트를 전달한다. 모든 구독자가 필터링되거나 알림을 받고 나면 발행자가 완료된다.

subscribe()와 마찬가지로, publish()도 이벤트 발행 요청의 중첩을 허용하지 않는다. 스레드에 바인딩된 publishing이란 이름의 불리언을 확인하고 반복해 접

근하며 디스패치하기 위해선 publish()에서 확인한 값이 false여야 한다.

이벤트의 발행이 자치 서비스를 지원하면서 원격 바운디드 컨텍스트와 연결되도록 확장하는 방법은 무엇일까? 이에 관한 내용을 곧 다루겠지만, 일단은 로컬 구독자를 주의 깊게 살펴보자.

구독자

어떤 컴포넌트가 도메인 이벤트에 구독자를 등록하는가? 일반적으로 애플리케이션 서비스(14)에서 등록이 이뤄지며, 때론 도메인 서비스에서도 등록할 수 있다. 이벤트를 발송하는 애그리게잇과 같은 스레드에서 실행 중인 모든 컴포넌트가 구독자가 될 수 있으며, 이벤트의 발행에 앞서 구독이 이뤄진다. 이는 구독자가 도메인 모델을 사용하는 메소드의 실행 경로상에 등록됨을 의미한다.

카우보이 논리

LB: "나 이 책에 이보다 더 썰렁한 얘기를 쓸 수 있게 '담장 뉴스'를 구독하고 싶어."

헥사고날 아키텍처를 사용할 땐 애플리케이션 서비스가 도메인 모델의 직접적인 클라이언트이기 때문에, 애플리케이션 서비스는 발행자가 애그리게잇에서 이벤트 생성 행동을 실행하기 전에 구독자를 등록할 수 있는 이상적인 위치다. 다음은 애플리케이션 서비스의 구독 예제다.

```
public class BacklogItemApplicationService ... {
    public void commitBacklogItem(
            Tenant aTenant,
            BacklogItemId aBacklogItemId,
            SprintId aSprintId) {

        DomainEventSubscriber subscriber =
                new DomainEventSubscriber<BacklogItemCommitted>() {
            @Override
            public void handleEvent(BacklogItemCommitted aDomainEvent) {
                // 여기서 이벤트를 처리한다...
            }
```

```
            @Override
            public Class<BacklogItemCommitted> subscribedToEventType() {
                return BacklogItemCommitted.class;
            }
        }

        DomainEventPublisher.instance().subscribe(subscriber);

        BacklogItem backlogItem =
                backlogItemRepository
                        .backlogItemOfId(aTenant, aBacklogItemId);

        Sprint sprint = sprintRepository.sprintOfId(aTenant, aSprintId);

        backlogItem.commitTo(sprint);
    }
}
```

이 (부자연스러운) 예제에서, BacklogItemApplicationService는 서비스 메소드 commitBacklogItem()을 포함하고 있는 애플리케이션 서비스다. 이 메소드는 익명의 DoaminEventSubscriber 인스턴스를 인스턴스화한다. 이어서 애플리케이션 서비스의 태스크 코디네이터는 DomainEventPublisher를 통해 구독자를 등록한다. 마지막으로, 서비스 메소드는 리파지토리를 사용해 BacklogItem과 Sprint의 인스턴스를 가져오고, 백로그 항목의 commitTo() 행동을 실행한다. commitTo() 메소드는 BacklogItemCommitted 타입의 이벤트를 발행한다.

구독자가 이벤트로 무엇을 하는지는 이 예제에서 나타나지 않았다. 구독자는 BacklogItemCommitted라는 사실에 관한 이메일을 발송할지도 모른다. 이벤트를 이벤트 저장소에 저장하거나, 유스 메시징 인프라를 통해 이벤트를 전달할지도 모른다. 저장이나 전달의 경우라면 유스케이스에 특정되는 애플리케이션 서비스를 만들어 이런 방식으로 이벤트를 처리하는 대신, 단일 구독자 컴포넌트가 처리토록 할 것이다. 이벤트 저장소로 저장하는 단일 책임 컴포넌트의 예제는 '이벤트 저장소' 절에서 살펴보자.

이벤트 핸들러가 무엇을 수행하는지에 주의하자

애플리케이션 서비스가 트랜잭션을 통제한다는 점을 기억하자. 이벤트 알림을 두 번째 애그리게잇 인스턴스를 수정하기 위해 사용하지 말자. 이는 트랜잭션당 하나의 애그리게잇 인스턴스만 수정해야 하는 가장 중요한 원칙을 깬다.

구독자는 또 다른 애그리게잇 인스턴스를 가져와서 변경을 유발하는 커맨드 행동을 수행해선 안 된다. 애그리게잇(10)에서 논의했듯, 이는 가장 중요한 규칙인 단일 트랜잭션당 단일 애그리게잇 인스턴스 수정의 원칙을 침해한다. [Evans]가 말하듯, 단일 트랜잭션에서 사용되는 애그리게잇 인스턴스를 제외한 다른 모든 애그리게잇 인스턴스는 비동기적 수단을 통해 일관성을 강제해야 한다.

메시징 인프라를 통해 이벤트를 전달하면 비동기적으로 대역 외 구독자에게 보낼 수 있다. 각 비동기적 구독자는 하나 이상의 별도 트랜잭션에서 추가적인 애그리게잇 인스턴스를 수정하도록 맞출 수 있다. 이 추가적인 인스턴스는 같은 바운디드 컨텍스트에 있을 수도 있고, 다른 컨텍스트에 있을 수도 있다. 다른 외부 서브도메인(2)에 속한 임의의 수의 바운디드 컨텍스트로의 이벤트 발행은 도메인 이벤트라는 용어에서 도메인이라는 단어를 강조한다. 다시 말하자면, 이벤트는 도메인을 아우르는 개념이지 하나의 바운디드 컨텍스트만의 개념이 아니다. 이벤트 발행의 계약은 적어도 엔터프라이즈 범위나 그보다 더 넓은 범위에 속해야 한다. 그렇다고 넓은 브로드캐스트라고 해서 같은 바운디드 컨텍스트 내의 소비자가 이벤트를 전달하지 못하도록 금지하진 않는다. 그림 8.1을 다시 살펴보자.

때론 도메인 서비스가 구독자를 등록해야 한다. 이는 애플리케이션 서비스의 등록과 비슷한 이유에서 이뤄지겠지만, 도메인 서비스의 경우에는 이벤트를 리스닝해야 하는 특별한 이유가 있을 수도 있다.

뉴스를 원격 바운디드 컨텍스트로 전파하기

원격 바운디드 컨텍스트가 바운디드 컨텍스트에서 일어난 이벤트에 관해 알도록 하는 방법에는 여러 가지가 있다. 먼저 떠오르는 생각은 어떤 형태로든 메시징이 가능해야 하고 엔터프라이즈 메시징 메커니즘이 필요하다는 점이다. 분명히 하자면, 여기서 말하는 메커니즘은 방금 언급한 단순한 경량의 발행-구독 컴포넌트 이상의 장치란 점이다. 우리가 여기서 논의할 내용은 경량 메커니즘의 범주를 넘어선다.

세상에는 사용할 수 있는 수많은 메시징 컴포넌트가 존재하고, 일반적으로 이는 미들웨어로 분류된다. 액티브MQ^ActiveMQ, 래빗MQ^RabbitMQ, 아카^Akka, N서비스버스^NServiceBus, 매스트랜짓^MassTransit 등과 같은 오프소스에서부터 상용 라이선스 제품까지 수많은 옵션이 있다. 또한 자치 시스템^autonomous system이 아직 소비하지 않은 모든 이벤트를 요청하며 발행하는 시스템과 연결된 가운데, REST 리소스에 기반해서 직접 메시징 형태를 만들 수도 있다. 이 모두는 발행-구독[Gamma 등]의 범주 안에 속하며, 다양한 측면에서 각자의 장단점을 갖고 있다. 해당 팀이 찾고 있는 예산, 선호, 기능적 요구사항, 비기능적 품질 등의 측면에 영향을 받는다.

바운디드 컨텍스트 사이에서 사용하는 모든 메시징 메커니즘을 사용하기 위해선 결과적 일관성을 달성하려는 의지가 필요하다. 이는 포기할 수 없는 부분이다. 하나 이상의 다른 모델이 변경되도록 영향을 미치는 어떤 모델의 변경은 일정 시간이 흐르기 전에는 완전한 일관성을 달성하지 못한다. 더 중요한 점은, 개별 시스템으로의 트래픽과 해당 시스템이 다른 시스템에 미치는 영향에 따라 시스템 전체가 완전한 일관성을 달성하지 못하는 상황이 발생할 수도 있다는 점이다.

메시징 인프라의 일관성

최종 일관성에 관해 나눈 이야기를 생각해보면, 메시징 솔루션에서 적어도 두 가지 메커니즘은 반드시 항상 서로 일관성을 유지해야 한다는 점이 놀라울 수도 있다. 그 두 가지는 도메인 모델이 사용하는 영속성 저장소, 모델이 발행한 이벤트를 전달하기 위해 사용하는 메시징 인프라의 영속성 저장소다. 이는 모델 변경의 저장이 이벤트의 전달을 보장하고, 메시징을 통한 이벤트의 전달이 해당 이벤트를 발행한 모델에 실제 상황이 반영됐음을 보장하기 위해 필요하다. 이 중 어느 하나가 서로 같지 않다면, 결국 하나 이상의 상호 의존적 모델이 정확하지 않은 상태에 빠지고 만다.

어떻게 모델과 이벤트 영속성의 일관성을 달성할 수 있을까? 여기엔 세 가지 기본적인 방법이 있다.

1. 도메인 모델과 메시징 인프라가 같은 영속성 저장소(예를 들면 데이터 소스)를 공유한다. 이는 모델의 변경과 새로운 메시지의 삽입이 같은 로컬 트랜잭션하에 커밋되도록 해준다. 여기엔 성능이 상대적으로 좋다는 장점이 있다. 하지만

메시징 시스템의 저장 공간(데이터베이스 테이블 같은)이 반드시 모델과 같은 데이터베이스에 위치해야 한다는 단점이 있는데, 이는 선호의 문제일 수 있다. 물론 여러분이 선택한 모델 저장소와 메시징 메커니즘 저장소가 서로 공유될 수 없다면 가능한 옵션이 아니다.

2. 도메인 모델의 영속성 저장소와 메시징 영속성 저장소가 글로벌 XA 트랜잭션(2단계 커밋)하에 제어된다. 이는 모델과 메시징 저장소를 서로 분리할 수 있다는 장점이 있다. 그러나 글로벌 트랜잭션을 위한 특별한 지원이 필요하다는 단점이 있어서, 어떤 영속성 저장소나 메시징 시스템에서든 모두 가능하진 않다. 글로벌 트랜잭션은 고비용이고 성능이 나쁜 경향이 있다. 또한 모델의 저장소나 메시징 메커니즘의 저장소 중 하나 혹은 둘 모두가 XA와 호환되지 않을 수 있다.

3. 도메인 모델을 저장하기 위해 사용하는 영속성 저장소에 이벤트를 위한 특별한 저장 영역(예를 들어 데이터베이스 테이블)을 생성한다. 8장 후반부에 논의하겠지만, 이를 이벤트 저장소라고 한다. 이 저장 영역은 옵션 1과 비슷하지만, 메시징 메커니즘이 아닌 바운디드 컨텍스트가 소유하고 제어한다. 여러분이 생성한 대역 외 컴포넌트는 저장됐으나 발행되지 않은 모든 이벤트를 메시징 메커니즘을 통해 발행하기 위해 이벤트 저장소를 사용한다. 이는 모델과 이벤트가 단일 로컬 트랜잭션 안에서 일관성을 유지한다고 보장해주는 장점이 있다. 또한 REST 기반 알림 피드의 생성 기능을 비롯해 이벤트 저장소의 특성을 반영한 추가적인 장점도 갖고 있다. 이 접근법은 메시징 저장소가 완전히 프라이빗한 메시징 인프라를 사용할 수 있도록 해준다. 이벤트 저장 후에 미들웨어 메시징 메커니즘을 사용할 수 있는 상황에선, 메시징 메커니즘을 통해 발송하기 위해 반드시 이벤트 전달자^{Event forwarder}를 직접 개발해야 하고, 클라이언트는 반드시 들어오는 메시지의 중복을 제거하도록 설계돼야 한다는 단점이 있다('이벤트 저장소' 절을 참고하라).

나의 예제에서 사용한 방법은 세 번째 접근법이다. 이 접근법에는 단점이 있는 반면에 장점도 있으며, 장점에 관한 부분은 '이벤트 저장소' 절에서 분명하게 알 수 있다. 내가 이 접근법을 선택했다는 점이 다른 상충점^{trade-off}에 가치를 둔 선택을 바꿀 순 없다. 여러분과 여러분의 팀은 반드시 이런 상충점을 고려해 판단해야 한다.

자치 서비스와 시스템

도메인 이벤트를 사용하면 어떤 수의 엔터프라이즈 시스템이든 자치 서비스와 시스템으로 설계할 수 있다. 나는 대단위 비즈니스 서비스를 표현하기 위해 자치 서비스란 용어를 사용했는데, 이는 엔터프라이즈 내의 다른 '서비스'로부터 상당한 독립성을 갖고 동작하는 시스템이나 애플리케이션이라고 생각할 수 있다. 자치 서비스에는 다수의 서비스 인터페이스 엔드포인트가 있을 수 있는데, 이는 원격 클라이언트에게 다양한 기술적 서비스를 제공할 수 있다는 의미다. 대역 내 원격 프로시저 호출RPC, remote procedure call을 지양함으로써 다른 시스템으로부터의 높은 독립성을 달성할 수 있으며, 여기서 사용자 요청은 원격 시스템으로의 API 요청이 성공적으로 완료돼야만 충족된다.

원격 시스템을 전혀 사용할 수 없는 상황이나 부하가 높은 상황에 놓일 때가 있기 때문에, RPC는 의존성을 갖고 있는 시스템의 성공에 영향을 미친다. 이는 주어진 시스템이 의존하는 RPC API를 가진 시스템의 수가 증가할 때 위험이 배가 된다. 그러므로 서로 묶이는 RPC를 피하는 편이 의존성, 관계된 인스턴스의 완전한 실패, 사용할 수 없거나 너무 낮은 처리량을 가진 원격 시스템으로 인한 허용할 수 없는 수준의 성능 등과 같은 문제를 줄여준다.

다른 시스템을 호출하는 대신에 비동기적 메시징을 사용해 시스템 사이에서 높은 수준의 독립성(자치성autonomy)을 달성하자. 엔터프라이즈를 둘러싼 바운디드 컨텍스트로부터 도메인 이벤트를 전달해주는 메시지를 수신하면, 바운디드 컨텍스트 안의 모델에서 해당 이벤트의 의미를 반영하고 있는 행동을 실행하자. 이는 다른 비즈니스 서비스에서 여러분의 비즈니스 서비스로 단순히 데이터를 복제하거나 객체의 정확한 복사본을 만들라는 의미가 아니다. 실제로 일부 데이터는 시스템 사이에서 복사될 수 있다. 적어도 복사된 데이터는 외부 애그리게잇의 고유 식별자를 포함하게 된다. 그렇지만 한 시스템의 객체가 주변 객체로 정확하게 복사되는 일은 거의 없다. 이런 모델링 에러가 존재한다면, 바운디드 컨텍스트(2)와 컨텍스트 맵(3)을 참고해서 문제가 되는 이유와 해결 방법을 확인하자. 사실 도메인 이벤트가 제대로 설계하면, 그 상태의 한 부분으로 전체 객체를 운반할 일은 거의 없다.

이벤트는 구독하고 있는 바운디드 컨텍스트가 올바르게 반응할 수 있도록 제한적인 수의 커맨드 매개변수나 애그리게잇 상태를 담을 수 있다. 이벤트가 구독자에게 충분한 정보를 전달하지 못한다면, 필요한 부분을 제공하기 위해 반드시 도메인 전반에 걸친 이벤트의 계약을 변경해야 한다. 이는 이벤트의 명쾌하고 새로운 버전을 설계하거나 완전히 다른 이벤트를 설계해야 한다는 의미가 된다.

사실, 일부 상황에선 RPC의 사용을 쉽게 피할 수 없다. 일부 레거시 시스템은 RPC만을 제공할지도 모른다. 또한 외부 바운디드 컨텍스트의 개념을 로컬 바운디드 컨텍스트로 변환할 땐, 여러 이벤트에서 충분한 의미를 살펴서 추론하는 과정이 복잡성을 증가시키기 때문에 매우 어려운 일이 될 수 있다. 여러분이 외부 시스템에서 여러분 자신의 모델로 개념과 객체, 그리고 이 사이의 연결을 복제해야만 한다면 RPC를 계속 사용하는 방안을 고려해봐야 한다. 이는 각 상황에 맞춰 고려해야 하며, 나는 너무 쉽게 RPC를 선택하지는 말라고 제안한다. 사용해야만 한다면, 포기하고 RPC를 선택하거나 설계를 단순화할 방안을 찾도록 외부 모델의 소유 팀을 설득하자. 후자가 아마 거의 불가능하거나 아주 어려운 일이라는 건 인정한다.

지연 시간 허용

메시지를 수신할 때 오래 소요될 수도 있는 지연 시간(결과적 일관성까지 수 밀리초 이상의 지연이 나타날 때)이 문제를 유발하진 않을까? 분명히 이는 신중히 고려해야 하는 문제이며, 동기화되지 않은 데이터가 잘못된 영향을 미치거나 동작을 망가뜨리기도 한다. 상태의 일관성을 달성하기 위해 얼마나 긴 시간을 허용할지, 감당할 수 없는 한계는 어디인지를 질문해봐야 한다. 도메인 전문가라면 허용 가능한 지연과 가능하지 않은 지연의 기준에 대해 거의 같은 의견을 갖고 있다. 상태의 일관성을 달성하기까지 초나 분이나 시간 단위를 비롯해서 심지어는 하루가 넘는 기간도 허용 가능할 수 있다는 점은 대부분의 개발자에게 놀라움으로 다가온다. 그렇다고 이런 이야기가 항상 참은 아니다. 모든 도메인에서 일관성에 다다르는 시간의 범위가 반드시 필수적이라고 가정해선 안 된다.

때론 다음과 같은 질문이 의미 있는 답으로 이어질 수 있다. 컴퓨터를 다루기에 앞서 비즈니스 관계자는 어떻게 일하는가? 컴퓨터 없이 작업하진 않는가? 아마도 종이에 기반한 아주 간단한 시스템조차도 즉각적으로 일관성을 획득할 순 없다. 따라서 자동화된 컴퓨터 시스템도 허용 범위가 있어야 하고, 결과적 일관성의 방식이 심지어 광범위하게 사용되고 있다는 사실도 이해할 수 있다. 결과적 일관성은 비즈니스적 맥락에서 더 잘 맞을지도 모른다.

미래의 팀 활동을 계획하기 위해 사용하는 서브도메인을 떠올려보자. 어떤 활동이 승인되든, 해당 승인 내용을 반영한 `TeamActivityApproved`라는 도메인 이벤트가 발행된다. 현재 승인된 상태인 모든 활동은 그에 앞서 생성과 정의를 위한 이벤트를 발행했을 텐데, 이런 이벤트의 뒤를 이어서 `TeamActivityApproved` 이벤트가 발행된다. 승인이 이뤄짐에 따라, 다른 바운디드 컨텍스트에선 가장 최근에 준비된 활동과 다른 모든 승인 활동 사이의 관계를 고려해서 해당 활동을 스케줄링한다.

우린 적어도 시작하기 몇 주 전까진 활동의 구체화와 승인 과정이 종료된다는 점을 알고 있다. 이런 상황에서, 이벤트를 통해 승인으로부터 몇 분이나 몇 시간이나 며칠 뒤로 활동을 스케줄링한다면 문제가 될까? 아마도 며칠씩이나 허용할 순 없을 것이다. 하지만 시스템의 중단으로 이벤트가 몇 시간 정도 지연됐다면(아마 이런 상황은 거의 없겠지만), 해당 활동을 몇 시간 정도 스케줄링하지 못한 점이 전혀 허용할 수 없는 지연일까? 그렇지 않다. 이런 흔치 않은 시스템 중단 문제는 반드시 해결해야 하는데, 활동은 아직 몇 주나 남아있기 때문이다. 따라서 몇 초 가량의 전형적인 지연은 허용할 수 있을 뿐만 아니라 문제가 되지 않는다. 사실 실제 지연이 발생하더라도 인식하지 못할 수도 있다.

카우보이 논리

AJ: "그거 켄터키식[2] '곧'이야?"

LB: "아마 뉴욕 '분'일 수도 있어."

이 예제가 사실이라고 입증할 수 있더라도, 그만큼 다른 비즈니스 서비스에선 더 높은 수준의 처리량을 요구하곤 한다. 최대 허용 지연 시간을 잘 이해해야 하며, 시스템 허용치를 만족시키면서도 더 잘 수행되도록 아키텍처 품질을 높여야 한다. 자치 서비스와 서비스에서 지원하는 메시지 인프라는 반드시 고가용성과 확장성을 갖도록 설계해야 하고, 이를 통해 엔터프라이즈의 엄격한 비기능적 요구사항을 충실히 만족시켜야 한다.

2 미 남부의 주(州)인 켄터키에선 '곧'이라고 해도 시간적으로 여유가 있는 분위기지만, 뉴욕에서의 '분'은 도시의 급한 분위기 속에서 바로 직후를 나타낸다는 의미다. – 옮긴이

이벤트 저장소

한 바운디드 컨텍스트의 모든 도메인 이벤트를 하나의 저장소에서 유지 관리하면 몇 가지 장점을 취할 수 있다. 실행되는 모든 모델 커맨드 행동마다 이벤트를 저장해야 한다고 생각해보자. 여러분은 다음과 같은 방식을 취할 수 있다.

1. 이벤트 저장소를 큐로 사용해, 메시징 인프라를 통해 모든 도메인 이벤트를 발행한다. 이는 이 책에서 다루는 주요한 사용법 중의 하나다. 이로써 바운디드 컨텍스트 사이의 통합이 가능해지고, 원격 구독자는 자신의 컨텍스트가 필요로 하는 측면에 맞춰 이벤트에 반응한다(앞서 살펴본 '뉴스를 원격 바운디드 컨텍스트로 전파하기' 절을 참고하자).

2. 폴링 중인 클라이언트에게 REST 기반 이벤트 알림을 전달하기 위해 같은 이벤트 저장소를 사용할 수 있다(이는 논리적으로 1번과 같은데, 실제 사용에서 차이가 난다).

3. 모델에서 실행됐던 모든 커맨드의 결과 내역을 살펴보자. 이는 모델뿐만 아니라 클라이언트의 버그를 추적할 때도 도움이 된다. 이벤트 저장소는 단순한 감시 로그audit log가 아니라는 점을 아는 것이 중요하다. 감시 로그도 디버깅에 도움이 될 수는 있지만, 감시 로그가 애그리게잇 커맨드에 따른 결과를 전부 담아내는 경우는 드물다.

4. 트렌드 파악과 예측을 비롯한 다양한 비즈니스 분석에 데이터를 활용하자. 대부분 비즈니스 관계자는 뒤늦게 필요성을 깨닫기 전에는 과거 데이터를 어떻게 사용할지 모른다. 처음부터 이벤트 저장소를 유지 관리하지 않는다면 필요한 순간이 오더라도 과거 데이터를 사용할 수 없다.

5. 리파지토리에서 애그리게잇 인스턴스를 가져올 땐 이벤트를 사용해서 그 상태를 재구성하자. 이는 이벤트 소싱event sourcing을 위해 필요한 요소인데, 지금까지 저장된 모든 이벤트를 시간 순서에 따라 하나의 애그리게잇에 적용하면 된다. 저장된 이벤트의 스냅샷을 원하는 만큼 만들 수 있으며(예를 들어 100씩 묶인 여러 그룹), 이를 통해 인스턴스 재구성을 최적화할 수 있다.

6. 앞의 항목에 해당하는 애플리케이션에서는 애그리게잇에서 일어난 변경의 묶음을 원상태로 되돌리자. 이는 해당 애그리게잇 인스턴스를 재구성할 때 특정

이벤트는 사용하지 않도록 막음으로써(제거하거나 필요하지 않다고 표시해서) 가능해진다. 이벤트 스트림의 버그를 수정하기 위해선 이벤트를 수정하거나 추가적인 이벤트를 집어넣을 수 있다.

이벤트 저장소를 생성하는 이유에 따라 그 특성이 결정된다. 우리의 이벤트 저장소는 직렬화된 이벤트를 발생 순서에 맞춰 담는 데 주된 관심이 있기 때문에 1번과 2번에 가장 큰 영향을 받았다. 그렇다고 1번부터 4번까지의 장점을 모두 달성하기 위해선 이벤트를 사용할 수 없다는 의미가 아니며, 우린 도메인의 모든 중요 이벤트를 기록하기 때문에 3번과 4번도 가능하다. 따라서 1번과 2번의 장점을 달성했다면 이를 좀 더 활용함으로써 3번과 4번의 장점까지 얻을 수 있다. 반면에 8장에선 5번과 6번을 위해 이벤트 저장소를 활용하는 방안에 관해 살펴보지 않는다.

1번과 2번의 장점을 구체화하기 위해선 몇 가지 단계를 거쳐야 한다. 그림 8.3에 이 단계를 요약했다. 우선 사스오베이션의 프로젝트 경험을 통해 해당 시퀀스 다이어그램에서 다루고 있는 단계와 관련 컴포넌트에 관해 논의해보자.

어떤 이유로 이벤트 저장소를 사용하든, 가장 먼저 해야 할 일 중 하나는 모델에서 발행되는 모든 이벤트를 수신할 수 있도록 구독자를 생성하는 일이다. 이 팀은 관점지향aspect-oriented 후킹을 사용해서 시스템 내 모든 애플리케이션 서비스의 실행 경로상에 구독자를 끼워 넣기로 결정했다.

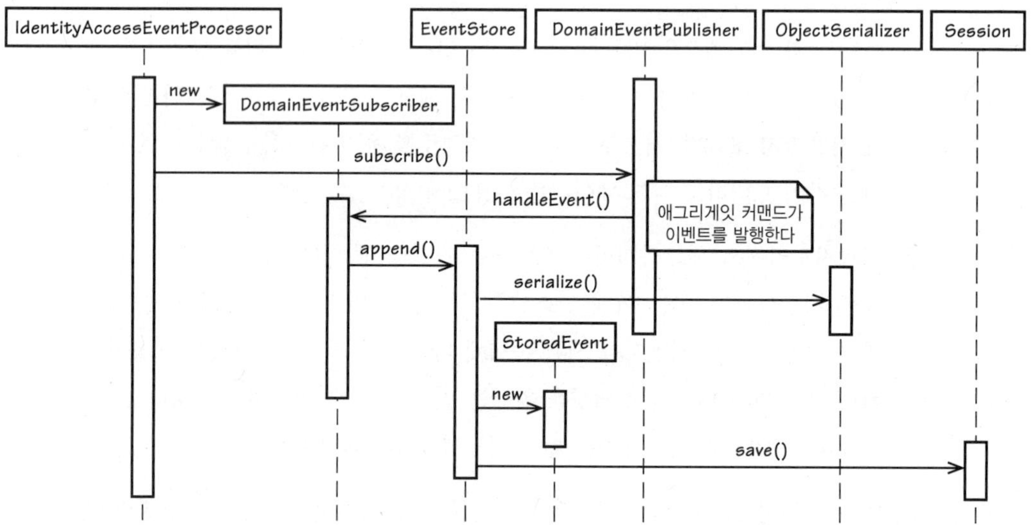

그림 8.3 IdentityAccessEventProcessor는 익명으로 모델의 모든 이벤트를 구독한다. 이를 EventStore로 전달하며, 전달된 각 이벤트를 StoredEvent로 직렬화해 저장한다.

다음은 사스오베이션 팀이 식별자와 액세스 컨텍스트에 관해 작업한 내용이다. 다음의 컴포넌트는 모든 도메인 구성 요소가 저장되는지 확인하는 단일 책임을 갖고 있다.

```
@Aspect
public class IdentityAccessEventProcessor {
    ...
    @Before(
    "execution(* com.saasovation.identityaccess.
application.*.*(..))")
    public void listen() {
        DomainEventPublisher
            .instance()
            .subscribe(new DomainEventSubscriber<DomainEvent>() {

                public void handleEvent(DomainEvent aDomainEvent) {
                    store(aDomainEvent);
                }

                public Class<DomainEvent> subscribedToEventType() {
                    return DomainEvent.class; // 모든 도메인 이벤트
                }
            });
    }

    private void store(DomainEvent aDomainEvent) {
        EventStore.instance().append(aDomainEvent);
    }
}
```

이는 간단한 이벤트 처리기로, 같은 임무를 갖고 있는 다른 모든 바운디드 컨텍스트에서도 이와 유사한 방식을 사용할 수 있다. 이는 모든 애플리케이션 서비스 메소드 호출을 가로채도록 관점으로 설계됐다(스프링의 AOP를 사용해서). 애플리케이션 서비스 메소드가 실행되면, 이 처리기는 애플리케이션의 모델과의 상호작용에서 발행되는 모든 도메인 이벤트를 리스닝하도록 맞춰진다. 이

처리기는 스레드에 바인딩된 DomainEventPublisher의 인스턴스에 구독자를 등록한다. SubscribedToEventType()이 반환하는 DomainEvent.class에서 나타나듯, 구독자의 필터는 폭넓게 열려 있다. 이 클래스를 반환함으로써 구독자가 모든 이벤트를 수신하길 원한다는 점을 알릴 수 있다. 해당 handleEvent()가 호출되면 이는 store()를 호출하며, 이어서 클래스 EventStore가 호출돼 실제 이벤트 저장소의 마지막에 이벤트를 덧붙인다.

다음은 EventStore 컴포넌트의 메소드인 append()의 한 부분이다.

```
package com.saasovation.identityaccess.application.eventStore;
...
public class EventStore ... {
    ...
    public void append(DomainEvent aDomainEvent) {

        String eventSerialization =
            EventStore.objectSerializer().serialize(aDomainEvent);

        StoredEvent storedEvent =
            new StoredEvent(
                    aDomainEvent.getClass().getName(),
                    aDomainEvent.occurredOn(),
                    eventSerialization);

        this.session().save(storedEvent);
        this.setStoredEvent(storedEvent);
    }
}
```

메소드 store()는 DomainEvent 인스턴스를 직렬화해서 새로운 StoredEvent 인스턴스에 집어넣고, 이렇게 생성한 객체를 이벤트 저장소에 기록한다. 다음은 직렬화된 DomainEvent를 담고 있는 StoredEvent 클래스의 일부다.

```
package com.saasovation.identityaccess.application.eventStore;
...
public class StoredEvent {
```

```
    private String eventBody;
    private long eventId;
    private Date occurredOn;
    private String typeName;

    public StoredEvent(
            String aTypeName,
            Date anOccurredOn,
            String anEventBody) {
        this();
        this.setEventBody(anEventBody);
        this.setOccurredOn(anOccurredOn);
        this.setTypeName(aTypeName);
    }
    ...
}
```

각 StoredEvent 인스턴스는 데이터베이스가 자동으로 생성해주는 고유 시퀀스 값을 얻어서 eventId로 설정한다. eventBody에는 DomainEvent의 직렬화가 담긴다. 여기선 [Gson] 라이브러리를 사용한 JSON을 이용했지만, 다른 형식을 사용할 수도 있다. typeName은 해당하는 DomainEvent의 구체적 클래스concrete class 이름이 담기며, occuredOn은 DomainEvent 내에 위치한 ocurredOn의 복사본이다.

모든 StoredEvent 객체는 MySQL 테이블로 저장된다. 이벤트 직렬화를 위해 넓은 공간을 예약하게 되며, 어떤 단일 인스턴스도 65,000보다 큰 저장 공간을 필요로 하진 않을 것이다.

```
CREATE TABLE `tbl_stored_event` (
    `event_id` int(11) NOT NULL auto_increment,
    `event_body` varchar(65000) NOT NULL,
    `occurred_on` datetime NOT NULL,
    `type_name` varchar(100) NOT NULL,
    PRIMARY KEY (`event_id`)
) ENGINE=InnoDB;
```

지금까지 도메인 모델 안에서 애그리게잇이 발행하는 모든 이벤트 인스턴스로 이벤트 저장소를 만드는 데 필요한 몇 가지 컴포넌트를 상위 수준에서 리뷰했다. 세부

사항은 이후에 좀 더 자세히 살펴본다. 이어서 우리의 모델에서 일어난 일을 저장한 기록을 다른 시스템이 소비하는 방법을 살펴보자.

저장된 이벤트의 전달을 위한 아키텍처 스타일

이벤트 저장소가 채워지면서 관련 당사자에게 이벤트의 알림을 전달할 준비가 된다. 우린 이 이벤트를 사용할 수 있도록 해주는 두 가지 스타일을 살펴본다. 첫 번째 스타일은 클라이언트가 쿼리한 레스트풀 리소스를 사용하며, 두 번째 스타일은 미들웨어 메시징 제품의 토픽/익스체인지를 통해 메시지를 발송한다.

REST 기반의 접근법은 실제론 전달을 위한 기법이 아니다. 그러나 이메일 클라이언트는 이메일 서버가 '발행한' 이메일 메시지의 '구독자'인 것처럼, REST를 사용해 발행-구독 스타일과 같은 결과를 이끌어낸다.

레스트풀 리소스로서 알림 발행하기

이벤트 알림의 REST 스타일은 발행-구독의 기본 전제를 따르는 환경에서 사용될 때 가장 잘 작동한다. 즉 많은 소비자는 단일 생산자가 발행한 이벤트를 사용한다. 반면에 REST 기반 스타일을 큐로 사용하려고 할 땐 문제가 발생하기 쉽다. 다음은 레스트풀 접근법의 장점과 단점을 요약한 내용이다.

- 잠재적으로 많은 수의 클라이언트가 잘 알려진 하나의 URI로 알림의 집합을 요청할 땐 레스트풀 접근법이 잘 작동한다. 기본적으로 알림은 임의의 수의 폴링 소비자에게로 펼쳐져 전달된다. 푸시push 모델이 아닌 풀pull 모델을 사용하지만, 근본적으론 발행-구독 패턴을 따르게 된다.[3]
- 하나 이상의 소비자가 특정 순서에 맞춰 수행되는 여러 태스크의 집합을 가져오기 위해 여러 생산자로부터 리소스를 폴링해야 하는 상황에서 레스트풀 접근법은 고통을 수반한다. 이는 잠재적으로 여러 생산자가 하나 이상의 소비자에게 알림을 전달해야 하는 상황에서 사용되는 큐를 나타내며, 수신의 순서가 중요하다. 큐를 구현하기에는 폴링 모델이 그다지 좋은 선택은 아니다.

3 http://c2.com/cgi/wiki?ObserverPattern에선 옵저버 패턴의 측면에서 푸시와 풀 모델에 관해 논의한 내용을 살펴볼 수 있다.

이벤트 알림을 발행하는 레스트풀 접근법은 일반적인 메시징 인프라를 사용한 발행과는 정반대의 위치에 있다. 관심을 갖고 있는 쪽으로 푸시할 필요가 없기 때문에 '발행자'는 등록된 '구독자'의 집합을 유지하지 않는다. 대신, 이 접근법에선 REST 클라이언트가 잘 알려진 URI를 통해 알림을 풀링해야 한다.

좀 더 상위 수준에서 레스트풀 접근법을 생각해보자. 웹상의 아톰 피드Atom feed를 소비하는 방법에 익숙하다면, 이 접근법도 매우 익숙하게 보일 것이다. 이는 실제로 아톰의 개념에 기반하고 있다.

클라이언트는 HTTP GET 메소드를 사용해 현재 로그current log라 알려진 대상을 요청한다. 현재 로그는 발행된 가장 최신의 알림을 포함하고 있다. 클라이언트는 표준 한계를 넘지 않는 수준의 알림을 담고 있는 현재 로그를 수신한다. 우리의 예제에선 각 로그당 최대 알림 수로 20을 이용한다. 클라이언트는 해당 바운디드 컨텍스트에서 아직 소비하지 않은 모든 이벤트를 찾아내기 위해 현재 로그 안의 각 이벤트를 확인해 나간다.

클라이언트가 로컬에서 이벤트 알림을 소비하는 방법은 무엇일까? 이는 일련의 이벤트를 타입에 따라 해석해서, 적절한 데이터는 모두 로컬 바운디드 컨텍스트에 맞게 변환한다. 여기엔 해당 모델에서 관련 애그리게잇 인스턴스를 찾아서, 적용 가능한 이벤트의 해석에 기반해 커맨드를 실행하는 과정이 포함될 수 있다. 물론 더 오래된 이벤트는 더 최근의 이벤트보다 앞서 발생한 오퍼레이션을 나타내기 때문에, 이벤트는 반드시 발생한 순서대로 적용돼야 한다. 가장 오래된 이벤트가 발생한 순서에 맞게 가장 먼저 반영되지 않는다면, 로컬 모델상에서 영향을 받는 변경이 버그를 유발할 수 있다.

우리의 구현상에서 현재 로그는 최대 19개의 알림을 포함할 수 있으며, 때론 19보다 적거나 아예 하나도 포함하지 않을 수 있다. 현재 로그의 알림이 20개에 다다르면 자동으로 보관archive된다. 앞선 현재 로그가 보관되는 시점에서 다른 새로운 알림이 없다면, 새로운 현재 로그는 알림이 없이 빈 상태가 된다.

보관된 로그는 무엇에 쓰는 물건인가?

보관된 로그는 신비한 물건이 아니다. 보관된 로그란 자신의 시스템이 더 이상 어떤 방식으로도 변경하지 않는 로그를 의미하며, 클라이언트가 보관된 특정 로그를 얼마나 여러 번 요청하든 상관없이 같은 로그가 반환됨을 보장한다.

반면에 현재 로그는 가득 차서 최종적으로 보관되는 시점까지 변경이 계속된다. 그리고 현재 로그에 일어날 수 있는 변경은 오직 해당 현재 로그가 가득 차기 전에 추가되는 새로운 알림뿐이다.

이전에 추가된 이벤트는 어떤 로그였든 절대로 변경돼선 안 된다. 클라이언트가 일단 로컬에 이벤트를 반영했다면, 해당 내용이 앞으로 절대 바뀌지 않음을 반드시 보장해야 한다.

따라서 현재 로컬에 아직 적용되지 않은 최신의 알림이나 가장 오래된 알림이 현재 로그 안에 없을 수도 있다. 가장 오래된 이벤트는 현재보다 앞선 로그에 위치하거나 아니면 그보다도 더 오래된 로그에 있을 수 있다. 이는 주어진 유한한 크기의 로그(여기선 20개의 항목)에 얼마나 자주 이벤트가 쌓이는지와 클라이언트가 얼마나 자주 로그를 폴링하는지에 따른 시점의 문제다. 그림 8.4는 알림 로그를 서로 묶어서 개별 알림으로 이뤄진 가상의 배열을 제공하는 방법을 보여준다.

그림 8.4에서 나타난 로그 상태를 기준으로 볼 때, 1부터 58까지는 이미 로컬에 적용된 상황이다. 이는 59부터 65번째의 알림이 아직 적용되지 않았음을 의미한다. 클라이언트가 다음의 URI를 폴링한다면 현재 로그를 수신하게 된다.

```
//iam/notifications
```

클라이언트는 자신의 데이터베이스로부터 가장 최근에 적용된 알림의 식별자에 관한 추적 기록(우리의 예제에선 58에 해당)을 읽어온다. 이어서 적용할 알림을 추적할 책임은 서버가 아닌 클라이언트에게 있다. 클라이언트는 현재 로그를 처음부터 끝까지 훑으며 식별자가 58인 알림을 검색한다. 해당 내용에서 찾아낼 수 없다면, 보관된 이전 로그로 돌아가서 계속 탐색해나간다. 이전 로그는 현재 로그의 하이퍼미디어 링크를 사용해 찾는다. 하이퍼미디어 탐색을 위해선 헤더를 활용할 수 있다.

```
HTTP/1.1 200 OK
Content-Type: application/vnd.saasovation.idovation+json
...
Link: <http://iam/notifications/61,80>; rel=self
```

```
Link: <http://iam/notifications/41,60>; rel=previous
...
```

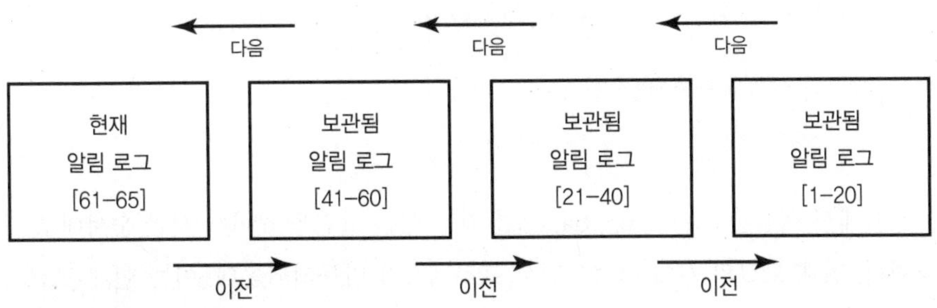

그림 8.4 현재 로그 및 그와 연결된 모든 보관 로그는 가장 최근 이벤트부터 가장 오래된 이벤트까지 모든 이벤트를 묶는 가상의 배열을 만든다. 여기선 1부터 65까지의 알림을 나타냈다. 각 보관 로그에는 알림 제한인 20이 가득 차 있다. 현재 로그는 아직 가득 차지 않은 상태로, 총 다섯 개의 알림만을 갖고 있다.

URI는 왜 현재 로그 안의 실제 내용을 반영하지 않을까?

현재 로그가 지금까지 61부터 65까지의 식별자를 갖고 있는 알림만을 갖고 있지만, 해당 URI는 다음의 예와 같이 61부터 80까지의 전체 식별자 범위를 모두 포함한다는 점에 주의하자.

```
Link: <http://iam/notifications/61,80>; rel=self
```

이는 리소스가 그 전체 수명주기에 걸쳐 항상 안정적으로 유지돼야 하기 때문이다. 이를 통해 일관성 있는 액세스가 가능해지고, 캐싱이 올바르게 작동하게 된다.

다음과 같이 `rel=previous`를 포함한 `Link`를 통해 URI를 `GET`으로 사용하면, 현재보다 앞선 이전 로그를 가져온다.

```
//iam/notifications/41,60
```

클라이언트는 이 보관된 로그를 사용해 각 알림(60, 59, 58)에 관한 세 번의 확인 과정을 거쳐서, 찾고 있던 알림인 식별자 58을 발견하게 된다. 이 클라이언트는 이미 알림(식별자 58)을 적용했기 때문에 알림 58을 다시 적용하진 않는다. 그 대신, 지금부턴 다른 방향으로의 탐색을 시작해서 모든 새로운 알림을 검색하게 된다. 이 보관된 로그에선 식별자 59를 찾아 적용한다. 그리고 이어서 60을 찾아 적용한다. 이에 따라 보관된 로그의 가장 앞쪽 위치에 다다르게 되면서 `rel=next` 리소스를 탐색하는데, 이는 바로 현재 로그다.

```
HTTP/1.1 200 OK
Content-Type: application/vnd.saasovation.idovation+json
...
Link: <http://iam/notifications/61,80>; rel=next
Link: <http://iam/notifications/41,60>; rel=self
Link: <http://iam/notifications/21,40>; rel=previous
...
```

로그에서 식별자 61, 62, 63, 64, 65를 갖고 있는 알림을 찾아서 시간 순서대로 적용한다. 현재 로그의 끝에 다다르면서 프로세스가 마무리되는데, 이는 현재 로그가 rel=next의 링크 헤더를 갖고 있지 않기 때문이다.

일정 시간이 흐르면 이 프로세스를 다시 반복한다. URI로 현재 로그를 요청한다. 아마도 해당 시점에선 소스가 되는 바운디드 컨텍스트에서 일어나는 활동으로 인해 많은 새로운 알림을 만들어내면서, 상당히 다른 모습의 로그가 만들어졌을 수 있다. 현재 로그를 요청하면 많은 수의 새로운 알림을 포함하고 있을 수 있다. 클라이언트는 하나 이상의 보관된 로그로 되돌아가서 가장 최근에 적용한 알림을 찾게 되며, 여기선 식별자가 65인 알림이 여기에 해당된다. 앞서 살펴본 과정과 같이, 클라이언트는 65 알림을 찾은 후 모든 새로운 알림을 시간 순서로 적용한다.

임의의 수의 클라이언트 바운디드 컨텍스트가 알림 로그를 요청할 수 있다. 사실, 이런 유형의 알림 발행자를 제공하는 모든 바운디드 컨텍스트에서 어떤 이벤트가 만들어졌는지 알아야 하는 바운디드 컨텍스트는 '시작 시점'에 해당하는 알림까지 돌아갈 수도 있다. 물론 각 클라이언트 바운디드 컨텍스트는 소스 시스템으로 올바르게 접근할 수 있어야(예를 들어 보안 권한) 실제 클라이언트로서 동작할 수 있다.

그런데 클라이언트의 알림 리소스 폴링이 여러분의 웹 서버에 원치 않았던 엄청난 양의 트래픽을 발생시킬 수도 있지 않을까? 여러분의 레스트풀 리소스가 캐싱을 효과적으로 사용하지 않는다면 그럴 수도 있다. 예를 들어, 클라이언트 스스로가 약 1분마다 현재 로그를 캐시할 수도 있다.

```
HTTP/1.1 200 OK
Content-Type: application/vnd.saasovation.idovation+json
...
Cache-Control: max-age=60
...
```

클라이언트 폴링이 1분의 캐싱 시간을 초과하지 않았다면, 클라이언트 캐시가 앞서 가져온 현재 로그를 제공한다. 캐시가 타임아웃되면 서버 리소스로부터 가장 최신의 현재 로그를 가져온다. 다음에서 max-age를 한 시간으로 나타낸 예와 같이, 보관된 로그는 그 내용이 절대로 변경되지 않기 때문에 더 긴 시간 동안 캐싱할 수 있다.

```
HTTP/1.1 200 OK
Content-Type: application/vnd.saasovation.idovation+json
...
Cache-Control: max-age=3600
...
```

클라이언트는 캐시된 리소스로 계속 GET 요청을 수행할 필요가 없기 때문에, 현재 로그의 max-age 값을 타이머/슬립 임계값threshold으로 사용할 수 있다. 슬립으로 줄어든 폴링을 통해 클라이언트 바운디드 컨텍스트와 소스 서버상의 처리 부하를 줄일 수 있다. 리소스 제공자는 캐시의 max-age가 만료되지 않는 이상 절대로 요청을 수신하지 않는다. 따라서 클라이언트 캐싱을 올바르게 사용한다면, 잘못 행동하고 있는 클라이언트라도 알림 생성자 측의 성능이나 가용성에 절대 해를 끼칠 수 없다. 이는 웹과 웹의 빌트인 인프라를 사용해 성능과 확장성 측면에서 굉장히 큰 이익을 볼 수 있음을 잘 보여준다.

또한 서버에서도 캐시를 제공할 수 있다. 서버의 알림 로그 캐싱은 보관된 로그가 절대로 변경되지 않기 때문에 정말 잘 동작한다. 기존의 보관된 알림 로그를 요청하는 모든 클라이언트는 리소스를 수신할 뿐만 아니라, 다른 모든 클라이언트가 같은 리소스를 필요로 할 때를 위해 캐시를 준비시킨다. 보관된 로그는 불변함이 보장되기 때문에 해당 캐시를 새로 고칠refresh 필요가 없다.

우와! 지금까지 상당히 세부적인 내용을 살펴봤는데, 여전히 바운디드 컨텍스트의 통합(13)에서 다룰 내용이 남아있다. 효과적인 레스트풀 이벤트 알림 시스템을 설계하는 다양한 전략에 관해선 [Parastatidis 등, RiP]를 참고하길 추천한다. 이를 통해 여러분은 표준 미디어 타입 아톰 기반 알림 로그와 일부 참조 구현의 장단점에 관한 논의를 살펴볼 수 있다. 또한 짐 웨버Jim Webber의 발표인 [Webber, REST & DDD]에선 이 접근법에 관한 좀 더 깊은 통찰을 접할 수 있다. 이 접근법의 초기 참조 문헌으로는 스테판 틸코프가 InfoQ에 기고한 글[Tilkov, Restful Doubts]이 있다. 이 접근법을 사용하는 나의 발표도 살펴볼 수 있다[Vernon, RESTful DDD].

메시징 미들웨어를 통한 알림 발행

놀라울 것 없이, 래빗MQ와 같은 메시징 미들웨어 제품은 여러분이 직접 다뤄야 할 REST 스타일에 관한 세부사항을 관리해준다. 또한 이런 메시징 시스템은 여러분의 기호에 맞춰 굉장히 쉽게 발행-구독과 큐를 지원할 수 있도록 해준다. 메시징 시스템은 두 경우 모두에서 푸시 모델을 사용해 등록된 구독자나 리스너로 이벤트 알림 메시지를 발송한다.

메시징 미들웨어 제품을 통해 이벤트 저장소에서 이벤트를 발행하는 데 필요한 요구사항을 생각해보자. 래빗MQ의 팬아웃 익스체인지fanout exchange를 활용해 발행-구독을 계속 사용하기로 하자. 이를 위해선 다음의 내용을 순서대로 수행할 컴포넌트 집합이 필요하다.

1. 이벤트 저장소에서 아직 지정된 익스체인지로는 발행되지 않은 모든 도메인 이벤트 객체를 쿼리한다. 쿼리된 객체는 고유 식별자 순서에 따라 오름차순으로 정렬한다.

2. 쿼리된 객체를 오름차순으로 순회하면서 각 객체를 익스체인지로 발송한다.

3. 메시징 시스템이 메시지가 성공적으로 발행됐음을 알려주면, 해당 익스체인지를 통해 발행된 도메인 이벤트를 추적한다.

우린 구독자가 수신을 확인해주길 기다리지 않는다. 심지어 구독자 시스템은 발행자가 익스체인지를 통해 메시지를 발송하는 시점에서 실행 중이지 않을 수도 있다. 각 구독자는 자신만의 시간 범위에 맞춰서 메시지를 처리할 책임을 수행하며, 자신의 모델에 필요한 모든 도메인 행동이 올바르게 전달되도록 보장한다. 우린 단순히 메시징 메커니즘이 전달을 보장토록 할 뿐이다.

화이트보드 타임

- 여러분이 작업하고 있는 바운디드 컨텍스트와 여러분이 통합하려는 컨텍스트의 컨텍스트 맵을 그리자. 상호작용하는 컨텍스트 사이에 연결이 나타나도록 하자.
- 부패 방지 계층(3)과 같이, 컨텍스트 사이에서 나타나는 관계의 유형을 보여주는 표기법을 만들자.

- 이제, 해당 컨텍스트를 어떻게 통합할지 나타내자. RPC, 레스트풀 알림, 메시징 인프라 중에서 무엇을 사용할 것인가? 무엇을 사용할지 그리도록 하자.

> 레거시 시스템과 통합할 때는 선택할 수 있는 옵션이 많지 않다는 점을 기억하라.

구현

사스오베이션 팀은 이벤트를 발행하기 위해 사용할 아키텍처 스타일을 결정했고, 이젠 이를 수행하기 위한 컴포넌트의 구현에 집중하게 되는데….

알림 발행 행동의 핵심은 NotificationService 애플리케이션 서비스의 뒤편에 위치해 있다. 이는 팀이 자신의 데이터 소스에서 발생하는 변경에 관한 트랜잭션의 범위를 관리할 수 있도록 해준다. 또한 이는 이벤트가 모델로부터 발생한 알림으로써 발행됐더라도, 도메인의 관심사가 아닌 애플리케이션의 관심사라는 점을 강조한다.

NotificationService가 분리 인터페이스[Fowler, P of EAA]를 갖고 있어야 할 필요는 없다. 이번엔 애플리케이션 서비스의 구현이 오직 하나만 존재할 것이며, 따라서 팀은 간결함을 유지하고자 할 것이다. 여전히 모든 간단한 클래스가 퍼블릭 인터페이스를 갖게 되는데, 여기선 해당 메소드 내용을 생략했다.

```
package com.saasovation.identityaccess.application;
...
public class NotificationService {
    ...
    @Transactional(readOnly=true)
    public NotificationLog currentNotificationLog() {
        ...
    }

    @Transactional(readOnly=true)
```

```
    public NotificationLog notificationLog(String aNotificationLogId) {
        ...
    }

    @Transactional
    public void publishNotifications() {
        ...
    }
    ...
}
```

처음 두 메소드는 클라이언트에게 레스트풀 리소스로 제공되는 NotificationLog 인스턴스를 쿼리하기 위해 사용되며, 세 번째 메소드는 메시징 메커니즘을 통해 개별 Notification 인스턴스를 발행하기 위해 사용한다. 이 팁은 먼저 NotificationLog 인스턴스를 가져오는 쿼리에 집중하고, 그다음에 메시징 인프라와 상호작용하는 부분으로 관심사를 옮겨간다.

흥미로운 구현 몇 가지가 남아있다.

NotificationLog의 발행

현재 로그와 보관된 로그라는 두 가지 유형의 알림 로그가 있었던 점을 떠올려보자. 따라서 NotificationService 인터페이스는 각 타입에 맞는 쿼리 메소드를 제공한다.

```
public class NotificationService {
    @Transactional(readOnly=true)
    public NotificationLog currentNotificationLog() {
        EventStore eventStore = EventStore.instance();

        return this.findNotificationLog(
                this.calculateCurrentNotificationLogId(eventStore),
                eventStore);
    }

    @Transactional(readOnly=true)
    public NotificationLog notificationLog(String aNotificationLogId) {
        EventStore eventStore = EventStore.instance();
```

```
        return this.findNotificationLog(
            new NotificationLogId(aNotificationLogId),
            eventStore);
    }
    ...
}
```

결국 이 두 메소드 모두는 반드시 NotificationLog를 '찾아야'만 한다. 이는 결국 이벤트 저장소로부터 DomainEvent 인스턴스가 직렬화된 부분을 찾아서 각 인스턴스를 Notification으로 캡슐화하고, 그 결과를 NotificationLog로 모은다는 의미다. 일단 NotificationLog 인스턴스가 생성되면, 이를 레스트풀 리소스로 나타내 요청하는 클라이언트에게 제공한다.

현재 로그는 멈추지 않고 움직이는 대상으로 볼 수 있기 때문에 반드시 요청할 때마다 그 식별자를 계산해야 한다. 계산하는 방법은 다음을 참고하자.

```
public class NotificationService {
    ...
    protected NotificationLogId calculateCurrentNotificationLogId(
            EventStore anEventStore) {

        long count = anEventStore.countStoredEvents();

        long remainder = count % LOG_NOTIFICATION_COUNT;

        if (remainder == 0) {
            remainder = LOG_NOTIFICATION_COUNT;
        }

        long low = count - remainder + 1;

        // 아직 알림이 완전히 가득 차지 않은 상황에서도
        // 만들어진 식별자의 값을 보장해준다
        long high = low + LOG_NOTIFICATION_COUNT - 1;

        return new NotificationLogId(low, high);
    }
    ...
}
```

반면에 보관된 로그는 단순히 식별자의 최소값과 최대값의 범위를 캡슐화한 NotificationLogId만 있으면 된다. 21~40과 같이 낮은 값과 높은 값 사이의 범위를 텍스트로 표현함으로써 식별자를 나타낸다는 점을 기억하자. 따라서 해당 내용을 담는 식별자의 생성자는 다음과 같다.

```
public class NotificationLogId {
    ...
    public NotificationLogId(String aNotificationLogId) {
        super();
        String[] textIds = aNotificationLogId.split(",");
        this.setLow(Long.parseLong(textIds[0]));
        this.setHigh(Long.parseLong(textIds[1]));
    }
    ...
}
```

현재 로그를 쿼리하든 보관된 로그를 쿼리하든 상관없이, 이젠 findNotificationLog() 메소드가 쿼리할 대상을 나타내는 NotificationLogId를 갖고 있다.

```
public class NotificationService {
    ...
    protected NotificationLog findNotificationLog(
            NotificationLogId aNotificationLogId,
            EventStore anEventStore) {

        List<StoredEvent> storedEvents =
            anEventStore.allStoredEventsBetween(
                    aNotificationLogId.low(),
                    aNotificationLogId.high());

        long count = anEventStore.countStoredEvents();

        boolean archivedIndicator = aNotificationLogId.high() < count;

        NotificationLog notificationLog =
            new NotificationLog(
                    aNotificationLogId.encoded(),
                    NotificationLogId.encoded(
```

```
                    aNotificationLogId.next(
                            LOG_NOTIFICATION_COUNT)),
                NotificationLogId.encoded(
                    aNotificationLogId.previous(
                            LOG_NOTIFICATION_COUNT)),
                this.notificationsFrom(storedEvents),
                archivedIndicator);

        return notificationLog;
    }
    ...
    protected List<Notification> notificationsFrom(
            List<StoredEvent> aStoredEvents) {
        List<Notification> notifications =
            new ArrayList<Notification>(aStoredEvents.size());

        for (StoredEvent storedEvent : aStoredEvents) {
            DomainEvent domainEvent =
                    EventStore.toDomainEvent(storedEvent);

            Notification notification =
                new Notification(
                        domainEvent.getClass().getSimpleName(),
                        storedEvent.eventId(),
                        domainEvent.occurredOn(),
                        domainEvent);

            notifications.add(notification);
        }

        return notifications;
    }
    ...
}
```

Notification 인스턴스나 전체 로그를 전혀 저장할 필요가 없다는 사실은 꽤 훙미롭다. 우린 필요할 때마다 이를 만들어낼 수 있다. 이런 이유로, 요청 시점에서 NotificationLog를 캐싱하면 성능과 확장성에 도움을 받을 수 있다.

findNotificationLog() 메소드는 EventStore 컴포넌트를 사용해 주어진 로그에서 필요한 StoredEvent 인스턴스를 쿼리한다. EventStore가 이를 찾는 방법을 살펴보자.

```
package com.saasovation.identityaccess.application.eventStore;
...
public class EventStore ... {
    ...
    public List<StoredEvent> allStoredEventsBetween(
            long aLowStoredEventId,
            long aHighStoredEventId) {

        Query query =
            this.session().createQuery(
                    "from StoredEvent as _obj_ "
                    + "where _obj_.eventId between ? and ? "
                    + "order by _obj_.eventId");

        query.setParameter(0, aLowStoredEventId);
        query.setParameter(1, aHighStoredEventId);

        List<StoredEvent> storedEvents = query.list();

        return storedEvents;
    }
    ...
}
```

마지막으로, 웹 티어에서 현재 로그와 보관된 로그를 발행한다.

```
@Path("/notifications")
public class NotificationResource {
    ...
    @GET
    @Produces({ OvationsMediaType.NAME })
    public Response getCurrentNotificationLog(
            @Context UriInfo aUriInfo) {

        NotificationLog currentNotificationLog =
            this.notificationService()
```

```
            .currentNotificationLog();

        if (currentNotificationLog == null) {
            throw new WebApplicationException(
                    Response.Status.NOT_FOUND);
        }

        Response response =
            this.currentNotificationLogResponse(
                    currentNotificationLog,
                    aUriInfo);

        return response;
    }

    @GET
    @Path("{notificationId}")
    @Produces({ OvationsMediaType.ID_OVATION_NAME })
    public Response getNotificationLog(
            @PathParam("notificationId") String aNotificationId,
            @Context UriInfo aUriInfo) {

        NotificationLog notificationLog =
            this.notificationService()
                .notificationLog(aNotificationId);

        if (notificationLog == null) {
            throw new WebApplicationException(
                    Response.Status.NOT_FOUND);
        }

        Response response =
            this.notificationLogResponse(
                    notificationLog,
                    aUriInfo);

        return response;
    }
    ...
}
```

이 팁은 MessageBodyWriter를 사용해 응답을 생성할 수 있었지만, 응답 빌더 메소드 내에서 관리되는 작은 복잡성도 상존한다.

여기까지, 현재 알림 로그와 보관된 알림 로그를 레스트풀 클라이언트로 발행하기 위해 필요한 중요한 부분을 알아봤다.

메시지에 기반한 알림 발행하기

NotificationService는 메시징 인프라를 통해 DomainEvent 인스턴스를 발행하는 한 가지 방법을 제공한다. 다음은 해당 서비스 메소드다.

```
public class NotificationService {
    ...
    @Transactional
    public void publishNotifications() {
        PublishedMessageTracker publishedMessageTracker =
            this.publishedMessageTracker();

        List<Notification> notifications =
            this.listUnpublishedNotifications(
                    publishedMessageTracker
                            .mostRecentPublishedMessageId());

        MessageProducer messageProducer = this.messageProducer();

        try {
            for (Notification notification : notifications) {
                this.publish(notification, messageProducer);
            }

            this.trackMostRecentPublishedMessage(
                    publishedMessageTracker,
                    notifications);
        } finally {
            messageProducer.close();
        }
    }
    ...
}
```

publishNotifications() 메소드는 우선 PublishedMessageTracker를 가져온다. 이는 앞서 어떤 이벤트가 발행됐는지에 대한 기록을 저장하는 객체다.

```
package com.saasovation.identityaccess.application.notifications;
...
public class PublishedMessageTracker {
    private long mostRecentPublishedMessageId;
    private long trackerId;
    private String type;
    ...
}
```

이 클래스가 도메인 모델의 일부가 아닌 애플리케이션에 속한다는 점에 주목하자. trackerId는 단지 이 객체의 고유 식별자(본질적으로 엔터티)일 뿐이다. type 특성은 이벤트가 발행된 토픽/채널의 타입에 관한 String 설명을 갖고 있다. DomainEvent를 직렬화해서 StoreEvent로 저장하는데, 그 고유 식별자가 mostRecentPublishedMessageId 특성에 해당한다. 따라서 이는 가장 최근에 발행한 인스턴스의 StoredEvent eventId 값을 갖게 된다. 모든 새로운 Notification 메시지의 발송을 완료하면, 서비스 메소드는 현 시점에서 가장 최근에 발행된 이벤트의 식별자로 PublishedMessageTracker가 저장됐는지 확인한다.

type 특성과 이벤트 식별자는 우리가 하나의 동일한 알림을 여러 시점에 걸쳐서 얼마든지 많은 수의 토픽/채널로 발행할 수 있도록 해준다. 우리는 단순히 해당 토픽/채널의 이름으로 PublishedMessageTracker의 새로운 인스턴스를 생성해서, 첫 번째 StoredEvent부터 다시 진행한다. 다음은 publishedMessageTracker() 메소드가 이를 수행하는 방법을 보여준다.

```
public class NotificationService {
    private static final String EXCHANGE_NAME =
            "saasovation.identity_access";
    ...
    private PublishedMessageTracker publishedMessageTracker() {
        Query query =
            this.session().createQuery(
                    "from PublishedMessageTracker as _obj_ "
                    + "where _obj_.type = ?");
```

```
        query.setParameter(0, EXCHANGE_NAME);

        PublishedMessageTracker publishedMessageTracker =
            (PublishedMessageTracker) query.uniqueResult();

        if (publishedMessageTracker == null) {
            publishedMessageTracker =
                new PublishedMessageTracker(EXCHANGE_NAME);
        }

        return publishedMessageTracker;
    }
    ...
}
```

다채널multichannel 발행은 아직 지원되지 않지만, 약간의 리팩토링을 거쳐 손쉽게 추가할 수 있다.

다음으로, listUnpublishedNotifications() 메소드는 발행되지 않은 모든 Notification 인스턴스의 정렬된 목록을 쿼리하는 책임을 수행한다.

```
public class NotificationService {
    ...
    protected List<Notification> listUnpublishedNotifications(
            long aMostRecentPublishedMessageId) {
        EventStore eventStore = EventStore.instance();

        List<StoredEvent> storedEvents =
                eventStore.allStoredEventsSince(
                        aMostRecentPublishedMessageId);

        List<Notification> notifications =
            this.notificationsFrom(storedEvents);

        return notifications;
    }
    ...
}
```

실제론 매개변수 aMostRecentPublishedMessageId보다 큰 eventId 값을 갖는 StoredEvent 인스턴스를 찾기 위해 EventStore를 쿼리한다. EventStore에서 반환된 대상은 Notification 인스턴스의 새로운 컬렉션을 생성하기 위해 사용된다.

이제 메인 서비스 메소드인 publishNotifications()로 돌아오자. DomainEvent 래퍼[wrapper]인 Notification 인스턴스의 컬렉션을 순회하면서 publish() 메소드로 디스패치한다.

```
...
for (Notification notification : notifications) {
    this.publish(notification, messageProducer);
}
```

각각의 Notification 인스턴스를 발행하는 이 메소드는 발행을 위해 래빗MQ를 사용하는데, 아주 간단한 객체 라이브러리를 사용해 인터페이스를 좀 더 객체지향적으로 만들 수 있다.

```
public class NotificationService {
    ...
    protected void publish(
            Notification aNotification,
            MessageProducer aMessageProducer) {

        MessageParameters messageParameters =
            MessageParameters.durableTextParameters(
                    aNotification.type(),
                    Long.toString(aNotification.notificationId()),
                    aNotification.occurredOn());

        String notification =
            NotificationService
                .objectSerializer()
                .serialize(aNotification);

        aMessageProducer.send(notification, messageParameters);
    }
    ...
}
```

이 publish() 메소드는 MessageParameters를 생성한 후 MesssageProducer를 사용해 JSON으로 직렬화된 DomainEvent를 전송한다.[4] MessageParameters에는 선택 속성이 메시지 본문과 함께 담겨 있다. 이벤트 type 문자열, 고유 메시지 ID로 사용되는 알림 식별자, 이벤트의 occurredOn 타임스탬프 등이 이런 특별한 매개변수에 해당된다. 이런 매개변수는 구독자가 이벤트를 직렬화한 JSON 메시지를 파싱하지 않고도 각 메시지의 중요 사항이 무엇인지 판단할 수 있도록 해준다. 그리고 고유 메시지 ID(알림 식별자)는 메시지의 중복 제거에도 사용할 수 있으며, 이는 뒤에서 설명한다.

발행을 완전히 구현하기 위해 메소드를 하나 더 살펴보자.

```
public class NotificationService {
    ...
    private MessageProducer messageProducer() {

        // 내 익스체인지가 아직 없다면 하나 만들어준다
        Exchange exchange =
            Exchange.fanOutInstance(
                    ConnectionSettings.instance(),
                    EXCHANGE_NAME,
                    true);

        // 이벤트를 전달하기 위해 사용할 메시지 생산자를 만든다
        MessageProducer messageProducer =
            MessageProducer.instance(exchange);

        return messageProducer;
    }
    ...
}
```

메소드 publishNotifications()는 messageProducer()를 통해 익스체인지가 존재하는지 확인하고, 발행을 위해 사용할 MessageProducer의 인스턴스를 가져온다. 래빗MQ는 익스체인지의 멱등성idempotence을 지원하며, 따라서 익스체인지는 첫 요

4 클래스 Exchange, ConnectionSettings, MessageProduce, MessageParameters 등은 래빗MQ의 추상화 계층을 담당하는 라이브러리의 한 부분이다. 나는 이 라이브러리를 책의 다른 샘플 코드와 함께 제공하는데, 이는 래빗MQ를 훨씬 더 객체지향적으로 사용할 수 있도록 해준다.

청 시점에서 생성되고 그 이후엔 앞서 생성한 익스체인지를 제공한다. 우리는 뒤편의 브로커 채널에 문제가 생기는 상황에 대비해 MessageProducer의 인스턴스를 열어둔 채로 유지하지 않는다. 발행이 수행될 때마다 연결을 다시 설정하면 전혀 동작할 수 없는 상태에 빠진 발행자가 생기지 않도록 막아준다. 만약 지속적인 재연결이 병목현상을 일으킨다면 성능 문제를 살펴봐야 할 수도 있다. 그렇지만 여기선 발행 오퍼레이션 사이에 일시 중지를 넣는 방법을 사용한다.

오퍼레이션 사이의 일시 중지 측면에서, 앞서 살펴본 코드에선 주기적으로 반복해 이벤트를 발행하는 방법을 나타내진 않았다. 여기엔 몇 가지 방법이 있는데, 아마도 여러분의 운영 환경에 따라 달라질 수 있다. 그중 한 가지로 JMX TimerMBean을 사용해 반복할 시간의 간격을 관리할 수 있다.

이어서 타이머를 사용한 방법을 살펴보기에 앞서, 짚고 넘어가야 할 중요한 맥락이 있다. 자바 MBean 표준도 역시 알림[Noficiation]이라는 용어를 사용하지만, 이는 우리의 발행 프로세스와는 다른 의미다. 이 경우에는 타이머가 시간을 알려주는 동작에 관한 알림을 리스너가 수신한다. 여러분의 마음속에서 이런 차이를 잘 정리할 수 있도록 신경 쓰자.

적절한 간격을 결정해서 타이머에 설정했다면, NotificationLister를 등록해서 지정된 간격의 시간이 흐를 때마다 MBeanServer가 알림을 보낼 수 있도록 한다.

```
mbeanServer.addNotificationListener(
        timer.getObjectName(),
        new NotificationListener() {
            public void handleNotification(
                    Notification aTimerNotification,
                    Object aHandback) {
                ApplicationServiceRegistry
                        .notificationService()
                        .publishNotifications();
            }
        },
        null,
        null);
```

타이머의 작동에 따라 handleNotification() 메소드가 호출되면, NotificationService를 통해 PublishNotifications()의 수행을 요청한다. 이것이 필요한 것의 전부다. TimerMBean이 정해진 간격으로 정기적으로 반복되는 한, 익스체인지를 통해 도메인 이벤트를 계속해서 발행하며 엔터프라이즈 전체의 구독자가 소비하도록 한다.

애플리케이션-서버가 관리하는 타이머를 사용하면, 발행 과정의 수명주기를 모니터링하는 컴포넌트를 만들 필요가 없다는 추가적인 이점이 있다. 예를 들어 어떤 이유에서든 publsihNotifications()가 수행 중에 문제가 발생해 예외와 함께 종료하더라도, TimerMBean은 계속해서 실행돼 지정된 간격이 지난 후 다시 작동한다. 관리자는 아마도 래빗MQ의 인프라 오류를 처리해야 하겠지만, 문제만 정리하고 나면 메시지는 계속해서 발행된다. 한편 [Quartz]와 같은 다른 타이머 장치를 사용할 수도 있다.

하지만 여전히 메시지 중복 제거에 관한 질문이 남아있다. 메시지 중복 제거가 무엇일까? 그리고 메시징 구독자가 이를 지원해야 하는 이유는 무엇일까?

이벤트 중복 제거 메시징 시스템을 통해 발행된 단일 메시지가 구독자에게 한 번 이상 전달될 수 있는 환경에선 메시지 중복 제거가 필요하다. 중복 메시지는 다양한 원인에 의해 발생할 수 있다. 다음은 중복 메시지가 발생할 수 있는 방법 중 하나다.

1. 래빗MQ가 하나 혹은 그 이상의 구독자에게 새롭게 발생된 메시지를 전달한다.
2. 구독자가 메시지를 처리한다.
3. 구독자가 메시지를 수신해 처리했음을 나타내는 확인을 보내기에 앞서, 실패한다.
4. 래빗MQ는 확인을 받지 못한 메시지를 다시 전달한다.

이벤트 저장소에서 발행하는 상황, 메시징 시스템이 이벤트 저장소의 영속성 메커니즘을 공유하지 않는 상황, 글로벌 XA 트랜잭션이 이벤트 저장소의 원자성 커밋을 제어하지 않으면서 메시징 영속성이 변화하는 상황 등에도 중복 메시지가 발생할 수 있다. 앞서 '메시징 미들웨어를 통한 알림 발행' 절에서 논의했듯, 이는 우리가 처한 상황과 정확히 일치한다. 메시지를 한 번 이상 발송하게 되는 상황을 잘 보여주는 시나리오를 살펴보자.

1. NotificationService는 발행되지 않은 세 개의 Notification 인스턴스를 쿼리하고 발행한다. PublishedMessageTracker를 통해 이에 관한 기록을 갱신한다.

2. 래빗MQ 브로커는 세 개의 메시지 모두를 수신하고, 모든 구독자에게 이 모두를 보낼 수 있도록 준비한다.

3. 그러나 애플리케이션 서버의 예외적인 조건으로 인해 NotificationService의 실패가 발생한다. PublishedMessageTracker의 수정은 커밋되지 않았다.

4. 래빗MQ는 새롭게 발송된 메시지를 구독자에게 전달한다.

5. 애플리케이션 서버의 예외 조건이 고쳐진다. 발행 프로세스가 다시 시작되고, NotificationService는 모든 발행되지 않은 이벤트의 메시지를 발송한다. 여기엔 앞서 발행됐지만 PublishedMessageTracker에는 기록되지 않은 모든 이벤트의 메시지가 포함돼 (또 다시!) 발행된다.

6. 래빗MQ는 새롭게 발송된 메시지를 구독자에게 전달하고, 적어도 이 중 세 가지는 중복해서 전달된다.

이 시나리오에서 나는 임의로 세 개의 이벤트를 사용했다. 한 개나 두 개의 이벤트를 사용하거나, 아니면 이보다 다양한 이벤트를 사용할 수도 있었다. 숫자가 중요한 것이 아니라 이런 문제가 재전송을 야기할 수 있다는 사실이 중요하다. 여러분이 여러 이유로 인해 메시지 중복 상황에 빠진다면, 중복의 제거가 필요해진다. 좀 더 자세한 처리 방법을 알아보고 싶다면 멱등 수신자[Hophe & Woolf]를 참고하라.

멱등한 오퍼레이션

멱등한 오퍼레이션(Idempotent Operation)은 같은 오퍼레이션이 두 번 이상 수행되어도, 한 번만 수행했을 때와 같은 결과에 이르는 동작을 의미한다.

반복 메시지 전달의 가능성을 처리하는 방법 중 하나로 구독자 모델의 오퍼레이션이 멱등하도록 하는 방안이 있다. 모든 메시지에 대해 구독자의 응답은 구독자 자신의 도메인 모델에서 수행한 멱등한 오퍼레이션의 결과일 수 있다. 문제는 도메인 객체나 그 밖의 어떤 객체를 멱등한 오퍼레이션으로 설계하기가 어렵거나 비실용적이거나 심지어 불가능할 수도 있다는 점이다. 그리고 실행할 멱등한 동작에 관한 정보를 이벤트가 직접 실어 나르도록 설계하는 일 또한 번거로울 수 있다. 우선 한 가지 이유로, 송신자는 보내려는 이벤트의 상태에 관한 수신자의 모든 현재 비즈니스 상황을 완전히 이해해야 한다는 점이 있다. 게다가 지연이나 재시도 등과 같이 정상적인 순서에서 벗어난 이벤트의 수신은 오류를 일으킬 수 있다.

도메인 객체의 멱등성이 가능한 옵션이 아니라면, 그 대신 구독자/수신자 자체를 멱등하게 설계할 수도 있다. 수신자는 반복된 메시지에 따른 동작의 수행을 거부하도록 설계할 수 있다. 먼저, 여러분의 메시징 제품이 이런 기능을 지원하는지 확인해야 한다. 지원하지 않는다면, 여러분의 수신자는 이미 처리된 메시지가 무엇인지 추적해야 한다. 이를 가능케 하는 한 방법으로, 구독자의 영속성 메커니즘에 한 영역을 지정해서 처리된 모든 메시지의 토픽/교환 이름을 고유 메시지 식별자와 함께 저장하는 방법이 있다(그렇다. `PublsihedMessageTracker`와 유사하다). 이를 통해 각 메시지를 처리하기 전에 반복 여부를 쿼리할 수 있다. 만약 해당 쿼리를 통해 이미 처리된 메시지를 찾았다면, 구독자는 단순히 이를 무시하면 된다. 처리된 메시지의 추적은 도메인 모델의 일부가 아니다. 이는 단순히 일반적인 메시징 특성을 기술적으로 우회하는 방법일 뿐임을 명심하자.

보통의 메시징 미들웨어 제품을 사용할 때 최근에 처리된 메시지의 기록만 저장해선 충분하지 않은데, 이는 메시지가 순서를 지키지 않고 수신될 수 있기 때문이다. 따라서 가장 최근의 메시지보다 앞선 메시지 ID를 확인하는 중복 제거 쿼리를 통해 잘못된 순서로 수신된 메시지 중 일부를 무시할 수 있다. 때론 여러분은 데이터베이스 가비지 컬렉션에서처럼, 더 이상 쓸모없는 메시지 추적 엔트리를 폐기하려 할 수도 있다는 점을 함께 고려하자.

REST 기반의 알림 접근법을 사용할 땐 사실 중복 제거가 중요하지 않다. 클라이언트 수신자는 가장 최근에 적용된 알림 식별자만 저장하면 되는데, 수신자는 항상 해당 시점 이후에 발생하는 이벤트 알림만을 적용하면 되기 때문이다. 각 알림 로그는 언제나 알림 식별자 시간의 반대(내림차순) 순서로 작성된다.

두 경우(메시징 미들웨어 구독자와 REST 기반 알림) 모두에서, 처리된 메시지의 식별자 추적 내용이 모든 로컬 도메인 모델의 상태에 일어난 변경과 함께 커밋돼야 한다는 점이 중요하다. 그렇지 않으면, 이벤트와 응답에 발생한 변경의 추적 일관성을 유지할 수 없다.

마무리

8장에서는 도메인 이벤트의 정의를 살펴보고, 도메인 이벤트가 언제 어떻게 이벤트를 모델링해야 당신에게 이득이 되는지 결정하는 것을 살펴봤다.

- 무엇이 도메인 이벤트인지와 언제, 왜 사용해야 하는지 배웠다.
- 이벤트를 객체로 모델링하는 방법과, 이벤트를 반드시 고유하게 식별해야 하는 시점을 살펴봤다.
- 이벤트가 애그리게잇의 특징을 가져야만 하는 시점과, 단순한 값 기반 이벤트가 가장 잘 동작하는 시점에 관해 논의했다.
- 모델에서 경량의 발행-구독 컴포넌트를 사용하는 방법을 확인했다.
- 이벤트를 발행하는 컴포넌트와 구독하는 컴포넌트를 찾아봤다.
- 이벤트 저장소를 개발해야 하는 이유를 비롯해 개발 방법과 사용법을 알아봤다.
- 바운디드 컨텍스트 외부에서 이벤트를 발행하는 두 가지 접근법, REST 기반 알림과 메시징 미들웨어의 사용을 배웠다.
- 구독하는 시스템 내에서 메시지 중복을 제거하는 몇 가지 방법을 학습했다.

9장에선 방향을 조금 바꿔서, 모듈을 사용해 도메인 모델 객체를 정리하는 방법을 살펴본다.

9장

모듈

모든 승리의 비밀은 명백하지 않은 요소를 어떻게 조직화하느냐에 달려 있다.
– 마르커스 아우렐리우스

여러분이 자바나 C#을 사용하고 있다면, 비록 다른 이름으로 알고 있을지라도 이미 모듈과 친숙한 상태다. 자바에선 이를 패키지라 부르고, C#에선 네임스페이스라 한다. 루비에선 언어 구성 요소인 모듈을 사용해 클래스의 네임스페이스를 만들 수 있다. 루비의 경우, 언어 구성 요소의 이름과 DDD 패턴의 이름이 일치한다. 우리가 다루고 있는 DDD 컨텍스트에 맞춰, 나는 이를 계속 모듈이라 부르겠다. 아마도 여러분이 주로 사용하는 프로그래밍 언어에서의 이름으로 연결해 생각하는 편이 더 쉬울 수 있다. 나는 모듈이 하는 일을 기술적 측면에서 설명하는 데 너무 많은 시간을 들이진 않을 텐데, 여러분은 아마도 오래전부터 이에 관해 알고 있었을 것이기 때문이다.

9장의 로드맵

- 전통적인 모듈과 배포 모듈성이라는 새로운 접근법의 차이점을 배워보자.
- 유비쿼터스 언어(1)에 따라 모듈 이름을 짓는 일의 중요성을 생각해보자.
- 기계적인 모듈 설계가 실제로 모델링의 창의성을 억누르는 상황을 살펴보자.
- 사스오베이션 팀이 선택한 설계와 그에 관한 상충점을 학습하자.
- 도메인 모델 밖에서 모듈이 수행하는 역할과, 새로운 바운디드 컨텍스트보다 새로운 모듈을 선호해야 할 때가 언제인지 알아보자.

모듈로 설계하기

DDD 컨텍스트에서 모델 안의 모듈은 서로 간에 높은 응집도를 갖고 있는 도메인 객체를 담는 이름이 붙여진 컨테이너 역할을 수행하며, 각기 다른 모듈에 있는 클래스 사이에 낮은 결합도를 유지하는 것이 목표가 돼야 한다. DDD에서 사용되는 모듈은 단조롭거나 포괄적인 저장소가 아니기 때문에, 모듈을 적절하게 이름 짓는 일도 중요하다. 모듈의 이름은 유비쿼터스 언어의 중요한 부분이다.

> 시스템에 관한 이야기를 알려주고 응집력 있는 개념의 집합을 담을 수 있도록 모듈을 선택하자. 이는 보통 모듈 사이에 낮은 결합을 유지하게 해주지만, 만약 그렇지 않다면 모델을 변경해서 개념을 서로 분리하는 방법을 찾도록 하자…. 모듈에는 유비쿼터스 언어의 한 부분을 이루는 이름을 부여하자. 모듈과 그 이름은 반드시 도메인에 관한 통찰을 반영해야 한다. [Evans, 110쪽, 111쪽]

표 9.1과 같이, 모듈을 설계design할 때 기억해야 하는 간단한 규칙 몇 가지가 있다.

표 9.1 모듈 설계의 간단한 규칙

해야 할 일과 하지 말아야 할 일	이유
모델링 개념에 맞춰 모듈을 설계하자.	일반적으로 여러분은 하나나 그 이상의 애그리게잇(10)당 하나의 모듈을 갖게 된다.
유비쿼터스 언어에 맞춰 모듈을 명명하자.	이는 DDD의 기본적인 목적이기도 하지만, 여러분이 모델링을 하고 있는 개념에 관해 생각하면서 자연스럽게 다다르는 결과이기도 하다.
모델에서 사용하는 일반적인 컴포넌트 타입이나 패턴에 따라서 기계적으로 모델을 생성하지 말자.	예를 들어 모든 애그리게잇을 하나의 모듈로, 모든 서비스(7)를 다른 하나의 모듈로, 모든 팩토리(11)를 또 다른 하나의 모듈로 분리한다면 모듈화의 장점을 전혀 취할 수 없다. 이런 접근은 DDD 모듈의 지향점을 놓치고 있으며, 여러분이 창의적으로 풍부한 모델을 만들어가는 과정에 제약으로 작용한다. 도메인에 관해 열린 사고를 하지 못하고, 단순히 현재 문제를 풀기 위해 사용할 컴포넌트의 유형이나 패턴에 관해서만 생각하게 만든다.
느슨하게 결합된 모듈을 설계하자.	모듈 사이에 독립성을 최대한 보장한다면 느슨하게 결합된 클래스와 같은 이점을 취할 수 있다. 이를 통해 여러분의 모델링 개념을 유지 관리하고 리팩토링하는 일이 쉬워지며, OSGi나 직소(Jigsaw)와 같은 더 큰 규모의 모듈화 장치를 쉽게 사용하도록 해준다.

(이어짐)

해야 할 일과 하지 말아야 할 일	이유
결합이 필요하다면 짝이 되는 모듈 사이에서 비순환적 의존성이 형성되도록 노력하자(짝이 되는 모듈은 설계의 측면에서 같은 '수준'에 있거나, 크기나 미치는 영향이 유사하다).	모듈이 상호 간에 완전히 독립적이기란 거의 불가능하며 실용적이지도 않다. 결국, 도메인 모델이라는 자체가 어느 정도의 결합도를 내포한다. 그러나 짝이 되는 두 모델 사이의 의존성을 단순히 단방향적(unidirectional)으로 만든다면, 컴포넌트의 커플링을 줄일 수 있다(예를 들어, 제품은 팀에 의존적이지만 팀은 제품에 의존적이지 않다).
자식 모듈과 부모 모듈 사이에 규칙은 느슨하게 하자(부모 모듈은 보다 높은 수준에 있으며, 자식 모듈은 한 수준 아래에 있다. 예를 들면 parent.child).	부모 모듈과 자식 모듈 사이의 의존성을 방지하기란 정말 어렵다. 만약 가능하다면 비순환적 의존성을 갖도록 노력해보고, 피할 방법이 없다면 순환적 의존성을 허용토록 하자(예를 들어, 부모는 자식을 생성하고, 자식은 식별자를 통해서만 부모를 참조해야 한다).
모듈을 모델의 정적인 개념에 따라 만들지 말고, 모듈이 담고 있는 객체에 맞추도록 하자.	모델의 개념이 시간의 흐름에 따라 변화하면서 여러 모습과 행동과 이름을 갖게 된다면, 이와 같은 개념을 담는 모듈 역시도 생성되거나 이름을 변경하거나 삭제돼야만 할 가능성이 매우 높다. 필수적이진 않지만, 되도록이면 해당하는 이름이 맞지 않음을 발견했다면 리팩토링하자. 물론 이 과정이 고통스러울 수도 있지만, 잘못 이름 지어진 모듈을 다루며 경험할 고통에 비하면 견딜 만할 수준이다.

모듈을 모델의 가장 중요한 구성 요소first-class citizen로 간주하고 엔터티(5), 값 객체(6), 서비스, 이벤트(8) 등에서 그랬듯이 최대한 의미를 담고 사려 깊게 이름을 정해서 모듈을 생성하도록 노력하자. 이는 새로운 모듈을 생성할 때, 기존 모듈의 이름까지도 대담하게 바꿀 수 있을 정도로 공격적으로 접근해야 함을 의미한다. 최신의 통찰에 맞춰 새롭거나 새롭게 바뀐 도메인의 개념을 확신을 갖고 적용하자.

집 주방의 서랍을 열었을 때 포크, 나이프, 스푼, 렌치, 드라이버, 콘센트, 망치가 정리되지 않은 채로 놓여 있는 것을 보고 좋아할 사람은 아무도 없다. 심지어 은으로 된 식기류를 완전히 갖춰 놓았다고 하더라도 이런 잡동사니가 뒤섞인 서랍에서 식기류를 꺼내 식사하길 거부할 수도 있다. 드라이버가 필요하더라도 서랍을 뒤지며 칼에 손을 베일까 하는 두려움에 애당초 찾기를 포기할지도 모른다.

이를 주방의 서랍에 은 식기류가 포크와 나이프와 스푼별로 잘 정리돼 있고, 창고의 도구 상자 서랍에 각 도구가 종류별로 정리된 상황과 비교해보자. 우리는 특정 목적에 따라 사용할 물건을 찾는 데 아무 문제가 없을 것이고, 의도에 맞춰 사용하길 주저하지 않을 것이다. 모든 것이 잘 정리되어 깔끔하다. 이렇게 모듈에 따른 조직화가 잘 갖춰진 상태에선 은 식기류가 담긴 서랍에서 컵과 컵받침을 찾을 수 있길 기대하는 사람은 없다. 잘 쌓여 있는 식탁용 식기류를 보면 컵과 컵받침도 제자리에 놓여 있다고 믿게 되고, 주변의 보관장을 잠시 둘러보며 이런 믿음을 확인하게 된다. 마찬가지로, 날카로운 식기류는 그 날카로움을 보호하면서 사람도 다치지 않도록 배려한 위치에 있을 것이라 생각하게 된다.

한편, 우린 단단한 모든 물건을 한 서랍에 넣는다거나 깨지기 쉬운 모든 물건을 높은 찬장에 넣는다거나 하는 기계적인 접근에 따라 주방을 정리하진 않는다. 꽃병이 깨지기 쉽다는 이유로 고급 찻잔과 함께 놓여 있길 원하진 않는다. 또한 스테인레스 연육기[1]를 단순히 단단한 물건에 의해 상할 수 있다는 이유로 고급 식기류와 함께 두길 원하지도 않는다.

우리가 주방을 모델링한다고 하면 placesettings라는 이름의 모듈이 자연스럽게 느껴질 것이고, 이 모듈에는 Fork와 Spoon과 Knife 등의 객체가 담겨 있을 것이다. 어쩌면 Serviette[2]를 만들기로 결정해서, placesettings 모듈에 포함되기 위해선 객체가 굳이 철로 만들어져야만 할 필요는 없다는 점을 나타낼지도 모른다. 반면에, pronged[3], scooping[4], blunt[5]와 같은 이름의 모듈을 별도로 만든다고 하더라도 개인별 식기 세트를 모델링할 땐 그다지 도움이 되지 않는다.

소프트웨어 모듈화의 측면에서 최근에 일어난 발전은 또 다른 수준의 소프트웨어 모듈성을 이끌어왔다는 점에 주목하자. 이에 따른 접근법은 약한 결합을 형성하지만 논리적 응집도는 높은 소프트웨어 조각들을 버전에 따라 하나의 배포 단위로 패키징하는 방법과 관련 있다. 자바 에코시스템에선 여전이 JAR 파일을 배포의 단위로 생각하지만, 새로운 접근법에 따르면 버전에 따라 조립할 수 있게 된다(예: OSGi 번들이나 Java 직소 모듈). 따라서 다양한 상위 수준의 모듈, 그 버전, 각각의 의존성을 번들/모듈에 의해 관리할 수 있다. 이런 종류의 모듈/번들은 DDD 모듈과는 조금 다르지만 서로를 보완해줄 수 있다. 분명, 도메인 모델의 느슨하게 결합된 부분이더라도 DDD 모듈에 맞게 좀 더 큰 규모의 모듈로 묶는 편이 상식적이다. 결국, 느슨하게 결합된 설계의 DDD 모듈은 여러분이 OSGi 번들을 만들거나 직소를 통해 모듈화할 때 기여하게 된다.

1 고기를 연하게 만드는 가시처럼 가늘고 긴 철이 달린 주방용 도구 – 옮긴이
2 종이 냅킨 – 옮긴이
3 포크처럼 갈래가 나뉜 – 옮긴이
4 떠내는 – 옮긴이
5 끝이 뭉툭한 – 옮긴이

카우보이 논리

LB: "이 주유소가 어떻게 이렇게 깨끗하고 청결하게 화장실을 유지하는지 궁금할 거야."

AJ: "이봐, LB. 토네이도가 저 화장실을 덮치면, 개선하는 데 10,000달러는 들 거야."

우리는 DDD 모듈을 사용하는 방법에 집중한다. 엔터티, 값 객체, 서비스, 이벤트가 어떤 목적을 갖고 있는지 생각한다면 모듈 설계에 도움이 된다. 잘 고안된 모듈 설계의 예를 살펴보자.

기본 모듈 명명 규칙

자바와 C# 모두에서 모듈의 이름은 계층적 형태를 반영한다.[6] 해당 계층hierarchy의 각 단계는 점/마침표에 의해 구분된다. 이름의 계층은 일반적으로 이를 생성한 조직의 이름이 인터넷 도메인과 함께 조합돼 시작된다. 인터넷 도메인 이름을 사용할 때는 최상위 도메인에서 시작되며, 해당 조직의 도메인 이름이 그 뒤를 잇는다.

```
com.saasovation // 자바
SaaSOvation // C#
```

고유한 최상위 수준 이름을 사용함으로써 프로젝트에서 사용하고 있는 써드파티 모듈과의 네임스페이스 충돌을 방지하고, 다른 이가 여러분의 모듈을 사용할 때 겪을 수 있는 충돌을 막아준다. 기본적인 명명 규칙에 관한 질문이 있다면 표준 문서의 도움을 얻도록 하자.[7]

여러분의 조직은 이미 최상위 수준 모듈 명명 규칙을 사용하고 있을 가능성이 크다. 일관성을 유지하는 편이 가장 좋다.

6 자바 패키지와 C# 네임스페이스에는 일부 다른 부분이 있다. 예를 들어, C#을 사용해 개발하고 있다면 이를 지침으로 사용할 수 있지만, 그렇지 않다면 특정 프로그래밍 언어와 플랫폼에 맞춰야 한다.

7 http://java.sun.com/docs/books/jls/second_edition/html/packages.doc.html#26639

모델을 위한 모듈 명명 규칙

모듈 이름에서 다음으로 이어지는 부분은 바운디드 컨텍스트를 나타낸다. 바운디드 컨텍스트에 기반해 이름을 짓겠다는 결정은 바람직한 접근이다.

사스오베이션 팀은 이 모듈을 다음과 같이 명명했다.

```
com.saasovation.identityaccess
com.saasovation.collaboration
com.saasovation.agilepm
```

다음을 사용할까도 생각했지만, 위의 모듈 이름과 비교할 때 별다른 가치를 더하지 못했다. 컨텍스트를 정확하게 명명하긴 했지만 불필요한 잡음을 만들어 낸다.

```
com.saasovation.identityandaccess
com.saasovation.agileprojectmanagement
```

흥미롭게도, 상업적 제품 이름(브랜드)을 모듈 이름에 사용하지 않았다. 브랜드 이름은 바뀔 수 있으며, 때로 제품 이름과 근간을 이루는 바운디드 컨텍스트 사이에 직접적인 연관이 거의 없을 때가 있다. 컨텍스트를 이름으로 식별하는 편이 훨씬 중요한데, 이야말로 팀의 논의에서 사용되는 언어이기 때문이다. 목표는 유비쿼터스 언어를 반영하는 것이다. 팀이 다음과 같은 이름을 사용하려 한다면, 이런 목표를 이루는 데 도움이 되지 않는다.

```
com.saasovation.idovation
com.saasovation.collabovation
com.saasovation.projectovation
```

첫 번째 모듈 이름인 `com.saasovation.idovation`은 바운디드 컨텍스트와 거의 아무 연관도 없다. 두 번째는 꽤 가까운 편이다. 세 번째는 첫 번째와 비슷한 수준으로 부족하지만, 적어도 project라는 단어가 들어있어서 그나마 조금 낫다. 그럼에도 불구하고 팀은 이런 이름이 바운디드 컨텍스트와 직관적이고 분명한 심적 연관 관계를 형성하지 못한다고 판단했다. 게다가 마케팅에서 제품 이름을 바꾼다고 결정하면(상표권 침해 또는 문화적으로 수용되지 못해서) 이런 모듈 이름은 모두 완전히 쓸모없어진다. 그래서 이 팀은 처음 고려했던 이름의 집합을 유지하기로 결정했다.

다음으로 이들은 중요한 한정자를 덧붙였다. 이는 특정 모듈이 도메인 안에 있다는 점을 나타낸다.

```
com.saasovation.identityaccess.domain
com.saasovation.collaboration.domain
com.saasovation.agilepm.domain
```

이 규칙은 전통적인 계층 아키텍처(4)와 헥사고날 아키텍처(4)에서 사용할 수 있다. 요즘 계층을 사용하는 시스템에 일반적으로 주입 스타일의 헥사고날을 사용해 계층을 관리한다. 헥사고날에선 애플리케이션의 '안쪽' 영역이 있으며, 여기엔 도메인에 해당하는 부분이 포함된다. 이는 다른 아키텍처 스타일에서도 유사하게 나타난다.

domain에 해당하는 구획compartment에는 인터페이스/클래스가 전혀 없고, 더 낮은 수준의 모듈을 위한 컨테이너 역할만을 수행한다. 한 단계 더 내려가보자.

```
com.saasovation.identityaccess.domain.model
com.saasovation.collaboration.domain.model
com.saasovation.agilepm.domain.model
```

여기서 모델의 클래스가 정의되기 시작한다. 이 패키지 수준은 재사용 가능한 인터페이스와 추상 클래스를 포함할 수 있다.

사스오베이션은 이 모듈에 이벤트 발행에 사용된 것과 같은 공통 인터페이스와 엔터티와 값 객체를 위한 추상 기본 클래스를 두길 원했다.

```
ConcurrencySafeEntity
DomainEvent
DomainEventPublisher
DomainEventSubscriber
DomainRegistry
Entity
```

```
IdentifiedDomainObject
IdentifiedValueObject
```

도메인 서비스를 domain.model 모듈 밖에 두기를 선호한다면, 여기에 짝을 만들어줄 수도 있다.

```
com.saasovation.identityaccess.domain.service
com.saasovation.collaboration.domain.service
com.saasovation.agilepm.domain.service
```

여기에 도메인 서비스를 둬야 한다는 요구사항은 없다. 여러분이 이를 모델에서 중간 단위 서비스를 담는 작은 계층이라 생각하거나 이런 계층을 둘러싸고 있다고 생각한다면, 여기에 도메인 서비스를 둘 수 있다[Evans, 108쪽 '세분성(granularity)']. 그러나 이런 접근법은 얼마 지나지 않아 서비스(7)에서 논의했던 애너믹 도메인 모델로 이어질 수 있다는 점에 주의하자.

모델과 서비스를 두 패키지로 나누지 않을 땐, model 모듈을 버리고 모든 모델 모듈을 domain 아래에 바로 둘 수도 있다.

```
com.saasovation.identityaccess.domain.conceptname
```

이는 확실히 불필요해 보이는 한 단계를 제거해준다. 하지만 추후에 여러분이 domain.service 하위 모듈에 몇 가지 도메인 서비스를 두기로 결정한다면 어떻게 될까? 그런 시점이 오면 여러분은 domain.model이란 하위 모듈을 생성해두지 않았다는 점에 상당히 실망하게 된다.

하지만 이름에 영향을 주는 요소 중 이보다 더 중요하게 고려해야 하는 부분이 있다. 우리가 도메인을 개발하지 않았다는 점을 잊지 말자. 도메인(2)이란 우리가 일하고 있는 비즈니스에 해당하는 노하우를 담고 있는 영역 일부다. 우리가 설계하고 구현하는 대상은 도메인의 모델이다. 따라서 최종적으로 모델의 모듈에 대해 이름을 지을 땐, domain.model이 가장 적절해 보인다. 물론 이는 여러분의 팀이 선택할 문제다.

애자일 프로젝트 관리 컨텍스트의 모듈

현재 사스오베이션의 핵심 도메인(2)은 애자일 프로젝트 관리 컨텍스트이므로, 그에 해당하는 모듈이 어떻게 설계되는지 살펴보자.

프로젝트오베이션 팀은 tenant, team, product와 같은 세 가지 최상위 수준 모듈을 선택했다. 다음은 그중 첫 번째다.

```
com.saasovation.agilepm.domain.model.tenant
    <<value object>> TenantId
```

여기엔 식별자와 액세스 컨텍스트에서 비롯돼 특정 테넌트의 고유 식별자를 담게 되는 단순한 값 객체인 TenantId가 들어있다. 이 모듈의 경우, 모델 안의 거의 모든 대상이 여기에 의존하게 된다. 한 테넌트의 객체를 다른 테넌트의 객체로부터 분리하는 일이 필수적이다. 그렇지만 이 의존성은 비순환적이다. tenant 모듈은 다른 대상에 의존하지 않는다.

team 모듈은 제품 팀을 관리하기 위해 사용할 애그리게잇과 도메인 서비스를 담고 있다.

```
com.saasovation.agilepm.domain.model.team
    <<service>> MemberService
    <<aggregate root>> ProductOwner
    <<aggregate root>> Team
    <<aggregate root>> TeamMember
```

세 가지 애그리게잇과 하나의 도메인 서비스 인터페이스가 있다. 클래스 Team은 하나의 ProductOwner 인스턴스를 담게 되며, 임의의 수의 TeamMember 인스턴스를 갖고 있는 컬렉션도 담고 있다. MemberService를 통해 ProductOwner와 TeamMember 인스턴스를 생성한다. 세 가지 애그리게잇 루트 엔터티 모두 tenant 모듈의 TenantID를 참조한다.

```
package com.saasovation.agilepm.domain.model.team;
import com.saasovation.agilepm.domain.model.tenant.TenantId;
public class Team extends ConcurrencySafeEntity {
    private TenantId tenantId;
    ...
}
```

MemberService는 부패 방지 계층(3)의 프론트 엔드로서, 식별자와 액세스 컨텍스트에 따라 제품 팀 구성원의 식별자와 역할을 동기화한다. 동기화는 일반적인 사용자 요청과 분리돼 백그라운드에서 진행된다. 이 서비스는 원격 컨텍스트에 등록된 대로 구성원을 생성하도록 자동 관리proactive된다. 이 동기화는 원격 시스템과의 사이에서 결과적 일관성을 이루는데, 원격으로 일어나는 실제 변경이 반영될 때까지 짧은 시간이 필요할 뿐이다. 이는 이름이나 이메일 주소와 같은 구성원의 세부사항도 필요에 따라 업데이트한다.

애자일 프로젝트 관리 컨텍스트는 product라는 이름의 부모 모듈과 세 가지 자식 모듈을 갖는다.

```
com.saasovation.agilepm.domain.model.product
    <<aggregate root>> Product
    ...
    com.saasovation.agilepm.domain.model.product.backlogitem
        <<aggregate root>> BacklogItem
        ...
    com.saasovation.agilepm.domain.model.product.release
        <<aggregate root>> Release
        ...
    com.saasovation.agilepm.domain.model.product.sprint
        <<aggregate root>> Sprint
        ...
```

이곳이 바로 스크럼 모델링의 핵심이 살아있는 곳이다. 여기서 Product, BacklogItem, Release, Sprint 등의 애그리게잇을 찾을 수 있다. 애그리게잇(10)에선 각 개념이 별도의 애그리게잇으로 모델링되는 이유에 관해 살펴본다.

팀은 '제품product', '제품 백로그 항목product backlog item', '제품 릴리스product release', '제품 스프린트product sprint' 등과 같이 유비쿼터스 언어로 자연스럽게 모듈을 읽을 수 있다는 점을 마음에 들어 했다.

아주 적은 수(단 네 개)만이 애그리게잇과 연관이 있다면, 왜 팀은 이 넷 모두를 product 모듈에 넣지 않았을까? Product에 포함된 ProductBacklogItem 엔터티, BacklogItem에 포함된 Task 엔터티, Release에 포함된 ScheduledBacklogItem, Sprint에 포함된 CommittedBacklogItem 등과 같은 애그리게잇의 다른 부분을 여기서 모두 나타내지 않았다. 각 애그리게잇 타입마다 그에 따른 엔터티와 값 객체가 있다. 또한 일부 애그리게잇에서 발행하는 다양한 도메인 이벤트도 있다. 거의 60개에 달하는 클래스와 인터페이스를 하나의 모듈에 둔다면 너무 분주해질 뿐만 아니라 잘 정리되지 않은 듯한 분위기를 풍기게 된다. 이 팀은 모듈 사이의 결합도 문제보다는 정리에 중점을 뒀다.

ProductOwner와 Team과 TeamMember와 같이, 모든 Product, BacklogItem, Release, Sprint 등의 애그리게잇 타입은 TenantId를 참조한다. 또한 추가적인 의존성도 있다. Product를 생각해보자.

```
package com.saasovation.agilepm.domain.model.product;

import com.saasovation.agilepm.domain.model.tenant.TenantId;

public class Product extends ConcurrencySafeEntity {
    private ProductId productId;
    private TeamId teamId;
    private TenantId tenantId;
    ...
}
```

BacklogItem도 살펴보자.

```
package com.saasovation.agilepm.domain.model.product.backlogitem;

import com.saasovation.agilepm.domain.model.tenant.TenantId;

public class BacklogItem extends ConcurrencySafeEntity {
    private BacklogItemId backlogItemId;
    private ProductId productId;
    private TeamId teamId;
    private TenantId tenantId;
    ...
}
```

TenantId와 TeamId로의 참조는 비순환적 의존성이며 단방향이다. 그러나 BacklogItem의 ProductId로의 참조는 backlogItem 모듈로부터 product로의 비순환적 의존성을 형성하는 듯이 보이지만, 실제론 이는 양방향이다. 각 Product는 BacklogItem(그리고 Release와 Sprint) 인스턴스를 생성하기 위한 팩토리로서 동작한다. 따라서 의존성은 양방향으로 향하게 된다. 여전히 세 개의 하위 모듈은 product의 자식이며, 우리는 의존성의 규칙을 조금 완화시킬 수도 있다. 여기선 결합도의 측면을 포기함으로써 조직화의 측면에서 강점을 갖게 된다. 다시 한 번 말하자면, BacklogItem과 release와 Sprint는 모두 자연스럽고 예상 가능한 Product의 자식 개념이며, 이런 개념을 파괴해서 애그리게잇의 경계 밖으로 나가려는 시도는 별 의미가 없다.

그런데 이 팀은 범용 식별자 타입을 사용해 이런 항목 사이에서 느슨한 결합을 달성하는 가운데, BacklogItem과 Release와 Sprint 모두가 묶이지 않는 방식에 따라 Product를 참조하도록 할 수 있지 않았을까?

```
public class BacklogItem extends ConcurrencySafeEntity {
    private Identity backlogItemId;
    private Identity productId;
    private Identity teamId;
    private Identity tenantId;
    ...
}
```

이 팀이 느슨한 결합을 만들 수 있었다는 점은 사실이다. 그러나 이 때문에 각 Identity 타입을 서로 구분할 수 없어서, 코드에 버그를 만들어낼 가능성을 열어두게 된다.

애자일 프로젝트 관리 컨텍스트는 계속해서 변화하게 된다. 사스오베이션은 다른 애자일 접근법과 도구를 지원할 계획을 갖고 있다. 이 때문에 적어도 새롭게 추가되는 부분으로 인해 현재의 모듈이 영향을 받게 되고, 기존의 코드를 변경하도록 영향을 미치게 된다. 애자일한 사고방식을 갖고 있는 이 팀은 성실하게 모듈을 리팩토링해 나갔다.

이어서 시스템의 소스 코드를 통해 모듈이 다른 위치에서 어떻게 사용되는지 살펴보자.

다른 계층 속의 모듈

어떤 아키텍처(4)를 선택하든, 여러분은 항상 모델에 해당하지 않는 컴포넌트의 모듈을 생성하고 이름을 붙여야 한다. 여기선 기존의 계층 아키텍처(4)에서 사용할 수 있는 옵션은 무엇인지 논의하는데, 이는 계층 아키텍처뿐만 아니라 그 밖의 다른 아키텍처 스타일에도 적용할 수 있다.

도메인 모델을 다루는 애플리케이션에 사용되는 전형적인 계층적 아키텍처에선 '사용자 인터페이스, 애플리케이션, 도메인, 인프라'와 같이 계층을 쌓게 된다. 애플리케이션의 필요에 맞춘 각 계층별 컴포넌트의 유형에 따라 각 계층에 속하는 모듈도 달라지게 된다.

우선, 사용자 인터페이스 계층(14)과 레스트풀 리소스의 지원에 따른 영향을 생각해보자. 여러분의 리소스는 XML, JSON, HTML 등의 표현 상태[representational state]를 만들어서 GUI와 시스템 클라이언트에게 서비스를 제공할 수 있다. 그러나 GUI 지원의 경우, 레스트풀 리소스는 표현을 만들 때 프레젠테이션 레이아웃을 포함시켜선 안 된다. 그 대신, 다양한 마크업(XML, HTML)과 직렬화 포맷(XML, JSON, 프로토콜 버퍼)으로 작성된 단순한 표현만을 만들어야 한다. 클라이언트상에서 표현 상태가 사용할 모든 시각적 레이아웃은 그 밖의 다양한 경로를 통해 얻게 된다. 따라서 REST를 지원하는 사용자 인터페이스 계층에선 적어도 다음과 유사한 이름의 두 가지 모듈을 마련하게 된다.

```
com.saasovation.agilepm.resources
com.saasovation.agilepm.resources.view
```

레스트풀 리소스는 `resources` 패키지 안에서 유지 관리돼야 한다. 표현에 관한 순수한 관심사는 하위 패키지인 `view`(선호에 따라 `presentation`이라 할 수도 있다.) 내의 컴포넌트로서 제공돼야 한다. 여러분의 시스템에서 필요한 REST 기반 리소스의 수에 따라, 주가 되는 모듈 아래에 그 수에 맞는 여러 하위 모듈을 둘 수 있다. 하나의 리소스 제공자 클래스가 서너 개의 URI를 지원할 수 있다는 점을 잊지 않는다면, 충분히 적은 수의 리소스 제공자 클래스 모두를 주 모듈 안에서 다룰 수도 있다. 일단 여러분의 실제 리소스 요구사항을 결정했다면, 좀 더 모듈화를 진행할지에 대한 판단은 사실 쉽게 결정할 수 있는 문제가 된다.

애플리케이션 계층에선 다른 모듈을 포함할 수 있으며, 이때는 각 모듈마다 하나의 서비스 타입을 다루도록 구성할 수 있다.

```
com.saasovation.agilepm.application.team
com.saasovation.agilepm.application.product
...
com.saasovation.agilepm.application.tenant
```

레스트풀 서비스 리소스의 설계 원칙과 마찬가지로 애플리케이션 계층의 서비스는 도움이 될 경우에만 하위 모듈로 나눈다. 예를 들어, 식별자와 액세스 컨텍스트에 소수의 애플리케이션 서비스만이 있다면 팀은 이를 주 모듈 안에 두기로 결정한다.

```
com.saasovation.identityaccess.application
```

여러분은 좀 더 모듈화한 설계를 선호할 수도 있다. 그래도 괜찮다. 대여섯을 조금 넘는 정도의 서비스가 있다면 좀 더 신중하게 모듈화하는 편이 도움이 된다.

바운디드 컨텍스트보다 모듈

우리는 응집도 있는 도메인 모델 객체를 여러 모델로 나눌지, 하나로 유지할지 결정해야 할 때 신중해져야 한다. 때론 올바른 실제 도메인의 언어가 확실하게 보일 수도 있지만, 어떨 땐 용어가 애매할 수도 있다. 용어가 애매하고 컨텍스트적 경계를 만들지 여부가 분명치 않을 땐, 우선 이를 나누지 않고 하나로 유지하는 편을 고려하자. 이 접근법은 분리를 위해 두꺼운 바운디드 컨텍스트를 사용하는 대신, 좀 더 얇은 모듈의 경계를 활용한다.

그렇다고 우리가 다수의 바운디드 컨텍스트를 사용할 일이 거의 없다는 의미는 아니다. 언어적 측면의 요구에 따라 모델 사이의 경계가 분명하게 밝혀진다. 여러분은 모듈을 대신해 바운디드 컨텍스트를 사용할 수 없다는 점을 알아야 할 뿐이다.

응집도 높은 도메인 객체를 모듈화하고 응집력이 없거나 낮은 객체를 분리하기 위해 모듈을 사용하자.

마무리

9장에서는 도메인 모델의 모듈화와 그 중요성 및 모듈화의 방법에 관해 살펴봤다.

- 전통적인 모듈과 새로운 배포 모듈성이라는 새로운 접근법 사이의 차이점에 관해 배웠다.
- 유비쿼터스 언어에 따라 모듈을 명명해야 하는 중요성을 배웠다.
- 잘못된 모듈의 설계(심지어 기계적으로 이뤄지는)가 실제로 창의적인 모델링을 어떻게 방해하는지 살펴봤다.
- 애자일 PM 컨텍스트의 모듈을 설계하는 방법과 그 과정에서 내린 선택의 배경에 관해 생각해봤다.
- 모델 외부에 속한 시스템 영역에서의 모듈에 관한 지침을 소개받았다.
- 마지막으로, 언어적 측면에서 좀 더 큰 단위로 구분할 필요가 없을 때 새로운 바운디드 컨텍스트를 만들기보다는 모듈의 사용을 고려해야 하는 이유를 상기할 수 있었다.

10장에선 DDD에서 이해도가 가장 낮은 모델링 도구 중 하나인 애그리게잇을 깊이 있게 살펴본다.

10장

애그리게잇

우주는 주체로부터 독립적이면서 객관적인 시간과
공간에 존재하는 인과관계로 연결된 영구적인
객체들의 집합(Aggregate)에 의해 만들어진다.
– 장 피아제

처음에는 신중을 기해서 일관성의 경계를 통해 엔터티(5)와 값 객체(6)를 애그리게잇으로 묶는 일이 쉬워 보일 수 있지만, 애그리게잇은 모든 DDD의 전술적인 지침 중에서도 무엇보다 정확히 규명되지 않은 패턴 중 하나다.

10장의 로드맵

- 잘못된 애그리게잇의 모델링이 초래하는 부정적인 결과를 사스오베이션과 함께 경험해보자.
- 우수 사례 중 하나로 애그리게잇 경험 법칙(Rules of Thumb)에 따라 설계하는 방법을 배워보자.
- 일관성의 경계 안에서 실제 비즈니스 규칙에 따라 진정한 고정자(invariant)를 모델링하는 방법을 살펴보자.
- 애그리게잇을 작게 설계할 때 얻을 수 있는 이점을 생각해보자.
- 애그리게잇이 다른 애그리게잇을 참조할 때 식별자를 사용하도록 설계해야 하는 이유를 살펴보자.
- 애그리게잇 경계 바깥에서 결과적 일관성을 사용해야 하는 중요성을 찾아보자.
- '묻지 말고 시켜라'와 '데메테르 법칙' 같은 애그리게잇의 구현 기법을 배우자.

10장을 시작하는 이 시점에서 우선 평범한 질문 몇 가지에 관해 생각해보기로 하자. 애그리게잇이란 단지 공통의 부모 아래 긴밀하게 연결된 객체의 그래프를 묶는 방법 중 하나일까? 그렇다면 그래프 안에 들어갈 객체의 수에는 실질적인 제한이 있는가? 하나의 애그리게잇 인스턴스가 다른 애그리게잇 인스턴스를 참조할 수 있는데, 그렇다면 이 연결에 따라 깊이 탐색해가며 다양한 객체를 수정할 수 있을까? 그리고 고정자invariant라는 개념은 무엇이고 일관성 경계consistency boundary란 어떤 의미인가? 특히 마지막 질문에 관한 답은 다른 질문의 답에도 큰 영향을 미친다.

애그리게잇을 잘못 모델링하는 방식에는 여러 가지가 있다. 컴포지션의 편의에 맞춰 설계하다 보면 애그리게잇을 너무 크게 만들어버리는 함정에 빠질 수 있다. 이 현상의 반대 편에는 애그리게잇을 모두 걷어내는 바람에 결과적으로 진정한 고정자를 보호하지 못하는 경우도 있다. 앞으로 보게 되겠지만, 양극단의 경우를 모두 피하면서 비즈니스 규칙에 주의를 기울여야 한다.

스크럼 핵심 도메인에서 애그리게잇 사용하기

우리는 애자일 프로젝트 관리 컨텍스트의 프로젝트오베이션이란 애플리케이션을 중심으로 사스오베이션이 애그리게잇을 사용하는 방식을 살펴본다. 이는 전통적인 스크럼 프로젝트 관리 모델에 따라 제품, 제품 소유자, 팀, 백로그 항목, 계획된 릴리스, 스프린트 등을 통해 이뤄진다. 프로젝트오베이션에선 스크럼을 최대한 활용하고자 한다. 이는 우리 대부분에게 친숙한 영역이다. 스크럼 용어는 유비쿼터스 언어(1)의 시작점이 된다. 프로젝트오베이션은 서비스로서의 소프트웨어SaaS, Software as a Service 모델을 사용해 호스팅되는 구독 기반의 애플리케이션이므로, 이를 구독하는 각 조직은 같은 의미를 갖고 있는 유비쿼터스 언어인 테넌트로서 등록된다.

이 회사는 재능 있는 스크럼 전문가와 개발자를 모았다. 그러나 DDD 경험이 다소 부족했기 때문에, 가파른 학습 곡선을 오르는 동안 몇 가지 실수를 겪게 된다. 이 팀이 애그리게잇을 생성하는 경험을 통해 배우고 성장하는 모습을 지켜보며 우리도 함께 배워나가자. 이 팀이 겪는 어려움에 비춰, 우리 소프트웨어가 겪을 수 있는 순조롭지만은 않은 유사한 문제 상황을 발견해서 변경할 수 있다.

성능과 확장성 요구사항을 포함하고 있는 이 도메인의 개념은 앞서 초기 핵심 도메인(2)인 협업 컨텍스트에서 이 팀이 직면했던 다른 문제보다 더 복잡했다. 이런 문제를 처리하기 위해 이 팀이 사용한 DDD의 전술적 도구가 바로 애그리게잇이었다.

최선의 객체 클러스터를 선정하는 방법은 무엇일까? 애그리게잇 패턴은 컴포지션을 다루며 정보 은닉을 가능케 하는데, 팀은 이런 측면을 이미 이해하고 있었다. 애그리게잇에선 일관성 경계[consistency boundary]와 트랜잭션도 함께 다루게 되는데, 이 부분에 관해서는 그리 고민하지 않았다. 팀이 선택한 영속성 메커니즘이 데이터의 원자적 커밋을 유지하도록 도움을 주기 때문이었다. 그러나 이는 심각한 오해였으며, 팀이 후퇴해 돌아와야만 하는 결정적인 원인이 됐다. 무슨 일이 벌어졌는지 살펴보자. 팀은 유비쿼터스 언어에 따라 다음과 같은 내용을 고민했다.

- 제품은 백로그 아이템과 릴리스, 스프린트를 포함한다.
- 새로운 제품 백로그 아이템을 계획했다.
- 새로운 제품 릴리스를 계획됐다.
- 새로운 제품 스프린트의 일정을 수립했다.
- 계획된 백로그 아이템에 관한 릴리스 일정을 수립할 수 있다.
- 일정이 잡힌 백로그 아이템은 스프린트로 커밋할 수 있다.

위로부터 이 팀은 가시적인 모델을 만들고 첫 번째 설계[design]를 진행했다. 그 진행 과정을 살펴보자.

첫 번째 시도: 큰 클러스터의 애그리게잇

팀은 첫 번째 문장의 '제품이 ~를 포함한다.'라는 부분에 중점을 뒀으며, 이는 이 도메인의 애그리게잇을 설계하는 초기 시도에 영향을 미쳤다.

일부에게는 컴포지션처럼 들렸을 수 있지만, 사실 이 객체들은 객체 그래프처럼 상호 연결돼야 했다. 동시에 해당 객체의 수명주기를 유지관리하는 일도 아주 중요했다. 그 결과, 개발자는 명세에 다음과 같은 일관성 규칙을 추가했다.

- 백로그 항목을 스프린트로 커밋하면, 이를 시스템에서 제거하도록 허용해선 안 된다.
- 스프린트가 백로그 항목을 커밋하면, 이를 시스템에서 제거하도록 허용해선 안 된다.
- 릴리스가 백로그 항목의 일정을 수립하면, 이를 시스템에서 제거하도록 허용해선 안 된다.
- 백로그 항목의 릴리스 일정을 수립하면, 이를 시스템에서 제거하도록 허용해선 안 된다.

그 결과 Product는 먼저 아주 큰 애그리게잇으로 모델링됐다. 루트 객체인 Product는 모든 BacklogItem, 모든 Release, 관련된 모든 Sprint 인스턴스를 포함한다. 의도치 않은 클라이언트 제거가 일어나지 않도록 인터페이스 설계를 통해 모든 부분을 보호했다.

이 설계는 다음의 코드 및 그림 10.1의 UML 다이어그램과 같이 표현됐다.

```
public class Product extends ConcurrencySafeEntity {
        private Set<BacklogItem> backlogItems;
        private String description;
        private String name;
        private ProductId productId;
        private Set<Release> releases;
        private Set<Sprint> sprints;
        private TenantId tenantId;
        ...
}
```

크기가 큰 애그리게잇은 처음엔 그럴싸해 보였지만, 실제론 실용적이지 않았다. 일단 의도한 대로 다수의 사용자 환경에서 애플리케이션을 실행하면, 트랜잭션이 주기적으로 실패하기 시작했다. 클라이언트의 사용 패턴을 좀 더 자세히 살펴보고, 어떻게 우리의 기술적 솔루션 모델과 연결되는지 살펴보자. 애그리게잇 인스턴스는 낙관적 동시성optimistic concurrency을 활용해 다른 클라이언트가 영속성 객체를 동시에 중복 수정하지 않도록 보호하며, 데이터베이스 락의 사용을 피했다. 엔터티(5)에서 논의했듯, 객체는 변화가 생길 때마다 증가되고 데이터베이스에 저장되기에 앞서 확인하게 되는 버전 숫자를 포함하고 있다. 영속된 객체의 버전이 클라이언트의 사본 버전보다 크다면, 클라이언트의 사본은 오래됐다고[stale] 간주돼 업데이트가 거부된다.

여러 사용자가 동시에 접근하는 일반적인 사용 시나리오를 생각해보자.

- 빌[Bill]과 조[Joe]는 버전 1로 표시된 같은 Product를 보고 거기에 작업을 시작했다.
- 빌은 새로운 BacklogItem을 계획하고 커밋했다. Product 버전은 2로 증가했다.
- 조는 새로운 Release의 일정을 설정해 저장하려 했지만, 조의 커밋은 Product 버전 1에 기반하고 있어서 실패한다.

동시성을 처리하기 위해 이와 같은 일반적인 방식에 따라 영속성 메커니즘을 사용한다.[1] 기본 동시성 구성이 변경될 수도 있다고 주장하고 싶더라도 잠시 미뤄두기로 하자. 이 접근법은 애그리게잇 고정자를 동시에 발생하는 변경으로부터 보호하는 중요한 역할을 한다.

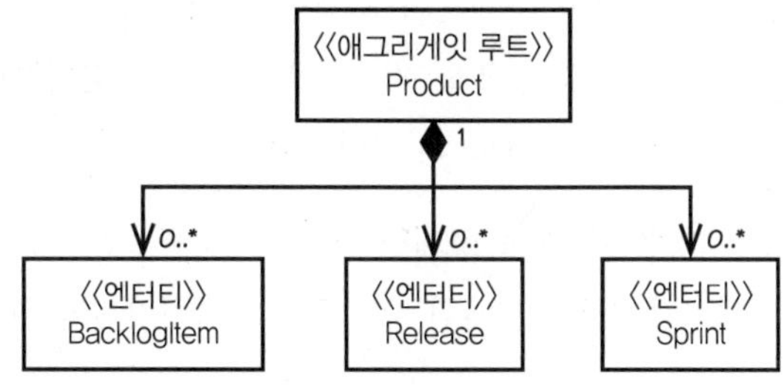

그림 10.1 아주 큰 애그리게잇으로 모델링된 Product

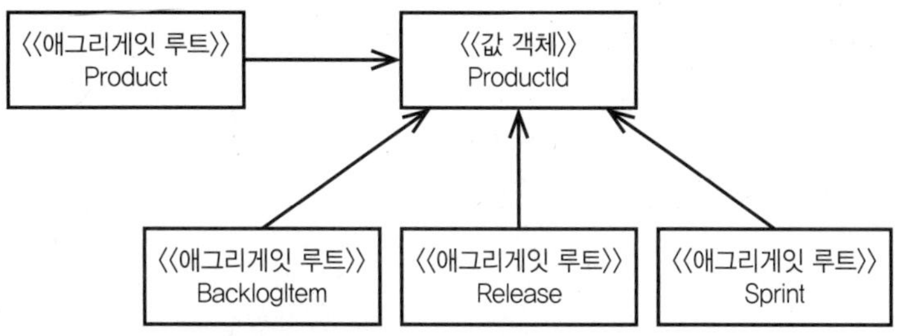

그림 10.2 Product와는 별도의 애그리게잇 타입으로 모델링된 연관된 개념들

1 예를 들어, 하이버네이트는 이와 같은 낙관적 동시성을 제공한다. 키-값 저장소에서도 이를 사용할 수 있는데, 애그리게잇을 구성하는 각 부분을 별도로 저장하도록 설계하지 않는 한 보통 하나의 값으로 직렬화되기 때문이다.

이 영속성의 문제는 사용자가 단 둘이었을 때도 나타났으며, 사용자 수가 더해지면 더 큰 문제가 발생한다. 스크럼을 사용하면 스프린트 계획 회의와 스프린트를 수행하는 동안 여러 사용자가 종종 이런 종류의 중복 수정을 하기 때문이다. 요청 중 단 하나를 제외한 나머지 모두가 계속해서 실패하도록 둘 수는 없다.

새 백로그 항목을 계획하는 일은 새로운 릴리스 일정의 수립과 논리적으로 아무런 상관이 없다! 조의 커밋은 왜 실패했을까? 그 중심에는 큰 클러스터의 애그리게잇이 실제 비즈니스 규칙이 아닌 잘못된 고정자를 기준으로 설계했다는 문제가 있다. 이 잘못된 고정자는 개발자가 만들어낸 인위적인 제약 조건이다. 임의의 제약을 두지 않더라도, 잘못 제거되는 문제를 예방할 수 있는 다른 방법이 있다. 이런 설계는 트랜잭션의 문제를 일으킬 뿐 아니라, 성능과 확장성의 측면에서도 안 좋은 영향을 미친다.

두 번째 시도: 다수의 애그리게잇

이제 그림 10.2에 나온 대안 모델을 알아볼 텐데, 여기에는 네 가지 애그리게잇이 있다. 공통의 ProductId를 통한 추론을 거쳐 각 의존성이 연결되는데, 이는 다른 세 가지 의존성의 부모를 고려한 Product의 식별자다.

하나의 큰 애그리게잇을 네 개로 쪼개면 Product의 메소드 계약이 일부 변경된다. 큰 클러스터의 애그리게잇 설계에선 메소드 시그니처가 다음과 같은 모습을 띠게 된다.

```
public class Product ... {
    ...
    public void planBacklogItem(
        String aSummary, String aCategory,
        BacklogItemType aType, StoryPoints aStoryPoints) {
        ...
    }
    ...
    public void scheduleRelease(
        String aName, String aDescription,
        Date aBegins, Date anEnds) {
        ...
    }
```

```
    public void scheduleSprint(
        String aName, String aGoals,
        Date aBegins, Date anEnds) {
        ...
    }
    ...
}
```

여기선 모든 메소드가 CQS 커맨드다[Fowler, CQS]. 즉 이는 새로운 컴포넌트를 컬렉션에 추가해 Product의 상태를 수정하는데, 이에 따라 void 반환 타입을 갖게 된다. 그러나 여러 애그리게잇으로 나눈 설계에선 다음과 같은 형태를 갖게 된다.

```
public class Product ... {
    ...
    public BacklogItem planBacklogItem(
        String aSummary, String aCategory,
        BacklogItemType aType, StoryPoints aStoryPoints) {
        ...
    }

    public Release scheduleRelease(
        String aName, String aDescription,
        Date aBegins, Date anEnds) {
        ...
    }

    public Sprint scheduleSprint(
        String aName, String aGoals,
        Date aBegins, Date anEnds) {
        ...
    }
    ...
}
```

이와 같이 새롭게 설계된 메소드는 CQS 쿼리 계약을 맺고 있으며 팩토리(11)로서 동작한다. 즉 각 메소드는 새로운 애그리게잇 인스턴스를 생성해서 그 참조를 반환한다. 이제 클라이언트가 백로그 항목의 계획을 세우려 하면, 트랜잭션을 수행하는 애플리케이션 서비스(14)는 다음과 같이 동작해야 한다.

```
public class ProductBacklogItemService ... {
    ...
    @Transactional
    public void planProductBacklogItem(
        String aTenantId, String aProductId,
        String aSummary, String aCategory,
        String aBacklogItemType, String aStoryPoints) {

        Product product =
            productRepository.productOfId(
                    new TenantId(aTenantId),
                    new ProductId(aProductId));

        BacklogItem plannedBacklogItem =
            product.planBacklogItem(
                    aSummary,
                    aCategory,
                    BacklogItemType.valueOf(aBacklogItemType),
                    StoryPoints.valueOf(aStoryPoints));

        backlogItemRepository.add(plannedBacklogItem);
    }
    ...
}
```

이와 같이 우린 밖으로 빼서 모델링함으로써Modeling it away 트랜잭션 실패 문제를 해결했다. 이제 BacklogItem, Release, Sprint 등의 인스턴스가 사용자의 요청에 따라 얼마든지 동시적으로 안전하게 생성될 수 있다. 상당히 간단한 형태만으로 해결할 수 있었다.

그러나 분명한 트랜잭션의 이점에도 불구하고 클라이언트가 사용하는 관점에서 보면 네 개의 작은 애그리게잇은 사용이 불편하다. 어쩌면 큰 애그리게잇을 조금 다듬어서 동시성 문제를 해결할 수 있을지도 모른다. 하이버네이트 매핑에서 optimistic-lock 옵션을 false로 설정해 트랜잭션의 실패가 도미노처럼 전달되는 상황을 피할 수 있다. 생성되는 BacklogItem이나 Release나 Sprint 인스턴스의 총수에 관한 고정자가 없으니, 컬렉션이 무한히 커지도록 둔 채로 Product에서 일어나는 이런 수정을 무시하면 어떨까? 큰 클러스터의 애그리게잇을 유지하는 데 드는 추가적인 비용은 무엇일까? 문제는 실제로 이 애그리게잇이 통제할 수 없을 정도로 커질 수도 있다는 점이다. 그 이유를 자세히 살펴보기 전에, 사스오베이션에게 필요한 가장 중요한 모델링 조언을 들어보자.

규칙: 진짜 고정자를 일관성 경계 안에 모델링하라

바운디드 컨텍스트(2)에서 애그리게잇을 찾으려면 모델의 진짜 고정자를 이해해야 한다. 이를 알아야만 주어진 애그리게잇으로 묶어야 할 객체가 무엇인지 결정할 수 있다.

고정자는 언제나 일관성을 유지해야만 한다는 비즈니스 규칙이다. 일관성에는 여러 종류가 있다. 그중 한 가지는 트랜잭션적 일관성transactional consistency인데, 이는 즉각적이고 원자적이라 간주된다. 또 한 가지로 결과적 일관성eventual consistency이 있다. 고정자에 관한 논의는 트랜잭션적 일관성과 관련이 있다. 다음과 같은 고정자가 있다고 해보자.

```
c= a+b
```

이에 따르면, a가 2이고 b가 3이라면 c는 반드시 5여야 한다. 이 규칙과 조건이라면, c가 5가 아닌 모든 경우에 시스템 고정자를 위반하게 된다. c가 일관성을 갖게 하기 위해, 다음과 같이 모델의 특성을 둘러싸는 경계를 설계한다.

```
AggregateType1 {

    int a;

    int b;

    int c;

    operations ...

}
```

일관성 경계는 어떤 오퍼레이션이 수행되든 상관없이 경계 안의 모든 대상이 특정 비즈니스 고정자 규칙 집합을 준수하도록 논리적으로 보장해준다. 이 경계 밖의 일관성은 애그리게잇과 무관하다. 그러므로 애그리게잇은 트랜잭션적 일관성 경계와 동의어다(이 제한적인 예제에선 AggregateType1이 타입이 int인 세 가지 특성을 갖고 있지만, 애그리게잇은 다양한 타입의 특성을 담을 수 있다).

전형적인 영속성 메커니즘을 사용하면 단일 트랜잭션[2]을 사용해 일관성을 관리한다. 트랜잭션이 커밋하는 시점에서 하나의 경계 안에 속한 모든 것이 반드시 일관성을 유지해야 한다. 올바르게 설계된 애그리게잇은 단일 트랜잭션 내에서 완벽한 일관성을 유지하면서, 비즈니스적으로 요구되는 모든 방식과 그 고정자에 맞춰 수정될 수 있어야 한다. 또한 바르게 설계된 바운디드 컨텍스트는 어떤 상황에서든 한 트랜잭션당 한 애그리게잇 인스턴스만을 수정한다. 더 중요한 점은 트랜잭션 분석을 진행하지 않으면 애그리게잇 설계를 올바르게 판단할 수 없다는 점이다.

한 트랜잭션당 한 애그리게잇 인스턴스를 수정하도록 제한한다는 점이 너무 엄격하게 느껴질 수 있다. 그러나 이는 경험 법칙에 따른 것으로 대부분의 상황에선 이를 목표로 해야 한다. 이는 애그리게잇을 사용하는 가장 중요한 이유이기 때문이다.

화이트보드 타임

- 시스템 내에 있는 모든 큰 클러스터의 애그리게잇 목록을 작성해보자.
- 이렇게 적은 애그리게잇 옆에 각각 큰 클러스터인 이유와 이 크기로 인해 야기될 수 있는 문제가 무엇인지 적어보자.
- 해당 목록 옆에 하나의 같은 트랜잭션에서 함께 수정되는 모든 애그리게잇을 적어보자.
- 이 애그리게잇 옆에는 애그리게잇 경계가 잘못 설계된 이유가 진짜 고정자 때문인지 거짓 고정자 때문인지 적어보자.

애그리게잇이 일관성에 초점을 두고 설계돼야 한다는 사실은, 사용자 인터페이스는 단일 커맨드가 단 하나의 애그리게잇 인스턴스상에서만 수행되도록 매 요청마다 집중해야 함을 의미한다. 사용자의 요구사항이 너무 일을 수행하려 한다면 애플리케이션이 한 번에 여러 인스턴스를 수정하도록 강요하게 된다.

그러므로 애그리게잇은 주로 일관성 경계와 관련이 있으며, 객체 그래프를 설계

2 트랜잭션은 작업 단위(Unit of Work)에 맞춰 처리할 수 있다. [Fowler, P of EAA]

하려는 의도는 상관없다. 실제 상황에서의 고정자는 이보다 더 복잡할 수도 있다. 그렇다고 하더라도 전형적으로 고정자는 작은 애그리게잇으로 설계하는 편이 더 수월하다.

규칙: 작은 애그리게잇으로 설계하라

이제 큰 클러스터의 애그리게잇을 유지하는 데 드는 추가적인 비용이 무엇인지 면밀히 살펴볼 준비가 됐다. 모든 트랙잭션이 성공한다고 보장되더라도, 큰 클러스터에는 여전히 성능과 확장성의 문제가 있다. 사스오베이션이 좀 더 시장을 개발하고 나면 더 많은 테넌트가 생길 것이다. 각 테넌트가 프로젝트오베이션에 적극적으로 참여하게 되면, 사스오베이션은 좀 더 많은 프로젝트와 관리 아티팩트를 함께 호스트해야 한다. 많은 제품들과 백로그 항목, 릴리스, 스프린트 등이 생겨나게 된다. 성능과 확장성은 무시할 수 없는 비기능적 요구사항이다.

성능과 확장성의 측면에서, 어떤 테넌트의 한 사용자가 수년간 이미 수천 개의 백로그 항목이 쌓인 제품에 하나의 백로그 항목을 더 추가하고 싶다면 어떤 일이 일어날까? 지연 로딩(하이버네이트)이 가능한 영속성 메커니즘이라고 가정해보자. 모든 백로그 항목, 릴리스, 스프린트를 한 번에 가져오는 경우는 거의 없다. 그렇지만 이미 거대해진 컬렉션에 단 하나의 항목을 추가하기 위해 수천 개의 백로그 항목을 메모리로 가져올지도 모른다. 영속성 메커니즘이 지연 로딩을 지원하지 않는다면 상황은 더 나빠진다. 메모리를 신경 쓴다고 해도 종종 백로그 항목을 릴리스하거나 백로그를 스프린트로 커밋하는 등과 같이 다수의 컬렉션을 로드해야 할 때가 있으며, 이에 따라 모든 백로그 항목을 가져오고 릴리스나 스프린트 둘 중 하나도 함께 모두 가져와야 한다.

이 부분을 확실히 하기 위해, 컴포지션을 확대한 그림 10.3의 다이어그램을 보라. 0…*에 속지 말라. 이 연결의 수가 0이 되는 상황은 거의 없으며, 시간이 지남에 따라 이는 계속 증가하게 된다. 꽤 단순한 오퍼레이션을 수행하기 위해서도 무수히 많은 객체를 메모리로 한 번에 가져와야 할 가능성이 높다. 어떤 한 제품에 관한 한 테넌트의 단 한 명의 사용자를 위해서라도 말이다. 여러 팀과 여러 제품을 갖고 있는 무수한 테넌트에서 이런 상황이 동시에 발생할 수도 있다는 점을 기억해야 한다. 시간이 흐를수록 이런 상황은 더욱 나빠질 뿐이다.

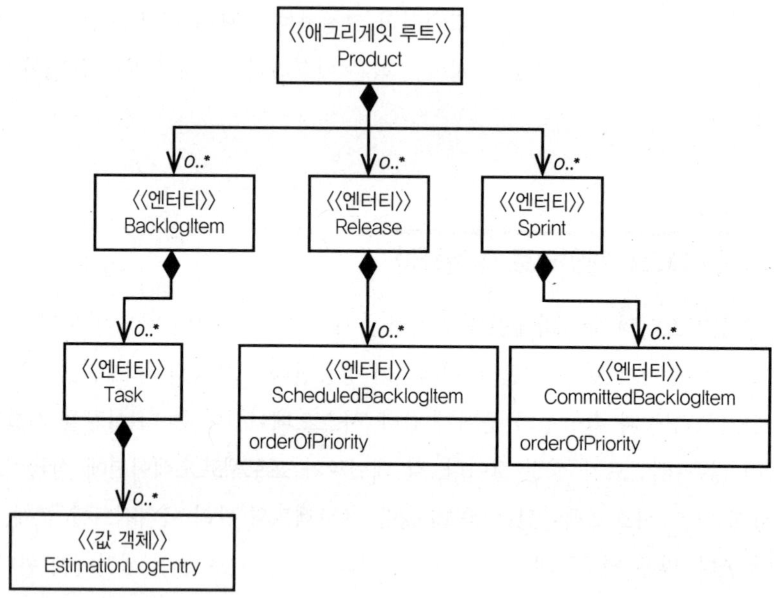

그림 10.3 이 Product 모델에선 다양한 기본 오퍼레이션이 수행될 동안 큰 컬렉션을 여럿 가져오게 된다.

이 큰 클러스터 애그리게잇은 성능이나 확장성이 절대로 좋을 수 없다. 이는 실패로 이어지는 악몽이 될 뿐이다. 거짓 고정자와 컴포지션적 편의성이 설계를 주도했기 때문에 시작부터 문제가 있었으며, 트랜잭션의 성공적 종료, 성능, 확장성의 측면에서 안 좋은 영향을 미쳤다.

작은 애그리게잇을 설계할 때 '작다'는 단어는 어떤 수준을 의미할까? 극단적인 예로 전역 고유 식별자와 추가 특성 하나를 갖고 있는 애그리게잇을 생각해볼 수 있을 텐데, 이는 권장하지 않는 형태다(이런 애그리게잇이 실제로 꼭 필요하지 않다면). 차라리 애그리게잇을 루트 엔터티와 최소한의 특성이나 값 타입의 속성으로 제한하자.[3] 정확히 필요한 만큼만 담고, 그 이상도 이하도 아니어야 한다.

필요한 만큼이 얼마만큼인가? 간단히 답하면 이렇다. 도메인 전문가가 규칙으로 구체화하지 않더라도, 다른 대상과 일관성을 유지해야 한다. 예를 들면, Product는 name과 description 속성을 갖는다. name과 description이 일관성 없이 다른 애그리게잇으로 모델링되는 상황은 상상할 수 없다. 여러분은 name을 바꿀 때

3 값 타입 속성은 값 객체의 참조가 저장되는 특성이다. 와드 커닝햄이 '전체 값(Whole Value)'에서 설명했듯이 [Cunningham, 전체 값], 나도 이를 문자열이나 숫자 타입과 같은 단순한 특성과 구분한다.

description도 바꾸게 된다. 둘 중 하나를 바꾸고 다른 하나는 그대로 두는 경우가 생긴다면, 그건 아마 철자를 고친다거나 description을 좀 더 name에 적합하게 바꾸는 상황일 것이다. 도메인 전문가가 이를 비즈니스 규칙으로서 분명하게 인식하지 않더라도, 여기엔 비즈니스 규칙이 녹아있다.

한 부분을 하나의 엔터티로 모델링한다고 생각해보자. 먼저 해당 부분이 시간에 따라 변화change하는지, 아니면 변경이 필요할 때 완전히 대체replace시키면 되는지 생각해보자. 완전히 대체돼야 한다면 엔터티보다는 값 객체를 사용하는 편이 맞다. 때론 엔터티도 필요하다. 그러나 우리가 이 설계 예제를 사례별로 수행해간다면, 엔터티로 모델링된 많은 개념이 값 객체로 리팩토링됨을 확인하게 된다. 애그리게잇을 구성하는 일부로서 값 객체를 선호하는 접근이 애그리게잇 자체가 불변한다는 의미는 아니며, 값 타입 속성을 대체하면 해당 루트 엔터티 자체가 변경된다.

안쪽의 일정 부분을 값으로만 제한하는 데는 중요한 이점이 있다. 영속성 메커니즘에 따라선, 값은 루트 엔터티와 함께 직렬화할 수 있더라도 엔터티는 별도의 추적 저장소가 필요할 수도 있다. 엔터티에 해당하는 부분은 비용이 더 커지며, 한 예로서 하이버네이트를 사용해 이를 읽어야 할 땐 SQL 조인이 필요해진다. 하나의 데이터베이스 테이블에서 행을 읽어오는 편이 훨씬 빠르다. 값 객체는 더 작고 안전하게 사용할 수 있다(버그가 더 적음). 불변성으로 인해 단위 테스트를 통해 정확성을 확인하기가 쉬워진다. 이런 이점은 앞서 값 객체(6)에서 논의했었다.

파생 금융 상품 부문에서 Qi4j[Öberg]를 사용한 한 프로젝트에서, 니클라스 헤드만Niclas Hedhman[4]은 그의 팀이 약 70퍼센트의 애그리게잇을 값 타입 속성을 포함한 단 하나의 루트 엔터티만으로 설계할 수 있었다고 보고했다. 남은 30퍼센트에선 총 두 개나 세 개 정도의 엔터티가 필요했다. 이는 모든 도메인 모델이 70/30의 비율로 설계된다는 의미는 아니다. 그렇지만 적어도 높은 비율의 애그리게잇이 루트라는 하나의 엔터티만으로 구성할 수 있음을 알 수 있다.

[Evans]의 애그리게잇에 관한 논의에선 여러 엔터티가 필요한 예를 살펴볼 수 있다. 하나의 구매 주문에는 허용 가능한 최대 값이 할당돼, 개별 항목의 합은 이를 넘을 수 없다. 그런데 다수의 사용자가 개별 항목을 동시에 추가할 땐 이 규칙을 적용하기가 어려워진다. 한 번 추가할 때는 제한된 수를 넘어선 안 되지만, 여러 사용자

4 www.jroller.com/niclas/도 함께 살펴보자.

가 동시에 추가할 땐 그 합이 제한치를 초과할 수도 있다. 여기서 이 문제의 해결책을 다시 다루진 않지만, 비즈니스 모델의 고정자는 대부분 이보다 더 단순하다는 점을 강조하고 넘어가려 한다. 이를 기억한다면 더 적은 수의 특성으로 애그리게잇을 모델링할 수 있다.

크기가 작은 애그리게잇은 성능과 확장성이 더 좋을 뿐 아니라, 커밋을 가로막는 문제가 거의 일어나지 않기 때문에 트랜잭션이 성공할 가능성이 높다. 이는 시스템의 활용성을 높여준다. 여러분의 도메인은 큰 컴포지션을 설계해야 하는 상황을 초래하는 진짜 고정자의 제약 조건을 다룰 일이 거의 없다. 따라서 애그리게잇의 크기를 제한하는 편이 현명하다. 혹시나 일관성 규칙이 꼭 필요한 상황이 온다면 다른 엔터티나 컬렉션을 추가하고, 그러면서도 전체 크기는 가능한 한 작게 유지하도록 노력하자.

유스케이스를 전부 믿지는 말라

비즈니스 분석가는 유스케이스 명세를 만드는 데 중요한 역할을 한다. 크고 상세한 명세를 만들기 위해선 많은 작업이 필요하고, 이는 우리가 설계에 관한 결정을 내릴 때 큰 영향을 미친다. 그러나 이렇게 만들어진 유스케이스에는 도메인 전문가와 개발자가 밀접하게 연결된 모델링 팀의 관점이 포함되지 않았다는 점을 잊어선 안 된다. 각 유스케이스는 현재의 모델 및 설계와 조화를 이뤄야 하며, 여기엔 애그리게잇에 관한 결정도 포함된다. 특정 유스케이스 때문에 애그리게잇 인스턴스를 여럿 수정해야 하는 문제가 종종 발생한다. 이런 상황에선 명세된 사용자의 큰 목적이 여러 영속성 트랜잭션에 걸쳐 있는지, 아니면 하나의 트랜잭션 안에서 이뤄지는지 반드시 판단해야 한다. 후자라면 한 번쯤 의심해봐야 한다. 얼마나 잘 작성됐든지 간에 이런 유스케이스는 모델의 진짜 애그리게잇을 정확히 반영하지 못할 수 있다.

애그리게잇의 경계가 실제 비즈니스 제약 조건과 잘 맞는다고 가정한다면, 비즈니스 분석가가 그림 10.4에서 나타난 내용을 명세할 땐 문제가 발생할 수 있다. 커밋 순서의 다양한 조합을 고려할 때, 세 개의 요청 중 두 가지는 실패할 수 있다는 점을 알 수 있다.[5] 이런 노력이 여러분의 설계에 어떤 의미가 있을까? 이 질문의 답은 도메인에 관한 더 깊은 이해로 이어지게 해준다. 여러 애그리게잇 인스턴스 사이

5 이는 일부 유스케이스가 여러 트랜잭션을 아우르는 다수의 애그리게잇을 수정하는 내용을 담고 있다는 사실(이는 바람직한 상황이다.)을 다루진 않는다. 사용자의 목적이 트랜잭션과 동의어가 돼선 안 된다. 우린 단순히 여러 애그리게잇 인스턴스를 하나의 트랜잭션에서 수정하는 유스케이스만 걱정하면 된다.

의 일관성을 유지하려는 노력은 여러분의 팀이 고정자를 놓치고 있다는 의미일 수 있다. 새롭게 발견한 비즈니스 규칙을 처리하기 위해 여러 애그리게잇을 하나의 애그리게잇으로 합쳐서 새로운 이름을 부여해야 할 수도 있다(물론 기존 애그리게잇의 일부만이 새로운 애그리게잇에 포함될 수도 있다).

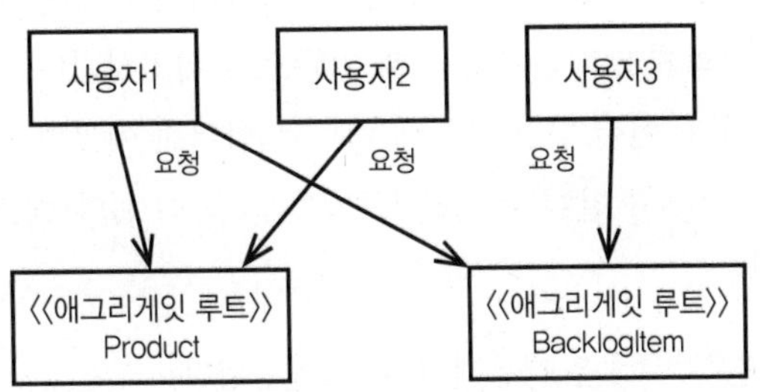

그림 10.4 두 애그리게잇 인스턴스에 접근하려는 세 명의 사용자 사이에 동시 수행의 충돌이 존재하며, 이는 많은 수의 트랜잭션 실패로 이어진다.

결국 새로운 유스케이스는 애그리게잇을 리모델링해야 한다는 이해로 이어질 수 있지만, 이때에도 비판적 시각을 유지해야 한다. 여러 애그리게잇으로부터 하나의 애그리게잇을 만들어내면서 완전히 새로운 개념과 새로운 이름을 찾았더라도, 이 모델링이 큰 클러스터 애그리게잇의 설계로 이어진다면 해당 접근법에서 흔히 겪게 되는 모든 일반적 문제에 그대로 노출된다. 그렇다면 도움이 되는 다른 접근법이 있을까?

단순히 하나의 트랜잭션 내에서 일관성을 유지해주길 기대하는 유스케이스가 주어졌다고 해서 이를 반드시 지켜야 하는 것은 아니다. 이런 경우는 대부분 애그리게잇 사이의 결과적 일관성을 통해 비즈니스 목표를 달성할 수 있다. 이 팀은 비판적으로 해당 유스케이스를 살펴보면서 그 안에서 전제하고 있는 가정을 면밀히 확인해야 하며, 적혀 있는 그대로 따르기만 한다면 통제하기 힘든 설계로 이어질 수도 있다. 팀은 유스케이스를 다시 써야 할 수 있다(비협조적인 비즈니스 분석가와 함께 일해야 한다면 적어도 다시 한 번 생각해보기라도 하자). 새로운 유스케이스에선 결과적 일관성과 허용 가능한 업데이트 지연시간을 명시하게 된다. 이는 10장 후반부에 다루는 문제 중 하나다.

규칙: ID로 다른 애그리게잇을 참조하라

애그리게잇을 설계하면서 객체 그래프를 깊이 탐색하는 컴포지션 구조를 원할 수도 있겠지만, 이는 패턴이 의도하는 바가 아니다. [Evans]에선 애그리게잇이 다른 애그리게잇 루트로의 참조를 가질 수 있다고 했다. 그렇지만 이는 참조된 애그리게잇을 참조하고 있는 애그리게잇의 일관성 경계 안쪽으로 위치시킨다는 의미가 아니라는 사실을 기억해야 한다. 이런 참조 때문에 하나로 합쳐진 애그리게잇이 형성되진 않는다. 여전히 그림 10.5와 같이 여전히 두 개(혹은 그 이상)의 애그리게잇이 존재한다.

자바에서 이 연결association은 다음과 같이 모델링된다.

```
public class BacklogItem extends ConcurrencySafeEntity {
    ...
    private Product product;
    ...
}
```

즉, BacklogItem은 Product와 직접 연결된다.

우리가 지금까지 논의했던 내용과 이어서 다룰 내용을 아울러 생각해보면, 다음과 같은 몇 가지 사실을 짐작해볼 수 있다.

1. 참조하는 애그리게잇(BacklogItem)과 참조된 애그리게잇(Product)을 같은 트랜잭션 안에서 수정해선 안 된다. 하나의 트랜잭션에선 둘 중 한쪽만 수정해야 한다.
2. 하나의 트랜잭션에서 여러 인스턴스를 수정하고 있다면 일관성 경계가 잘못됐다는 신호일 가능성이 높다. 이런 상황은 여러분의 유비쿼터스 언어가 손을 흔들면서 당신을 향해 소리치고 있는데도, 이를 발견하지 못해서 모델링의 기회를 놓쳤기 때문일 수 있다(10장의 전반부를 확인해보자).
3. 2번의 시점에 맞춰 변화를 시도할 때 크게 묶여 있는 애그리게잇에 영향을 미친다면, 이는 원자적 일관성 대신 결과적 일관성을 사용해야 한다는 표시일 수 있다(10장의 후반부를 보라).

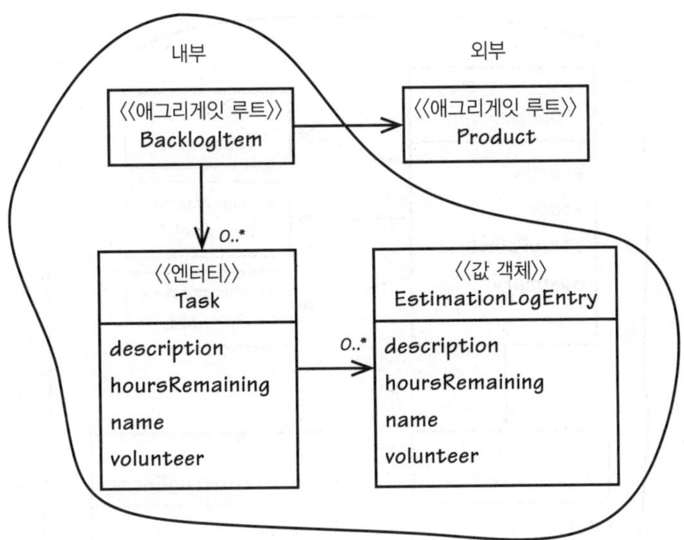

그림 10.5 하나의 애그리게잇이 아니다. 실제론 두 개의 애그리게잇이 있다.

참조 없이는 다른 애그리게잇을 수정할 수 없다. 여러 애그리게잇을 같은 트랜잭션에서 수정하라는 유혹은 이런 상황 자체를 만들지 않음으로써 피해갈 수 있다. 그러나 도메인 모델은 항상 일정한 수준의 연결이 필요하기 때문에, 이는 너무 지나친 제한이기도 하다. 어떻게 하면 필요한 연결을 유지하면서 트랜잭션이 잘못 사용되거나 지나친 실패를 초래하지 않도록 보호하고, 성능과 확장성을 갖도록 할 수 있을까?

애그리게잇이 ID 참조를 통해 서로 함께 동작하도록 해보자

외부 애그리게잇보다는 참조를 사용하되, 객체 참조(포인터)를 직접 사용하지 말고 전역 고유 식별자를 이용하자. 그림 10.6은 이를 나타낸 예제다.

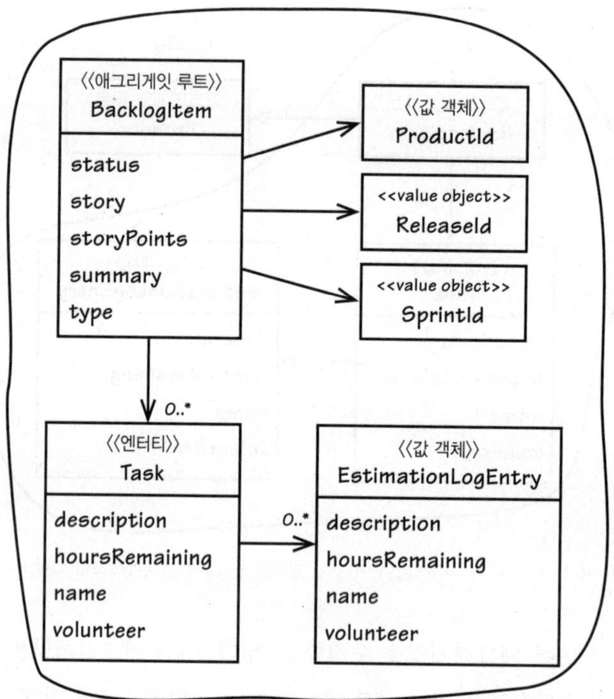

그림 10.6 ID를 통해 경계 밖과의 연결을 추론할 수 있는 BacklogItem 애그리게잇

다음과 같이 소스를 리팩토링하자.

```
public class BacklogItem extends ConcurrencySafeEntity {
    ...
    private ProductId productId;
    ...
}
```

추론 객체 참조inferred object reference를 가진 애그리게잇은 참조를 즉시 가져올 필요가 없기 때문에 당연히 더 작아진다. 인스턴스를 가져올 때 더 짧은 시간과 적은 메모리가 필요하기 때문에, 모델의 성능도 나아진다. 메모리를 적게 사용한다면 메모리 할당에 소모되는 비용과 가비지 컬렉션의 측면에서 긍정적인 영향을 미친다.

모델 탐색

ID를 통한 참조를 사용한다고 모델을 전혀 탐색할 수 없는 건 아니다. 조회를 위해선 애그리게잇의 내부에서 리파지토리(12)를 사용하는 방법이 있다. 이는 단절된 도메인 모델Disconnected Domain Model이란 기법인데, 실제론 지연 로딩lazy loading의 한 형태다. 애그리게잇의 행동을 호출하기에 앞서 리파지토리나 도메인 서비스(7)를 통해 의존 관계에 있는 객체를 조회하는 방법도 추천할 만하다. 클라이언트 애플리케이션 서비스는 이를 제어하며 애그리게잇으로 디스패치할 수 있게 된다.

```
public class ProductBacklogItemService ... {
    ...
    @Transactional
    public void assignTeamMemberToTask(
        String aTenantId,
        String aBacklogItemId,
        String aTaskId,
        String aTeamMemberId) {

        BacklogItem backlogItem =
            backlogItemRepository.backlogItemOfId(
                new TenantId(aTenantId),
                new BacklogItemId(aBacklogItemId));

        Team ofTeam =
            teamRepository.teamOfId(
                backlogItem.tenantId(),
                backlogItem.teamId());

        backlogItem.assignTeamMemberToTask(
                new TeamMemberId(aTeamMemberId),
                ofTeam,
                new TaskId(aTaskId));
    }
    ...
}
```

애플리케이션 서비스가 의존성을 풀어내게 되면, 애그리게잇은 리파지토리나 도메인 서비스에 의지할 필요가 없어진다. 하지만 매우 복잡한 도메인별 의존성을 해결하기 위해선 도메인 서비스를 애그리게잇의 커맨드 메소드로 전달하는 방법이 최선일 수 있다. 그러면 애그리게잇은 참조를 엮어주기 위해 이중 디스패치double-dispatch를 수행할 수 있다. 다시 말하지만, 어떤 애그리게잇이 다른 애그리게잇으로의 접근을 획득하는 방법이 무엇이든, 하나의 요청이 여러 애그리게잇을 참조하더라도 그중 둘 이상을 수정할 수 있는 자격이 주어지진 않는다.

카우보이 논리

LB: "내가 밤에 돌아다닐 때 기준으로 삼는 두 가지가 있어. 발굽에서 나는 소고기 냄새라면 내가 소 떼를 향해 가고 있는 것이고, 불판에 나는 소고기 냄새라면 나는 집을 향해 가고 있는 것이지."

모델이 오직 ID만을 사용해 참조하도록 제한한다면 클라이언트에게 사용자 인터페이스(14) 뷰를 조합해서 보여주기가 더욱 어려워질 수 있다. 여러분은 아마도 하나의 유스케이스에 해당하는 뷰를 만들기 위해 여러 리파지토리를 사용해야만 하는 상황에 놓일 수 있다. 쿼리의 성능에 문제가 발생한다면 세타 조인theta join이나 CQRS의 사용도 고려해볼 만하다. 예를 들어, 하이버네이트는 참조로 연결된 여러 애그리게잇 인스턴스를 하나의 조인 쿼리로 엮을 수 있는 세타 조인을 지원하며, 이를 통해 보여져야 할 부분을 채워 넣을 수 있다. CQRS나 세타 조인을 고려할 수 없는 상황이라면, 추론 객체 참조와 직접 객체 참조의 사이에서 균형을 잡아야 한다.

이 모든 충고가 더 불편한 모델로 이어질 거라 생각한다면, 추가적인 이점을 고려해보자. 애그리게잇을 작게 만든다면 더 좋은 성능으로 이어질 수 있으며, 더 나아가 확장성과 분산의 이점도 얻을 수 있다.

확장성과 분산

애그리게잇은 다른 애그리게잇으로의 직접 참조를 사용하는 대신 ID를 통해 참조하기 때문에, 이들의 영속성 상태를 확장을 위해 주변으로 옮겨둘 수 있다. 아마존 닷컴의 팻 헬런드Pat Helland가 그의 의견서 '분산 트랜잭션 너머의 삶: 변절자의 입장' [Helland]에서 설명했듯, 애그리게잇 데이터 저장소의 연속적 재파티셔닝repartitioning을 허용함으로써 무한에 가까운 확장성을 달성하게 된다. 우리가 애그리게잇이라 부르는 대상을 그는 엔터티라고 부르고 있다. 하지만 어떤 이름을 붙였든, 그가 설명하는 대상은 트랜잭션 일관성transactional consistency을 보장하는 컴포지션 단위인 애그리게잇이다. 일부 NoSQL의 영속성 메커니즘은 아마존으로부터 영향을 받아 만들어진 분산 저장소를 지원한다. 이는 [Helland]에서 확장성을 염두에 둔 더 낮은 계층이라 이야기한 대상의 기능을 대부분 제공한다. 분산 저장소를 사용하거나 비슷한 목적으로 SQL 데이터베이스를 사용할 땐 ID를 통한 참조가 중요한 역할을 수행한다.

분산은 저장소의 경계를 넘어서까지 연장된다. 주어진 핵심 도메인 이니셔티브 내에는 언제나 다수의 바운디드 컨텍스트가 그 역할을 수행하고 있기 때문에, ID를 통한 참조는 분산된 도메인 모델로 하여금 멀리 떨어진 대상과 연결을 형성하도록 해준다. 이벤트 중심의 접근법을 사용하면, 애그리게잇 ID를 담고 있는 메시지 중심의 도메인 이벤트(8)를 엔터프라이즈 주변으로 보내게 된다. 외부 바운디드 컨텍스트의 메시지 구독자는 자신의 도메인 모델 내에서 오퍼레이션을 수행하기 위해 ID를 사용한다. ID에 의한 참조는 원격 연결이나 파트너 관계를 형성한다. 분산된 오퍼레이션은 [Helland]가 '양자 간 액티비티two-party activities'라고 부른 방식으로 관리되지만, 발행-구독[Buschmann 등]이나 옵저버[Gamma 등]와 같은 맥락에선 둘 이상이 관련될 수 있다. 분산된 시스템에 걸친 트랜잭션은 원자적이지 않다. 많은 시스템에선 여러 애그리게잇이 결과적 일관성을 달성하도록 하고 있다.

규칙: 경계의 밖에선 결과적 일관성을 사용하라

[Evans]의 애그리게잇 패턴 정의 중에는 자주 무시되는 내용이 있다. 그 내용은 여러 애그리게잇이 하나의 클라이언트 요청에만 영향을 받아야 하는 상황에서 일관성을 유지하기 위해 해야만 하는 일과 깊은 관련이 있다.

> 애그리게잇을 아우르는 규칙이 언제나 최신 상태로 유지되길 기대할 순 없다. 이벤트 처리, 배치 처리, 그 밖의 업데이트 메커니즘을 통해 지정된 시간 내에서 의존성이 해결될 수 있도록 할 수 있다. [Evans, 128쪽]

따라서 하나의 애그리게잇 인스턴스에서 커맨드를 수행할 때 하나 이상의 애그리게잇에서 추가적인 비즈니스 규칙이 수행돼야 한다면 결과적 일관성을 사용하자.

큰 규모의 트래픽이 많은 엔터프라이즈에선 애그리게잇 인스턴스가 절대적이고 완전하게 일관성을 유지할 수 없다는 점을 받아들인다면, 결과적 일관성이 더 적은 인스턴스가 관련된 더 작은 규모에서도 의미 있다는 사실을 좀 더 쉽게 이해할 수 있다.

한 인스턴스를 수정할 경우에 그와 관련된 다른 수정이 완료될 때까지 어느 정도의 시간 지연을 용납할 수 있는지 도메인 전문가에게 물어보자. 도메인 전문가는 지연된 일관성의 개념에 대해 때론 개발자보다 훨씬 더 관대할 수도 있다. 그들은 비즈니스 내에서 항상 발생하는 현실적 지연 상황에 관해 알고 있는 반면에, 개발자는 원자적 변경의 사고방식에 사로잡혀 있기 마련이다. 도메인 전문가는 항상 다양한 유형의 지연이 발생하고 절대 즉각적 일관성을 유지할 수 없었던, 컴퓨터에 의한 자동화가 진행되기 이전 시절의 비즈니스 활동을 떠올리곤 한다. 따라서 도메인 전문가는 일관성을 달성할 때까지의 합리적인 지연(수 초, 수 분, 수 시간, 심지어는 며칠을)을 허용할 의지가 있다.

DDD 모델 내에서 결과적 일관성을 지원하는 실용적인 방법이 있다. 애그리게잇 커맨드 메소드는 하나 이상의 비동기 구독자에게 제때 전달되는 도메인 이벤트를 발행한다.

```
public class BacklogItem extends ConcurrencySafeEntity {
    ...
    public void commitTo(Sprint aSprint) {
        ...
        DomainEventPublisher
            .instance()
            .publish(new BacklogItemCommitted(
                    this.tenantId(),
                    this.backlogItemId(),
                    this.sprintId()));
    }
    ...
}
```

그러고 나면 각각의 구독자가 다른 유형의 애그리게잇 인스턴스를 가져오고, 그에 기반해 동작을 수행한다. 각 구독자는 분리된 트랜잭션 내에서 수행되며, 트랜잭션당 하나의 인스턴스만을 수정한다는 애그리게잇 규칙을 따른다.

구독자가 다른 클라이언트와 동시성 경합concurrency contention을 겪어서 수정에 실패하면 어떻게 될까? 구독자가 메시징 메커니즘을 통해 수정 성공을 알리지 않으면 수정을 재시도할 수 있다. 메시지가 재전달되고 새로운 트랜잭션이 시작되며, 필요한 커맨드를 실행하려는 시도를 새롭게 시작하고, 그에 따른 커밋이 이뤄진다. 이 재시도 프로세스는 일관성이 달성될 때까지나 재시도 제한에 이를 때까지 계속된다.[6] 완전히 실패하게 된다면, 그에 따른 대응을 하거나 최소한 대기 중인 관련 작업을 위해 실패했음을 알려야 한다.

이 특정 예제에서 `BacklogItemCommitted` 도메인 이벤트를 발행해 얻을 수 있는 결과는 무엇일까? `BacklogItem`이 이미 커밋된 `Sprint`의 ID를 가지고 있다는 점을 생각해보면, 더 이상 무의미한 양방향 연결을 유지할 필요가 없다. 그보다는 이 이벤트를 통해 최종적으로 `CommittedBacklogItem`을 생성해서, `Sprint`가 작업 수행의 기록을 만들 수 있도록 해준다. 각 `CommittedBacklogItem`은 `ordering` 특성을 갖고 있어서 `Sprint`로 하여금 각 `BacklogItem`에게 `Product`나 `Release`와는 다른 번호를 부여할 수 있게 해주며, 이는 `BacklogItem` 인스턴스에 기록된 `BusinessPriority` 예상과는 연결되지 않는다. 따라서 `Product`와 `Release`는 `ProductBacklogItem`과 `ScheduledBacklogItem`이라는 유사한 연결을 각각 갖게 된다.

화이트보드 타임

- 큰 클러스터를 형성하고 있는 애그리게잇들과 하나의 트랜잭션에서 수정되는 두 개 이상의 애그리게잇 목록으로 돌아가보자.
- 어떻게 이 큰 클러스터를 나눌지 설명하고 다이어그램을 그리자. 새롭게 만든 작은 애그리게잇 내부의 진정한 고정자에 동그라미를 치고 메모해두자.
- 어떻게 개별 애그리게잇의 결과적 일관성을 유지할지 설명하고 다이어그램을 그리자.

이 예는 하나의 바운디드 컨텍스트 내에서 결과적 일관성을 사용하는 방법을 보여주지만, 앞서 설명한 대로 분산에도 같은 기법을 적용할 수 있다.

6 제한된 지수 백오프(Capped Exponential Back-off)를 사용한 재시도를 고려해보자. 수 초마다 일정한 간격으로 재시도하는 방식을 기본으로 하지 않고 상한선을 지정해 대기 시간을 제한하면서, 재시도를 지수적(exponential)으로 백오프한다. 예를 들어 1초로 시작해 지수적으로 백오프하면서, 성공하거나 32초로 지정된 대기 후 재시도(wait-and-retry) 제한에 이를 때까지 시간 간격을 두 배씩 늘려간다.

누가 해야 하는 일인지 확인하자

일부 도메인 시나리오에선 트랜잭션이나 결과적 일관성 중 무엇을 사용할지 결정하는 일이 아주 어려울 수 있다. 고전적/전통적 방법으로 DDD를 사용하고 있다면 트랜잭션적 일관성 쪽으로 기울지도 모른다. CQRS를 사용한다면 결과적 일관성으로 기울 수 있다. 그럼 어떤 쪽이 맞는 방향일까? 솔직히 말하면, 이 중 어떤 방향을 선택하든 특정 도메인에 들어맞는 답이라기보다는 기술적인 선호일 뿐이다. 결론에 다다를 수 있는 더 나은 방법이 있을까?

카우보이 논리

LB: 내 아들이 인터넷에서 소의 생식력을 키우는 방법을 찾았다고 하더군. 나는 그래서 그건 수소가 할 일이라고 했지.

에릭 에반스는 이에 관해 아주 간단하면서도 올바른 지침을 알려줬다. 유스케이스(스토리)를 논의할 때 데이터의 일관성을 보장하는 주체가 유스케이스를 수행하는 사용자의 일인지를 질문해보자. 만약 그렇다면, 다른 애그리게잇의 규칙들은 고수하는 가운데 트랜잭션을 통해 일관성을 보장하도록 하자. 만약 다른 사용자나 시스템이 해야 할 일이라면 결과적 일관성을 선택하자. 이는 편리한 결정 기준을 제시해주는 지혜로운 해답일 뿐 아니라, 도메인에 관한 이해를 더 깊게 해주기도 한다. 이는 트랜잭션적으로 일관성을 유지해야 하는 진정한 시스템 고정자가 무엇인지 나타내준다. 이에 관한 이해는 기술적인 학습보다도 훨씬 더 값진 일이다.

이는 경험으로부터 얻은 애그리게잇 규칙 목록에 추가시켜야 할 훌륭한 지침이다. 다른 영향도 고려해야 하기 때문에 항상 트랜잭션과 결과적 일관성 사이의 최종 결정으로 이어지진 않을 수 있지만, 대부분의 상황에서 이를 통해 모델에 대한 더 깊은 통찰을 얻을 수 있다. 이 지침은 10장 후반부에서 이 팀이 애그리게잇 경계를 다시 논의할 때 사용된다.

규칙을 어겨야 하는 이유

DDD를 수행하는 경험 많은 사람이라면 가끔은 하나의 트랜잭션에서 여러 애그리게잇 인스턴스를 저장하기로 결정할 때도 있었겠지만, 여기엔 충분한 이유가 있어야 한다. 어떤 이유가 있을까? 여기선 네 가지 이유를 논의한다. 어쩌면 여러분은 이런 상황을 겪었을 수 있다.

첫 번째 이유: 사용자 인터페이스의 편의

편의를 위해 사용자가 한 번에 여러 일의 공통 특성을 정의해 배치를 생성할 수 있도록 허용할 때도 있다. 아마도 이는 여러 팀원이 서너 개의 백로그 아이템을 배치로 생성하고자 할 때 만날 수 있는 상황이다. 사용자 인터페이스에선 모든 공통 속성을 하나의 섹션에 넣은 후 차이가 나는 몇 가지 속성을 개별적으로 추가하도록 해서 반복된 움직임을 줄일 수 있다. 모든 새로운 백로그 아이템을 한 번에 계획(생성)할 수 있다.

```
public class ProductBacklogItemService ... {
    ...
    @Transactional
    public void planBatchOfProductBacklogItems(
        String aTenantId, String productId,
        BacklogItemDescription[] aDescriptions) {

        Product product =
            productRepository.productOfId(
                    new TenantId(aTenantId),
                    new ProductId(productId));

        for (BacklogItemDescription desc : aDescriptions) {
            BacklogItem plannedBacklogItem =
                product.planBacklogItem(
                    desc.summary(),
                    desc.category(),
                    BacklogItemType.valueOf(
                            desc.backlogItemType()),
                    StoryPoints.valueOf(
                            desc.storyPoints()));
```

```
            backlogItemRepository.add(plannedBacklogItem);
        }
    }
    ...
}
```

이 때문에 고정자의 관리에 문제가 생길 수 있을까? 이 경우는 그렇지 않은데, 이는 한 번에 생성했든 배치로 생성했든 상관없기 때문이다. 인스턴스화되는 객체는 모두 애그리게잇이며, 이렇게 인스턴스화된 애그리게잇은 자신의 고정자를 갖고 있게 된다. 그러므로 만약 애그리게잇 인스턴스의 배치를 한 번에 생성하는 방식과 반복적으로 하나씩 생성하는 방식 사이에 차이점이 없다면, 이는 경험에 근거한 규칙을 깨더라도 문제가 되지 않는 한 가지 이유가 된다.

두 번째 이유: 기술적 메커니즘의 부족

결과적 일관성을 위해선 메시징이나 타이머, 또는 백그라운드 스레드와 같은 추가적인 처리 기능의 사용이 필요할 수 있다. 만약 여러분이 작업하고 있는 프로젝트가 이런 메커니즘을 전혀 제공하지 않고 있다면 어떨까? 대부분은 이를 이상하게 생각하겠지만, 나는 이런 제약에 직면한 적이 있다. 메시징 메커니즘이나 백그라운드 타이머나 그 밖의 기본적인 스레드 기능이 없을 땐 무엇을 해야 할까?

이런 상황에선 주의하지 않으면 다시 큰 클러스터의 애그리게잇을 설계하는 방향으로 기울지도 모른다. 그렇게 된다면 단일 트랜잭션의 규칙을 지키고 있다는 느낌을 주긴 하겠지만, 앞서 논의했듯 성능을 떨어뜨리고 확장성을 제한할 수 있다. 이런 상황을 피하기 위해선 시스템의 애그리게잇을 전반적으로 변경해, 모델을 통해 문제를 해결할 수 있다. 프로젝트 사양이 빈틈없이 짜여져 있어서 이전엔 생각하지 못했던 도메인의 개념을 고려할 여지가 거의 없을 가능성에 관해 이미 논의했었다. 이는 사실 DDD의 접근법이 아니지만, 때로는 이런 일이 발생하기도 한다. 이런 상황에선 우리가 선호하는 방향으로 모델링 환경을 변경하는 합리적인 방안을 찾을 수 없을지도 모른다. 그리고 프로젝트의 방향성 때문에 둘 이상의 애그리게잇 인스턴스를 하나의 트랜잭션에서 수정해야만 할 수도 있다. 아무리 명백해 보인다 하더라도 이런 결정을 너무 급하게 내려서는 안 된다.

카우보이 논리

AJ: "규칙은 깨라고 있는 거라고 생각한다면, 괜찮은 수리공을 알고 있는 편이 좋을 거야."

사용자와 애그리게잇 사이의 연관성user-aggregate affinity은 규칙에서 벗어나도 될 이유를 더해주는 또 하나의 요소다. 한 명의 사용자가 오직 하나의 애그리게잇 인스턴스 집합에만 집중해야 하는 비즈니스 워크플로우인지 질문해보자. 사용자와 애그리게잇 사이의 연관성을 확실히 한다면 여러 애그리게잇 인스턴스를 하나의 트랜잭션에서 변경하는 결정을 좀 더 합리적으로 내릴 수 있는데, 이는 고정자 위반과 트랜잭션 충돌을 막는 데 도움이 되기 때문이다. 비록 사용자와 애그리게잇 사이의 연관성을 고려했더라도 사용자는 드물게 동시성 경합을 겪을 수 있다. 그러나 낙관적 동시성을 통해 이런 문제로부터 애그리게잇을 보호할 수 있다. 어쨌든 동시성의 충돌은 어떤 시스템에서든 발생할 수 있고, 사용자와 애그리게잇 사이의 연관성이 우리 편이 아닐 때엔 심지어 그 빈도가 더 높아진다. 게다가 동시성 경합이 드물게 일어나는 상황에선 충돌을 간단히 복구할 수 있다. 따라서 설계를 변경할 수 없는 상황에선, 때론 다수의 애그리게잇 인스턴스를 하나의 트랜잭션에서 수정하는 편이 더 바람직할 수 있다.

세 번째 이유: 글로벌 트랜잭션

레거시 기술과 엔터프라이즈 정책의 영향도 고려해야 할 한 가지 요소다. 글로벌한 2단계 커밋 트랜잭션을 엄격히 지켜 사용해야 할 때가 그렇다. 이는 적어도 단기간 내에선 지연될 가능성이 거의 없어야 하는 상황 중 하나다.

글로벌 트랜잭션을 사용한다고 해도, 여러분의 바운디드 컨텍스트 내에서 다수의 애그리게잇 인스턴스를 한 번에 수정할 필요는 없다. 이렇게 하지 않을 수 있다면 적어도 여러분의 핵심 도메인 내에서 트랜잭션 충돌이 발생하지 않도록 막을 수 있고, 실제로 애그리게잇의 규칙을 최대한 따를 수 있게 된다. 글로벌 트랜잭션의 단점으로는 2단계 커밋을 사용하지 않을 수 있는 상황에서 달성할 수 있었을 확장성을 얻을 수 없고, 그에 따라 즉각적인 일관성을 보장할 수 없게 된다는 점이 있다.

네 번째 이유: 쿼리 성능

다른 애그리게잇으로의 직접 객체 참조를 유지하는 편이 최선일 때가 있다. 이는 리파지토리의 쿼리 성능 문제를 해결하는 데 사용할 수 있다. 잠재적인 크기와 전반적인 성능이라는 상충점이 의미하는 바를 고려해 신중하게 선택해야 한다. ID 참조의 규칙을 깨는 예를 10장의 후반부에서 다룬다.

규칙을 지키기

여러분은 사용자 인터페이스 설계 선택, 기술적 제약, 엄격한 정책을 비롯해 엔터프라이즈 환경에서 어느 정도 타협할 수밖에 없도록 만드는 여러 요소를 경험할 수 있다. 분명한 점은 경험에만 의존해서 애그리게잇 규칙을 지키지 않아야 할 변명거리를 찾진 말아야 한다는 점이다. 장기적으로는 규칙을 지키는 편이 프로젝트에 이익이 된다. 필요한 곳에선 일관성을 유지하며 최적의 성능과 높은 확장성의 시스템을 구축할 수 있다.

발견을 통해 통찰 얻기

애그리게잇의 규칙을 사용해서, 우리는 이 규칙을 지키는 것이 사스오베이션 스크럼 모델의 설계에 어떻게 영향을 주는지 보게 될 것이다. 어떻게 이 프로젝트 팀이 그들의 설계를 다시 한 번 더 재고해서 새로 알게 된 기법을 적용하는지 볼 것이다. 이 노력은 모델에 대한 새로운 통찰의 발견으로 이어진다. 다양한 아이디어가 시도되고 대체된다.

설계를 다시 한 번 생각해보자

큰 클러스터의 `Product`를 쪼개는 리팩토링 이터레이션 후, `BacklogItem`은 자신만의 애그리게잇을 갖게 된다. 이는 그림 10.7에 표현된 모델을 반영하고 있다. 이 팀은 `BacklogItem` 애그리게잇 내부의 `Task` 인스턴스의 집합으로 이뤄진다. 각 `BacklogItem`은 전역 고유 식별자인 `BacklogItemId`를 갖고 있다. 다른 애그리게잇으로 이어진 모든 연결은 ID를 통해 알 수 있다. 애그리게잇의 부모인 `Product`와 그 안에서 계획된 `Release`와 커밋될 `Sprint`가 ID를 통해 참조된다. 이는 상당히 작아 보인다.

팀이 작은 애그리게잇을 설계하며 들떠 있는 상황에서, 지나치게 치우친 방향으로 나아가고 있을 가능성은 없는 걸까?

앞선 이터레이션에서의 좋은 느낌에도 불구하고, 여전히 몇 가지 문제가 있었다. 예를 들면 story 특성에는 많은 양의 텍스트가 담길 수 있었다. 애자일 스토리를 개발하는 팀은 긴 글을 쓰지 않을 것이다. 설령 길게 작성하게 된다 해도, 리치rich한 유스케이스 정의의 작성을 지원하는 에디터 컴포넌트를 선택할 수 있다. 그런데 이는 수천 바이트가 될 수 있다. 발생 가능한 오버헤드를 고려해볼 만했다.

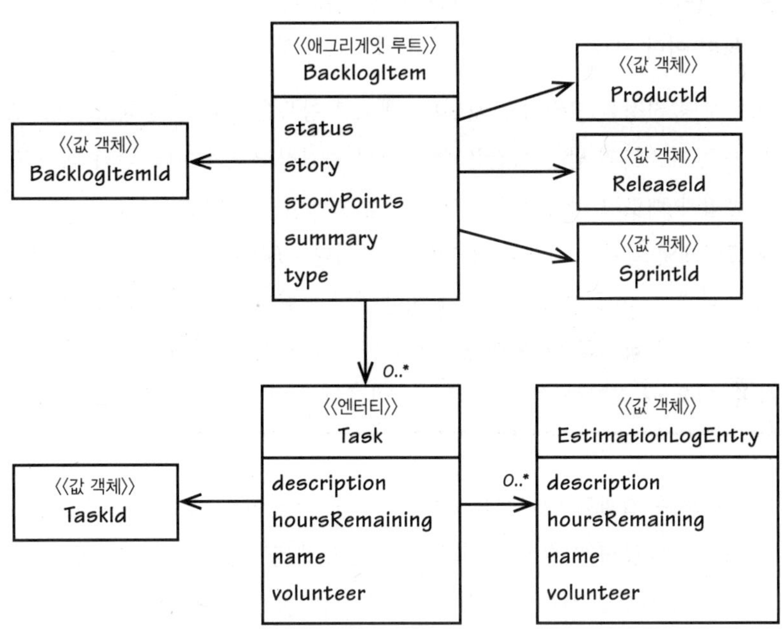

그림 10.7 완전한 BacklogItem 애그리게잇 구성

이런 잠재적인 오버헤드를 비롯해 이미 그림 10.1과 10.3의 큰 클러스터의 Product를 설계할 때 오류가 있었기 때문에, 이 팀은 이제 바운디드 컨텍스트 안에 위치한 모든 애그리게잇의 크기를 줄이는 임무에 착수했다. 그런데 중대한 의문을 갖게 됐다. BacklogItem과 task 사이의 관계에서 유지했어야만 하

는 진정한 고정자가 있었을까? 아니면 연결을 좀 더 쪼개서 두 개의 개별 애그리게잇으로 안전하게 나눌 수 있는 또 하나의 경우였을까? 이 설계를 지금 그대로 유지하는 데 필요한 총비용은 얼마일까?

올바른 결정을 내리는 열쇠는 유비쿼터스 언어에 있다. 다음은 고정자가 언급된 위치다.

- 백로그 항목의 태스크에 진전이 있다면, 팀원은 태스크 수행의 남은 시간을 예측한다.
- 팀원이 특정 태스크의 남은 시간을 0시라고 예측했다면, 백로그 항목은 남은 시간이 있는지 모든 태스크를 확인한다. 모든 태스크의 남은 시간이 0이라면, 백로그 항목의 상태가 자동으로 완료로 변경된다.
- 팀원이 특정 태스크에 한 시간 이상이 남아있다고 예측했지만 백로그 항목이 이미 완료 상태라면, 상태가 자동으로 복구된다.

이는 분명 진정한 고정자로 보인다. 백로그 항목은 올바른 상태로 자동 조정되며, 모든 태스크의 남은 시간을 합한 값에 완전히 의존적이다. 만약 태스크 시간의 총합과 백로그 항목의 상태가 일관성 있게 유지된다면, 그림 10.7이 올바른 애그리게잇 일관성 경계를 규명한 듯 보인다. 그러나 이 팀은 현재 클러스터가 성능과 확장성에 있어서 얼마나 비용을 소모할지도 생각해봐야 한다. 이땐 백로그 항목의 상태를 남은 태스크 시간의 총합에 따른 결과적 일관성으로 달성할 수 있을 때 절약할 수 있는 비용과 비교하게 될 것이다.

일부에선 이를 결과적 일관성을 적용할 수 있는 전형적인 기회로 판단하겠지만, 우리는 이렇게 성급하게 결정을 내리진 말자. 트랜잭션 일관성의 접근법을 분석해 보고, 결과적 일관성을 사용했을 때 얻을 수 있는 게 무엇인지 조사해보자. 그러고 나면 어떤 접근법을 선호할지 우리만의 결정을 내려볼 수 있다.

애그리게잇 비용의 예측

그림 10.7에서처럼, 각 `Task`는 `EstimationLogEntry` 인스턴스의 집합을 갖고 있다. 이 로그는 팀원이 남은 시간을 새롭게 예측해 입력할 때의 상황을 모델링한다. 실제로, 각 `BacklogItem`이 갖고 있는 `Task` 요소의 수와 주어진 `Task`가 갖고 있는 `EstimationLogEntry` 요소의 수는 얼마일까? 정확히 말하기는 어렵다. 이는 크게

봤을 때 한 태스크가 얼마나 복잡한지와 스프린트가 얼마나 지속되는지 측정하는 일이다. 하지만 '간단히 봉투 뒷면에 계산하는 방법BOTE, Back-of-the-envelope'이 도움이 될 수 있다[Bentley].

태스크 소요 시간은 보통 일 단위로 팀원이 주어진 태스크의 작업을 마친 후 재예측된다. 대부분의 스프린트 길이가 2주나 3주라고 해보자. 더 긴 스프린트가 있을 수도 있지만, 2주나 3주 주기가 가장 흔하다. 따라서 10부터 15 사이의 일수를 선택하자. 선택의 폭을 좀 더 좁힌다면 12일 정도가 무난할 수 있는데, 이는 실제로 3주짜리 스프린트보다는 2주짜리가 더 많기 때문이다.

다음으로는, 각 태스크에 주어진 시간을 생각해보자. 태스크는 관리가 가능한 단위로 나눠져야 한다는 점을 상기해보면, 우리는 일반적으로 4에서 16 사이의 시간을 사용하게 된다. 태스크가 12시간을 초과한다면, 대개 스크럼 전문가는 이를 좀 더 나누길 추천한다. 하지만 첫 테스트에서 12시간을 적용한다면 일을 균등하게 시뮬레이션하기가 더 쉬워진다. 우리는 스프린트의 12일 동안 매일 한 시간씩 해당 태스크의 작업을 진행했다고 이야기할 수 있게 된다. 이는 좀 더 복잡한 태스크에 유리하다. 따라서 우리는 각 태스크를 시작할 때 12시간이 할당됐다고 가정함에 따라, 태스크마다 12번의 재예측을 수행하게 된다.

여전히 남아있는 질문은 백로그 항목당 얼마나 많은 태스크가 필요한가다. 이 역시 대답하기에 어려운 질문이다. 주어진 한 기능 조각featrue slice을 위해 계층(4)이나 헥사고날 포트와 어댑터(4)마다 두 개나 세 개의 태스크가 필요하다고 생각해보면 어떨까? 예를 들면, 사용자 인터페이스 계층(14)에 세 개, 애플리케이션 계층(14)에 두 개, 도메인 계층에 세 개, 인프라 계층에 세 개로 계산했다고 해보자. 이는 총 11개의 태스크가 된다. 딱 맞거나 조금 가벼운 정도인데, 우리는 이미 많은 수의 태스크를 예측할 때 너무 지나치게 신중을 기했었다. 좀 더 여유를 두기 위해 백로그 항목당 12개의 태스크를 할당하자. 이렇게 하면 12개의 태스크와 각 태스크당 12개의 예측 로그, 즉 백로그 항목당 총 144개의 객체를 모으게 된다. 이는 표준보다는 좀 더 많을 수 있지만, 큰 덩어리의 BOTE 결과를 얻게 된다.

고려해야 하는 또 하나의 변수가 있다. 스크럼 전문가가 대부분의 상황에서 더 작은 태스크를 정의하라고 충고한다면, 어느 정도의 수정을 할 수도 있다. 태스크의 수를 두 배(24)로 하고 예측 로그 엔트리의 수는 반(6)으로 줄이면 여전히 총 144개의 객체가 된다. 그러나 이는 모든 예측 요청을 처리할 때마다 더 많은 태스크(12가 아니라 24)를 로드하도록 하며, 그때마다 더 많은 메모리를 소비하게 된다. 팀은 성능 테스트에서 어떤 유의미한 영향이 발생하는지 지켜보기 위해 다양한 조합을 시도해보겠지만, 일단 시작할 땐 12시간과 12개의 태스크를 사용할 것이다.

일반적인 사용 시나리오

이제 일반적인 사용 시나리오의 고려가 중요한 시점이다. 한 사용자가 144개의 모든 객체를 메모리로 한 번에 로드하도록 요청하는 일이 얼마나 자주 있을까? 이런 일이 일어나기는 할까? 그렇지 않을 듯 보이지만, 확인은 필요하다. 일어나지 않는다면 요청될 수 있는 객체 수의 최대 값은 얼마일까? 여러 클라이언트가 백로그 항목상에 동시성 경합을 일으킬 만한 경우가 있을까? 이에 관해 살펴보자.

다음 시나리오는 영속성을 위해 하이버네이트를 사용하는 환경을 바탕으로 한다. 또한 각 엔터티 타입에는 자신만의 낙관적 동시성 버전optimistic concurrency version 특성이 포함돼 있다. 이는 상태 고정자의 변경을 `BacklogItem` 루트 엔터티에서 관리하기 때문에 올바르게 동작하게 된다. 상태가 자동으로 변경되면서(완료 상태가 되거나 커밋된 상태로 되돌아가면서) 루트의 버전도 바뀐다. 따라서 상태가 변경되지 않는 이상, 태스크에 수정이 발생하더라도 루트에 영향을 주지 않고 각 태스크가 독립적으로 변경될 수 있다. (도큐먼트 기반 저장소와 같은 것을 사용한다면 묶여 있는 한 부분의 수정이 효과적으로 수행될 수 있기 때문에 이어지는 분석 내용을 재고해봐야 할 수도 있다.)

백로그 항목이 처음 생성될 때는 포함된 태스크가 없다. 일반적으로 태스크는 스프린트 계획 시점까지 정의되지 않는다. 팀은 스프린트 계획 회의에서 태스크를 식별한다. 팀은 태스크를 하나씩 정의해가면서 이를 해당 백로그 항목에 추가한다. 누가 새로운 태스크를 더 빨리 입력하는지 시합하는 것처럼 두 팀원이 애그리게잇을 두고 서로 경쟁할 필요는 없다. 이는 충돌을 일으키고, 둘 중 하나의 요청은 실패한다(`Product`에 여러 파트를 동시에 추가하려다 실패한 상황과 같은 이유로). 두 팀원은 곧 자신들의 중복 작업이 얼마나 비생산적인지 알게 된다.

개발자는 실제로 여러 사용자가 정기적으로 태스크를 함께 추가하길 원한다는 점을 알게 되면, 이 분석을 상당히 바꿔버리게 된다. 이에 대한 이해는 `BacklogItem`과 `Task`를 두 개의 개별 애그리게잇으로 분리하는 방향으로 즉시 기울도록 한다. 이는 한편으론 하이버네이트 매핑에서 `optimistic-lock` 옵션을 `false`로 설정하는 완벽한 시점일 수 있다. 이런 선택은 여러 태스크가 동시에 커질 수 있도록 할 때도 의미가 있는데, 특히 이로 인해 성능과 확장성 문제가 발생하지 않는다면 더욱 그렇다.

만약 처음에는 태스크를 0시간으로 예측했고 이후에 정확한 예상치로 업데이트 한다면, 하나의 추가적인 예측 로그 엔트리가 추가돼 '간단히 봉투 뒷면에 계산하는 방법BOTE'의 결과를 13으로 바꾸긴 하겠지만 여전히 동시성 충돌을 경험할 가능성은 거의 없는 상태다. 다시 한 번 말하지만 오직 0보다 큰 값에서 0으로 바뀔 때만 완료 상태로 변경되며, 이미 완료된 상태에서 시간이 0에서 1 이상으로 변경됐다면 커밋 상태로 되돌아가는데, 이 두 가지 상황은 흔치 않다.

매일 예측하는 과정을 거치는 일이 문제를 일으킬까? 스프린트 첫째 날에는 백로그 항목의 주어진 태스크상에 예측 로그가 주로 0이다. 그날을 마치며 자발적으로 태스크를 작업한 팀원이 예측 시간을 1시간 줄인다. 이에 따라 각 태스크에는 새로운 예측 로그가 추가되지만, 백로그 항목의 상태는 영향을 받지 않고 그대로 유지된다. 단 한 명의 팀원만이 시간을 조절했기 때문에 태스크의 충돌은 일어나지 않는다. 12일 차가 돼서야 상태 변경을 하게 된다. 11개 태스크의 값이 각각 0으로 줄어들지만 백로그 항목의 상태는 변하지 않는다. 12번째 태스크의 마지막(144번째) 예측을 통해 자동 상태 변경이 일어나 완료 상태가 된다.

이 분석을 통해 팀은 중요한 사실을 깨달았다. 이는 시나리오를 바꿔서 두 배로 빨리(6일) 태스크를 완료하거나 완전히 섞어버린다 하더라도 아무것도 바뀌지 않는다는 점이다. 언제나 최종 예측을 통해서만 상태를 변경하게 되며, 이는 루트의 수정을 의미한다. 이는 안전한 설계처럼 보일 수도 있지만, 메모리 오버헤드의 측면에선 여전히 의문이 남아있다.

메모리 소비

이제 메모리 소비에 관해 논의해보자. 여기서 중요한 점은 예측은 값 객체에 의해 일자로 로그된다는 점이다. 만약 팀원이 하루에 여러 번 다시 예측하더라도 오직 가장 최신의 예측만이 유지된다. 같은 일자의 가장 최신 값이 해당 컬렉션의 앞선 값을 대체한다. 태스크는 스프린트가 진행 중인 일자의 수보다 더 많은 수의 예측 로그 엔트리를 갖진 않는다는 가정이 있다. 만약 태스크가 스프린트 회의보다 며칠 앞서 정의되고 이런 앞선 날 중에 시간을 다시 예측하게 된다면 이 가정은 변한다. 그런 일이 일어난 날마다 하나씩의 추가 로그가 만들어질 수 있다.

각 재예측에 따른 메모리상 총 태스크와 예측의 수는 어떨까? 태스크와 예측 로그에 지연 로딩을 사용한다면 요청마다 12 더하기 12만큼의 수집된 객체를 갖게 된다. 이 중 하나의 태스크에 가장 최신의 예측 로그 엔트리를 추가하기 위해선, 예측 로그 엔트리의 컬렉션을 로딩해야 한다. 이에 따라 최대 12개의 객체가 추가로 만들어질 수 있다. 결국에 애그리게잇 설계는 최대 총 한 개 백로그 항목, 12개의 태스크, 12개 로그 엔트리 등 최대 25개 객체를 포함하게 된다. 이는 아주 많은 수는 아니며, 작은 애그리게잇이다. 다른 요소로는 객체의 최대 값(예를 들어 25)이 스프린트의 마지막까지 유지되지 않을 것이라는 점이 있다. 스프린트 중의 많은 시간 동안 애그리게잇은 더욱 작은 상태로 유지된다.

지연 로딩 때문에 이 설계가 성능 문제를 일으킬까? 그럴 가능성도 있는 것이, 이는 사실 태스크를 위한 지연 로딩과 추정 로그 엔트리를 위한 지연 로딩 같은 두 번의 지연 로딩을 유발한다. 이 팀은 여러 번의 가져오기 동작에서 발생할 수 있는 오버헤드를 조사하기 위해 테스트해야 한다.

또 다른 요소도 있다. 스크럼은 이 팀이 올바른 계획 모델을 찾기 위해 실험해볼 수 있도록 해준다. [Sutherland]가 설명했듯, 속도를 잘 아는 경험이 많은 팀은 태스크 시간이 아닌 스토리 포인트를 가지고 예측할 수 있다. 팀은 각 태스크를 정의하면서 일단 각 태스크마다 1시간씩을 할당한다. 스프린트 동안, 각 태스크마다 한 번씩 재예측을 수행하게 되고, 태스크가 완료됐을 때 할당된 1시간을 0으로 바꾸게 된다. 이는 애그리게잇 설계와 관련이 있으며, 스토리 포인트를 사용하면 태스크당 총 추정 로그의 수를 1로 줄이고 메모리 오버헤드를 거의 제거한다.

이후, 프로젝트오베이션의 개발자는 실제 생산 데이터를 분석적으로 조사해서 백로그 항목당 (평균적으로) 얼마나 많은 실제 태스크와 예측 로그 엔트리가 존재하는지 결정할 수 있게 된다.

앞선 분석은 이 팀이 실제로 '간단히 봉투 뒷면에 계산하는 방법BOTE'을 테스트해보도록 동기를 부여해줬다. 그러나 그 결과로는 결론을 내릴 수 없었으며, 팀의 관심사를 잘 반영한 설계라 자신하기에는 여전히 변수가 너무 많다고 판단했다. 다른 설계를 고려해야 할 만큼 큰 불확실성이 남아있었다.

또 다른 설계 대안 살펴보기

애그리게잇의 경계를 사용 시나리오에 더 잘 맞춰줄 다른 설계가 있을까?

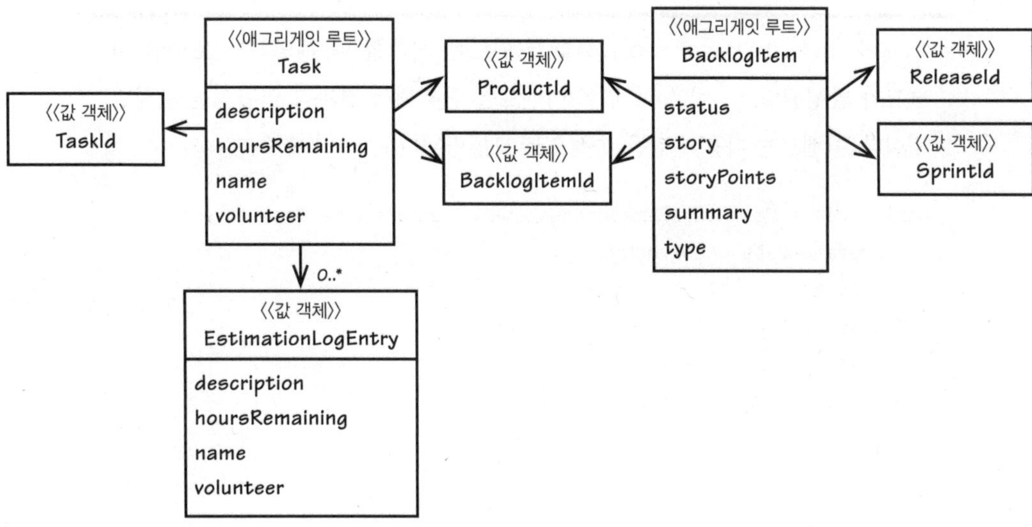

그림 10.8 별도의 애그리게잇으로 모델링된 BacklogItem과 Task

이 팀은 task가 애그리게잇에 의존적이지 않도록 하려면 무엇을 해야 할지, 그리고 의존성을 끊는 편이 도움이 되긴 할지 생각해보고자 했다. 그 결과가 그림 10.8에 나와 있다. 이를 통해 파트 컴포지션 오버헤드를 12개 객체까지 감소시키고 지연 로딩 오버헤드를 줄이게 된다. 사실 이 설계를 따르면 최고의 성능을 위해 모든 예측 로그 엔트리를 지연 없이 즉시 로드하는 옵션도 선택할 수 있다.

개발자는 같은 트랜잭션 안에서 서로 다른 애그리게잇을 수정하는 데 동의하지 않았다. 그들은 수용 가능한 시간 범위 내에서 필요한 자동 상태 변경을 수행할 수 있을지 판단해야 했다. 트랜잭션을 통해 상태의 일관성을 보장할 수 없기 때문에 결국 고정자의 일관성에 나쁜 영향을 미친다. 이런 특성은 받아들일 수 있을까? 개발자는 이 문제를 도메인 전문가와 논의했고, 마지막 0시간 예측과 완료 상태로의 설정 사이에서 발생하는 지연시간을 허용할 수 있다는 점을 알게 됐다.

결과적 일관성의 구현

서로 다른 애그리게잇 사이에서 결과적 일관성을 활용하는 올바른 방법을 살펴보자.

Task가 estimateHoursRemaining() 커맨드를 처리할 때 해당하는 도메인 이벤트가 발행된다. 이 팀은 이제 이 이벤트를 활용해서 결과적 일관성을 달성할 것이다. 이벤트는 다음과 같은 속성으로 모델링된다.

```
public class TaskHoursRemainingEstimated implements DomainEvent {
    private Date occurredOn;
    private TenantId tenantId;
    private BacklogItemId backlogItemId;
    private TaskId taskId;
    private int hoursRemaining;
    ...
}
```

특수화된[specialized] 구독자는 이제 이를 리스닝하면서, 일관성 처리를 조정하기 위해 도메인 서비스로 위임한다. 서비스는 다음과 같은 동작을 수행한다.

- 식별된 BacklogItem을 가져오기 위해 BacklogItemRepository를 사용한다.
- 식별된 BacklogItem과 연결된 모든 Task 인스턴스를 가져오기 위해 TaskRepository를 사용한다.
- 도메인 이벤트의 hoursRemaining과 가져온 Task 인스턴스를 전달해 estimateTaskHoursRemaining이라는 이름의 BacklogItem 커맨드를 실행한다.

팀은 이를 최적화할 방안을 마련해야 한다. 이 세 단계로 이뤄진 설계는 재예측할 때마다 모든 Task 인스턴스를 로드해야만 한다. 우리의 BOTE 방법을 사용하면서 완료를 향해 계속 진행해간다면, 144번 중 143번은 불필요한 작업이 된다. 이는 꽤 쉽게 최적화할 수 있다. 리파지토리를 통해 모든 Task 인스턴스를 가져오는 대신, 단순히 데이터베이스의 계산을 통해 모든 Task 시간의 합계를 알 수 있다.

```
public class HibernateTaskRepository implements TaskRepository {
    ...
    public int totalBacklogItemTaskHoursRemaining(
            TenantId aTenantId,
            BacklogItemId aBacklogItemId) {

        Query query = session.createQuery(
            "select sum(task.hoursRemaining) from Task task "
            + "where task.tenantId = ? and "
            + "task.backlogItemId = ?");
        ...
    }
}
```

결과적 일관성 때문에 사용자 인터페이스가 약간 복잡해질 수 있다. 수백 밀리초 안에 상태가 바뀔 수 없다면, 사용자 인터페이스가 어떻게 새로운 상태를 보여줘야 할까? 현재 상태를 결정하기 위해 비즈니스 로직을 뷰에 넣어야 할까? 이는 스마트 UI의 안티 패턴이 될 것이다. 어쩌면 뷰에 과거의 상태만 나타나면서 사용자가 시각적 비일관성을 겪게 할지도 모른다. 버그처럼 보이거나, 적어도 아주 짜증날 것이다.

뷰는 백그라운드 Ajax 폴링 요청을 사용할 수 있겠지만, 이는 비효율적이다. 뷰 컴포넌트는 정확히 언제 상태 업데이트를 확인해야 할지 쉽게 결정할 수 있기 때문에 대부분의 Ajax 핑은 불필요하다. 우리의 BOTE 값을 사용하면 144번 중 143번의 재예측은 상태 업데이트를 유발하지 않는데, 이는 웹 티어상에서 불필요하게 많은 요청을 발생시킨다. 올바른 서버 측의 올바른 지원이 가능하다면 클라이언트가 코멧Comet(Ajax 푸시로도 알려짐)에 의존할 수도 있다. 괜찮은 도전이긴 하지만, 이를 위해선 팀이 전혀 사용한 경험이 없는 완전히 새로운 기술을 도입해야 한다.

어쩌면 최선의 해결책은 가장 단순한 방법일지도 모른다. 스크린상에 시각적 큐를 사용해서 사용자에게 현재 상태가 확실하지 않다고 안내할 수도 있다. 뷰에서 재확인이나 새로 고침의 시간 간격을 제안할 수도 있다. 또 다른 방법으론, 다음의 렌더링된 뷰에 변경된 상태를 보여주는 방법이 있다. 이는 안전한 대안이다. 이 팀은 사용자 승인 테스트user acceptance test가 남아있긴 하지만, 희망을 찾을 수 있었다.

이는 팀원이 할 일인가

지금까지 완전히 간과해온 중요한 질문이 하나 있다. 백로그 항목의 상태와 남아있는 모든 태스크 시간 사이의 일관성을 유지하는 일은 누가 해야 할까? 스크럼을 사용하는 팀원은 마지막 태스크의 시간이 0으로 설정됐을 때 부모 백로그 항목의 상태가 완료로 변경되는 데 관심이 있을까? 시간이 남아있는 마지막 태스크를 작업하고 있다는 사실을 항상 알고 있을까? 아마도 팀원이라면 이를 알고 있을 것이고, 각 백로그 항목을 공식적인 완료 상태로 변경할 책임도 함께 수행해야 한다.

한편, 또 다른 프로젝트 관계자가 있다면 어떨까? 예를 들면, 제품 소유자나 그밖의 다른 사람은 백로그 후보 항목이 만족스럽게 완성됐는지 확인하고 싶을 수 있다. 아마 어떤 사람은 지속적 통합 서버의 기능을 먼저 사용하길 원할 수 있다. 만약 개발자가 작업을 완료했다는 주장에 다른 이들도 만족한다면, 그들은 수동으로 상태를 완료로 표시하게 된다. 이는 분명 판도를 바꾸는데, 트랜잭션적이나 결과적 일관성 중 무엇도 필요하지 않다는 의미다. 태스크는 그들의 모 백로그 항목으로부터 분리될 수 있는데, 이는 이 새로운 유스케이스가 이를 허용하기 때문이다. 그러나 만약 팀원이 자동 상태 변경을 완료해야 한다면, 태스크는 트랜잭션적 일관성을 위해 백로그 항목 내에서 구성돼야 한다. 흥미롭게도, 여기서도 확실한 답을 꼽을 수는 없는데, 이는 애플리케이션 설정이 선택적으로 가능해야 한다는 의미다. 태스크를 해당 백로그 항목으로 두면 일관성 문제를 해결할 수 있고, 이렇게 모델링한다면 자동과 수동 상태 변경 모두를 지원할 수 있다.

이 중요한 질문 때문에 도메인의 완전히 새로운 측면이 드러났다. 이는 팀이 워크플로우 설정을 구성할 수 있어야만 하는 것처럼 보인다. 이 기능을 지금은 구현하지 않겠지만, 팀은 이에 관해 더 깊게 논의할 것이다. '누가 할 일인가?'라는 질문이 도메인의 필수적인 부분을 깨닫게 해줬다.

이어서 개발자 중 한 명이 이 전반적인 분석의 대안으로 아주 실용적인 제안을 했다. story 특성의 오버헤드에 대해 고민하는 중이라면, 이 부분을 집중해 해결해보면 어떨까? story를 위한 저장소의 전체 크기를 줄일 수 있으며, 이에 더해서 새로운 useCaseDefinition 속성을 생성할 수 있다. 이를 지연 로딩으로 설계해도 되는데, 이 특성을 사용할 일이 거의 없기 때문이다. 아니면 이를 아예 별도의 애그리게잇으로 설계해서 필요할 때마다 로드할 수도 있다. 이들은 이런 아이디어를 통해 외부 애그리게잇은 ID로만 참조한다는 규칙을 어기기에 좋은 기회라는 점을 깨달았다. 객체를 직접 참조하고 객체 관계형 매핑을 선언해서 지연 로딩이 가능토록 하는 편이 적합한 모델링으로 보였다. 아마 이는 타당한 결정일 수도 있을 것이다.

결정의 시간

이런 수준의 분석이 하루 종일 계속될 수는 없다. 결정을 해야 한다. 어느 쪽을 선택한다고 해서 이후에 다른 방향으로 바꾸는 자체를 막진 않는다. 이 시점에 이르면 열린 마음이 실용적 선택을 막게 된다.

이제까지의 모든 분석을 바탕에 둔 상황에서, 팀은 BacklogItem으로부터 Task를 분리하길 두려워하고 있었다. 이들은 당장 이를 분리하는 편이 추가적인 노력을 들일 만큼 가치가 있는지, 진정한 고정자를 보호되지 않은 상태로 남겨두거나 사용자가 뷰에서 확인한 상태가 과거의 상태일 수 있는 위험을 감수할 만큼 의미 있는지 확신할 수 없었다. 그들이 이해한 바에 따르면 현재의 애그리게잇은 상당히 작다. 최악의 경우인 25개보다 더 많은 50개의 객체를 로딩했다 하더라도, 이는 여전히 합리적 크기의 클러스터다. 현재로서 이들은 특정 유스케이스 정의를 담아내도록 계획을 세웠다. 이 때문에 많은 이점이 있는 빠른 승리를 얻을 수 있었다. 여기에는 리스크가 거의 없는데, 현재에도 잘 작동할 뿐만 아니라, 미래에 Task와 BacklogItem을 분리하게 되더라도 역시 잘 동작할 것이기 때문이다.

둘로 나누는 방안은 만약의 경우를 대비해 뒤편에 남겨두기로 했다. 현재의 설계에 맞춰 좀 더 실험하면서 성능과 로드를 테스트하고 결과적 일관성 상태와 사용자의 반응도 조사해본다면, 어떤 접근법이 더 나을지 확실해질 것이다. 실제 서비스에서 예상보다 애그리게잇의 크기가 커진다면 BOTE 값은 틀릴 수 있다. 팀은 그런 상황이 왔을 때 의심 없이 이를 둘로 나누면 된다.

만약 당신이 프로젝트오베이션의 팀원이라면, 어떤 모델링 옵션을 선택했을까? 이 케이스 스터디에서 살펴본 것처럼, 찾아가는 시간을 부끄럽게 피하지 말고 부딪히자. 이를 위해 드는 노력은 30분이면 충분하고, 최악의 경우에도 60분 정도면 된다. 이를 통해 여러분의 핵심 도메인에 관해 더 깊은 통찰을 얻을 수 있기 때문에 충분히 가치 있는 시간이 될 것이다.

구현

여기서 요약하고 강조한 요소를 더 분명히 할수록 좀 더 충실한 구현이 되겠지만 엔터티(5), 값 객체(6), 도메인 이벤트(8), 모듈(9), 팩토리(11), 리파지토리(12)의 측면에서 좀 더 깊게 살펴봐야만 한다. 여기서 알아볼 통합을 참조하자.

고유 ID와 루트 엔터티를 생성하라

하나의 엔터티를 애그리게잇 루트로 모델링하라. 앞선 모델링 과정에서 나온 루트 엔터티의 예는 `Product`, `BacklogItem`, `Release`, `Sprint`다. `Task`를 `BacklogItem`으로부터 분리하는 결정을 어떻게 하느냐에 따라 `Task` 역시 루트가 될 수 있다.

정제된 `Product` 모델은 마침내 다음과 같은 루트 엔터티의 선언에 이르게 된다.

```
public class Product extends ConcurrencySafeEntity {
    private Set<ProductBacklogItem> backlogItems;
    private String description;
    private String name;
    private ProductDiscussion productDiscussion;
    private ProductId productId;
    private TenantId tenantId;
    ...
}
```

엔터티(5)에서 설명했듯, 클래스 ConcurrencySafeEntity는 대리 식별자와 낙관적 동시성 버전을 관리하기 위해 사용한 계층 슈퍼 타입Layered Supertype[Fowler, P of EAA]이다.

앞서 논의하지 않은 ProductBacklogItem 인스턴스의 Set은 루트에 추가됐다(신기할 수도 있지만). 여기엔 특별한 목적이 있다. 이는 앞서 구성했던 BacklogItem 컬렉션과는 다르다. 이는 백로그 항목의 개별 순서를 유지하기 위해 존재한다.

각 루트는 전역 고유 식별자와 함께 설계돼야 한다. Product는 ProductId라는 이름의 값 타입과 함께 모델링됐다. 이 타입은 도메인 특정 ID이고, 이는 ConcurrencySafeEntity에 의해 제공된 대리 식별자와는 다르다. 어떻게 모델 기반 ID가 설계되고 할당되고 관리되는지는 엔터티(5)에서 더 자세히 설명했다. ProductRepository의 구현은 nextIdentity()를 통해 ProductId를 UUID로 생성토록 해준다.

```
public class HibernateProductRepository implements ProductRepository {
    ...
    public ProductId nextIdentity() {
        return new ProductId(java.util.UUID.randomUUID().toString().
toUpperCase());
    }
    ...
}
```

nextIdentity()를 사용하면 클라이언트의 애플리케이션 서비스가 전역 고유 식별자와 함께 Product를 인스턴스화할 수 있다.

```
public class ProductService ... {
    ...
    @Transactional
    public String newProduct(
        String aTenantId, aProductName, aProductDescription) {
        Product product =
            new Product(
                new TenantId(aTenantId),
                this.productRepository.nextIdentity(),
                "My Product",
```

```
                "This is the description of my product.",
                new ProductDiscussion(
                        new DiscussionDescriptor(
                            DiscussionDescriptor.UNDEFINED_ID),
                        DiscussionAvailability.NOT_REQUESTED));

        this.productRepository.add(product);

        return product.productId().id();
    }
    ...
}
```

애플리케이션 서비스는 ProductRepository를 사용해 ID를 생성하고, 새로운 Product 인스턴스를 저장한다. 이는 새로운 ProductId의 플레인 String 표현을 반환한다.

값 객체 파트를 선호하라

가능하다면 포함된 애그리게잇 파트를 엔터티보다는 값 객체로서 모델링하는 편을 선택하자. 만약 모델이나 인프라에서 의미 있는 오버헤드를 야기하지 않는다면, 완전히 대체될 수 있는 파트가 최선의 선택지다.

우리의 현재 Product 모델은 두 개의 단순한 특성과 세 개의 값 타입 속성으로 설계됐다. description과 name 모두 완전히 대체될 수 있는 String 특성이다. ProductId와 tenantId 값은 ID로서 안정적으로 유지된다. 즉, 이들은 구성된 이후엔 절대 바뀌지 않는다. 이들은 객체로의 직접 참조가 아닌 ID로의 참조를 지원한다. 사실 참조된 Tenant 애그리게잇은 같은 바운디드 컨텍스트 안에 있지도 않으며, 따라서 ID로만 참조돼야 한다. productDiscussion은 값 타입의 속성과 결과적 일관성을 유지한다. Product가 처음 인스턴스화될 때 해당 논의 특성이 필요할 수 있지만, 이는 어느 정도 시간이 지나면 더 이상 존재하지 않는다. 이는 협업 컨텍스트 내에 생성돼야만 한다. 다른 바운디드 컨텍스트에 생성이 완료됐다면 ID와 상태가 Product상에 설정된다.

ProductBacklogItem이 값이 아니라 엔터티로 모델링돼야 하는 몇 가지 이유가 있다. 값 객체(6)에서 논의했듯 하이버네이트를 통해 데이터베이스를 사용하기 때문에, 값의 컬렉션을 데이터베이스의 엔터티로 모델링해야 한다. 이 구성 요소 중 하나의 순서를 다시 바꾸는 일은 상당한 수(심지어는 전체가 될 수도 있다.)의 `ProductBacklogItem` 인스턴스를 삭제하거나 바꾸도록 할 수도 있다. 이는 인프라 내에 상당한 오버헤드를 야기하는 경향이 있다. 엔터티로서 제품 소유자의 요청이 있을 때마다 모든 컬렉션 구성 요소에서 `ordering` 특성을 변경해준다. 그런데 MySQL과 하이버네이트를 함께 사용하던 중에 키-값 저장소로 변경하게 되면 `ProductBacklogItem`을 값 타입으로 쉽게 바꿀 수 있다. 키-값 저장소나 도큐먼트 저장소를 사용한다면 애그리게잇 인스턴스가 저장소에 저장되는 하나의 값 표현으로 직렬화된다.

'데메테르의 법칙'과 '묻지 말고 시켜라'를 사용하기

'데메테르의 법칙'[Appleton, LoD]과 '묻지 말고 시켜라'[PragProg, TDA] 모두 애그리게잇을 구현할 때 사용할 수 있는 설계 원칙으로, 둘 모두 정보 은닉을 강조하고 있다. 여기서 어떤 이점을 취할 수 있는지 살펴보기 위해 높은 수준의 지침을 생각해보기로 하자.

- 데메테르의 법칙: 이 원칙은 최소 지식의 원칙principle of least knowledge을 강조한다. 어떤 클라이언트 객체와, 시스템 행동을 실행하기 위해 이 클라이언트 객체가 사용하는 객체가 있다고 생각해보자. 그리고 두 번째 객체를 서버라고 부르자. 클라이언트 객체가 서버 객체를 사용할 때는 서버의 구조에 관해 가능한 한 모르는 편이 좋다. 서버의 특성과 속성(그 형태)은 클라이언트에게 완벽히 감춰져야 한다. 클라이언트는 서버에게 그 표면 인터페이스상에 선언된 커맨드를 수행토록 부탁할 수 있다. 그러나 클라이언트는 서버 안쪽까지 도달해선 안 되고, 서버에게 일부 내부 파트를 부탁한 후 해당 파트상의 커맨드를 실행해야 한다. 만약 클라이언트가 서버의 내부 파트에 의해 렌더링된 서비스가 필요하다면, 클라이언트에겐 그 행동을 요청하기 위한 내부 파트로의 액세스가 주어져선 안 된다. 대신 서버는 표면 인터페이스를 제공하고, 호출이 이뤄지면 적절한 내부 파트로 위임해 해당 인터페이스를 완수토록 해야 한다.

  데메테르의 법칙의 간단한 요약은 다음과 같다. 모든 객체의 모든 메소드는 다음을 통해서만 메소드를 호출해야 한다. (1) 그 자신, (2) 자신에게 전달된 매개변수, (3) 자신이 인스턴스화하는 객체, (4) 자신이 직접 액세스할 수 있는 스스로가 포함된 파트 객체

- 묻지 말고 시켜라: 이 원칙은 단순히 객체에게 할 일을 알려줘야 한다는 점을 강조하고 있다. '묻지 말고'란 말은 다음과 같이 클라이언트에게 적용된다. 클라이언트 객체는 서버 객체에게 서버 객체가 갖고 있는 파트를 요구해선 안 되며, 자신이 갖고 있는 상태에 기반해 결정해야 하고, 그 후에 서버 객체가 일을 하도록 만들어야 한다. 그 대신, 클라이언트는 반드시 서버에게 무엇을 할지 '시켜야' 하며, 이때는 서버의 퍼블릭 인터페이스로 커맨드를 보내야 한다. 이 지침은 데메테르의 법칙과 매우 유사한 동기를 갖고 있지만, '묻지 말고 시켜라'가 좀 더 넓은 범위에 쉽게 적용될 수 있다.

이상의 지침에 따라, 두 설계 원칙을 Product에 적용하는 방법을 살펴보자.

```
public class Product extends ConcurrencySafeEntity {
    ...
    public void reorderFrom(BacklogItemId anId, int anOrdering) {
        for (ProductBacklogItem pbi : this.backlogItems()) {
            pbi.reorderFrom(anId, anOrdering);
        }
    }

    public Set<ProductBacklogItem> backlogItems() {
        return this.backlogItems;
    }
    ...
}
```

Product는 클라이언트가 reorderForm()을 사용해 자신이 갖고 있는 backlogItems의 상태를 바꾸는 커맨드를 실행토록 한다. 이 원칙들을 잘 적용한 사례다. 그러나 메소드 backlogItems() 역시 퍼블릭이다. ProductBacklogItem 인스턴스를 클라이언트에게 노출함으로써 우리가 따르려고 하는 원칙을 어기게 될까? 실제로 컬렉션을 노출하긴 하지만 클라이언트는 오직 정보를 질의하기 위해서만 이 인스턴스를 사용할 수 있다. ProductBacklogItem의 퍼블릭 인터페이스가 제한적이기 때문에, 클라이언트는 깊게 살펴보더라도 Product의 형태를 판단할 수 없다. 클라이언트에겐 최소 지식만이 주어졌다. 클라이언트의 입장에서 반환된 컬렉션 인스턴스는 단일 오퍼레이션만을 위해 생성된 것이고, Product의 명확한 특정 상태를 드러내진 않는다. 그 구현에서 알 수 있듯이 클라이언트는 절대 ProductBacklogItem 인스턴스로 상태 변경 커맨드를 수행하지 않는다.

```
public class ProductBacklogItem extends ConcurrencySafeEntity {
    ...
    protected void reorderFrom(BacklogItemId anId, int anOrdering) {
        if (this.backlogItemId().equals(anId)) {
            this.setOrdering(anOrdering);
        } else if (this.ordering() >= anOrdering) {
            this.setOrdering(this.ordering() + 1);
        }
    }
    ...
}
```

하나뿐인 상태 변경 행동이 프로텍티드 메소드로 선언돼 감춰졌다. 따라서 클라이언트는 이 커맨드를 확인하거나 사용할 수 없다. 어떤 이유에서든 오직 Product만이 이를 볼 수 있고 커맨드를 실행할 수 있다. 클라이언트는 오직 Product의 퍼블릭 reorderFrom() 커맨드 메소드만을 사용하게 된다. 호출이 일어나면, Product는 자신의 모든 ProductBacklogItem 인스턴스에게 내부 수정의 수행을 위임한다.

Product 자신에 관한 지식을 제한하는 이 구현은 간단한 설계 원칙을 적용함으로써 테스트가 용이해지고 유지보수성이 높아진다.

'데메테르의 법칙'과 '묻지 말고 시켜라'라는 원칙 사이의 다른 점도 비교해봐야 한다. '데메테르의 법칙'은 확실히 좀 더 제한이 많으며, 루트 너머의 애그리게잇 파트 탐색을 전혀 허용하지 않는다. 한편 '묻지 말고 시켜라' 원칙은 루트 너머의 탐색은 허용하지만, 애그리게잇 상태의 수정은 클라이언트에 속한 것이 아니라 애그리게잇에게 속해 있다는 점을 강조한다. 그렇기 때문에 애그리게잇 구현에 있어서 '묻지 말고 시켜라' 원칙을 좀 더 폭넓게 적용할 수 있다.

낙관적 동시성

이어서 낙관적 동시성 version 특성을 어디에 위치시켜야 하는지 생각해봐야 한다. 애그리게잇의 정의를 생각해보면, 버전은 오직 루트 엔터티에서만 관리하는 편이 안전할 듯 보인다. 루트의 버전은 애그리게잇 경계의 안쪽 어디에서든 상태 변경 커맨드가 실행될 때마다 증가하게 된다. 살펴보고 있는 예제에선 Product가 version 특성을 갖게 되고, describeAs(), initiateDiscussion(), rename(), reorderFrom() 커맨드 메소드가 실행될 때마다 항상 version이 증가한다. 이는 다른 클라이언트가 Product 내부의 어느 위치에서든 특성이나 속성을 동시에 수정하는 상황을 막아준다. 애그리게잇 설계에 따라서 이를 관리하기 어려워지거나 어쩌면 아예 필요하지 않을 수도 있다.

하이버네이트를 사용하고 있다고 가정하면, Product의 name 또는 description이 수정되거나 productDiscussion이 첨부되면 version이 자동으로 증가한다. 이는 해당 구성 요소를 루트 엔터티가 직접 갖고 있기 때문이다. 그렇다면 backlogItems의 순서가 변경될 때 Product의 version이 증가됐는지 알 수 있는 방법은 무엇일까? 사실 알 수 있는 방법이 없을 수도 있고, 적어도 자동으로 알아차릴 방법은 없다. 하이버네이트는 ProductBacklogItem 파트 인스턴스의 수정을 Product 자체의 수정으로 생각하지 않는다. 이를 해결하기 위해선 단순히 Product 메소드를 reorderFrom()으로 바꿔서 일부 플래그를 더티[dirty]로 바꾸거나, 단순히 직접 고유의 version을 증가시키는 방법이 있다.

```
public class Product extends ConcurrencySafeEntity {
    ...
    public void reorderFrom(BacklogItemId anId, int anOrdering) {
        for (ProductBacklogItem pbi : this.backlogItems()) {
            pbi.reorderFrom(anId, anOrdering);
        }
        this.version(this.version() + 1);
    }
    ...
}
```

한 가지 문제는 이 코드는 리오더링 커맨드가 실제론 아무 영향이 없더라도 항상 Product를 더티로 만든다는 점이다. 게다가 이 코드에선 인프라의 관심사가 모델로 흘러 들어오게 되는데, 이는 피할 수 있다면 피해야 하는 올바르지 않은 도메인 모델링 방법이다. 다른 방법은 무엇이 있을까?

카우보이 논리

AJ: "내 생각에 결혼이라는 건 일종의 낙관적 동시성인 것 같아. 남자가 결혼할 땐 여자가 절대 변하지 않으리라고 낙관적으로 생각하지. 동시에 여자는 남자가 변할 거란 측면에서 낙관적이거든."

사실 Product와 그 ProductBacklogItem 인스턴스의 경우, backlogItems를 수정하더라도 루트의 버전을 수정할 필요가 없을 가능성이 있다. 모아둔 인스턴스는 그 자체가 엔터티이기 때문에, 자신만의 낙관적 동시성 version을 가지고 있다. 만약 두 클라이언트가 같은 ProductBacklogItem 인스턴스의 순서를 다시 매긴다면, 그 이후에 변경을 커밋하는 클라이언트가 실패하게 된다. 실제론 주로 제품 소유자만이 제품 백로그 항목의 순서를 바꾸기 때문에, 리오더링의 중첩이 거의 일어나지 않음을 알 수 있다.

모든 엔터티 파트를 버전 관리하는 방식이 항상 옳은 것은 아니다. 루트 버전의 변경이 고정자를 보호하는 유일한 방법이 될 때도 있다. 그리고 이는 루트의 속성에 대한 수정이 허용된다면 좀 더 쉽게 완료할 수 있다. 이 경우, 루트의 속성은 항상 더 깊이 위치한 파트의 수정에 따른 응답으로써 수정되는데, 이에 따라 하이버네이트는 루트의 version을 증가시키게 된다. 모든 Task 인스턴스의 남은 시간이 0으로 변경됐을 때 BacklogItem상의 상태 변경을 모델링하기 위해 설명했던 접근법을 상기해보자.

그러나 이 접근법을 모든 상황에서 사용할 수 있는 것은 아니다. 사용할 수 없는 상황이라면, 영속성 메커니즘이 제공하는 후크를 사용해 하이버네이트가 파트가 수정됐음을 알릴 때 수동으로 루트를 더티하는 방법을 선택하고 싶어질 수 있다. 하지만 이는 문제가 된다. 이는 주로 자식 파트와 부모 루트 사이의 양방향 연결을 유지할 때만 선택하는 방법이다. 양방향 연결은 하이버네이트가 특수화된 리스너에게 수명주기 이벤트를 보낼 때, 자식으로부터 루트로 되돌아가는 탐색을 가능케 해준다. 그러나 잊지 말아야 할 점은 [Evans]에선 일반적으로 대부분의 상황에서 양방향 연결을 권장하지 않고 있다는 점이다. 이는 그 목적이 난관적 동시성의 처리일 뿐인 상황에서 특히 권장되지 않으며, 이런 처리는 인프라적인 문제다.

인프라적 문제가 모델링 결정을 주도하는 상황은 바람직하지 않지만, 좀 더 고통이 적은 길을 선택하고 싶은 순간이 찾아올 수 있다. 루트를 수정하는 일이 아주 어렵고 많은 비용이 든다면, 애그리게잇을 단순한 특성과 값 타입 속성만을 담고 있는 루트 엔터티로 쪼개야 함을 알려주는 단서일 수 있다. 애그리게잇이 루트 엔터티로만 구성된다면 어떤 파트가 수정되든 루트가 항상 함께 수정된다.

끝으로 전체 애그리게잇이 하나의 값으로 저장되고 그 값 자체가 동시성 충돌을 막아줄 때는 문제가 되지 않는다는 점을 알고 있어야 한다. 이 접근법은 몽고DB, 리악Riak, 오라클의 코히어런스Coherence 분산 그리드, VM웨어VMware의 젬파이어Gemfire를 사용할 때 활용할 수 있다. 예를 들어 애그리게잇 루트가 응집성 `versionable` 인터페이스를 구현하고 그 리파지토리가 `VersionPut` 엔트리 처리기를 사용한다면, 루트는 동시성 충돌 탐지를 위해 사용되는 단일의 객체가 된다. 다른 키-값 저장소도 비슷한 편의를 제공한다.

의존성 주입을 피하라

일반적으로 리파지토리나 도메인 서비스의 애그리게잇으로의 의존성 주입은 나쁘다고 볼 수 있다. 이런 상황에서의 의존성 주입은 애그리게잇 내부에서 의존적 객체 인스턴스를 찾고 싶기 때문일 것이고, 그 객체가 다른 애그리게잇과 의존성을 갖고 있을 수 있다. '규칙: ID로 다른 애그리게잇을 참조하라' 절에서 언급했듯, 의존적 객체는 애그리게잇 커맨드 메소드가 호출되기 전에 찾아서 전달하는 편이 좋다. 단절된 도메인 모델Disconnected Domain model은 일반적으로 덜 선호되는 접근법이다.

게다가 트래픽이 많고 크기가 크며 높은 성능을 발휘해야 하는 도메인에서 메모리 크기와 가비지 컬렉션 사이클의 부담을 느끼고 있다면, 리파지토리와 도메인 서비스 인스턴스를 애그리게잇으로 주입하는 데 따른 잠재적 오버헤드를 생각해보자. 얼마나 많은 추가적인 객체 참조의 요청이 이뤄질까? 일부는 운영 환경에 부담을 주기엔 충분하지 않다고 주장할 수도 있지만, 아마 그 도메인은 이런 유형이 아닐 것이다. 애그리게잇 커맨드 메소드를 호출하기 전에 의존성을 찾아주는 방법과 같이 다른 설계 원칙을 사용해 쉽게 피할 수 있는 불필요한 오버헤드를 굳이 추가하지 않도록 많은 주의를 기울이자.

이런 이야기는 리파지토리와 도메인 서비스를 애그리게잇 인스턴스로 주입하는 방식을 경고하기 위함임을 잊지 말자. 물론 의존성 주입은 많은 다른 설계 상황에 꽤 적합하다. 예를 들면 의존성 주입은 리파지토리와 도메인 서비스의 참조를 애플리케이션 서비스로 주입할 때 유용하게 활용할 수 있다.

마무리

애그리게잇을 설계할 때 경험에서 비롯된 애그리게잇의 규칙을 따르는 일이 얼마나 중요한지 살펴봤다.

- 큰 클러스터의 애그리게잇을 설계할 때 따르는 부정적인 결과를 경험했다.
- 일관성 경계 내에서 진정한 고정자를 모델링하는 방법을 배웠다.
- 작은 애그리게잇으로 설계하는 장점을 생각해봤다.
- 이제 ID로 다른 애그리게잇을 참조하는 방식을 왜 선호해야 하는지 알게 됐다.
- 애그리게잇 경계 외부에서 결과적 일관성을 사용해야 할 중요성을 탐색했다.
- '묻지 말고 시켜라'와 '데메테르의 법칙' 같은 원칙을 포함한 다양한 구현 기법을 살펴봤다.

위의 규칙들만 따른다면 신중하게 만들어진 모델에 비즈니스 모델의 유비쿼터스 언어를 담아내는 가운데, 필요한 곳에서 일관성을 유지할 수 있고 최적의 성능과 높은 확장성을 갖는 시스템을 지원할 수 있다.

11장

팩토리

난 공장 안에선 추한 모습을 참을 수가 없어! 그럼 안으로 들어가볼까!
하지만 친애하는 어린이 여러분, 조심하세요!
냉정함을 잃지마! 너무 흥분하지마!
아주 침착해야 해!
– 윌리 웡카

팩토리는 아마도 DDD에서 사용되는 패턴 중에서 좀 더 잘 알려진 편에 속하는 패턴이다. 추상 팩토리와 팩토리 메소드와 빌더는 『디자인 패턴』[Gamma 등]을 통해 널리 알려지게 됐다. 『디자인 패턴』 책이나 [Evans]의 조언을 뒤엎으려는 의도는 전혀 없다. 여기선 도메인 모델 안에서 어떻게 팩토리를 사용할지 예제를 보여주는 데 초점을 맞춘다.

11장의 로드맵

- 팩토리의 사용이 유비쿼터스 언어(1)에 부합하는 표현력이 좋은 모델을 생성하게 해주는 이유를 학습하자.
- 사스오베이션 팀이 팩토리 메소드를 애그리게잇(10)의 행동으로 사용하는 방법을 살펴보자.
- 다른 타입의 애그리게잇 인스턴스를 생성하기 위해 팩토리 메소드를 어떻게 사용할지 생각해보자.
- 다른 바운디드 컨텍스트와 상호작용하고 외래 객체를 로컬 타입으로 변환하는 팩토리로서 도메인 서비스를 설계하는 방법을 배우자.

도메인 모델 내의 팩토리

팩토리를 사용하는 주된 동기를 생각해보라.

> 복잡한 객체와 애그리게잇 인스턴스를 생성하는 책임을 별도의 객체로 이동시키자. 여기서의 책임은 도메인 모델과 관련이 있진 않지만, 여전히 도메인 설계를 구성하는 한 요소다. 모든 복잡한 조립 과정을 캡슐화하고, 클라이언트가 인스턴스화된 객체의 구체적 클래스를 참조할 필요가 없도록 인터페이스를 제공하자. 전체 애그리게잇을 하나의 조각으로 생성하고, 고정자를 지정하자. [Evans, 138쪽]

팩토리는 도메인 모델 내에서 객체 생성 외의 추가적인 책임을 가질 수도 있고 그렇지 않을 수도 있다. 특정한 애그리게잇 타입만을 인스턴스화하기 위한 객체에겐 그 외의 책임은 부여되지 않으며, 모델의 가장 중요한 구성 요소 중 하나로 취급되지도 않는다. 이는 단지 팩토리일 뿐이다. 다른 애그리게잇 타입(또는 내부 파트)의 인스턴스를 생성하기 위해 팩토리 메소드를 제공하는 애그리게잇 루트는 주요 애그리게잇 행동을 제공할 책임을 갖게 되며, 팩토리 메소드는 단지 그중 하나일 뿐이다.

나의 예제에는 후자가 좀 더 자주 등장하는 경향이 있다. 내가 보여주는 애그리게잇은 대부분 생성 과정이 복잡하지 않다. 그러나 애그리게잇 생성 과정 중의 일부 세부사항은 잘못된 상태를 갖지 않도록 보호돼야 한다. 멀티테넌시 환경에서 필요한 요소에 관해 생각해보자. 잘못된 테넌트에서 애그리게잇 인스턴스가 생성돼 잘못된 `TenantId`가 부여된다면 치명적인 결과를 초래할 수 있다. 각 테넌트의 모든 데이터를 다른 테넌트로부터 분리해 안전하게 지켜야 할 높은 수준의 책임이 있다. 신중하게 설계[design]된 팩토리 메소드를 애그리게잇 루트에 배치해 테넌시와 다른 연결된 식별자가 올바로 생성됨을 보장할 수 있다. 이를 통해 클라이언트가 단순해지며, 생성의 세부사항을 숨겨서 값 객체(6)와 같은 기본 매개변수만 전달하면 충분해진다.

게다가 애그리게잇의 팩토리 메소드는 생성자만으로는 불가능한 방식으로 유비쿼터스 언어를 표현할 수 있도록 해준다. 행동에 관한 메소드의 이름이 유비쿼터스 언어를 잘 나타낸다면, 이는 팩토리 메소드를 사용할 또 하나의 분명한 사례가 된다.

카우보이 논리

LB: "소화전 공장에서 일한 적이 있었거든. 공장 주변에는 어디에도 차를 댈 수가 없었어."

경우에 따라선 예제 바운디드 컨텍스트에 복잡한 생성 과정이 필요할 때도 있다. 바운디드 컨텍스트 통합하기(13)에서 바로 이런 상황이 발생한다. 이런 경우 서비스(7)는 애그리게잇이나 다양한 타입의 값 객체를 생성하는 팩토리로서 기능한다.

추상 팩토리를 통해 큰 이익을 얻을 수 있는 한 경우로 클래스 계층구조에서 다른 타입의 객체를 생성하는 상황을 생각해볼 수 있으며, 이는 고전적인 사용법이다. 클라이언트는 팩토리가 생성할 구체적 타입을 결정할 수 있도록 일부 기본 매개변수만 전달하면 된다. 나의 예제에는 도메인 특정 클래스 계층구조가 없어서 이 사용법을 여기서 보여주진 않겠다. 미래에 여러분의 도메인 모델링 중에 클래스 계층구조가 나타난다면, 리파지토리(12)에 나오는 관련된 논의를 살펴보자. 여러분이 눈을 크게 뜨고 이런 노력을 기울일 수 있도록 도와줄 것이다. 여러분의 설계에 클래스 계층구조를 사용하기로 결정했다면, 이로 인해 일어날 수 있는 고통에 대비하라.

애그리게잇 루트상의 팩토리 메소드

세 가지 샘플의 바운디드 컨텍스트를 아울러 보면 애그리게잇 루트 엔터티상의 여러 팩토리를 만나게 되는데, 이를 표 11.1에 요약했다.

나는 애그리게잇(10)의 맥락에서 `Product` 팩토리에 관해 논의를 진행한다. 예를 들면, 그 메소드 `planBakclogItem()`은 새 `BacklogItem`을 생성하는데, 이는 그 이후에 클라이언트로 반환되는 애그리게잇이다.

팩토리 메소드의 설계를 보여주기 위해, 협업 컨텍스트의 세 가지 팩토리 메소드를 살펴보자.

표 11.1 애그리게잇에서 찾을 수 있는 팩토리 메소드

바운디드 컨텍스트	애그리게잇	팩토리 메소드
식별자와 액세스 컨텍스트	Tanant	offerRegistrationInvitation()
		provisionGroup()
		provisionRole()
		registerUser()
협업 컨텍스트	Calendar	scheduleCalendarEntry()
	Forum	startDiscussion()
	Discussion	post()
애자일 PM 컨텍스트	Product	planBacklogItem()
		scheduleRelease()
		scheduleSptint()

CalendarEntry 인스턴스 생성하기

설계를 살펴보자. 여기서 알아볼 팩토리는 Calendar에 등장하며, 이는 CalendarEntry 인스턴스를 생성하는 데 사용된다. 콜랍오베이션 팀과 함께 구현 과정을 살펴보자.

다음은 Calendar 팩토리 메소드가 어떻게 사용돼야 하는지를 보여주기 위해 개발된 테스트다.

```
public class CalendarTest extends DomainTest {
    private CalendarEntry calendarEntry;
    private CalendarEntryId calendarEntryId;
    ...
    public void testCreateCalendarEntry() throws Exception {

        Calendar calendar = this.calendarFixture();
```

```
        DomainRegistry.calendarRepository().add(calendar);

        DomainEventPublisher
            .instance()
            .subscribe(
                new DomainEventSubscriber<CalendarEntryScheduled>() {
                public void handleEvent(
                        CalendarEntryScheduled aDomainEvent) {
                    calendarEntryId = aDomainEvent.calendarEntryId();
                }
                public Class<CalendarEntryScheduled>
                        subscribedToEventType() {
                    return CalendarEntryScheduled.class;
                }
            });

        calendarEntry =
            calendar.scheduleCalendarEntry(
                    DomainRegistry
                        .calendarEntryRepository()
                        .nextIdentity(),
                    new Owner(
                        "jdoe",
                        "John Doe",
                        "jdoe@lastnamedoe.org"),
                    "Sprint Planning",
                    "Plan sprint for first half of April 2012.",
                    this.tomorrowOneHourTimeSpanFixture(),
                    this.oneHourBeforeAlarmFixture(),
                    this.weeklyRepetitionFixture(),
                    "Team Room",
                    new TreeSet<Invitee>(0));

        DomainRegistry.calendarEntryRepository().add(calendarEntry);

        assertNotNull(calendarEntryId);
        assertNotNull(calendarEntry);
        ...
    }
}
```

아홉 개의 매개변수가 schedulecalendarEntry()로 전달된다. 그러나 다음에서 살펴볼 내용처럼, CalendarEntry의 생성자는 총 11개의 매개변수를 필요로 한다. 우리는 잠시 후 이에 대한 이점을 고려해볼 것이다. 새로운 CalendarEntry가 성공적으로 생성된 후, 클라이언트는 이를 리파지토리에 추가해야 한다. 이 과정에 실패한다면 새로운 인스턴스를 릴리스해 가비지 컬렉터가 가져가도록 할 것이다.

첫 번째 어설션에선 이벤트와 함께 발행된 CalendarEntryId가 null이 아니어야 함을 나타내며, 이는 이벤트가 성공적으로 발행됐음을 의미한다. Calendar의 직접적인 클라이언트가 실제로 이벤트를 구독한다는 의미는 아니지만, 테스트는 이벤트 CalendarEntryScheduled가 실제로 발행됐음을 보여준다.

새로운 CalendarEntry 인스턴스 역시 null이 아니어야 한다. 어설션을 더 추가할 수도 있지만, 방금 설명한 두 어설션은 팩토리 메소드 설계와 클라이언트가 이를 사용하는 내용을 문서화한다는 측면에서 가장 중요하다.

이제는 팩토리 메소드의 구현을 살펴보자.

```
package com.saasovation.collaboration.domain.model.calendar;

public class Calendar extends Entity {
   ...
   public CalendarEntry scheduleCalendarEntry(
            CalendarEntryId aCalendarEntryId,
            Owner anOwner,
            String aSubject,
            String aDescription,
            TimeSpan aTimeSpan,
            Alarm anAlarm,
            Repetition aRepetition,
            String aLocation,
            Set<Invitee> anInvitees) {

        CalendarEntry calendarEntry =
            new CalendarEntry(
                    this.tenant(),
                    this.calendarId(),
                    aCalendarEntryId,
                    anOwner,
```

```
                aSubject,
                aDescription,
                aTimeSpan,
                anAlarm,
                aRepetition,
                aLocation,
                anInvitees);

        DomainEventPublisher
            .instance()
            .publish(new CalendarEntryScheduled(...));

        return calendarEntry;
    }
    ...
}
```

Calendar는 CalendarEntry라는 이름의 새로운 애그리게잇을 인스턴스화한다. 이 새 인스턴스는 이벤트 CalendarEntrySchedule이 발행된 후에 클라이언트로 반환된다(발행된 이벤트의 세부사항은 이 논의에서 중요하지 않다). 여러분은 아마도 이 메소드의 상단에 가드가 누락됐음을 발견했을 것이다. 각 값 매개변수의 생성자와 CalendarEntry의 생성자뿐만 아니라, 생성자가 위임하는 세터 메소드에서 필요한 가드를 모두 제공하기 때문에 팩토리 메소드 자체를 가드할 필요가 없다(자가 위임과 가드에 관한 세부사항은 엔터티(5)를 살펴보자). 특별히 좀 더 신중을 기하고 싶다면, 이곳에 가드를 추가해도 괜찮다.

이 팀은 유비쿼터스 언어에 부합하는 메소드 이름을 설계했다. 도메인 전문가들은 다른 팀원들과 함께 다음의 시나리오를 논의했다.

캘린더가 캘린더 엔트리를 스케줄한다.

우리의 설계가 오직 CalendarEntry상의 퍼블릭 생성자만을 지원하면 모델의 표현력을 축소시키게 되며, 우리는 도메인 언어의 해당 부분을 명시적으로 설계할 수 없을 것이다. 이 설계를 사용하면 애그리게잇 생성자 전체가 클라이언트에게 감춰져야 한다. 생성자를 프로텍티드 영역으로 선언하는데, 이를 통해 클라이언트가 Calendar의 scheduleCalendarEntry() 팩토리 메소드를 사용하도록 강제한다.

```
public class CalendarEntry extends Entity {
    ...
    protected CalendarEntry(
        Tenant aTenant, CalendarId aCalendarId,
        CalendarEntryId aCalendarEntryId, Owner anOwner,
        String aSubject, String aDescription, TimeSpan aTimeSpan,
        Alarm anAlarm, Repetition aRepetition, String aLocation,
        Set<Invitee> anInvitees) {
        ...
    }
    ...
}
```

신중한 생성 과정을 통해 클라이언트가 짊어져야 하는 부담을 줄이고 모델의 표현력을 얻을 수 있다는 장점을 얻게 되지만, 반면에 Calendar 팩토리 메소드 때문에 성능 측면에서의 부담이 가중된다는 단점도 있다. 모든 애그리게잇 팩토리 메소드가 그렇듯, CalendarEntry를 생성하기 위해선 그에 앞서 영속성 저장소로부터 Calendar를 가져와야 한다. 이 추가적인 과정이 그럴 만한 가치가 있을지는 모르지만 이 바운디드 컨텍스트의 트래픽이 증가함에 따라 팀은 신중하게 그 무게를 비교해봐야 한다.

클라이언트가 CalendarEntry 생성자의 두 매개변수를 전달해주지 않는다는 점은 클라이언트 팩토리를 사용할 때의 이점과 밀접한 관련이 있다. 필수적인 생성자 매개변수가 11개인데, 이 설계에선 클라이언트가 아홉 개만 전달하면 되므로 부담이 줄어든다. 필요한 아홉 개의 매개변수 중 대부분은 클라이언트에 의해 꽤 쉽게 생성된다(Invitee 인스턴스의 Set이 좀 더 관여해야 한다는 점은 인정하지만, 이는 팩토리 메소드 때문에 발생하는 문제는 아니다. 팀은 Set을 좀 더 편리하게 제공하도록 기능을 설계한다는 측면에서 생각해야 하는데, 그 결과로 전용 팩토리를 생성하는 방향을 선택할 수도 있다).

여전히 Tenant와 연결된 CalendarId는 엄격히 팩토리 메소드에 의해서만 제공된다. 여기선 CalendarEntry 인스턴스가 올바른 Tanant를 대상으로 올바른 Calender와 연결돼 생성됨을 보장한다.

이제 협업 컨텍스트에서 또 다른 예제를 고민해보자.

Discussion 인스턴스 생성하기

Forum의 팩토리 메소드를 살펴보자. 이는 Calendar의 메소드와 같은 목적을 바탕으로 매우 유사하게 구현됐기 때문에, 이에 대해 너무 상세히 다룰 필요는 없다. 하지만 여기선 이 팀이 보여주듯 팩토리 메소드를 사용함에 따라 추가적인 이익을 얻을 수 있다.

언어에 특화된 Forum의 startDiscussion() 팩토리 메소드를 고려해보자.

```
package com.saasovation.collaboration.domain.model.forum;

public class Forum extends Entity {
    ...
    public Discussion startDiscussion(
            DiscussionId aDiscussionId,
            Author anAuthor,
            String aSubject) {
        if (this.isClosed()) {
            throw new IllegalStateException("Forum is closed.");
        }

        Discussion discussion = new Discussion(
                this.tenant(),
                this.forumId(),
                aDiscussionId,
                anAuthor,
                aSubject);

        DomainEventPublisher
            .instance()
            .publish(new DiscussionStarted(...));
```

```
        return discussion;
    }
    ...
}
```

이 팩토리 메소드는 Discussion을 생성할 뿐만 아니라, Forum이 닫혀 있는 상황일 때 생성을 막아준다. Forum은 Tenant와 연결된 ForumId를 제공한다. 그러므로 새 Discussion을 인스턴스화하는 데 필요한 다섯 개의 매개변수 중 오직 세 가지만이 클라이언트로부터 제공돼야 한다.

이 팩토리 메소드는 협업 컨텍스트의 유비쿼터스 언어를 표현하고 있기도 하다. 팀은 Forum의 startDiscussion()을 사용해 도메인 전문가가 그래야만 한다고 이야기한 사항만을 설계해 넣었다.

저자가 포럼상에서 토론을 시작한다.

이를 통해 클라이언트를 다음처럼 단순하게 만들 수 있다.

```
Discussion discussion = agilePmForum.startDiscussion(
    this.discussionRepository.nextIdentity(),
    new Author("jdoe", "John Doe", "jdoe@saasovation.com"),
    "Dealing with Aggregate Concurrency Issues");
assertNotNull(discussion);
...
this.discussionRepository.add(discussion);
```

아주 단순한데, 도메인을 모델링할 때면 언제나 이를 목표로 해야 한다.

이 팩토리 메소드 패턴은 필요한 만큼 반복될 수 있다. 이 정도면 어떻게 해야 애그리게잇상의 팩토리 메소드가 컨텍스트 내의 언어를 표현하는 데 효과적으로 사용될 수 있는지, 새 애그리게잇 인스턴스를 생성할 때 클라이언트의 짐을 줄여줄 수 있는지, 올바른 상태로 인스턴스화할 수 있는지 충분히 보여줬다고 생각한다.

서비스의 팩토리

내가 서비스를 팩토리로서 사용하는 방법은 바운디드 컨텍스트 통합하기(13)와 많은 관련이 있기 때문에, 이에 관한 상당 부분은 13장에서 다룬다. 11장의 초점은 부패 방지 계층(3)과 발행된 언어(3)와 오픈 호스트 서비스(3)를 활용한 통합에 있다. 여기선 팩토리 자체의 모습과 서비스를 팩토리로 설계하는 방법을 강조하려고 한다.

팀은 협업 컨텍스트의 또 다른 예제를 제공한다. 이는 CollaborationService 형태의 팩토리로, 테넌트와 사용자 식별자로부터 Collaborator 인스턴스를 생성한다.

```
package com.saasovation.collaboration.domain.
model.collaborator;

import com.saasovation.collaboration.domain.model.tenant.Tenant;

public interface CollaboratorService {

    public Author authorFrom(Tenant aTenant, String anIdentity);

    public Creator creatorFrom(Tenant aTenant, String anIdentity);

    public Moderator moderatorFrom(Tenant aTenant, String
anIdentity);

    public Owner ownerFrom(Tenant aTenant, String anIdentity);

    public Participant participantFrom(
            Tenant aTenant,
            String anIdentity);
}
```

이 서비스는 식별자와 액세스 컨텍스트로부터 협업 컨텍스트로의 객체 변환을 제공한다. 바운디드 컨텍스트(2)에서 살펴봤듯, 콜랍오베이션 팀은 협업에 관해 논의할 때 사용자에 관해서는 말하지 않는다. 이 팀은 협업적인 미디어 도메인이 저자, 생성자, 중재자, 소유자, 참석자와 같은 사람으로 구성된다는 점에 더 의미를 둔다. 이를 달성하기 위해, 팀은 서비스 뒤쪽에 있는 식별자 및 액세스 컨텍스트와 상호작용하고, 해당 모델의 사용자 객체와 역할 객체를 자신들의 모델에 있는 컨텍스트에 맞춰 협업자 객체로 변환해야 한다.

추상 기반의 Collaborator로부터 파생된 새 객체를 서비스가 생성하기 때문에, 실제론 서비스가 팩토리로서 기능한다. 인터페이스 메소드 구현을 살펴보면 이에 관한 세부사항을 확인할 수 있다.

```
package com.saasovation.collaboration.infrastructure.services;

public class UserRoleToCollaboratorService
        implements CollaboratorService {

    public UserRoleToCollaboratorService() {
        super();
    }

    @Override
    public Author authorFrom(Tenant aTenant, String anIdentity) {
        return
            (Author)
                UserInRoleAdapter
                    .newInstance()
                    .toCollaborator(
                            aTenant,
                            anIdentity,
                            "Author",
                            Author.class);
    }
    ...
}
```

이는 기술적 구현이기 때문에 클래스는 인프라 계층의 모듈(9)에 위치한다.

이 구현은 Tenant와 식별자(사용자의 사용자 이름)를 Author 클래스의 인스턴스로 바꾸기 위해 UserInRoleAdaptor를 활용한다. 이 어댑터[Gamma 등]는 식별자와 액세스 컨텍스트의 오픈 호스트 서비스와 상호작용하며 주어진 사용자에게 저자라는 이름의 역할이 있는지 확인한다. 만약 그렇다면, 어댑터는 CollaboratorTranslator 클래스를 사용해 발행된 언어의 통합 응답을 로컬 모델의 Author 클래스 인스턴스로 변환한다. Author뿐만 아니라 다른 Collaborator의 서브클래스도 역시 단순한 값 객체다.

```
package com.saasovation.collaboration.domain.model.collaborator;

public class Author extends Collaborator {
    ...
}
```

서브클래스에선 Collaborator로부터 equals(), hashCode(), toString()과 같이 생성자 외에도 다른 모든 상태와 행동을 전달받는다.

```
package com.saasovation.collaboration.domain.model.collaborator;

public abstract class Collaborator implements Serializable {
    private String emailAddress;
    private String identity;
    private String name;

    public Collaborator(
            String anIdentity,
            String aName,
            String anEmailAddress) {
        super();
        this.setEmailAddress(anEmailAddress);
        this.setIdentity(anIdentity);
        this.setName(aName);
    }
    ...
}
```

협업 컨텍스트에선 username을 Collaborator의 identity 특성으로 사용한다. emailAddress와 name은 단순한 String 인스턴스다. 이 모델에서 팀은 각 개념을 가능한 단순하게 유지하는 편을 선택했다. 예를 들면, 사용자 이름은 성과 이름을 합친 전체 이름의 텍스트로 관리된다. 우리는 서비스 기반의 팩토리를 이용해 수명주기와 개념적 용어를 두 개의 바운디드 컨텍스트로부터 분리했다.

UserInRoleAdapter와 CollaboratorTranslator에선 복잡성의 척도가 있다. 결론적으로 UserInRoleAdpater는 외래 컨텍스트와의 의사소통만을 책임진다. CollaboratorTranslator는 그 결과를 활용해 생성에 이르는 책임만을 갖는다. 세부사항은 바운디드 컨텍스트 통합하기(13)를 살펴보자.

마무리

우리는 DDD에서 팩토리를 사용하는 이유와 팩토리가 모델에 잘 녹아드는 일반적인 상황을 살펴봤다.

- 이제 여러분은 팩토리의 사용이 컨텍스트의 유비쿼터스 언어와 밀접하게 부합하는 표현적 모델의 생성으로 이어지는 이유를 이해하게 됐다.
- 애그리게잇의 행동으로서 구현된 두 가지 팩토리 메소드를 살펴봤다.
- 이는 민감한 데이터의 올바른 생성과 사용을 확실히 함과 동시에, 팩토리 메소드를 사용해 다른 타입의 애그리게잇 인스턴스를 생성하는 방법을 이해하는 데 도움이 됐다.
- 다른 바운디드 컨텍스트와 상호작용하며 외래 객체를 로컬 타입으로 변환해줘야 하는 상황에서, 팩토리로서 도메인 서비스를 설계하는 방법도 학습했다.

이어서, 구현 과정에서 함께 고려해야 할 이 밖의 선택지와 함께, 두 가지 주요 영속성 스타일에 따라 리파지토리를 설계하는 방법을 살펴보자.

12장

리파지토리

너의 눈동자 색이 내 창고 색 같아.
– 시골의 한 술집에서 우연히 들음

리파지토리는 보통 저장소의 위치를 말하는데, 주로 그 안에 저장된 항목의 안전이나 보존을 위한 장소로 여겨진다. 무언가를 저장소에 저장하고 나중에 회수하기 위해 돌아왔을 때, 여러분은 그것이 저장할 때와 같은 상태로 있길 기대하게 된다. 여러분은 원하는 시점에 저장된 항목을 리파지토리에서 삭제할 수도 있다.

이런 기본적인 원리들은 DDD 리파지토리에도 적용된다. 애그리게잇(10) 인스턴스를 해당하는 저장소에 저장한 후 나중에 리파지토리를 통해 같은 인스턴스를 가져오게 되면 전체 객체가 기대처럼 다시 만들어진다. 만약 여러분이 리파지토리에서 가져온 기존의 애그리게잇 인스턴스를 변경하면, 그 변화는 영속성을 갖게 된다. 리파지토리로부터 인스턴스를 삭제하면, 그 시점 이후로는 이를 가져올 수 없다.

> 전역(global) 액세스가 필요한 각 객체의 타입마다, 해당 타입의 모든 객체가 담긴 인메모리 컬렉션이란 허상을 제공하는 객체를 생성하자. 잘 알려진 전역 인터페이스를 통한 액세스를 설정하자. 객체를 추가하거나 제거하는 메소드를 제공하자... 일정 조건에 부합되는 특성을 갖는 객체를 선택해 완전히 인스턴스화된 객체나 여러 객체의 컬렉션으로 반환하는 메소드를 제공하자...애그리게잇에 대해서만 리파지토리를 제공하자...[Evans, 151쪽]

이런 컬렉션을 닮은 객체는 모두 영속성과 관련이 있다. 모든 영속성 애그리게잇 타입은 리파지토리를 갖게 된다. 일반적으로 애그리게잇 타입과 리파지토리 사이에는 일대일의 관계가 성립한다. 그러나 때로 두 개 이상의 애그리게잇 타입이 객체 계층구조를 공유할 경우에는 그 타입들이 하나의 리파지토리를 공유할 수도 있다. 12장에선 이 두 접근법을 논의한다.

12장의 로드맵

- 두 가지 종류의 리파지토리가 무엇인지, 어떤 경우에 어떤 유형을 사용해야 하는지 배우자.
- 하이버네이트, 탑링크, 코히어런스, 몽고DB를 위한 리파지토리를 어떻게 구현하는지 살펴보자.
- 왜 리파지토리의 인터페이스상에 추가적인 행동이 필요할 수 있는지 이해하자. 리파지토리를 사용할 때 트랜잭션이 어떻게 작용하는지 생각해보자.
- 타입 계층구조를 위한 리파지토리를 설계할 때의 어려움에 익숙해지자.
- 리파지토리와 데이터 액세스 객체[Crupi 등] 사이의 근본적인 차이점을 살펴보자.
- 리파지토리를 테스트하는 몇 가지 방법과 테스트에서 리파지토리를 사용하는 방법을 고려해보자.

정확히 말하자면, 애그리게잇만이 리파지토리를 갖게 된다. 여러분이 주어진 바운디드 컨텍스트(2)에서 애그리게잇을 사용하지 않는다면, 리파지토리 패턴의 유용함은 줄어들 수 있다. 현재 애그리게잇의 트랜잭션 경계를 만들지 않고 애드혹 방식으로 엔터티(5)를 가져와서 사용하고 있다면, 리파지토리의 사용을 꺼려 하는 경향을 보일 수도 있다. 하지만 DDD를 부분적으로만 고려하면서 기술적인 측면에서 일부 패턴만을 도입한 이들도 데이터 액세스 객체보다 리파지토리를 선호할 수도 있다. 여전히 다른 사람들은 영속성 메커니즘의 세션^Session^이나 작업의 단위^Unit of Work^[P of EAA]의 직접적인 사용이 더 합리적이라고 생각할 수 있다. 하지만 이런 상황이 여러분이 반드시 애그리게잇의 사용을 피해야 한다는 증거는 아니다. 오히려 사실은 그 반대다. 물론 어떤 부분을 사용할지는 선택 가능하다.

내 기준에 따르면 컬렉션 지향^collection-oriented^ 설계와 영속성 지향^persistence-oriented^ 설계란 두 가지 방식의 리파지토리 설계가 있다. 컬렉션 지향의 설계가 잘 맞는 상황이 있고, 영속성 지향 설계를 사용하는 방향이 최선인 상황이 있다. 우선 컬렉션 지향의 리파지토리를 생성해야 하는 때와 방법을 논의하고, 이어서 영속성 지향 설계를 어떻게 처리하는지 다루겠다.

컬렉션 지향 리파지토리

컬렉션 지향 설계는 전통적인 접근법으로 볼 수 있는데, 이는 본래 DDD 패턴에 나타난 기본적인 개념에 충실하기 때문이다. 이는 컬렉션을 아주 비슷하게 흉내 내며, 표준 인터페이스 중 적어도 일부를 모사하고 있다. 이 설계design에서는 하위의 영속성 메커니즘을 전혀 눈치채지 못하도록 리파지토리 인터페이스를 설계해서, 데이터를 저장소에 저장하거나 영속한다는 생각을 전혀 할 수 없다.

이 설계 접근법은 하위 영속성 메커니즘의 기능 중 일부를 특정해 반드시 구현해야 하기 때문에, 여러분에게는 맞지 않을 수 있다. 여러분의 영속성 메커니즘이 컬렉션의 시각을 갖고 설계하는 데 방해를 받거나 어려움을 겪는다면, 이어지는 절을 살펴보자. 어떤 조건에서 컬렉션 지향의 설계가 최선일지에 관한 내 생각을 담았다. 그리고 이를 위해선 근본적 배경 중 일부를 어느 정도 확립해둘 필요가 있다.

어떻게 표준 컬렉션이 동작하는지 생각해보자. 자바나 C#이나 다른 대부분의 객체지향 언어에서, 객체는 컬렉션에 추가되며 삭제될 때까지 그 컬렉션에 남아있게 된다. 컬렉션에게 특정 객체로의 참조를 요청해 가져온 후에 해당 객체 자체의 상태를 수정하는 요청을 그 객체로 보내기만 하면, 컬렉션이 직접 객체에서 일어나는 변화를 인식하기 위한 추가적인 절차를 수행할 필요가 없다. 여전히 컬렉션은 이전과 같은 객체를 갖고 있는 가운데, 수정 전에 포함됐던 객체의 상태는 그 시점에 비해 변경되게 된다.

일부 예제를 통해 좀 더 자세히 살펴보자. `java.util.Collection`을 예로 사용하는 표준 인터페이스의 일부다.

```
package java.util;

public interface Collection ... {
    public boolean add(Object o);
    public boolean addAll(Collection c);
    public boolean remove(Object o);
    public boolean removeAll(Collection c);
    ...
}
```

객체를 컬렉션에 추가하길 원할 땐 add()를 사용한다. 객체를 삭제하고 싶다면 해당 객체의 참조를 remove()로 보낸다. 다음 테스트는 Calendar 인스턴스를 담을 수 있도록 새롭게 인스턴스화된 컬렉션을 전제하고 있다.

```
assertTrue(calendarCollection.add(calendar));

assertEquals(1, calendarCollection.size());

assertTrue(calendarCollection.remove(calendar));

assertEquals(0, calendarCollection.size());
```

아주 간단하다. 컬렉션 중 하나인 java.util.Set과 이를 구현하는 java.util.HashSet이 리파지토리가 흉내 낼 컬렉션 유형을 제공한다. Set에 추가되는 모든 객체는 고유해야 한다. 이미 Set에 담겨 있는 객체를 추가하려 한다면, 이미 포함돼 있기 때문에 추가되지 않을 것이다. 그러므로 객체에 변경을 요청한 이후에 해당 변경을 저장하기 위해 같은 객체를 두 번 추가할 필요가 절대 없다. 다음의 테스트 어설션은 한 번 이상 같은 객체를 추가하는 것이 긍정적으로나 부정적으로 아무런 영향도 없음을 증명한다.

```
Set<Calendar> calendarSet = new HashSet<Calendar>();

assertTrue(calendarSet.add(calendar));

assertEquals(1, calendarSet.size());

assertFalse(calendarSet.add(calendar));

assertEquals(1, calendarSet.size());
```

같은 Calendar 인스턴스를 두 번 추가했음에도 불구하고 이 모든 어설션이 성공하는 이유는 객체를 추가하려는 두 번째 시도가 Set의 상태를 바꾸지 않기 때문이다. 컬렉션 지향을 사용하도록 설계된 리파지토리도 똑같이 적용된다. 우리가 애그리게잇 인스턴스 calendar를 컬렉션 지향으로 설계된 CalendarRepository에 추가한다면, 두 번째 calendar의 추가는 조용히 무시된다. 각 애그리게잇은 루트 엔터티(5, 10)와 연결된 전역 고유 식별자를 갖는다. 이 고유 식별자는 Set과 같은 리파지토리가 동일한 애그리게잇 인스턴스를 두 번 이상 추가하지 못하도록 막아준다.

리파지토리가 흉내 내야 하는 Set과 같은 컬렉션의 종류를 이해하는 점이 중요하다. 특정 영속성 메커니즘을 지원하는 구현이 무엇이든, 같은 객체의 인스턴스가 두 번 추가되도록 허용해선 안 된다.

또 한 가지 중요하게 기억해야 할 점은 이미 리파지토리에 들어가 있는 수정된 객체를 '재저장'할 필요가 없다는 점이다. 컬렉션에 포함된 객체의 수정에 관해 다시 한 번 생각해보자. 이는 사실 아주 단순하다. 그저 컬렉션에서 수정하고자 하는 객체의 참조를 가져오기 해서, 커맨드 메소드를 호출함으로써 객체로 하여금 상태 변경 행동을 실행하도록 요청하면 된다.

컬렉션 지향 리파지토리에서 기억해야 할 점

리파지토리는 Set 컬렉션을 흉내 내야 한다. 특정 영속성 메커니즘을 지탱하는 구현이 무엇이든, 같은 객체의 인스턴스는 두 번 추가되도록 허용해선 안 된다. 또한 리파지토리로부터 객체를 가져오게 하고 수정할 때 이를 리파지토리에 '재저장'할 필요가 없다.

이를 분명히 보여주기 위해, 우리가 표준 java.util.HashSet을 확장하고(서브클래스) 고유 식별자로 특정 객체를 찾도록 해주는 새로운 타입상의 메소드를 생성한다고 해보자. 우리는 확장 클래스에 이를 리파지토리로 인식할 수 있는 이름을 붙이겠지만, 이는 단순히 인메모리 HashSet이다.

```
public class CalendarRepository extends HashSet {
    private Set<CalendarId, Calendar> calendars;

    public CalendarRepository() {
        this.calendars = new HashSet<CalendarId, Calendar>();
    }

    public void add(Calendar aCalendar) {
        this.calendars.add(aCalendar.calendarId(), aCalendar);
    }

    public Calendar findCalendar(CalendarId aCalendarId) {
```

```
        return this.calendars.get(aCalendarId);
    }
}
```

일반적으론 전형적인 리파지토리를 생성하기 위해 HashSet의 서브클래스를 만들지 않는다. 여기선 단지 예를 들기 위해 그렇게 했을 뿐이다. 다시 예제로 돌아가 보자. 우리는 이제 Calendar 인스턴스를 특정 Set에 추가할 수 있고, 그 이후에 해당 인스턴스가 스스로 수정되도록 요청하기 위해 그 인스턴스를 찾아올 수 있다.

```
CalendarId calendarId = new CalendarId(...);
Calendar calendar =
    new Calendar(calendarId, "Project Calendar", ...);
CalendarRepository calendarRepository = new CalendarRepository();
calendarRepository.add(calendar);

// 다음에 ...

Calendar calendarToRename =
    calendarRepository.findCalendar(calendarId);

    calendarToRename.rename("CollabOvation Project Calendar");

// 역시 다음에 ...

Calendar calendarThatWasRenamed =
    calendarRepository.findCalendar(calendarId);

assertEquals("CollabOvation Project Calendar",
    calendarThatWasRenamed.name());
```

CalendarToRename으로 참조된 Calendar 인스턴스에게 스스로 이름을 바꾸도록 요청해서 수정된 결과를 확인하자. 이름의 변경이 수행된 이후, 그 이름은 역시나 변경된 이름으로 바뀐다. 이는 HashSet 서브클래스 CalendarRepository에게 Calendar 인스턴스의 변경을 저장하라는 비합리적인 요청을 하지 않은 상황에서 수행됐다. CalendarRepository는 save() 메소드를 갖고 있지 않은데, 그럴 필요가 없기 때문이다. calendarToRename이 참조하는 Calendar 인스턴스에 변화를 저장해야 하는 이유가 없는데, 이는 컬렉션이 여전히 수정된 객체로의 참조를 갖고 있고 그 수정은 해당 객체에서 바로 일어나기 때문이다.

결국 전통적인 컬렉션 지향 리파지토리는 영속성 메커니즘이 퍼블릭 인터페이스로 전혀 표현되지 않으면서 실제로 컬렉션을 흉내 내고 있음을 알 수 있다. 결국 HashSet이 보여준 특성을 나타내지만 영속성 데이터 저장소와 함께 동작하는 컬렉션 지향 리파지토리를 설계하고 구현하는 것이 우리의 목표다.

짐작할 수 있겠지만, 이를 위해선 이면의 영속성 메커니즘에 몇 가지 특정 기능이 필요하다. 영속성 메커니즘은 어떤 방식으로든 그것이 관리하는 각 영속성 객체에 일어난 변화를 암시적implicit으로 추적하는 기능을 지원해야 한다. 이는 다양한 방법으로 수행할 수 있는데, 다음의 두 가지도 그중 일부다.

1. 암시적 읽기 시 복사Copy-on-Read[Keith & Stafford]: 이 영속성 메커니즘은 저장소로부터 읽어와 재구성할 때 암시적으로 각 영속성 객체의 복사본을 만들고, 커밋 시에 클라이언트의 복사본과 자신의 복사본을 비교한다. 이런 단계를 거칠 땐, 여러분이 영속성 메커니즘이 데이터 저장소에서 하나의 객체를 읽어오도록 요청하면 이를 수행하면서 그 즉시 전체 객체(이와 마찬가지로 이후 시점에서 가져올 때 복사될 지연 로딩 부분은 제외된다.)의 복사본을 만들게 된다. 영속성 메커니즘을 통해 생성된 트랜잭션이 커밋될 때, 해당 영속성 메커니즘은 가져온(또는 다시 첨부된) 복사본을 비교해 수정 여부를 확인한다. 변경이 발견된 모든 객체는 데이터 저장소에 해당 내용을 반영시킨다.

2. 암시적 쓰기 시 복사Copy-on-Write[Keith & Stafford]: 영속성 메커니즘은 모든 로드된 영속성 객체를 프록시를 통해 관리한다. 각 객체가 데이터 저장소로로부터 로드되면, 얇은 프록시가 생성되고 클라이언트로 전달된다. 클라이언트는 프록시의 존재를 눈치채지 못한 상태로 프록시 객체의 행동을 호출하게 되고, 이는 진짜 객체의 행동을 반영하게 된다. 프록시의 메소드가 처음으로 호출되는 시점에 객체의 복사본을 만들어 관리하게 된다. 프록시는 관리되는 객체의 상태에 일어난 변화를 추적해 더티dirty로 표시한다. 영속성 메커니즘을 통해 생성된 트랜잭션이 커밋되면, 더티한 객체를 모두 찾아서 데이터 저장소로 반영시킨다.

각 접근법의 차이점과 이점은 여러 가지가 있기 때문에, 여러분의 시스템이 어떤 한쪽을 선택함에 따르는 부정적인 결과로 타격을 받을 것 같다면 신중한 고려가 필요하다. 물론 숙제를 열심히 푸는 대신 단순히 좀 더 선호하는 방향을 선택할 수도 있지만, 이는 가장 안전한 선택이라 할 수 없다.

여전히 이 모든 접근법의 전반적인 장점은 영속성 객체의 변경이 암시적으로 추적되기 때문에, 영속성 메커니즘에게 변경을 인식하도록 하기 위해 명시적인 클라이언트 정보나 관여가 필요하지 않다는 것이다. 여기서의 결론은 하이버네이트와 같은 영속성 메커니즘을 이렇게 사용함으로써 기존의 컬렉션 지향 리파지토리를 사용할 수 있게 된다는 점이다.

그렇지만 이렇듯 암시적으로 복사해 변화를 추적하는 하이버네이트와 같은 영속성 메커니즘을 사용할 자유가 주어진다 하더라도, 이의 적용이 바람직하지 않거나 적절하지 않은 상황도 있다. 여러분의 요구사항이 상황에 따라 아주 많은 객체를 메모리로 가져와야 하며 매우 고성능의 도메인이 필요하다면, 이런 종류의 메커니즘은 메모리와 실행 모두에 불필요한 오버헤드를 더하게 된다. 이런 방식이 잘 들어맞는지 신중하게 고민하고 결정해야 한다. 물론 하이버네이트가 잘 맞는 많은 도메인들이 있다. 그러니 내가 여기서 주의를 기울이라고 하는 말을 금기사항을 만들려는 시도로 받아들이지는 말자. 모든 도구를 사용할 땐 그에 따르는 반작용을 완전히 숙지해야 한다.

카우보이 논리

LB: "내 개가 기생충이 있다는 진단을 받으니까, 그 수의사가 보관소(리파지토리)를 처방해주더라고."

이와 같은 상황은 좀 더 최적화돼 동작하는 컬렉션 지향의 리파지토리 지원 객체 관계형 매핑 도구를 도입하려는 고민으로 이어질 수도 있다. 그런 도구로는 오라클의 탑링크TopLink와 가장 가까운 친척 격인 이클립스링크EclipseLink가 있다. 탑링크는 작업 단위Unit of Work를 제공하는데, 이는 하이버네이트의 세션과 완전히 다르지만은 않다. 그러나 탑링크의 작업 단위는 읽기 시 암시적 카피를 만들지는 않는다. 대신 이는 명시적으로 쓰기 전 카피Copy-before-Write를 만든다[Keith & Stafford]. 여기서 명시적이란 용어는 작업 단위에 변화가 일어난다는 점을 클라이언트가 반드시 알려야 한다는 의미다. 이는 작업 단위에게 수정modification(12장 후반부에 논의되듯, 이는 편집edit이라 불린다.)을 대비해 주어진 객체를 복사할 수 있는 기회를 부여한다. 여기서 중요한 부분은 탑링크는 오직 필요할 때만 메모리를 소비한다는 점이다.

하이버네이트 구현

어떤 방향으로 리파지토리를 생성하든 두 가지 주요 단계를 거치게 된다. 여러분은 하나의 퍼블릭 인터페이스와 더불어 적어도 한 가지 이상의 구현을 정의해야 한다.

특히 컬렉션 지향 설계의 경우, 첫 번째 단계에서 컬렉션을 흉내 내는 인터페이스를 정의한다. 두 번째 단계에선 하이버네이트와 같은 지원하는 주요 저장소 메커니즘을 다루는 구현을 제공해야 한다. 컬렉션과 같은 인터페이스는 종종 다음의 예제에서 나오는 것과 같은 공통적인 메소드를 갖게 된다.

```
package com.saasovation.collaboration.domain.model.calendar;

public interface CalendarEntryRepository {
    public void add(CalendarEntry aCalendarEntry);
    public void addAll(
            Collection<CalendarEntry> aCalendarEntryCollection);
    public void remove(CalendarEntry aCalendarEntry);
    public void removeAll(
            Collection<CalendarEntry> aCalendarEntryCollection);
    ...
}
```

저장하려는 애그리게잇 타입과 같은 모듈(9)에 인터페이스 정의를 두자. 이 경우에선 CalendarEntryRepository 인터페이스는 CalendarEntry와 같은 모듈(자바 패키지) 안에 놓인다. 나중에 논의하겠지만 구현 클래스는 별도의 패키지에 넣게 된다.

인터페이스 calendarEntryRepository는 표준 java.util.Collection 등의 컬렉션이 제공하는 메소드와 매우 유사한 메소드를 갖고 있다. 이 리파지토리의 add()를 사용해 새로운 CalendarEntry를 추가할 수 있다. 다수의 새로운 인스턴스는 addAll()을 사용해 추가할 수 있다. 인스턴스가 일단 추가되면, 그 인스턴스는 데이터 저장소의 유형에 속하는 위치로 영속되고, 그 이후에는 고유 식별자를 통해 가져올 수 있다. 이런 메소드의 기능과 반대 역할을 하는 remove()와 removeAll()을 사용하면 컬렉션으로부터 하나 또는 다수의 인스턴스를 삭제할 수 있다.

개인적으론 일반적인 컬렉션처럼 이러한 메소드에서 불을 결과로 돌려주는 방식을 선호하지 않는다. 그 이유는 인스턴스를 추가해주는 유형의 오퍼레이션에선 true라는 반환 값이 성공을 보장하지 않는 경우도 있기 때문이다. true라는 결과를 받았더라도 여전히 데이터 저장소로의 트랜잭션 커밋 대상이 될 수 있다. 그러므로 리파지토리의 경우에는 void가 좀 더 정확한 반환 타입일 수 있다.

하나의 트랜잭션에서 다수의 애그리게잇 인스턴스를 추가하거나 삭제하는 것이 적절하지 않은 상황도 있을 수 있다. 여러분의 도메인에서 이런 상황이 발생한다면, 메소드 addAll()이나 removeAll()은 포함시키지 말자. 그러나 이런 메소드는 편의를 위해서만 제공될 뿐이다. 클라이언트는 반복문을 사용해 자신이 갖고 있는 컬렉션을 순회하면서 add()나 remove()를 호출할 수 있다. 따라서 addAll()과 removeAll() 메소드의 제거는 상징적인 정책일 뿐이며, 하나의 트랜잭션에서 다수의 객체를 추가하거나 삭제하는 것을 감지하는 수단을 설치하지 않는 한 설계의 측면에서 강제할 수는 없다. 이를 위해선 각 트랜잭션마다 새로운 리파지토리를 인스턴스화해야 할 가능성이 높은데, 이는 잠재적으로 큰 비용을 초래할 수 있다. 나는 이를 더 이상 논의하지는 않겠다.

애그리게잇 유형의 인스턴스 중 일부는 일반적인 애플리케이션 유스케이스로는 절대 삭제돼선 안 될 때가 있다. 애플리케이션에서 더 이상 사용할 수 없게 된 지 오래된 인스턴스를, 참조나 기록과 같은 이유로 다시 가져와야 할 수도 있다. 참고로, 일부 객체를 삭제하는 것은 사실 아주 어렵거나 불가능한 일일 수 있다. 비즈니스의 관점에선 일부 객체의 삭제가 현명하지 못한 일이 될 수 있고, 무분별하거나 심지어 불법적인 행동이 될 수도 있다. 이런 상황에선 애그리게잇 인스턴스를 단순히 비활성[disabled]이나 사용 불가[unusable]로 표시하거나, 도메인에 특정한 측면에서 논리적으로 삭제됨[logically removed]으로 표시하자고 결정할 수도 있다. 이에 따라, 리파지토리의 퍼블릭 인터페이스에 삭제 메소드를 추가하지 않거나, 애그리게잇 인스턴스를 사용 불가한 상태로 설정하기 위해 삭제 메소드를 구현하기로 결정할 수 있다. 반면에 클라이언트가 삭제 행동이 존재하지 않음을 확인하기 위해 신중히 코드 리뷰를 진행해서 전체 객체 삭제를 피할 수도 있다. 고민해 결정한 문제이지만, 삭제 전체를 불가능하도록 하는 편이 더 쉽다는 결론에 다다를 수도 있다. 결국 퍼블릭 인터페이스의 모든 메소드는 일반적으로 사용이 가능하다고 간주된다. 만약 삭제가 논리적으로 불가하게 됐는데 퍼블릭하게 사용할 수 있는 상태라면, 물리적인 삭제보다는 논리적 삭제를 구현하는 편을 고려하길 원할 수도 있다.

리파지토리의 또 한 가지 중요한 부분은 파인더 메소드의 정의다.

```
public interface CalendarEntryRepository {
    ...
    public CalendarEntry calendarEntryOfId(
            Tenant aTenant,
            CalendarEntryId aCalendarEntryId);

    public Collection<CalendarEntry> calendarEntriesOfCalendar(
            Tenant aTenant,
            CalendarId aCalendarId);

    public Collection<CalendarEntry> overlappingCalendarEntries(
            Tenant aTenant,
            CalendarId aCalendarId,
            TimeSpan aTimeSpan);
}
```

첫 번째 메소드 정의인 calendarEntryOfId()는 CalendarEntry 애그리게잇의 특정 인스턴스를 고유 식별자를 통해 가져오도록 해준다. 이 타입은 명시적 식별자 타입인 CalendarEntryId를 사용한다. 두 번째 메소드 정의인 calendarEntriesOfCalendar()는 고유 식별자를 사용해 지정한 Calendar에 관련된 모든 CalendarEntry 인스턴스의 컬렉션을 가져올 수 있게 해준다. 끝으로 세 번째 탐색자finder 정의인 overlappingCalendarEntries()는 지정된 TimeSpan에 걸쳐 특정 Calendar의 모든 CalendarEntry 인스턴스를 담은 컬렉션을 제공한다. 특히 이 메소드는 특정된 연속 기간 동안에 계획된 대상의 가져오기를 지원한다.

끝으로 CalendarEntry가 전역 고유 식별자에 어떻게 할당되는지 궁금할 수 있다. 이 역시 리파지토리를 통해 손쉽게 제공할 수 있다.

```
public interface CalendarEntryRepository {
    public CalendarEntryId nextIdentity();
    ...
}
```

새로운 CalendarEntry 인스턴스를 인스턴스화하는 책임이 있는 모든 코드는 nextIdentity()를 사용해 새로운 CalendarEntryId 인스턴스를 가져온다.

```
CalendarEntry calendarEntry =
    new CalendarEntry(tenant, calendarId,
            calendarEntryRepository.nextIdentity(),
            owner, subject, description, timeSpan, alarm,
            repetition, location, invitees);
```

식별자 생성 기법, 도메인 특정 식별자, 대리 식별자의 사용, 식별자 할당 시 적절한 시점 선택의 중요성 등에 관한 포괄적인 토론은 엔터티(5)를 참고하자.

이제 전통적인 리파지토리를 위한 구현 클래스를 살펴보자. 클래스를 두기 위한 모듈을 선택하는 데는 몇 가지 보기가 있다. 일부는 애그리게잇의 바로 아래 모듈(자바 패키지)과 리파지토리 모듈의 사용을 선호한다. 이런 경우는 다음과 같이 나타낸다.

```
package com.saasovation.collaboration.domain.model.calendar.impl;

public class HibernateCalendarEntryRepository
        implements CalendarEntryRepository {
    ...
}
```

클래스를 여기에 둠으로써 도메인 계층 내의 구현을 위한 별도 패키지에서 구현을 관리할 수 있다. 이 방식으로 도메인 개념적 부분을 직접 영속성을 다루는 부분과 깨끗하게 분리할 수 있다. 이렇듯 표현력을 살려 이름 지은 패키지 안에 인터페이스를 선언하고 그 바로 아래의 impl이라 이름 지은 서브패키지에 해당 구현을 두는 방식이 자바 프로젝트에서 널리 사용되고 있다. 그러나 협업 컨텍스트의 경우, 이 팀은 모든 기술적 구현 클래스를 인프라 계층에 두기로 결정했다.

```
package com.saasovation.collaboration.infrastructure.persistence;

public class HibernateCalendarEntryRepository
        implements CalendarEntryRepository {
    ...
}
```

여기선 인프라적 관심사를 계층화하기 위해 의존성 역행 원리DIP(4)를 사용한다. 인프라 계층은 논리적 측면에서 다른 모든 계층의 위에 놓이게 되고, 참조가 도메인 계층을 향해 단방향으로 내려가도록 해준다.

HibernateCalendarEntryRepository 클래스는 등록된 스프링 빈이다. 이 클래스는 인수가 없는 생성자를 갖고 있으며 또 다른 인프라 빈 객체의 의존성을 주입받는다.

```
import com.saasovation.collaboration.infrastructure
        .persistence.SpringHibernateSessionProvider;

public class HibernateCalendarEntryRepository
        implements CalendarEntryRepository {

    public HibernateCalendarEntryRepository() {
        super();
    }
    ...
    private SpringHibernateSessionProvider sessionProvider;

    public void setSessionProvider(
            SpringHibernateSessionProvider aSessionProvider) {
        this.sessionProvider = aSessionProvider;
    }

    private org.hibernate.Session session() {
        return this.sessionProvider.session();
    }
}
```

SpringHibernateSessionProvider 클래스 역시 com.saasovation.collaboration.infrastructure.persistence 모듈 내의 인프라 계층 안에 위치하고, 하이버네이트 기반의 각 리파지토리로 주입된다. 하이버네이트의 Session 객체를 사용하는 각 메소드는 이를 취득하기 위해 session() 메소드를 스스로 호출한다. session() 메소드는 의존성 주입된 sessionProvider 인스턴스를 사용해 스레드에 묶인 Session 인스턴스를 가져온다(12장 후반부를 참고하자).

메소드 add(), addAll(), remove(), removeAll()은 다음과 같이 구현된다.

```
package com.saasovation.collaboration.infrastructure.persistence;

public class HibernateCalendarEntryRepository
        implements CalendarEntryRepository {
    ...
    @Override
    public void add(CalendarEntry aCalendarEntry) {
        try {
            this.session().saveOrUpdate(aCalendarEntry);
        } catch (ConstraintViolationException e) {
            throw new IllegalStateException(
                    "CalendarEntry is not unique.", e);
        }
    }

    @Override
    public void addAll(
            Collection<CalendarEntry> aCalendarEntryCollection) {
        try {
            for (CalendarEntry instance : aCalendarEntryCollection) {
                this.session().saveOrUpdate(instance);
            }
        } catch (ConstraintViolationException e) {
            throw new IllegalStateException(
                    "CalendarEntry is not unique.", e);
        }
    }

    @Override
    public void remove(CalendarEntry aCalendarEntry) {
        this.session().delete(aCalendarEntry);
    }

    @Override
    public void removeAll(
            Collection<CalendarEntry> aCalendarEntryCollection) {
        for (CalendarEntry instance : aCalendarEntryCollection) {
            this.session().delete(instance);
```

```
            }
        }
        ...
}
```

이런 메소드는 좀 더 단순한 형태로 구현된다. 각 메소드는 session()을 자가 호출해서 해당 하이버네이트 Session 인스턴스를 얻는다(앞에서 설명된 것과 같은 방식으로).

아마 흥미롭게도, 메소드 add()와 addAll()은 Session의 메소드인 saveOrUpdate()를 사용한다. 이는 Set과 같은 방식의 추가를 지원하기 위해서다. 클라이언트가 같은 CalendarEntry를 한 번 이상 추가하게 된다면, saveOrUpdate()의 행동에선 실제로 아무런 동작도 일어나지 않는다. 사실, 앞서 언급했듯이 하이버네이트 버전 3부터는 객체의 상태를 수정할 때 암시적으로 업데이트를 추적하기 때문에 어떤 형태의 업데이트든 동작을 일으키지 않는다. 그러므로 이 두 방법에 의해 추가된 객체가 완전히 새로운 것이 아닌 이상, 아무런 행동도 일으키지 않는다.

추가할 때는 ConstraintViolationException이 발생할 수 있다. 하이버네이트 예외가 클라이언트로 흘러가게 하는 대신, 이런 예외들을 붙잡아서 좀 더 클라이언트에 친숙한 IllegalStateException으로 감싼다. 우리는 도메인 특정 예외를 선언하고 보낼 수도 있다. 이는 각 프로젝트 팀이 결정할 문제다. 우리가 내부 영속성 프레임워크의 구현 세부사항을 추상화해 감출 때의 문제를 다루고자 하고 있다는 점이 중요하기 때문에, 예외를 포함한 이런 세부사항 전부를 클라이언트로부터 격리하고자 한다.

remove()와 removeAll() 메소드는 꽤 단순하다. 이들은 단순히 Session delete()를 사용해 아래쪽의 데이터 저장소에서 삭제되도록 하면 된다. 일대일 매핑을 사용하는 애그리게잇 삭제와 관련해 한 가지 추가적인 세부사항이 있는데, 식별자와 액세스 컨텍스트에서 필요하다. 이런 관계에서 변경을 연속해 전파할 수는 없으므로, 양쪽 연결 모두의 객체를 명시적으로 삭제해야 한다.

```
package com.saasovation.identityaccess.infrastructure.persistence;

public class HibernateUserRepository implements UserRepository {
    ...
```

```
    @Override
    public void remove(User aUser) {
        this.session().delete(aUser.person());
        this.session().delete(aUser);
    }

    @Override
    public void removeAll(Collection<User> aUserCollection) {
        for (User instance : aUserCollection) {
            this.session().delete(instance.person());
            this.session().delete(instance);
        }
    }
    ...
}
```

안쪽의 Person 객체가 먼저 삭제돼야 하고, User 애그리게잇 루트가 삭제돼야 한다. 내부의 Person 객체를 삭제하지 않으면, 해당하는 데이터베이스 테이블에서 이를 잃어버리게 된다. 일반적으로 이런 이유로 일대일 연결을 피해야 하고, 대신 제한된 단일 다대일 단방향 연결을 사용해야 한다. 그러나 여기선 의도적으로 일대일 양방향 구현을 해서 좀 더 문제가 되는 매핑의 사용을 보이고자 했다.

이런 상황을 대처하기 위한 다른 선호 접근법이 있음에 주목하자. 일부에선 ORM 수명주기 이벤트에 의존하기로 결정해 파트 객체가 관련 항목의 삭제를 유발하도록 할 수도 있다. 나는 의도적으로 이런 접근법을 피하는데, 그 이유는 애그리게잇에 의해 관리되는 영속성을 강하게 반대하며 리파지토리만의 영속성을 지지하기 때문이다. 여러분은 정보에 기반한 선택을 해야겠지만, DDD 전문가들이 애그리게잇에 의해 관리되는 영속성을 경험에 의한 원칙에 의해 피한다는 사실도 이해하자.

이제 HibernateCalendarEntryRepository로 돌아가서, 그것의 파인더[finder] 메소드 구현을 살펴보자.

```
public class HibernateCalendarEntryRepository
        implements CalendarEntryRepository {
    ...
    @Override
    @SuppressWarnings("unchecked")
```

```
public Collection<CalendarEntry> overlappingCalendarEntries(
    Tenant aTenant, CalendarId aCalendarId, TimeSpan aTimeSpan) {
    Query query =
        this.session().createQuery(
            "from CalendarEntry as _obj_ " +
            "where _obj_.tenant = :tenant and " +
              "_obj_.calendarId = :calendarId and " +
              "((_obj_.repetition.timeSpan.begins between " +
                  ":tsb and :tse) or " +
              " (_obj_.repetition.timeSpan.ends between " +
                  ":tsb and :tse))");

    query.setParameter("tenant", aTenant);
    query.setParameter("calendarId", aCalendarId);
    query.setParameter("tsb", aTimeSpan.begins(), Hibernate.DATE);
    query.setParameter("tse", aTimeSpan.ends(), Hibernate.DATE);

    return (Collection<CalendarEntry>) query.list();
}

@Override
public CalendarEntry calendarEntryOfId(
        Tenant aTenant,
        CalendarEntryId aCalendarEntryId) {
    Query query =
        this.session().createQuery(
            "from CalendarEntry as _obj_ " +
            "where _obj_.tenant = ? and _obj_.calendarEntryId = ?");

    query.setParameter(0, aTenant);
    query.setParameter(1, aCalendarEntryId);

    return (CalendarEntry) query.uniqueResult();
}

@Override
@SuppressWarnings("unchecked")
public Collection<CalendarEntry> calendarEntriesOfCalendar(
    Tenant aTenant, CalendarId aCalendarId) {
    Query query =
```

```
            this.session().createQuery(
                "from CalendarEntry as _obj_ " +
                "where _obj_.tenant = ? and _obj_.calendarId = ?");

        query.setParameter(0, aTenant);
        query.setParameter(1, aCalendarId);

        return (Collection<CalendarEntry>) query.list();
    }
    ...
}
```

각각의 세 파인더는 자신의 Session을 통해 Query를 생성한다. 하이버네이트 쿼리의 일반적인 모습처럼, 이 팀도 HQL을 사용해서 기준criteria을 기술해 매개변수 객체를 로드한다. 그러면 단일의 고유 결과인지 객체의 목록 컬렉션인지 확인하며 쿼리가 실행된다. 좀 더 복잡한 스레드 쿼리는 overlappingCalendarEntries인데, 이 경우는 특정 일자와 시간 범위, 즉 Timespan이 겹치는 CalendarEntry를 모두 찾는다.

마지막으로 nextIdentity()의 구현을 살펴보자.

```
public class HibernateCalendarEntryRepository
        implements CalendarEntryRepository {
    ...
    public CalendarEntryId nextIdentity() {
        return new CalendarEntryId(
                UUID.randomUUID().toString().toUpperCase());
    }
    ...
}
```

이 특정 구현은 영속성 메커니즘이나 데이터 저장소를 사용해 고유 식별자를 생성하진 않는다. 그 대신 상대적으로 빠르고 아주 신뢰할 만한 UUID 생성기를 대신 사용했다.

탑링크 구현에 대한 고려

탑링크TopLink는 세션과 작업의 단위를 모두 갖고 있다. 하이버네이트의 세션은 작업의 단위이기도 하다는 점에서 탑링크와 다르다[1] 작업의 단위를 세션과 구분해 사용하는 관점을 살펴보고 이를 어떻게 리파지토리 구현에 사용할지 살펴보자.

리파지토리 추상화의 이점 없이, 탑링크를 다음과 같은 방식으로 사용할 수 있다.

```
Calendar calendar = session.readObject(...);

UnitOfWork unitOfWork = session.acquireUnitOfWork();

Calendar calendarToRename = unitOfWork.registerObject(calendar);

calendarToRename.rename("CollabOvation Project Calendar");

unitOfWork.commit();
```

UnitOfWork는 객체를 수정하려는 의도를 명시적으로 알려줘야 하기 때문에 메모리와 처리 전력을 훨씬 더 효율적으로 사용할 수 있도록 해준다. 그 전에는 애그리게잇의 클론이나 편집하는 복사본이 만들어지지 않는다. 앞서 봤듯, 메소드 registerObject()는 Calendar 인스턴스의 클론을 돌려준다. calendarToRename으로 참조된 이 클론 객체가 편집되고 수정돼야만 하는 객체다. 당신이 객체를 수정하면, 탑링크는 그 변화를 추적할 수 있다. UnitOfWork의 메소드 commit()이 호출되면, 모든 수정된 객체는 데이터베이스로 커밋된다.[2]

새 객체를 탑링크 리파지토리로 추가하는 일은 상당히 쉽게 이뤄진다.

```
...
public void add(Calendar aCalendar) {
    this.unitOfWork().registerNewObject(aCalendar);
}
...
```

1 하이버네이트의 기준으로 탑링크의 가치를 재진 않는다. 사실, 탑링크는 긴 성공의 역사를 갖고 있고, 이는 오라클이 웹게인(WebGain)의 붕괴와 결과적인 급매 처분의 결과로 이 제품을 사기 훨씬 전의 일이다. 탑(Top)은 'The Object People'의 약자로 20년의 증명된 성공을 가진 도구를 만든 원래 회사 이름이다. 여기서는 두 도구의 작동법 두 가지를 단순히 비교할 뿐이다.

2 여기선 작업의 단위가 부모 작업의 단위 안에 중첩되지 않았다고 가정한다. 만약 이것이 부모 작업의 단위 안에 중첩됐다면, 커밋된 작업 단위에서의 변화는 그 부모에게로 통합된다. 궁극적으로 가장 바깥쪽에서 데이터베이스로의 커밋이 이뤄진다.

registerNewObject()의 사용은 aCalendar가 새 인스턴스라는 사실을 규정한다. 만약 add()가 실제 이미 존재하던 aCalendar와 함께 호출됐다면 실패가 발생한다. 여기서 우리는 단순한 registerObject()를 사용할 수도 있는데, 이는 하이버네이트의 saveOrUpdate() 메소드를 사용하는 방식과 비슷하다(이후에 논의된다). 어떤 경우든 컬렉션 지향의 작업 가능한 인터페이스에 대한 필요가 충족된다.

그러나 여전히 이미 존재하는 애그리게잇을 수정해야 할 때 클론을 얻는 방법이 필요하다. UnitOfWork와 함께 이런 애그리게잇 인스턴스를 등록하는 편리한 방법을 찾는 것이 요령이다. 지금까지 논의에선 Set을 흉내 내고 인터페이스로부터 영속성으로의 추론을 피하려고 했기 때문에 이를 가능케 해주는 리파지토리 인터페이스에 관해선 다루지 않았다. 그렇다 하더라도 영속성의 생각의 틀에 영향을 줄 필요가 없는 방법으로 이를 이룰 수도 있다. 다음의 두 접근법 중 하나를 사용하자.

```
public Calendar editingCopy(Calendar aCalendar);
// 또는
public void useEditingMode();
```

첫 번째 접근법은 editingCopy()가 UnitOfWork를 획득하고, 주어진 Calendar 인스턴스를 등록하고, 클론을 만들고, 응답한다.

```
...
public Calendar editingCopy(Calendar aCalendar) {
    return (Calendar) this.unitOfWork().registerObject(aCalendar);
}
...
```

이는 내부의 registerObject()로 작업하는 방법을 반영한다. 이는 바람직하지 않을 수 있지만 깔끔하며 영속성의 생각의 틀을 반영하지 않는다.

두 번째 접근법에선 useEditingMode()를 통해 리파지토리를 편집하는 모드로 변경된다. 이 과정이 끝나면, 그에 따른 모든 파인더 메소드는 UnitOfWork 안에서 쿼리해 클론으로 돌려주게 되는 모든 객체를 자동으로 등록하게 된다. 여기선 리파지토리의 사용이 애그리게잇의 수정으로 제한되는 편이다. 어쨌거나 이는 읽기 전용이나 수정을 위한 읽기 모두에서 리파지토리가 사용되는 방향이기도 하다. 또한 이는 트랜잭션의 성공을 향한 편향을 반영한 잘 만들어진 경계를 가진 애그리게잇을 위한 리파지토리의 사용을 반영하기도 한다. 탑링크를 위한 컬렉션 지향의 리파지토리를 설계하는 다른 방법이 있을 수 있지만, 이상에서도 고려해볼 만한 몇 가지 옵션을 살펴볼 수 있다.

영속성 지향의 리파지토리

컬렉션 지향의 스타일이 맞지 않을 때는 영속성 지향persistence-oriented의 저장 기반save-based 리파지토리를 사용해야 한다. 영속성 메커니즘이 암묵적으로나 명시적으로나 객체의 변화를 감지하고 추적하지 못할 때가 이런 상황이다. 인메모리 데이터 패브릭(4)이나 NoSQL 키-값 데이터 저장소를 사용할 때도 그렇다. 새로운 애그리게잇 인스턴스를 생성하거나 이미 존재하는 대상을 변경할 때마다 save()나 이와 유사한 리파지토리의 메소드를 사용해 이를 데이터 저장소에 저장해야 한다.

컬렉션 지향 접근법을 지원하는 객체 관계적 매퍼를 사용한다고 할지라도 영속성 지향의 접근법을 선택할 때 고려해야 할 사항이 한 가지 더 있다. 여러분이 컬렉션 지향의 리파지토리를 설계했는데 당신의 관계적 데이터베이스를 키-값 저장소로 바꾸기로 결정한다면 어떻게 될까? 애플리케이션 계층에 많은 파문이 생길 것인데, 이는 애그리게잇 업데이트가 생기는 위치마다 save()를 사용하도록 변경해야 하기 때문이다. 또한 더 이상 존재하지 않는 add()와 addAll()의 리파지토리를 없애고 싶을 수도 있다. 미래에 당신의 영속성 메커니즘이 변할 매우 현실적인 가능성이 있는 경우, 좀 더 유연한 인터페이스를 염두에 두고 설계하는 접근이 최선이다. 단점이라면 현재 객체 관계형 매퍼로 인해, 더 이상 지원하는 작업의 단위가 없을 때에서야 알 수 있는 save()의 필수적인 사용처를 빠트릴 수 있다는 점이다.[3] 장점은 리파지토리 패턴이 애플리케이션에 영향을 거의 미치지 않고 영속성 메커니즘을 완벽히 대체할 수 있게 해준다는 점이다.

3 필요할 때마다 변경된 저장을 확인하는 애플리케이션 서비스(14) 테스트를 생성할 수 있다. 인메모리 리파지토리 구현(12장 후반부의 본문을 참고하자.)은 저장의 총체성을 감시하도록 설계할 수 있다.

영속성 지향 리파지토리에서 기억할 점

우리는 명시적으로 새롭고 변경된 객체를 저장소에 put()해야 하는데, 이전에 주어진 키와 연관된 모든 값을 효과적으로 대체해야 한다. 이런 종류의 데이터 저장소를 사용하는 것은 애그리게잇의 기본 쓰기와 읽기를 굉장히 단순하게 해준다. 이런 이유로 이들은 종종 애그리게잇 저장소나 애그리게잇 지향 데이터베이스로 불린다.

젬파이어나 오라클 코히어런스와 같은 인메모리 데이터 패브릭을 사용하는 상황에서의 저장소는 java.util.HashMap을 흉내 낸 인메모리 Map인데, 각 매핑된 컴포넌트는 엔트리로 간주된다. 비슷하게, 몽고DB나 리악과 같은 NoSQL 저장소를 사용할 때 객체 영속성은 테이블이나 열이나 행이 아닌 컬렉션과 같아 보이는 착각을 일으킨다. 이들은 키-값 짝을 저장한다. 이는 Map과 유사한 효과적인 저장소이지만, 주 메모리 저장소의 도구로 메모리 대신 디스크를 사용한다.

위의 영속성 메커니즘의 두 가지 스타일 모두 Map 컬렉션을 어느 정도 흉내 내고 있음에도 불구하고, 불행하게도 새롭고 변경된 객체를 이전에 키와 연관돼 있던 모든 값을 효과적으로 대체하면서 저장소로 put() 해야 한다. 변경된 객체가 논리적으로 이미 저장된 객체와 같은 객체더라도 그렇게 해야 하는데, 그 이유는 이들이 전형적으로 변화를 추적할 수 있는 작업의 단위를 제공하지 않거나 원자적 쓰기를 통제할 수 있는 트랜잭션 경계를 지원하지 않기 때문이다. 각 put()과 putAll()은 분리된 논리적 트랜잭션을 나타낸다.

이런 종류의 데이터 저장소 중 하나를 사용하는 것은 애그리게잇의 기본적 쓰기와 읽기를 대단히 단순화한다. 예를 들면, 이 Product(애자일 프로젝트 관리 컨텍스트)를 코히어런스 데이터 그리드에 추가하고 이를 다시 읽어오는 것이 얼마나 단순한지 살펴보자.

```
cache.put(product.productId(), product);
// 이후에 ...
product = cache.get(productId);
```

여기서 Product 인스턴스는 표준 자바 직렬화를 사용해 자동으로 Map으로 직렬화된다. 그러나 이 단순한 인터페이스가 약간 속임수일 수 있다. 진정으로 고성능의 도메인을 원한다면, 해야 할 일이 좀 더 있다. 코히어런스는 사용자 지정 직렬화 제공자가 등록되지 않았을 때, 표준 자바 직렬화를 지원한다. 표준 자바 직렬화를 사용하는 것은 일반적으로 최선의 선택이 아니다. 이는 각 객체를 표현하기 위한 추가적인 바이트가 필요하고, 상대적으로 성능이 좋지 않다.[4] 고성능의 데이터 패브릭을 구매해서는 캐시할 수 있는 객체의 수를 줄이고 느린 직렬화를 사용해서 전체적인 처리량을 낮추는 방향으로 훼방 놓고 싶지는 않을 것이다. 그러니 예를 들면 데이터 패브릭을 사용할 경우에 시스템이 분산될 수 있다는 점을 염두에 두자. 이는 종종 도메인 모델 설계에 새로운 힘을 가져오는데, 말하자면 사용자 지정이나 적어도 특별한 직렬화 같은 것이다. 이는 당신으로 하여금 적어도 구현 수준에 있어서 다른 결정을 내리게 할 수 있다.

따라서 젬파이어나 코히어런스의 캐시, 몽고DB나 리악의 키-값 저장소, 그 밖의 몇몇 다른 종류의 NoSQL 영속성을 사용할 때, 여러분은 아마도 애그리게잇을 직렬화된/문서 형태로 변화시킨 후 다시 객체 형태로 되돌릴 빠르고 편리한 도구를 사용하고 싶을 것이다. 그렇다면 이 도전을 뛰어넘는 일은 그렇게 어렵지 않다. 예를 들면 젬파이어나 코히어런스에 의해 영속된 애그리게잇을 위해 최적의 직렬화를 생성하는 일은 객체 관계형 매퍼를 위한 매핑 내용을 생성하는 일보다 쉽다. 그러나 이는 `put()`과 `get()`을 `Map`상에서 사용하는 것만큼 쉽지는 않다.

이어서, 어떻게 영속성 지향 리파지토리가 코히어런스에 생성되는지와 몽고DB에서의 일부 기법을 살펴본다.

코히어런스 구현

컬렉션 지향의 리파지토리에서 그랬듯, 먼저 인터페이스를 정의한 후에 구현하자. 여기선 저장 기반의 메소드를 정의하는 영속성 지향 인터페이스가 오라클의 코히어런스 데이터 그리드에서 어떻게 쓰이는지 볼 수 있다.

```
package com.saasovation.agilepm.domain.model.product;

import java.util.Collection;

import com.saasovation.agilepm.domain.model.tenant.Tenant;

public interface ProductRepository {
```

4 이는 또한 이동식 객체 포맷(POF)을 제공하려는 상황에서 .NET과 C++ 클라이언트 역시 그리드 데이터를 함께 사용할 수 있는데도 오직 자바로 코히어런스 클라이언트를 한정 짓게 된다.

```
    public ProductId nextIdentity();
    public Collection<Product> allProductsOfTenant(Tenant aTenant);
    public Product productOfId(Tenant aTenant, ProductId aProductId);
    public void remove(Product aProduct);
    public void removeAll(Collection<Product> aProductCollection);
    public void save(Product aProduct);
    public void saveAll(Collection<Product> aProductCollection);
}
```

이 ProductRepository는 이전 절에서 등장한 CalendarEntryRepository와 완전히 다른 것은 아니다. 이는 단지 애그리게잇 인스턴스로 하여금 모방된 컬렉션에 포함되도록 한다는 점에서 다르다. 이 경우 우리는 save()와 saveAll() 메소드를 add()와 addAll() 메소드 대신 사용한다. 두 가지 메소드 스타일 모두 논리적으로는 비슷한 일을 한다. 주요 차이점은 클라이언트가 어떻게 메소드를 사용하는지다. 반복해서 말하자면, 컬렉션 지향의 스타일을 사용할 때, 애그리게잇 인스턴스는 그들이 생성될 때만 추가된다. 영속성 지향 스타일을 사용할 때, 애그리게잇 인스턴스는 그들이 생성될 때와 수정될 때 모두 저장돼야 한다.

```
Product product = new Product(...);

productRepository.save(product);

// 이후에 ...

Product product =
    productRepository.productOfId(tenantId, productId);

product.reprioritizeFrom(backlogItemId, orderOfPriority);

productRepository.save(product);
```

이 밖의 세부적인 내용은 구현 내에 있다. 그럼 바로 구현을 살펴보자. 먼저 우리가 데이터 그리드 캐시로 점프하기 위해 필요한 코히어런스 인프라를 보자.

```
package com.saasovation.agilepm.infrastructure.persistence;

import com.tangosol.net.CacheFactory;
```

```
import com.tangosol.net.NamedCache;

public class CoherenceProductRepository
        implements ProductRepository {
    private Map<Tenant,NamedCache> caches;

    public CoherenceProductRepository() {
        super();
        this.caches = new HashMap<Tenant,NamedCache>();
    }
    ...
    private synchronized NamedCache cache(TenantId aTenantId) {
        NamedCache cache = this.caches.get(aTenantId);

        if (cache == null) {
            cache = CacheFactory.getCache(
                    "agilepm.Product." + aTenantId.id(),
                    Product.class.getClassLoader());

            this.caches.put(aTenantId, cache);
        }

        return cache;
    }
    ...
}
```

애자일 프로젝트 관리 컨텍스트에서 이 팀은 리파지토리의 기술적 구현을 인프라 계층 내에 두기로 결정했다.

단순한 인수가 없는 생성자와 함께, 코히어런스의 핵심이 되는 NamedCache가 있다. 여러 임포트 중에서도 캐시를 사용하거나 연결하기 위해 사용되는 CacheFactory와 NamedCache를 주의 깊게 살펴보자. 이 클래스들은 모두 com.tangosol.net 패키지 내에 있다.

프라이빗 메소드인 cache()는 NamedCache를 가져오는 수단이다. 이 메소드는 리파지토리가 이를 사용하려는 첫 번째 시도가 이뤄질 때야 비로소 캐시를 가져온다. 이는 주로 각 캐시가 특정 Tenant에 맞도록 명명되고, 리파지토리는 퍼블릭 메소드가 TenantId에 접근하기에 앞서 호출되기를 기다려야 하기 때문이다. 코히어런스의 명명된 캐시 전략을 설계하는 방법은 다양하다. 여기선 팀이 다음의 네임스페이스를 통해 캐시하기로 결정했다.

1. 바운디드 컨텍스트에 의한 짧은 이름의 첫 번째 레벨: agilepm
2. 애그리게잇에 의한 단순한 이름의 두 번째 레벨: Product
3. 각 테넌트의 고유 식별자에 의한 세 번째 레벨: TenantId

이렇게 하는 데는 몇 가지 이점이 있다. 첫 번째, 각 바운디드 컨텍스트와 애그리게잇과 코히어런스에 의해 관리되는 테넌트의 모델을 분리해서 조정하고 확장시킬 수 있다. 또한 각 테넌트는 다른 테넌트와 완전히 분리될 수 있으므로, 각 테넌트의 쿼리가 실수로 다른 테넌트의 객체를 포함하는 일은 생기지 않는다. 이는 MySQL 영속성 방식에서 테넌트 식별자로 각 엔터티 테이블을 '표시striping'하는 이유와 같지만, 이 경우에는 심지어 좀 더 깔끔하다. 게다가 주어진 테넌트의 모든 애그리게잇 인스턴스에 응답하기 위해 파인더 메소드가 필요한 순간에는 실제 쿼리가 필요하지 않다. 파인더 메소드는 단지 코히어런스에게 캐시 안의 모든 엔트리를 요청한다. 이후 allProductsOfTenant의 구현에서 이런 최적화를 살펴보기로 하자.

각 NamedCache가 생성되거나 연결될 때는 caches 인스턴스 변수가 담기는 Map 상에 위치하게 된다. 이는 처음 이후의 모든 사용에서 TenantId를 통해 각 캐시를 검색할 수 있게 해준다.

여기서 다루기엔 너무 많은 코히어런스 구성과 조정에 대한 고려사항이 있다. 이 자체만으로도 하나의 논의가 되며, 이를 다룬 글들이 이미 존재한다. 알렉스 서빅Alex Ceovic에게 이 주제에 대한 논의를 맡기도록 하겠다[Seovic]. 구현은 다음과 같다.

```
public class CoherenceProductRepository
        implements ProductRepository {
    ...
    @Override
    public ProductId nextIdentity() {
        return new ProductId(
                java.util.UUID.randomUUID()
                    .toString()
                    .toUpperCase());
    }
```

```
    ...
}
```

ProductRepository의 nextIdentity() 메소드는 CalendarEntryRepository와 같은 방식으로 구현된다. 이는 UUID를 가지고 ProductId를 인스턴스화한 후, 다음과 같이 응답한다.

```
public class CoherenceProductRepository
        implements ProductRepository {
    ...
    @Override
    public void save(Product aProduct) {
        this.cache(aProduct.tenantId())
                .put(this.idOf(aProduct), aProduct);
    }

    @Override
    public void saveAll(Collection<Product> aProductCollection) {
        if (!aProductCollection.isEmpty()) {
            TenantId tenantId = null;

            Map<String,Product> productsMap =
                new HashMap<String,Product>(aProductCollection.size());

            for (Product product : aProductCollection) {
                if (tenantId == null) {
                    tenantId = product.tenantId();
                }
                productsMap.put(this.idOf(product), product);
            }

            this.cache(tenantId).putAll(productsMap);
        }
    }
    ...
    private String idOf(Product aProduct) {
        return this.idOf(aProduct.productId());
    }
```

```
    private String idOf(ProductId aProductId) {
        return aProductId.id();
    }
}
```

하나의 새롭거나 수정된 Product 인스턴스를 데이터 그리드에 영속하기 위해선 save()를 사용하자. save() 메소드는 cache()를 사용해서 Product의 TenantId를 위한 NamedCache 인스턴스를 가져온다. 이는 그러고 나서 Product 인스턴스를 NamedCache에 넣는다. 메소드 idOf()의 사용은 두 가지 유형이 있는데, 하나는 Product를 위한 것이고 다른 하나는 ProductId를 위한 것이다. 두 경우 모두에서 이 메소드는 Product의 고유 식별자나 ProductId의 String 형태를 돌려준다. 그래서 NamedCache의 put() 메소드는 java.util.Map을 구현하는데, String 기반의 키와 Product 인스턴스의 값을 갖는다.

saveAll() 메소드는 생각보다 좀 더 복잡할 수 있다. 왜 단순히 aProductCollection을 순회하면서 각 컴포넌트를 위해 save()를 호출하면 안 될까? 그렇게 할 수도 있다. 하지만 어떤 특정한 코히어런스 캐시가 사용되는지에 따라, 각 put()의 호출은 네트워크 요청이 필요하다. 그러므로 모든 Product 인스턴스를 일괄 처리해서 단순한 로컬 HashMap에 영속되도록 하고 대신 이를 putAll()과 함께 건네는 편이 최선이다. 이렇게 하면 단일 요청을 사용해 네트워크 지연을 가능한 적게 낮추며, 이것이 최적이다.

```
public class CoherenceProductRepository
        implements ProductRepository {
    ...
    @Override
    public void remove(Product aProduct) {
        this.cache(aProduct.tenant()).remove(this.idOf(aProduct));
    }

    @Override
    public void removeAll(Collection<Product> aProductCollection) {
        for (Product product : aProductCollection) {
            this.remove(product);
        }
    }
```

```
    ...
}
```

remove()의 구현은 정확히 기대한 대로 작동했다. 그러나 saveAll()의 구현을 고려해보면, removeAll()은 아마 깜짝 놀랄 일일 수 있다. 결국에는 엔트리의 묶음을 삭제할 방법이 있지 않나? 글쎄, 표준 java.util.Map 인터페이스는 이를 제공하지 않으며, 그래서 코히어런스도 그렇지 않다. 그래서 이 경우, 우리는 단순히 aProductCollection을 순회하면서 각 컴포넌트에 remove()를 적용한다. 코히어런스의 실패로 주어진 컬렉션의 일부만이 삭제됨에 따라 생길 수 있는 결과를 생각해볼 때, 이는 위험해 보인다. 물론 여러분은 removeAll()을 제공했을 때 얻을 수 있는 이익의 크기를 가늠해봐야 하겠지만, 젬파이어와 코히어런스 같은 데이터 패브릭의 주요 장점은 중복성과 높은 가용성임을 기억하자.

끝으로 Product 인스턴스를 검색하는 몇 가지 방법을 제공하는 인터페이스 메소드 구현 방법을 살펴보자.

```
public class CoherenceProductRepository
        implements ProductRepository {
    ...
    @SuppressWarnings("unchecked")
    @Override
    public Collection<Product> allProductsOfTenant(Tenant aTenant) {
        Set<Map.Entry<String, Product>> entries =
            this.cache(aTenant).entrySet();

        Collection<Product> products =
            new HashSet<Product>(entries.size());

        for (Map.Entry<String, Product> entry : entries) {
            products.add(entry.getValue());
        }

        return products;
    }

    @Override
    public Product productOfId(Tenant aTenant, ProductId aProductId) {
```

```
        return (Product) this.cache(aTenant).get(this.idOf(aProductId));
    }
    ...
}
```

productOfId() 메소드는 요청된 Product 인스턴스의 식별자를 사용해 NamedCache상에 오직 기본적인 get()만을 요청해야 한다.

allProductsOfTenant() 메소드는 앞서 언급했던 부분이다. 좀 더 복잡한 코히어런스 필터 엔트리 프로세스를 사용하는 대신, 데이터 그리드에 특정 NamedCache 내의 모든 Product 인스턴스를 요청하기만 하면 된다. 각 캐시가 개별 테넌트로 구분돼 있기 때문에, 캐시 내의 모든 애그리게잇은 쿼리를 만족시킨다.

이렇게 해서 CoherenceProductRepository가 마무리된다. 이 구현은 데이터를 그리드 캐시상에 영속하고 나중에 검색하기 위해 코히어런스를 클라이언트로 사용해 추상 인터페이스를 완성하는 방법을 보여준다. 이는 코히어런스의 구성 또는 미세 조정과 관련된 모든 것을 보여주거나, 각 캐시의 인덱스를 생성하기 위해 필요한 것 또는 각 도메인 객체를 위한 간결하고 고성능인 직렬화기를 설계하는 방법을 보여주진 않는다. 이는 리파지토리의 책임이 아니다. 이 주제에 관련해선 [Seovic]의 광범위한 서술을 참조하자.

몽고DB 구현

다른 리파지토리 구현과 마찬가지로, 구현상에서 고려해야 할 기본적인 부분이 있다. 몽고DB 구현은 사실 코히어런스와 비슷하다. 우리에게 필요한 상위 수준의 개요를 살펴보자.

1. 애그리게잇 인스턴스를 몽고DB 포맷으로 직렬화한 후, 해당 포맷을 역직렬화해서 애그리게잇 인스턴스를 재구성하는 방법. 몽고DB는 BSON이라고 불리는 특별한 형태의 JSON을 사용하는데, 이는 JSON 포맷의 이진법이다.
2. 몽고DB에 의해 생성돼 애그리게잇에게 할당된 고유 식별자
3. 몽고DB 노드/클러스터로의 참조
4. 각 애그리게잇 타입을 저장할 수 있는 고유 컬렉션. 각 애그리게잇 타입의 모든 인스턴스는 그 고유 컬렉션 내에 직렬화된 문서의 집합(키-값 짝)으로서 저

장돼야 한다.

리파지토리 구현을 통해 이를 단계적으로 살펴보자. ProductRepository를 다시 사용할 것이므로, 이 구현을 (이전 절의) 코히어런스와 비교할 수 있다.

```
public class MongoProductRepository
        extends MongoRepository<Product>
        implements ProductRepository {

    public MongoProductRepository() {
        super();
        this.serializer(new BSONSerializer<Product>(Product.class));
    }
    ...
}
```

이 구현에선 BSONSerializer의 인스턴스를 갖고 있는데, 이는 모든 Product 인스턴스를 직렬화하거나 역직렬화하는 데 사용된다(실제로는 슈퍼클래스인 MongoRepository가 갖고 있다). BSONSerializer에 대해서는 너무 상세하게 다루진 않겠다. 이는 Product 인스턴스(그리고 다른 모든 애그리게잇 타입)로부터 몽고DB의 DBObject 인스턴스를 생성하고 다시 Product 인스턴스로 만들기 위해 맞춤 개발된 솔루션이다. 이 클래스는 다른 샘플 코드와 함께 제공된다.

BSONSerializer로 수행할 수 있는 몇 가지 사항들이 있다. 기본 직렬화와 역직렬화는 필드로의 직접 접근을 통해 처리된다. 이는 도메인 객체에 자바빈 게터와 세터를 구현할 필요가 없도록 해주는데, 이는 애너믹 도메인 모델Anemic Domain Model[Fowler, Anemic]을 피할 수 있도록 해주는 경향이 있다. 필드에 접근하기 위한 메소드 사용이 없기 때문에, 언젠가는 애그리게잇 타입의 새로운 버전으로 마이그레이션해야 한다. 이를 위해 역직렬화 시 각 필드의 재정의 매핑을 지정할 수 있다.

```
public class MongoProductRepository
        extends MongoRepository<Product>
        implements ProductRepository {

    public MongoProductRepository() {
        super();
        this.serializer(new BSONSerializer<Product>(Product.class));
```

```
        Map<String, String> overrides = new HashMap<String, String>();
        overrides.put("description", "summary");
        this.serializer().registerOverrideMappings(overrides);
    }
    ...
}
```

이 예제에서 우리는 Product 클래스의 예전 버전이 description이라는 이름의 필드를 가졌다고 가정한다. 이 다음의 버전에서 이 필드는 summary로 재명명된다. 이 문제를 해결하기 위해 각 테넌트에서 Product 인스턴스를 저장하기 위해 사용한 모든 몽고DB 컬렉션에 대해 마이그레이션 스크립트를 실행할 수 있다. 그러나 이는 어렵고 아주 긴 오퍼레이션들의 집합이며 비실용적이다. 대안으로 단순히 BSONSerializer로 하여금 description이라고 이름 붙여진 Product상의 모든 BSON 필드를 summary라는 이름의 필드로 매핑하도록 요청하는 방법이 있다. 그러고 나서 마이그레이션된 Product가 DBObject로 다시 직렬화되고 몽고DB 컬렉션 내에 저장되면, 새로운 직렬화는 description 대신 summary라 이름 붙여진 필드를 포함하게 된다. 물론 한 번도 읽혀지거나 저장소로 다시 저장되지 않은 모든 Product 인스턴스는 쓸모없어진 description이란 이름의 필드를 그대로 갖고 있다. 여러분은 이 지연 마이그레이션 접근법의 장단점을 비교해봐야 한다.

다음으로 몽고DB에서 각 애그리게잇 인스턴스가 사용할 고유 식별자를 생성하는 방법이 필요하다.

```
public class MongoProductRepository
        extends MongoRepository<Product>
        implements ProductRepository {
    ...
    public ProductId nextIdentity() {
        return new ProductId(new ObjectId().toString());
    }
    ...
}
```

여전히 메소드 nextIdentity()를 사용하지만, 이 구현에선 새로운 ObjectId의 String 값으로 ProductId를 초기화한다. 이렇게 하는 주된 이유는 몽고DB가 애그리게잇 인스턴스의 내부에 있는 고유 식별자와 같은 식별자를 사용토록 하기 위해서다. 그러므로 Product(또는 다른 리파지토리 구현에서의 또 다른 타입)를 직렬화할 때, BSONSerializer로 하여금 해당 식별자를 특별한 MongoDB _id 키로 매핑하도록 요청할 수 있다.

```
public class BSONSerializer<T> {
    ...
    public DBObject serialize(T anObject) {
        DBObject serialization = this.toDBObject(anObject);

        return serialization;
    }

    public DBObject serialize(String aKey, T anObject) {
        DBObject serialization = this.serialize(anObject);

        serialization.put("_id", new ObjectId(aKey));

        return serialization;
    }
    ...
}
```

첫 번째 serialize() 메소드는 이런 _id 매핑을 지원하지 않으며, 클라이언트에게 매칭 식별자를 유지할지 여부를 선택할 옵션을 제공한다. 이어서 어떻게 save() 메소드가 구현되는지 살펴보자.

```
public class MongoProductRepository
        extends MongoRepository<Product>
        implements ProductRepository {
    ...
    @Override
    public void save(Product aProduct) {
        this.databaseCollection(
                this.collectionName(aProduct.tenantId()))
            .save(this.serialize(aProduct));
    }
    ...
}
```

코히어런스에서의 동일 리파지토리 인터페이스의 구현과 비슷하게, 주어진 TenantId의 테넌트에 해당하는 Product 인스턴스를 저장할, 테넌트에 특정된 컬렉션을 얻게 된다. 이를 통해 DB에서 몽고 DBCollection을 가져오게 된다. DBCollection 객체를 얻기 위해선 MongoRepository 추상 기본 클래스 내에 다음과 같이 구현한다.

```
public abstract class MongoRepository<T> {
    ...
    protected DBCollection databaseCollection(
            String aDatabaseName,
            String aCollectionName) {
        return MongoDatabaseProvider
                .database(aDatabaseName)
                .getCollection(aCollectionName);
    }
    ...
}
```

MongoDatabaseProvider를 사용해 데이터베이스 인스턴스로의 연결을 가져오며, 이는 DB 객체로 반환된다. 반환된 DB 객체를 통해 DBCollection을 요청한다. 구체적인 리파지토리 구현에서 봤듯이, 콜렉션은 텍스트 'product'와 테넌트의 전체 식별자의 조합으로 명명된다. 애자일 PM 컨텍스트는 agilepm이라는 이름의 전용 데이터베이스를 사용하는데, 이는 코히어런스 구현에서 해당 캐시를 이름 짓는 방법과 매우 유사하다.

```
public class MongoProductRepository
        extends MongoRepository<Product>
        implements ProductRepository {
    ...
    protected String collectionName(TenantId aTenantId) {
        return "product" + aTenantId.id();
    }

    protected String databaseName() {
        return "agilepm";
    }
    ...
}
```

앞서 살펴본 SpringHibernateSesisonProvider와 비슷하게, MongoDatabaseProvider는 애플리케이션 전체를 아우르는 DB 인스턴스를 가져오는 수단이다.

DBCollection은 save()에 사용되고 Product의 인스턴스를 검색하는 데 사용된다.

```
public class MongoProductRepository
        extends MongoRepository<Product>
        implements ProductRepository {
    ...
    @Override
    public Collection<Product> allProductsOfTenant(
            TenantId aTenantId) {
        Collection<Product> products = new ArrayList<Product>();

        DBCursor cursor =
            this.databaseCollection(
                    this.databaseName(),
                    this.collectionName(aTenantId)).find();

        while (cursor.hasNext()) {
            DBObject dbObject = cursor.next();

            Product product = this.deserialize(dbObject);

            products.add(product);
        }

        return products;
    }

    @Override
    public Product productOfId(
            TenantId aTenantId, ProductId aProductId) {
        Product product = null;

        BasicDBObject query = new BasicDBObject();

        query.put("productId",
```

```
                new BasicDBObject("id", aProductId.id()));

        DBCursor cursor =
            this.databaseCollection(
                    this.databaseName(),
                    this.collectionName(aTenantId)).find(query);

        if (cursor.hasNext()) {
            product = this.deserialize(cursor.next());
        }

        return product;
    }
    ...
}
```

allProductsOfTenant()는 다시 한 번 말하지만, 코히어런스의 경우와 아주 유사하다. 테넌트 기반의 DBCollection으로 하여금 모든 인스턴스를 find()하도록 단순히 요청하면 된다.

ProudctOfId()의 경우, 이번에는 특정 Product 인스턴스를 설명하는 DBObject를 DBCollection의 find() 메소드로 넘겨서 가져오게 한다. 두 가지 파인더 메소드 모두 반환된 DBCursor를 통해 모든 인스턴스를 얻거나 첫 번째 인스턴스만을 가져온다.

추가적인 행동

때때로 리파지토리 인터페이스상에 앞 절에서 살펴본 전형적인 유형들 외에, 추가적인 행동을 제공한다면 이점이 있을 수 있다. 편하게 쓸 수 있는 한 가지 행동으로 애그리게잇 컬렉션 내의 모든 인스턴스의 수를 세주는 행동이 있다. 이 행동이 카운트^count^라는 이름을 가질 것이라 생각했을 수 있다. 그러나 리파지토리는 컬렉션을 가능한 한 많이 흉내내야 하므로, 그 대신 다음의 메소드를 사용하는 편을 고려해봐야 한다.

```
public interface CalendarEntryRepository {
    ...
    public int size();
}
```

표준 java.util.Collection에서 제공하는 정확한 메소드는 size()다. 하이버네이트를 사용하면, 구현은 다음과 같은 형태가 된다.

```
public class HibernateCalendarEntryRepository
        implements CalendarEntryRepository {
    ...
    public int size() {
        Query query =
            this.session().createQuery(
                "select count(*) from CalendarEntry");

        int size = ((Integer) query.uniqueResult()).intValue();

        return size;
    }
}
```

일부의 엄격한 비기능적 요구사항을 맞추기 위해 데이터 저장소(데이터베이스나 그리드를 포함한) 내에서 수행돼야 하는 다른 계산이 있을 수 있다. 이는 저장소에서 비즈니스 로직을 수행하는 곳으로 데이터를 옮기는 것이 너무 느린 경우일 수 있다. 대신 데이터로 코드를 옮겨야 할 수도 있다. 이는 데이터베이스에 저장된 프로시저나 코히어런스에서 사용 가능한 데이터 그리드 엔트리 처리기와 같은 것을 사용해 달성할 수 있다. 그러나 이런 구현은 도메인 서비스(7)의 제어하에서 가장 잘 동작하는데, 그 이유는 무상태의 도메인 특정 오퍼레이션을 저장하는 데 흔히 사용되기 때문이다.

루트 자체에 직접 접근하지 않고 리파지토리에서 애그리게잇 파트를 쿼리하는 편이 때론 더 큰 이점을 가져올 수 있다. 애그리게잇이 일부 엔터티 타입의 큰 컬렉션을 가지고 있고 특정 기준에 부합하는 인스턴스에만 접근할 필요가 있을 때가 여기에 해당한다. 물론 애그리게잇이 루트를 통한 탐색에 따른 접근을 허용하고 있을 때만 타당한 이야기다. 그렇지 않다면 애그리게잇 루트가 탐색을 통한 접근을 허용하지 않아서, 리파지토리를 설계할 때 파트로의 접근을 제공하지 않았을 것이다. 그렇게 하는 것은 애그리게잇 계약을 위배하는 것이 된다. 클라이언트의 편리를 위한 단순한 지름길로서 이런 종류의 접근을 제공하는 리파지토리를 설계하지 않는 편을 권한다. 이는 주로 루트를 통한 탐색이 수용하지 못할 만한 병목을 야기하는 상황에서, 그 성능 문제를 해결하기 위해 사용돼야 한다고 생각한다. 이런 최적의 접근을 다루는 메소드는 다른 파인더와 같은 기본 특성을 가지지만(12장의 전반부를 참조하라.), 루트 엔터티가 아닌 포함된 파트의 인스턴스를 돌려주게 된다. 다시 한 번 말하지만 조심해서 사용하자.

특별한 파인더 메소드를 설계하도록 영향을 미치는 또 하나의 이유가 있다. 시스템의 특정 유스케이스는 도메인 데이터의 뷰를 렌더링할 때 단일 애그리게잇 타입의 정확한 경계를 따르지 않을 수도 있다. 대신 그들은 하나 이상의 애그리게잇에서 단순히 특정 파트만을 가져와 구성하는 등 여러 타입에 걸쳐 영향을 미칠 수도 있다. 이런 상황에서 여러분은 단일 트랜잭션에서 다양한 타입의 전체 애그리게잇 인스턴스를 찾고 나서 프로그램적으로 단일 컨테이너에 구성한 후 해당 페이로드 컨테이너를 클라이언트에게 제공하는 방향의 선택을 하진 않을 것이며, 그 대신 유스케이스 최적 쿼리라 불리는 방식을 사용하게 된다. 여기선 영속성 메커니즘에 맞춰 복잡한 쿼리를 지정한 후, 유스케이스의 요구사항을 다루기 위해 특별히 설계된 값 객체(6)에 동적으로 그 결과를 집어넣는다.

일부 경우에 리파지토리가 값 객체를 돌려주면서 애그리게잇 인스턴스를 반환하지 않는 모습에서 위화감을 느끼지 않아야 한다. `size()` 메소드를 제공하는 리파지토리는 자신이 갖고 있는 전체 애그리게잇 인스턴스의 수를 정수형의 아주 단순한 값으로 반환한다. 유스케이스 최적 쿼리는 단순히 이 개념을 좀 더 확장해서, 좀 더 복잡한 클라이언트의 요구를 처리하는 좀 더 복잡한 값을 제공한다.

다수의 리파지토리상에 유스케이스 최적 쿼리를 지원하는 많은 파인더 메소드를 생성해야 한다면, 이는 아마도 냄새 나는 코드가 된다. 무엇보다 이 상황은 애그리게잇 경계를 잘못 판단해 하나 이상의 다른 타입의 애그리게잇을 설계해야 하는 기회를 놓쳤다는 의미일 수 있다. 여기서 나는 코드 냄새는 리파지토리가 잘못된 애그리게잇 설계를 감추고 있다고 할 수 있다.

그러나 만약 여러분이 이런 상황에 처했지만 애그리게잇이 잘 설계됐다는 분석 결과가 나왔다면 어떻게 할 것인가? 이는 CQRS(4)의 사용을 고려해볼 필요가 있다는 의미일 수 있다.

트랜잭션의 관리

도메인 모델과 이를 둘러싸는 도메인 계층은 트랜잭션을 관리하기에 올바른 장소가 아니다.[5] 모델과 연관된 오퍼레이션 자체가 트랜잭션을 관리하기에는 일반적으로 그 단위가 너무 작고, 그들의 수명주기에 트랜잭션이 영향을 미쳐서도 안 된다. 모델 안에서 트랜잭션의 문제를 다루지 않도록 해야 한다면 도대체 어디서 이를 처리해야 한단 말인가?

도메인 모델의 영속성 측면에서 트랜잭션을 관리하는 일반적인 아키텍처적 접근은 애플리케이션 계층(14) 내에서 관리하는 것이다.[6] 일반적으로 애플리케이션/시스템에서 처리할 각 주요 유스케이스 그룹당 하나의 파사드[Gamma 등]를 애플리케이션 계층에 생성한다. 파사드는 큰 단위의 비즈니스 메소드로서 보통 각 유스케이스 흐름마다 하나씩 설계한다(아마 하나의 주어진 유스케이스당 하나로 제한될 것이다). 이런 각 비즈니스 메소드는 유스케이스의 요구에 따라 태스크를 조정한다. 파사드의 비즈니스 메소드가 사용자 인터페이스 계층(14)에 의해 사람이든 다른 시스템을 위해서든 호출될 때, 비즈니스 메소드는 트랜잭션을 시작하고 도메인 모델의 클라이언트로서 동작한다. 도메인 모델과의 필요한 모든 상호작용이 완료되면, 파사드의 비즈니스 메소드는 자신이 시작한 트랜잭션을 커밋한다. 유스케이스 태스크의 완료를 가로막는 오류/예외가 발생하면, 트랜잭션은 동일한 비즈니스 메소드에 의해 롤백된다.

트랜잭션의 관리는 선언적일 수도 있고 개발자의 코드에 의한 명시적 방식일 수도 있다. 트랜잭션이 선언적이든 사용자 관리에 따르든, 앞서 설명한 부분은 논리적 측면에서 다음과 같이 작동하게 된다.

5 일부 영속성 메커니즘의 트랜잭션 관리는 아예 존재하지 않거나 관계형 데이터베이스의 일반적인 ACID 트랜잭션과 다르게 작동한다는 점을 기억하자. 코히어런스를 비롯한 다양한 NoSQL 저장소는 이런 의미에서 다른 특징을 갖고 있으며, 그런 데이터 저장소 메커니즘에는 이 내용을 일반적으로 적용할 수 없다.

6 보안과 같은 다른 문제를 애플리케이션 계층에서 처리하겠지만, 이런 부분을 여기서 함께 다루진 않겠다.

```
public class SomeApplicationServiceFacade {
    ...
    public void doSomeUseCaseTask() {
        Transaction transaction = null;

        try {
            transaction = this.session().beginTransaction();

            // 도메인 모델을 사용한다...

            transaction.commit();

        } catch (Exception e) {
            if (transaction != null) {
                transaction.rollback();
            }
        }
    }
}
```

트랜잭션 내에서 도메인 모델에 일어난 변화를 등록하기 위해, 리파지토리의 구현이 애플리케이션 계층이 시작한 트랜잭션과 같은 세션이나 작업 단위Unit of Work에 접근할 수 있는지 확인하자. 이에 따라 도메인 계층에 발생하는 수정사항이 내부 데이터베이스로 적절하게 커밋되거나 롤백된다.

이를 달성하는 너무 다양한 방법이 있어서 모든 가능성을 다 다룰 수는 없다. 나는 설명한 내용을 제공하는 수단으로서 스프링과 같은 엔터프라이즈 자바 컨테이너와 제어 역행 컨테이너를 다룰 예정인데, 이는 일반적으로 잘 이해되고 있다. 여기서 강조할 부분은 여러분의 환경에 맞는 올바른 사용 방법이다. 예를 들어 다음은 스프링을 사용하는 방법이다.

```
<tx:annotation-driven transaction-manager="transactionManager"/>

<bean
    id="sessionFactory"
    class="org.springframework.orm.hibernate3.LocalSessionFactoryBean">
    <property name="configLocation">
        <value>classpath:hibernate.cfg.xml</value>
```

```
    </property>
</bean>

<bean
    id="sessionProvider"
    class="com.saasovation.identityaccess.infrastructure
            .persistence.SpringHibernateSessionProvider"
    autowire="byName">
</bean>

<bean
    id="transactionManager"
    class="org.springframework.orm.hibernate3
            .HibernateTransactionManager">
    <property name="sessionFactory">
        <ref bean="sessionFactory"/>
    </property>
</bean>

<bean
    id="abstractTransactionalServiceProxy"
    abstract="true"
    class="org.springframework.transaction.interceptor
            .TransactionProxyFactoryBean">
    <property name="transactionManager">
        <ref bean="transactionManager"/>
    </property>
    <property name="transactionAttributes">
        <props>
            <prop key="*">PROPAGATION_REQUIRED</prop>
        </props>
    </property>
</bean>
```

설정된 sessionFactory 빈은 하이버네이트 Session을 얻기 위한 수단을 제공한다. sessionProvider라 이름 붙인 빈은 현재 실행되는 Thread의 sessionFactory로부터 획득한 Session을 연결하기 위해 사용된다. Thread 내부에서 실행되고 있는 Session 인스턴스를 얻어야 할 필요가 있을 때, 하이버네이트 기반의 리파지토리는

sessionProvider 빈을 사용할 수 있다. transactionManager는 sessionFactory를 사용해서 하이버네이트 트랜잭션을 얻고 관리한다. 마지막 bean인 abstractTransactionalServiceProxy는 스프링 구성을 사용해 트랜잭션 빈을 선언하기 위한 프록시로서 선택적으로 사용된다. 가장 위에 선언된 내용에 따라 자바 애노테이션을 통해 트랜잭션을 선언하도록 하는데, 이 방식은 구성configuration을 사용하는 편보다 좀 더 편리할 수 있다.

```
<tx:annotation-driven transaction-manager="transactionManager"/>
```

이들을 연결함으로써 이제 주어진 파사드 비즈니스 메소드 트랜잭션을 단순한 애노테이션을 사용해 선언할 수 있다.

```
public class SomeApplicationServiceFacade {
    ...
    @Transactional
    public void doSomeUseCaseTask() {

        // 도메인 모델을 사용한다...
    }
}
```

앞의 트랜잭션을 관리하는 예제와 비교해보면, 이는 분명 비즈니스 메소드의 어수선함을 줄여주고 여러분이 태스크 조정에만 집중할 수 있도록 해준다. 이 애노테이션을 통해, 비즈니스 메소드가 호출될 때 스프링이 자동으로 트랜잭션을 시작하며 메소드가 완료되면 트랜잭션이 상황에 맞춰 커밋되거나 롤백된다.

다음은 sessionProvider 빈의 소스 코드를 식별자와 액세스 컨텍스트에 맞춰 구현한 모습이다.

```
package com.saasovation.identityaccess.infrastructure.persistence;

import org.hibernate.Session;
import org.hibernate.SessionFactory;

public class SpringHibernateSessionProvider {

    private static final ThreadLocal<Session> sessionHolder =
```

```
        new ThreadLocal<Session>();

    private SessionFactory sessionFactory;

    public SpringHibernateSessionProvider() {
        super();
    }

    public Session session() {
        Session threadBoundsession = sessionHolder.get();
        if (threadBoundsession == null) {
            threadBoundsession = sessionFactory.openSession();
            sessionHolder.set(threadBoundsession);
        }
        return threadBoundsession;
    }

    public void setSessionFactory(SessionFactory aSessionFactory) {
        this.sessionFactory = aSessionFactory;
    }
}
```

sessionProvider가 autowire="byName"에 의해 선언된 스프링 빈이기 때문에, 빈이 싱글턴으로서 인스턴스화될 때 sessionFactory 빈 인스턴스를 주입하기 위해 setSessionFactory() 메소드가 호출된다. 어떻게 하이버네이트 기반의 리파지토리가 이를 사용하는지 찾고자 앞 장들을 찾아보는 수고를 덜어주기 위해, 다음과 같이 간단히 돌이켜보자.

```
package com.saasovation.identityaccess.infrastructure.persistence;

public class HibernateUserRepository
        implements UserRepository {

    @Override
    public void add(User aUser) {
        try {
            this.session().saveOrUpdate(aUser);
        } catch (ConstraintViolationException e) {
```

```
            throw new IllegalStateException("User is not unique.", e);
        }
    }
    ...
    private SpringHibernateSessionProvider sessionProvider;

    public void setSessionProvider(
            SpringHibernateSessionProvider aSessionProvider) {
        this.sessionProvider = aSessionProvider;
    }

    private org.hibernate.Session session() {
        return this.sessionProvider.session();
    }
}
```

이 코드 조각은 식별자와 액세스 컨텍스트의 HibernateUserRepository로부터 가져왔다. 이 클래스 역시 이름에 의해 자동으로 연결된autowired 스프링 빈으로, 이는 생성될 때 setSessionProvider() 메소드가 자동으로 호출돼 sessionProvider 빈으로의 참조를 얻는다는 의미이며, 이는 SpringHibernateSessionProvider의 인스턴스다. add() 메소드(또는 영속성을 제공하는 모든 다른 메소드)가 호출되면 session() 메소드를 통해 Session을 요청한다. 그에 따라 session()은 주입된 sessionProvider를 사용해 스레드에 한정된 Session 인스턴스를 가져온다.

하이버네이트를 사용할 때에 한정해 트랜잭션을 관리하는 방법을 보여줬지만, 탑링크와 JPA와 그 밖의 영속성 메커니즘에서도 이 모든 원리를 사용한다. 어떤 영속성 메커니즘이든지 같은 세션과 작업 단위와 애플리케이션 계층이 관리하는 트랜잭션으로의 접근을 제공할 방법을 반드시 찾아야 한다. 의존성 주입이 가능하다면 잘 작동하게 된다. 가능하지 않다면 필요한 연결을 가능케 하는 다른 창의적인 방법들이 있으며, 해당 객체를 현재 스레드에 수동으로 바인딩하는 방법까지도 사용할 수 있다.

경고

나는 도메인 모델과 함께 트랜잭션을 과도하게 사용하는 것에 대해 마지막 경고를 남겨야 할 의무감을 느낀다. 애그리게잇은 올바른 일관성 경계를 확보하기 위해 신중하게 설계돼야 한다. 단지 단위 테스트 환경에서 작동한다는 이유로, 단일 트랜잭션에서 여러 애그리게잇의 수정을 커밋하는 기능을 과도하게 사용하지 않도록 주의하라. 조심하지 않으면 개발과 테스트에서 잘 작동하던 코드가 실제 프로덕션production 환경에선 동시성 문제로 심각하게 실패할 수 있다. 필요하다면 트랜잭션의 성공을 확실히 보장하기 위해 일관성 경계를 정확히 정의하는 방법에 관한 애그리게잇(10)을 다시 살펴보자.

타입 계층구조

객체지향 언어를 사용해서 도메인 모델을 개발할 때, 타입 계층구조를 만들기 위해 상속을 사용하려는 유혹에 빠질 수 있다. 이를 기본 클래스 안에 기본값 상태와 행동을 두고 서브클래스를 사용해 확장해나갈 기회로 생각할 수 있다. 안 될 이유가 있나? 반복하지 않아도 되는 완벽한 방법처럼 보인다.

같은 혈통을 가졌지만 다른 친척들과는 구분되고 별도의 리파지토리를 가진 애그리게잇을 생성하는 것은 단일 리파지토리를 공유하는 같은 혈통을 가진 애그리게잇을 생성하는 방법과는 다른 방식으로 상속을 사용한다. 따라서 이 절에서는 단일 도메인 모델 내의 모든 애그리게잇 타입이 계층 슈퍼 타입Layer Supertype[Fowler, P of EAA]을 확장해 도메인 전체의 공통 상태나 행동을 제공하는 상황에 대해 논의하지 않는다.[7]

오히려 여기서는 공통의 도메인 특정 슈퍼클래스를 확장하는 상대적으로 적은 수의 애그리게잇 타입을 생성하는 내용을 다룬다. 이는 상호 교체가 가능하고 다형성의 특징을 가진 근접하게 연결된 타입의 계층구조를 형성하도록 설계된다. 이런 계층구조에선 클라이언트가 인스턴스를 상호 교체 가능하도록 사용해야 하기 때문에 단일 리파지토리를 사용해 별도 타입의 인스턴스를 저장하고 가져오도록 하는데, 클라이언트는 언제든지 그들이 다루고 있는 특정 서브클래스에 대해 거의 혹은 전혀 알고 있을 필요가 없으며 이는 리스코프 치환 원칙LSP, Liskov Substitution Principle[Liskov]을 반영한다.

내 말은 이런 뜻이다. 다양한 종류의 서비스를 제공하기 위해 여러분의 비즈니

7 엔터티(5)와 값 객체(6) 설계에서 계층 슈퍼 타입을 사용하는 장점을 논의했다. 5장과 6장을 참고하자.

스는 외부 비즈니스를 사용하고, 여러분은 이 관계를 모델링해야 한다. 공통의 추상 기본 클래스인 ServiceProvider를 두기로 결정했더라도 어떤 타당한 근거로 인해 이들의 다양한 구체적 타입을 구분해야 하는데, 이는 각각이 제공하는 서비스들이 공통적인 동시에 분명한 차이점을 갖기 때문이다. WarbleServiceProvider와 WonkleServiceProvider를 가져야 하는 상황에서, 범용적인 방법으로 서비스 요청을 스케줄링할 수 있도록 타입을 설계한다.

```
// 도메인 모델의 클라이언트
serviceProviderRepository.providerOf(id)
        .scheduleService(date, description);
```

이런 맥락에서 보면, 도메인 특정의 애그리게잇 타입 계층구조를 생성하는 일은 많은 도메인에서 제한적인 유용성을 가질 것이라는 점이 분명하다. 그 이유는 다음과 같다. 앞서 봤듯, 대부분 공통 리파지토리가 서브클래스의 모든 인스턴스를 가져오는 파인더 메소드를 포함해 설계될 것이다. 이는 메소드가 공통의 수퍼클래스의 인스턴스(이 경우에는 ServiceProvider)를 반환해주며, 특정 서브클래스인 WarbleServiceProvider나 WonkleServiceProvider의 인스턴스로는 응답하지 않을 것이라는 의미다. 파인더가 특정 타입을 반환하도록 설계되면 어떤 일이 생길지 생각해보자. 클라이언트는 해당하는 애그리게잇의 식별자나 그 밖의 지정된 타입의 인스턴스에 맞는 애그리게잇을 나타내는 특성이 무엇인지 알고 있어야만 한다. 그렇지 않으면 이는 일치하는 대상이 없다는 결과를 반환하거나, 잘못된 타입의 일치하는 인스턴스가 반환돼 ClassCastException을 발생시키게 된다. 올바른 타입의 인스턴스를 찾을 수 있는 좋은 방법으로 설계한다고 하더라도, 애그리게잇이 완전히 리스코프 치환 원칙에 맞게 설계되지 않았다면 클라이언트는 구체적으로 서브클래스에 따른 오퍼레이션의 차이점까지도 알고 있어야 한다.

식별자에 의해 타입을 구별하는 첫 번째 문제를 해결하기 위해, 애그리게잇 타입 정보를 고유 식별자의 클래스 내에 식별자로 인코딩하면 안전하게 인스턴스를 찾아낼 수 있다는 결론에 다다를지도 모른다. 이 방법을 선택할 수도 있지만, 이는 두 가지 추가적인 문제점으로 이어진다. 클라이언트는 식별자를 타입으로 매핑해야 할 책임을 갖게 된다. 또 다른 문제는 차이가 나는 오퍼레이션과 클라이언트 사이에 결합이 생긴다는 점이다. 이는 다음과 같은 유형의 클라이언트 타입 의존성으로 이어진다.

```
// 도메인 모델의 클라이언트

if (id.identifiesWarble()) {
    serviceProviderRepository.warbleOf(id)
            .scheduleWarbleService(date, warbleDescription);
} else if (id.identifiesWonkle()) {
    serviceProviderRepository.wonkleOf(id)
            .scheduleWonkleService(date, wonkleDescription);
} ...
```

이런 유형의 상호작용이 예외적인 경우가 아니라 일반적인 경우가 되면, 이는 냄새 나는 코드임을 의미한다. 계층구조를 생성함으로써 얻어지는 이점이 그렇게 크다면, 이런 단 한 번의 드문 적용 정도는 바꿀 만한 가치가 충분할지도 모른다. 그러나 이런 부자연스러운 예제에선 암시적인 ServiceDescription 타입과 scheduleService()의 내부 구현을 좀 더 통찰력 있게 설계하는 것만으로도 충분하다. 그렇지 않다면, 각 타입에 별도의 리파지토리를 할당하면서 상속을 사용함으로써 얻을 수 있는 이점이 있는지 질문해봐야 한다. 단 두 개 정도의 구체적인 서브클래스가 필요한 경우라면 별도의 리파지토리를 생성하는 편이 최선일 것이다. 구체적 서브클래스의 수가 서넛이나 그 이상으로 늘어나고 대부분이 완전히 상호 교체 가능하도록 사용될 수 있다면(LSP), 공통의 리파지토리를 공유하는 편이 더 낫다.

대부분의 경우, 타입 설명적 정보를 애그리게잇의 속성으로(식별자 안이 아닌) 설계하면 이런 상황은 완전히 피할 수 있다. 값 객체(6)의 표준 타입에 관한 논의를 참고하자. 이런 방법을 적용함으로써 단일 애그리게잇 타입은 명시적으로 결정된 표준 타입에 기반해 내부적으로 다르게 행동하도록 구현할 수 있다. 명시적 표준 타입을 사용해, 하나의 구체적인 ServiceProvider 애그리게잇에서 타입에 기반해 디스패치하는 scheduleService()를 설계할 수 있다. 클라이언트가 타입에 기반한 결정을 하지 않도록 보호하기 위해 이런 내용이 클라이언트로 누수되지 않도록 분명히 해야 한다. 그 대신 scheduleService()와 그 밖의 ServiceProvider 메소드에선 다음과 같이 그러한 도메인 특정 결정을 올바르게 담을 수 있도록 해야 한다.

```
public class ServiceProvider {
    private ServiceType type;
    ...
```

```
    public void scheduleService(
            Date aDate,
            ServiceDescription aDescription) {
        if (type.isWarble()) {
            this.scheduleWarbleService(aDate, aDescription);
        } else if (type.isWonkle()) {
            this.scheduleWonkleService(aDate, aDescription);
        } else {
            this.scheduleCommonService(aDate, aDescription);
        }
    }
    ...
}
```

내부의 디스패치가 지저분해지면 언제든 더 작은 계층구조를 또 하나 설계해서 이를 처리토록 하면 된다. 사실, 이런 접근법을 선호한다는 가정하에, 표준 타입 자체를 상태[Gamma 등]로 설계할 수도 있다. 그런 경우 특수화된 행동을 다양한 타입으로 구현하게 된다. 물론 이는 우리가 단일 ServiceProviderRepository를 갖는다는 의미이며, 이는 여러 타입을 하나의 리파지토리에 저장하면서 공통의 행동으로 사용하려는 욕구를 충족시켜준다.

또한 역할 기반의 인터페이스를 사용하면 이런 상황을 피할 수 있다. 이런 상황에서 우린 다수의 애그리게잇 타입이 구현할 SchedulelableService 인터페이스를 설계하기로 결정할 수도 있다. 역할과 책임에 관한 논의는 엔터티(5)를 참고하자. 상속이 사용된다고 하더라도, 애그리게잇 다형성 행동은 어떤 특별한 경우도 클라이언트에게 노출되지 않도록 신중하게 설계돼야 한다.

리파지토리 대 데이터 액세스 객체

때론 리파지토리의 개념은 데이터 액세스 객체[DAO, Data Access Object]와 동의어로 간주된다. 둘 다 영속성 메커니즘의 추상적 개념을 제공한다. 그러나 객체 관계형 매핑 도구 역시 영속성 메커니즘의 추상적 개념을 제공하지만 이는 리파지토리도 DAO도 아니다. 따라서 모든 영속성 추상 개념을 DAO라고 부르진 않는다. 우리는 DAO 패턴을 구현할지 여부를 결정해야 한다.

나는 일반적으로 리파지토리와 DAO 사이에 차이점이 있다고 생각한다. 기본적으로 DAO는 데이터베이스 테이블에 따라 표현되며 CRUD 인터페이스를 제공한다. 마틴 파울러는 [Fowler, P of EAA]에서 DAO 같은 장치의 사용을 도메인 모델과 함께 사용하는 장치들과 구분한다. 그는 테이블 모듈과 테이블 데이터 게이트웨이와 액티브 레코드를 트랜잭션 스크립트 애플리케이션에서 전형적으로 사용할 수 있는 패턴이라 정의한다. 이는 DAO와 관련된 패턴은 데이터베이스 테이블 주변의 래퍼로서 적용하는 경향이 있기 때문이다. 한편 객체 선호도를 갖는 리파지토리와 데이터 매퍼는 도메인 모델과 함께 사용되는 전형적인 패턴이다.

그렇지 않으면 애그리게잇의 일부로 간주됐을 데이터상에 작은 단위의 CRUD 오퍼레이션을 수행하기 위해 DAO를 비롯한 관련 패턴을 사용할 수 있기 때문에, 이는 도메인과 함께 사용되는 상황을 피해야 하는 패턴이다. 일반적인 상황에선 애그리게잇 스스로가 자신의 비즈니스 로직과 기타 내부 사항을 직접 관리하는 가운데 그 밖의 요소는 모두 제외하도록 하는 편이 바람직하다.

앞서 나는 저장된 프로시저나 데이터 그리드 엔트리 처리기는 요구되는 비기능적 요구사항을 맞추기 위해 필수적인 경우가 있다고 언급했다. 여러분의 도메인에 따라 이는 예외라기보다는 규칙에 가까워질 수 있다. 그러나 시스템의 비기능적 요구사항이 이를 주도하지 않는다면 차라리 피하는 편을 권장한다. 비즈니스 로직을 데이터 저장소에 두고 실행하게 되면 많은 경우에 DDD와 대치된다. 데이터 패브릭 기능/엔트리 처리기의 사용은 도메인 모델링의 목표에 그다지 방해되진 않는다고 결론 내릴 수 있다. 예를 들면 기능/엔트리 처리기 구현은 자바로 작성돼 유비쿼터스 언어(1)와 도메인의 목표에 부합할 수 있다. 핵심 모델과의 유일한 차이점은 기능/엔트리 처리기가 어디서 실행되느냐인데, 이는 방해가 되지 않는다. 반면에 저장된 프로시저를 과다하게 사용하면 잠재적으로 DDD에 방해가 되는데, 이는 일반적으로 모델링 팀이 프로그래밍 언어를 잘 이해하기가 어렵고 그들의 시각에서 맞춰 '안전하게' 구현을 마무리하기가 어렵기 때문이다. 이런 상황에선 DDD가 이루고자 하는 바에 정확히 반대 방향으로 움직이게 된다.

리파지토리를 일반적 관념에서 DAO로 생각할 수도 있다. 마음에 새겨야 할 중요한 점은 가능한 한 데이터 액세스 지향보다는 컬렉션 지향으로 설계하려고 노력해야 한다는 점이다. 이는 데이터가 아닌 모델로서 도메인에 집중하는 가운데, 보이지 않는 뒤편에서 사용되는 CRUD 오퍼레이션을 통해 영속성을 관리하도록 해준다.

리파지토리의 테스트

리파지토리의 테스트를 바라보는 두 가지 방향이 있다. 리파지토리 자체가 바르게 동작하는지 증명하기 위해 테스트해야 한다. 또한 그들이 생성하는 애그리게잇을 저장하고 기존의 애그리게잇을 검색하기 위해 리파지토리를 사용하는 코드를 테스트해야 한다. 첫 번째 유형의 테스트에선 완전한 프로덕션 수준 품질의 구현을 사용해야 한다. 그렇지 않으면 프로덕션 코드가 작동할지 알 수 있는 방법이 없다. 두 번째 유형의 테스트에선 프로덕션 구현을 사용하거나 그 대신 인메모리 구현을 사용할 수도 있다. 여기선 우선 프로덕션 구현 테스트를 논의하고 이어서 인메모리 테스트와의 차이점을 설명한다.

앞서 언급된 ProductionRepository의 코히어런스 구현을 위한 테스트를 살펴보자.

```
public class CoherenceProductRepositoryTest extends DomainTest {

    private ProductRepository productRepository;
    private TenantId tenantId;

    public CoherenceProductRepositoryTest() {
        super();
    }
    ...
    @Override
    protected void setUp() throws Exception {
        this.setProductRepository(new CoherenceProductRepository());
        this.tenantId = new TenantId("01234567");
        super.setUp();
    }

    @Override
    protected void tearDown() throws Exception {
        Collection<Product> products =
        this.productRepository()
                .allProductsOfTenant(tenantId);

        this.productRepository().removeAll(products);
```

```
    }

    protected ProductRepository productRepository() {
        return this.productRepository;
    }

    protected void setProductRepository(
            ProductRepository aProductRepository) {
        this.productRepository = aProductRepository;
    }
}
```

각 테스트를 위해 준비해야 하는 일반적인 설정과 각 테스트 후 정리해야 하는 정리 오퍼레이션이 일부 있다. 설정을 위해 CoherenceProductRepository 클래스의 인스턴스를 생성하고 TenantId의 가짜 인스턴스를 생성한다. 정리를 위해 각 테스트마다 캐시를 지원하기 위해 추가한 모든 Product 인스턴스를 삭제한다. 코히어런스에서 이는 중요한 정리 단계다. 캐시된 인스턴스를 모두 삭제하지 않으면 이어지는 테스트에서 그대로 남아있게 되고, 이는 영속된 인스턴스 카운트와 같은 일부 어설션의 실패를 야기할 수도 있다.

다음은 리파지토리 행동을 테스트한다.

```
public class CoherenceProductRepositoryTest extends DomainTest {
    ...
    public void testSaveAndFindOneProduct() throws Exception {

        Product product =
            new Product(
                    tenantId,
                    this.productRepository().nextIdentity(),
                    "My Product",
                    "This is the description of my product.");

        this.productRepository().save(product);

        Product readProduct =
            this.productRepository()
                .productOfId(tenantId, product.productId());
```

```
        assertNotNull(readProduct);
        assertEquals(readProduct.tenantId(), tenantId);
        assertEquals(readProduct.productId(), product.productId());
        assertEquals(readProduct.name(), product.name());
        assertEquals(readProduct.description(), product.description());
    }
    ...
}
```

테스트 메소드의 이름이 나타내는 바처럼, 여기선 단일 Product를 저장한 후 찾으려 시도한다. 첫 작업에선 Product를 인스턴스화하고 이를 리파지토리에 저장한다. 인프라로부터 예외가 발생하지 않는다면 Product가 올바르게 저장됐다고 생각할 수 있다. 그러나 이를 확실하게 알기 위해선 한 가지 방법밖에 없다. 인스턴스를 찾고 이를 원본과 비교하는 것이다. 인스턴스를 찾기 위해 우리는 전역 고유 식별자를 메소드 productOfId()로 보낸다. 인스턴스가 찾아진다면 null이 아니게 되고, 저장했던 대상과 tenantId, productId, name, description이 같은지를 확인해 성공이라 단정할 수 있다.

다음은 다수의 인스턴스의 저장과 검색을 테스트한다.

```
public class CoherenceProductRepositoryTest extends DomainTest {
    ...
    public void testSaveAndFindMultipleProducts() throws Exception {
        Product product1 =
            new Product(
                    tenantId,
                    this.productRepository().nextIdentity(),
                    "My Product 1",
                    "This is the description of my first product.");

        Product product2 =
            new Product(
                    tenantId,
                    this.productRepository().nextIdentity(),
                    "My Product 2",
                    "This is the description of my second product.");
```

```
        Product product3 =
            new Product(
                    tenantId,
                    this.productRepository().nextIdentity(),
                    "My Product 3",
                    "This is the description of my third product.");

        this.productRepository()
            .saveAll(Arrays.asList(product1, product2, product3));

        assertNotNull(this.productRepository()
            .productOfId(tenant, product1.productId()));
        assertNotNull(this.productRepository()
            .productOfId(tenant, product2.productId()));
        assertNotNull(this.productRepository()
            .productOfId(tenant, product3.productId()));

        Collection<Product> allProducts =
            this.productRepository().allProductsOfTenant(tenant);

        assertEquals(allProducts.size(), 3);
    }
    ...
}
```

먼저 세 Product 인스턴스를 인스턴스화하고 saveAll()을 사용해서 한 번에 저장한다. 다음으로 다시 productOfId()를 이용해서 개별 인스턴스를 검색한다. 세 가지 인스턴스 모두 null이 아니면 우리는 세 인스턴스 모두 바르게 영속됐다고 확신하게 된다.

카우보이 논리

AJ: "내 여동생 남편이 여동생에게 자신이 죽으면 창고에 있는 모든 물건을 팔아달라고 했다는군. 내 여동생이 그 이유를 물었어. 그는 그녀가 재혼한 머저리 같은 남자가 그 물건을 쓰는 게 싫다고 했대. 그러자 그녀는 또 다른 머저리와 결혼할 생각은 없으니까 걱정하지 말라고 했다네."

아직 테스트되지 않은 allProductOfTenant()라는 리파지토리 메소드가 있다. 테스트가 시작될 때 리파지토리 캐시가 완전히 비워졌다고 가정하면, 이로부터 세 가지 Product 인스턴스를 성공적으로 읽어올 수 있어야 한다. 따라서 우리는 세 가지 모두를 검색하고자 한다. 반환된 Collection은 찾으려던 대상을 찾지 못하더라도 절대 null이 돼선 안 된다. 따라서 테스트의 마지막 단계는 예상했던 Product 인스턴스의 총 숫자, 즉 세 가지가 실제로 찾아졌는지 확인하게 된다.

클라이언트가 리파지토리를 사용하는 방법과 그에 따른 결과가 올바른지 증명할 테스트를 해봤으니, 이제 클라이언트가 리파지토리를 좀 더 최적화된 방향으로 사용하는지 살펴볼 테스트를 진행할 수 있다.

인메모리 구현으로 테스트하기

테스트를 위해 리파지토리의 전체 영속성 구현을 설정하는 일이 매우 어렵거나 사용하기에 너무 느리다면, 다른 접근법을 이용할 수 있다. 도메인 모델링의 초기에는 데이터베이스 스키마를 포함한 영속성 메커니즘이 아직 사용 가능하지 않는 등 테스트하기에 바람직하지 않은 조건일 수 있다. 이런 상황 중 하나라도 마주하게 된다면, 리파지토리의 인메모리 에디션을 구현하는 방법이 최선이다.

인메모리 에디션을 생성하는 방법은 꽤 단순하지만, 약간의 어려움이 있을 수도 있다. 단순하게는 HashMap을 생성해 인터페이스를 구현하는 방법이 있다. 엔트리를 Map에 put()하고 거기서 remove()하는 일은 복잡하지 않다. 단지 각 애그리게잇 인스턴스의 전역 고유 식별자를 키로서 사용하면 된다. 애그리게잇 인스턴스 자체는 값으로 사용한다. add()나 save() 메소드, remove() 메소드는 상당히 단순하다. 사실 ProductRepository는 전체 구현이 상당히 단순하다.

```
package com.saasovation.agilepm.domain.model.product.impl;

public class InMemoryProductRepository implements ProductRepository {

    private Map<ProductId,Product> store;

    public InMemoryProductRepository() {
        super();
        this.store = new HashMap<ProductId,Product>();
    }
```

```
@Override
public Collection<Product> allProductsOfTenant(Tenant aTenant) {
    Set<Product> entries = new HashSet<Product>();

    for (Product product : this.store.values()) {
        if (product.tenant().equals(aTenant)) {
            entries.add(product);
        }
    }

    return entries;
}

@Override
public ProductId nextIdentity() {
    return new ProductId(java.util.UUID.randomUUID()
            .toString().toUpperCase());
}

@Override
public Product productOfId(Tenant aTenant, ProductId aProductId) {
    Product product = this.store.get(aProductId);

    if (product != null) {
        if (!product.tenant().equals(aTenant)) {
            product = null;
        }
    }

    return product;
}

@Override
public void remove(Product aProduct) {
    this.store.remove(aProduct.productId());
}

@Override
public void removeAll(Collection<Product> aProductCollection) {
    for (Product product : aProductCollection) {
```

```
            this.remove(product);
        }
    }

    @Override
    public void save(Product aProduct) {
        this.store.put(aProduct.productId(), aProduct);
    }

    @Override
    public void saveAll(Collection<Product> aProductCollection) {
        for (Product product : aProductCollection) {
            this.save(product);
        }
    }
}
```

사실 ProductId()에는 딱 한 가지 특별한 경우가 있다. 이 파인더를 올바르게 구현하려면, 주어진 ProductId로 일치하는 Product를 얻은 후에 Product의 TenantId가 Tenant 매개변수와 일치하는지도 함께 확인해야 한다. 그렇지 않으면 Product 인스턴스를 null로 설정한다. 실제로 InMemoryProductRepositoryTest라는 이름의 CoherenceProductRepositoryTest와 거의 일치하는 사본을 만들어서 이 인메모리 구현을 테스트할 수 있다. 한 가지 바꿔야 하는 부분은 setup() 내에 있다.

```
public class InMemoryProductRepositoryTest extends TestCase {
    ...
    @Override
    protected void setUp() throws Exception {
        this.setProductRepository(new InMemoryProductRepository());
        this.tenantId = new TenantId("01234567");

        super.setUp();
    }

    ...
}
```

코히어런스 구현 대신 InMemoryProductRepository를 그냥 인스턴스화하자. 이를 제외하면 테스트 메소드 자체는 동일하다.

좀 더 어려운 점이 있다면 일반적으로 좀 더 고도화된 파인더를 구현하는 상황과 관련이 있는데, 매개변수의 기준[criteria]을 찾아내기가 복잡해진다. 이 기준에 맞춰 찾아내는 논리적 과정이 너무 복잡하다면, 그 상황을 벗어날 방법을 찾아야 할 수도 있다. 즉 검색의 결과에 해당하는 인스턴스를 미리 담은 리파지토리를 만들어두는 한편, 파인더 메소드는 미리 만들어둔 인스턴스만을 반환하도록 하는 방법을 선택해야 할 수도 있다. 테스트의 setup() 메소드를 사용해서 인스턴스를 미리 채울 수 있다.

리파지토리의 인메모리 에디션을 구현하는 방식의 또 한 가지 이점은 영속성 지향 인터페이스로 save()의 올바른 사용을 테스트해야 할 때에 드러난다. 여러분은 save() 메소드의 호출 횟수를 세도록 구현할 수 있다. 각 테스트가 수행되고 난 후, 호출의 수가 특정 리파지토리의 클라이언트에 의해 요구된 수와 같은지 확인할 수 있다. 일반적으로 save()의 변화를 명시적으로 애그리게잇에 저장하는 애플리케이션 서비스를 테스트할 때 이런 접근법을 사용할 수 있다.

마무리

12장에선 리파지토리의 구현을 깊이 있게 살펴봤다.

- 컬렉션 지향과 영속성 지향의 리파지토리를 학습하고 각각을 사용하는 이유가 무엇인지 배웠다.
- 하이버네이트, 탑링크, 코히어런스, 몽고DB에서 리파지토리를 어떻게 구현하는지 살펴봤다.
- 왜 리파지토리의 인터페이스상에 추가적인 행동이 필요할 수 있는지 조사했다.
- 트랜잭션이 리파지토리의 사용에 어떤 역할을 하는지 고려했다.

- 타입 계층구조를 위해 리파지토리를 설계하는 어려움을 숙지했다.
- 리파지토리와 데이터 액세스 객체 사이의 근본적인 차이점을 살펴봤다.
- 어떻게 리파지토리를 테스트하는지와 리파지토리를 사용해 테스트하는 여러 방법을 살펴봤다.

다음으로는 방향을 바꿔서 바운디드 컨텍스트의 통합을 주의 깊게 살펴보자.

13장

바운디드 컨텍스트의 통합

정신적으로 연결고리를 만드는 일은 관계를 형성하고 주어진 상황을
뛰어넘고 패턴이나 관계나 컨텍스트를 발견하기 위한 가장 필수적인
학습의 도구이자 인간 지능의 정수다.
– 마릴린 퍼거슨

중요한 프로젝트라면 언제나 다수의 바운디드 컨텍스트(2)가 있으며, 그 바운디드 컨텍스트 중 둘 이상은 반드시 통합해야 한다. 컨텍스트 맵(3)을 사용해 바운디드 컨텍스트 사이에 존재하는 일반적인 관계를 논의했고, 그 관계를 DDD의 원리에 따라 관리하는 몇 가지 방법들을 살펴봤다. 아직 도메인(2), 서브도메인(2), 바운디드 컨텍스트, 컨텍스트 맵 등에 관해 충분히 이해하지 못했다면, 이번 장을 계속하기에 앞서 이를 확실히 해야 한다. 13장의 내용은 이런 기초적인 개념들 위에 쌓아나가게 된다.

앞서 논의한 바와 같이, 컨텍스트 맵에는 두 가지 주요 형태가 있다. 그 형태 중 하나는 모든 둘 이상의 바운디드 컨텍스트 사이에 존재하는 관계의 종류를 표현하기 위해 사용하는 간단한 그림이다. 훨씬 더 구체적인 두 번째 형태는 이런 관계를 실제로 구현하는 코드다. 이번 장에서 다룰 내용은 바로 이것이다.

13장의 로드맵

- 몇 가지 통합의 기본 원리를 다시 보고, 분산 컴퓨팅 환경에서 시스템을 성공적으로 통합하기 위해 필요한 올바른 사고방식을 개발하자.
- 레스트풀 리소스를 사용한 통합 방식을 살펴보고, 이의 장점과 단점을 살펴보자.
- 메시징을 사용해 통합하는 방법을 학습하자.
- 여러 바운디드 컨텍스트에 걸쳐서 정보를 복제하려고 할 때 겪을 수 있는 어려움을 이해하자.
- 설계 접근법의 성숙도를 높여줄 예제를 공부하자.

통합의 기본

두 바운디드 컨텍스트를 통합해야 할 때, 코드로 이를 수행하는 상당히 단순한 몇 가지 방법이 있다.

이 단순한 방법 중 하나로, 하나의 바운디드 컨텍스트가 애플리케이션 프로그래밍 인터페이스API, Application Programming Interface를 노출하고 다른 바운디드 컨텍스트가 원격 프로시저 호출RPCs, Remote Procedure Calls을 통해 해당 API를 사용하는 방법이 있다. 이 API는 SOAP를 사용하거나 단순히 HTTP(REST가 아닌)를 통해 XML 요청을 보내고 응답을 받도록 할 수도 있다. 사실, 원격으로 접근이 가능한 API를 만드는 데는 몇 가지 방법이 더 있다. 이는 통합의 가장 인기 있는 방법 중 하나이며, 프로시저 호출 스타일을 지원하기 때문에 프로시저나 메소드를 호출하는 데 익숙한 프로그래머들이 이해하기 쉽다. 우리 대부분이 그렇다.

바운디드 컨텍스트를 통합하는 두 번째 단순한 방법은 메시징 메커니즘을 사용하는 것이다. 상호작용해야 하는 각 시스템은 메시지 큐나 발행-구독[Gamma 등] 메커니즘을 사용한다. 물론 메시징 게이트웨이를 API로 생각할 수도 있지만, 대신 이를 단순한 서비스 인터페이스로 간주한다면 수용 범위를 좀 더 광범위하게 넓힐 수 있다. 메시징을 이용할 때 사용할 수 있는 많은 수의 통합 기법이 있으며, [Hophe & Woolf]의 저서에서 많은 부분을 다루고 있다.

바운디드 컨텍스트를 통합하는 세 번째 방법은 레스트풀 HTTP를 사용하는 것이다. 일부에선 이를 원격 프로시저 호출 접근법의 한 종류로 생각하기도 하지만, 사실은 그렇지 않다. 한 시스템에서 다른 시스템으로 요청한다는 점에선 비슷한 속성이 있긴 하지만, 이 요청은 매개변수를 포함한 프로시저를 사용해 만들어지지 않는다. 아키텍처(4)에서 언급한 바와 같이 REST는 구분된 URI를 사용해 고유하게 식별된 리소스를 교환하고 수정하는 수단이다. 각 리소스상에 다양한 오퍼레이션이 수행될 수 있다. 레스트풀 HTTP는 주로 GET, PUT, POST, DELETE 등의 메소드를 제공한다. 이들이 단지 CRUD 오퍼레이션을 지원하는 듯이 보일지도 모르지만, 약간의 상상력을 가진다면 네 가지 메소드 범주 중 하나로 오퍼레이션의 명시적 의도를 분류할 수 있다. 예를 들면, GET은 다양한 쿼리 오퍼레이션을 분류하는 데 쓰이고, PUT은 애그리게잇(10)상에 실행하는 커맨드 오퍼레이션을 캡슐화해준다.

물론 애플리케이션을 통합하는 데 단 세 가지 방법만이 있다는 의미는 절대 아니다. 예를 들어, 파일 기반의 통합이나 공유된 데이터베이스 통합을 사용할 수도 있지만, 이런 방법은 여러분을 너무 빨리 늙어버리게 만든다.

카우보이 논리

AJ: "안장에서 아래쪽 자리에 앉는 게 좋을 거야. 그 말이 아주 센 놈이라서 고생하느라 늙어버릴 거라고."

바운디드 컨텍스트를 통합하는 세 가지 일반적인 방법에 대해 강조했지만, 실제로 13장에선 그중 두 가지만을 다룬다. 주로 메시징 메커니즘으로 통합하는 데 집중하겠지만, 레스트풀 HTTP를 어떻게 사용하는지도 함께 살펴본다. RPC를 사용하는 예제는 살펴보지 않을 텐데, 다른 두 가지 접근법을 대체하기 위해 사용할 수 있는 프로시저적인 API를 생성하는 방법은 어렵지 않게 생각해볼 수 있기 때문이다. 또한 자치 서비스autonomous service(자율적 애플리케이션으로도 알려짐)의 지원이 목표라면, RPC는 탄력성resilience이 좀 떨어진다. 보통 RPC 기반의 API를 지원하는 실패한 시스템에선 의존적 시스템이 수행하는 오퍼레이션의 성공을 방해한다.

이는 모든 통합 개발자가 주목해야만 하는 필수적이고 중요한 주제를 이끌어낸다.

분산 시스템은 근본적으로 다르다

언제나 문제는 분산 시스템에 익숙하지 않은 개발자가 내재하는 복잡성을 얼버무리고 넘어갈 때 발생한다. 이는 특히 RPC를 사용할 때 그런데, 분산 경험이 미숙한 사람들은 보통 모든 원격 호출이 인프로세스 호출처럼 쉽다고 생각하기 때문이다. 이런 가정은 단 하나의 시스템이나 그 컴포넌트가 단지 일시적으로라도 사용이 불가능해질 때 많은 수의 시스템에 걸쳐서 연쇄적인 실패를 야기할 수 있다. 그러므로 분산 시스템 내에서 작업하는 모든 개발자는 다음과 같은 분산 컴퓨팅의 원칙을 따르는지에 따라 성공 여부가 결정된다.

- 네트워크는 신뢰할 수 없다.
- 언제나 지연이 있을 수 있고, 많을 수도 있다.
- 대역폭은 무한하지 않다.
- 네트워크가 안전하다고 가정하지 말라.
- 네트워크의 위상topology은 변화한다.
- 정보와 정책은 다수의 관리자에 걸쳐 퍼져 있다.
- 네트워크 전송은 비용이 든다.
- 네트워크는 다양성을 갖고 있다.

위의 내용은 의도적으로 '분산 컴퓨팅의 오류'[Deutsch]와는 다르게 작성됐다. 이를 원칙이라고 부른 이유는 반드시 해결해야 하는 문제점이고 계획해야 하는 복잡성이지, 초보가 일반적으로 저지르는 실수는 아님을 강조하기 위해서다.

시스템 경계에 걸친 정보의 교환

우리의 시스템이 외래 시스템으로부터 서비스를 제공받아야 할 필요가 있는 대부분의 경우는 정보적 데이터를 해당 서비스로 전달해야 한다. 우리가 사용하는 이런 서비스는 종종 응답도 제공해야 한다. 그러므로 우리는 시스템 사이에 정보적 데이터를 전달할 신뢰할 만한 수단이 필요하다. 이 데이터는 별도의 시스템들 사이에서 모든 관련자들이 쉽게 사용될 수 있는 구조로 교환돼야 한다. 대부분의 사람들은 표준화된 방법을 사용한다.

매개변수나 메시지로서 전달되는 정보적 데이터는 기계가 읽을 수 있는 구조의 다양한 포맷 중 하나로 생성된다. 또한 어떤 형태로든 데이터 교환 시스템 사이의 계약을 만들어야만 하고, 이를 사용할 수 있도록 해당 구조를 파싱하거나 해석할 수 있는 메커니즘까지도 제공해야 할 수 있다.

시스템 사이의 정보를 교환하는 데 사용할 구조를 생성하는 몇 가지 방법이 있다.

한 가지 단순한 기술적 구현으로는 프로그래밍 언어 기능에 의존해 객체를 이진 포맷으로 직렬화하고 컨슈머 측에서 이를 다시 역직렬화하는 방법이 있다. 이는 모든 시스템이 같은 언어 기능을 지원하고 직렬화가 서로 다른 하드웨어 아키텍처 사이에서 호환 가능하며 교환 가능해야만 잘 작동한다. 또한 모든 시스템에 걸쳐 사용되는 객체의 인터페이스와 클래스를 특정 객체 타입을 사용하는 각 시스템으로 배포해야 한다.

교환 가능한 정보 구조를 만드는 또 하나의 접근법으로 몇 가지 표준 중간 포맷을 사용하는 방법이 있다. 몇 가지 사용 가능한 옵션으로 XML과 JSON이나 프로토콜 버퍼 등의 특수 포맷이 있다. 이런 접근법은 풍부함richness, 간결함, 타입 변환의 성능, 여러 객체 버전의 유연한 지원, 사용의 용이성 등을 비롯한 각각의 장단점을 가진다. 이 중 일부는 앞서 나열한 분산 컴퓨팅의 원칙이라는 측면에서 비용에 영향을 미칠 수도 있다(예를 들면, '네트워크 전송은 비용이 든다.').

이런 중간 포맷의 접근법을 따르더라도, 여러분은 여전히 모든 인터페이스와 객체의 클래스를 여러 시스템에 걸쳐 배포하거나, 도구를 사용해 중간 포맷의 데이터를 여러분의 타입 안전 객체에 담길 원할 수도 있다. 이는 데이터를 소비할 시스템에서도 데이터를 만들 시스템과 동일한 방식으로 객체를 사용할 수 있다는 장점이 있다.

물론 인터페이스와 객체를 배포하는 데에 따르는 복잡성이 있으며, 이는 보통 인터페이스와 클래스 정의의 가장 최신 버전과의 호환성을 유지하기 위해 소비하는 시스템의 재컴파일이 필요하다는 의미다. 여기에는 소비하는 시스템 내에서 외래 객체를 마치 자신만의 객체인양 너무 자유롭게 사용하게 되는 위험이 있는데, 이는 우리가 지켜내기 위해 열심히 싸워온 그 DDD의 전략적 설계design 원리를 침해하는 경향이 있다. 일부에선 이를 공유 커널(3)로 선언함으로써 이런 접근법을 보호할 수 있다고 생각할지도 모른다. 하지만 복잡도나 오염된 모델의 잠재적 위험에도 불구하고, 많은 사람들은 이 전술에서 제공하는 강한 타입의 측면이 필연적 복잡도와 맞바꿀 만큼 충분한 이점이 있다고 믿는다.

여전히 여러 가지 이유로 이 접근법의 사용을 고민하는 사람들을 만나게 되는데, 그들은 종종 좀 더 쉽고 안전하지만 타입 안정성을 완전히 포기하진 않는 접근법을 원한다. 그런 접근법을 살펴보자.

만약 우리가 교환 가능한 정보 구조를 생산하는 시스템과, 데이터를 특정 클래스의 객체 인스턴스로 역직렬화하지 않고도 자신 있게 사용할 수 있는 방식으로 소비하는 시스템 사이의 계약을 정의할 수 있다면 어떨까? 표준 기반의 접근법을 사용해 이런 신뢰할 수 있는 계약을 정의할 수 있는데, 이는 사실 발행된 언어(3)를 형성한다. 이런 표준 접근법은 사용자 지정 미디어 타입을 정의하거나 시맨틱적으로 동일한 타입을 정의하기 위해 사용된다. RFC 4288의 가이드라인을 사용해 이런 미디어 타입을 등록할 만한 좋은 이유가 있는지를 떠나서, 고려해야 할 부분은 실제 명세다. 이 명세에선 만드는 측과 사용하는 측 사이의 바인딩 계약을 정의하고 있으며, 인터페이스와 클래스 바이너리를 공유할 필요 없이 미디어를 교환할 수 있는 수단을 제공한다.

여기엔 언제나 그렇듯 상충점이 있다. 각 객체의 인터페이스/클래스가 없기 때문에 속성 접근자를 사용해 탐색할 수 없으며, 타입 안전성도 보장할 수 없다. 이는 사실 큰 단점이라고 할 수는 없다. 그리고 이벤트 클래스가 제공했을 오퍼레이션 함수/메소드의 지원도 없다. 그러나 나는 이벤트의 오퍼레이션 함수/메소드의 부재를 단점이라기보단 보호의 측면으로 본다. 단순히 사용되는 바운디드 컨텍스트의 데이터 속성에만 관심을 둬야 하고, 다른 모델의 일부로서 기능적 측면을 사용하려는 유혹에 빠져선 안 된다. 컨슈머의 포트 어댑터(4)는 도메인 모델을 그런 의존성으로부터 보호해야 하며, 그 대신 자신의 바운디드 컨텍스트에 정의된 적절한 매개변수(타입이 지정된)로서의 이벤트 데이터를 반드시 전달해야만 한다. 모든 필요한 계산이나 처리는 반드시 생산하는 측의 바운디드 컨텍스트에 의해 수행돼야 하고, 이벤트 데이터의 특성을 제공해야 한다.

예제를 살펴보자. 사스오베이션은 다양한 바운디드 컨텍스트들 사이에서 미디어를 교환해야 한다. 레스트풀 리소스를 사용해 이벤트(8)를 담은 메시지를 서비스 사이에 전달한다. 실제로, 레스트풀 리소스의 한 종류로서 알림^notification^이 있으며, 이벤트 기반의 메시지가 `Notification` 객체로서 구독자에게 전달된다. 즉, 두 경우 모두에서 `Notification`에 이벤트가 담기며, 이 둘은 하나의 구조를 형성하도록 형식화^formatting^된다. 알림과 이벤트를 위한 사용자 지정 미디어 타입 명세는 다음과 같은 요소를 포함한 계약을 의미할 수 있다.

- 타입: `Notification`, 포맷: JSON
- `notificationId`: 긴 정수 고유 ID

- typeName: 알림의 텍스트 String 타입, 타입 이름의 예제는 com.saasovation.agilepm.domain.model.product.backlogItem.BacklogItemCommitted
- version: 알림의 정수 버전
- occurredOn: 이벤트를 담고 있는 알림이 발생하는 일시
- event: JSON 페이로드 세부사항, 특정 이벤트 타입을 참고

typeName으로 정규화된fully qualified 클래스 이름(패키지 이름이 포함된다.)을 사용하는 것은 구독자로 하여금 다양한 Notification 타입을 정확하게 구별할 수 있게 해준다. 알림의 명세에 이어서 다양한 이벤트 타입의 명세가 정의된다. 한 예로, 익숙한 이벤트인 BacklogItemCommitted를 살펴보자.

- 이벤트 타입: com.saasovation.agilepm.domain.model.product.backlogItem.BacklogItemCommitted
- eventVersion: 이벤트의 정수 버전으로 Notification version과 같은 값
- occurredOn: 이벤트가 일어난 일시로 Notification occurredOn과 같은 값
- backlogItemId: BacklogItemId로 id 텍스트 문자열 특성을 포함
- committedToSprintId: SprintId로 id 텍스트 문자열 특성을 포함
- tenantId: TenantId로 id 텍스트 문자열 특성을 포함
- 이벤트 세부사항: 특정 이벤트 타입을 참고

물론 우리는 모든 이벤트 타입의 이벤트 세부사항을 구체적으로 지정한다. Notification과 모든 이벤트 타입이 구체화되면, 다음의 테스트와 같이 NotificationReader를 안전하게 사용할 수 있다.

```
DomainEvent domainEvent = new TestableDomainEvent(100, "testing");

Notification notification = new Notification(1, domainEvent);

NotificationSerializer serializer =
    NotificationSerializer.instance();

String serializedNotification = serializer.serialize(notification);
```

```
NotificationReader reader =
    new NotificationReader(serializedNotification);

assertEquals(1L, reader.notificationId());
assertEquals("1", reader.notificationIdAsString());
assertEquals(domainEvent.occurredOn(), reader.occurredOn());
assertEquals(notification.typeName(), reader.typeName());
assertEquals(notification.version(), reader.version());
assertEquals(domainEvent.eventVersion(), reader.version());
```

테스트는 NotificationReader가 모든 직렬화된 Notification 객체마다 타입 안전한 표준 파트를 제공하는 방법을 보여주고 있다.

다음의 테스트는 Notification 페이로드로부터 각 이벤트 세부사항의 특정 파트를 읽어오는 방법을 보여준다. 이벤트 객체의 탐색은 XPath와 유사한 구문 또는 점으로 구분된 속성을 사용해서 이뤄지거나, 콤마로 구분된 특성 이름(자바의 가변 길이 인수)를 사용할 수도 있다. 여러분은 각 특성을 String 값이나 해당하는 실제 원시형(int, long, boolean, double 등)으로 읽을 수 있음을 확인할 수 있다.

```
TestableNavigableDomainEvent domainEvent =
    new TestableNavigableDomainEvent(100, "testing");

Notification notification = new Notification(1, domainEvent);

NotificationSerializer serializer = NotificationSerializer.instance();

String serializedNotification = serializer.serialize(notification);

NotificationReader reader =
    new NotificationReader(serializedNotification);

assertEquals("" + domainEvent.eventVersion(),
reader.eventStringValue("eventVersion"));
assertEquals("" + domainEvent.eventVersion(),
reader.eventStringValue("/eventVersion"));
assertEquals(domainEvent.eventVersion(),
reader.eventIntegerValue("eventVersion").intValue());
assertEquals(domainEvent.eventVersion(),
```

```
reader.eventIntegerValue("/eventVersion").intValue());

assertEquals("" + domainEvent.nestedEvent().eventVersion(),
    reader.eventStringValue("nestedEvent", "eventVersion"));
assertEquals("" + domainEvent.nestedEvent().eventVersion(),
    reader.eventStringValue("/nestedEvent/eventVersion"));
assertEquals(domainEvent.nestedEvent().eventVersion(),
    reader.eventIntegerValue("nestedEvent", "eventVersion").intValue());
assertEquals(domainEvent.nestedEvent().eventVersion(),
    reader.eventIntegerValue("/nestedEvent/eventVersion").intValue());

assertEquals("" + domainEvent.nestedEvent().id(),
    reader.eventStringValue("nestedEvent", "id"));
assertEquals("" + domainEvent.nestedEvent().id(),
    reader.eventStringValue("/nestedEvent/id"));
assertEquals(domainEvent.nestedEvent().id(),
    reader.eventLongValue("nestedEvent", "id").longValue());
assertEquals(domainEvent.nestedEvent().id(),
    reader.eventLongValue("/nestedEvent/id").longValue());

assertEquals("" + domainEvent.nestedEvent().name(),
    reader.eventStringValue("nestedEvent", "name"));
assertEquals("" + domainEvent.nestedEvent().name(),
    reader.eventStringValue("/nestedEvent/name"));

assertEquals("" + domainEvent.nestedEvent().occurredOn().getTime(),
    reader.eventStringValue("nestedEvent", "occurredOn"));
assertEquals("" + domainEvent.nestedEvent().occurredOn().getTime(),
    reader.eventStringValue("/nestedEvent/occurredOn"));
assertEquals(domainEvent.nestedEvent().occurredOn(),
    reader.eventDateValue("nestedEvent", "occurredOn"));
assertEquals(domainEvent.nestedEvent().occurredOn(),
    reader.eventDateValue("/nestedEvent/occurredOn"));
assertEquals("" + domainEvent.occurredOn().getTime(),
    reader.eventStringValue("occurredOn"));
assertEquals("" + domainEvent.occurredOn().getTime(),
    reader.eventStringValue("/occurredOn"));
assertEquals(domainEvent.occurredOn(),
    reader.eventDateValue("occurredOn"));
```

```
assertEquals(domainEvent.occurredOn(),
    reader.eventDateValue("/occurredOn"));
```

TestableNavigableDomainEvent는 TestableDomainEvent를 포함하고 있는데, 이는 더 깊은 특성으로 찾아가 테스트할 수 있도록 해준다. 다양한 특성은 가변 길이 인수 특성 탐색을 활용한 XPath와 같은 구문을 사용해서 읽어온다. 또한 각 특성 값을 다양한 타입으로 읽는 동작도 테스트했다.

Notification과 이벤트 인스턴스가 언제나 버전 번호를 갖고 있기 때문에, 언제나 특정 버전의 특정한 특성을 읽기 위해 해당 버전을 활용할 수 있다. 주어진 버전에 특화된 컨슈머가 필요한 부분만을 골라낼 수 있다. 그러나 컨슈머가 마치 버전이 1인 듯이 보이는 Notification(이벤트를 담고 있는)만을 받을 가능성도 있다.

따라서 각 이벤트 타입을 설계하는 방법을 신중하게 고민한다면, 대부분의 컨슈머가 해당 이벤트의 1 버전만으로 충분한 상황에서 발생할 수 있는 비호환성의 문제로부터 컨슈머를 보호할 수 있다. 그런 컨슈머는 이벤트가 변경되더라도 변경이나 재컴파일이 전혀 필요 없다. 그러나 여전히 여러분은 버전 호환성을 생각해야 하고 새 버전에 맞는 올바른 수정을 계획해서 대부분의 컨슈머가 실패하지 않도록 제대로 생각해야 한다. 때로는 이를 진행할 수 없을지도 모르지만, 대부분의 경우에서 이는 충분히 가능한 과정이다.

이 접근법은 이벤트가 단순한 원시 특성과 문자열 이상을 포함할 수 있다는 추가적인 이점도 갖는다. 이벤트는 또한 좀 더 복잡한 값 객체(6)의 인스턴스를 안전하게 포함할 수도 있는데, 이는 그들의 값 타입이 안정적인 경향을 가질 때 특히 효과적이다. 이는 다음의 코드와 같이 BacklogItemId, SprintId, TenantId의 경우에 확실히 그러한데, 이런 상황에선 점에 의해 구분된 속성 탐색을 사용한다.

```
NotificationReader reader =
    new NotificationReader(backlogItemCommittedNotification);

String backlogItemId = reader.eventStringValue("backlogItemId.id"));

String sprintId = reader.eventStringValue("sprintId.id"));

String tenantId = reader.eventStringValue("tenantId.id"));
```

모든 값 인스턴스가 구조 안에서 동결됐다는 사실은 이벤트로 하여금 불변할 뿐 아니라 영원히 고정되도록 해준다. 이벤트가 포함하는 값 객체 타입의 새 버전은 기존의 `Notification` 인스턴스로부터 그 값들의 오래된 버전을 읽으려는 여러분에게 어떤 영향도 주지 않는다. 확실히, 프로토콜 버퍼는 이벤트 버전이 자주 바뀌며 `NotificationReader`를 사용하는 컨슈머가 이런 변경을 처리하기 불편한 상황에서 훨씬 쉽게 사용할 수 있다.

이는 이벤트 타입과 그에 의존성을 갖는 대상을 모든 곳에 배포하지 않고도 역직렬화를 점진적으로 다루는 방법 중 한 가지일 뿐임을 기억하자. 일부에선 이 접근법이 매우 우아하며 자유도를 높여준다고 생각할 수도 있지만, 반면에 이를 위험하고 부적절하며 단지 위험할 뿐이라고 생각하는 사람도 있다. 직렬화된 객체가 소비되는 모든 곳에 인터페이스와 클래스를 배포하는 반대의 접근법은 이미 잘 알려져 있다. 여기선 단지 덜 알려진 길을 안내하면서 생각할 거리를 제공했을 뿐이다.

카우보이 논리

LB: "있잖아, J. 카우보이는 나쁜 예가 되기에 너무 나이 들었을 때 좋은 충고를 주기 시작하더라고."

각 접근법(직렬화를 주고받기 위해 클래스를 배포하는 방식과 미디어 타입 계약을 정의하는 방식)은 프로젝트의 여러 단계에서 각각 장점을 가질 수 있다. 예를 들면 팀의 숫자, 바운디드 컨텍스트, 변화 비율, 그 밖의 요소들에 따라서, 프로젝트가 시작할 때는 클래스와 인터페이스를 공유하는 방식이 잘 맞지만 프로덕션 단계에서는 좀 더 분리된 사용자 지정 미디어 타입 계약이 더 잘 맞을 수 있다. 실제 적용할 때 특정 팀에 따라 잘 맞는 경우나 그렇지 않은 경우가 달라질 수 있다. 때로 어떤 팀이 시작하는 시점에서 선택한 접근법을 끝까지 계속 사용해야 하며 180도 변화를 줄 시간이 부족할 수도 있다.

우리의 예제를 간단하고 이해하기 쉽도록 하기 위해, 13장의 남은 부분에서도 `NotificiationReader`를 계속해서 사용한다. 사용자 지정 미디어 타입 계약과 `NotificationReader`를 여러분의 바운디드 컨텍스트에서 사용할지는 여러분이 결정해야 할 문제다.

레스트풀 리소스를 사용한 통합

풍부한 레스트풀 리소스를 URI를 통해 바운디드 컨텍스트가 제공한다면, 이는 오픈 호스트 서비스(3)의 한 종류다.

> 서비스의 집합으로서 여러분의 서브시스템으로의 액세스를 허용하는 프로토콜을 정의하자. 여러분과 통합해야 하는 모든 사람들이 사용할 수 있도록 프로토콜을 공개하자. 프로토콜을 강화하고 확장해서 새 통합 요구사항을 처리하도록 하자. [Evans]

오픈 서비스의 집합으로서 동작하는 리소스와, 그에 결합된 HTTP 메소드(GET, PUT, POST, DELETE)를 쉽게 생각해볼 수 있다. HTTP와 REST는 서브시스템과 통합해야 하는 모든 이들이 원하는 바를 달성할 수 있도록 확실한 오픈 프로토콜을 형성한다. 사실상 무한한 수의 리소스(URI를 통해 고유하게 식별이 가능한)가 생성될 수 있다는 사실은 프로토콜이 필요에 따라 새로운 통합 요구사항을 처리할 수 있도록 해준다. 이는 클라이언트가 여러분의 바운디드 컨텍스트와 통합하도록 해주는 유용한 방법이다.

그렇다고 해도 레스트풀 서비스 제공자는 리소스에 동작이 실행될 때마다 직접적으로 상호작용해야 하기 때문에, 이 스타일은 클라이언트에게 완전한 자율성을 허용하진 않는다. 만약 어떤 이유로든 REST 기반의 바운디드 컨텍스트의 사용이 불가능해지면, 의존성을 갖는 클라이언트의 바운디드 컨텍스트는 가동이 중지된 동안 필요한 통합 동작을 수행할 수 없게 된다.

하지만 레스트풀 리소스의 의존성이 컨슈머 자율성에 방해가 덜 되도록 어느 정도는 이를 개선할 수 있다. 레스트풀(또는 RPC)이 통합의 유일한 수단이더라도 여러분의 시스템에서 타이머나 메시징을 사용하면 일시적인 분리의 환상을 만들어낼 수 있다. 원격 시스템이 사용 불가능하다면 타이머의 임계 값을 좀 더 뒤로 미룰 수 있고, 메시징을 사용할 땐 브로커가 부정 수신 확인negatively acknowledged을 알아채고 재전달할 수 있다. 이는 여러분의 팀에게 시스템이 느슨하게 결합되도록 만드는 짐을 지우지만, 이는 자율성을 얻기 위해 치러야 하는 값이다.

ID와 액세스 컨텍스트를 개발하는 사스오베이션 팀에서 통합 담당자가 바운디드 컨텍스트를 사용할 방법

을 만들어야 할 필요가 있을 때, 이들은 레스트풀 HTTP가 도메인 모델의 구조적이고 행동적인 세부사항을 직접 드러내지 않고 통합을 위해 시스템을 공개할 최고의 방법 중 하나라고 판단했다. 이는 테넌트별로 ID와 액세스 개념의 표현을 제공할 레스트풀 리소스의 집합을 설계하는 것을 의미했다.

설계의 대부분은 통합하는 바운디드 컨텍스트로 하여금 사용자와 그룹 ID를 포함한 리소스를 GET하도록 허용하고, 그 ID의 종류에 따른 역할에 기반해 보안 권한을 표시하도록 했다. 예를 들면 통합 클라이언트가 주어진 테넌트 내의 사용자가 특정 액세스 역할을 수행할 수 있는지 알아야 한다면, 클라이언트는 다음의 URI 포맷을 사용해 리소스를 GET해야 한다.

```
/tenants/{tenantId}/users/{username}/inRole/{role}
```

만약 테넌트의 사용자가 이 역할에 포함된다면, 성공적인 200 응답에 리소스의 표현이 포함된다. 반면에 사용자가 존재하지 않거나 해당 이름의 역할을 수행하지 않는다면 그에 따른 응답은 204 내용 없음 상태 코드가 된다. 이는 간단한 레스트풀 HTTP 설계다.

이 팀이 액세스 리소스를 드러낸 방법과, 클라이언트가 그들 고유의 바운디드 컨텍스트의 유비쿼터스 언어(1)에 맞게 이를 사용하는 방법을 살펴보자.

레스트풀 리소스의 구현

사스오베이션 팀이 REST 원칙을 바운디드 컨텍스트 중 하나에 적용하기 시작하면서, 그들은 몇 가지 중요한 교훈을 얻었다. 그들의 여정을 살펴보자.

ID와 액세스 컨텍스트를 작업하는 사스오베이션 팀은 통합 담당자에게 어떻게 오픈 호스트 서비스를 제공할지 고민하면서, 단순히 그들의 도메인 모델을 레스트풀의 링크된 리소스의 집합으로 드러내는 방안을 생각했다. 이는 HTTP 클라이언트로 하여금 고유 테넌트 리소스를 GET해서 그에 해당하는 사용자와 그룹과 역할을 탐색하게 한다는 뜻이다. 이런 방안이 좋은 생각이었을까? 처음엔 이런 방식이 자연스러워 보였다. 결국 이는 클라이언트로 하여금 최상의 유연성을 갖도록 해줄 거라 생각했다. 클라이언트는 도메인 모델의 모든 부분을 알

수 있게 되고, 자신의 고유한 바운디드 컨텍스트 안에서 단순히 결정만 내리면 된다.

어떤 DDD 컨텍스트 매핑 패턴이 이 설계 접근법을 가장 잘 묘사할까? 현실에서 이는 오픈 호스트 서비스가 아니라, 공유된 모델의 크기에 따라 공유된 커널이나 순응주의자(3)에 해당하게 된다. 공유된 커널을 발행하거나 순응주의자 관계를 수용함은 컨슈머 측에서 이를 사용하는 도메인 모델과 밀접하게 결합된 통합을 하게 한다. 이런 종류의 관계는 가능하면 피해야 하는데, 이는 DDD의 가장 근본적인 목표와 상반되는 경향이 있기 때문이다.

이 팀이 그 과정에서 그들의 모델을 위와 같은 방식으로 드러내지 말라는 도움이 되는 충고를 듣게 됐음은 잘된 일이었다. 그들은 통합 담당자가 필요로 하는 유스케이스(또는 사용자 스토리)에 관해 생각하는 것을 배웠다. 이는 오픈 호스트 서비스의 정의 중 다음 부분과 조화를 이뤘다. '프로토콜을 강화하고 확장해서 새 통합 요구사항을 처리하도록 하라.' 이는 여러분이 현재 시점에서 통합 담당자가 필요로 하는 부분만을 제공하며, 오직 유스케이스 시나리오의 범위 안에서만 이런 필요성을 이해한다는 의미다.

팀은 이 충고를 따르면서 통합 담당자가 정말 관심을 둔 부분은 주어진 사용자가 특정 역할을 수행할 수 있는지 아닌지에 관한 부분이었음을 알게 됐다. 통합 담당자가 도메인 모델의 세부사항을 이해하지 못하도록 막은 선택은 궁극적으로 생산성을 높이고 의존적인 바운디드 컨텍스트의 유지보수성을 개선했다. 설계의 측면에서 이는 User라는 레스트풀 리소스가 다음과 같은 설계를 포함할 수 있다는 의미였다.

```
@Path("/tenants/{tenantId}/users")
public class UserResource {
    ...
    @GET
    @Path("{username}/inRole/{role}")
    @Produces({ OvationsMediaType.ID_OVATION_TYPE })
    public Response getUserInRole(
            @PathParam("tenantId") String aTenantId,
            @PathParam("username") String aUsername,
            @PathParam("role") String aRoleName) {
```

```
        Response response = null;

        User user = null;

        try {
            user = this.accessService().userInRole(
                        aTenantId, aUsername, aRoleName);
        } catch (Exception e) {
            // 그대로 지나간다
        }

        if (user != null) {
            response = this.userInRoleResponse(user, aRoleName);
        } else {
            response = Response.noContent().build();
        }

        return response;
    }
    ...
}
```

헥사고날(4)이나 포트와 어댑터 아키텍처에서 UserResource 클래스는 JAX-RS 구현에 의해 제공되는 레스트풀 HTTP 포트의 어댑터다. 컨슈머는 다음과 같은 형태의 요청을 한다.

```
GET /tenants/{tenantId}/users/{username}/inRole/{role}
```

이 어댑터는 내부 육각형에서 API를 제공하는 애플리케이션 서비스(14)의 하나인 AccessService로 위임된다. 도메인 모델의 직접적인 클라이언트가 되면서, AccessService는 유스케이스 태스크와 트랜잭션을 관리한다. 이 태스크는 User가 존재하는지 여부를 찾고, 존재하는 경우엔 명명된 역할을 수행하는지 여부를 알아내는 과정을 포함한다.

```
package com.saasovation.identityaccess.application;
...
public class AccessService ... {
...
```

```
    @Transactional(readOnly=true)
    public User userInRole(
            String aTenantId,
            String aUsername,
            String aRoleName) {

        User userInRole = null;

        TenantId tenantId = new TenantId(new TenantId(aTenantId));

        User user =
            DomainRegistry
                .userRepository()
                .userWithUsername(tenantId, aUsername);

        if (user != null) {
            Role role =
                DomainRegistry
                    .roleRepository()
                    .roleNamed(tenantId, aRoleName);

            if (role != null) {
                GroupMemberService groupMemberService =
                        DomainRegistry.groupMemberService();

                if (role.isInRole(user, groupMemberService)) {
                    userInRole = user;
                }
            }
        }

        return userInRole;
    }
    ...
}
```

이 애플리케이션 서비스는 User와 명명된 Role 애그리게잇을 모두 찾는다. Role 쿼리의 isInRole() 메소드가 호출되면 GroupMemberService가 반환된다. 이는 애플리케이션 서비스가 아니며, Role이 특정 도메인 특화 검사와 Role 스스로가 수행해선 안 되는 책임의 쿼리를 수행토록 도와주는 도메인 서비스(7)다.

UserResource로부터의 Response는 가져온 User와 특정된 역할의 이름으로부터 만들어지는데, 사용자 지정 미디어 타입 중 하나를 사용한다.

```
package com.saasovation.common.media;

public class OvationsMediaType {
    public static final String COLLAB_OVATION_TYPE =
            "application/vnd.saasovation.collabovation+json";

    public static final String ID_OVATION_TYPE =
            "application/vnd.saasovation.idovation+json";

    public static final String PROJECT_OVATION_TYPE =
            "application/vnd.saasovation.projectovation+json";
    ...
}
```

사용자가 명명된 역할을 수행한다면, UserResource 어댑터는 다음과 같은 JSON 표현의 HTTP 응답을 생성한다.

```
HTTP/1.1 200 OK
Content-Type: application/vnd.saasovation.idovation+json
...
{
    "role":"Author","username":"zoe",
    "tenantId":"A94A8298-43B8-4DA0-9917-13FFF9E116ED",
    "firstName":"Zoe","lastName":"Doe",
    "emailAddress":"zoe@saasovation.com"
}
```

다음 절에서 살펴보겠지만, 이 레스트풀 리소스의 컨슈머를 통합한다면 이를 바운디드 컨텍스트가 필요로 하는 특정 유형의 도메인 객체로 변환할 수 있다.

부패 방지 계층을 통한 REST 클라이언트의 구현

클라이언트 통합 담당자에게 ID와 액세스 컨텍스트에 의해 생성된 JSON 표현이 꽤 유용하지만, 우리가 DDD의 목표에 집중한다면 표현은 클라이언트 바운디드 컨텍스트에서 그대로 소비되진 않는다. 앞의 장들에서 논의했던 바와 같이, 컨슈머가 협업 컨텍스트인 경우 이 팀은 원시 사용자와 그들의 역할에 관심이 없다. 대신 협업 모델 내에서 개발하는 팀은 도메인 특정 역할에 관심이 있다. 일부 다른 모델에선 Role 객체로 모델링된 하나 이상의 역할이 할당될 수 있는 User 객체의 집합이 있다는 사실은 협업의 스위트 스폿sweet spot[1]이 아니다.

그렇다면 역할을 수행하는 사용자의 표현으로 하여금 우리의 특정 협업 목적을 수행토록 하려면 어떻게 해야 할까? 앞서 그렸던 컨텍스트 맵을 그림 13.1에서 한 번 더 살펴보자. UserResource 어댑터의 중요한 부분은 앞의 절에서 살펴봤다. 이는 인터페이스와 클래스가 협업 컨텍스트에 맞춰 개발되도록 한다. CollaboratorService와 UserInRoleAdapter와 CollaboratorTranslotor가 여기에 해당한다. 여기선 HttpClient도 해당되지만, 이는 ClientRequest와 ClientResponse 클래스를 통한 JAX-RS 구현을 통해 제공된다.

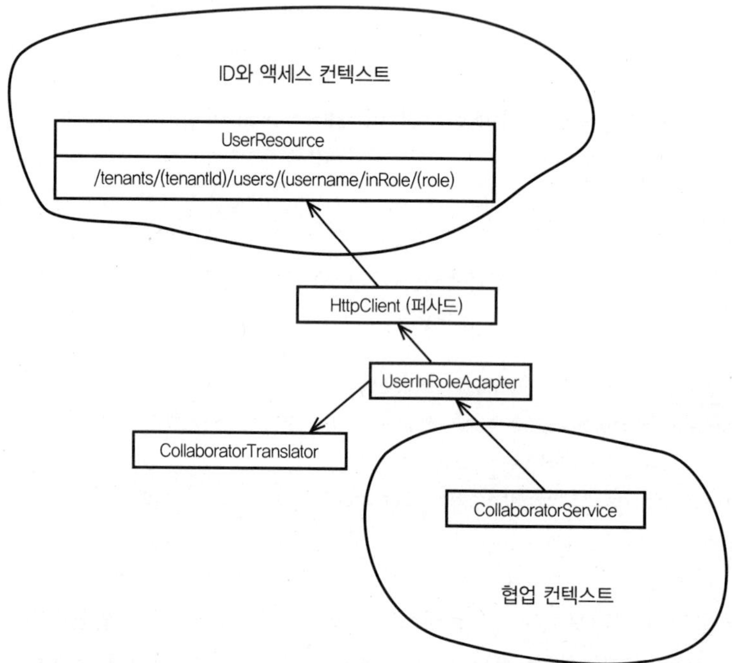

그림 13.1 ID와 액세스 컨텍스트와 협업 컨텍스트의 부패 방지 계층 사이의 통합을 위해 사용된 오픈 호스트 서비스

1 배트로 공을 치기에 가장 적절한 곳 – 옮긴이

CollaboratorService와 UserInRoleAdaptor와 CollaboratorTranslator라는 삼총사는 부패 방지 계층(3)을 형성하기 위해 사용되는데, 협업 컨텍스트는 이를 통해 ID 및 액세스 컨텍스트와 상호작용하며, 역할이 부여된 사용자 표현을 특정 Collaborator를 위한 값 객체로 변환한다.

다음에선 CollaboratorService 인터페이스로 부패 방지 계층의 단순한 오퍼레이션을 구성한다.

```
public interface CollaboratorService {
    public Author authorFrom(Tenant aTenant, String anIdentity);
    public Creator creatorFrom(Tenant aTenant, String anIdentity);
    public Moderator moderatorFrom(Tenant aTenant, String anIdentity);
    public Owner ownerFrom(Tenant aTenant, String anIdentity);
    public Participant participantFrom(
            Tenant aTenant, String anIdentity);
}
```

CollaboratorService의 클라이언트 관점에서, 이 인터페이스는 원격 시스템 접근과 그에 따른 발행된 언어에서 로컬 유비쿼터스 언어를 따르는 객체로의 변환 과정이 지닌 복잡도를 완전히 추상화해 감춘다. 이 특정 사례에선 분리된 인터페이스 [Fowler, P of EAA]와 구현 클래스를 사용하는데, 이는 구현사항이 기술적인 부분이어서 도메인 계층 내에 위치하지 않아야 하기 때문이다.

이런 팩토리(11)는 모두가 서로 아주 비슷하다. 모두가 추상 Collaborator 값 타입의 서브클래스를 생성하지만, 이는 오직 aTenant 내의 anIdentity를 갖고 있는 사용자가 Author, Creator, Moderator, Owner, Participant의 타입 중 하나의 보안 역할을 수행할 때만 그렇다. 이들 모두가 서로 매우 비슷하므로, 여러 메소드 구현 중 authorFrom() 만을 살펴보자.

```
package com.saasovation.collaboration.infrastructure.services;

import com.saasovation.collaboration.domain.model.collaborator.Author;
...
public class TranslatingCollaboratorService
        implements CollaboratorService {
    ...
    @Override
```

```
    public Author authorFrom(Tenant aTenant, String anIdentity) {
        Author author =
            this.userInRoleAdapter
                .toCollaborator(
                        aTenant,
                        anIdentity,
                        "Author",
                        Author.class);

        return author;
    }
    ...
}
```

먼저 TranslatingCollaboratorService가 인프라의 모듈(9) 안에 있음을 확인하자. 우린 내부 헥사고날 안 도메인 모델의 일부로서 분리된 인터페이스를 생성한다. 그러나 구현은 기술적인 부분이고 헥사고날 구조의 외부에 배치되는데, 여기에는 포트와 어댑터가 위치한다.

기술적 구현의 일부로서, 부패 방지 계층은 그에 맞는 어댑터[Gamma 등]와 변환자translator를 포함한다. 그림 13.1을 다시 보면, 우리의 상황에서 어댑터가 UserInRoleAdapter이고 변환자는 Collaborator임을 알 수 있다. 이 부패 방지 계층에 특화된 UserInRoleAdaptor는 원격 시스템에 접근해 해당 역할을 수행하는 사용자의 리소스를 요청하는 책임을 수행한다.

```
package com.saasovation.collaboration.infrastructure.services;

import org.jboss.resteasy.client.ClientRequest;
import org.jboss.resteasy.client.ClientResponse;
...
public class UserInRoleAdapter {
    ...
    public <T extends Collaborator> T toCollaborator(
            Tenant aTenant,
            String anIdentity,
            String aRoleName,
            Class<T> aCollaboratorClass) {
```

```
        T collaborator = null;

        try {
            ClientRequest request =
                    this.buildRequest(aTenant, anIdentity, aRoleName);

            ClientResponse<String> response =
                    request.get(String.class);

            if (response.getStatus() == 200) {
                collaborator =
                    new CollaboratorTranslator()
                        .toCollaboratorFromRepresentation(
                            response.getEntity(),
                            aCollaboratorClass);
            } else if (response.getStatus() != 204) {
                throw new IllegalStateException(
                        "There was a problem requesting the user: "
                        + anIdentity
                        + " in role: "
                        + aRoleName
                        + " with resulting status: "
                        + response.getStatus());
            }

        } catch (Throwable t) {
            throw new IllegalStateException(
                    "Failed because: " + t.getMessage(), t);
        }

        return collaborator;
    }
    ...
}
```

만약 GET 요청의 응답이 성공(200 상태)이라면 이는 UserInRoleAdapter가 역할을 수행할 사용자 리소스를 받았다는 뜻이며, 이제 이를 Collaborator 서브클래스로 변환할 수 있다는 의미다.

```
package com.saasovation.collaboration.infrastructure.services;

import java.lang.reflect.Constructor;
import com.saasovation.common.media.RepresentationReader;
...
public class CollaboratorTranslator {
    public CollaboratorTranslator() {
        super();
    }

    public <T extends Collaborator> T toCollaboratorFromRepresentation(
            String aUserInRoleRepresentation,
            Class<T> aCollaboratorClass)
    throws Exception {

        RepresentationReader reader =
                new RepresentationReader(aUserInRoleRepresentation);

        String username = reader.stringValue("username");
        String firstName = reader.stringValue("firstName");
        String lastName = reader.stringValue("lastName");
        String emailAddress = reader.stringValue("emailAddress");

        T collaborator =
            this.newCollaborator(
                    username,
                    firstName,
                    lastName,
                    emailAddress,
                    aCollaboratorClass);

        return collaborator;
    }

    private <T extends Collaborator> T newCollaborator(
            String aUsername,
            String aFirstName,
            String aLastName,
            String aEmailAddress,
            Class<T> aCollaboratorClass)
```

```
    throws Exception {

        Constructor<T> ctor =
            aCollaboratorClass.getConstructor(
                    String.class, String.class, String.class);

        T collaborator =
            ctor.newInstance(
                    aUsername,
                    (aFirstName + " " + aLastName).trim(),
                    aEmailAddress);

        return collaborator;
    }
}
```

이 변환자는 역할에 맞는 사용자의 표현 텍스트 String과 Collaborator 서브클래스의 인스턴스를 생성하는 데 사용될 Class를 받는다. 먼저 RepresentationReader(앞서 소개했던 NotificationReader와 상당히 유사하다.)를 사용해 JSON 표현으로부터 네 가지 특성을 읽어온다. 다시 한 번 말하지만, 우린 사스오베이션 사용자 지정 미디어 타입이 생산자와 컨슈머 사이에 적용되는 계약을 형성하기 때문에 자신감을 갖고 신뢰하는 상태로 이 작업을 수행할 수 있다. 변환자는 필요한 String 값을 갖게 된 후에 이를 사용해서 Collaborator 값 객체를 인스턴스화하는데, 이 예제에선 Author가 만들어진다.

```
package com.saasovation.collaboration.domain.model.collaborator;

public final class Author
        extends Collaborator {

    public Author(
        String anIdentity,
        String aName,
        String anEmailAddress) {
        super(anIdentity, aName, anEmailAddress);
    }
    ...
}
```

Collaborator 값 인스턴스를 ID와 액세스 컨텍스트에 동기화된 상태로 유지하려는 노력은 필요하지 않다. 이는 불변하는 대상으로서 수정되지 않으며 전체를 대체할 수 있을 뿐이다. 다음은 애플리케이션 서비스를 통해 Author를 획득하고 새로운 Discussion을 시작하기 위해 Forum으로 전달하는 방법을 보여준다.

```
package com.saasovation.collaboration.application;
...
public class ForumService ... {
    ...
    @Transactional
    public Discussion startDiscussion(
            String aTenantId,
            String aForumId,
            String anAuthorId,
            String aSubject) {

        Tenant tenant = new Tenant(aTenantId);
        ForumId forumId = new ForumId(aForumId);

        Forum forum = this.forum(tenant, forumId);

        if (forum == null) {
            throw new IllegalStateException("Forum does not exist.");
        }

        Author author =
                this.collaboratorService.authorFrom(
                        tenant, anAuthorId);

        Discussion newDiscussion =
                forum.startDiscussion(
                        this.forumNavigationService(),
                        author,
                        aSubject);

        this.discussionRepository.add(newDiscussion);

        return newDiscussion;
```

```
    }
    ...
}
```

만약 Collaborator의 이름이나 이메일 주소가 ID와 액세스 컨텍스트에서 변경되면, 이런 변화는 협업 컨텍스트에 자동으로 업데이트되지 않는다. 이런 유형의 변경은 거의 일어나지 않기 때문에, 이 팀은 설계를 단순하게 유지하며, 로컬 컨텍스트의 객체를 통해 원격 컨텍스트 내의 변경을 동기화시키려는 시도는 하지 않기로 결정했다. 하지만 우린 다른 설계 목표를 가진 애자일 프로젝트 관리 컨텍스트를 살펴보게 된다.

리파지토리(12)를 통한 방법과 마찬가지로 부패 방지 계층을 구현하는 다른 방법들도 있다. 그러나 리파지토리는 전형적으로 애그리게잇을 영속화하고 재구성하기 위해 사용되기 때문에, 이를 통해 값 객체를 생성하는 방식은 잘못된 듯 보인다. 만약 우리의 목표가 부패 방지 계층에서 애그리게잇을 생성하는 것이라면 리파지토리가 좀 더 자연스러운 방법이 될 수도 있다.

메시징을 사용한 통합

메시지 기반의 접근법을 사용한 통합은 한 시스템이 의존적인 시스템으로부터 좀 더 높은 수준의 자율성을 달성할 수 있도록 해준다. 메시징 인프라가 기능적으로 유지되는 한, 메시지는 한 시스템을 사용할 수 없는 상황에서도 전달될 수 있다.

DDD를 활용해 시스템을 자율성 있게 만드는 한 가지 방법은 도메인 이벤트의 사용이다. 한 시스템에 뭔가 중요한 일이 발생하면 이와 관련된 이벤트를 만든다. 각 시스템 안에는 이런 이벤트가 서너 개 이상 있을 수 있고, 이런 각각의 이벤트를 기록하기 위해 여러분은 고유한 종류의 이벤트를 생성한다. 이벤트가 발생하면 메시징 메커니즘을 통해 이해 당사자들에게 발행된다. 이는 단지 큰 그림에서의 리뷰다. 앞의 장들에서 이 주제의 세부사항을 그냥 지나쳤다면, 다음 내용을 계속하기 전에 아키텍처(4), 도메인 이벤트(8) 애그리게잇(10) 등에서 몇 가지 배경지식을 쌓고 오는 편이 나을 것이다.

제품 소유자와 팀 멤버의 정보를 계속해서 제공받는 것

애자일 프로젝트 관리 컨텍스트는 서비스를 구독하는 각 테넌트의 스크럼 제품 소유자와 팀 멤버의 그룹을 관리해야 한다. 제품 소유자는 언제든 새로운 제품을 생성하고 팀 멤버를 해당 팀에 할당할 수 있다. 어떻게 스크럼 프로젝트 관리 애플리케이션은 누가 이러한 역할을 수행하는지 알 수 있을까? 정답은 스스로만의 힘으로 하지 않는다는 데 있다.

실제로 애자일 프로젝트 관리 컨텍스트는 이런 역할이 자연스럽고 적절하게 ID와 액세스 컨텍스트에 의해 관리되도록 해준다. 이 시스템에서 스크럼 서비스를 구독하는 각 테넌트는 ScrumProductOwner와 ScrumTeamMember의 두 Role 인스턴스를 갖는다. 이런 역할을 수행해야 하는 각 User는 역할에 맞게 할당된다. 다음은 ID와 액세스 컨텍스트에서 User를 Role에 할당하는 역할을 관리하는 애플리케이션 메소드다.

```
package com.saasovation.identityaccess.application;
...
public class AccessService ... {
    ...
    @Transactional
    public void assignUserToRole(AssignUserToRoleCommand aCommand) {

        TenantId tenantId =
                new TenantId(aCommand.getTenantId());

        User user =
                this.userRepository
                    .userWithUsername(
                            tenantId,
                            aCommand.getUsername());

        if (user != null) {
            Role role =
                    this.roleRepository
                        .roleNamed(
                                tenantId,
                                aCommand.getRoleName());

            if (role != null) {
```

```
                role.assignUser(user);
            }
        }
    }
    ...
}
```

훌륭하다. 그런데 여기선 누가 ScrumTeamMember나 ScrumProductOwner의 역할을 수행하는지 애자일 프로젝트 관리 컨텍스트가 알 수 있도록 도와주는 건 무엇일까? 다음과 같은 방법을 사용한다. Role의 메소드 assignUser()가 완료되고 나면, 마지막 임무는 이벤트를 발행하는 것이다.

```
package com.saasovation.identityaccess.domain.model.access;
...
public class Role extends Entity {
    ...
    public void assignUser(User aUser) {
        if (aUser == null) {
            throw new NullPointerException("User must not be null.");
        }
        if (!this.tenantId().equals(aUser.tenantId())) {
            throw new IllegalArgumentException(
                    "Wrong tenant for this user.");
        }

        this.group().addUser(aUser);

        DomainEventPublisher
            .instance()
            .publish(new UserAssignedToRole(
                    this.tenantId(),
                    this.name(),
                    aUser.username(),
                    aUser.person().name().firstName(),
                    aUser.person().name().lastName(),
                    aUser.person().emailAddress()));
    }
    ...
}
```

User의 이름과 이메일 주소 속성이 강화된 UserAssignedToRole 이벤트는 결과적으로 모든 이해 당사자들에게 전달된다. 애자일 프로젝트 관리 컨텍스트가 이벤트를 받으면, 새로운 TeamMember나 ProductOwner가 해당 모델 안에서 만들어진다. 이는 난처하게 어려운 유스케이스는 아니다. 그러나 보이는 것보다는 더 많은 세부사항을 관리해야 한다. 좀 더 나눠서 살펴보자.

밝혀진 바와 같이 래빗MQ로부터 알림을 수신하는 데에는 재사용이 충분히 가능한 몇 가지 측면들이 있다. 우리는 이미 래빗MQ 자바 클라이언트를 좀 더 쉽게 사용하도록 도와주는 단순한 객체지향 라이브러리를 갖고 있다. 이제 익스체인지exchange 큐 컨슈머의 역할을 아주 간단히 수행할 수 있도록 해주는 좀 더 단순한 클래스를 추가해보자.

```
package com.saasovation.common.port.adapter.messaging.rabbitmq;
...
public abstract class ExchangeListener {

    private MessageConsumer messageConsumer;
    private Queue queue;

    public ExchangeListener() {
        super();

        this.attachToQueue();
        this.registerConsumer();
    }

    protected abstract String exchangeName();

    protected abstract void filteredDispatch(
            String aType, String aTextMessage);

    protected abstract String[] listensToEvents();

    protected String queueName() {
        return this.getClass().getSimpleName();
    }

    private void attachToQueue() {
```

```
        Exchange exchange =
                Exchange.fanOutInstance(
                        ConnectionSettings.instance(),
                        this.exchangeName(),
                        true);

        this.queue =
                Queue.individualExchangeSubscriberInstance(
                        exchange,
                        this.exchangeName() + "." + this.queueName());
    }

    private Queue queue() {
        return this.queue;
    }

    private void registerConsumer() {
        this.messageConsumer =
                MessageConsumer.instance(this.queue(), false);

        this.messageConsumer.receiveOnly(
                this.listensToEvents(),
                new MessageListener(MessageListener.Type.TEXT) {

            @Override
            public void handleMessage(
                    String aType,
                    String aMessageId,
                    Date aTimestamp,
                    String aTextMessage,
                    long aDeliveryTag,
                    boolean isRedelivery)
            throws Exception {
                filteredDispatch(aType, aTextMessage);
            }
        });
    }
}
```

ExchangeListener는 구체적 리스너 서브클래스가 재사용하는 추상 기본 클래스다. 구체적 서브클래스는 추상 기본 클래스를 확장한 후 아주 약간의 코드만 추가하면 된다. 먼저 기본 클래스의 빈 생성자가 호출되도록 해야 하며 이는 어떤 상황에서든 필요하다. 이어서 exchangeName()과 filteredDispatch()와 listensToEvents()의 세 가지 추상 메소드를 구현하는 일만 남는데, 이 중 두 가지는 아주 간단히 구현할 수 있다.

exchangeName()을 구현하기 위해선 구체적 리스너가 알림을 소비할 String 익스체인지의 이름을 반환하는 부분만 있으면 된다. 추상 메소드 listensToEvents()를 구현하기 위해선 받고자 하는 알림 타입의 String[]을 응답해야 한다. 많은 리스너가 오직 한 가지 타입의 알림만을 소비할 것이고, 그래서 오직 한 가지 컴포넌트의 배열만을 돌려주게 된다. 마지막 메소드인 filteredDispatch()는 세 가지 중 가장 복잡한데, 수신된 메시지를 처리하는 무거운 책임을 갖고 있기 때문이다. 어떻게 작동하는지 살펴보기 위해 UserAssignedToRole을 위한 알림(이벤트를 담고 있는)의 리스너를 살펴보자.

```
package com.saasovation.agilepm.infrastructure.messaging;
...
public class TeamMemberEnablerListener extends ExchangeListener {

    @Autowired
    private TeamService teamService;

    public TeamMemberEnablerListener() {
        super();
    }

    @Override
    protected String exchangeName() {
        return Exchanges.IDENTITY_ACCESS_EXCHANGE_NAME;
    }

    @Override
    protected void filteredDispatch(
                String aType,
                String aTextMessage) {
        NotificationReader reader =
```

```
            new NotificationReader(aTextMessage);

    String roleName = reader.eventStringValue("roleName");

    if (!roleName.equals("ScrumProductOwner") &&
        !roleName.equals("ScrumTeamMember")) {
        return;
    }

    String emailAddress = reader.eventStringValue("emailAddress");
    String firstName = reader.eventStringValue("firstName");
    String lastName = reader.eventStringValue("lastName");
    String tenantId = reader.eventStringValue("tenantId.id");
    String username = reader.eventStringValue("username");
    Date occurredOn = reader.occurredOn();

    if (roleName.equals("ScrumProductOwner")) {
        this.teamService.enableProductOwner(
                new EnableProductOwnerCommand(
                    tenantId,
                    username,
                    firstName,
                    lastName,
                    emailAddress,
                    occurredOn));
    } else {
        this.teamService.enableTeamMember(
                new EnableTeamMemberCommand(
                    tenantId,
                    username,
                    firstName,
                    lastName,
                    emailAddress,
                    occurredOn));
    }
}

@Override
protected String[] listensToEvents() {
    return new String[] {
```

```
                "com.saasovation.identityaccess.domain.model.access.
UserAssignedToRole"
                };
    }
}
```

ExchangeListenr 기본 생성자가 올바르게 호출되고, exchangeName()은 ID와 액세스 컨텍스트에 발행된 익스체인지의 이름을 알려주고, listensToEvents() 메소드는 이벤트 UserAssignedToRole의 완전히 정규화된 클래스 이름을 하나의 항목을 갖는 배열로 반환한다. 발행자와 구독자는 모듈 이름과 클래스 이름을 포함하는 정규화된 클래스 이름의 사용을 고려해야 한다. 이는 다른 바운디드 컨텍스트의 동일하거나 유사한 이름의 이벤트 때문에 발생할 수 있는 모든 충돌이나 모호성을 제거해준다.

다시 한 번 말하지만, filteredDispatch()는 행동의 대부분을 포함하고 있다. 알림을 애플리케이션 서비스 API로 디스패치하기 전에 필터링하기 때문에 이 메소드의 이름을 이렇게 지었다. 여기선 ScrumProductOwner와 ScrumTeamMember라는 이름의 역할에 관한 이벤트를 운반하지 않는 UserAssignedToRole 타입의 모든 알림을 무시함으로써 디스패치에 앞서 필터링을 수행하고 있다. 반면에 이벤트를 수신하는 데 관심이 있는 역할이라면, 알림으로부터 UserAssignedToRole의 세부사항을 가져와서 TeamService라는 애플리케이션 서비스로 디스패치한다. 각 서비스 메소드 enableProductOwner()와 enableTeamMember()는 각각 EnableProductOwnerCommand나 EnableTeamMemeberCommand의 커맨드 객체를 갖는다.

처음에는 멤버가 단순히 이런 이벤트 중 하나의 결과로서 생성될 것처럼 보인다. 그러나 각 User가 이런 Roles 중 하나에 할당된 후 할당 해제되며 그 이후에 다시 재할당되기 때문에, 수신한 알림의 User가 나타내는 멤버가 이미 존재할 가능성이 있다. 다음은 TeamService가 이런 상황을 어떻게 대응하는지 보여준다.

```
package com.saasovation.agilepm.application;
...
public class TeamService ... {

    @Autowired
```

```
    private ProductOwnerRepository productOwnerRepository;

    @Autowired
    private TeamMemberRepository teamMemberRepository;

    ...

    @Transactional
    public void enableProductOwner(
            EnableProductOwnerCommand aCommand) {
        TenantId tenantId = new TenantId(aCommand.getTenantId());

        ProductOwner productOwner =
                this.productOwnerRepository.productOwnerOfIdentity(
                        tenantId,
                        aCommand.getUsername());

        if (productOwner != null) {
            productOwner.enable(aCommand.getOccurredOn());
        } else {
            productOwner =
                    new ProductOwner(
                            tenantId,
                            aCommand.getUsername(),
                            aCommand.getFirstName(),
                            aCommand.getLastName(),
                            aCommand.getEmailAddress(),
                            aCommand.getOccurredOn());

            this.productOwnerRepository.add(productOwner);
        }
    }
}
```

예를 들면, 서비스 메소드인 enableProductOwner()에선 특정 ProductOwner가 이미 존재할 가능성을 다룬다. 만약 존재한다면 이를 다시 사용 가능하게 해야 할 필요가 있다고 가정하며 해당하는 커맨드 오퍼레이션을 디스패치한다. 만약 ProductOwner가 아직 존재하지 않는다면 새로운 애그리게잇을 인스턴스화하고, 이를 리파지토리에 추가한다. 사실 TeamMember를 이와 같은 방식으로 처리하며 enableTeamMember()가 같은 방식으로 구현된다.

당신은 책임을 감당할 수 있는가

여기까진 모든 점이 괜찮고 좋아 보인다. 충분히 단순해 보인다. ProductOwner와 TeamMember 애그리게잇 타입이 있으며, 이들 각각은 그 이면에 있는 외부 바운디드 컨텍스트의 User에 관한 정보를 일부 보관하도록 설계했다. 하지만 이런 방식으로 애그리게잇을 설계함으로써 얼마나 많은 책임을 지우게 되는지 알고 있는가?

협업 컨텍스트 내에서 팀이 단지 비슷한 정보를 갖는 불변하는 값 객체를 생성하기로 결정했다는 점을 상기해보자('부패 방지 계층을 통한 REST 클라이언트의 구현' 절을 참고하자). 값들이 불변하기 때문에 이 팀은 공유된 정보를 최신으로 유지할 걱정은 전혀 할 필요가 없다. 물론 이런 이점에서 오는 단점도 있는데, 공유된 정보의 일부가 업데이트됐을 때 협업 컨텍스트는 절대 과거에 생성된 관련 객체를 업데이트하지 않는다. 즉 애자일 프로젝트 관리 팀은 상충점의 반대편을 선택한 셈이다.

그러나 애그리게잇의 정보를 최신으로 유지하는 데에는 몇 가지 문제가 있다. 그 이유는 무엇일까? 그저 단순하게 ProductOwner와 TeamMember 인스턴스에 해당하는 User 인스턴스의 변화를 반영하는 추가적인 이벤트 운반 알림을 받으면 안 될까? 그렇다. 그렇게 하면 되고 그렇게 해야만 한다. 그러나 우리가 메시징 인프라를 사용하고 있다는 점은 눈에 보이는 수준보다 더 큰 어려움을 초래한다.

예를 들어, 만약 ID와 액세스 컨텍스트에서 관리자가 실수로 ScrumTeamMember 역할에서 조 존슨Joe Johnson을 할당 해제하게 되면 어떻게 될까? 글쎄, 그 사실을 알리는 이벤트 운반 알림을 수신하게 되고, 우리는 TeamService를 사용해서 조 존슨Joe Johnson에 해당하는 TeamMember를 비활성화시킬 것이다. 잠깐만. 몇 초 지나지 않아 이 관리자는 ScrumTeamMember에서 잘못된 사용자를 할당 해제했고, 사실은 조 존스Joe Jones를 할당 해제해야 했다는 사실을 깨달았다. 그래서 그 매니저는 재빨리 조 존슨Joe Johnson을 그 역할로 다시 할당하고, 다른 조 존스Joe Jones를 할당 해제했다. 이어서 애자일 프로젝트 관리 컨텍스트는 해당하는 알림을 수신하고, 모든 사람(아마 조 존스Joe Johnson 씨만 빼고)이 만족했다. 정말로 모든 면이 괜찮은 걸까?

우리는 이 유스케이스에 관해 잘못된 가정을 하고 있을 수 있다. 우리는 ID와 액세스 컨텍스트에서 실제로 사건이 발생한 순서대로 알림을 받고 있다고 가정한다.

그러나 언제나 순탄하지는 않을 수 있다. 만약 어떤 이유로든 조 존슨Joe Johnson에 관한 UserAssingedToRole 알림을 먼저 받고, 그다음에 UserUnassignedFromRole 알림을 받는다면 어떨까? 결과적으로 조 존슨Joe Johnson에 해당하는 TeamMember가 비활성화 상태에 갇히게 되고, 누군가 애자일 PM 데이터베이스에 데이터를 수정하거나 관리자가 제대로 된 '조'가 재활성화되도록 어떤 마술을 부려야 한다. 이런 일은 일어날 수 있으며, 역설적이게도 이런 일이 일어날 수 있다는 사실을 간과할 때 항상 일어나는 것만 같다. 그렇다면 어떻게 이를 피할 수 있을까?

TeamService API로 매개변수로서 전달하는 커맨드 객체를 자세히 살펴보자. 예를 들어 EnableTeamMemberCommand와 DisableTeamMemberCommand에 대해 생각해보자. 이들 각각은 occuredOn이라는 Date 객체가 제공될 것을 요청한다. 사실 우리의 모든 커맨드 객체는 이런 방식으로 설계된다. ProductOwner와 TeamMember 애그리게잇이 occurredOn 값을 사용해 시간을 고려한 방식으로 커맨드 오퍼레이션을 처리하도록 한다. 문제를 일으킬 수 있었던 유스케이스를 생각해보면서, 실제와는 반대의 순서로 UserUnassignedFromRole이 UserAssignedToRole 다음에 전달될 수 있는 가능성에 대비했다면 어떻게 되는지 살펴보자.

```
package com.saasovation.agilepm.application;
...
public class TeamService ... {
    ...
    @Transactional
    public void disableTeamMember(DisableTeamMemberCommand aCommand) {
        TenantId tenantId = new TenantId(aCommand.getTenantId());

        TeamMember teamMember =
                this.teamMemberRepository.teamMemberOfIdentity(
                        tenantId,
                        aCommand.getUsername());

        if (teamMember != null) {
            teamMember.disable(aCommand.getOccurredOn());
        }
    }
}
```

TeamMember의 disable() 커맨드 메소드를 통해 디스패치할 때, 커맨드 객체의 occuredOn 값을 전달해야 할 필요가 있다는 점을 기억하자. TeamMember는 필요한 경우에만 비활성화가 일어날 수 있도록 이를 내부적으로 활용할 것이다.

```
package com.saasovation.agilepm.domain.model.team;
...
public abstract class Member extends Entity {
    ...
    private MemberChangeTracker changeTracker;
    ...
    public void disable(Date asOfDate) {
        if (this.changeTracker().canToggleEnabling(asOfDate)) {
            this.setEnabled(false);
            this.setChangeTracker(
                    this.changeTracker().enablingOn(asOfDate));
        }
    }

    public void enable(Date asOfDate) {
        if (this.changeTracker().canToggleEnabling(asOfDate)) {
            this.setEnabled(true);
            this.setChangeTracker(
                    this.changeTracker().enablingOn(asOfDate));
        }
    }
    ...
}
```

이 애그리게잇의 행동이 공동 추상 기본 클래스인 Member에 의해 제공된다는 점을 기억하자. disable()과 enable() 메소드 모두가 요청된 오퍼레이션이 asOfDate 매개변수(커맨드의 occurredOn 값)에 따라 수행될 수 있는지 여부를 결정하기 위해 changeTracker로 질의하도록 설계된다. MemberChangeTracker 값 객체는 가장 최근에 발생한 관련 오퍼레이션이 무엇인지 관리하면서, 이를 사용해 해당 질의에 응답한다.

```
package com.saasovation.agilepm.domain.model.team;
...
public final class MemberChangeTracker implements Serializable {
```

```
    private Date emailAddressChangedOn;
    private Date enablingOn;
    private Date nameChangedOn;
    ...
    public boolean canToggleEnabling(Date asOfDate) {
        return this.enablingOn().before(asOfDate);
    }
    ...
    public MemberChangeTracker enablingOn(Date asOfDate) {
        return new MemberChangeTracker(
                asOfDate,
                this.nameChangedOn(),
                this.emailAddressChangedOn());
    }
    ...
}
```

오퍼레이션이 허용돼 수행되면, 해당하는 enablingOn() 메소드를 사용해 대체 MemberChangeTracker 인스턴스를 획득한다. PersonNameChanged와 PersonContactInformationChanged의 변경이 순서에서 어긋나 도착할 수 있기 때문에, 같은 유형의 기능을 emailAddressChangedOn과 nameChangedOn에서도 함께 사용할 수 있다. 사실, 이메일 주소 변경의 경우, 추가적으로 확인해야 할 부분이 하나 더 있다. PersonContractInformationChanged 이벤트는 흔하지 않은 이메일 주소의 변경이 아닌, 전화번호나 우편주소의 변경을 의미할 가능성이 있다.

```
package com.saasovation.agilepm.domain.model.team;
...
public abstract class Member extends Entity {
    ...
    public void changeEmailAddress(
        String anEmailAddress,
        Date asOfDate) {

        if (this.changeTracker().canChangeEmailAddress(asOfDate) &&
            !this.emailAddress().equals(anEmailAddress)) {
            this.setEmailAddress(anEmailAddress);
            this.setChangeTracker(
                this.changeTracker().emailAddressChangedOn(asOfDate));
```

```
        }
    }
...
}
```

여기선 이메일 주소가 실제로 변경됐는지 확인한다. 만약 그렇지 않다면, 변경된 상태로서 추적하길 원하지 않는다. 만약 추적하게 된다면, 잘못된 순서로 도착했지만 실제론 이메일 주소의 변경을 담고 있는 같은 타입의 이벤트가 무시된다.

MemberChangeTracker는 Member 서브클래스 커맨드 오퍼레이션을 멱등idempotent 하게 만드는 역할도 하는데, 같은 알림이 메시징 인프라스트럭처에 의해 여러 번 전달되더라도 반복된 전달은 무시된다.

애그리게잇 설계 안에 MemberChangeTracker를 추가하는 일은 실수라고 주장할 수도 있다. 스크럼 기반 팀의 유비쿼터스 언어와 전혀 관련이 없다고 결론지을지도 모른다. 이는 사실이다. 하지만 MemberChangeTracker를 애그리게잇 경계 외부로는 절대 노출하지 않는다. 이는 구현 세부사항으로, 클라이언트는 이의 존재를 절대 알 수 없다. 클라이언트가 알고 있는 유일한 세부사항은 수정이 발생했다는 사실에 해당하는 occuredOn 값이 반드시 제공된다는 점이다. 게다가 이는 팻 헬런드Pat Helland가 결과적 일관성을 달성하는 확장 가능하고 분산된 시스템의 처리에서 파트너 관계를 관리하는 방법에 관해 설명했던 구현의 세부사항과 정확히 일치한다. 그의 논문[Helland] 중에서도 특히 다섯 번째 절인 '활동: 지저분한 메시지 처리하기Activities: Coping with Messy Messages'를 살펴보자.

그럼 이제 우리의 새로운 책임을 다루는 일로 돌아오자.

외래 바운디드 컨텍스트에서 유래한 정보의 복제는 아주 간단한 예제지만, 이는 결코 사소하게 다룰 책임이 아니며, 특히 여러분이 순서가 바뀐 메시지를 한 번 이상 전달할지도 모르는 메시지 메커니즘을 사용한다면 그렇다.[2] 게다가 Member에서 관리하는 단 몇 개의 특성에 모종의 영향을 미치는 ID와 액세스 컨텍스트의 오퍼레이션이 무엇인지 완전히 이해하게 되면, 깜짝 놀라서 정신을 차리게 될지도 모른다.

---

2 이는 알림 처리에서 레스트풀 접근법을 사용할 때 확실한 이점을 가질 수 있는데, 알림이 이벤트 저장소(4, 부록 A)에 추가되는 순서와 같은 순서로 전달됨을 보장하기 때문이다. 모든 알림은 매번 동일한 순서가 보장되는 가운데 각각의 이유에 맞게 반복해서 사용될 수 있다.

- `PersonContactInformationChanged`
- `PersonNameChanged`
- `UserAssignedToRole`
- `UserUnassignedFromRole`

그러고 나서, 그만큼 중요하게 반응해야 하는 몇 개의 다른 이벤트가 있음을 알게 된다.

- `UserEnablementChanged`
- `TenantActivated`
- `TenantDeactivated`

위와 같은 사실은, 가능하다면 바운디드 컨텍스트 전반에서 정보의 중복을 최소화하거나 완전히 제거하는 편이 최선이라는 사실을 강조하고 있다. 정보의 중복을 완전히 피하는 일은 불가능할 수 있다. SLA는 필요할 때마다 원격 데이터를 가져오는 방식이 비실용적이라 할지도 모른다. 이는 팀이 `User`의 개인적인 이름과 사용자의 이메일 주소를 로컬에 갖고 있으려는 동기 중 하나가 될 수 있다. 그러나 우리가 책임질 외래 정보의 양을 줄이겠다는 목표를 세운다면 우리의 작업이 훨씬 쉬워진다. 이는 미니멀리스트의 사고방식과 닮았다.

물론 테넌트와 사용자 ID 사이의 중복을 피하는 방법이 있고, 보통 여러 바운디드 컨텍스트에 걸친 ID 중복은 필수적이다. 이는 바운디드 컨텍스트를 통합하는 주요 방법 중 하나다. 게다가 ID는 불변하기 때문에 공유해도 안전하다. 예를 들면 우리가 `Tenant`, `User`, `ProductOwner`, `TeamMember` 등에서와 같이, 애그리게잇의 비활성화disabling나 소프트 삭제soft deletion를 통해 참조된 객체가 절대 사라지지 않도록 보장할 수 있다.

이런 주의사항이 정보를 담은 속성으로 도메인 이벤트의 풍부함이 강화되면 안 된다는 의미는 아니다. 분명, 컨슈머가 과거의 사실에 응답해 밟아나가야 하는 단계가 무엇인지 알 수 있도록 충분한 정보를 제공해야만 한다. 여전히, 레코드 시스템에 위치한 공식적 상태와 동기화된 상태를 유지해야 하는 책임을 떠맡지 않고도, 이벤트 데이터를 사용하면 계산을 수행하거나 사용할 외래 바운디드 컨텍스트의 상태를 도출할 수 있다.

장기 실행 프로세스와 책임의 회피

앞의 절에서 설명한 내용을 책임 있는 성인이 되는 모습에 비유했다면, 이 절에선 10대로 돌아가려는 시도에 비유해보고자 한다. 알다시피 어른은 온갖 책임을 져야 한다. 부모들은 차를 사고, 보험에 들고, 차에 기름을 넣기 위한 돈을 지불하고, 수리에 돈을 써야 한다. 10대 때의 우리는 부모님의 차를 사용하면서도 그 비용에 대해선 지불하려 하지 않는다. 10대들이 부모님 차의 할부금을 내고, 기름을 넣고, 정비공에게 돈을 주고, 보험금을 낼 리는 절대 없다. 그들은 단지 그 끔찍한 책임이라는 단어와 관련된 모든 부분을 부모님이 지도록 내버려두곤 재미있는 일만 골라 하길 바란다.

이 절에서 우린 장기 수행 프로세스(4)를 다루며 즐거운 시간을 보내는 한편, 다른 바운디드 컨텍스트로부터 정보를 복사할 때 요구되는 고통스러운 책임을 감당하지 않도록 한다. 외래 바운디드 컨텍스트가 우릴 위해 데이터를 생성하고 유지하는 상황을 즐긴 이후에, 단순히 레코드 시스템이 그 고유한 정보를 처리하게 할 것이다.

컨텍스트 맵(3)에선 제품을 생성하라는 유스케이스를 살펴봤다.

전제 조건: 협업 기능이 활성화된다(옵션을 구입했다).

1. 사용자는 제품 설명 정보를 제공한다.
2. 사용자는 팀 토론에 대한 의사를 표시한다.
3. 사용자는 정의된 제품을 만들도록 요청한다.
4. 시스템은 포럼과 토론이 들어간 제품을 만든다.

여기부터가 재미있는 부분이며, 우린 책임을 발로 차버려서 네트워크를 가로지르도록 한다.

컨텍스트 맵(3)에서 이 팀은 레스트풀 접근법을 사용해 두 바운디드 컨텍스트를 통합하는 방법을 제안했다. 그러나 이 팀은 결국 메시지 기반의 솔루션을 사용하기로 결정했다.

또한 원래 유비쿼터스 언어에 `Discussion`(3)으로 추가하기로 제안했던 개념을 다듬어간다는 점은 여러분이 가장 먼저 알아차리게 되는 모습 중 하나일 것이다. 애자일 프로젝트 관리 팀은 토론의 타입들 사이에 차이를 둬야 하는 필요성을 알게 됐고, 이젠 `ProductionDiscussion`과 `BacklogItemDiscussion`이라는 두 가지 타입이 있다(이 절에선 ProductDiscussion에만 초점을 맞춘다). 두 값 객체는 같은 기본 상태와 행동을 갖지만, 차이점은 개발자가 잘못된 토론을 Product와 BacklogItem에 붙이는 실수를 피할 수 있도록 타입 안전성을 갖게 해준다. 이 두 토론 타입에는 사용 가능한지 여부와, 토론이 형성됐다면 협업 컨텍스트의 실제 Discussion 애그리게잇 인스턴스 ID가 담긴다.

애자일 프로젝트 관리 컨텍스트에서 한 값 객체의 이름을 협업 컨텍스트의 애그리게잇 이름과 같게 짓자는 최초의 제안은 잘못된 판단이 아니었다. 좀 더 분명하게 하자면, 값 객체의 이름을 Discussion에서 ProductDiscussion으로 바꾼 선택은 협업 컨텍스트의 애그리게잇과 구별하려는 목적이 아니다. 컨텍스트 매핑의 관점에서 보면 값 객체의 이름을 원래대로 두더라도 컨텍스트 자체가 두 객체를 구분해주기 때문에 전혀 문제가 되지 않는다. 애자일 프로젝트 관리 컨텍스트에서 별도로 두 값 타입을 생성하기로 한 결정은 격리된 로컬 모델의 요구사항 때문이다.

좀 더 깊이 살펴보기 위해, 먼저 Product를 만드는 데 사용된 애플리케이션 서비스API를 살펴보자.

```
package com.saasovation.agilepm.application;
...
public class ProductService ... {

    @Autowired
    private ProductRepository productRepository;

    @Autowired
    private ProductOwnerRepository productOwnerRepository;
    ...
    @Transactional
    public String newProductWithDiscussion(
                NewProductCommand aCommand) {

        return this.newProductWith(
                aCommand.getTenantId(),
                aCommand.getProductOwnerId(),
                aCommand.getName(),
                aCommand.getDescription(),
                this.requestDiscussionIfAvailable());
```

```
    }
    ...
}
```

새 Product를 만드는 데는 사실 두 가지 방법이 있다. 여기서 다루지 않은 첫 번째 방법은 Discussion 없이 Product를 생성하고, 여기서 살펴본 방법은 ProductDiscussion이 결과적으로 생성되도록 시도해서 생성된 결과가 Product에 첨부되도록 한다. newProductWith()와 requestDiscussionIfAvailable()의 두 내부 메소드는 여기선 살펴보지 않는다. 후자의 방법은 콜랍오베이션 애드온이 활성화됐는지 확인하기 위해 사용된다. 만약 활성화됐다면 사용 가능 상태로서 REQUESTED가 반환된다. 그렇지 않다면 상태 반환 값은 ADD_ON_NOT_ENABLED다. newProductWith() 메소드는 Product 생성자를 호출하는데, 이 생성자를 살펴보자.

```
package com.saasovation.agilepm.domain.model.product;
...
public class Product extends ConcurrencySafeEntity {
    ...
    public Product(
            TenantId aTenantId,
            ProductId aProductId,
            ProductOwnerId aProductOwnerId,
            String aName,
            String aDescription,
            DiscussionAvailability aDiscussionAvailability) {

        this();

        this.setTenantId(aTenantId);
        this.setProductId(aProductId);
        this.setProductOwnerId(aProductOwnerId);
        this.setName(aName);
        this.setDescription(aDescription);

        this.setDiscussion(
                ProductDiscussion.fromAvailability(
                        aDiscussionAvailability));

        DomainEventPublisher
```

```
                .instance()
                .publish(new ProductCreated(
                    this.tenantId(),
                    this.productId(),
                    this.productOwnerId(),
                    this.name(),
                    this.description(),
                    this.discussion().availability().isRequested()));
    }
    ...
}
```

이 클라이언트는 DiscussionAvailabilty를 전달해야 하는데, ADD_ON_NOT_ENABLED, NOT_REQUESTED, REQUESTED 중 하나를 담게 된다. READY 상태는 완료된 상태를 나타내기 위해 예약돼 있다. 처음의 두 상태는 해당 상태를 포함한 ProductDiscussion을 생성토록 하는데, 이는 적어도 생성의 결과 시점에는 관련된 토론이 없다는 의미다. 세 번째 상태인 REQUESTED는 PENDING_SETUP 상태의 ProductDiscussion이 생성되도록 한다. 다음은 Product 생성자에서 사용하는 ProductDiscussion 팩토리 메소드다.

```
package com.saasovation.agilepm.domain.model.product;
...
public final class ProductDiscussion implements Serializable {
    ...
    public static ProductDiscussion fromAvailability(
            DiscussionAvailability anAvailability) {

        if (anAvailability.isReady()) {
            throw new IllegalArgumentException(
                    "Cannot be created ready.");
        }

        DiscussionDescriptor descriptor =
                new DiscussionDescriptor(
                        DiscussionDescriptor.UNDEFINED_ID);

        return new ProductDiscussion(descriptor, anAvailability);
    }
```

```
    ...
}
```

READY 상태에 대한 요청이 아니라면(만약 그럴 경우 문제가 될 수 있다.) 세 가지 다른 상태 중 하나와 정의되지 않은 설명자를 갖고 있는 ProductDiscussion을 받게 된다. 만약 상태가 REQUESTED라면, 장기 실행 프로세스는 협업적인 토론의 생성과 그에 따른 Product의 초기화를 관리하게 된다. 어떻게? Product 생성자가 마지막으로 하는 일이 ProductCreated 이벤트의 발행이란 점을 상기해보자.

```
package com.saasovation.agilepm.domain.model.product;
    ...
    public Product(...) {
        ...
        DomainEventPublisher
            .instance()
            .publish(new ProductCreated(
                this.tenantId(),
                this.productId(),
                this.productOwnerId(),
                this.name(),
                this.description(),
                this.discussion().availability().isRequested()));
    }
    ...
}
```

만약 토론의 사용 가능 상태가 REQUESTED라면 이벤트 생성자의 마지막 매개변수는 참일 것이고, 이는 장기 실행 프로세스를 시작하기 위해 필요한 바로 그것이다.

도메인 이벤트(8)를 다시 생각해보자. ProductCreated 타입을 비롯한 모든 이벤트 인스턴스는 이벤트가 발생하는 특정 바운디드 컨텍스트를 위해 이벤트 저장소에 추가된다. 이어서, 새롭게 첨부된 모든 이벤트는 이벤트 저장소로부터 메시징 메커니즘을 통해 이해 당사자들에게 전달된다. 사스오베이션의 경우, 팀은 래빗MQ를 이런 목적으로 사용하기로 결정했다. 우린 단순한 장기 실행 프로세스를 만들어서 토론의 생성을 관리하고, 이를 Product에 추가해야 한다.

장기 실행 프로세스의 세부사항으로 들어가기 전에, 토론을 요청하는 다른 방법을 하나 더 생각해보자. 토론이 요청되지 않거나 협업 애드온만이 활성화된 상태로 주어진 Product 인스턴스가 먼저 생성되면 어떻게 할까? 나중에 제품 소유자가 토론을 추가하기로 결정하면 애드온을 사용할 수 있다. 이제 제품 소유자는 Product로 이 커맨드 메소드를 사용할 수 있다.

```
package com.saasovation.agilepm.domain.model.product;
...
public class Product extends ConcurrencySafeEntity {
    ...
    public void requestDiscussion(
            DiscussionAvailability aDiscussionAvailability) {

        if (!this.discussion().availability().isReady()) {
            this.setDiscussion(
                    ProductDiscussion.fromAvailability(
                            aDiscussionAvailability));

            DomainEventPublisher
                .instance()
                .publish(new ProductDiscussionRequested(
                    this.tenantId(),
                    this.productId(),
                    this.productOwnerId(),
                    this.name(),
                    this.description(),
                    this.discussion().availability().isRequested()));
        }
    }
    ...
}
```

requestDiscussion() 메소드는 친숙한 DiscussionAvailability 매개변수를 갖는데, 그 이유는 이 클라이언트가 반드시 Product에게 협업 애드온이 사용 가능하다고 입증해야 하기 때문이다. 물론 이 클라이언트는 여기서 속임수를 사용해 언제나 REQUESTED를 전달할 수도 있지만, 실제로 애드온이 사용 가능하지 않다면 이는 결국 해결할 수 없는 버그가 될 것이다. 여기서 역시 토론의 사용 가능 상태가

REQUESTED라면 이벤트 생성자로의 마지막 매개변수가 참일 것이고, 이는 장기 실행 프로세스를 시작하는 데 필요한 바로 그것이다.

```
package com.saasovation.agilepm.domain.model.product;
...
public class ProductDiscussionRequested implements DomainEvent {
    ...
    public ProductDiscussionRequested(
            TenantId aTenantId,
            ProductId aProductId,
            ProductOwnerId aProductOwnerId,
            String aName,
            String aDescription,
            boolean isRequestingDiscussion) {
        ...
    }
    ...
}
```

이 이벤트는 ProductCreated와 정확히 같은 속성을 갖는데, 이는 모든 이벤트 타입이 같은 리스너에 의해 처리되도록 할 것이다.

사용 가능 상태가 REQUESTED가 아니라면, 이 이벤트의 발행이 의미가 있는지 의문스러울 수 있다. 의미가 있긴 한데, 그 이유는 요청의 목적을 달성할 수 있는지의 여부에 상관없이 READY 상태가 아니기만 하면 요청이 이뤄질 것이기 때문이다. 이 벤트에 대한 응답으로 실제로 어떤 일을 할지, 아무 일도 하지 말지의 결정은 리스너의 책임이다. 아마도 isRequestingDiscussion이 false로 설정된 이벤트를 수신했음은 문제가 있다는 의미거나 애드온이 여전히 완료되지 못하고 작업 중이라는 의미일 것이다. 그러므로 어떤 조정 과정이 필요할 수 있다. 이 프로세스는 아마 관리자 그룹에게 이메일을 보내는 등의 작업을 필요로 할 것이다.

장기 실행 프로세스를 애자일 프로젝트 관리 컨텍스트상에서 관리하는 데 사용되는 클래스는 ProductOwner와 TeamMember 애그리게잇(앞 절을 참고하자.)을 관리하기 위해 사용된 클래스와 비슷하다. 여기서 등장하는 각 리스너는 스프링으로 연결돼, 이 바운디드 컨텍스트를 위해 스프링 애플리케이션 컨텍스트가 생성됨에 따라 인스턴스화된다. 첫 번째 리스너는 AGILEPM_EXCHANGE_NAME상의 ProductCreated

와 ProductDiscussionRequested라는 두 종류의 알림을 수신한다.

```
package com.saasovation.agilepm.infrastructure.messaging;
...
public class ProductDiscussionRequestedListener
        extends ExchangeListener {
    ...
    @Override
    protected String exchangeName() {
    return Exchanges.AGILEPM_EXCHANGE_NAME;
    }
    ...

    @Override
    protected String[] listensToEvents() {
        return new String[] {
                "com.saasovation.agilepm.domain.model.product.
ProductCreated",
                "com.saasovation.agilepm.domain.model.product.
ProductDiscussionRequested"
        };
    }
    ...
}
```

COLLABORATION_EXCHANGE_NAME은 두 번째 리스너의 관심사며, 그중에서도 DiscussionStarted 알림을 위한 것이다.

```
package com.saasovation.agilepm.infrastructure.messaging;
...
public class DiscussionStartedListener extends ExchangeListener {
    ...
    @Override
    protected String exchangeName() {
        return Exchanges.COLLABORATION_EXCHANGE_NAME;
    }
    ...
    @Override
    protected String[] listensToEvents() {
```

```
        return new String[] {
                "com.saasovation.collaboration.domain.model.forum.
DiscussionStarted"
        };
    }
    ...
}
```

이제 여러분도 전개되고 있는 상황이 어떤지 감이 올 것이다. ProductCreated나 ProductDiscussionRequested가 첫 번째 리스너에 의해 수신되면, 이는 커맨드를 협업 컨텍스트로 디스패치해서 Product를 위해 새로운 Forum과 Discussion이 생성되도록 해준다. 협업 컨텍스트의 컴포넌트가 이 요청의 처리를 완료하면 DiscussionStarted 알림이 발행되고, 이 알림이 수신되면 해당하는 토론 ID가 Product상에 개시된다. 이 부분이 장기 실행 프로세스의 요점이다. 다음은 첫 번째 리스너에서 filteredDispatch()가 동작하는 방식이다.

```
package com.saasovation.agilepm.infrastructure.messaging;
...
public class ProductDiscussionRequestedListener
        extends ExchangeListener {
    private static final String COMMAND =
            "com.saasovation.collaboration.discussion.
CreateExclusiveDiscussion";
    ...
    @Override
    protected void filteredDispatch(
            String aType,
            String aTextMessage) {
        NotificationReader reader =
                new NotificationReader(aTextMessage);

        if (!reader.eventBooleanValue("requestingDiscussion")) {
            return;
        }

        Properties parameters = this.parametersFrom(reader);
        PropertiesSerializer serializer =
                PropertiesSerializer.instance();
```

```
        String serialization = serializer.serialize(parameters);
        String commandId = this.commandIdFrom(parameters);

        this.messageProducer()
            .send(
                serialization,
                MessageParameters
                    .durableTextParameters(
                            COMMAND,
                            commandId,
                            new Date()))
            .close();
    }
    ...
}
```

ProductCreated나 ProductDiscussionRequested의 두 이벤트 타입의 경우, requestingDicussion 특성이 거짓이라면 이벤트를 무시한다. 그렇지 않은 경우, 이벤트의 상태로부터 CreateExclusiveDiscussion 커맨드를 만들어서 협업 컨텍스트의 메시지 익스체인지로 보낸다.

이 시점에서 잠시 멈추고 어떻게 이 프로세스가 설계됐는지 생각해보는 게 좋겠다. 정말로 애자일 프로젝트 관리 컨텍스트가 로컬 애그리게잇에 의해 발행된 이벤트를 청취할 리스너를 만들 필요가 있을까? 차라리 협업 컨텍스트의 ProductCreated 이벤트에 관한 리스너를 만드는 편이 낫지 않을까? 그렇게 하면, 협업 컨텍스트의 리스너가 단순히 배타적인 Forum과 Discussion의 생성을 관리하도록 할 수 있고, 이는 애자일 프로젝트 관리 컨텍스트로부터 일부 코드를 제거하도록 해준다. 어떤 편이 더 나은 접근인지 결정하려면 몇 가지 요소를 고려해야 한다.

상위 방향 바운디드 컨텍스트가 하위 방향 컨텍스트에서 발행된 이벤트를 받는다는 것이 말이 될까? 아니면 이벤트 주도 아키텍처(4)에선 정말로 시스템이 서로에게 상위 방향이자 하위 방향일까? 이런 개념을 녹여내 만들어야만 할까? 아마도 더 중요하게 생각해야 할 요소는 협업 컨텍스트에서 ProductCreated 이벤트가 배타적인 Forum과 Discussion의 생성 필요성을 의미한다고 해석하는 편이 올바른지 여부다. 사실, ProductCreated가 협업 컨텍스트에 실제로 의미를 갖긴 할까? 얼마나 많은 수의 다른 컨텍스트가 자신들의 고유한 이벤트 타입에 관해 유사한 자동 지원을 원하게 될까? 협업 컨텍스트의 생성 커맨드와 같은 외래 이벤트를 무한정 지원하는 짐을 지울 최선의 위치일까? 그러나 여기서 고려해야 할 다른 한 가지 요소가 있는데, 이는 우리가 장기 실행 프로세스의 성공을 좀 더 신중하게 관리할 것을 요구한다. 뒤에서 좀 더 다루게 될 이 주제는 왜 우리가 이런 방식으로 문제에 접근했는지 알 수 있게 도와줄 것이다.

이제 예제로 다시 돌아와서, 일단 협업 컨텍스트가 커맨드를 수신하면 애플리케이션 서비스인 `ForumService`로 전달된다. 이 API는 아직 커맨드 매개변수를 사용하도록 설계되지 않았지만 개별 특성 매개변수를 받는다는 점에 유의하자.

```
package com.saasovation.collaboration.infrastructure.messaging;
...
public class ExclusiveDiscussionCreationListener
        extends ExchangeListener {

    @Autowired
    private ForumService forumService;
    ...
    @Override
    protected void filteredDispatch(
                String aType,
                String aTextMessage) {
        NotificationReader reader =
                new NotificationReader(aTextMessage);

        String tenantId = reader.eventStringValue("tenantId");
        String exclusiveOwnerId =
                reader.eventStringValue("exclusiveOwnerId");
        String forumSubject = reader.eventStringValue("forumTitle");
        String forumDescription =
                reader.eventStringValue("forumDescription");
        String discussionSubject =
                reader.eventStringValue("discussionSubject");
        String creatorId = reader.eventStringValue("creatorId");
        String moderatorId = reader.eventStringValue("moderatorId");

        forumService.startExclusiveForumWithDiscussion(
            tenantId,
```

```
            creatorId,
            moderatorId,
            forumSubject,
            forumDescription,
            discussionSubject,
            exclusiveOwnerId);
    }
    ...
}
```

이 자체로도 말이 되긴 하지만, ExclusiveDiscussionCreationListener가 애자일 프로젝트 관리 컨텍스트로 응답 메시지를 다시 보내야 하지 않을까? 글쎄, 꼭 그렇진 않다. Forum과 Disucssion 애그리게잇은 응답으로 각각 ForumStarted와 DisucssionStarted 이벤트를 발행한다. 이 바운디드 컨텍스트는 모든 도메인 이벤트를 COLLABORATION_EXCHANGE_NAME으로 정의된 익스체인지를 통해 발행한다. 이는 애자일 프로젝트 관리 컨텍스트 내의 DiscussionStartedListener가 DiscussionStarted 이벤트를 수신하는 이유다. 다음은 리스너가 이벤트를 수신할 때 어떤 일을 하는지 보여준다.

```
package com.saasovation.agilepm.infrastructure.messaging;
...
public class DiscussionStartedListener extends ExchangeListener {

    @Autowired
    private ProductService productService;
    ...
    @Override
    protected void filteredDispatch(
                String aType,
                String aTextMessage) {
        NotificationReader reader =
                new NotificationReader(aTextMessage);

        String tenantId = reader.eventStringValue("tenant.id");
        String productId = reader.eventStringValue("exclusiveOwner");
        String discussionId =
                reader.eventStringValue("discussionId.id");
```

```
        productService.initiateDiscussion(
                new InitiateDiscussionCommand(
                    tenantId,
                    productId,
                    discussionId));
    }
    ...
}
```

이 리스너는 수신된 알림의 이벤트 속성을 커맨드로서 ProductService 애플리케이션 서비스로 보낸다. 이 initiateDiscussion() 서비스 메소드는 다음과 같이 작동한다.

```
package com.saasovation.agilepm.application;
...
public class ProductService ... {

    @Autowired
    private ProductRepository productRepository;
    ...
    @Transactional
    public void initiateDiscussion(
            InitiateDiscussionCommand aCommand) {
        Product product =
                productRepository
                    .productOfId(
                            new TenantId(aCommand.getTenantId()),
                            new ProductId(aCommand.getProductId()));

        if (product == null) {
            throw new IllegalStateException(
                    "Unknown product of tenant id: "
                    + aCommand.getTenantId()
                    + " and product id: "
                    + aCommand.getProductId());
        }

        product.initiateDiscussion(
                new DiscussionDescriptor(
```

```
                aCommand.getDiscussionId()));
    }
    ...
}
```

결국 Product 애그리게잇의 initiateDisucssion() 행동이 수행된다.

```
package com.saasovation.agilepm.domain.model.product;
...
public class Product extends ConcurrencySafeEntity {
    ...
    public void initiateDiscussion(DiscussionDescriptor aDescriptor) {
        if (aDescriptor == null) {
            throw new IllegalArgumentException(
                    "The descriptor must not be null.");
        }

        if (this.discussion().availability().isRequested()) {
            this.setDiscussion(this.discussion()
                        .nowReady(aDescriptor));
            DomainEventPublisher
                .instance()
                .publish(new ProductDiscussionInitiated(
                        this.tenantId(),
                        this.productId(),
                        this.discussion()));
        }
    }
    ...
}
```

Product discussion 속성이 여전히 REQUESTED 상태라면, 협업 컨텍스트의 배타적인 Discussion으로의 ID 참조를 갖는 DiscussionDescriptor와 함께 READY 상태로 전환된다. 결과적으로, 생성 후 Product로 연결된 Forum과 Discussion으로의 요청은 이제 일관성을 갖게 됐다.

그러나 이 커맨드를 호출할 때 discussion이 READY 상태였다면, 이는 전환되지 않는다. 버그일까? 그렇지 않다. initiateDiscussion()이 멱등한 오퍼레이션임을 확인할 수 있는 한 가지 방법이다. 현재 상태가 READY라면 장기 실행 프로세스는 이미 완료됐다고 가정해야 한다. 아마 모든 결과적인 커맨드 호출은 알림의 재전달 때문일 텐데, 그 이유는 이 팀이 최소 한 번의 메시지를 전달하는 메시징 메커니즘을 사용하기로 선택했기 때문이다. 멱등한 오퍼레이션은 어떤 수의 인프라와 아키텍처적 영향이든 상관없이 필요한 상황에선 해악 없이 무시되기 때문에, 어떤 상황이든 걱정할 필요가 없다. 게다가 여기서 살펴본 상황에선 Member 서브클래스와 그에 따른 MemberChangeTracker의 경우와 같이, ProductChangeTracker로 설계할 필요가 없다. discussion이 READY라는 단순한 사실이 우리가 필요한 모든 부분을 알려준다.

그러나 전반적으로 이 접근법에 문제가 있을 수 있다. 우선 장기 실행 프로세스가 메시징 메커니즘으로 인해 어떤 문제를 겪게 된다면 어떻게 될까? 어떻게 하면 프로세스가 끝까지 실행된다고 확신할 수 있을까? 글쎄, 이제 그 10대가 조금 자라야 할 시간인 것 같다.

프로세스 상태 머신과 타임아웃 트래커

장기 실행 프로세스(4)에서 설명했던 개념과 유사한 개념을 추가함으로써 이 프로세스를 좀 더 성숙하게 만들 수 있다. 사스오베이션 개발자는 TimeConstrainedProcessTracker라고 이름 지은 재사용 가능한 개념을 만들었다. 트래커는 완료까지 부여된 시간이 만료된 프로세스를 감시하는데, 이런 프로세스는 만료되기 전에는 몇 번이고 재시도될 수 있다. 트래커는 원하는 경우 고정된 시간 간격을 두고 재시도하도록 설계할 수 있고, 재시도를 전혀 하지 않거나 정해진 횟수만큼을 재시도한 후에 타임아웃을 발생시키도록 할 수도 있다.

정확히 말하면, 트래커는 핵심 도메인의 일부가 아니다. 오히려 모든 사스오베이션 프로젝트가 재사용할 수 있는 기술적 서브도메인의 일부다. 이는 일부 경우 트래커를 영속한 후 수정할 때 애그리게잇의 규칙에 너무 구애받지 않아도 된다는 의미다. 트래커는 상대적으로 고립돼 있고 이와 연관된 프로세스와 일대일 관계를 갖기 때문에 동시성 충돌이 발생하지 않는 경향이 있다. 그러나 충돌이 발생한다면 메시징 재시도에 의지할 수 있다. 알림 전달의 컨텍스트에서 모든 예외는 리스너로 하여금 메시지를 NAK하도록 하는데, 이는 래빗MQ의 재전달을 유발한다. 물론 우린 여전히 너무 많은 재시도의 필요성을 원하지 않는다.

프로세스의 현재 상태를 가지고 있는 것은 Product이며, 그 컨텍스트 안에서 트래커는 재시도 시간 간격에 도달하거나 관찰 중인 프로세스가 완전히 타임아웃되면 다음의 이벤트를 발행한다.

```
package com.saasovation.agilepm.domain.model.product;

import com.saasovation.common.domain.model.process.ProcessId;
import com.saasovation.common.domain.model.process.ProcessTimedOut;

public class ProductDiscussionRequestTimedOut extends ProcessTimedOut {

    public ProductDiscussionRequestTimedOut(
            String aTenantId,
            ProcessId aProcessId,
            int aTotalRetriesPermitted,
            int aRetryCount) {

        super(aTenantId, aProcessId,
            aTotalRetriesPermitted, aRetryCount);
    }
}
```

트래커는 재시도 시간 간격이나 전체 타임아웃에 이르렀을 때 ProcessTimedOut을 상속받은 이벤트를 사용한다. 이벤트 리스너는 이벤트 메소드 hasFullyTimedOut()을 사용해서 이벤트가 완전한 타임아웃을 의미하는지 혹은 단순한 재시도인지 결정한다. 리스너가 ProcessTimedOut 클래스를 사용한다는 가정하에서 재시도가 허용된다면, 이벤트에게 allowsRetries(), retryCount(), totalRetriesPermitted(), totalRetriesReached() 등과 같은 지표나 값을 물어볼 수 있다.

재시도와 타임아웃에 관련된 알림을 수신할 수 있는 능력으로 무장한 Product는 보다 개선된 프로세스에 참여할 수 있다. 우선 기존의 ProductDiscussionRequestedListener를 통해 프로세스를 시작한다.

```
package com.saasovation.agilepm.infrastructure.messaging;
...
public class ProductDiscussionRequestedListener
```

```
        extends Exchang eListener {
    @Override
    protected void filteredDispatch(
            String aType,
            String aTextMessage) {
        NotificationReader reader =
                new NotificationReader(aTextMessage);

        if (!reader.eventBooleanValue("requestingDiscussion")) {
            return;
        }

        String tenantId = reader.eventStringValue("tenantId.id");
        String productId = reader.eventStringValue("product.id");

        productService.startDiscussionInitiation(
                new StartDiscussionInitiationCommand(
                        tenantId,
                        productId));

        // 협업 컨텍스트로 커맨드를 보낸다
        ...
    }
    ...
}
```

ProductService는 트래커를 생성해 영속시키며, 주어진 Product와 프로세스의 연결을 만든다.

```
package com.saasovation.agilepm.application;
...
public class ProductService ... {
    ...
    @Transactional
    public void startDiscussionInitiation(
            StartDiscussionInitiationCommand aCommand) {

        Product product =
                productRepository
```

```
                .productOfId(
                        new TenantId(aCommand.getTenantId()),
                        new ProductId(aCommand.getProductId()));

        if (product == null) {
            throw new IllegalStateException(
                    "Unknown product of tenant id: "
                    + aCommand.getTenantId()
                    + " and product id: "
                    + aCommand.getProductId());
        }

        String timedOutEventName =
                ProductDiscussionRequestTimedOut.class.getName();

        TimeConstrainedProcessTracker tracker =
                new TimeConstrainedProcessTracker(
                        product.tenantId().id(),
                        ProcessId.newProcessId(),
                        "Create discussion for product: "
                            + product.name(),
                        new Date(),
                        5L * 60L * 1000L, // 5분마다 재시도한다
                        3, // 총 3회 재시도한다
                        timedOutEventName);

        processTrackerRepository.add(tracker);

        product.setDiscussionInitiationId(
                tracker.processId().id());
    }
    ...
}
```

TimeConstrainedProcessTracker는 필요에 따라 매 5분마다 세 번의 재시도를 하도록 인스턴스화된다. 우리는 이 값을 일반적으로 하드 코딩하지 않을 수도 있지만, 이렇게 분명히 표현함으로써 어떻게 트래커가 생성되는지 확실히 살펴볼 수 있다.

문제점을 감지했는가?

우리가 사용하는 재시도 명세는 조심하지 않으면 문제를 일으킬 수도 있지만, 일단은 지금 모습 대로 설계를 두고 별문제가 없다고 생각하기로 하자.

ProductCreated 이벤트가 협업 컨텍스트에서 해석되도록 하지 않고 로컬에서 처리한 이유를 가장 잘 설명해주는 부분이 바로 Product를 위한 트래커를 생성하는 이 접근법이다. 이는 우리 고유의 시스템에 프로세스 관리를 설정하게 해주고, CreateExclusiveDiscussion이라는 이름의 협업 컨텍스트 내의 커맨드와 ProductCreated 이벤트 사이의 결합을 끊을 수 있도록 해준다.

프로세스의 경과 시간을 확인하기 위해 백그라운드 타이머가 정기적으로 활성화된다. 이 타이머는 ProcessService의 메소드인 checkForTimedOutProcesses()로 작업을 위임한다.

```
package com.saasovation.agilepm.application;
...
public class ProcessService ... {
    ...
    @Transactional
    public void checkForTimedOutProcesses() {
        Collection<TimeConstrainedProcessTracker> trackers =
            processTrackerRepository.allTimedOut();

        for (TimeConstrainedProcessTracker tracker : trackers) {
            tracker.informProcessTimedOut();
        }
    }
    ...
}
```

트래커의 메소드 informProcessTimedOut()은 프로세스의 재시도나 타임아웃이 필요한지 여부를 확인하고, 만약 확인된 경우에는 ProcessTimedOut의 서브클래스를 발행한다.

이어서 우린 새로운 리스너를 추가해 재시도와 타임아웃을 처리하도록 해야 한다. 필요에 따라 매 5분마다 세 번까지 재시도할 수 있다. 이는 ProductDiscussionRetryListener다.

```
package com.saasovation.agilepm.infrastructure.messaging;
...
public class ProductDiscussionRetryListener extends ExchangeListener {

    @Autowired
    private ProcessService processService;
    ...
    @Override
    protected String exchangeName() {
        return Exchanges.AGILEPM_EXCHANGE_NAME;
    }

    @Override
    protected void filteredDispatch(
                String aType,
                String aTextMessage) {
        Notification notification =
            NotificationSerializer
                .instance()
                .deserialize(aTextMessage, Notification.class);

        ProductDiscussionRequestTimedOut event =
                notification.event();

        if (event.hasFullyTimedOut()) {
            productService.timeOutProductDiscussionRequest(
                    new TimeOutProductDiscussionRequestCommand(
                            event.tenantId(),
                            event.processId().id(),
                            event.occurredOn()));
        } else {
            productService.retryProductDiscussionRequest(
                    new RetryProductDiscussionRequestCommand(
                            event.tenantId(),
                            event.processId().id()));
```

```
        }
    }

    @Override
    protected String[] listensToEvents() {
        return new String[] {
                "com.saasovation.agilepm.process.ProductDiscussionReques
tTimedOut"
                };
    }
}
```

이 리스너는 오직 ProductDiscussionRequestTimedOut 이벤트에만 관심이 있고, 모든 재시도와 타임아웃의 조합을 다룰 수 있도록 설계된다. 얼마나 여러 번 알림을 받을 수 있을지 결정하는 부분은 프로세스와 트래커다. 이벤트는 두 가지 가능한 조건 중 하나에 따라 발송된다. 프로세스가 완전히 타임아웃됐다는 알림과 오퍼레이션을 재시도하라는 알림이 있다. 두 경우 모두에서 이 리스너가 새로운 ProductService로 디스패치한다. 완전히 타임아웃되면 애플리케이션 서비스가 이 상황을 처리한다.

```
package com.saasovation.agilepm.application;
...
public class ProductService ... {
    ...
    @Transactional
    public void timeOutProductDiscussionRequest(
            TimeOutProductDiscussionRequestCommand aCommand) {

        ProcessId processId =
                ProcessId.existingProcessId(
                        aCommand.getProcessId());

        TenantId tenantId = new TenantId(aCommand.getTenantId());

        Product product =
                productRepository
                    .productOfDiscussionInitiationId(
                            tenantId,
```

```
                    processId.id());

        this.sendEmailForTimedOutProcess(product);

        product.failDiscussionInitiation();
    }
    ...
}
```

먼저 제품 소유자에게 토론의 설정이 실패했음을 알리는 이메일이 발송되고, Product가 토론 시작의 실패로 표시된다. 새로운 Product 메소드 failDiscussion Initiation()에서 확인했듯이, DiscussionAvailability에 추가적인 FAILED 상태를 선언해야 한다. failDiscussionInitiation() 메소드는 Product를 올바른 상태로 유지하기 위해 필요한 간단한 대응 작업을 진행한다.

```
package com.saasovation.agilepm.domain.model.product;
...
public class Product extends ConcurrencySafeEntity {
    ...
    public void failDiscussionInitiation() {
        if (!this.discussion().availability().isReady()) {
            this.setDiscussionInitiationId(null);

            this.setDiscussion(
                    ProductDiscussion
                        .fromAvailability(
                                DiscussionAvailability.FAILED));
        }
    }
    ...
}
```

여기엔 failDiscussionInitiation()에 의해 새로운 DiscussionRequest Failed 이벤트가 발행되는 부분이 빠져 있다. 이를 위해선 팀이 그에 따른 이점을 고민해봐야 한다. 사실 제품 소유자에게 발송되는 이메일과 기타 관리 리소스를 해당 이벤트 결과로서 처리하는 편이 최선일 수 있다. ProductService의 timeOutPr oductDiscussionRequest() 메소드가 이메일을 보낼 때 문제가 생기면 어떻게 될까? 일이 아주 재미없어질 수 있다. (아하!) 이 팀은 이를 기억해두고 나중에 다루기로 한다.

한편, 만약 이벤트가 반드시 재시도돼야 한다면 리스너는 다음과 같이 ProductService의 오퍼레이션으로 작업을 위임한다.

```
package com.saasovation.agilepm.application;
...
public class ProductService ... {
    ...
    @Transactional
    public void retryProductDiscussionRequest(
            RetryProductDiscussionRequestCommand aCommand) {

        ProcessId processId =
                ProcessId.existingProcessId(
                        aCommand.getProcessId());

        TenantId tenantId = new TenantId(aCommand.getTenantId());

        Product product =
                productRepository
                    .productOfDiscussionInitiationId(
                            tenantId,
                            processId.id());

        if (product == null) {
            throw new IllegalStateException(
                    "Unknown product of tenant id: "
                    + aCommand.getTenantId()
                    + " and discussion initiation id: "
                    + processId.id());
        }

        this.requestProductDiscussion(
                new RequestProductDiscussionCommand(
                        aCommand.getTenantId(),
                        product.productId().id()));
    }
```

```
    ...
}
```

연결된 ProcessId를 사용해 리파지토리에서 Product를 가져오는데, ProcessId는 Product의 discussionInitiationId 특성에 설정돼 있다. Product를 가져오면, ProductService는 이를 사용해 토론을 다시 요청한다(자가 위임).

결국 우리는 원하는 결과에 도달하게 된다. 토론이 성공적으로 시작되면, 협업 컨텍스트는 DiscussionStarted 이벤트를 발행한다. 이에 바로 이어서 애자일 프로젝트 관리 컨텍스트의 DiscussionStartedListener가 알림을 수신하고, 전과 같이 ProductService로 디스패치한다. 그러나 이번에는 새로운 행동이 추가된다.

```
package com.saasovation.agilepm.application;
...
public class ProductService ... {
    ...
    @Transactional
    public void initiateDiscussion(
            InitiateDiscussionCommand aCommand) {
        Product product =
            productRepository
                .productOfId(
                        new TenantId(aCommand.getTenantId()),
                        new ProductId(aCommand.getProductId()));

        if (product == null) {
            throw new IllegalStateException(
                    "Unknown product of tenant id: "
                    + aCommand.getTenantId()
                    + " and product id: "
                    + aCommand.getProductId());
        }

        product.initiateDiscussion(
                new DiscussionDescriptor(
                    aCommand.getDiscussionId()));

        TimeConstrainedProcessTracker tracker =
```

```
                this.processTrackerRepository.trackerOfProcessId(
                        ProcessId.existingProcessId(
                                product.discussionInitiationId()));

        tracker.completed();
    }
    ...
}
```

이제 ProductService는 프로세스를 마무리하는 행동을 제공하면서 트래커에게 completed()됐음을 알린다. 이 시점 이후론 재시도나 타임아웃을 알리기 위해 트래커를 사용하지 않는다. 프로세스는 끝났다.

비록 우리가 이 결과에 만족한다고 해도, 이 설계에는 약간의 문제가 있을 수 있다. 이런 방법을 사용해 Product 토론을 생성하는 요청을 재시도할 때, 현재 협업 컨텍스트의 설계를 그대로 유지한다면 몇 가지 이슈가 생길 수 있다. 기본적인 문제로는 협업 컨텍스트의 오퍼레이션이 멱등하지 않다는 점이 있다. 다음은 사소한 설계상의 문제점과 그 해결책이다.

- 적어도 한 번은 메시지의 전달이 보장되기 때문에, 일단 메시지를 익스체인지로 보냈다면 리스너(들)에 도달하는 것은 시간 문제다. 새 협업 객체의 생성이 조금 지연되고 한 번이라도 재시도가 발생하면, 해당 재시도에 따라 동일한 CreateExclusiveDiscussion 커맨드가 여러 번 발송된다. 그리고 이렇게 발송된 모든 커맨드가 결국은 전달된다. 따라서 각각의 재시도는 협업 컨텍스트가 같은 Forum과 Discussion을 생성하려는 시도를 하게 한다. 이미 Forum과 Discussion 속성에 고유성 제약 조건을 부여했기 때문에 사실 중복은 발생하지 않는다. 그러므로 복수의 생성을 시도하는 오류가 발생하더라도 문제없다. 그러나 에러 로그의 관점에서 보면 실패한 시도가 버그로 인한 것처럼 보일 수도 있다.

  여기서의 문제는, 우리가 여전히 완전한 프로세스 타임아웃을 규정하길 원할 때 주기적인 재시도를 비활성화시켜야 할지 여부다.

- 그 해결책이 애자일 프로젝트 관리 컨텍스트에서 재시도를 비활성화하는 것처럼 보일 수 있지만, 협업 컨텍스트 오퍼레이션이 멱등하도록 만들어야 한다는 점이 결론이어야 한다. 래빗MQ가 적어도 한 번은 전달됨을 보장하기 때문

에 같은 커맨드 메시지가 비록 딱 한 번 발송됐더라도 여러 번 전달될 수 있다는 점을 상기하자. 협업 오퍼레이션을 멱등하게 만드는 일은 같은 Forum과 Discussion을 여러 번 만들려는 시도를 모두 피할 수 있도록 해주며, 양성 실패의 로깅을 제한해준다.

- CreateExclusiveDiscussion 커맨드를 보내려고 시도할 때 애자일 프로젝트 관리 컨텍스트가 실패할 가능성이 있다. 메시지 발송에 문제가 있다면 성공할 때까지 재발송을 시도하도록 관리돼야 한다. 그렇지 않으면 Forum과 Discussion의 생성 요청이 절대 일어나지 않는다. 확실하게 커맨드 재발송을 시도하도록 만드는 몇 가지 방법이 있다. 메시지 발송이 실패한다면 filteredDispatch()에서 예외를 던지면 되는데, 이는 메시지 NAK를 야기한다. 결과적으로 래빗MQ는 ProductCreated나 ProductDisucssionRequested 이벤트 알림을 재전달할 필요가 있다고 간주하게 되고, ProductDiscussionRequestedListener가 이를 다시 수신하게 된다. 이를 처리하는 다른 방법으론 단순히 성공할 때까지 발송을 재시도하는 방법이 있는데, 제한된 기하급수적 백오프[Capped Exponential Back-off]를 사용할 수 있다. 오프라인인 래빗MQ에선 재시도가 꽤 오랫동안 실패할 수 있다. 그러므로 메시지 NAK와 재시도의 조합을 사용하는 편이 최선의 접근법이라 할 수 있다. 그러나 우리의 프로세스가 매 5분마다 세 번씩 재시도한다면, 그걸로 충분할 수도 있다. 결국 사람이 끼어들어야 할 필요가 있음을 알리는 이메일로 프로세스 타임아웃이 귀결되기 때문이다.

결국 협업 컨텍스트의 ExclusiveDiscussionCreationListener가 멱등한 애플리케이션 서비스 오퍼레이션으로 작업을 위임할 수 있다면 많은 문제들을 해결할 수 있다.

```
package com.saasovation.collaboration.application;
...
public class ForumService ... {
    ...
    @Transactional
    public Discussion startExclusiveForumWithDiscussion(
            String aTenantId,
            String aCreatorId,
            String aModeratorId,
```

```
    String aForumSubject,
    String aForumDescription,
    String aDiscussionSubject,
    String anExclusiveOwner) {

Tenant tenant = new Tenant(aTenantId);

Forum forum =
        forumRepository
            .exclusiveForumOfOwner(
                    tenant,
                    anExclusiveOwner);

if (forum == null) {
    forum = this.startForum(
            tenant,
            aCreatorId,
            aModeratorId,
            aForumSubject,
            aForumDescription,
            anExclusiveOwner);
}

Discussion discussion =
        discussionRepository
            .exclusiveDiscussionOfOwner(
                    tenant,
                    anExclusiveOwner);

if (discussion == null) {
    Author author =
            collaboratorService
                .authorFrom(
                        tenant,
                        aModeratorId);

    discussion =
            forum.startDiscussion(
                    forumNavigationService,
                    author,
```

```
                                aDiscussionSubject);

            discussionRepository.add(discussion);
        }

        return discussion;
    }
    ...
}
```

배타적이고 고유한 소유자 특성으로 Forum과 Discussion을 찾음으로써, 우리는 이미 존재하는 두 애그리게잇 인스턴스를 생성하려는 시도를 막을 수 있다. 와, 코드 몇 줄을 더했을 뿐인데, 우리의 이벤트 중심 프로세싱이 훨씬 더 나아졌다!

좀 더 복잡한 프로세스 설계하기

이보다 좀 더 복잡한 프로세스를 설계해야 할 수 있다. 다수의 완료 단계가 필요하다면 좀 더 정교한 상태 머신을 두는 편이 최선이다. 다음은 이런 요구를 처리하기 위한 Process의 정의다.

```
package com.saasovation.common.domain.model.process;

import java.util.Date;

public interface Process {
    public enum ProcessCompletionType {
        NotCompleted,
        CompletedNormally,
        TimedOut
    }

    public long allowableDuration();
    public boolean canTimeout();
    public long currentDuration();
    public String description();
    public boolean didProcessingComplete();
    public void informTimeout(Date aTimedOutDate);
    public boolean isCompleted();
    public boolean isTimedOut();
```

```
    public boolean notCompleted();
    public ProcessCompletionType processCompletionType();
    public ProcessId processId();
    public Date startTime();
    public TimeConstrainedProcessTracker
            timeConstrainedProcessTracker();
    public Date timedOutDate();
    public long totalAllowableDuration();
    public int totalRetriesPermitted();
}
```

다음은 Process에서 사용할 수 있는 중요도가 좀 더 높은 오퍼레이션 중 일부다.

- allowableDuration(): Process가 타임아웃될 수 있으면, 재시도의 전체 기간이나 간격을 돌려준다.
- canTimeout(): Process가 타임아웃될 수 있으면, 이 메소드는 true를 돌려준다.
- timeConstrainedProcessTracker(): Process가 타임아웃될 수 있으면, 새로운 고유 TimeConstrainedProcessTracker를 돌려준다.
- totalAllowableDuration(): Process의 허용 가능한 기간의 합을 돌려준다. 재시도가 허용되지 않았다면 allowableDuration()을 돌려준다. 재시도가 허용된다면 allowableDuration()과 totalRetriesPermitted()를 곱한 값을 돌려준다.
- totalRetriesPermitted(): Process가 타임아웃과 재시도를 허용한다면, 이 메소드는 시도된 총 재시도의 수를 돌려준다.

이제는 익숙한 TimeConstrainedProcessTracker가 제어하는 가운데 Process의 구현자의 타임아웃과 재시도를 관찰할 수 있다. 일단 우리의 Process를 생성하면, 고유의 트래커를 요청할 수 있다. 다음의 테스트는 어떻게 두 객체가 함께 동작하는지 보여주는데, Product가 트래커와 동작하는 모습과 굉장히 비슷하다.

```
Process process =
    new TestableTimeConstrainedProcess(
            TENANT_ID,
            ProcessId.newProcessId(),
```

```
            "Testable Time Constrained Process",
            5000L);

TimeConstrainedProcessTracker tracker =
    process.timeConstrainedProcessTracker();

process.confirm1();

assertFalse(process.isCompleted());
assertFalse(process.didProcessingComplete());
assertEquals(process.processCompletionType(),
        ProcessCompletionType.NotCompleted);

process.confirm2();

assertTrue(process.isCompleted());
assertTrue(process.didProcessingComplete());
assertEquals(process.processCompletionType(),
        ProcessCompletionType.CompletedNormally);
assertNull(process.timedOutDate());

tracker.informProcessTimedOut();

assertFalse(process.isTimedOut());
```

이 테스트에 의해 생성된 Process는 (재시도 없이) 5초(5000L 밀리초) 내로 완료돼야 하는데, 이는 언제나 성공한다. 이 Process는 confirm1()과 confirm2()만 호출된다면 처리가 완전히 완료된 상태로 표시된다. 이 Process는 내부적으로 두 상태 모두를 확인해야 한다는 점을 알고 있다.

```
public class TestableTimeConstrainedProcess extends AbstractProcess {
    ...
    public void confirm1() {
        this.confirm1 = true;

        this.completeProcess(ProcessCompletionType.CompletedNormally);
    }
```

```
    public void confirm2() {
        this.confirm2 = true;

        this.completeProcess(ProcessCompletionType.CompletedNormally);
    }
    ...
    protected boolean completenessVerified() {
        return this.confirm1 && this.confirm2;
    }

    protected void completeProcess(
            ProcessCompletionType aProcessCompletionType) {

        if (!this.isCompleted() && this.completenessVerified()) {
            this.setProcessCompletionType(aProcessCompletionType);
        }
    }
    ...
}
```

이 Process가 completeProcess()를 자가 호출할 때도 completenessVerified()가 true를 반환하기 전에는 Process를 완료된 상태로 표시할 수 없다. 이 메소드는 confirm1과 confirm2가 모두 true로 설정될 때만 true로 응답한다. 즉 confirm1()과 confirm2() 오퍼레이션 모두가 반드시 실행돼야 한다. 따라서 completenessVerified() 메소드는 전체 Process가 완료됐다고 간주하기에 앞서 여러 처리 단계가 완료됐음을 확인해주며, 모든 특수화된 Process는 자신만의 completenessVerified()를 정의할 수 있다.

그렇다면 이 테스트의 마지막 단계가 실행될 때는 무슨 일이 일어날까?

```
...

tracker.informProcessTimedOut();

assertFalse(process.isTimedOut());
```

이 트래커는 Process가 타임아웃되지 않았다는 사실을 내부 상태를 통해 알고 있다. 그러므로 이어지는 줄의 어설션은 언제나 거짓이다(물론 여기선 전체 테스트가 5초 이내에 완료됨을 가정하며, 언제나 정상적인 상황에서 테스트가 진행된다고 믿고 있다).

AbstractProcess 기본 클래스는 Process를 구현한 어댑터로서 작동하는데, 좀 더 복잡한 장기 수행 프로세스를 아주 쉽게 개발할 수 있는 깔끔한 방법을 제공한다. AbstractProcess가 Entity 기본 클래스를 확장하기 때문에 어렵지 않게 애그리게잇을 Process로 설계할 수 있다. 예를 들어, 비록 그 정도의 복잡성을 요구하지는 않지만 Product를 AbstractProcess의 서브클래스로 만들 수도 있다. 어쨌든 보다 복잡한 프로세스를 수용하고 completenessVerified() 메소드가 필요한 모든 단계가 완료됐는지 판단하도록 이 접근법을 활용하는 방안을 생각해볼 수 있다.

메시징이나 시스템을 활용할 수 없을 때

복잡한 소프트웨어 시스템을 개발하는 데 있어서 어떤 접근법이라 해도 만병통치약이 될 수는 없다. 모든 접근법에는 나름의 쟁점과 단점이 있고, 이 중 일부는 앞서 논의했다. 메시징 시스템의 한 가지 문제점은 일정 기간 동안 사용이 불가능할 수 있다는 점이다. 이는 자주 일어나는 상황은 아니겠지만, 발생했을 경우 기억해야 할 점들이 있다.

메시징 메커니즘이 일정 기간 동안 오프라인이라면, 알림 발행자는 메시지를 보내기 위해 이를 사용할 수 없다. 발행하는 클라이언트가 상황을 감지할 수 있기 때문에, 메시징 시스템이 다시 사용 가능할 때까지 알림 발송 시도를 잠시 미루는 편이 최선일 수 있다. 어떤 하나의 발송만 성공해도 사용 가능한 상태가 됐음이 분명해지지만, 그 전까지는 모든 기능이 잘 작동할 때보다 발송 시도를 줄이도록 하자. 재시도 사이에 30초나 1분 정도의 지연을 추가하는 편이 좋다. 여러분의 시스템이 이벤트 저장소를 포함하고 있다면, 여러분의 이벤트는 동작 중인 시스템 내의 큐에 계속해서 추가되며, 메시징이 다시 가능해졌을 때 이를 발송할 수 있다는 점을 기억하자.

메시징 인프라가 잠시 작동하지 않을 땐 리스너가 새로운 이벤트 전달 알림을 수신하지 못한다. 그렇다면 메시징 메커니즘이 다시 사용 가능해졌을 땐 클라이언트 리스너가 자동으로 재활성화돼야 할까, 아니면 컨슈머 쪽 클라이언트 메커니즘의 구독 신청이 필요할까? 만약 컨슈머의 자동 회복이 지원되지 않는다면, 여러분의 컨슈머가 재등록되도록 확실히 해야 한다. 그렇지 않으면 바운디드 컨텍스트와 그에 의존하는 바운디드 컨텍스트가 서로 계속해서 상호 교류하는 데 필요한 알림을 수신하지 못한다. 이는 피해야 할 결과적 일관성 중 하나다.

메시지 기반 문제의 원인이 언제나 메시징 메커니즘인 것은 아니다. 다음 상황을 생각해보자. 여러분의 바운디드 컨텍스트가 다소 오랜 기간 동안 사용이 불가능해진다. 이 바운디드 컨텍스트가 다시 사용 가능해지면 해당 컨텍스트가 구독하는 지속적durable 메시지 익스체인지/큐가 전달되지 않은 여러 메시지를 수집한다. 바운디드 컨텍스트가 다시 시작되고 해당 컨슈머를 등록하면, 모든 가능한 알림을 수신하고 처리하기 위해 상당한 시간이 필요할 수 있다. 이 상황에선 단지 다운타임을 최소화하기 위해 노력하고, '라이브' 배포 스키마를 개발하고, 이중 노드(클러스터)를 포함하도록 개발해 노드 하나를 잃더라도 시스템 전체가 사용 불가능해지지 않도록 노력하는 일 외에는 별다른 방법이 없다. 그러나 그 와중에도 어느 정도의 다운타임은 피할 수 없다. 예를 들면 애플리케이션의 코드에 변경이 발생해서 데이터베이스에도 변경해야 하고, 문제를 일으키지 않고는 변경된 내용을 패치할 수 없는 경우에는 어느 정도의 시스템 다운 타입이 필요하다. 이런 상황에선 메시지 사용의 처리는 단순한 따라잡기가 필요할 뿐이다. 우린 이런 상황에 대해 알고 있어야 하고, 문제가 발생할 때 회피하거나 처리할 수 있어야 한다.

마무리

13장에서 우리는 다수의 바운디드 컨텍스트를 성공적으로 통합하는 여러 방법을 살펴봤다.

- 분산 컴퓨팅 환경에서 성공적으로 통합하기 위해 필요한 기본적 사고방식을 다시 한 번 살펴봤다.
- 레스트풀 리소스로 다수의 컨텍스트를 통합하는 방법을 고민했다.
- 장기 수행 프로세스를 개발하고 관리하는 일을 포함해, 단순한 예제부터 복잡한 예제에 이르기까지 메시징으로 통합하는 여러 가지 방법을 살펴볼 수

있었다.

- 여러 바운디드 컨텍스트에 걸쳐 정보를 복사하는 상황에서 마주칠 수 있는 문제점을 살펴보고, 이를 관리하거나 회피하는 방법을 배웠다.
- 단순한 예제를 살펴보는 가운데, 설계 성숙도가 높은 좀 더 복잡한 예제도 함께 확인했다.

어떻게 다수의 바운디드 컨텍스트를 통합하는지 확인했으니, 다시 단일 바운디드 컨텍스트에 초점을 맞추고 도메인 모델을 둘러싼 애플리케이션의 일부를 설계하는 방법으로 돌아가보자.

14장

애플리케이션

모든 프로그램은 유용할 때 좋은 프로그램이다.
– 리누스 토발즈

도메인 모델은 대개 애플리케이션의 심장부에 있다. 애플리케이션에는 도메인 모델의 개념을 보여주는 사용자 인터페이스가 있고 그 모델상에 사용자가 다양한 행동을 수행하도록 해줄 수 있다. 사용자 인터페이스는 유스케이스 태스크를 조정하고 트랜잭션을 관리하며 필요한 보안 권한의 부여를 담당하는 애플리케이션 단계의 서비스를 활용한다. 그리고 사용자 인터페이스와 애플리케이션 서비스와 도메인 모델은 엔터프라이즈 플랫폼 특정 인프라의 지원에 의존한다. 인프라 구현 세부사항에는 일반적으로 컴포넌트 컨테이너, 애플리케이션 관리, 메시징, 데이터베이스 등의 활용이 포함된다.

14장의 로드맵

- 사용자 인터페이스가 렌더링할 수 있도록 도메인 모델의 데이터를 제공하는 서너 가지 방법을 배우자.
- 애플리케이션 서비스가 어떻게 구현되는지와 어떤 오퍼레이션을 수행하는지 살펴보자.
- 애플리케이션 서비스와 출력 사이의 결합을 제거하는 방법과 클라이언트 타입을 구분하는 방법을 숙지하자.
- 사용자 인터페이스 안에 여러 모델을 구성해야 하는 이유와 구성 방법을 살펴보자.
- 인프라를 사용해 애플리케이션을 구현하는 기술적 방법을 학습하자.

때로 우리는 애플리케이션을 지원하기 위해 이미 존재하는 모델에서 작업을 한다. ID와 액세스 컨텍스트가 그렇다. 사스오베이션 팀은 ID와 액세스 관리 문제를 해결할 필요성과 그 고유의 구독 기반 제품에서 사용할 지원 모델의 형성을 위한 필요성을 느꼈다. 심지어 ID오베이션의 경우에도 그 고유의 관리 기능과 자가 서비스를 위한 사용자 인터페이스의 필요성을 느꼈다. 제네릭 서브도메인과 지원 서브도메인(2)이 전체 애플리케이션과 연관된 추가 기능을 모두 포함하지 못할 때도 있는데, 이는 큰 문제가 되지 않는다. 한 모델이 다른 모델을 지원하기 위해 존재한다면, 이 지원 모델은 전문화된 개념을 다루고 일부 알고리즘을 제공하는 별도의 모듈(9)로 분리된 단순한 클래스의 집합 정도다.[1] 그 외의 모델에선 적어도 어느 정도의 사람을 위한 사용자 경험과 애플리케이션 컴포넌트가 필요하다. 이번 장은 좀 더 복잡한 다양성을 포함하는 후자에 집중해보자.

여기서 시스템이나 비즈니스 서비스라는 용어와 애플리케이션이란 용어는 어느 정도 대체 가능한 의미로 사용한다. 나는 어느 시점에서 애플리케이션이 서비스되는지 공식적으로 분석하진 않지만, 애플리케이션이 다른 애플리케이션이나 서비스와 통합되며 의존성을 갖게 되면 솔루션 전체를 시스템이라 칭한다. 시스템이 실제로 우리가 평소에 애플리케이션이라 부르는 대상을 나타낼 땐, 애플리케이션과 시스템이라는 용어를 이 한 가지 같은 대상을 의미하도록 대체 가능하게 사용할 수 있다. 그리고 일반적으로 서너 개 이상의 기술적 서비스 엔드포인트를 제공하는 단일 비즈니스 서비스 역시 시스템이라 부를 수 있다. 이 세 가지 개념을 구분하는 방법에 관한 혼란을 주고 싶진 않지만, 이들 모두에서 공통적으로 적용되는 문제점과 책임을 논의하기 위해 단일한 하나의 용어를 사용하고자 한다.

애플리케이션이란 무엇인가?

결론부터 말하자면, 나는 애플리케이션을 핵심 도메인(2) 모델과 상호 교류하며 이를 지원하기 위해 잘 조합된 컴포넌트의 집합을 의미하기 위해 사용하고 있다. 이는 일반적으로 도메인 모델 그 자체와 사용자 인터페이스, 내부적으로 사용되는 애플리케이션 서비스, 인프라적 컴포넌트를 뜻한다. 이 각각의 영역에 어떤 것들이 들어가는지는 애플리케이션마다 다르며, 사용하는 아키텍처(4)가 무엇인지에 따라서도 달라진다.

1 독립형 모델의 제네릭 서브도메인 예제는 에릭 에반스의 '시간과 돈에 관한 코드 라이브러리' http://timeandmoney.sourceforge.net/를 참고하자.

애플리케이션이 자신의 서비스를 프로그램적으로 공개한다면, 사용자 인터페이스가 더 넓어지며 애플리케이션 프로그래밍 인터페이스API, Application Programming Interface의 한 유형을 포함하게 된다. 서비스를 공개하는 데는 다양한 방법이 있지만, 사람이 인터페이스를 사용하진 않는다. 이런 종류의 인터페이스는 바운디드 컨텍스트의 통합(13)에서 논의된다. 이번 장에선 전형적으로 그래픽적인 다양성을 갖는 사람이 사용할 사용자 인터페이스의 측면을 다룬다.

이 주제에 관한 논의에서 어느 특정 아키텍처에 치우치지 않으려고 애썼다. 나는 이를 그림 14.1과 같은 생소한 다이어그램에 반영했는데, 의도적으로 전형적인 특정 아키텍처에 국한하지 않았다. 화살표 머리를 갖는 점선은 UML에 따른 구현을 나타내며, 이는 의존성 역행 원리, 즉 DIP(4)를 의미한다. 빈 삼각형 화살표 머리의 실선은 오퍼레이션 디스패치를 뜻한다. 예를 들면, 인프라는 사용자 인터페이스와 애플리케이션 서비스와 도메인 모델로부터 인터페이스의 추상화를 구현한다. 이는 또한 애플리케이션 서비스와 도메인 모델과 데이터 저장소로 오퍼레이션을 디스패치한다.

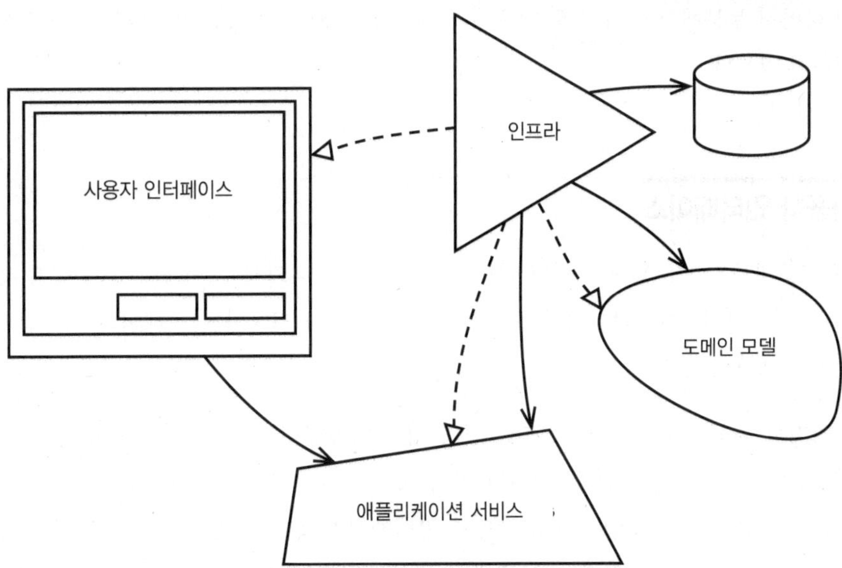

그림 14.1 특정한 한 가지 아키텍처에 국한되지 않은 주요 애플리케이션 영역. 여전히 각기 다른 영역의 추상화에 의존적인 인프라의 DIP를 강조한다.

일부 아키텍처 스타일과 어느 정도의 중복은 피할 수 없겠지만, 이번 장의 관심은 애플리케이션의 목적을 달성하기 위해 모든 아키텍처가 지켜야 하는 부분을 다룬다. 특정 아키텍처에 관한 내용을 다룰 땐 따로 언급하겠다.

계층 아키텍처(4)에서 다뤘던 계층이란 용어를 사용하지 않을 수 없다. 어떤 아키텍처 스타일에 관해 논의하더라도 유용한 용어다. 예를 들면 애플리케이션 서비스가 배치되는 장소를 생각해보자. 애플리케이션 서비스를 도메인 모델 주변의 반지 형태로 생각하든, 모델을 둘러싼 육각형으로 생각하든, 메시지 버스에 매달려 있는 캡슐로 생각하든, 사용자 인터페이스 아래이자 모델의 위에 존재하는 계층으로 생각하든 상관없이, 해당하는 개념적인 장소를 설명하기 위해 애플리케이션 계층이란 용어의 사용을 허용해야 한다. 이 용어를 과도하게 사용하지 않도록 노력하겠지만, 계층은 컴포넌트가 어디 존재하는지 나타낼 때 유용하게 사용할 수 있다. 이는 분명 DDD가 계층 아키텍처에만 존재하도록 제한된다는 의미가 아니다.[2]

나는 사용자 인터페이스로 시작해서 애플리케이션 서비스, 인프라의 순서로 설명해 나간다. 나는 모델이 잘 들어맞는 지점에서 각 주제에 관해 다룰 예정이지만, 책의 나머지 부분에서 이미 다룬 내용이기 때문에 그에 맞는 적절한 모델을 자세히 설명하진 않는다.

사용자 인터페이스

자바 플랫폼, .NET 플랫폼 등의 여러 플랫폼상에는 여기서 그 이점을 다뤄봤자 흥미도 없고 생산성도 없는 너무나 많은 사람이 사용할 사용자 인터페이스 프레임워크가 존재한다.

여기서 최선은 좀 더 넓은 카테고리에 대한 이해인데, 다음의 목록 안에 주로 다 포함된다. 목록은 '중량감'의 순서며 인기 순으로 정렬되진 않았다. 지금 글을 쓰고 있는 이 시점엔 웹 기반의 리치 사용자 인터페이스인 두 번째 카테고리가 가장 좋은 선택임이 거의 분명하고, 이는 곧 HTML5의 영향을 받을 것이다. 첫 번째 카테고리의 애플리케이션인 순수한 요청-응답 웹 사용자 인터페이스는 웹 2.0보단 레거시 애플리케이션으로서 여전히 좀 더 왕성하게 사용되고 있다.

2 자세한 내용은 4장을 참고하자.

- 순수한 요청-응답 웹 사용자 인터페이스는 아마 웹 1.0으로 가장 많이 알려져 있으며 스트러츠Struts, 스프링 MVC, 웹플로우Web Flow, ASP.NET과 같은 프레임워크가 이 카테고리를 지원한다.
- 웹 기반의 리치 인터넷 애플리케이션RIA, Rich Internet Application 사용자 인터페이스는 DHTML과 Ajax를 포함하며 웹 2.0으로 알려져 있다. 구글의 GWT, 야후의 YUI, Ext JS, 어도비의 플렉스Flex, 마이크로소프트의 실버라이트Silverlight가 이 카테고리에 포함된다.
- 추상화 라이브러리(이클립스 SWT, 자바 스윙Swing, 윈도우의 윈폼WinForms이나 WPF)를 사용하는 네이티브 클라이언트 GUI(예를 들면 윈도우, 맥, 리눅스 데스크톱 사용자 인터페이스)의 카테고리다. 이는 반드시 무거운 데스크톱 애플리케이션을 의미하지는 않으나, 그럴 가능성이 있다. 네이티브 클라이언트 GUI는 HTTP상의 서비스에 액세스할 수 있는데, 예를 들면 사용자 인터페이스가 설치된 컴포넌트의 유일한 클라이언트가 될 수 있다.

위의 어떤 사용자 인터페이스 카테고리를 사용하든지, 우선적으로 대답해야 하는 몇 가지 질문이 있다. 어떻게 도메인 객체를 유리 같은 사용자 인터페이스 위에 렌더링할 것인가? 그리고 어떻게 사용자 제스처를 모델로 다시 의사소통할 것인가?

도메인 객체의 렌더링

도메인 모델의 객체를 사용자 인터페이스상에 렌더링하는 최선의 방법이 무엇인지에 관해선 상당한 논쟁이 있고 의견이 분분하다. 사용자 인터페이스는 주로 태스크의 달성에 필요한 수준보다 더 풍부한 데이터를 제공하는 뷰로부터 이점을 얻는다. 사용자가 즉각적인 태스크를 수행하면서 현명한 결정을 내리기 위해 필요한 정보를 제공하기 때문에 추가적인 데이터의 표시가 필요하다. 이 추가적인 데이터는 선택 옵션을 포함하기도 한다. 그러므로 사용자 인터페이스는 종종 다수의 애그리게잇(10) 인스턴스의 속성을 렌더링할 필요가 있다. 이는 사용자가 단일 타입의 애그리게잇의 인스턴스 하나에만 반영되는 상태 변경 태스크를 수행할 때가 대부분이라는 사실을 감안하더라도 그렇다. 이 상황은 그림 14.2에서 볼 수 있다.

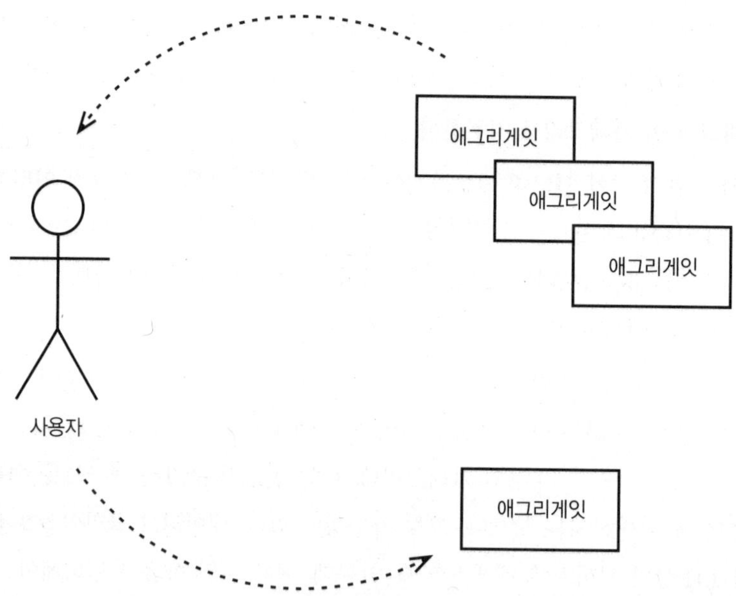

그림 14.2 사용자 인터페이스는 다수의 애그리게잇 인스턴스의 속성을 렌더링할 필요가 있지만 한 번에 단 하나의 인스턴스를 수정하도록 요청한다.

애그리게잇 인스턴스로부터 데이터 전송 객체를 렌더링하기

다수의 애그리게잇 인스턴스를 단일 뷰로 렌더링하는 문제를 해결하는 인기 있는 방법으로 데이터 전송 객체의 사용DTO, Data Transfer Object[Fowler, P of EAA]이 있다. DTO는 한 뷰에 표시돼야 하는 모든 특성을 갖도록 설계design된다. 애플리케이션 서비스('애플리케이션 서비스' 절을 참고하라.)는 리파지토리(12)를 사용해서 필요한 애그리게잇 인스턴스를 읽고, 이를 DTO 어셈블러DTO Assembler[Fowler, P of EAA]로 위임해 DTO의 특성을 매핑하도록 한다. 따라서 DTO는 렌더링돼야 하는 모든 정보를 운반한다. 사용자 인터페이스 컴포넌트는 개별 DTO 특성에 액세스하고 이를 뷰상에 렌더링한다.

이 접근법을 사용하면 리파지토리를 통해 읽기와 쓰기가 모두 수행된다. DTO를 만들어야 하는 애그리게잇의 모든 파트에 DTO 어셈블러가 직접적으로 액세스하기 때문에 모든 지연 로딩된 컬렉션이 찾아진다는 이점이 있다. 또한 프레젠테이션presentation 티어tier가 비즈니스 티어로부터 분리되면서, 데이터 홀더holder를 직렬화해 이를 네트워크를 통해 또 다른 티어로 전송해야 할 때 생기는 특정한 문제도 해결한다.

흥미롭게도 DTO 패턴은 원래 DTO 인스턴스를 소비하는 원격 프레젠테이션 티어를 다루기 위해 고안됐다. DTO는 비즈니스 티어에서 만들어져 직렬화되고 연결을 통해 발송된 뒤, 프레젠테이션 티어에서 역직렬화된다. 여러분의 프레젠테이션 티어가 원격이 아니라면, 이 패턴은 YAGNI You Ain't Gonna Need It ('필요할 일이 없을 걸.'이라는 의미)와 같이 애플리케이션의 설계에서 돌발적인 복잡성으로 이어지게 될 가능성이 높다. 여기엔 도메인 객체의 모습과 완전히 같지는 않으나 비슷하게 닮은 클래스의 생성을 요구한다는 단점도 포함된다. 가상 머신(예를 들면 JVM)에 의해 관리돼야만 하는 잠재적으로 크기가 커질 수 있는 객체의 추가적인 인스턴스화가 필요해, 실제로 단일 가상 머신 애플리케이션 아키텍처가 적합하지 않게 될 수 있다는 단점도 있다.

여러분의 애그리게잇은 DTO 어셈블러가 필요한 데이터를 쿼리할 수 있도록 설계돼야 한다. 어떻게 하면 애그리게잇 내부의 모습이나 구조를 너무 많이 드러내지 않고 상태를 드러낼지 신중히 생각하자. 클라이언트가 애그리게잇 내부의 어떤 파트와도 결합되지 않도록 하자. 클라이언트(이 경우는 어셈블러)가 애그리게잇 내부 깊숙이 탐색하도록 허용할 필요가 있을까? 이는 각 클라이언트가 특정한 애그리게잇 구현에 맞춰 촘촘히 결합을 만들기 때문에 좋지 않다.

애그리게잇 내부 상태를 발행하기 위해 중재자를 사용하자

모델과 그 클라이언트 사이의 촘촘한 결합으로 인해 발생하는 문제를 피하기 위해, 중재자 Mediator [Gamma 등](더블 디스패치 Double-Dispatch 와 콜백 Callback 으로도 알려져 있음) 인터페이스를 설계해 애그리게잇이 내부 상태를 발행하도록 할 수 있다. 클라이언트는 중재자 인터페이스를 구현해 구현자의 객체 참조를 메소드 인수로서 애그리게잇에 전달한다. 그리고 애그리게잇은 그 모습이나 구조를 전혀 드러내지 않고, 중재자에게 더블 디스패치해서 요청된 상태를 발행한다. 이 방법은 중재자의 인터페이스를 어떤 유형의 뷰 사양과도 엮지 않으며, 필요한 애그리게잇 상태의 렌더링에 집중하도록 해준다.

```
public class BacklogItem ... {
    ...
    public void provideBacklogItemInterest(
            BacklogItemInterest anInterest) {
        anInterest.informTenantId(this.tenantId().id());
```

```
        anInterest.informProductId(this.productId().id());
        anInterest.informBacklogItemId(this.backlogItemId().id());
        anInterest.informStory(this.story());
        anInterest.informSummary(this.summary());
        anInterest.informType(this.type().toString());
        ...
    }

    public void provideTasksInterest(TasksInterest anInterest) {
        Set<Task> tasks = this.allTasks();
        anInterest.informTaskCount(tasks.size());
        for (Task task : tasks) {
            ...
        }
    }
    ...
}
```

엔터티(5)가 별도의 유효성 검사기 클래스로 위임하는 방법을 묘사하는 방식과 유사하게, 다양한 관심 제공자를 다른 클래스로 구현할 수 있다.

일부는 이 접근법이 애그리게잇의 책임 영역에서 완전히 벗어나 있다고 생각한다는 사실을 알아두자. 그 밖의 사람들은 이를 잘 설계된 도메인 모델의 자연스러운 확장이라고 진심으로 믿는다. 언제나 그렇듯 이러한 상충점은 여러분의 기술 팀원과 함께 논의해야 한다.

도메인 페이로드 객체로부터 애그리게잇 인스턴스를 렌더링하라

DTO가 필요하지 않을 때 사용할 수 있는 개선사항을 제시하는 접근법이 있다. 이는 렌더링을 위한 다수의 전체 애그리게잇 인스턴스를 모아서 단일 도메인 페이로드 객체[DPO, Domain Payload Object][Vernon, DPO]로 변환한다. DPO는 DTO와 비슷한 이유로 사용하지만, 단일 가상 머신 애플리케이션 아키텍처의 장점을 갖는다. 이는 개별 특성이 아니라 전체 애그리게잇 인스턴스로의 참조를 담도록 설계된다. 애그리게잇 인스턴스의 클러스터는 간단한 페이로드 컨테이너 객체에 의해 논리적 티어나 계층 사이에 전송될 수 있다. 애플리케이션 서비스('애플리케이션 서비스'를 참고하자.)는 필요한 애그리게잇 인스턴스를 가져오기 위해 리파지토리를 사용하고 DPO를 인스턴스화해서 각각으로의 참조를 담는다. 프레젠테이션 컴포넌트는 DPO 객체에게 애그리게잇 인스턴스의 참조를 요청하고, 애그리게잇에게 보여주려는 특성을 문의한다.

카우보이 논리

LB: "말에서 떨어져보지 않았다면, 아직 말을 덜 탄 거야."

이 접근법은 논리적 계층 간에 데이터의 클러스터를 이동할 수 있도록 객체의 설계을 단순화하는 이점이 있다. DPO는 설계하기가 훨씬 쉽고 메모리 발자국이 더 작다. 애그리게잇 인스턴스가 어쨌거나 메모리로 읽혀져야 하므로, 우리는 이미 존재하는 것들을 활용한다.

고려해야 하는 부정적 측면의 잠재적 가능성도 몇 가지 있다. DTO와의 유사성 때문에, 이 접근법 역시 애그리게잇에게 상태를 읽을 수단을 제공해야 할 필요가 있다. 사용자 인터페이스가 모델로 촘촘하게 결합되는 상황을 피하기 위해, 여기서도 앞서 DTO 어셈블러가 사용하도록 권장했던 중재자나 더블 디스패치나 애그리게잇 루트 쿼리 인터페이스 등을 사용한다.

처리할 문제가 또 하나 있다. DPO가 전체 애그리게잇 인스턴스로의 참조를 갖기 때문에, 모든 지연 로딩된 객체/컬렉션을 아직 가져오지 않았다. 모든 필요한 애그리게잇 속성에 접근해 도메인 페이로드 객체를 생성해야 할 이유는 없다. 애플리케이션 서비스 메소드가 끝날 때 일반적으로 읽기 전용의 트랜잭션까지도 커밋되기 때문에, 해결되지 않은 지연 로딩 객체를 참조하는 모든 프레젠테이션 컴포넌트는 예외를 발생하게 된다.[3]

피할 수 없는 지연 로딩 문제를 해결하기 위해 즉시 로딩 전략을 사용하거나 도메인 의존성 해결자Domain Dependency Resolver[Vernon, DDR]를 사용할 수 있다. 이는 전략[Gamma 등]의 한 형태로, 주로 유스케이스 플로우마다 하나의 전략을 사용한다. 각 전략은 특정 유스케이스 플로우에 의해 소비된 모든 애그리게잇의 지연 로딩된 특성에 접근하도록 강제한다. 강제된 접근은 애플리케이션 서비스가 트랜잭션을 커

3 일부는 오픈 세션 인 뷰(OSIV, Open Session In View)를 사용해 사용자 인터페이스 내의 상위 수준인 요청-응답 단계에서 트랜잭션을 통제하길 선호한다. 여러 이유로 나는 OSIV가 해롭다고 생각하는데, 상황에 따라 다를 수 있다(YMMV, Your Mileage May Vary).

밋하기 전에 발생하며, 도메인 페이로드 객체를 클라이언트로 반환한다. 전략은 지연 로딩된 속성에 수동으로 접근하도록 하드 코딩되거나, 간단한 표현 언어를 사용해 내부적으로 리플렉션을 사용해 애그리게잇 인스턴스를 탐색하는 방법을 기술한다. 리플렉션 기반의 탐색 크롤러는 숨겨진 특성에도 동작하도록 할 수 있다는 이점이 있다. 그러나 일반적으론 가능하면 지연 로딩되는 객체를 즉시 패치하도록 여러분의 쿼리를 맞추는 편이 더 낫다.

애그리게잇 인스턴스의 상태 표현

여러분의 애플리케이션이 REST(4)에서 논의한 바와 같이 REST 기반의 리소스를 제공한다면, 클라이언트를 위해 도메인 객체의 상태 표현을 만들어야 할 필요가 있다. 애그리게잇 인스턴스가 아닌 유스케이스에 기반한 표현을 만드는 것이 매우 중요하다. 이는 DTO와 비슷한 동기를 갖는데, 이는 유스케이스에도 맞춰져 있다. 그러나 레스트풀 리소스의 한 집합을 뷰 모델[View Model]이나 프레젠테이션 모델[Presentation Model][Fowler, PM]과 같은 그들 고유의 권리를 갖는 별도의 모델로 생각하는 편이 더 정확하다. 더 깊은 상태로 탐색할 수 있는 연결과 함께 여러분의 도메인 모델 애그리게잇 상태를 일대일로 반영하는 표현을 만들고 싶은 유혹을 뿌리치도록 하자. 그렇지 않으면 클라이언트는 애그리게잇 그 자체만이 아니라 도메인 모델까지도 이해해야 한다. 클라이언트는 행동과 상태 변환의 미묘함을 완전히 이해해야 하고, 이렇게 되면 추상화의 모든 이점을 잃게 된다.

유스케이스 최적 리파지토리 쿼리

다양한 타입의 전체 애그리게잇 인스턴스 여럿을 읽어서 이를 프로그램적으로 단일 컨테이너(DTO나 DPO)로 구성하는 대신, 유스케이스 최적 쿼리[use case optimal query]로 불리는 방법을 사용할 수도 있다. 이는 하나 이상의 애그리게잇 인스턴스의 상위 집합[superset]인 사용자 지정 객체를 구성해줄 탐색자[finder] 쿼리 메소드를 여러분의 리파지토리에 설계함을 의미한다. 쿼리는 유스케이스의 요구사항을 다루도록 특별히 설계된 값 객체(6)에 동적으로 결과를 배치한다. DTO가 아니라 값 객체를 설계하는 이유는 쿼리가 애플리케이션(DTO에서처럼)이 아니라 도메인을 기준으로 정의되기 때문이다. 사용자 지정 유스케이스 최적 값 객체는 그러고 나서 뷰 렌더러에게 직접 소비된다.

유스케이스 최적 쿼리 접근법에는 CQRS(4)와 비슷한 동기가 있다. 그러나 유스케이스 최적 쿼리는 원시raw 데이터베이스(SQL에서처럼) 쿼리를 별도의 쿼리/읽기 저장소로 사용하는 방식이 아니라, 통합된 도메인 모델의 영속성 저장소로서 리파지토리를 사용한다. CQRS와 비교한 이 접근법의 상충점은 리파지토리(12)에서 언급한 관련 논의를 참고하자. 하지만 이 유스케이스 최적 쿼리의 길을 걷기로 결심했다면, 이미 CQRS와 너무 가까워져서 그냥 그 길로 가는 편이 나을 수도 있다.

다수의 개별 클라이언트 처리하기

여러분의 애플리케이션이 다수의 개별 클라이언트를 지원해야 한다면 어떻게 할까? 여기엔 RIA, 그래픽적으로 두터운 클라이언트, REST 기반의 서비스, 메시징 등도 포함될 수 있다. 다양한 클라이언트 타입을 위한 다양한 테스트 드라이버를 고려해야 할 수도 있다. 잠시 후 더 자세히 다루겠지만 여러분의 애플리케이션 서비스가 데이터 변환기를 수용하도록 설계하면서, 각 클라이언트에선 데이터 변환기 타입을 구체적으로 지정한다. 애플리케이션 서비스는 데이터 변환기 매개변수로 더블 디스패치하는데, 이를 통해 필요한 데이터 포맷을 만든다. 다음은 REST 기반의 클라이언트에서 사용자 인터페이스가 어떻게 나타나는지 보여준다.

```
...
CalendarWeekData calendarWeekData =
    calendarAppService
        .calendarWeek(date, new CalendarWeekXMLDataTransformer());

Response response =
    Response.ok(calendarWeekData.value())
        .cacheControl(this.cacheControlFor(30)).build();

return response;
```

CalendarApplicationService의 calendarWeek() 메소드는 주어진 주의 Date와 CalendarWeekDataTransformer 인터페이스의 구현을 받아들인다. 선택된 구현자는 CalendarWeekXMLDataTransformer 클래스로 CalendarWeekData의 상태 표현으로서 XML 문서를 만든다. CalendarWeekData상의 메소드 value()는 주어진 데이터 포맷이 선호하는 타입을 응답하는데, 여기선 XML 문서 String이다.

이 예제는 의존성이 주입된 데이터 변환기 인스턴스를 갖는 편이 이득일 수 있다는 점을 시사한다. 여기선 이해를 돕기 위해 하드 코딩을 사용했다. 사용할 수 있는 `CalendarWeekDataTransformer` 구현의 예는 다음과 같다.

- `CalendarWeekCSVDataTransformer`
- `CalendarWeekDPODataTransformer`
- `CalendarWeekDTODataTransformer`
- `CalendarWeekJSONDataTransformer`
- `CalendarWeekTextDataTransformer`
- `CalendarWeekXMLDataTransformer`

이 밖에도 서로 다른 클라이언트에 맞춰 애플리케이션 결과 타입을 추상화하는 접근법이 있는데, 이는 이후에 '애플리케이션 서비스' 절에서 논의한다.

변환 어댑터와 사용자 편집의 처리

도메인 데이터를 갖게 되고 사용자가 이를 살펴보고 편집할 수 있어야 하는 시점이 됐을 때, 책임을 분리하는 데 도움이 되는 패턴이 있다. 다시 한 번 말하지만, 이를 모두 아우르며 다루는 확실한 방법을 추천하기엔 너무 많은 프레임워크와 방법들이 존재한다. 일부 사용자 인터페이스 프레임워크에선 그에 맞춰 지원되는 특정 패턴을 선택해야만 한다. 때론 좋은 패턴일 수도, 때론 좋지 않은 패턴일 수도 있다. 그 밖의 프레임워크에선 좀 더 유연성이 있다.

어떤 방법으로든 도메인 데이터는 애플리케이션 서비스로부터 DTO나 DPO, 상태 표현 등의 형태로 제공되며, 어떤 프레젠테이션 프레임워크를 사용하든 프레젠테이션 모델의 장점을 활용할 수 있다.[4] 이 모델의 목표는 프레젠테이션과 뷰 사이의 책임을 분리하는 것이다. 웹 1.0 애플리케이션으로 동작하도록 할 수도 있지만, 이 모델의 장점은 앞서 나열한 목록의 두 번째와 세 번째 카테고리에 속하는 웹 2.0 RIA나 데스크톱 클라이언트에서 잘 발휘된다고 생각한다.

이 패턴을 사용해 뷰를 수동적으로 만들어 오직 데이터의 디스플레이와 사용자 인터페이스 통제와 그 밖의 일부 작업만 관리하도록 한다. 뷰 렌더링에는 다음 두

4 [Fowler, PM]에서 감독하는 컨트롤러(Supervising Controller)와 수동적인 뷰(Passive View)라고 부르는 모델-뷰-프레젠터(Model-View-Presenter)[Dolphin]를 참고하자.

가지 방법이 있다.

1. 뷰 스스로가 프레젠테이션 모델에 기반해 렌더링된다. 개인적으로는 이 방법이 좀 더 자연스러우며 뷰가 프레젠테이션 모델과 결합되는 상황을 제거해줄 수 있다고 생각한다.

2. 프레젠테이션 모델에 의해 뷰가 렌더링된다. 이 방법은 테스트의 이점이 있지만 프레젠테이션 모델이 뷰와 결합하게 된다.

프레젠테이션 모델은 어댑터[Gamma 등]의 역할을 하게 된다. 뷰의 필요에 따라 설계된 속성과 행동을 제공함으로써 도메인 모델의 세부사항을 감추게 된다. 이는 도메인 객체나 DTO상의 특성 주변에 단순한 얇은 널빤지 이상이 존재한다는 의미며, 또한 어댑터에서 뷰에 적용할 모델의 상태에 기반한 판단이 이뤄진다는 의미다. 예를 들면, 뷰에서 어떤 제어가 가능토록 할 때 도메인 모델의 어떤 속성과도 직접적인 관계가 없더라도, 여전히 하나 이상의 속성으로부터 파생될 수 있다는 의미다. 도메인 모델로 하여금 필요한 뷰 속성을 지원토록 하는 게 아니라, 프레젠테이션 모델로 하여금 도메인 모델의 상태로부터 뷰에 특화된 지시자와 속성이 파생되는 책임을 지게 한다.

미묘하지만 프레젠테이션 모델을 사용하는 또 하나의 이점은 자바빈 인터페이스의 게터를 지원하지 않는 애그리게잇을 게터를 필요로 하는 사용자 인터페이스 프레임워크에 적응시킬 수 있다는 점이다. 많은 혹은 모든 자바 기반의 웹 프레임워크는 객체로 하여금 `getSummary()`나 `getStory()`와 같은 퍼블릭 게터를 제공하도록 요구하지만, 도메인 모델 설계는 유비쿼터스 언어(1)를 비슷하게 반영하는 유창하고 도메인에 맞는 표현을 선호한다. 그 차이점이 `summary()`나 `story()`와 같이 단순할 수도 있지만, 이는 사용자 인터페이스 프레임워크의 임피던스 불일치를 유발한다. 그러나 프레젠테이션 모델을 사용해 `summary()`를 `getSummary()`로, `story()`를 `getStory()`로 쉽게 변환할 수 있고, 이를 통해 모델과 뷰 사이의 긴장을 해소한다.

```
public class BacklogItemPresentationModel
        extends AbstractPresentationModel {

    private BacklogItem backlogItem;
```

```
    public BacklogItemPresentationModel(BacklogItem aBacklogItem) {
        super();
        this.backlogItem = backlogItem;
    }

    public String getSummary() {
        return this.backlogItem.summary();
    }

    public String getStory() {
        return this.backlogItem.story();
    }
    ...
}
```

물론 프레젠테이션 모델은 앞서 논의한 DTO나 DPO의 사용이나 애그리게잇 내부 상태를 발행하기 위한 중재자의 사용 등을 포함한 어떤 수의 접근법 사이에든 끼워 넣을 수 있다.

추가적으로 사용자가 수행한 편집은 프레젠테이션 모델이 추적한다. 그렇다 하더라도 프레젠테이션 모델은 모델에서 뷰로의 방향과 뷰에서 모델로의 방향이라는 양방향 모두에서 변환이 가능하기 때문에, 프레젠테이션 모델에 책임을 과하게 부과하는 것은 아니다.

중요하게 기억해야 할 한 가지는 프레젠테이션 모델은 애플리케이션 서비스나 도메인 모델 주변에서 너무 무거운 짐을 지고 있는 파사드[Gamma 등]가 아니라는 점이다. 사용자가 사용자 인터페이스를 통해 하나의 태스크를 완료했다면, 주로 '적용'이나 '취소'와 같은 유형의 행동이나 상황에 맞는 명시적 커맨드를 호출하게 된다. 이에 따라 프레젠테이션 모델이 사용자의 행동을 애플리케이션으로 적용해야 하는데, 이는 결국 애플리케이션 서비스 주변의 최소한의 파사드로 나타난다.

```
public class BacklogItemPresentationModel
        extends AbstractPresentationModel {

    private BacklogItem backlogItem;
    private BacklogItemEditTracker editTracker;
    // 다음은 주입된다
```

```
    private BacklogItemApplicationService backlogItemAppService;

    public BacklogItemPresentationModel(BacklogItem aBacklogItem) {
        super();
        this.backlogItem = backlogItem;
        this.editTracker = new BacklogItemEditTracker(aBacklogItem);
    }
    ...
    public void changeSummaryWithType() {
        this.backlogItemAppService
            .changeSummaryWithType(
                this.editTracker.summary(),
                this.editTracker.type());
    }
    ...
}
```

사용자가 뷰상에 커맨드 버튼을 클릭하고 이에 따라 changeSummaryWithType()이 호출된다. editTracker상에 일어난 편집을 적용하기 위해 애플리케이션 서비스와 상호 교류하는 것은 BacklogItemPresentationModel의 책임이다. 사용자의 편집을 기다리고 있다가 이를 어떻게 하려는 다른 방관자는 존재하지 않는다. 그러므로 프레젠테이션 모델은 뷰를 위한 애플리케이션 서비스로의 최소한의 파사드라고 말할 수 있지만, changeSummaryWithType()이 상위 수준의 인터페이스이기 때문에 BacklogItemApplicationService를 사용하기가 쉽다. 그러나 우린 프레젠테이션 모델 클래스가 애플리케이션 서비스의 세부적인 사용을 관리하는 코드를 몇 줄 포함하거나, 더 나쁜 경우 스스로가 도메인 모델의 애플리케이션 서비스인 마냥 행동하길 원하진 않는다. 이는 프레젠테이션 모델의 책임을 훨씬 넘어서는 일이다. 대신 우린 좀 더 복잡하고 무거운 짐을 지는 파사드인 BacklogItemApplicationService로 단순하게 위임하길 원한다.

이는 도메인 모델과 UI를 연결하는 효과적인 접근법이다. 아마 가장 다목적의 UI 관리 패턴으로 선정될 수도 있을 것이다. 그러나 이 뷰 관리 기법을 사용함으로써 여전히 애플리케이션 서비스 API와 종종 상호 교류하게 된다.

애플리케이션 서비스

때론 여러분의 사용자 인터페이스는 독립적인 프레젠테이션 모델 컴포넌트를 사용해 여러 바운디드 컨텍스트(2)를 묶어서 하나의 뷰를 구성한다. 여러분의 사용자 인터페이스는 단일 모델을 렌더링하든 다수의 모델을 구성하든 상관없이, 애플리케이션 서비스와 상호 교류할 가능성이 크기 때문에 이에 관해 논의해보자.

애플리케이션 서비스는 도메인 모델의 직접적인 클라이언트다. 애플리케이션 서비스의 논리적 위치가 될 수 있는 옵션은 아키텍처(4)를 참고하자. 이 서비스는 유스케이스 하나의 흐름당 하나의 서비스 메소드가 해당되도록 태스크를 조정하는 책임이 있다. 애플리케이션 서비스는 ACID 데이터베이스를 사용할 때 모델 상태 변환이 원자적으로 영속되도록 트랜잭션도 함께 제어한다. 트랜잭션 제어를 여기서 간단히 설명하겠지만, 좀 더 넓은 관점을 살펴보려면 리파지토리(12)를 참고하자. 보안도 일반적으로 애플리케이션 서비스가 관리한다.

애플리케이션 서비스가 도메인 서비스(7)와 같다고 생각하면 실수다. 그렇지 않기 때문이다. 다음 절에서 살펴보듯 이 둘은 분명히 다르다. 애그리게잇, 값 객체, 도메인 서비스를 비롯한 무엇이 됐든, 모든 비즈니스 도메인 로직을 도메인 모델 안에 몰아넣으려고 노력해야 한다. 애플리케이션 서비스를 얇게 유지하면서 오직 모델로 향하는 태스크의 조율에만 사용토록 하자.

애플리케이션 서비스 예제

애플리케이션 서비스의 인터페이스 예제와 구현 클래스의 일부분을 살펴보자. 이는 ID와 액세스 컨텍스트의 테넌트를 위한 유스케이스 태스크를 관리하는 서비스다. 이는 단순한 예제일 뿐이며 최종 결과로 생각해선 안 된다. 상충점이 분명히 나타날 것이다.

먼저 기본 인터페이스를 살펴보자.

```
package com.saasovation.identityaccess.application;

public interface TenantIdentityService {

    public void activateTenant(TenantId aTenantId);
```

```
    public void deactivateTenant(TenantId aTenantId);

    public String offerLimitedRegistrationInvitation(
            TenantId aTenantId,
            Date aStartsOnDate,
            Date anUntilDate);

    public String offerOpenEndedRegistrationInvitation(
            TenantId aTenantId);

    public Tenant provisionTenant(
            String aTenantName,
            String aTenantDescription,
            boolean isActive,
            FullName anAdministratorName,
            EmailAddress anEmailAddress,
            PostalAddress aPostalAddress,
            Telephone aPrimaryTelephone,
            Telephone aSecondaryTelephone,
            String aTimeZone);

    public Tenant tenant(TenantId aTenantId);
    ...
}
```

테넌트를 생성하고, 프로비전하고, 기존의 테넌트를 활성화하거나 비활성화하고, 미래의 사용자에게 제한되거나 개방된 등록 초대를 제공하고, 특정 테넌트를 조회하기 위해 이와 같은 여섯 가지 애플리케이션 서비스 메소드를 사용한다.

도메인 모델의 일부 타입이 이 메소드 시그니처에 사용된다. 이는 사용자 인터페이스로 하여금 이런 타입을 인지하고 이들에 의존하도록 요구한다. 때로 애플리케이션 서비스는 사용자 인터페이스가 이런 도메인 지식으로부터 완전히 보호되도록 설계되기도 한다. 이렇게 함으로써 애플리케이션 서비스 메소드의 서명은 오직 원시 타입(`int`, `long`, `double`)과 `Strings`와 DTO만을 사용하게 된다. 그러나 이 접근법의 대안이 될 만한 더 나은 접근법으로 커맨드[Gamma 등] 객체를 설계하는 방법이 있다. 맞고 틀린 방법이 있는 것은 아니며, 주로 여러분의 선호와 목표에 따라 달라진다. 이 책에선 다양한 예제에서 이런 스타일을 보여준다.

상충점을 생각해보자. 모델에서 타입을 제거하면 의존성과 커플링을 피할 수는 있지만, 값 객체 타입으로부터 거저 얻을 수 있는 강력한 타입 검증과 값의 기본적 유효성 검사(가드)를 포기해야 한다. 도메인 객체를 반환 타입으로 노출시키지 않으면 DTO를 제공해야 한다. DTO를 제공한다면 추가적인 타입 때문에 발생하는 부담으로 인해 여러분의 해결책에 돌발적인 복잡성이 수반될 수 있다. 또한 앞서 언급된 것처럼 불필요할 수도 있는 DTO가 계속해서 생성되고, 트래픽 양이 많아진 애플리케이션 내에서 가비지 컬렉션으로 인한 메모리 부담이 가중될 수 있다.

물론 도메인 객체를 별도의 클라이언트에게 노출하면, 각 클라이언트 타입은 이를 별도로 처리해야 한다. 즉 결합도가 높아지며, 클라이언트의 타입이 더 많아진다면 이는 큰 문제가 된다. 그렇다고 했을 때 적어도 이 중 몇 가지 메소드는 반환 타입을 처리하는 방향으로 설계를 개선할 수 있다. 앞서 논의했듯이 우리는 데이터 변환기를 사용할 수 있다.

```
package com.saasovation.identityaccess.application;

public interface TenantIdentityService {
    ...
    public TenantData provisionTenant(
            String aTenantName,
            String aTenantDescription,
            boolean isActive,
            FullName anAdministratorName,
            EmailAddress anEmailAddress,
            PostalAddress aPostalAddress,
            Telephone aPrimaryTelephone,
            Telephone aSecondaryTelephone,
            String aTimeZone,
            TenantDataTransformer aDataTransformer);

    public TenantData tenant(
            TenantId aTenantId,
            TenantDataTransformer aDataTransformer);
    ...
}
```

일단 지금은 도메인 객체를 클라이언트에게 노출시키는 데 집중하면서 오직 하나의 웹 기반 사용자 인터페이스를 갖고 있다고 가정하겠다. 예제를 좀 더 단순하게 만들 수 있다. 그다음에 데이터 변환기의 접근법으로 돌아가도록 하겠다.

애플리케이션 서비스 인터페이스가 어떻게 구현됐는지 살펴보자. 일부 기본 요소를 강조하기 위해 구현을 위한 간단한 메소드 몇 가지를 추가로 살펴보자. 여기선 분리된 인터페이스[Fowler, P of EAA]가 이점이 없을 수 있다는 점을 기억하자. 다음은 구현 클래스만으로 인터페이스를 정의한 예제다.

```
package com.saasovation.identityaccess.application;

public class TenantIdentityService {

    @Transactional
    public void activateTenant(TenantId aTenantId) {
        this.nonNullTenant(aTenantId).activate();
    }

    @Transactional
    public void deactivateTenant(TenantId aTenantId) {
        this.nonNullTenant(aTenantId).deactivate();
    }

    ...

    @Transactional(readOnly=true)
    public Tenant tenant(TenantId aTenantId) {
        Tenant tenant =
            this
                .tenantRepository()
                .tenantOfId(aTenantId);

        return tenant;
    }

    private Tenant nonNullTenant(TenantId aTenantId) {
        Tenant tenant = this.tenant(aTenantId);

        if (tenant == null) {
```

```
            throw new IllegalArgumentException(
                    "Tenant does not exist.");
        }

        return tenant;
    }
}
```

클라이언트는 deactivateTenant()를 사용해 기존의 Tenant가 비활성화되도록 요청한다. 실제 Tenant 객체와 상호작용하기 위해선 TenantId를 사용해 리파지토리에서 가져와야 한다. 여기서 우리는 내부의 nonNullTenant() 헬퍼 메소드를 만들었는데, 이는 그 자체가 tenant()에게 위임한다. 헬퍼는 존재하지 않는 Tenant 인스턴스에 대해 보호하기 위해 존재하며, 존재하는 Tenant가 필요한 모든 서비스 메소드가 사용한다.

스프링 Transactional 애노테이션에 의해 activateTenant()와 deactivate Tenant() 메소드가 쓰기 트랜잭션으로 표시된다. tenant() 메소드는 읽기 전용 트랜잭션으로 표시된다. 이 세 경우 모두, 클라이언트가 스프링 컨텍스트를 통해 이 빈을 획득하고 서비스 메소드를 호출하면서 트랜잭션이 시작된다. 메소드가 정상적인 반환으로 완료되면 트랜잭션은 커밋된다. 구성에 따라, 메소드 범위 내에서 던져진 예외는 트랜잭션의 롤백을 유발하게 된다.

하지만 어떻게 이런 메소드의 악용(예를 들어 악의적인 침입자)을 막을 수 있을까? 테넌트를 비활성화하고 재활성화하는 오퍼레이션은 오직 사스오베이션의 임직원 중 권한이 부여된 사용자에 의해서만 허용돼야 한다. 이는 새로운 테넌트 구독자를 추가하는 경우도 마찬가지다.

스프링 시큐리티Spring Securtiy와 같은 도구를 활용하면 어떨까? PreAuthorize라는 또 다른 애노테이션을 사용할 수 있다.

```
public class TenantIdentityService {

    @Transactional
    @PreAuthorize("hasRole('SubscriberRepresentative')")
    public void activateTenant(TenantId aTenantId) {
        this.nonNullTenant(aTenantId).activate();
```

```
    }

    @Transactional
    @PreAuthorize("hasRole('SubscriberRepresentative')")
    public void deactivateTenant(TenantId aTenantId) {
        this.nonNullTenant(aTenantId).deactivate();
    }

    ...

    @Transactional
    @PreAuthorize("hasRole('SubscriberRepresentative')")
    public Tenant provisionTenant(
            String aTenantName,
            String aTenantDescription,
            boolean isActive,
            FullName anAdministratorName,
            EmailAddress anEmailAddress,
            PostalAddress aPostalAddress,
            Telephone aPrimaryTelephone,
            Telephone aSecondaryTelephone,
            String aTimeZone) {

        return
            this
                .tenantProvisioningService
                .provisionTenant(
                        aTenantName,
                        aTenantDescription,
                        isActive,
                        anAdministratorName,
                        anEmailAddress,
                        aPostalAddress,
                        aPrimaryTelephone,
                        aSecondaryTelephone,
                        aTimeZone);
    }
    ...
}
```

이는 선언적 메소드 수준 보안이며, 권한이 부여되지 않은 사용자가 애플리케이션 서비스에 액세스하는 일을 막아준다. 물론 사용자 인터페이스는 권한이 부여되지 않은 사용자에게 해당 기능으로의 모든 탐색 접근을 감추도록 설계된다. 이 방법으로는 악의적인 공격자를 막을 수 없지만, 보안 선언을 사용하면 막을 수 있다.

이 선언적 메소드 보안은 Id오베이션이 제공하는 것과는 다르다. 사스오베이션의 임직원은 테넌트 사용자와는 다르게 Id오베이션에 로그인한다. 특히 SubscriberRepresentative의 역할이 있는 사람에겐 이런 민감한 메소드의 수행이 허용되고, 구독자 사용자에게는 허용되지 않는다. 물론 이는 Id오베이션과 스프링 시큐리티 사이의 통합을 요구한다.

이제 provisionTenant()의 구현을 자세히 살펴보면, 도메인 서비스로의 위임을 확인할 수 있다. 이는 두 서비스 사이의 차이점을 보여주는데, 특히 도메인 TenantProvisioningService 내부를 살짝 들여다보면 알 수 있다. 이 도메인 서비스 안에는 중요한 도메인 로직이 있지만 애플리케이션 서비스 안에는 거의 없다. (여기서 코드를 보여주진 않겠지만) 도메인 서비스가 수행하는 일을 생각해보자.

1. 새로운 Tenant 애그리게잇을 인스턴스화하고 이를 리파지토리에 추가한다.
2. 새로운 Tenant에 새로운 관리자를 할당한다. 이는 새로운 Tenant에 관리자 역할을 추가하고 TenantAdministratorRegistered 이벤트를 발행하는 일까지 포함한다.
3. 이벤트 TenantProvisioned를 발행한다.

애플리케이션 서비스가 1단계를 넘어선 일을 한다면 모델로부터 도메인 로직이 심각하게 새어 나가게 된다. 애플리케이션 서비스의 책임이 아닌 두 단계가 포함돼 있으므로, 세 단계 모두를 도메인 서비스 내에 배치한다. 도메인 서비스를 사용해서 이 '중요한 프로세스를 … 도메인 내부에'[Evans] 두기로 한다.[5] 또한 트랜잭션, 보안, 중요한 테넌트 추가 프로세스를 모델로 위임하는 일의 관리 등을 통해 애플리케이션 서비스의 정의를 제대로 따르게 된다.

하지만 여기서 잠깐 provisionTenant() 매개변수 목록 때문에 발생하는 잡음에 관해 생각해보자. 총 아홉 개의 매개변수가 있고 이는 지나치게 많다. 단순한 커맨

5 7장을 참고

드[Gamma 등] 객체를 설계하면, 서로 다른 유형의 요청이나 큐/로그 요청, 또는 취소할 수 있는 오퍼레이션의 지원 등을 처리하도록 요청을 객체로 캡슐화해 클라이언트를 매개변수화할 수 있다. 즉 커맨드 객체를 직렬화된 메소드 호출로 볼 수 있고, 우린 취소 오퍼레이션을 제외한 커맨드가 할 수 있는 모든 일에 관심이 있다. 다음은 얼마나 간단하게 커맨드 클래스를 설계할 수 있는지 보여준다.

```
public class ProvisionTenantCommand {
    private String tenantName;
    private String tenantDescription;
    private boolean isActive;
    private String administratorFirstName;
    private String administratorLastName;
    private String emailAddress;
    private String primaryTelephone;
    private String secondaryTelephone;
    private String addressStreetAddress;
    private String addressCity;
    private String addressStateProvince;
    private String addressPostalCode;
    private String addressCountryCode;
    private String timeZone;

    public ProvisionTenantCommand(...) {
        ...
    }

    public ProvisionTenantCommand() {
        super();
    }

    public String getTenantName() {
        return tenantName;
    }

    public void setTenantName(String tenantName) {
        this.tenantName = tenantName;
    }
    ...
}
```

ProvisionTenantCommand는 모델 객체를 사용하지 않고 기본 타입만을 사용한다. 여기엔 다수의 인수를 가진 생성자와 인수가 없는 생성자가 있다. 인수가 없는 생성자와 더불어, 퍼블릭 세터를 통해 UI 양식 필드를 객체로 만드는 매퍼로 커맨드를 채울 수 있게 된다(예를 들면, 자바빈 속성이나 .NET CLR 속성을 생각해보자). 커맨드를 단순히 DTO로 생각할 수도 있겠지만, 사실은 그 이상이다. 커맨드 객체가 수행될 오퍼레이션에 의해 명명되기 때문에, 이는 좀 더 명시적이 된다. 이 커맨드 인스턴스는 애플리케이션 서비스 메소드로 전달될 수 있다.

```
public class TenantIdentityService {
    ...
    @Transactional
    public String provisionTenant(ProvisionTenantCommand aCommand) {
        ...
        return tenant.tenantId().id();
    }
    ...
}
```

애플리케이션 서비스 API 메소드로 디스패칭하는 이 접근법 외에도, 패턴에서 볼 수 있듯 이 접근법을 대신하거나 추가적으로 커맨드를 큐로 보내 커맨드 핸들러로 디스패치할 수 있다. 커맨드 핸들러는 애플리케이션 메소드와 시맨틱 측면에서 동일하지만 잠시 결합이 끊어져 있다고 생각하자. 부록 A에서 언급하듯이 이는 커맨드 처리의 양을 늘려주고 확장성을 넓혀준다.

결합이 분리된 서비스 출력

앞서 나는 몇 번에 걸쳐 이질적인 클라이언트 타입에 필요한 특정 데이터 타입을 수용하는 방법으로서 데이터 변환기의 사용을 언급했다. 이 접근법은 변환기를 사용해 추상 인터페이스(관련된 모든 타입이 공유하는)를 구현한 특정 타입의 데이터를 생산한다.

```
TenantData tenantData =
    tenantIdentityService.provisionTenant(
            ..., myTenantDataTransformer);

TenantPresentationModel tenantPresentationModel =
```

```
new TenantPresentationModel(tenantData.value());
```

애플리케이션 서비스는 입력과 출력을 갖는 API로 설계된다. 데이터 변환기가 전달되는 이유는 클라이언트에 필요한 특정 출력 타입을 만들기 위해서다.

만약 애플리케이션 서비스를 항상 void로 선언해서 클라이언트에게 데이터를 반환하지 않도록 하는, 완전히 다른 방향을 선택했다면 어땠을까? 이는 어떻게 작동했을까? 이에 대한 답은 헥사고날 아키텍처(4)의 포트와 어댑터 스타일을 이용하는 사고방식에 있다. 이 경우에선 어댑터의 수가 얼마든 간에 각 클라이언트 타입마다 하나의 표준 출력 포트를 사용하게 된다. 이렇게 함으로써 다음과 같은 provisionTenant() 애플리케이션 서비스 메소드가 만들어진다.

```
public class TenantIdentityService {
    ...

    @Transactional
    @PreAuthorize("hasRole('SubscriberRepresentative')")
    public void provisionTenant(
            String aTenantName,
            String aTenantDescription,
            boolean isActive,
            FullName anAdministratorName,
            EmailAddress anEmailAddress,
            PostalAddress aPostalAddress,
            Telephone aPrimaryTelephone,
            Telephone aSecondaryTelephone,
            String aTimeZone) {

        Tenant tenant =
            this
                .tenantProvisioningService
                .provisionTenant(
                        aTenantName,
                        aTenantDescription,
                        isActive,
                        anAdministratorName,
                        anEmailAddress,
                        aPostalAddress,
```

```
                                aPrimaryTelephone,
                                aSecondaryTelephone,
                                aTimeZone);

        this.tenantIdentityOutputPort().write(tenant);
    }
    ...
}
```

여기서의 출력 포트는 애플리케이션의 가장자리에 있는 구체적으로 명명된 포트며, 스프링을 통해 서비스 빈으로 주입된다. provisionTenant()가 알아야 하는 유일한 부분은 도메인 서비스에서 Tenant 인스턴스를 얻어 포트에 write()해야만 한다는 점이다. 이 포트에는 리더가 얼마든지 있을 수 있는데, 이들은 애플리케이션 서비스의 사용에 앞서 스스로를 등록한다. write()가 발생하면 등록된 각 리더는 출력을 읽어서 입력으로 사용토록 하는 신호를 받는다. 이 시점에서 리더는 데이터 변환기와 같은 선택된 메커니즘을 사용해 출력을 변환한다.

이는 단순히 여러분의 아키텍처에 복잡성을 더하는 그럴싸한 계략이 아니다. 소프트웨어 시스템이든 하드웨어 장치든 상관없이, 모든 포트와 어댑터 아키텍처에는 강점이 있다. 각 컴포넌트는 오직 읽어들일 입력과 자신의 행동 및 출력을 내보낼 포트만을 이해하면 된다.

포트로 내보내는 일은 애그리게잇의 순수 커맨드 메소드가 반환 값을 만들지 않을 때와 거의 비슷하며, 그 경우에는 도메인 이벤트(8)가 발행된다. 애그리게잇의 경우, 도메인 이벤트 발행자(8)가 애그리게잇의 출력 포트다. 뿐만 아니라, 중재자로의 이중 디스패치를 사용한 애그리게잇의 상태 쿼리도 포트와 어댑터의 사용과 유사하다.

포트와 어댑터 접근법의 단점은 쿼리를 수행하는 애플리케이션 서비스 메소드에 대해 이름을 짓기가 좀 더 어렵다는 점이다. 서비스 예제에서 tenant() 메소드를 생각해보자. 이제는 더 이상 쿼리하는 Tenant에 응답하지 않기 때문에 이 이름은 부적절해 보인다. 실제로 순수한 커맨드 메소드가 돼서 더 이상 값을 반환하지 않기 때문에 provisionTenant()는 추가하는 API의 이름으로서 여전히 적절해 보인다. 그러나 tenant()는 좀 더 나은 이름을 붙여주고 싶다. 다음과 같이 조금 개선할 수 있다.

```
    ...
    @Override
    @Transactional(readOnly=true)
    public void findTenant(TenantId aTenantId) {
        Tenant tenant =
            this
                .tenantRepository
                .tenantOfId(aTenantId);

        this.tenantIdentityOutputPort().write(tenant);
    }
    ...
}
```

findTenant()라는 이름은 반드시 결과를 답해야 한다는 의미가 없으므로 괜찮아 보인다. 어떤 이름을 붙이든, 아키텍처적 결정을 내릴 때 언제나 긍정적인 결과와 부정적인 결과가 함께 온다는 점은 확실해 보인다.

여러 바운디드 컨텍스트 묶기

앞서 언급한 예제에선 하나의 사용자 인터페이스와 둘 이상의 도메인 모델을 묶어야 하는 가능성을 다루지 않았다. 위 예제에서 상위 방향 모델의 개념은 하위 방향 모델의 용어로 변환함으로써 하위 방향 모델에 통합시켰다.

이는 그림 14.3에서와 같이 여러 모델을 하나의 통합된 프레젠테이션으로 구성해야 하는 필요성과는 다른 문제다. 이 예제에서 외래 모델은 제품 컨텍스트와 토론 컨텍스트와 리뷰 컨텍스트다. 이 사용자 인터페이스는 여러 모델이 묶여 구성된다는 사실을 알아선 안 된다. 여러분의 애플리케이션에 비슷한 상황이 발생하면, 모듈(9) 구조와 이름 짓기가 여러분의 필요에 맞는 지원을 하는 방법과, 애플리케이션 서비스가 여러 모델 사이에 발생할 수 있는 단절을 부드럽게 연결하는 방법을 고민해봐야 한다.

하나의 해결책으로 여러 애플리케이션 계층을 사용하는 방법이 있는데, 이는 그림 14.3에서 나타나는 내용과는 다르다. 여러 애플리케이션 계층이 있을 땐, 각 계층마다 하위의 특정 도메인 모델과 어느 정도 관련성을 갖는 독립적 사용자 인터페이스 컴포넌트를 제공해야 한다. 이는 기본적으로 포털-포트렛portal-portlet 스타일이다. 그러나 별도의 애플리케이션 계층과 독립 사용자 인터페이스 컴포넌트가 유스케이스 흐름과 조화를 이루기가 좀 더 어려울 수 있는데, 이는 사용자 인터페이스의 주된 관심사다.

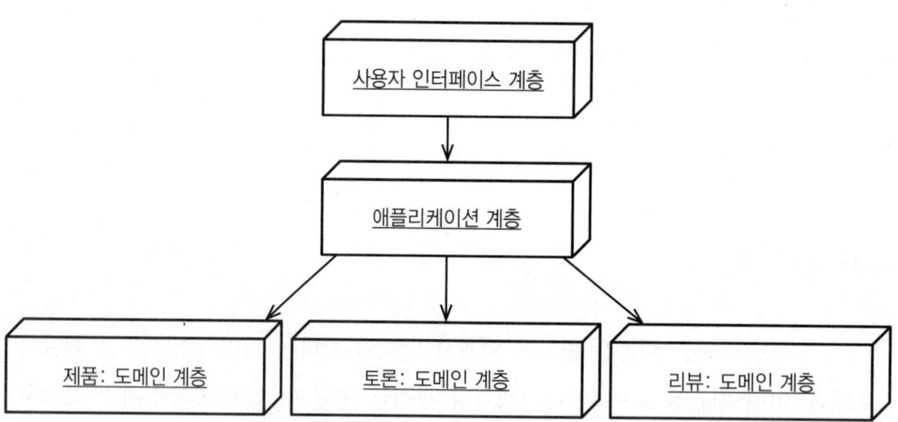

그림 14.3 UI에서 다수의 모델을 구성해야만 할 때가 있다. 이 그림에서는 하나의 애플리케이션 계층을 사용해서 세 개의 모델을 구성한다.

애플리케이션 계층이 유스케이스를 관리하므로, 모델 컴포지션의 실질적 근원으로서 애플리케이션 계층을 하나 만드는 편이 가장 편리할 수 있다. 이는 그림 14.3에서 나타낸 접근법이다. 이 단일 계층 내의 서비스는 비즈니스 도메인 로직이 전혀 없다. 여기선 각 모델에서 사용자 인터페이스가 필요로 하는 응집도 있는 애그리게잇 객체만을 제공한다. 이런 경우는 컴포지션(명명된 컨텍스트)의 목적에 따라 사용자 인터페이스와 애플리케이션 계층에 속한 모듈의 이름을 짓게 된다.

```
com.consumerhive.productreviews.presentation
com.consumerhive.productreviews.application
```

컨슈머 하이브Consumer Hive는 고객 제품 리뷰와 토론을 제공한다. 이는 토론 컨텍스트와 리뷰 컨텍스트에서 제품 컨텍스트를 분리했다. 그러나 여전히 프레젠테이션과 애플리케이션 모듈은 하나의 사용자 인터페이스 아래에서의 통합을 반영한다. 여기선 하나 이상의 외부 출처에서 제품 카탈로그를 얻을 가능성이 큰 반면, 토론과 리뷰는 핵심 도메인을 이룬다.

핵심 도메인에 관해 생각해볼 때, 여기서 뭔가 이상한 점이 느껴지는가? 빌트인 부패 방지 계층(3)과 함께 새로운 도메인 모델로서 제공되는 것이 이 애플리케이션 계층 아니었나? 그렇다. 이는 한마디로 바운디드 컨텍스트의 할인 품목이나 마찬가지다. 여기서 애플리케이션 서비스는 다양한 DTO의 통합을 관리하는데, 이는 애너믹 도메인 모델(1)과 같은 유형을 따르게 된다. 트랜잭션 스크립트(1) 접근법이 핵심 도메인을 모델링하는 방식과 약간 비슷하다.

컨슈머 하이브의 세 가지 모델의 컴포지션을 위해 하나의 바운디드 컨텍스트 안에서 통합된 객체 모델로서의 새로운 도메인 모델(1)이 필요하다고 결정했다면, 새로운 모델의 모듈을 다음과 같이 이름 지을 수 있다.

```
com.consumerhive.productreviews.domain.model.product
com.consumerhive.productreviews.domain.model.discussion
com.consumerhive.productreviews.domain.model.review
```

결국 여러분은 이 상황을 어떻게 모델링할지 결정해야 한다. 전략적 설계뿐만 아니라 전술적 설계까지 사용해서 새로운 모델을 사용하기로 결정할 것인가? 이 상황은 최소한 다음과 같은 질문을 던진다. 다수의 바운디드 컨텍스트를 하나의 사용자 인터페이스로 구성하는 방식과 통일된 도메인 모델을 포함한 새롭고 깔끔한 바운디드 컨텍스트를 새로 생성하는 방식 사이에 어떻게 선을 그어야 할까? 좀 덜 중요한 시스템일수록 다른 부분의 영향을 받고 우선순위를 고려해야 한다. 여전히 우린 임의로 이런 결정을 내려선 안 된다. 결정은 바운디드 컨텍스트에서 논의한 기준에 따라야 한다. 결국 최선의 접근법이란 비즈니스에 가장 이득이 되는 결정이기 때문이다.

인프라

인프라의 역할은 애플리케이션의 다른 부분들로 기술적인 기능을 제공하는 일이다. 계층(4)에 관한 논의를 하진 않겠지만, 의존성 역행 원리의 사고방식을 고수하는 편이 도움이 된다. 그러니 여러분의 인프라가 아키텍처의 측면에서 어느 위치에 배치되든, 해당 컴포넌트가 그런 특별한 기술적 기능을 필요로 하는 사용자 인터페이스와 애플리케이션 서비스와 도메인 모델의 인터페이스에 의존적이라면 아주 잘 작동할 것이다. 이런 방식으로 애플리케이션 서비스가 리파지토리를 조회하면, 이는 오직 도메인 모델의 인터페이스에만 의존적이며 인프라의 구현을 사용하게 된다. 그림 14.4는 이런 내용이 어떻게 작동하는지 보여주는 UML 정적 구조 다이어그램이다.

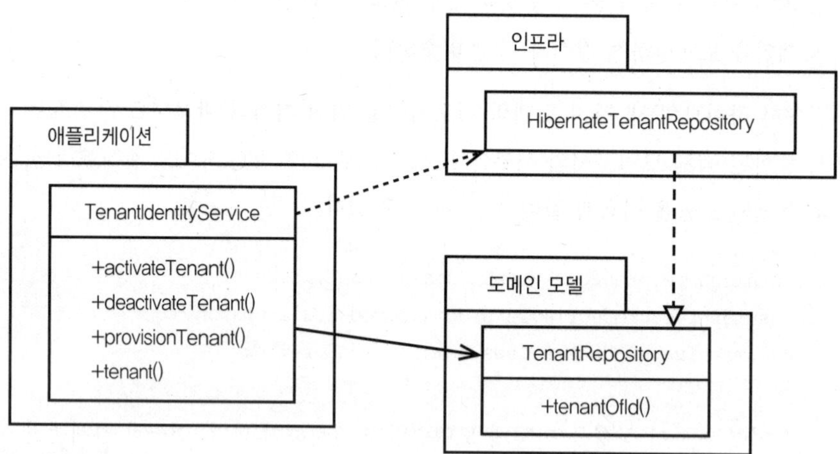

그림 14.4 애플리케이션 서비스는 도메인 모델의 리파지토리 인터페이스에 의존적이지만, 인프라의 구현 클래스를 사용한다. 패키지는 넓은 범위의 책임을 캡슐화한다.

이런 조회는 의존성 주입[Fowler, DI]이나 서비스 팩토리를 통해 암시적으로 발생할 수 있다. 14장의 마지막 절인 '엔터프라이즈 컴포넌트 컨테이너'에서 이런 방식에 대해 다룬다. 예제에서 사용된 애플리케이션 서비스를 한 번 더 살펴보면서 서비스 팩토리를 사용해 리파지토리를 조회하는 방법을 다시 확인해보자.

```
package com.saasovation.identityaccess.application;

public class TenantIdentityService {
    ...
    @Override
    @Transactional(readOnly=true)
    public Tenant tenant(TenantId aTenantId) {
        Tenant tenant =
            DomainRegistry
                .tenantRepository()
                .tenantOfId(aTenantId);

        return tenant;
```

```
        }
        ...
}
```

그 대신, 애플리케이션 서비스에 리파지토리를 주입하거나 생성자 매개변수를 사용해서 인바운드 의존성을 설정할 수도 있다.

저장소를 다루는 일은 모델의 책임이 아니기 때문에 리파지토리의 구현은 인프라 내부로 한정된다. 메시지 큐와 이메일처럼 메시징의 사용을 요청하는 인터페이스를 구현하기 위해 인프라를 사용할 수 있다. 생성된 그래픽 차트나 지도와 같은 대상을 특별히 포함하는 사용자 인터페이스 컴포넌트가 있다면, 이 또한 인프라 내에 구현될 수 있다.

엔터프라이즈 컴포넌트 컨테이너

요즘 엔터프라이즈 애플리케이션 서버는 하나의 상품이 됐다. 서버 자체와 그 내부에서 실행되는 컴포넌트 컨테이너에는 별다른 혁신이 없어 보인다. 애플리케이션 서비스의 사용을 용이하게 하기 위해 세션 파사드[Crupi 등]로서의 엔터프라이즈 자바빈[EJB]이나 스프링과 같은 제어 역행 컨테이너가 제공하는 간단한 자바빈을 활용할 수 있다. 어떤 방법이 더 나은지에 관해선 논란이 있지만, 프레임워크 사이에 많은 융합이 있기도 했다. 사실 일부 JEE 서버를 살펴보면 일부 구현은 스프링을 사용했음을 알 수 있다.

웹로직인가, 스프링인가?

오라클 웹로직(WebLogic) 서버에서 스택 추적(stack trace)을 살펴보면, 스프링 프레임워크의 클래스 참조를 발견할 가능성이 크다. 이는 여러분이 배포한 애플리케이션의 일부가 아니다. 이 경우 여러분은 단순히 EJB 세션 빈과 함께 표준 JEE를 사용하고 있을 뿐이다. 여러분이 발견할 스프링 클래스는 웹로직 EJB 컨테이너 구현의 일부다. '이길 수 없다면, 같은 편이 되라.'는 말에 해당하는 상황일까?

나는 스프링 프레임워크를 사용해 세 가지 바운디드 컨텍스트 예제를 구현하기로 했다. 그러나 이 예제는 다른 엔터프라이즈 컨테이너 플랫폼으로 쉽게 옮겨질 수 있다. 여러분의 프로젝트에서 스프링을 사용하지 않는다 해도 잃을 게 없으며, 여전히 편한 마음으로 이 예제를 읽어나가도 된다. 다양한 컨테이너 사이에는 아주 작은 로직의 차이가 있을 뿐이다.

리파지토리(12)에선 도메인 객체를 영속하는 데 사용하는 애플리케이션 서비스의 트랜잭션 지원을 연결해주는 스프링 구성을 살펴봤다. 이어서 스프링 구성의 다른 부분을 살펴보자. 여기서 주의 깊게 볼 두 가지 파일은 다음과 같다.

```
config/spring/applicationContext-application.xml
config/spring/applicationContext-domain.xml
```

파일 이름에서 확인할 수 있듯, 애플리케이션 서비스와 도메인 모델 컴포넌트가 여기에 연결wire됐다. 애플리케이션 연결의 몇 가지를 살펴보자.

```
<beans ...>
    <aop:aspectj-autoproxy/>

    <tx:annotation-driven transaction-manager="transactionManager"/>
    ...
    <bean
        id="applicationServiceRegistry"
        class="com.saasovation.identityaccess.application.
ApplicationServiceRegistry"
        autowire="byName">
    </bean>
    ...
    <bean
        id="tenantIdentityService"
        class="com.saasovation.identityaccess.application.
TenantIdentityService"
        autowire="byName">
    </bean>
    ...
</beans>
```

tenantIdentityService 빈은 앞서 한 번 살펴봤다. 이 빈은 사용자 인터페이스와 같은 다른 스프링 빈으로 연결될 수 있다. 빈 인스턴스의 주입보다 서비스 팩토리를 선호한다면, 구성에 있는 다른 빈인 applicationServiceRegistry를 사용할 수 있다. 이 빈은 모든 애플리케이션 서비스로의 조회와 접근을 제공한다. 다음과 같이 사용하면 된다.

```
...
ApplicationServiceRegistry
    .tenantIdentityService()
    .deactivateTenant(tenantId);
```

이는 해당 빈이 새롭게 생성되면서 그 자신이 스프링 ApplicationContext와 함께 주입되기 때문에 가능하다.

리파지토리와 도메인 서비스 등의 도메인 모델 컴포넌트로 접근하기 위해 같은 유형의 레지스트리 빈이 제공된다. 다음은 도메인 모델의 레지스트리, 리파지토리, 도메인 서비스 빈 구성이다.

```
<beans ...>
    ...
    <bean
        id="authenticationService"
        class="com.saasovation.identityaccess.infrastructure.services.
DefaultEncryptionAuthenticationService"
        autowire="byName">
    </bean>

    <bean
        id="domainRegistry"
        class="com.saasovation.identityaccess.domain.model.
DomainRegistry"
        autowire="byName">
    </bean>

    <bean
        id="encryptionService"
        class="com.saasovation.identityaccess.infrastructure.services.
MessageDigestEncryptionService"
        autowire="byName">
    </bean>

    <bean
```

```
        id="groupRepository"
        class="com.saasovation.identityaccess.infrastructure.
persistence.HibernateGroupRepository"
        autowire="byName">
    </bean>

    <bean
        id="roleRepository"
        class="com.saasovation.identityaccess.infrastructure.
persistence.HibernateRoleRepository"
        autowire="byName">
    </bean>

    <bean
        id="tenantProvisioningService"
        class="com.saasovation.identityaccess.domain.model.identity.
TenantProvisioningService"
        autowire="byName">
    </bean>

    <bean
        id="tenantRepository"
        class="com.saasovation.identityaccess.infrastructure.
persistence.HibernateTenantRepository"
        autowire="byName">
    </bean>

    <bean
        id="userRepository"
        class="com.saasovation.identityaccess.infrastructure.
persistence.HibernateUserRepository"
        autowire="byName">
    </bean>
</beans>
```

DomainRegistry를 사용하면 스프링에 등록된 어떤 빈이든 접근할 수 있다. 모든 빈은 다른 스프링 빈으로 의존성 주입이 가능하다. 그러므로 애플리케이션 서비스는 서비스 팩토리나 의존성 주입 중에 선택할 수 있다. 이 두 가지 접근법과 생성자 기반의 의존성 설정에 관한 깊이 있는 논의는 서비스(7)를 참고하자.

마무리

14장에선 도메인 모델 밖에서 애플리케이션이 작동하는 방식을 살펴봤다.

- 모델의 데이터를 사용자 인터페이스로 렌더링하는 서너 가지 기법을 살펴봤다.
- 도메인 모델에 적용되는 사용자 입력을 받아들이는 방법을 확인했다.
- 많은 종류의 사용자 인터페이스 타입이 있더라도, 모델 데이터를 전달할 수 있는 다양한 옵션을 배웠다.
- 애플리케이션 서비스와 그 책임을 살펴봤다.
- 특정 클라이언트 타입에서 출력과의 결합을 끊는 방법을 배웠다.
- 인프라를 사용해 도메인 모델에서 기술적 구현을 제외하는 방법을 배웠다.
- DIP를 사용해 애플리케이션의 모든 측면에서 클라이언트가 구현 세부사항이 아닌 추상화에 의존토록 하면서 느슨한 결합을 가능케 하는 방법을 알아봤다.
- 마지막으로, 상품화된 애플리케이션 서버와 엔터프라이즈 컴포넌트 컨테이너가 여러분의 애플리케이션과 연결되는지 살펴봤다.

신중하게 만들어진 도메인 모델부터 전체 애플리케이션의 컴포넌트까지 이제 여러분은 DDD를 구현하는 데 필요한 탄탄한 기반을 만들었을 것이다.

부록 A

애그리게잇과 이벤트 소싱(A+ES)

리낫 압둘린Rinat Abdullin의 기고

이벤트 소싱Event Sourcing이란 수십 년간 사용돼온 개념이지만, 최근에 그렉 영Greg Young이 DDD에 이를 적용함으로써 널리 알려지게 됐다[Young, ES].

이벤트 소싱은 애그리게잇(10)을 생성한 이후 발생한 일련의 이벤트(8)를 통해 애그리게잇(10)의 상태를 나타내는 데 사용할 수 있다. 이벤트가 발생한 순서대로 해당 이벤트를 다시 재생한다면, 이벤트를 통해 애그리게잇의 상태를 재구축할 수 있다. 여기서 이런 방식의 접근을 합리화할 수 있는 전제는 영속성 문제를 단순화시키고 복잡한 행동 속성에 관한 개념을 포착할 수 있도록 해주느냐는 점이다.

각 애그리게잇의 상태를 나타내는 일련의 이벤트는 덧붙이기만이 허용된 이벤트 스트림을 통해 받아오게 된다. 그림 A.1에서 보는 것처럼 이벤트 스트림의 마지막에 새로운 이벤트를 계속 추가함으로써 애그리게잇의 상태를 변경한다(부록 A에선 이벤트를 다른 개념과 구분하기 위해 회색 사각형으로 표현했음).

각 애그리게잇의 이벤트 스트림은 일반적으로 각 이벤트가 고유하게 구분되는(보통은 루트 엔터의 식별자를 통해 구분한다.) 이벤트 저장소(8)로 저장된다. 이벤트 소싱을 통해 이벤트 저장소를 구축하는 방법은 뒤에서 더 자세히 다룬다.

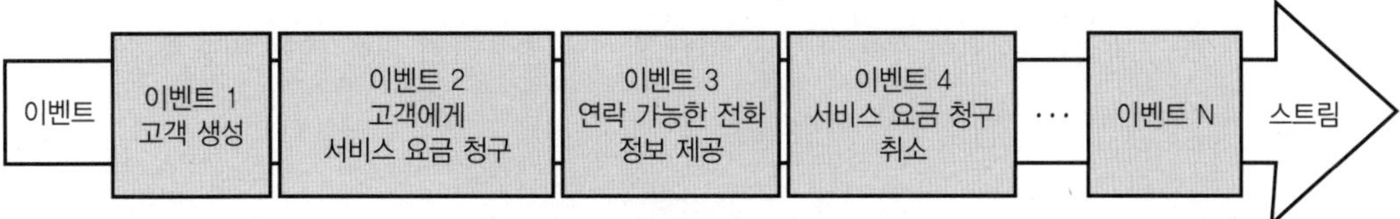

그림 A.1 발생 시점 순으로 나열한 도메인 이벤트의 이벤트 스트림

여기선 먼저 이벤트 소싱을 사용해 애그리게잇의 상태를 관리하고 그 상태를 저장하는 A+ES 접근법을 살펴보기로 하자.

A+ES의 주요한 이점은 다음과 같다.

- 이벤트 소싱은 애그리게잇 인스턴스에 발생하는 각 변경의 발생 원인이 유실되지 않음을 보장한다. 현재 애그리게잇의 상태를 데이터베이스에 저장하는 전통적인 방식을 사용한다면, 항상 앞서 직렬화했던 상태를 덮어써야 하기 때문에 복구가 불가능해진다. 하지만 애그리게잇 인스턴스의 생성 시점부터 인스턴스의 사용이 끝날 때까지 전체 기간에 걸쳐 발생한 모든 변경의 원인을 유지한다면 비즈니스적으로 매우 귀중한 자산이 될 수 있다. 아키텍처(4)에서 논의했던 대로, 안정성이나 단기/장기 비즈니스 정보 수집, 분석 보고서, 전체 감사 로그, 디버깅을 위해 과거 시점을 살펴보는 일 등과 같은 큰 이익을 얻을 수 있다.
- 이벤트 스트림에는 덧붙이기만이 허용되기 때문에 성능이 매우 좋고 다양한 데이터 복제 옵션의 지원이 가능해진다. LMAX를 비롯한 여러 회사에선 이와 유사한 방식을 사용함으로써 대기 시간이 매우 짧은 주식 거래 시스템의 구축에 성공했다.
- 이벤트를 중심으로 애그리게잇을 설계^design^함으로써 개발자는 잠재적 객체-관계형 매핑의 임피던스 불일치^impedance mismatch^[1]를 회피해 유비쿼터스 언어(1)로 표현되는 행동에 더욱 집중할 수 있으며, 이는 더 견고하고 내결합성이 높은 시스템을 구축할 수 있도록 해준다.

A+ES는 만병통치약이 아니므로 실수하지 않도록 하자. 이어서 몇 가지 현실적 단점을 살펴보자.

- A+ES를 위해 이벤트를 정의하기 위해선 비즈니스 도메인에 관한 깊은 이해가 필요하다. 어떤 DDD 프로젝트에서든 이런 수준의 노력이 정당화되기 위해선 해당 조직이 복잡한 모델에 비해 상대적 이점을 가질 수 있어야 한다.
- 이 글을 작성하는 시점에서, 이 분야는 아직 도구 지원이나 일관된 지식 체계가 부족하다. 경험이 부족한 팀은 이런 방식을 적용하기 위해 높은 비용과 큰 리스크를 감수해야 한다.

1 동일한 대상을 서로 다른 기준으로 모델링할 때 발생하는 차이를 임피던스에 빗대어 표현 – 옮긴이

- 경험이 많은 개발자의 수는 한정적이다.
- 이벤트 스트림은 질의하기가 어렵기 때문에, A+ES의 구현에는 대부분 어떤 형태로든 CQRS(4)로 불리는 커맨드-쿼리 책임 분리가 필요하게 된다. 이는 개발자의 생각에 부하를 주고 학습 곡선을 높인다.

이런 위험에도 겁먹지 않는 이가 있다면, A+ES의 구현을 통해 굉장히 큰 이익을 얻을 수 있을 것이다. 객체지향의 세계에서 이런 강력한 방식을 사용해 구현해나가는 방법을 함께 살펴보자.

애플리케이션 서비스의 내부

애플리케이션 서비스(4, 14) 내부의 A+ES를 살펴보면서 큰 그림을 그려보자. 애그리게잇은 보통 애플리케이션 서비스 뒤편의 도메인 모델 안에 위치하며, 애플리케이션 서비스는 도메인 서비스를 직접 사용하는 클라이언트의 역할을 한다.

애플리케이션 서비스는 제어 요청을 받으면 애그리게잇과 해당 애그리게잇의 비즈니스 오퍼레이션에 필요한 도메인 서비스(7)를 가져온다. 애플리케이션 서비스가 애그리게잇의 비즈니스 오퍼레이션을 수행하면, 애그리게잇의 메소드는 그 결과로 이벤트를 돌려준다. 이런 이벤트는 애그리게잇의 상태를 변경할 뿐만 아니라, 해당 이벤트의 구독자에게 알림으로서 발행된다. 애그리게잇의 비즈니스 메소드에게 하나 이상의 도메인 서비스를 파라미터로 넘겨야 할 수도 있다. 이런 도메인 서비스를 사용해 구하게 되는 값은 애그리게잇 상태에 부작용을 유발하기도 한다. 이런 도메인 서비스 오퍼레이션의 예로는 지불 결제 사업자의 호출이 원격 시스템으로의 데이터 질의 등을 생각해볼 수 있다. 그림 A.2에 이런 동작이 어떻게 이뤄지는지 나타냈다.

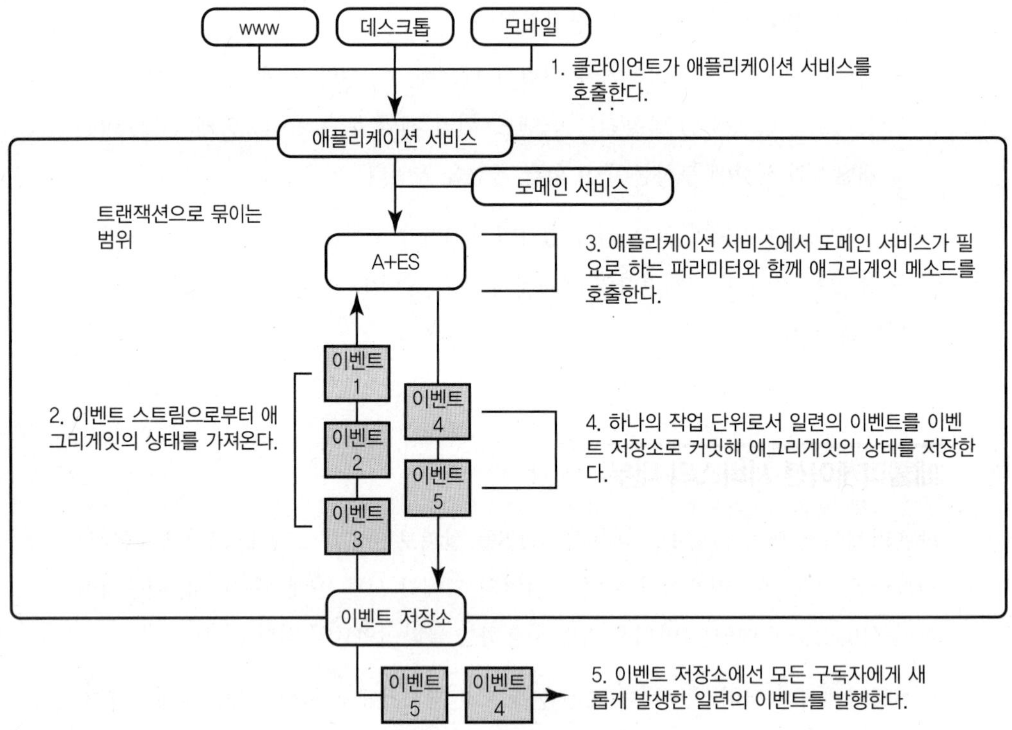

그림 A.2 애플리케이션 서비스는 애그리게잇으로의 접근과 사용을 제어한다.

C#으로 구현된 다음의 애플리케이션 서비스는 그림 A.2의 각 단계를 지원하는 한 예다.

```
public class CustomerApplicationService
{
    // 이벤트 스트림을 저장하기 위한 이벤트 저장소
    IEventStore _eventStore;

    // 애그리게잇을 위해 필요한 도메인 서비스
    IPricingService _pricingService;

    // 생성자를 통해 이 애플리케이션 서비스에 필요한 의존성을 넘겨준다
    public CustomerApplicationService(
      IEventStore eventStore,
      IPricingService pricing)
    {
      _eventStore = eventStore;
```

```
      _pricingService = pricing;
    }

    // 1단계: Customer 애플리케이션 서비스의 LockForAccountOverdraft 메소드를 호출
한다
    public void LockForAccountOverdraft(
      CustomerId customerId, string comment)
    {
      // 2.1단계: 주어진 id에 맞는 Customer의 이벤트 스트림을 가져온다
      var stream = _eventStore.LoadEventStream(customerId);
      // 2.2단계: 이벤트 스트림으로부터 애그리게잇을 구축한다
      var customer = new Customer(stream.Events);
      // 3단계: 인수와 가격에 관한 도메인 서비스와 함께 애그리게잇의 메소드를 호출한다
      customer.LockForAccountOverdraft(comment, _pricingService);
      // 4단계: 주어진 id의 변경을 이벤트 스트림으로 커밋한다
      _eventStore.AppendToStream(
        customerId, stream.Version, customer.Changes);
    }

    public void LockCustomer(CustomerId customerId, string reason)
    {
      var stream = _eventStore.LoadEventStream(customerId);
      var customer = new Customer(stream.Events);
      customer.Lock(reason);
      _eventStore.AppendToStream(
        customerId, stream.Version, customer.Changes);
    }

    // 애플리케이션 서비스의 다른 메소드는 생략한다
}
```

CustomerApplicationService는 생성자를 통해 IEventStore와 IPricingService라는 두 가지 의존성을 가져와서 초기화된다. 생성자 기반의 초기화는 의존성을 만족시킨다는 측면에선 의미 있는 방법이지만, 의존성은 서비스 팩토리나 의존성 주입을 통해서도 가져올 수 있다. 여러분의 팀의 기준이나 사례에 맞추도록 하자.

예제 코드는 어디서 찾을 수 있나?

A+ES 예제에 관한 모든 소스 코드는 다음 주소에서 다운로드할 수 있다.
http://lokad.github.com/lokad-iddd-sample/

IEventStore의 인터페이스는 간단하게 정의할 수 있으며, EventStream은 다음 코드를 참고하자.

```
public interface IEventStore
{
    EventStream LoadEventStream(IIdentity id);

    EventStream LoadEventStream(
        IIdentity id, int skipEvents, int maxCount);

    void AppendToStream(
        IIdentity id, int expectedVersion, ICollection<IEvent> events);
}

public class EventStream
{
    // 이벤트 스트림의 버전을 반환한다
    public int Version;

    // 스트림의 모든 이벤트
    public List<IEvent> Events;
}
```

이 이벤트 저장소는 관계형 데이터베이스(마이크로소프트 SQL, 오라클, MySQL)나 강력한 일관성 보장을 지원하는 NoSQL 저장소(파일시스템, 몽고DB MongoDB, 레이븐DB RavenDB, 애저 블롭 저장소 Azure Blob storage)를 통해 상당히 쉽게 구현할 수 있다.

재구성을 위해 애그리게잇 인스턴스의 고유 식별자를 사용해 이벤트 저장소로부터 이벤트를 가져온다. 그럼 Customer라는 이름의 애그리게잇을 재구축하는 방법을 함께 살펴보기로 하자. 고유 식별자는 어떤 타입이든 될 수 있지만, 분명히 나타내기 위해 IIdentity 인터페이스를 구현한 CustomerId를 사용하자.

우리는 특정 Customer에게 속한 이벤트를 가져와야 하고, 그 이벤트는 애그리게잇의 인스턴스를 생성하기 위해 Customer의 생성자로 전달돼야 한다.

```
var eventStream = _eventStore.LoadEventStream(customerId);

var customer = new Customer(eventStream.Events);
```

그림 A.3에서 확인할 수 있듯이 애그리게잇은 Mutate() 메소드를 통해 이벤트를 다시 재생해 반영한다. 그 방법을 다음 코드에서 확인해보자.

```
public partial class Customer
{
  public Customer(IEnumerable<IEvent> events)
  {
    // 애그리게잇을 최신 버전으로 다시 인스턴스화한다
    foreach (var @event in events)
    {
      Mutate(@event);
    }
  }

  public bool ConsumptionLocked { get; private set; }

  public void Mutate(IEvent e)
  {
    // 올바른 서명의 'When' 핸들러를 호출해주는 .NET의 유용한 기능
    ((dynamic) this).When((dynamic)e);
  }

  public void When(CustomerLocked e)
  {
    ConsumptionLocked = true;
  }

  public void When(CustomerUnlocked e)
  {
    ConsumptionLocked = false;
  }

  // 기타 구현은 생략한다
```

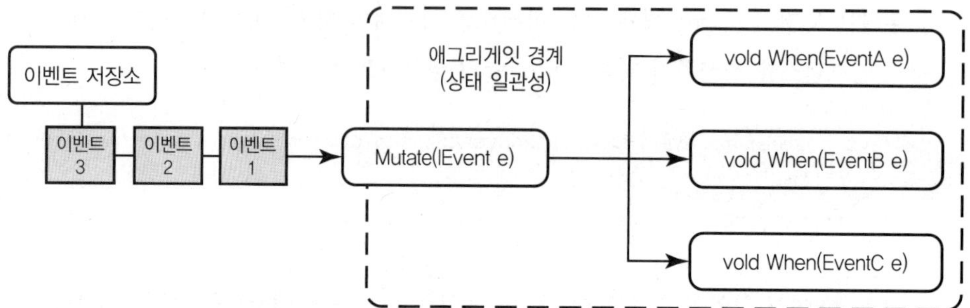

그림 A.3 일련의 이벤트를 발생 순서대로 반영해서 애그리게잇 상태를 다시 인스턴스화한다.

Mutate()는 오버로드된 When() 메소드 중 해당되는 이벤트 파라미터 타입에 맞는 메소드를 찾아서(.NET의 dynamic 키워드를 활용), 이벤트를 넘기며 호출해준다. Customer 인스턴스는 Mutate()의 실행이 완료되면 완전히 재구성된 상태를 갖게 된다.

이벤트 저장소로부터 애그리게잇 인스턴스를 재구성해주는 재사용 가능한 쿼리 오퍼레이션을 만들 수도 있다.

```
public Customer LoadCustomerById(CustomerId id)
{
    var eventStream = _eventStore.LoadEventStream(id);
    var customer = new Customer(eventStream.Events);
    return customer;
}
```

과거 이벤트의 스트림을 통해 애그리게잇 인스턴스를 재구성하는 방법을 이해했다면, 다른 과거 기록을 사용하는 방법도 쉽게 예상할 수 있다. 과거 기록을 사용해 과거의 특정 시점에서 어떤 일이 발생했는지 살펴볼 수 있다. 이런 돌아보기 기능은 배포돼서 실제로 사용되고 있는 시스템을 디버깅할 때 특히 강력한 힘을 발휘한다.

비즈니스 오퍼레이션은 어떻게 수행될까? 일단 애그리게잇이 이벤트 저장소로부터 재구성됐다면, 애플리케이션 서비스는 애그리게잇 인스턴스상의 커맨드 오퍼레이션을 수행한다. 여기선 해당 오퍼레이션을 수행하기 위한 계약에 따라 현재의 상태와 필수 도메인 서비스를 활용하게 된다. 일단 행동이 실행되면, 상태에 발생한 변경은 새로운 일련의 이벤트로 표현된다. 각각의 새로운 이벤트는 애그리게잇의 Apply() 메소드로 전달되며, 이를 그림 A.4에 나타냈다.

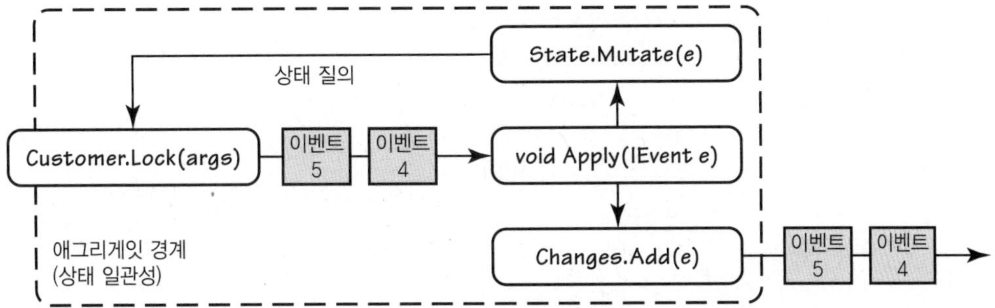

그림 A.4 애그리게잇 상태는 과거 이벤트에 기반하며, 행동에 따라 새로운 이벤트가 생성된다.

다음 코드에서 나타나듯 새로운 일련의 이벤트는 Changes 컬렉션에 누적된 후 애그리게잇의 현재 상태를 변경하기 위해 사용된다.

```
public partial class Customer
{
  ...
  void Apply(IEvent event)
  {
    // 추가적인 영속성 작업을 위해 변경 목록에 이벤트를 추가한다
    Changes.Add(event);

    // 메모리상의 현재 상태를 수정하기 위해 각 이벤트를 전달한다
    Mutate(event);
  }
  ...
}
```

Changes 컬렉션에 덧붙여진 모든 이벤트는 새롭게 추가됐기 때문에 영속성을 부여하게 된다. 또한 각 이벤트는 그 즉시 애그리게잇의 상태를 변경해야 하기 때문에 (여러 단계가 필요하다면) 각 단계는 최신으로 갱신된 상태를 바탕으로 동작해야 한다.

이어서 Customer 애그리게잇의 비즈니스 행동 중 일부를 살펴보자.

```
public partial class Customer
{
  // 애그리게잇 클래스의 두 번째 부분
  public List<IEvent> Changes = new List<IEvent>();
```

```
  public void LockForAccountOverdraft(
    string comment, IPricingService pricing)
  {
    if (!ManualBilling)
    {
      var balance = pricing.GetOverdraftThreshold(Currency);
      if (Balance < balance)
      {
        LockCustomer("Overdraft. " + comment);
      }
    }
  }

  public void LockCustomer(string reason)
  {
    if (!ConsumptionLocked)
    {
      Apply(new CustomerLocked(_state.Id, reason));
    }
  }

  // 그 밖의 비즈니스 메소드는 생략한다

  void Apply(IEvent e)
  {
    Changes.Add(e);
    Mutate(e);
  }
}
```

두 구현 클래스의 사용을 고려하자

여러분의 코드를 더 깔끔하게 유지하기 위해선 A+ES 구현을 위한 클래스와 상태를 위한 클래스로 나눌 수 있으며, 이때 행동 측에 상태 객체가 담기게 된다. 두 객체는 Apply() 메소드를 통해서만 협업하게 된다. 이를 통해 이벤트가 상태 변경의 유일한 수단임을 보장할 수 있다.

일단 변경하는 행동이 완료된 후에는 반드시 Changes 컬렉션을 이벤트 저장소로 커밋해야 한다. 쓰기 스레드와 동시성 충돌이 발생하지 않음을 보장하는 가운데, 새로운 변경을 모두 추가한다. Load() 에서 Append() 메소드로 동시성 버전 변수를 넘겨주기 때문에 이를 보장할 수 있다.

가장 단순한 구현을 생각할 땐 새롭게 추가된 이벤트를 잡아서 메시징 인프라(래빗MQ, JMS, MSMQ, 클라우드 큐 등과 같은)로 발행해 관심 있는 쪽으로 전달해주는 백그라운드 처리기가 필요하다. 그림 A.5를 살펴보자.

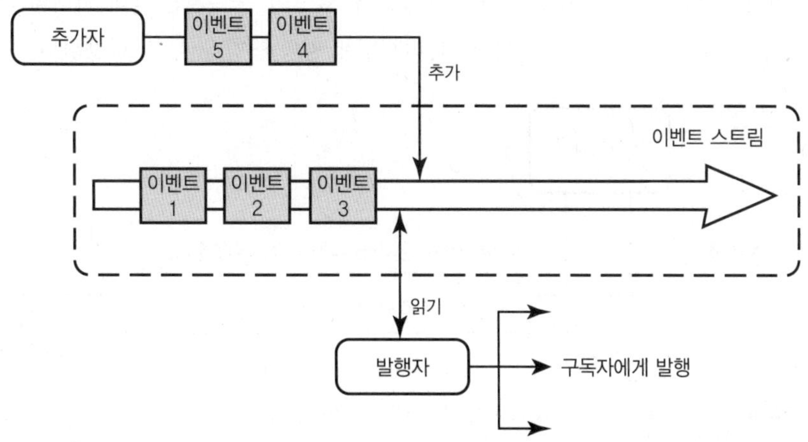

그림 A.5 애그리게잇 행동의 결과로 새롭게 추가된 이벤트는 구독자에게 발행된다.

이 단순한 구현은 좀 더 복잡한 구현으로 대체할 수 있다. 그중 한 예로 이벤트를 하나 이상으로 복제해(이벤트 발생 직후든 더 이후든) 결함 내구성을 증가시키는 구현을 생각해볼 수 있다. 그림 A.6에선 이벤트 발생 즉시 하나의 복제 이벤트를 추가로 생성한다.

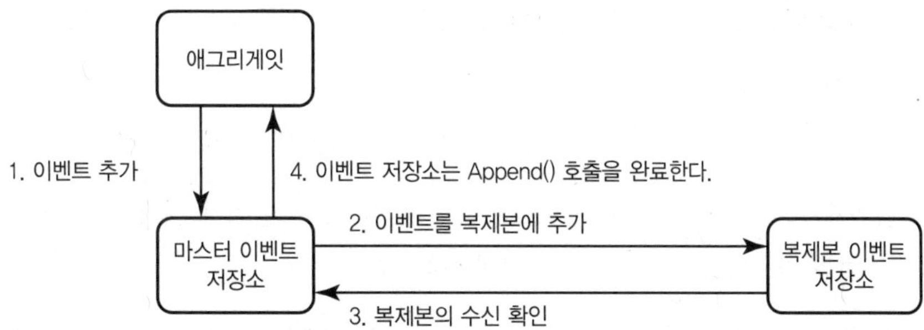

그림 A.6 즉시 쓰기: 마스터 이벤트 저장소는 새롭게 추가되는 모든 이벤트를 복제본 이벤트 저장소로 즉시 복사한다.

이 경우에 마스터 이벤트 저장소는 자신의 이벤트가 복제본 이벤트 저장소로 성공적으로 복사됐을 때만 이벤트가 올바르게 저장됐다고 판단하며, 이를 즉시 쓰기 write-through 전략이라고 한다.

변경이 발생했을 때 이벤트를 복제하는 다른 방법으론 마스터가 별도의 스레드를 사용해 저장하는 뒤에 쓰기 write-behind 전략이 있다. 그림 A.7을 살펴보자. 이 방식에선 복제본과 마스터 사이에 불일치가 발생할 수 있으며, 불일치는 특히 서버의 작동이 중단되거나 네트워크 지연 속도로 파티셔닝에 영향을 받을 때 잘 발생한다.

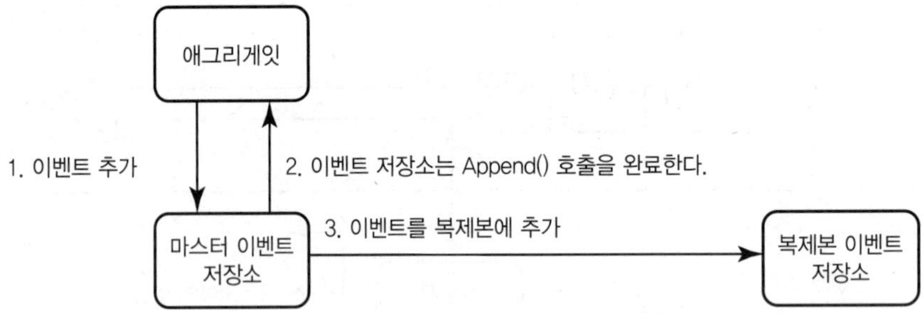

그림 A.7 동시 기록: 마스터 이벤트 저장소는 새롭게 추가되는 모든 이벤트를 복제본 이벤트 저장소로 즉시 복제한다.

애플리케이션 서비스의 오퍼레이션을 호출하는 시점부터 시작해서 실행 과정을 따라가며 지금까지 논의한 내용을 요약해보자.

1. 클라이언트는 애플리케이션 서비스의 메소드를 호출한다.
2. 비즈니스 오퍼레이션을 수행하기 위해 필요한 도메인 서비스를 획득한다.
3. 클라이언트가 제공하는 애그리게잇 인스턴스 식별자에 해당하는 이벤트 스트림을 가져온다.
4. 스트림의 모든 이벤트를 적용해 애그리게잇 인스턴스를 재구축한다.
5. 인터페이스 계약에 따라 필요한 모든 매개변수를 넘기며 애그리게잇이 제공하는 비즈니스 오퍼레이션을 실행한다.
6. 애그리게잇은 도메인 서비스나 다른 애그리게잇의 인스턴스 등으로 이중 디스패치될 수 있으며, 해당 오퍼레이션의 결과로서 새로운 이벤트가 생성된다.
7. 비즈니스 오퍼레이션의 실패가 없다는 가정하에서, 동시성 충돌을 피하기 위

해 새롭게 생성된 모든 이벤트를 스트림 버전을 사용해 이벤트 스트림에 추가한다.

8. 여러분이 선택한 메시징 인프라를 통해 이벤트 저장소에 새롭게 추가된 이벤트를 구독자에게 발송한다.

여러 옵션을 사용해 우리의 A+ES 구현을 개선할 수 있다. 예를 들어 리파지토리(12)를 사용해 이벤트 저장소로의 접근과 애그리게잇 인스턴스 재구축의 세부 과정을 캡슐화할 수 있다. 앞서 살펴본 코드 조각에선 재사용 가능한 리파지토리의 기본 클래스를 손쉽게 생성할 수 있다. 이어서 A+ES 설계의 개선에 크게 기여하는 두 가지 실용적 옵션인 커맨드 핸들러Command Handler와 람다lamda에 집중해보자.

커맨드 핸들러

애플리케이션의 태스크 관리를 제어하기 위해 커맨드(4, 14)와 커맨드 핸들러를 사용할 때의 장점에 관해 생각해보자. 먼저 우리의 애플리케이션 서비스와 그에 속한 LockCustomer() 메소드를 살펴보자.

```
public class CustomerApplicationService
{
  ...
  public void LockCustomer(CustomerId id, string reason)
  {
    var eventStream = _eventStore.LoadEventStream(id);
    var customer = new Customer(stream.Events);
    customer.LockCustomer(reason);
    _store.AppendToStream(id, eventStream.Version, customer.Changes);
  }
  ...
}
```

이제 메소드 이름과 그 매개변수의 직렬화된 표현을 생성한다고 상상해보자. 어떤 모습을 하고 있을까? 애플리케이션 오퍼레이션에 따라 클래스의 이름을 생성하고, 서비스 메소드의 매개변수에 맞춰 인스턴스 속성을 생성할 수 있을 것이다. 이렇게 만들어진 클래스는 커맨드가 된다.

```
public sealed class LockCustomerCommand
{
  public CustomerId { get; set; }
  public string Reason { get; set; }
}
```

커맨드 계약은 이벤트와 같은 시맨틱을 따르며 유사한 방식으로 시스템 전반에서 공유할 수 있다. 이에 따라 커맨드를 애플리케이션 서비스의 메소드로 전달할 수 있다.

```
public class CustomerApplicationService
{
  ...
  public void When(LockCustomerCommand command)
  {
    var eventStream = _eventStore.LoadEventStream(command.CustomerId);
    var customer = new Customer(stream.Events);
    customer.LockCustomer(command.Reason);
    _eventStore.AppendToStream(
      command.CustomerId, eventStream.Version, customer.Changes);
  }
  ...
}
```

이 간단한 리팩토링을 통해 시스템 측면에서 장기적인 이점을 얻을 수 있다. 그 이유를 생각해보자.

커맨드 객체는 직렬화할 수 있기 때문에 해당하는 텍스트나 바이너리 표현을 메시지 큐를 통해 메시지로 보낼 수 있다. 메시지가 전달되는 객체는 메시지 핸들러인데, 여기선 커맨드 핸들러가 된다. 커맨드 핸들러는 거의 같은 역할을 수행하며 그다지 대단하게 여겨지지 않을 수도 있지만, 실제론 애플리케이션 서비스 메소드를 효과적으로 대체해준다. 어쨌든 클라이언트와 서비스 사이의 결합을 분리하면 로드 밸런싱을 개선하고 경쟁적 컨슈머를 사용하고 시스템 파티셔닝을 지원할 수 있다. 작업 로드 밸런싱도 그중 하나다. 몇 개의 서버에서든 같은 커맨드 핸들러(의미상으론 애플리케이션 서비스)를 실행해서 로드를 분산시킬 수 있다. 커맨드가 메시지 큐에 들어가면, 여러 커맨드 핸들러 중 해당 커맨드를 기다리고 있는 핸들러들에게 커맨드 메시지가 전달된다. 그림 A.8에서 이를 나타냈다(부록 A에선 커맨드를 원형으로 표현했다). 실제 분산은 순차 순환 대기round-robin 스타일을 사용하거나 메시징 인프라에서 제공하는 보다 복잡한 전달 알고리즘을 사용할 수 있다.

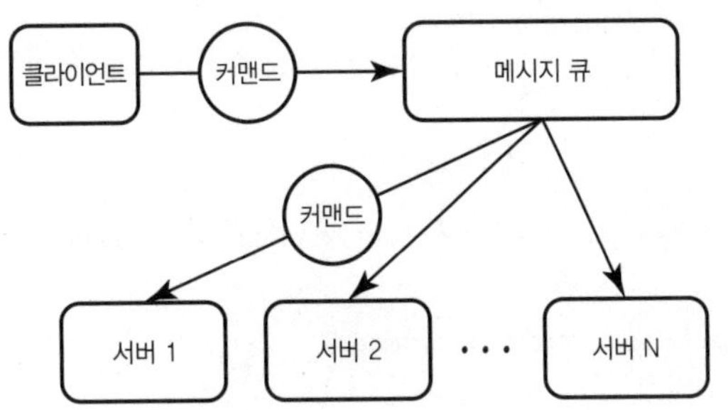

그림 A.8 커맨드 핸들러의 수에 상관없이 분산되는 애플리케이션 커맨드

이런 접근은 클라이언트와 애플리케이션 서비스 사이에 시간 분리temporal decoupling를 가능케 하는데, 이는 시스템을 더욱 견고하게 해준다. 한 예로 클라이언트는 더 이상 애플리케이션 서비스의 가용성에 따라(점검이나 업그레이드 등과 같은) 잠시 중단되는 상황에 빠지지 않는다. 그 대신 커맨드가 영속성 큐로 들어가서 서버가 다시 온라인이 됐을 때 커맨드 핸들러(애플리케이션 서비스)가 처리할 수 있게 된다(그림 A.9).

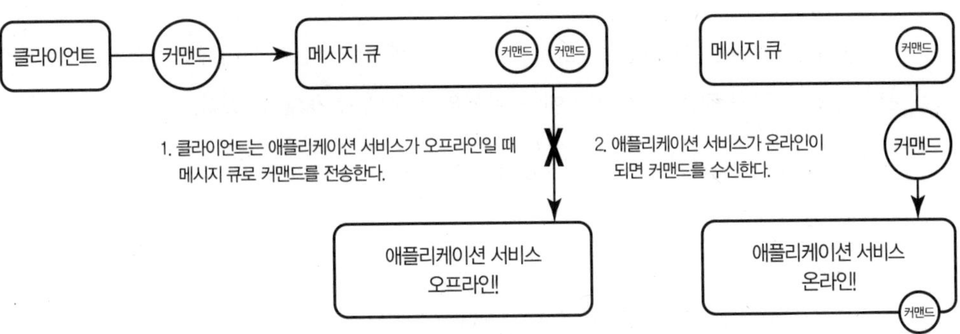

그림 A.9 메시지 기반 커맨드의 시간 분리 특성과 커맨드 핸들러는 유연한 시스템 가용성 옵션을 선택할 수 있게 해준다.

또 다른 장점으론 커맨드를 디스패치하기 전에 필요에 따라 추가적인 관점aspect을 묶어 넣을 수 있게 해준다는 점이 있다. 이런 관점의 예로 감사audit와 로깅, 인증, 유효성 검사 등이 있다.

로깅을 덧붙이는 방법을 생각해보자. 우선 표준 인터페이스를 정의하고 애플리케이션 서비스 클래스 안에서 이 인터페이스를 구현한다.

```
public interface IApplicationService
{
    void Execute(ICommand cmd);
}

public partial class CustomerApplicationService : IApplicationService
{
  public void Execute(ICommand command)
  {
    // 커맨드를 처리할 When() 메소드를 찾아서 커맨드를 넘겨준다
    ((dynamic)this).When((dynamic)command);
  }
}
```

실행과 변경은 유사하게 구현된다

Execute() 메소드의 구현이 앞선 A+ES 애그리게잇의 설계 부분에서 살펴봤던 Mutate() 메소드와 유사한 특성을 보인다는 점에 주목하자.

일단 모든 커맨드 핸들러(애플리케이션 서비스)에 같은 표준 인터페이스를 적용했다면, 공통 로깅과 같이 어떤 기능이든 실행의 전후에 추가할 수 있다.

```
public class LoggingWrapper : IApplicationService
{
  readonly IApplicationService _service;

  public LoggingWrapper(IApplicationService service)
  {
    _service = service;
  }

  public void Execute(ICommand cmd)
  {
    Console.WriteLine("Command: " + cmd);
    try
```

```
    {
      var watch = Stopwatch.StartNew();
      _service.Execute(cmd);
      var ms = watch.ElapsedMilliseconds;
      Console.WriteLine(" Completed in {0} ms", ms);
    }
    catch( Exception ex)
    {
      Console.WriteLine("Error: {0}", ex);
    }
  }
}
```

모든 애플리케이션 서비스가 표준 인터페이스를 따르고 있기 때문에, 커맨드 핸들러의 기능이 실행되기 전이나 후에 동작하는 공통 유틸리티를 원하는 수만큼 추가할 수 있다. 다음은 CustomerApplicationServer가 실행 전후에 로깅하는 기능과 함께 초기화되는 모습이다.

```
var customerService =
  new CustomerApplicationService(eventStore, pricingService);
var customerServiceWithLogging = new LoggingWrapper(customerService);
```

물론 커맨드가 커맨드 핸들러로 디스패치되는 직렬화된 객체란 점 때문에 우리는 하나의 위치에서 여러 실패와 오류 조건을 처리할 수 있다. 동시성 문제로 인한 리소스 격리 문제와 같은 특정 오류 클래스에, 지정된 횟수만큼 재시도하는 오퍼레이션 등의 표준 복구 행동을 지정할 수 있다. 모든 재시도가 균일하고 신뢰할 수 있고 하나의 클래스에서 관리될 수 있도록 제한된 지수 백오프Capped Exponential Back-off 전략을 사용할 수도 있다.

람다 구문

여러분의 언어가 람다 표현을 지원한다면 반복되는 이벤트 스트림 관리로 인한 코드의 반복을 피할 수 있다. 이 사실을 확인하기 위해 애플리케이션 서비스에 도움을 줄 메소드를 새롭게 추가해보자.

```
public class CustomerApplicationService
{
  ...
  public void Update(CustomerId id, Action<Customer> execute)
  {
    EventStream eventStream = _eventStore.LoadEventStream(id);
    Customer customer = new Customer(eventStream.Events);
    execute(customer);
    _eventStore.AppendToStream(
      id, eventStream.Version, customer.Changes);
  }
  ...
}
```

이 메소드의 파라미터인 Action<Customer> execute는 모든 Customer 인스턴스 상에서 동작할 수 있는 익명 함수(C# delegate 키워드)를 가리킨다. Update()로 전달되는 매개변수를 통해 람다 표현식의 간결함을 확인할 수 있다.

```
public class CustomerApplicationService
{
  ...
  public void When(LockCustomer c)
  {
    Update(c.Id, customer => customer.LockCustomer(c.Reason));
  }
  ...
}
```

실제로 C# 컴파일러는 람다 표현식의 의도를 충족시키기 위해 다음 코드와 유사한 결과물을 생성한다.

```
public class AnonymousClass_X
{
    public string Reason;
    public void Execute(Customer customer);
    {
      Customer.LockCustomer(Reason);
    }
```

```
}

public delegate void Action<T>(T argument);

public void When(LockCustomer c)
{
  var x = new AnonymousClass_X();
  x.Reason = c.Reason
  Update(c.Id, new Action<Customer>(customer => x.Execute(customer));
}
```

이렇게 생성된 함수는 Customer 인터페이스를 인수로 받기 때문에, 코드에서 행동을 포착해 서로 다른 Customer 인스턴스에 대해 여러 번 실행되도록 할 수 있다.

동시성 제어

애그리게잇 이벤트 스트림은 여러 스레드가 동시에 접근하고 읽을 수 있다. 이는 제대로 확인하지 않았을 때 동시성 충돌이 실제로 발생할 수 있음을 의미하며, 그 결과로 예측할 수 없는 수의 잘못된 애그리게잇 상태가 유발될 수 있다. 그림 A.10과 같이 두 스레드가 이벤트 스트림을 동시에 수정하려는 상황을 고려해보자.

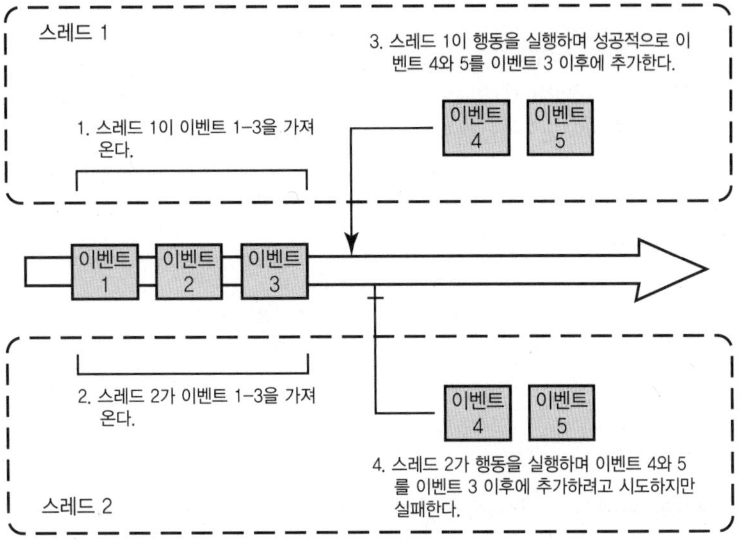

그림 A.10 A+ES를 사용하는 설계의 애그리게잇 인스턴스를 놓고 두 스레드가 경합한다.

이 상황의 가장 간단한 해결책은 4단계에서 EventStoreConcurrencyException을 사용해 최종 클라이언트까지 전파되도록 하는 방법이다.

```
public class EventStoreConcurrencyException : Exception
{
    public List<IEvent> StoreEvents { get; set; }
    public long StoreVersion { get; set; }
}
```

최종 클라이언트에서 이 예외를 잡게 된다면, 사용자는 아마도 수동으로 오퍼레이션을 재시도하도록 지시하게 된다.

여러분은 어쩌면 이런 방식으로 접근하기보다 표준화된 재시도 방식이 최선이라는 데 동의할지도 모른다. 우리의 이벤트 저장소가 EventStoreConcurrencyException을 던지면 즉시 복구 시도를 수행할 수 있다.

```
void Update(CustomerId id, Action<Customer> execute)
{
  while(true)
  {
    EventStream eventStream = _eventStore.LoadEventStream(c.Id);
    var customer = new Customer(eventStream.Events);
    try
    {
      execute(customer);
      _eventStore.AppendToStream(
        c.Id, eventStream.Version, customer.Changes);
      return;
    }
    catch (EventStoreConcurrencyException)
    {
      // 여기에 이르면 재시도를 수행하며, 지연 시간을 지정할 수도 있다
    }
  }
}
```

문제 해결을 위해선 동시성 충돌이 발생하는 상황이 다가왔을 때 다음과 같은 추가적인 단계를 설정해야 한다.

1. 스레드 2가 예외를 잡으며 제어 흐름을 while 반복문의 시작 위치로 이동시킨다. 이제 새로운 Customer 인스턴스가 이벤트 1-5를 갖게 된다.

2. 스레드 2는 다시 가져온 Customer로 재실행을 위임하며, 이에 따라 이벤트 6-7이 만들어져 이벤트 5 이후에 성공적으로 추가된다.

필요한 애그리게잇 행동의 재실행 비용이 너무 크거나 어떤 이유에서든 분명하게 드러나지 않는다면(예: 주문이나 신용카드 결제 때문에 써드파티 시스템과의 통합에 비용이 드는 상황) 다른 전략을 세워야 할 수도 있다.

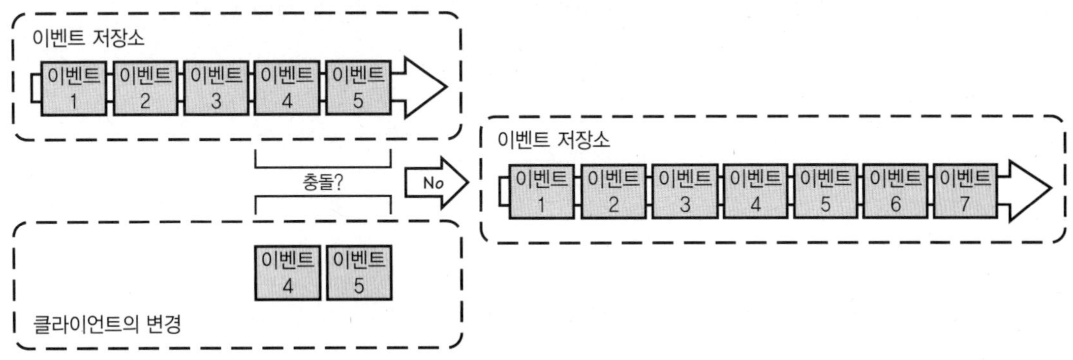

그림 A.11 애그리게잇의 이벤트 스트림에 이벤트 충돌 해결을 사용했다.

그림 A.11에서 확인할 수 있듯이 그런 전략 중 하나로 동시성 예외의 실제 발생 횟수를 감소시키기 위해 사용할 수 있는 이벤트 충돌 해결 전략이 있다. 다음은 매우 쉽게 이벤트 충돌 해결을 구현한 코드다.

```
void UpdateWithSimpleConflictResolution(
  CustomerId id, Action<Customer> execute)
{
  while (true)
  {
    EventStream eventStream = _eventStore.LoadEventStream(id);
    Customer customer = new Customer(eventStream.Events);
    execute(customer);

    try
    {
      _eventStore.AppendToStream(
        id, eventStream.Version, customer.Changes);
```

```
      return;
    }
    catch (EventStoreConcurrencyException ex)
    {
      foreach (var failedEvent in customer.Changes)
      {
        foreach (var succeededEvent in ex.ActualEvents)
        {
          if (ConflictsWith(failedEvent, succeededEvent))
          {
            var msg = string.Format("Conflict between {0} and {1}",
              failedEvent, succeededEvent);
            throw new RealConcurrencyException(msg, ex);
          }
        }
      }
      // 충돌이 없으며 추가할 수 있다
      _eventStore.AppendToStream(
        id, ex.ActualVersion, customer.Changes);
    }
  }
}
```

여기선 충돌 감지 메소드인 ConflictsWith()를 사용해 각 애그리게잇 이벤트와 현재 이벤트 저장소(예외가 보고된)에 추가돼 있는 이벤트를 비교함으로써 충돌을 찾는다.

이 충돌 해결 방법은 보통 애그리게잇 루트마다 정의되며, 지원할 행동의 구체적인 유형에 따라 달라진다. 하지만 대부분의 애그리게잇에서 동작하는 ConflictsWith()를 구현해볼 수도 있다.

```
bool ConflictsWith(IEvent event1, IEvent event2)
{
  return event1.GetType() == event2.GetType();
}
```

대다수 상황의 충돌 해결은 충돌이 항상 같은 타입의 이벤트 사이에서 발생하며 다른 타입의 이벤트 사이에선 발생하지 않는다는 간단한 규칙에 기반한다.

A+ES의 구조적 자유

A+ES의 실질적 이점 중 하나는 영속성의 간결함과 다양한 유용성이다. 애그리게잇 구조가 얼마나 복잡하든, 애그리게잇은 언제나 직렬화된 이벤트의 연속(재구축을 위해 사용할 수 있는)을 통해 표현될 수 있다. 많은 도메인이 시스템이 진화하며 변경되는 요구사항 때문에 새로운 행동이나 모델링의 미묘함을 반영해야 하고, 시간의 흐름에 따라 모델이 변경되도록 영향을 미친다. 큰 변경에 대응하기 위해 애그리게잇의 내부 구현을 재구성해야만 하더라도, A+ES는 대부분의 경우 낮은 위험과 가벼운 개발자의 부담만으로 해당 변경을 감당할 수 있도록 해준다.

특정된 식별자를 갖고 있는 일련의 이벤트를 보통 이벤트 스트림이라 한다. 이벤트 스트림의 핵심은 여러분이 선택한 직렬화기serializer를 통해 바이트의 블록으로 직렬화된 메시지를 담는, 오직 추가만이 가능한 리스트라는 점이다. 이벤트 스트림은 강력한 일관성이 보장되기만 한다면 관계형 데이터베이스, NoSQL 저장소, 일반 파일시스템, 클라우드 저장소 등 어디든 저장될 수 있다.

다음은 A+ES 영속성에 따른 세 가지 주요 이점이며, 특히 바운디드 컨텍스트(2)의 측면에서 중요하다.

- 도메인 전문가가 제시하는 새로운 행동을 담아내기 위해 필요한 구조적 표현을 애그리게잇의 내부 구현에 적용할 수 있도록 해준다.
- 여러 호스팅 솔루션 사이에서 전체 인프라를 옮길 수 있도록 해서, 클라우드에 발생한 문제를 처리하고 효과적으로 패일오버할 방법을 제공해준다.
- 오류 조건을 디버깅하기 위해 개발 장비로 애그리게잇 인스턴스의 이벤트 스트림을 다운로드해서 다시 재생할 수 있도록 해준다.

성능

때론 거대한 스트림으로부터 애그리게잇을 가져오면서 성능 문제를 겪을 수 있으며, 특히 개별 스트림이 수백이나 수천이 넘는 이벤트를 갖고 있을 때 문제가 발생하기 쉽다. 이 문제를 해결하기 위해 개별적으로 적용할 수 있는 몇 가지 간단한 패턴이 있다.

- 이벤트가 일단 이벤트 저장소에 쓰여진 이후엔 변경되지 않는다는 사실을 활용해 이벤트 스트림을 서버 메모리에 캐싱한다. 변경이 발생해 이벤트 저장소로 질의할 때는 가장 마지막 버전의 이벤트를 확인해서 그 이후에 발생한 이벤트만 가져올 수 있다. 이는 메모리 소모 비용을 지불해 성능을 향상시킬 수 있는 방법이다.
- 각 애그리게잇 인스턴스의 스냅샷[snapshot]을 만들어서 이벤트 스트림을 다시 재생할 때 상당 부분을 제외시킬 수 있다. 이 방법을 통해 애그리게잇 인스턴스를 가져올 땐 단순히 가장 최신 스냅샷을 찾아와서 그 이후에 발생한 이벤트만을 다시 재생하면 된다.

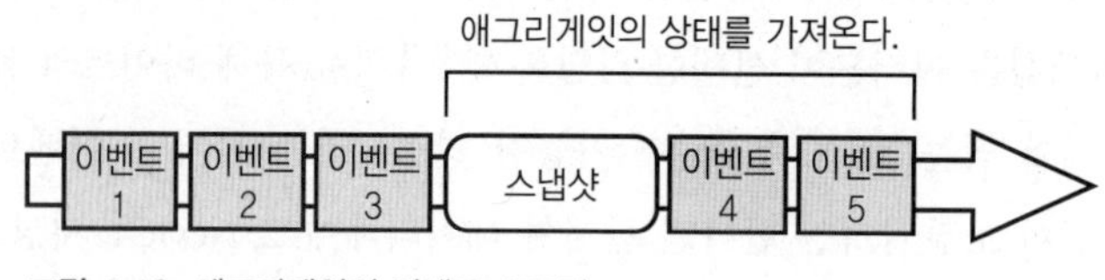

그림 A.12 애그리게잇의 이벤트 스트림

그림 A.12에서 볼 수 있듯이 스냅샷이란 어떤 시점을 기준으로 애그리게잇 전체 상태를 직렬화한 복사본일 뿐이며, 이벤트 스트림 안에 위치하며 버전을 부여받는다. 스냅샷은 다음과 같이 단순한 인터페이스를 통한 캡슐화를 활용해 리파지토리로 저장할 수 있다.

```
public interface ISnapshotRepository
{
  bool TryGetSnapshotById<TAggregate>(
    IIdentity id, out TAggregate snapshot, out int version);
  void SaveSnapshot(IIdentity id, TAggregate snapshot, int version);
}
```

우린 반드시 스냅샷과 스트림 버전을 함께 기록해야 한다. 버전을 활용해 스냅샷과 스냅샷을 기록한 시점 이후에 발생한 이벤트를 가져올 수 있다. 우선 애그리게잇 인스턴스의 기본 상태로서 스냅샷을 가져오고, 이어서 해당 스냅샷을 만든 시점 이후에 발생한 모든 이벤트를 가져와서 다시 재생한다.

```
// 간단한 문서 저장소 인터페이스
ISnapshotRepository _snapshots;
// 이벤트 저장소
IEventStore _store;

public Customer LoadCustomerAggregateById(CustomerId id)
{
  Customer customer;
  long snapshotVersion = 0;
  if (_snapshots.TryGetSnapshotById(
        id, out customer, out snapshotVersion))
  {
    // 스냅샷을 만든 시점 이후의 모든 이벤트를 가져온다
    EventStream stream = _store.LoadEventStreamAfterVersion(
      id, snapshotVersion);
    // 이벤트를 다시 재생해서 스냅샷을 갱신한다
    customer.ReplayEvents(stream.Events);
    return customer;
  }
  else // 저장된 스냅샷이 없는 경우
  {
    EventStream stream = _store.LoadEventStream(id);
    return new Customer(stream.Events);
  }
}
```

마지막 스냅샷 이후 발생한 이벤트를 통해 애그리게잇 인스턴스를 최신 상태로 갱신하기 위해선 반드시 ReplayEvents() 메소드를 사용해야 한다. 애그리게잇 인스턴스의 상태는 최신 스냅샷의 시점에서부터 변경되기 시작함을 기억하자. 즉 이벤트 스트림만으론 (이 예제를 기준으로) Customer를 인스턴스화할 수 없다. 또한 주어진 이벤트를 통해 현재 상태를 변경할 뿐만 아니라 수신한 각 이벤트를 Changes 컬렉션으로 저장하는 일도 함께 수행하기 때문에, 단순히 Apply()만을 사용할 수도 없다. 이미 이벤트 스트림에 존재하는 이벤트를 다시 Changes에 저장한다면 심각한 버그를 발생시킬 수 있다. 따라서 여기선 새로운 메소드인 ReplayEvents()를 만들기로 하자.

```
public partial class Customer
{
  ...
  public void ReplayEvents(IEnumerable<IEvent> events)
  {
    foreach (var event in events)
    {
      Mutate(event);
    }
  }
  ...
}
```

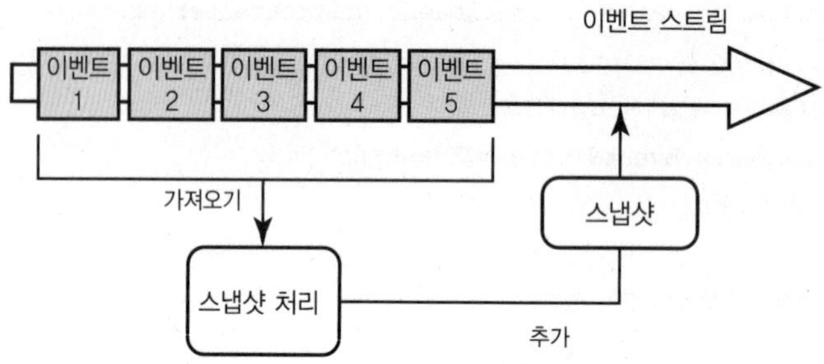

그림 A.13 애그리게잇의 스냅샷은 지정된 수의 새로운 이벤트가 발생한 후 생성된다.

다음은 Customer 스냅샷을 생성하는 간단한 코드다.

```
public void GenerateSnapshotForCustomer(IIdentity id)
{
  // 시작부터의 모든 이벤트를 가져온다
  EventStream stream = _store.LoadEventStream(id);
  Customer customer = new Customer(stream.Events);
  _snapshots.SaveSnapshot(id, customer, stream.Version);
}
```

스냅샷의 생성과 저장은 백그라운드 스레드로 위임할 수 있다. 새로운 스냅샷은 마지막 스냅샷을 만든 이후로 지정된 수의 이벤트가 발생했을 때만 생성할 수 있다. 그 과정을 그림 A.13에 나타냈다. 각 애그리게잇 타입이 서로 상당히 다를 수 있다는 특징 때문에 각 타입마다의 스냅샷 생성 기준을 성능 조건에 맞춰야 할 수도 있다.

A+ES 애그리게잇의 성능 문제를 해결하기 위해선 애그리게잇의 식별자를 기준으로 여러 프로세스나 장치상의 애그리게잇을 파티셔닝하는 방법도 있다. 이런 파티셔닝은 식별자 해싱이나 기타 알고리즘을 사용해 수행할 수 있으며, 애그리게잇 인스턴스의 메모리 캐싱이나 애그리게잇 스냅샷과 함께 사용할 수도 있다.

이벤트 저장소의 구현

A+ES와 함께 사용하기에 적합한 이벤트 저장소의 몇 가지 실제 구현을 살펴보자. 여기서 살펴볼 저장소는 간단해서 굉장히 높은 성능을 위한 설계는 아니지만, 대부분의 도메인에서 사용하기에 충분하다.

다양한 이벤트 저장소의 각 구현은 서로 다르지만, 그 계약은 모두 동일하다.

```
public interface IEventStore
{
  // 스트림에서 모든 이벤트를 가져온다
  EventStream LoadEventStream(IIdentity id);
  // 스트림의 이벤트 중 일부를 가져온다
  EventStream LoadEventStream(
    IIdentity id, int skipEvents, int maxCount);
  // 스트림에 이벤트를 추가하며, 또 다른 새로운 이벤트를 추가하면
  // expectedVersion을 확인해 OptimisticConcurrencyException 예외를 던진다
  void AppendToStream(
    IIdentity id, int expectedVersion, ICollection<IEvent> events);
}

public class EventStream
{
    // 이벤트 스트림의 버전을 반환한다
    public int Version;
    // 스트림 안의 모든 이벤트
    public IList<IEvent> Events = new List<IEvent>();
}
```

그림 A.14에서 나타냈듯이 `IEventStore`를 구현한 클래스는 좀 더 일반적이고 재사용 가능한 `IAppendOnlyStore`를 감싸는 프로젝트 맞춤형 래퍼wrapper 구현이다.

IEventStore의 구현이 직렬화와 강한 타입을 다루는 반면에, IAppendOnlyStore의 구현은 낮은 수준에서 다양한 저장소 엔진에 접근할 수 있도록 해준다.

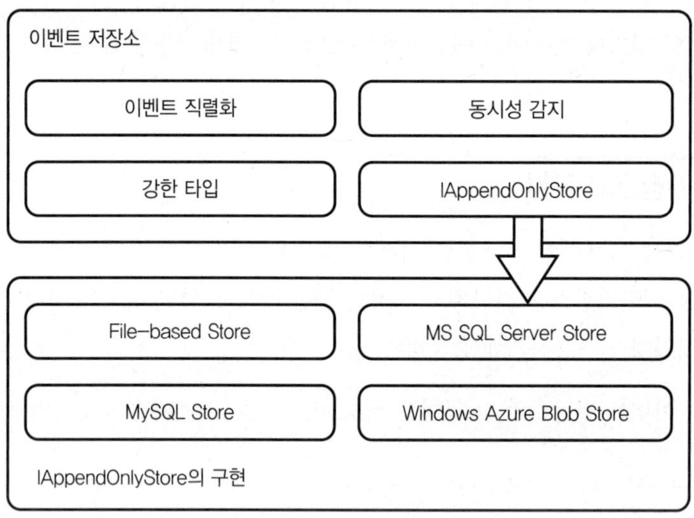

그림 A.14 상위 수준인 IEventStore와 하위 수준인 IAppendOnlyStore의 특성

이벤트 저장소 소스 코드

여러 저장소 구현을 포괄하는 이벤트 저장소의 전체 소스 코드는 A+ES 예제 프로젝트의 일부이며 다음 주소에서 다운로드할 수 있다. http://lokad.github.com/lokad-iddd-sample/

다음은 낮은 수준인 IAppendOnlyStore 인터페이스다.

```
public interface IAppendOnlyStore : IDisposable
{
  void Append(string name, byte[] data, int expectedVersion = -1);
  IEnumerable<DataWithVersion> ReadRecords(
    string name, int afterVersion, int maxCount);
  IEnumerable<DataWithName> ReadRecords(
    int afterVersion, int maxCount);

  void Close();
}

public class DataWithVersion
```

```
{
  public int Version;
  public byte[] Data;
}

public sealed class DataWithName
{
  public string Name;
  public byte[] Data;
}
```

여기서 확인할 수 있듯이 IAppendOnlyStore는 이벤트 컬렉션 대신 바이트의 배열을, 강한 타입으로 표현된 식별자가 아닌 문자열 이름을 다루고 있다. EventStore 클래스는 두 데이터 타입 사이의 변환을 처리한다.

IAppendOnlyStore에는 두 가지 ReadRecord() 메소드가 선언돼 있다. 앞서 선언된 메소드는 이름을 기준으로 단일 스트림에서 이벤트를 읽는 데 사용되고, 두 번째 메소드는 저장소 내의 모든 이벤트를 읽기 위해 사용된다. 두 메소드 구현은 반드시 항상 저장된 순서대로 이벤트를 읽어야 한다. 여러분은 이미 눈치챘을 수도 있지만, 오버로드된 첫 번째 메소드는 애그리게잇 하나의 상태를 재구축할 때 필요하다. 두 번째 ReadRecord()는 2단계 커밋 없이 이벤트를 발행하고 CQRS 기반 사용자 인터페이스에 필요한 영속성 읽기 모델을 재구축하기 위해 필요한 이벤트 재구축 인프라로서 사용된다.

직렬화와 역직렬화(바이트와 강한 타입의 이벤트 객체 사이의 변환)를 단순하게 처리하기 위해선 .NET의 BinaryFormatter를 사용할 수 있다.

```
public class EventStore : IEventStore
{
  readonly BinaryFormatter _formatter = new BinaryFormatter();

  byte[] SerializeEvent(IEvent[] e)
  {
    using (var mem = new MemoryStream())
    {
      _formatter.Serialize(mem, e);
      return mem.ToArray();
```

```
    }
  }

  IEvent[] DeserializeEvent(byte[] data)
  {
    using (var mem = new MemoryStream(data))
    {
      return (IEvent[])_formatter.Deserialize(mem);
    }
  }
}
```

다음은 이벤트 스트림을 가져오기 위해 직렬화와 역직렬화를 사용하는 방법이다.

```
readonly IAppendOnlyStore _appendOnlyStore;
...
public EventStream LoadEventStream(IIdentity id, int skip, int take)
{
  var name = IdentityToString(id);
  var records = _appendOnlyStore.ReadRecords(name, skip, take).ToList();
  var stream = new EventStream();

  foreach (var tapeRecord in records)
  {
    stream.Events.AddRange(DeserializeEvent(tapeRecord.Data));
    stream.Version = tapeRecord.Version;
  }
  return stream;
}

string IdentityToString(IIdentity id)
{
  // 프로젝트의 모든 식별자는 올바른 이름을 갖고 있다
  return id.ToString();
}
```

다음은 IAppendOnlyStore를 통해 새로운 이벤트를 이벤트 저장소에 추가하는 방법이다.

```
public void AppendToStream(
  IIdentity id, int originalVersion, ICollection<IEvent> events)
{
  if (events.Count == 0)
    return;
  var name = IdentityToString(id);
  var data = SerializeEvent(events.ToArray());
  try
  {
    _appendOnlyStore.Append(name, data, originalVersion);
  }
  catch(AppendOnlyStoreConcurrencyException e)
  {
    // 서버 이벤트를 가져온다
    var server = LoadEventStream(id, 0, int.MaxValue);
    // 진짜 문제의 예외를 던진다
    throw OptimisticConcurrencyException.Create(
      server.Version, e.ExpectedVersion, id, server.Events);
  }
}
```

관계형으로 저장하기

관계형 데이터베이스가 제공하는 여러 기능과 강력한 일관성 보장은 추가하기만이 허용되는 영속성을 구현하는 가장 간단한 방법이다. 여러 기업에서 이미 표준화된 관계형 데이터베이스 제품을 선정해두고 있다는 점은 관계형 데이터베이스를 사용해 이벤트 저장소를 구현할 때 필요한 비용이나 학습 곡선이 거의 필요 없음을 의미한다.

다양한 플랫폼에서 사용할 수 있는 잘 알려진 오픈소스 관계형 데이터베이스인 MySQL을 사용해 이벤트 저장소를 구현해보자. `MySQLAppendOnlyStore`는 `IAppendOnlyStore`를 구현하며 접근을 위한 계층으로서 동작한다. 이를 사용해 이벤트를 바이너리 데이터로서 `ES_Events` 테이블에 저장할 수 있고, 이후에 해당 이벤트를 다시 가져올 수 있다.

```
CREATE TABLE IF NOT EXISTS `ES_Events` (
  `Id` int NOT NULL AUTO_INCREMENT, -- 고유 식별자
  `Name` nvarchar(50) NOT NULL, -- 스트림의 이름
  `Version` int NOT NULL, -- 증가되는 스트림의 버전
  `Data` LONGBLOB NOT NULL -- 데이터 페이로드
)
```

트랜잭션 안에서 이벤트를 특정 스트림에 추가하려면 다음의 단계를 따르자.

1. 트랜잭션을 시작한다.
2. 이벤트 저장소에 변경이 발생해 예상했던 버전과 맞지 않는다면 예외를 던진다.
3. 동시성 충돌이 발생하지 않는다면 이벤트를 추가한다.
4. 트랜잭션을 커밋한다.

다음은 Append() 메소드의 소스 코드다.

```
public void Append(string name, byte[] data, int expectedVersion)
{
  using (var conn = new MySqlConnection(_connectionString))
  {
    conn.Open();
    using (var tx = conn.BeginTransaction())
    {
      const string sql =
        @"SELECT COALESCE(MAX(Version),0)
          FROM `ES_Events`
          WHERE Name=?name";
      int version;
      using (var cmd = new MySqlCommand(sql, conn, tx))
      {
        cmd.Parameters.AddWithValue("?name", name);
        version = (int)cmd.ExecuteScalar();
        if (expectedVersion != -1)
        {
          if (version != expectedVersion)
          {
```

```
          throw new AppendOnlyStoreConcurrencyException(
            version, expectedVersion, name);
        }
      }
    }

    const string txt =
         @"INSERT INTO `ES_Events` (`Name`, `Version`, `Data`)
          VALUES(?name, ?version, ?data)";

    using (var cmd = new MySqlCommand(txt, conn, tx))
    {
      cmd.Parameters.AddWithValue("?name", name);
      cmd.Parameters.AddWithValue("?version", version+1);
      cmd.Parameters.AddWithValue("?data", data);
      cmd.ExecuteNonQuery();
    }
    tx.Commit();
  }
 }
}
```

IAppendOnlyStore에서 읽는 방법은 상당히 단순해서 기본적인 쿼리면 충분하다. 한 예로서 애그리게잇 이벤트 스트림에 관한 기록의 리스트를 가져오는 방법을 살펴보자.

```
public IEnumerable<DataWithVersion> ReadRecords(
  string name, int afterVersion, int maxCount)
{
  using (var conn = new MySqlConnection(_connectionString))
  {
    conn.Open();
    const string sql =
      @"SELECT `Data`, `Version` FROM `ES_Events`
        WHERE `Name` = ?name AND `Version`>?version
        ORDER BY `Version`
        LIMIT 0,?take";
    using (var cmd = new MySqlCommand(sql, conn))
    {
```

```
        cmd.Parameters.AddWithValue("?name", name);
        cmd.Parameters.AddWithValue("?version", afterVersion);
        cmd.Parameters.AddWithValue("?take", maxCount);
        using (var reader = cmd.ExecuteReader())
        {
          while (reader.Read())
          {
            var data = (byte[])reader["Data"];
            var version = (int)reader["Version"];
            yield return new DataWithVersion(version, data);
          }
        }
      }
    }
  }
```

MySQL 기반 이벤트 저장소의 전체 소스 코드는 다른 예제 코드와 함께 확인할 수 있다. 이와 유사한 마이크로소프트 SQL 서버Microsoft SQL Server의 구현도 제공된다.

블롭으로 저장하기

데이터베이스 서버(MySQL이나 MS SQL 서버와 같은)를 활용하면 여러분의 할 일을 상당히 줄일 수 있다. 데이터베이스 서버는 동시성 관리와 파일 조각화, 캐싱, 데이터 일관성 등의 문제를 해결하는 데 큰 도움이 된다. 데이터베이스 제품을 사용하지 않는다면 이런 여러 걱정거리를 여러분이 직접 처리해야만 한다.

하지만 용감하게 이벤트 저장소라는 거친 길을 선택한 우리에겐 도움을 받을 다른 방법이 없는 것도 아니다. 예를 들어, 윈도우 애저 블롭BLOB, binary large object 저장소나 단순한 파일시스템 저장소를 원하는 대로 사용할 수 있고, 예제 프로젝트에는 각각의 구현이 모두 포함돼 있다.

데이터베이스 없이 이벤트 저장소를 설계할 때 필요한 지침은 무엇일지 생각해보자. 이 중 일부는 그림 A.15에 요약했다.

1. 우리의 사용자 지정 저장소는 하나 이상의 큰 바이너리 객체BLOB 파일이나 그에 상응하는 데이터의 추가만이 가능하다. 저장소에 기록하는 작업을 수행하

는 컴포넌트는 배타적 쓰기 락lock을 설정하지만, 동시 읽기는 허용한다.

2. 여러분의 전략에 따라 각 바운디드 컨텍스트마다 그에 속한 모든 애그리게잇 타입을 하나의 블롭 저장소에 저장할 수 있다. 그 대신 각 애그리게잇 타입마다 블롭 저장소를 생성해 해당 타입의 모든 인스턴스를 저장할 수도 있다. 아니면, 블롭 저장소를 애그리게잇 타입의 인스턴스마다 분할해서, 한 인스턴스에 관한 이벤트 스트림을 한곳에서 관리하도록 할 수도 있다.

3. 쓰는 역할을 하는 컴포넌트가 추가하는 시점에서, 해당 컴포넌트는 올바른 블롭 저장소를 열어 기록 작업을 수행하고 저장소 내부의 인덱스를 관리한다.

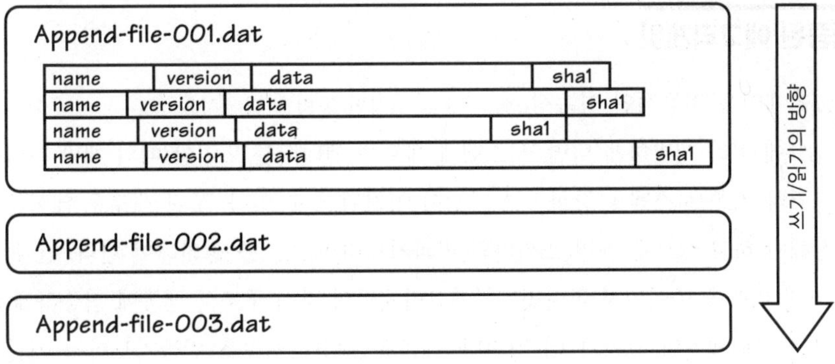

그림 A.15 하나의 파일이 각 애그리게잇 인스턴스에 대응하는 전략을 사용하면서 하나의 이벤트가 하나의 기록으로 남게 되는 파일 기반의 블롭 저장소

4. 사용 중인 블롭 저장소 전략에 상관없이, 모든 새로운 이벤트는 마지막에 추가된다. 각 기록은 이름과 버전과 바이너리 데이터 필드로 구성된다. 이는 관계형 데이터베이스에 이벤트를 저장할 때와 유사하지만, 블롭 저장소를 사용하게 되면 반드시 몇 바이트나 되는지에 관한 변수 길이 필드를 앞에 둬야 할 뿐만 아니라, 해시 코드나 순환 중복 검사CRC, cyclic redundancy check를 덧붙여서 기록된 내용을 읽을 때 데이터 정합성을 확인해야 한다.

5. 블롭 기반의 추가만이 가능한 저장소는 모든 파일과 그 내용을 열거enumerate해서 모든 이벤트 스트림의 모든 이벤트를 간단히 열거할 수 있도록 해준다. 디스크 탐색 시간을 줄이고 특정 스트림에서 이벤트를 빨리 읽어오기 위해선 인메모리in-memory 인덱스를 사용하거나 메모리에 이벤트 스트림을 캐싱할 수 있다. 메모리 캐시를 사용할 땐, 추가가 발생할 때마다 캐시를 갱신해줘야 한다.

또한 애그리게잇 상태 스냅샷이나 파일 조각화 방지도 성능 향상에 도움이 된다.

6. 물론 우리는 파일 기반의 이벤트 스트림을 생성할 때마다 거대한 BLOB 파일 공간을 먼저 할당해 파일시스템 디스크 조각화 문제의 대부분을 피할 수 있다.

이 설계는 리악Riak 빗캐스크Bitcask 모델에서 영감을 얻었다. 보다 자세한 내용은 리악 빗캐스크 아키텍처 논문(http://basho.com/wp-content/uploads/2015/05/bitcask-intro.pdf)을 참고하자.

집중된 애그리게잇

애그리게잇을 전통적인 영속성(예: 이벤트 소싱의 방법을 사용하지 않은 관계형 데이터베이스)에 따라 개발하게 되면, 시스템에 새로운 엔터티를 도입할 때의 개발 부담이 커지거나 기존 시스템을 강화하는 과정이 어려워질 수 있다. 우린 새로운 테이블을 생성해야 하고 새로운 매핑 스키마와 리파지토리 메소드를 정의해야 한다. 만약 이런 개발 비용을 줄이고자 한다면, 각 애그리게잇의 상태 구조와 행동에 집중하게 되면서 애그리게잇의 크기가 더 커진다. 새로운 애그리게잇을 만들기보다는 기존의 애그리게잇에 추가하는 편이 훨씬 쉬울 수 있다.

하지만 새로운 애그리게잇을 더욱 쉽게 설계할 수 있다면 이런 경향은 바뀔 수 있으며, 특히 이벤트 소싱을 사용할 때 그러하다. 내 경험에 따르면 A+ES를 사용해 설계된 애그리게잇은 그 크기가 더 작은 편이며, 이는 중요한 애그리게잇 경험 법칙 중 하나다.

예를 들어, 서비스형 소프트웨어software as a service를 제공하는 회사에선 행동적 관점aspect의 차이에 따라 애그리게잇의 초점을 구분해서 실제 고객을 표현하기도 한다.

- `Customer:505`는 빌링과 인보이스와 일반 계좌 관리 등의 행동을 제공한다.
- `Security-Account:505`는 여러 유저와 각 유저의 접근 권한을 관리한다.
- `Consumer:505`는 실제 서비스 사용을 추적한다

이런 각 애그리게잇 타입은 서로 다른 바운디드 컨텍스트 안에서 구현될 수 있으며, 각 바운디드 컨텍스트는 사용하는 기술이나 아키텍처적 접근이 다를 수 있다.

예를 들어, Customer 관점은 고가용성을 제공하며 매초마다 고객들을 위한 수천 개의 메시지를 처리해야 할 수 있다. 이런 상황이라면 이벤트 스트림은 자동으로 확장 가능한 클라우드 공간에서 제공돼야만 한다. 다른 관점은 이에 비해 작업 부담이 더 적을 수 있으며, 이는 해당 관점이 적은 작업 부담을 위한 환경에서도 동작할 수 있도록 해준다.

물론 애그리게잇은 임의로 작게 설계해선 안 된다. 우린 언제나 비즈니스적으로 변하지 않는 부분을 애그리게잇이 보호할 수 있도록 설계하길 바라고, 이는 결국 어떤 애그리게잇이든 여러 엔터티와 많은 값 객체로 구성된다는 결과에 이르게 된다. 하지만 A+ES를 사용하게 되면 간단하고 효율적인 설계를 위해 노력해볼 기회가 더 커진다. 이는 가능하다면 반드시 챙겨야 할 장점이다.

사실 도메인 모델링을 시작할 땐 들어올 커맨드와 나갈 이벤트를 먼저 정의하고 그에 따라 수행되는 행동을 정의함으로써 유비쿼터스 언어의 중심을 만드는 편이 도움이 될 수 있다. 그 이후에 유사성과 관련성과 비즈니스 규칙을 기준으로 그중 일부 개념을 묶어서 애그리게잇을 만들게 된다. 이런 접근을 취한다면 핵심 비즈니스 개념에 관해 더욱 깊게 이해할 수 있게 된다.

읽기 모델 투영

A+ES 설계를 선택했을 때 흔히 겪는 고민 중 하나는 애그리게잇의 속성을 사용해 애그리게잇을 쿼리하는 방법이다. 이벤트 소싱은 '지난달에 발생한 모든 고객 주문의 총 금액은 얼마인가?'와 같은 질문에 답할 수 있는 간단한 방법을 제공해주진 않는다. 어쩌면 모든 Customer 인스턴스를 가져와서 지난달의 모든 Order 인스턴스를 하나씩 살펴보며 총 금액을 계산하는, 굉장히 비효율적인 방법을 선택해야 할지도 모른다.

이런 상황에선 읽기 모델 투영Read Model Projection의 도움을 받을 수 있다. 읽기 모델 투영은 읽기 모델을 생성하고 갱신하기 위해 사용되는 단순한 도메인 이벤트 구독자의 집합으로 이해할 수 있다. 다시 말하자면, 읽기 모델 투영은 이벤트를 투영해 읽기 모델을 만들고 저장한다. 이벤트 구독자가 새로운 이벤트를 수신하면, 일부 쿼리 결과를 계산하고 추후 사용을 위해 그 결과를 읽기 모델에 저장한다.

여기서의 핵심은 투영[Projection]이 애그리게잇 인스턴스와 매우 유사하다는 점이다. 이벤트를 수신하고 처리할 때의 데이터를 통해 투영의 상태를 구축한다. 읽기 모델 투영은 갱신이 발생할 때마다 저장되며, 바운디드 컨텍스트 안팎의 여러 리더[reader]가 접근할 수 있다.

유용한 투영 예제

다음의 예제 프로젝트에서 여러 영속성 시나리오와 읽기 모델의 자동 구축에 관한 소스 코드를 비롯해 투영의 사용에 관한 더 자세한 정보를 얻을 수 있다. http://lokad.github.com/lokad-cqrs/

다음은 각 Customer의 모든 거래를 잡아내는 투영을 정의하는 방법이다.

```
public class CustomerTransactionsProjection
{
  IDocumentWriter<CustomerId, CustomerTransactions> _store;

  public CustomerTransactionsProjection(
    IDocumentWriter<CustomerId, CustomerTransactions> store)
  {
    _store = store;
  }

  public void When(CustomerCreated e)
  {
    _store.Add(e.Id, new CustomerTransactions());
  }

  public void When(CustomerChargeAdded e)
  {
    _store.UpdateOrThrow(e.Id,
      v => v.AddTx(e.ChargeName, -e.Charge, e.NewBalance, e.TimeUtc));
  }

  public void When(CustomerPaymentAdded e)
  {
    _store.UpdateOrThrow(e.Id,
      v => v.AddTx(e.PaymentName, e.Payment, e.NewBalance, e.TimeUtc));
```

```
  }
}
```

이 투영 클래스는 람다[lambda]를 사용해 A+ES로 설계된 애플리케이션 서비스와 유사하다. 하지만 투영은 커맨드가 아닌 이벤트에 반응하며, 애그리게잇 인스턴스가 아닌 IDocumentWriter를 사용해 문서를 갱신한다.

실제 읽기 모델의 기본은 IDocumentWriter를 통해 직렬화되어 저장소로 저장되는 단순한 데이터 전달 객체[DTO, Data Transfer Object][Fowler]다.

```
[Serializable]
public class CustomerTransactions
{
  public IList<CustomerTransaction> Transactions =
    new List<CustomerTransaction>();

  public void AddTx(
    string name, CurrencyAmount change,
    CurrencyAmount balance, DateTime timeUtc)
  {
    Transactions.Add(new CustomerTransaction()
    {
        Name = name,
        Balance = balance,
        Change = change,
        TimeUtc = timeUtc
    });
  }
}

[Serializable]
public class CustomerTransaction
{
  public CurrencyAmount Change;
  public CurrencyAmount Balance;
  public string Name;
  public DateTime TimeUtc;
}
```

다른 방법도 있겠지만, 읽기 모델을 문서 데이터베이스에 저장하는 경우가 일반적이다. 읽기 모델은 메모리에 캐싱하거나(예: 멤캐시드memcashed 인스턴스), 콘텐츠 배달 네트워크content-delivery network에 문서로 푸시하거나 관계형 데이터베이스 테이블로 저장할 수도 있다.

확장성을 비롯한 투영의 큰 장점 중 하나는 언제든 완전히 버릴 수 있다는 점이다. 투영은 애플리케이션의 수명 중 언제든 추가되거나 수정되거나 완전히 대체될 수 있다. 전체 읽기 모델을 대체하기 위해선 기존의 읽기 모델 데이터를 모두 버린 후, 여러분의 투영 클래스를 통해 전체 이벤트 스트림을 다시 실행해 새로운 데이터를 생성하면 된다. 이 과정은 자동화할 수 있으며, 읽기 모델 전체를 바꿀 때에도 가동 중지 시간downtime의 발생을 막을 수 있게 된다.

애그리게잇 설계와 함께 사용하기

읽기 모델 투영은 여러 클라이언트(데스크톱이나 웹 사용자 인터페이스와 같은)로 정보를 노출시키기 위해 자주 사용되지만, 바운디드 컨텍스트와 그에 속한 애그리게잇 사이에 정보를 공유할 때에도 상당히 유용하다. `Invoice` 애그리게잇이 계산을 진행하고 올바른 `Invoice`를 준비하기 위해 `Customer` 정보 중 일부(예: 이름이나 청구 주소나 세금ID 등)를 필요로 하는 상황을 생각해보자. 우린 전용의 `CustomerBillingView` 인스턴스를 생성하고 관리해줄 `CustomerBillingProjection`을 통해 이런 정보를 사용하기 좋은 형태로 가져올 수 있다. `Invoice` 애그리게잇은 `IProvideCustomerBillingInformation`이란 이름의 도메인 서비스를 통해 이 읽기 모델을 사용할 수 있다. 이 도메인 서비스의 안쪽에선 단순히 적당한 `CustomerBillingView` 인스턴스를 문서 저장소로 쿼리한다.

또한 투영은 우리가 느슨한 결합과 유지 보수가 더 쉬운 방향으로 애그리게잇 인스턴스들 사이에 정보를 공유할 수 있도록 해준다. 우리가 `IProvideCustomerBillingView`에서 반환되는 정보를 변경해야 할 때가 있다면, `Customer` 애그리게잇을 수정하지 않고도 변경을 진행할 수 있다. 우린 단순히 투영의 구현을 변경한 후 모든 이벤트를 다시 재생해 읽기 모델을 재구축하면 된다.

이벤트 강화

A+ES 설계의 이중적 목적에서 기인한 좀 더 일반적인 문제도 있다. 이벤트는 애그리게잇의 저장을 위해 사용될 뿐만 아니라, 이벤트 발행이라는 방법을 통해 엔터프라이즈의 도메인 수준에서 일어나는 사건을 알리기 위한 용도로도 사용된다.

그 예로 다음의 상황을 생각해보자. 프로젝트 관리 시스템은 고객이 새로운 프로젝트를 생성하거나 완료된 프로젝트를 보관할 수 있는 기능을 제공하고, 사용자가 프로젝트 보관을 선택할 때마다 `ProjectArchived` 이벤트가 발행된다고 생각해보자. 이 도메인 이벤트는 다음과 같이 설계할 수 있다.

```
public class ProjectArchived {
  public ProjectId Id { get; set; }
  public UserId ChangeAuthorId { get; set; }
  public DateTime ArchivedUtc { get; set; }
  public string OptionalComment { get; set; }
}
```

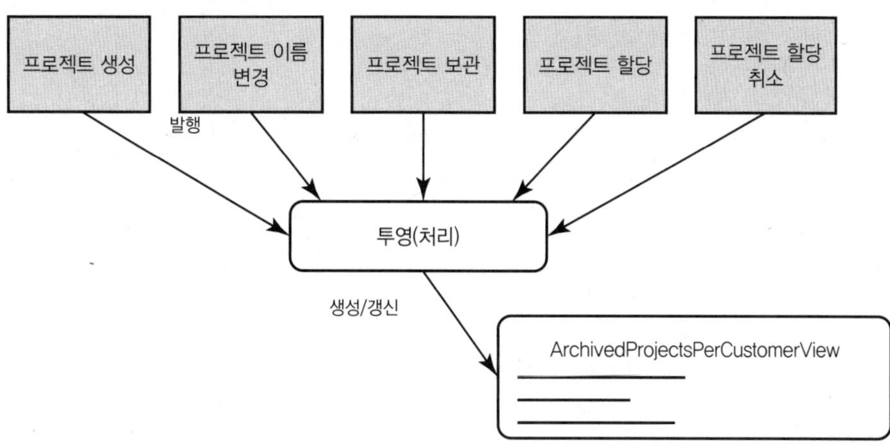

그림 A.16 투영을 통해 처리돼 읽기 모델의 뷰를 구축하는 데 사용되는 여러 도메인 이벤트

여기서의 정보는 A+ES를 사용해 보관된 `Project`를 다시 구성해낼 수 있을 정도로 자세하다. 하지만 이런 방향으로 설계한다면 발행자가 이벤트를 가져와 처리하기가 더 어려워질 수 있다.

그 이유는 무엇일까? 그림 A.16에 나타난 ArchivedProjectsPerCustomerView의 투영을 생각해보자. 이 투영은 이벤트를 구독하면서 각 고객의 보관된 프로젝트 목록을 관리하는데, 자신의 역할을 완수하기 위해선 다음과 같은 사항의 최신 정보가 필요하게 된다.

- 프로젝트 이름
- 고객 이름
- 고객에게 할당된 프로젝트 작업
- 프로젝트를 보관하는 이벤트

관련 정보를 전달할 수 있도록 추가적인 데이터 멤버로 ProjectArchived 이벤트를 강화[enrich]함으로써, 이 투영을 상당히 단순하게 만들 수 있다. 추가적인 데이터 멤버는 해당 애그리게잇의 상태를 재구축하는 데 필수가 아닐지도 모르지만, 우리의 이벤트 컨슈머를 상당 부분 단순화시킨다. 다음의 새로운 이벤트 계약을 살펴보자.

```
public class ProjectArchived {
  public ProjectId Id { get; set; }
  public string ProjectName { get; set; }
  public UserId ChangeAuthorId { get; set; }
  public DateTime ArchivedUtc { get; set; }
  public string OptionalComment { get; set; }
  public CustomerId Customer { get; set; }
  public string CustomerName { get; set; }
}
```

이와 같은 새롭게 강화된 이벤트를 기반으로, 투영이 생성하는 ArchivedProjectsPerCustomerView를 그림 A.17과 같이 단순화할 수 있다.

도메인 이벤트의 경험 법칙은 상당한 수의 구독자가 필요 이상의 정보를 갖게 되더라도, 80퍼센트의 구독자를 만족시키기에 충분한 정보를 포함토록 설계하라고 말한다. 우리가 뷰 투영 처리기가 풍부한 이벤트 데이터를 갖도록 보장해주길 바란다는 점을 상기한다면, 일반적으로 다음과 같은 사항을 추가하게 된다.

- Customer의 CustomerId와 같이 이벤트 소유자/마스터를 의미하는 엔터티 식별자

- ProjectName이나 CustomerName 등과 같이 흔히 목적을 나타내기 위해 사용되는 이름과 속성

이는 추천하는 방법일 뿐 강제 규칙이 아니며, 보통 많은 수의 바운디드 컨텍스트를 갖고 있는 엔터프라이즈 환경에 잘 맞는다. 획일적인 바운디드 컨텍스트 환경에선 보조 조회 테이블과 엔터티 맵을 활용하는 경향이 있기 때문에, 상대적으로 이런 제안으로부터 얻을 수 있는 이익이 적다. 물론 여러분은 여러분의 이벤트에 포함돼야 하는 속성이 무엇인지 알 수 있는 최선의 위치에 있다. 때론 특정 이벤트 타입에 속해야 할 속성이 무엇인지가 분명한 순간도 있는데, 이런 리팩토링이 필수적인 상황은 흔치 않다.

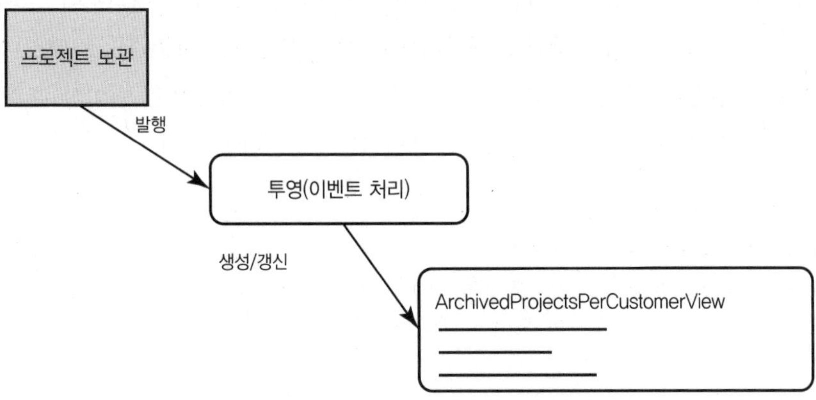

그림 A.17 투영 처리기는 ProjectArchived와 같은 도메인 이벤트를 사용해 뷰와 리포트별 읽기 모델을 생성할 수 있다.

지원 도구와 패턴

A+ES를 사용해 시스템을 개발하고 빌드하고 배포하고 유지 관리하기 위해선 전통적인 시스템과는 구분되는 일련의 패턴이 필요하다. 이 절에선 A+ES와 함께 사용할 때의 유용함이 입증된 몇 가지 패턴과 도구 및 사례를 살펴본다.

이벤트 직렬화기

이벤트의 버전 관리와 이름 변경이 쉬운 직렬화기serializer를 선택하는 편이 현명하다. 이는 특히 도메인 모델이 빠르게 진화하는 A+ES 프로젝트의 초기에 명심해둬야

한다. .NET으로 구현된 프로토콜 버퍼Protocol Buffer[2] 애노테이션을 통해 선언된 다음의 이벤트를 생각해보자.

```
[DataContract]
public class ProjectClosed {
  [DataMember(Order=1)] public long ProjectId { get; set; }
  [DataMember(Order=2)] public DateTime Closed { get; set; }
}
```

여기서 프로토콜 버퍼가 아닌 DataContractSerializer나 JsonSerializer를 통해 ProjectClosed를 직렬화한다면, 의존성을 갖고 있는 컨슈머가 멤버의 이름 변경에 따라 쉽게 변경되고 마는 상황에 빠지게 된다. 예를 들어, 여러분이 Closed 속성을 ClosedUtc로 변경했다고 생각해보자. 이를 사용하는 바운디드 컨텍스트에서 이름이 변경된 속성을 매핑하기 위해 특별한 작업을 추가하지 않는 이상, 혼란스러운 오류가 발생하거나 버그로 얼룩진 데이터를 만들어내게 된다.

```
[DataContract]
public class ProjectClosed {
  [DataMember] public long ProjectId { get; set; }
  [DataMember(Name="Closed"] public DateTime ClosedUtc { get; set; }
}
```

프로토콜 버퍼는 이름이 아닌 결합된 태그를 기반으로 계약상의 멤버를 추적하기 때문에 변화하는 직렬화 상황을 잘 수용한다. 다음의 코드에서 살펴볼 수 있듯이, 클라이언트는 Close나 CloseUtc로 명명된 속성 모드를 성공적으로 사용할 수 있다. 이는 굉장히 빠른 속도로 객체를 직렬화하며, 매우 작은 크기의 바이너리 표현을 만들어낸다. 프로토콜 버퍼를 사용하면 하위 호환성을 걱정할 필요 없이 이벤트 속성의 이름을 변경할 수 있어서 도메인 모델의 변화에 따른 개발 마찰을 줄여준다.

```
[DataContract]
public class ProjectClosed {
  [DataMember(Order=1)] public long ProjectId { get; set; }
  [DataMember(Order=2)] public DateTime ClosedUtc { get; set; }
}
```

2 프로토콜 버퍼는 구글에서 처음 시작됐으며, 다른 사람들에 의해 .NET 구현이 만들어졌다.

그 밖의 플랫폼 간 직렬화 도구로 아파치 쓰리프트Apache Thrift, 아브로Avro, 메시지팩MessagePack 등이 있으며 유용한 대안으로 고려해볼 수 있다.

이벤트 불변성

이벤트 스트림은 태생적인 불변성immutability을 갖고 있다. 이런 개념에 맞춰 일관성 있는 개발 모델을 유지하기 위해선(그리고 원치 않는 부작용을 피하기 위해선), 이벤트 계약은 반드시 불변토록immutable 구현돼야 한다. .NET의 C#에선 이를 위해 필드를 읽기 전용으로 표시하고 생성자를 통해서만 값을 설정한다. 다음은 앞선 ProjectClosed 이벤트에 불변성을 추가한 구현이다.

```
[DataContract]
public class ProjectClosed {
  [DataMember(Order=1)] public long ProjectId { get; private set }
  [DataMember(Order=2)] public DateTime ClosedUtc { get; private set; }
  public ProjectClosed(long projectId, DateTime closedUtc)
  {
    ProjectId = projectId;
    ClosedUtc = closedUtc;
  }
}
```

값 객체

값 객체(6)에서 상세히 다뤘듯이, 이는 개발 과정과 도메인 모델의 변화를 굉장히 단순화시킨다. 값 객체를 사용하면 응집도 높은 원시 타입을 묶어서 명시적으로 이름이 부여된 불변 타입으로 만들 수 있다.

```
public struct ProjectId
{
  public readonly long Id { get; private set; }
  public ProjectId(long id)
  {
    Id = id
  }

  public override ToString() {
    return string.Format("Project-{0}", Id);
```

```
  }
}
```

여전히 long 타입을 사용해 실제 식별자 숫자를 저장하긴 하지만, ProjectId 타입을 사용해 다른 long 타입과 이를 구분할 수 있게 된다. 값 타입은 고유 식별자에만 국한되지 않는다. 금액을 표현하는 객체(특히 여러 통화를 다루는 시스템에서)나 주소 또는 이메일, 측량치 등에서도 값 객체는 올바른 선택일 수 있다.

도메인 값 객체는 A+ES 구현에서 이벤트와 커맨드 계약의 풍부함과 표현력뿐만 아니라, 정적 타입 검사와 IDE 지원과 같은 실용적 이점을 더해준다. 개발자가 실수로 간단한 이벤트 생성자의 파라미터를 잘못된 순서로 넘기는 상황을 생각해보자.

```
long customerId = ...;
long projectId = ...;
var event = new ProjectAssignedToCustomer(customerId, projectId);
```

이는 컴파일러가 찾아주지 않는, 짜증 섞인 디버깅을 통해서만 발견할 수 있는 오류다. 하지만 만약 식별자로 값 객체를 사용했다면, 첫 번째로 CustomerId를 전달하고 두 번째로 ProjectId를 전달했는지에 관해 컴파일러가 오류를 잡을 수 있게 된다.

```
CustomerId customerId = ...;
ProjectId projectId = ...;
var event = new ProjectAssignedToCustomer(customerId, projectId);
```

이런 장점은 많은 수의 필드가 포함된 일반 계약 클래스를 다뤄야 하는 상황에서 더욱 분명해진다. 다음의 이벤트(실제 프로젝트에서 사용했던 버전을 단순화했다.)를 그 예로 살펴보자.

```
public class CustomerInvoiceWritten {
  public InvoiceId Id { get; private set; }
  public DateTime CreatedUtc { get; private set; }
  public CurrencyType Currency { get; private set; }
  public InvoiceLine[] Lines { get; private set; }
  public decimal SubTotal { get; private set; }
  public CustomerId Customer { get; private set; }
  public string CustomerName { get; private set; }
```

```
  public string CustomerBillingAddress { get; private set; }
  public float OptionalVatRatio { get; private set; }
  public string OptionalVatName { get; private set; }
  public decimal VatTax { get; private set; }
  public decimal Total { get; private set; }
}
```

짐작하고 있겠지만 많은 수의 속성[3]을 포함한 클래스를 다루는 일은 혼란스러울 수 있다. 이 거대한 이벤트는 도메인 개념에 따라 모델을 정제하는 리팩토링 과정을 거쳐 보다 명시적이고 가독성 높은 상태로 개선할 수 있다.

```
public class CustomerInvoiceWritten {
  public InvoiceId Id { get; private set; }
  public InvoiceHeader Header { get; private set; }
  public InvoiceLine[] Lines { get; private set; }
  public InvoiceFooter Footer { get; private set; }
}
```

InvoiceHeader와 InvoiceFooter는 응집도 높은 속성을 만들어준다.

```
public class InvoiceHeader {
  public DateTime CreatedUtc { get; private set; }
  public CustomerId Customer { get; private set; }
  public string CustomerName { get; private set; }
  public string CustomerBillingAddress { get; private set; }
}

public class InvoiceFooter {
  public CurrencyAmount SubTotal { get; private set; }
  public VatInformation OptionalVat { get; private set; }
  public CurrencyAmount VarAmount { get; private set; }
  public CurrencyAmount Total { get; private set; }
}
```

우린 구분됐던 CurrencyType Currency와 decimal SubTotal을 CurrencyAmount라는 값 객체로 대체했다. 여기엔 서로 다른 통화를 엮는 상황이나 잘못된 연산을

3 경험적 데이터는 '각 클래스는 5~7개보다 더 많은 수의 속성 멤버를 가져선 안 된다.'는 경험 법칙을 증명하고 있다.

방지해주는 논리적 검증을 통해 이 클래스를 강화할 수 있다는 추가적인 이점도 있다. 마찬가지로 VAT 정보를 별도의 값 객체로 모아서 `InvoiceFooter`를 구성했다.

커맨드 객체나 이벤트나 애그리게잇의 파트에선, 가능성이 있다면 반드시 값 객체의 적용을 위한 노력을 기울여야 한다.

분명 커맨드나 이벤트에서 값 객체를 사용하려면 이를 함께 배치하거나, 더 나아가 공유된 커널(3)을 생성해야 할지도 모른다. 하지만 굉장히 복잡한 일부 도메인에선 비즈니스 로직이 상당히 포함된 값 객체를 설계해야만 할지도 모른다. 그런 상황에선, 단순히 타입 안전type-safe한 역직렬화만을 위해 공유된 커널에 값 객체를 위치시킨다면 설계가 취약해진다. 커맨드와 이벤트 데이터를 타입 안전한 방법으로 역직렬화하기 위해 사용하는 단순한 공유 클래스와 핵심 도메인(2)에 필요한 좀 더 복잡한 클래스를 구분한다면 도움이 될지도 모른다. 이는 핵심 도메인에서만 독점적으로 사용되는 클래스와 커맨드나 이벤트에 사용되는 클래스 등, 두 가지 유형의 값 객체 클래스를 생성함을 뜻한다. 이 둘에 담기는 데이터는 필요에 따라 다른 편으로 변환될 수 있다.

기호에 따라선 클래스의 복제가 필요 이상으로 복잡하며 시스템에 우발적 복잡도accidental complexity를 야기할 수 있다고 생각할지도 모른다. 그렇다면 다른 접근법을 고려하는 편이 더 나을지도 모른다. 그 대안 중 하나로 직렬화된 이벤트를 발행된 언어(3)로 표준화하는 방안이 있다. 바운디드 컨텍스트의 통합(13)에서 설명했듯, 동적 타입 부여의 방식으로 이벤트 알림을 처리하는 편을 선택할 수도 있다. 이 방식을 택한다면 이벤트와 값 객체 타입이 처리할 구독자에 포함될 필요가 없게 된다. 다른 모든 방법처럼, 이 방법도 따져봐야 할 상충점이 있다.

계약 생성

수백 개의 이벤트(그리고 커맨드) 계약을 수동으로 관리하는 일은 지겨울 뿐만 아니라 오류를 일으키기도 쉽다. 보통은 그에 해당하는 정의를 간결한 도메인 특화 언어DSL, domain-specific language로 표현해서, 빌드 시점에 올바른 클래스를 만드는 간단한 코드 생성에 사용하는 편이 더 효율적이다. DSL 구문을 구성하는 방법은 여러 가지가 있으며, 프로토콜 버퍼의 .proto 포맷이나 그와 유사한 방식을 고려해볼 수 있다. 다음은 여러분에게 도움이 될지도 모를 한 예다.

```
CustomerInvoiceWritten!(InvoiceId Id, InvoiceHeader header,
   InvoiceLine[] lines, InvoiceFooter footer)
```

간단한 코드 생성기는 코드를 생성하기 위해 파싱된 DSL을 사용할 수 있다. 앞선 DSL로부터 생성된 CustomerInvoiceWritten을 살펴보자.

```
[DataContract]
public sealed class CustomerInvoiceWritten : IDomainEvent {
  [DataMember(Order=1) public InvoiceId Id
    { get; private set; }
  [DataMember(Order=2) public InvoiceHeader Header
    { get; private set; }
  [DataMember(Order=3) public InvoiceLine[] Lines
    { get; private set; }
  [DataMember(Order=4) public InvoiceFooter Footer
    { get; private set; }
  public CustomerInvoiceWriter(
    InvoiceId id, InvoiceHeader header, InvoiceLine[] lines,
    InvoiceFooter footer)
  {
    Id = id;
    Header = header;
    Lines = lines;
    Footer = footer;
  }

  // 직렬화기에서 필요로 함
  ProjectClosed() {
    Lines = new InvoiceLine[0];
  }
}
```

이로부터 다음과 같은 실질적인 이익을 얻을 수 있다.

- 도메인 모델링 이터레이션을 가속시켜서 개발 마찰을 줄여준다.
- 수동 작업에서 흔하게 발생하는 사람으로 인한 오류의 가능성을 줄여준다.
- 간결한 표현에 따라 한 화면 안에서 전체 이벤트 정의를 볼 수 있어, 직관력을 높일 수 있는 큰 그림을 제공해준다. 이는 유비쿼터스 언어의 간결한 언어집

으로 사용될 수도 있다.

- 소스나 바이너리 코드가 없어도, 간결한 정의로서의 이벤트 계약에 버전을 부여해 배포할 수 있다. 이는 여러 팀 사이의 협업을 강화하는 데 사용될 수도 있다.

커맨드 계약에도 이와 같은 내용을 동일하게 적용할 수 있다. DSL 기반 코드 생성 도구와 그 예제의 오픈소스 구현은 예제 프로젝트에서 확인할 수 있다.

단위 테스트와 명세

이벤트 소싱을 사용하는 상황에서 단위 테스트를 수행할 때 얻을 수 있는 추가적인 이점은 무엇인지 생각해보자. 우린 테스트를 손쉽게 전제-상황-기대 결과Given-When-Expect의 형태로 명세할 수 있다.

1. 전제Given: 과거에 발생한 이벤트에 대해
2. 상황When: 애그리게잇 메소드가 호출되는 상황에선
3. 기대 결과Expect: 이벤트가 이어지거나 예외가 발생해야 한다.

이를 좀 더 자세히 논의해보자. 과거에 발생한 이벤트는 단위 테스트가 시작되면서 애그리게잇의 상태를 설정하기 위해 사용된다. 이어서 테스트 인수와 필요한 도메인 서비스의 목mock 구현을 제공하면서 애그리게잇 메소드의 테스트를 수행하게 된다. 마지막으로 애그리게잇에 의해 만들어진 이벤트를 기대 결과로서의 이벤트와 비교해 기대와 일치하는지 확인한다.

이런 접근은 우리가 각 애그리게잇에 엮여 있는 행동을 찾아내서 검증할 수 있도록 해준다. 동시에, 애그리게잇 내부 상태와의 결합은 분리된다. 개발 팀은 단위 테스트를 통해 행동 계약의 완수를 확인하면서 애그리게잇 구현 변경이나 최적화를 진행할 수 있기 때문에 테스트 파손성fragility을 감소시킬 수 있다.

이런 접근을 취할 땐 상황When 조건을 커맨드로 표현해 테스트하는 애그리게잇의 애플리케이션 서비스로 전달함으로써 한 걸음 더 나아갈 수 있다. 이는 코드나 생성된 DSL을 통해 유비쿼터스 언어로 완벽히 표현되는 명세specification로 단위 테스트를 나타낼 수 있도록 해준다.

이런 명세는 약간의 코드만 있다면 사람이 읽을 수 있고 도메인 전문가가 이해할 수 있는 형태의 유스케이스로 자동 변환할 수 있다. 이런 유스케이스 정의는 복잡한 행동을 포함한 도메인에 관한 팀의 의사소통을 개선해서 모델링 노력을 강화시켜준다.

다음은 텍스트 문서로 정의된 간단한 명세다.

```
[통과(Passed)] 유스케이스 '고객 결제 추가 - 결제 시 락 해제'

전제(Given):
1. 생성된 고객 7유로 '노스윈드' - 키는 c67b30 ...
2. 고객을 락한다.

상황(When):
락 해제를 통해 10유로 '락 해제' 결제를 추가한다.

기대 결과(Expectations):
[ok] Tx 1: 10유로 결제 '락 해제' (없음)
[ok] 고객의 락이 해제된다.
```

만약 이런 접근에 관심이 생긴다면, '이벤트 소싱 명세Event Sourcing Specification'로 웹을 검색해서 자세한 가이드라인을 찾아보자.

함수형 언어에서의 이벤트 소싱

앞서 살펴본 구현 패턴은 자바나 C#과 같은 프로그래밍 언어에 잘 맞는 객체지향적 접근에 초점을 맞췄다. 하지만 이벤트 소싱은 태생적으로 함수형functional의 성격을 갖고 있다. 따라서 F#이나 클로저Clojure와 같은 함수형 언어로도 성공적인 구현이 가능하다. 함수형 언어를 사용하게 된다면 최적의 상태로 동작하는 보다 간결한 코드가 작성될 여지가 커진다.

다음은 애그리게잇 구현을 객체지향에서 함수형으로 변경할 때의 특이점 중 일부다.

- 우린 반드시 상태 변경이 가능한 객체지향 애그리게잇 객체의 사용을 단순한 불변 상태 레코드와 일련의 변경 함수mutating function의 설계로 바꿔야 한다. 변

경 함수는 단순히 상태 레코드와 이벤트 인수를 받아서, 새로운 상태 레코드를 결과로서 반환한다. 이는 불변 값 객체(부작용이 없는 함수가 자신의 상태와 함수 인수에 기반해 새로운 값을 만드는)의 설계와 상당히 닮아 있다.

- 모든 과거 이벤트의 왼쪽 폴딩left fold을 수행하면서 각 이벤트를 변경 함수로 전달함으로써 애그리게잇의 현재 상태를 정의할 수 있다.
- 애그리게잇 메소드는 일련의 상태가 없는 함수로 변경이 가능하며, 이 함수는 커맨드 파라미터와 도메인 서비스와 상태 등을 받게 된다. 이런 함수는 0개 이상의 이벤트를 반환하며, `Func<TArg1, TArg2..., State, Event[]>`와 같은 형태다.
- 이벤트 저장소는 함수로 전달돼 애그리게잇의 상태를 변경하는 인수를 저장하기 때문에, 이벤트 저장소를 함수형 데이터베이스functional database로 바라보며 통신할 수 있다. 함수형 언어의 프로그래머에겐 함수형 이벤트 저장소의 스냅샷 지원이 기억memoization이란 이름으로 이미 익숙할 것이다.

함수형 프로그래밍 언어를 통한 A+ES의 방법을 사용하면서 핵심 비즈니스 개념을 파악하는 개발 스파이크는 우리의 도메인 모델링을 가속시킨다. 더욱이 이는 애그리게잇 구조에 집중하던 도메인 탐색 과정에서 벗어나, 행동에 의해 표현되는 도메인의 유비쿼터스 언어를 엄격히 반영하는 데 초점을 맞추도록 해준다. 핵심 도메인을 더 강조하고 기술적 측면에 관한 관심을 줄일 수 있는 방안이라면 무엇이든, 비즈니스적 가치를 더하고 더 큰 경제 우위를 갖도록 해준다.

참고 문헌

[Appleton, LoD] Appleton, Brad. n.d. "Introducing Demeter and Its Laws." www.bradapp.com/docs/demeter-intro.html.

[Bentley] Bentley, Jon. 2000. Programming Pearls, Second Edition. Boston, MA: Addison-Wesley. http://cs.bell-labs.com/cm/cs/pearls/bote.html.

[Brandolini] Brandolini, Alberto. 2009. "Strategic Domain-Driven Design with Context Mapping. www.infoq.com/articles/ddd-contextmapping.

[Buschmann 등] 패턴 지향 소프트웨어 아키텍처: 패턴시스템 Volume 1. 프랑크 부쉬만, 레진 뫼니에, 한스 로너트, 페터 좀머라트, 미하엘 슈탈 (지앤선, 2008). Buschmann, Frank, et al. 1996. Pattern-Oriented Software Architecture, Volume 1: A System of Patterns. New York: Wiley.

[Cockburn] Cockburn, Alastair. 2012. "Hexagonal Architecture." http://alistair.cockburn.us/Hexagonal+architecture.

[Crupi 등] 코어 J2EE 패턴. 디팍 알루어 외 (피어슨에듀케이션코리아, 2004). Crupi, John, et al. n.d. "Core J2EE Patterns." http://corej2eepatterns.com/Patterns2ndEd/DataAccessObject.htm.

[Cunningham, Checks] Cunningham, Ward. 1994. "The CHECKS Pattern Language of Information Integrity." http://c2.com/ppr/checks.html.

[Cunningham, Whole Value] Cunningham, Ward. 1994. "1. Whole Value." http://c2.com/ppr/checks.html#1.

[Cunningham, Whole Value aka Value Object] Cunningham, Ward. 2005. "Whole Value." http://fit.c2.com/wiki.cgi?WholeValue.

[Dahan, CQRS] Dahan, Udi. 2009. "Clarified CQRS." www.udidahan.com/2009/12/09/clarified-cqrs/.

[Dahan, Roles] Dahan, Udi. 2009. "Making Roles Explicit." www.infoq.com/presentations/Making-Roles-Explicit-Udi-Dahan.

[Deutsch] Deutsch, Peter. 2012. "Fallacies of Distributed Computing." http://en.wikipedia.org/wiki/Fallacies_of_Distributed_Computing.

[Dolphin] Object Arts. 2000. "Dolphin Smalltalk; Twisting the Triad." www.object-arts.com/downloads/papers/TwistingTheTriad.PDF.

[Erl] Erl, Thomas. 2012. "SOA Principles: An Introduction to the Service-Oriented Paradigm." http://serviceorientation.com/index.php/serviceorientation/index.

[Evans] 도메인 주도 설계: 소프트웨어의 복잡성을 다루는 지혜. 에릭 에반스 (위키북스, 2011). Evans, Eric. 2004. Domain-Driven Design: Tackling the Complexity in the Heart of Software. Boston, MA: Addison-Wesley.

[Evans, Ref] Evans, Eric. 2012. "Domain-Driven Design Reference." http://domainlanguage.com/ddd/patterns/DDD_Reference_2011-01-31.pdf.

[Evans & Fowler, Spec] Evans, Eric, and Martin Fowler. 2012. "Specifications." http://martinfowler.com/apsupp/spec.pdf.

[Fairbanks] Fairbanks, George. 2011. Just Enough Software Architecture. Marshall & Brainerd.

[Fowler, Anemic] Fowler, Martin. 2003. "AnemicDomainModel." http://martinfowler.com/bliki/AnemicDomainModel.html.

[Fowler, CQS] Fowler, Martin. 2005. "CommandQuerySeparation." http://martinfowler.com/bliki/CommandQuerySeparation.html.

[Fowler, DI] Fowler, Martin. 2004. "Inversion of Control Containers and the Dependency Injection Pattern." http://martinfowler.com/articles/injection.html.

[Fowler, P of EAA] 엔터프라이즈 애플리케이션 아키텍처 패턴. 마틴 파울러 (피어슨에듀케이션코리아, 2003). Fowler, Martin. 2003. Patterns of Enterprise Application Architecture. Boston, MA: Addison-Wesley.

[Fowler, PM] Fowler, Martin. 2004. "Presentation Model." http://martinfowler.com/eaaDev/PresentationModel.html.

[Fowler, Self Encap] Fowler, Martin. 2012. "SelfEncapsulation." http://martinfowler.com/bliki/SelfEncapsulation.html.

[Fowler, SOA] Fowler, Martin. 2005. "ServiceOrientedAmbiguity." http://martinfowler.com/bliki/ServiceOrientedAmbiguity.html.

[Freeman 등] Head First Design Patterns: 스토리가 있는 학습법. 에릭 프리먼 외 (한빛미디어, 2005). Freeman, Eric, Elisabeth Robson, Bert Bates, and Kathy Sierra. 2004. Head First Design Patterns. Sebastopol, CA: O'Reilly Media.

[Gamma 등] GoF의 디자인 패턴: 재사용성을 지닌 객체지향 소프트웨어의 핵심요소. 에릭 감마, 리처드 헬름, 랄프 존슨, 존 블리시디스 (프로텍미디어, 2015). Gamma, Erich, Richard Helm, Ralph Johnson, and John Vlissides. 1994. Design Patterns. Reading, MA: Addison-Wesley.

[Garcia-Molina & Salem] Garcia-Molina, Hector, and Kenneth Salem. 1987. "Sagas." ACM, Department of Computer Science, Princeton University, Princeton, NJ. www.amundsen.com/downloads/sagas.pdf.

[GemFire Functions] 2012. VMware vFabric 5 Documentation Center. http://pubs.vmware.com/vfabric5/index.jsp?topic=/com.vmware.vfabric.gemfire.6.6/developing/function_exec/chapter_overview.html.

[Gson] 2012. A Java JSON library hosted on Google Code. http://code.google.com/p/google-gson/.

[Helland] Helland, Pat. 2007. "Life beyond Distributed Transactions: An Apostate's Opinion." Third Biennial Conference on Innovative Data Systems Research (CIDR), January 7-10, Asilomar, CA. www.ics.uci.edu/~cs223/papers/cidr07p15.pdf.

[Hohpe & Woolf] 기업 통합 패턴: 기업 분산 애플리케이션 통합을 위한 메시징 해결책. 그래거 호프, 바비 울프 (에이콘, 2014) Hohpe, Gregor, and Bobby Woolf. 2004. Enterprise Integration Patterns: Designing, Building, and Deploying Messaging Systems. Boston, MA: Addison-Wesley.

[Inductive UI] 2001. Microsoft Inductive User Interface Guidelines. http://msdn.microsoft.com/en-us/library/ms997506.aspx.

[Jezequel 등] Jezequel, Jean-Marc, Michael Train, and Christine Mingins. 2000. Design Patterns and Contract. Reading, MA: Addison-Wesley.

[Keith & Stafford] Keith, Michael, and Randy Stafford. 2008. "Exposing the ORM Cache." ACM , May 1. http://queue.acm.org/detail.cfm?id=1394141.

[Liskov] Liskov, Barbara. 1987. Conference Keynote: "Data Abstraction and Hierarchy." http://en.wikipedia.org/wiki/Liskov_substitution_principle. "The Liskov Substitution Principle." www.objectmentor.com/resources/articles/lsp.pdf.

[Martin, DIP] Martin, Robert. 1996. "The Dependency Inversion Principle." www.objectmentor.com/resources/articles/dip.pdf.

[Martin, SRP] Martin, Robert. 2012. "SRP: The Single Responsibility Principle." www.objectmentor.com/resources/articles/srp.pdf.

[MassTransit] Patterson, Chris. 2008. "Managing Long-Lived Transactions with MassTransit. Saga." http://lostechies.com/chrispatterson/2008/08/29/managing-long-livedtransactions-with-masstransit-saga/.

[MSDN Assemblies] 2012. http://msdn.microsoft.com/en-us/library/51ket42z%28v=vs.71%29.aspx.

[Nilsson] Nilsson, Jimmy. 2006. Applying Domain-Driven Design and Patterns: With Examples in C# and .NET. Boston, MA: Addison-Wesley.

[Nijof, CQRS] Nijof, Mark. 2009. "CQRS à la Greg Young." http://cre8ivethought.com/blog/2009/11/12/cqrs--la-greg-young.

[NServiceBus] 2012. www.nservicebus.com/.

[Öberg] Öberg, Rickard. 2012. "What Is Qi4j™?" http://qi4j.org/.

[Parastatidis 등, RiP] Webber, Jim, Savas Parastatidis, and Ian Robinson. 2011. REST in Practice. Sebastopol, CA: O'Reilly Media.

[PragProg, TDA] The Pragmatic Programmer. "Tell, Don't Ask." http://pragprog.com/articles/tell-dont-ask.

[Quartz] 2012. Terracotta Quartz Scheduler. http://terracotta.org/products/quartz-scheduler.

[Seović] Seović, Aleksandar, Mark Falco, and Patrick Peralta. 2010. Oracle Coherence 3.5: Creating Internet-Scale Applications Using Oracle's High-Performance Data Grid. Birmingham, England: Packt Publishing.

[SOA Manifesto] 2009. SOA Manifesto. www.soa-manifesto.org/.

[Sutherland] Sutherland, Jeff. 2010. "Story Points: Why Are They Better than Hours?" http://scrum.jeffsutherland.com/2010/04/story-points-why-are-they-betterthan.html.

[Tilkov, Manifesto] Tilkov, Stefan. 2009. "Comments on the SOA Manifesto." www.innoq.com/blog/st/2009/10/comments_on_the_soa_manifesto.html.

[Tilkov, RESTful Doubts] Tilkov, Stefan. 2012. "Addressing Doubts about REST." www.infoq.com/articles/tilkov-rest-doubts.

[Vernon, DDR] Vernon, Vaughn. n.d. "Architecture and Domain-Driven Design." http://vaughnvernon.co/?page_id=38.

[Vernon, DPO] Vernon, Vaughn. n.d. "Architecture and Domain-Driven Design."

http://vaughnvernon.co/?page_id=40.

[Vernon, RESTful DDD] Vernon, Vaughn. 2010. "RESTful SOA or Domain-Driven Design-A Compromise?" QCon SF 2010. www.infoq.com/presentations/RESTful-SOA-DDD.

[Webber, REST & DDD] Webber, Jim. "REST and DDD." http://skillsmatter.com/podcast/design-architecture/rest-and-ddd.

[Wiegers] Wiegers, Karl E. 2012. "First Things First: Prioritizing Requirements." www.processimpact.com/articles/prioritizing.html.

[Wikipedia, CQS] 2012. "Command-Query Separation." http://en.wikipedia.org/wiki/Command-query_separation.

[Wikipedia, EDA] 2012. "Event-Driven Architecture." http://en.wikipedia.org/wiki/Event-driven_architecture.

[Young, ES] Young, Greg. 2010. "Why Use Event Sourcing?" http://codebetter.com/gregyoung/2010/02/20/why-use-event-sourcing/.

찾아보기

D

E

F

도메인 주도 설계 구현 Implementing Domain-Driven Design

발 행 | 2016년 4월 7일

지은이 | 반 버논
옮긴이 | 윤창석 • 황예진

펴낸이 | 권 성 준
편집장 | 황 영 주
편 집 | 김 다 예
디자인 | 윤 서 빈

에이콘출판주식회사
서울특별시 양천구 국회대로 287 (목동)
전화 02-2653-7600, 팩스 02-2653-0433
www.acornpub.co.kr / editor@acornpub.co.kr

ISBN 978-89-6077-842-9
ISBN 978-89-6077-114-7 (세트)
http://www.acornpub.co.kr/book/implement-ddd

이 도서의 국립중앙도서관 출판시도서목록(CIP)은 서지정보유통지원시스템 홈페이지(http://seoji.nl.go.kr)와
국가자료공동목록시스템(http://www.nl.go.kr/kolisnet)에서 이용하실 수 있습니다.(CIP제어번호: CIP2016007643)

책값은 뒤표지에 있습니다.